融合 转型 智变

中国石化“十三五”
数字化、网络化、智能化优秀案例

王子宗 编

中国石化出版社

图书在版编目（CIP）数据

融合　转型　智变：中国石化“十三五”数字化、网络化、智能化优秀案例 / 王子宗编. — 北京：中国石化出版社，2021.9
ISBN 978-7-5114-6479-8

Ⅰ.①融…　Ⅱ.①王　Ⅲ.①石油化工企业－工业企业管理－信息化－案例－中国　Ⅳ.①F426.22

中国版本图书馆CIP数据核字（2021）第193170号

中国石化出版社出版发行
地址：北京市东城区安定门外大街58号
邮编：100011　电话：（010）57512446
发行部电话：（010）57512575
http://www.sinopec.press.com
E-mail:press@sinopec.com
北京富泰印刷有限责任公司印刷
全国各地新华书店经销
*
787×1092毫米16开本34.5印张808千字
2021年10月第1版　2021年10月第1次印刷
定价：356.00元

编委会

序

当前，新一轮科技革命和产业变革席卷全球，数字经济成为经济增长新引擎。数字经济时代，传统的生产模式、管理方式正在发生改变，云、网、端成为新的基础设施，大数据成为新的生产要素，工业互联网平台成为新的赋能工具。数字经济浪潮下，传统产业加速向数字化、网络化、智能化方向发展。制造业竞争力从成本优势转向效率优势，数字化转型成为推动制造业发展的重要动力。加快数字化转型、智能化发展，成为石油石化行业主动应对能源革命、材料革命、数字革命，重塑产业新优势、培育发展新动能、开辟增长新空间的重要途径和必由之路。

中国石化作为我国能源化工主要支柱企业，始终坚持“科技兴企”，坚持以信息技术改造和提升传统产业，持续推进“两化”深度融合，“十三五”以来，中国石化深入贯彻落实制造强国、网络强国等国家决策部署要求，聚焦“智能制造”和“互联网 + 新业态”两大主线，统筹推进信息化“421 工程”建设。通过实施智能化“田场站院”试点与推广，开展企业“两化”融合管理体系贯标、信息化深化应用创新创效专项行动等多项举措，持续加强网络信息技术和石化产业深度融合，促进了管理模式、生产运营模式和服务方式的创新，推动了企业的数字化转型；按照“数据 + 平台 + 应用”的新模式要求，开展了“石化智云”工业互联网平台建设和数据治理工作，优化完善信息化管理体制机制，强化信息化标准体系建设，创新了信息化管理，使信息化管理水平再上新台阶。

本书系统性地总结了中国石化“十三五”时期信息化建设、数字化转型的实践成果和优秀案例。本书图文并茂、内容翔实、深入浅出，对开展和规划信息和数字化建设，实施数字化转型的其他央企和行业企业都具有重要的借鉴和参考意义。

加快数字化发展，是党中央在新时代新阶段作出的重要决策部署，是我国经济实现高质量发展的历史抉择。中国石化牢牢把握宏观大势和行业趋势，深入贯彻新发展理念，作出了实施世界领先发展方略、构建“一基两翼三新”产业格局的总体安排，整体谋划、统一制定了集团数字化转型战略和“十四五”信息化发展规划，加快全产业全过程数字化转型，全面推进经营管理数字化、生产运营智能化、用户服务敏捷化、产业体系生态化，培育和发展数字化产业，着力提升集团一体化管控能力、板块创新创效能力、专业化统筹管理能力和新经济价值创造能力，打造数字经济时代的产业竞争新优势。

新时代、新使命、新征程。中国石化打造世界领先企业的新征程已全面开启，以数为基、智为擎、云为翼，推进全产业数字化转型、智能化发展的新蓝图已经绘就。目标远大，志存高远，需要继续奋斗，砥砺前行。我们相信，在集团公司党组的正确领导下，在广大信息化工作者的辛勤努力下，中国石化数字化转型、智能化发展之路一定能够越走越宽，必将再次谱写高质量发展的新篇章。

前言

当今世界正经历百年未有之大变局。新一代信息技术日新月异，数字化洪流席卷全球，正在加速重构产业格局、重塑经济结构，人类社会已进入数字经济时代。大数据、人工智能、5G等新一代信息技术在能源化工行业有着广阔的应用场景，是我国发展数字经济的主战场，加快数字化和工业化深度融合是能源化工行业实现高质量发展的重要途径和必然选择。

以技术兴企强企，是中国石化一以贯之的立企之策。早在20世纪80年代，中国石化总公司成立不久，就开展了电子计算机、微处理机应用普及工作，是我国工业领域最早大规模应用计算机技术的企业之一。随着“两化”不断融合发展，中国石化率先在中央企业建设推广了ERP、电子商务、生产营运指挥、加油卡等一批信息系统，自主研发了油藏综合解释（NEWS）、钻井工程设计（IDDS）、炼化生产执行（MES）等一批专业软件，打破了国外技术垄断。到“十一五”末，中国石化已建成经营管理、生产营运、信息基础设施及运维等信息化“三大平台”，信息系统覆盖全产业各业务领域，实现了对全集团“人财物、供产销”的规范化管理、集约化管控、一体化统筹，促进了管理创新、效率提升，增强了公司竞争实力，整体水平始终保持在央企信息化排名前列地位。

“十三五”以来，中国石化信息化发展驶入快车道。面对能源革命、材料革命、数字革命的深刻影响，中国石化认真贯彻习近平新时代中国特色社会主义思想，牢固树立新发展理念，聚焦“智能制造”“互联网+”两大主线，坚持“整体规划，分步实施，以点带面，统筹推进”策略，大力推进数字化转型、智能化发展。以炼油化工为切入点，以提升全面感知、协同优化、预测预警、科学决策等4项能力为着力点，稳步推进全产业智能制造，截至2020年底，累计建成2个智能油气田示范区、11家智能工厂、150座智能加油站和1家智能化研究院，提升了资源优化、降本增效和本质安全水平，走在了我国流程工业智能制造应用前列。以客户为中心，以数字化网络化服务平台为桥梁，深化供给侧改革，积极构建"互联网+"商业新业态，截至2020年底，建成了统一的电子商务平台，打造了具有较强市场影响力的易派客、石化e贸、易捷三大电商平台品牌，实现了线上线下渠道融通、一站式服务和精准营销，形成了具有石化特色的"互联网+"商业生态圈。通过数字化改造、智能化升级，初步打造了"石化智云"工业互联网平台，推动了生产组织方式、运营管理模式创新，实现了资源配置优化、生产协同高效，促进了企业提质增效、绿色发展，为实现全面可持续发展、高质量发展增添了新动能。

与此同时，中国石化积极推进企业信息化综合应用、融合创新，组织实施了"深化应用创新创效"行动计划，充分挖掘信息化的创新驱动、价值创造潜力，大力营造"两化"深度融合"比学赶超"良好氛围，广大信息战线的同志们为此付出了艰苦的努力，做了大量卓有成效的工作，形成了一批创新应用典型案例和优秀成果，其中有多项成果被国务院国资委和工信部选为"央企信息化应用优秀案例""国有企业数字化转型典型案例""新一代信息技术与制造业融合发展试点示范"。

为了便于企业深入交流、加强借鉴，信息和数字化管理部组织了"十三五"企业数字化、网络化、智能化发展创新实践案例征集与优秀案例遴选工作。在此过程中，得到了总部各部门和企业的大力支持，总结提炼了具有行业特点、石化特色的典型案例和实践经验，共征集企业案例140余篇。信息和数字化管理部会同总部有关部门组织专家进行了企业案例遴选与审核，累计选出70余篇代表性案例，并形成案例集编印出版。在此，特别向参加本次活动的人员表示衷心的感谢，向选为优秀案例的单位表示祝贺，也衷心希望大家对本书不足之处提出宝贵意见。

目　录

第一篇
综　述

加快信息和数字化建设　助力中国石化高质量发展

信息和数字化管理部

“十三五”期间，在集团公司党组的正确领导下，公司信息化牢牢把握新一轮信息技术发展趋势、紧紧围绕打造世界一流企业发展要求，主动求新求变，加快自身转型，信息化建设模式由传统“烟囱式”向“数据 + 平台 + 应用”新模式转变，信息化工作重心从“以支撑内部管理为主”调整为“对内支撑卓越运营，对外推进开放互联”，聚焦智能制造和“互联网 +”新业态两大主线，统筹规划、推进实施了信息化“421 工程”建设，持续加强网络信息技术与石化产业深度融合，着力提升信息和数字化综合能力，信息化在公司推进深化改革、攻坚创效、产业升级等工作过程中发挥了不可或缺的重要作用。

一、建设了集成共享的经营管理平台

全面推广了 ERP 大集中、一体化投资优化与管控、集团统一报表、共享服务等平台系统，完善提升了资金集中、合同管理、审计、纪检监察等系统功能，以 ERP 为核心的经营管理平台建设，推进了流程再造和资源共享，基本实现对全集团“人、财、物、供、产、销”的规范化管理，强化了集团管控、风险防范，促进了管理提升、业务转型。

ERP 大集中系统实现集团全覆盖应用。系统流程标准化率达到 92%，嵌入内部控制点 597 个，与资金管理、合同管理、费用报销、电子商务等周边系统紧密集成，实现了业务、财务、风控三大体系间的融合，支撑了业务协同、管理创新，财务管理实现集团会计核算“一本账”，全级次报表实现在统一系统、按统一标准快速出具。

资金集中管理系统实现集团全级次企业覆盖应用。以资金管理信息系统（TMS）为资金管理和业务处理平台，与财务公司业务系统、盛骏业务系统相互集成融合共同组成完整的资金信息平台，建立了集团统一的“资金池”“票据池”，覆盖境内外所有企业，企业资金集中度达到 94%，融资综合成本率控制在 3% 左右，资金集中管理综合运作效益年均 60 亿元以上。系统与 ERP、会计核算、财务共享、费用报销等系统建立数据交互、无缝衔接的集成关系，与国资委大额资金监管系统实现互联互通，按日推送大额资金支付数据至国资监管系统。

合同管理信息系统深化应用推进了中国石化法治建设。系统覆盖中国石化产业链上中下游各业务领域，为境内外企业提供了统一平台，支持了合同全过程闭环管理，系统与 ERP、OA、电子商务、工程招投标、业务公开、档案等 30 余个业务系统集成，实现合同管理标准化、流程化、集成化、规范化、信息化、国际化，合同平均审批周期已从 15 天下降至 4 天，累计运行合同数据达 482 万份。合同系统建设使合规管理纳入内控体系，实现了法律管理与业务管理有机融合，真正实现了有章可循、有据可依，增强了全员法律意识，提高了企业规范经营和合规管理水平。

一体化投资优化管控共享平台规范了集团投资管理。以战略、规划、计划、项目全生命周期管理为主线，整体设计、分步实施，构建了集中统一的一体化投资优化管控共享平台，实现了对战略规划、项目前期、投资计划、执行监控、投资优化组合和项目经济评价的全过程一体化管控。通过投资与项目动态监控系统，对投资项目全程进行有效监控，全面掌控前期工作、年度计划、物资采供、工程施工、资金支付、财务核算等主要环节执行情况，及时跟踪测算投资效益效果，动态优化调整投资安排，从严抓实投资回报，适时控制投资风险，促进提升项目运行质量和投资效益。

共享服务平台支撑了一体化共享服务业务运营。建设智能高效的共享服务业务运营平台，支撑财务、人力资源、IT 等共享服务业务运营，实现专业化分工、标准化操作、流水线作业、智能化处理。利用云计算、大数据、人工智能等新技术开展数字化、智能化应用，发票识别与校验总用时由 1.5 小时缩短到 6 分钟以内，月结程序执行时间由 25 分钟缩短至 15 分钟；开发应用替代人工作业的流程自动化机器人，提高业务处理效率和准确率，工作效率提升 10 倍。

统一的经营管理大数据服务平台支撑数据共享与深度挖掘分析。统一门户入口、统一制度标准、统一治理体系、统一数据源头、统一资产发布、统一数据应用和工具集服务。接入内、外部 353 个源系统，共形成集市层数据模型超过 1600 个，开发服务 API 超过 1000 个，初步确认 33340 个数据资产，支持了财务、物资、营销、金融等业务领域数据共享和分析应用。

纪检监察监督管理平台支撑了“互联网 + 监督”新模式。建立数据公示、违规预警、问题管理、全文检索、价格比对、廉洁风险、党风政风等 10 个功能模块，应用范围包括总部及 138 家企业，促进了“大监督”格局建设。其中，重点业务公开主要实现对集团经营的 10 大业务进行在线公示，并实现数据分析、风险问题管理等功能；廉洁风险防控主要实现廉洁风险岗位、风险信息的提醒等管理，建立廉洁风险库和预警信息库；监督执纪问责主要实现领导活页夹、档案、信访、线索、案件等管理，实现问责数据的自动统计。

二、建设了协同智能的生产营运平台

以智能制造为主攻方向，加强了生产领域数字化、智能化建设，打造协同智能的生产营运平台，推进智能化“田场站院”试点与推广建设，建成了 2 家智能油气田、11 家智能工厂、150 余家智能加油服务站、1 家智能研究院建设，提升了企业生产管理数字化、网络化、智能化水平，促进了提质增效，支撑了高效运营。其中，九江石化、镇海炼化、茂名石化、上海石化、普光气田等 5 家企业获评全国智能制造试点示范。

建立起覆盖集团全产业链的生产营运指挥系统。实现了全链条 6.5 万类生产数据、30 余万路现场视频的集成，形成了集油气勘探与生产、原油资源、天然气资源、炼油生产、化工生产、油品与非油经营、化工销售等七大板块业务于一体的综合生产运营管控，为总部及时掌握生产动态、统筹调度、应急支持、宣传展示提供支撑。

建成覆盖全产业链的生产经营一体化优化模型。利用计划优化软件，建成了覆盖油田、炼油、化工、销售上中下游全产业链的生产经营一体化优化模型以及面向炼化企业级模型、区域模型及板块整体优化模型，实现资源合理配置，加强区域资源平衡优化，提升板块间和企业内部的协同能力，提高了集团生产经营一体化优化水平，每年综合增效 10 亿元以上。

建设推广安全、环保、能源、智能化管线管理等系统。安全管理覆盖 106 家企业、3.8 万余个基层单位，总部和企业随时了解安全隐患和治理完成情况；环保管理实现对生产企业 623 个重点污染源排放点的实时监控、超标报警和趋势分析；能源管理在 18 家炼化企业推广，实现了能源的供、产、耗全业务流程管理、可视化展示，通过能源优化模型，实时推送优化方案，综合平衡全局用能，促进了节能减排、降本增效；智能化管线管理覆盖总部和 52 家企业，实现了对长输、厂际管线的数字化、可视化管理，提高了管道隐患治理和油气管网安全运行水平。化工品物流管理实现 95% 的公路普货运输实时监控、运距优化、返程配货，实现 100% 危化品运输的实时监控。

智能油气田建设。在中原油田普光气田、西北油田采油三厂 2 家试点完成了油气藏动态管理、单井管理、管网管理、设备管理、QHSE 管理、协同研究及生产运行优化 7 个智能化应用上线试运行，实现压缩机、抽油机等关键设备故障智能诊断，单井、管网等关键参数预警预测。

智能工厂建设。在“十二五”完成 4 家智能工厂试点基础上，“十三五”期间完成了齐鲁石化、天津石化、上海石化、金陵石化、海南炼化、青岛炼化等 6 家企业推广，首次在中科炼化实现了生产基地和智能工厂建设同步设计、同步施工、同步投用，累计建成 11 家炼化智能工厂，走在了我国流程工业智能制造应用领域前列。通过数字化改造，企业的自动化控制率、数据采集率均达到 95% 以上，劳动生产率平均提高 20% 左右，提升了企业全面感知、协同优化、预测预警和科学决策能力，创新了生产组织方式、运营管理模式，部分企业实现了一体化优化、精细化生产、智能化管理。

智能加油服务站建设。在广东、江苏、湖南、北京等省市加油站探索人工智能、物联网等新技术应用，初步实现车牌识别、智慧支付、数字营销，为客户提供了智能加油（包括人脸识别、身份证识别、车牌号识别、移动 POS 支付、APP 支付）、自助发卡、自助收银、扫码开票等便捷服务。完成站级一体化系统在近 2 万座加油站推广，“易捷加油”“石化钱包”等便捷应用实现全国上线，提升了加油服务站综合服务水平。

智能研究院建设。完成大连院智能研究院主体应用建设，建立了管道腐蚀预测、加氢装置运行分析远程诊断服务模式，技术服务时间由平均 3 天缩短到 1 小时。

三、建设了互联高效的客户服务平台

基于集团公司统一的石化云，建设以统一电商和客户管理为核心的客户服务平台，推广了“易派客”“石化 e 贸”等专业电子商务平台，促进了客户资源共享、营销服务模式创新，支撑了商业新业态发展，形成了具有石化特色的“互联网 +”商业生态圈。

统一构建了电子商务与客户服务管理平台。面向客户服务，在石化云上统一构建了电子商务与客户服务管理平台，建立了智能客户服务中心和 95388 统一客服，实现各专业销售智能化客户服务，支撑采购、销售、金融科技等业务创新，助力新模式新业态发展。

建设推广了“易派客”物资采购电子商务平台。2016 年“易派客”正式上线运行，为中国石化以及社会企业提供物资采购、销售、金融和综合服务。2018 年推出国内首个工业品企业及产品评价标准——“易派客”标准（ES），对企业及工业品精确评价、精准画像，2019 年 4 月 9 日获批国内工业品电商领域首个“国家技术标准创新基地”。2019 年 4 月启动供应链阳光行动，倡导关联方采购标准化、制造数字化、物流透明化、信息互联化，已与 900 余家供应商及关联方企业实现一体化连接。搭建英语、俄语、西班牙语站点，实现中文站与国际站双平台资源互通与系统联动，提升中文站用户在海外市场的贸易机会、满足中文站用户海外采购需求，并助力海外供应商开拓中国市场。打造了易采购、易保险等“易”系列服务产品，业务遍及 104 个国家和地区，平台运营 5 年累计交易额突破 1.4 万亿元。“易派客”被国家商务部列为金砖国家 2017 年八项核心成果之一，被工信部评为“2017 年制造业与互联网融合发展试点示范项目”，被国资委评为 2018 年“央企信息化应用优秀案例”“2020 年大数据产业发展试点示范”。

建设推广了“石化 e 贸”产品销售电子商务平台。2016 年建设了“石化 e 贸”平台，并逐步实现化工产品、炼油产品、天然气、润滑油、燃料油等销售业务推广上线以及第三方商家推广上线。“石化 e 贸”为客户提供了合约采购、现货销售、竞价交易、在线支付、物流服务、客户评级等“一站式”销售服务，实现了产、销、储、运信息共享、协同联动，开展了商机管理、客户开发等大数据分析应用，支撑“一户一案”“一企一策”营销策略实施，提高了市场快速响应、精确营销服务能力。2019 年平台成交量达 3712 万吨，2020 年平台成交量达到 5578 万吨，同比增长 50% 以上。“石化 e 贸”被国家发改委评为 2016 年“中国‘互联网 +’行动百佳实践奖”，被国资委评为 2018 年、2020 年“央企信息化应用优秀案例”。

构建了以“易捷网”为核心的油品和非油品综合服务矩阵。实现了线上线下多渠道聚合、多场景无接触消费服务，支撑了多元化经营生态圈建设。截至 2020 年，统建及企业自建微信公众号、掌上营业厅 APP、加油卡等线上线下多渠道共汇聚会员 2.8 亿；其中通过掌厅 APP、统建微信公众号注册会员、关注人数 3332 万，企业自建移动端 APP 注册会员 5950 万，企业自建微信公众号关注人数 3487 万。在中国石化近 3 万座加油站推广实施“电子钱包”，并面向全社会开放，全面实现无接触加油、无接触支付、无接触开票、无接触购物。客户可享受不下车加油服务，还有充值、开票等无接触式服务，全程车内操作，一键加油，省心又安全，有效减少了客户和员工的面对面接触，进一步降低感染风险，为打赢疫情防控阻击战贡献了力量。

推进了金融科技平台建设，完成B2C支付、通用风控和征信服务等功能上线应用，实现供应链金融产品、在线保险产品试点上线。完成了商旅平台在全集团推广上线，实现员工差旅全流程服务，2020年累计服务员工出行27万余次。

开展客户服务领域新技术应用。通过建设客户大数据应用，打造以客户为中心的全流程数据支撑能力，构建个性化、多元化、全方位的客户服务体系。其中，润滑油公司通过客户大数据应用，实现精准分析客户价值和预测客户行为和需求，优化客户开发和销售过程，准确把握客户服务时机，提升客户服务和营销效率，构建更为全面、智能、精准的数据分析服务。利用图计算、机器学习等技术，审计部门和销售公司对企业招投标、销售及加油卡使用等领域的违规行为进行识别，加强审计业务的广度和深度；提升违规行为模式的模糊识别度，减少大量手工操作，提升工作效率，为监督审计提供数据支撑。

四、建设了敏捷安全的技术支撑平台

基于云架构构建集中、协同的技术支撑平台，整合信息资源，提升了网络、云资源等基础设施能力，提高了资源利用效率，保障了信息系统稳定运行。持续加强网络安全管理，建立健全网络安全防御体系，信息系统安全保障水平迈上新台阶。

加强云服务能力建设。建成覆盖总部、区域中心和企业的混合云，涵盖计算、存储、网络、数据库、中间件、大数据等各类云服务，规模达2100多台服务器、13万核CPU、12PB存储（不含企业），支撑了900多个应用系统的建设和运行；初步实现90%的总部新建应用云上部署、项目开发过程线上管理。

加强网络基础设施建设。按照“总部–区域中心–企业”的网络架构，建成境内外10个区域中心、9个子节点，主干网络覆盖235家企业和分支机构，主干网总带宽达到50Gbps，出口带宽40Gbps，实现互联网访问、远程接入、互联网应用对外发布统一管控，降低互联网出口网络安全风险。

加强灾备及应急保障建设。建成南京灾备中心，实现资金集中等27个重要系统的异地灾备；建设了境外应急通信平台，实现尼日利亚、南苏丹等重点地区派出机构与总部的应急通信。

加强基础应用建设。建立了集团统一的邮件系统，用户超36万；推广了移动平台，用户超87.7万，接入应用550多个，建立了即时通信工具“石化通”，协同办公效率显著提高；在总部和146家企业推广了高清视频会议系统；建立了IT运维服务平台，实现总部1.6万台IT设备、146套应用系统的集中管控。

加强网络安全风险管控体系建设。中国石化严格落实国家《网络安全法》《中华人民共和国数据安全法（草案）》等法律规定，根据“依法合规、落实责任、风险可控、提升能力、增强意识”安全管理工作思路，从安全防控整体层面形成了配套的定级备案、安全测评、安全防护配套机制，建立健全网络安全管理体系，强化“三同步”管控，构建网络安全技术防护体系，建成了网络纵深防御体系和态势感知平台，实现互联网应用、互联网访问和桌面终端安全管控全覆盖。组队参加了“2020全国工业互联网安全技术技能大赛”和“中央企业‘新基建’网络安全技术大赛”，分获团体总分奖和团体二等奖。集团公司“十三五”连续五年获评全国网络与信息安全通报机制先进单位。

五、加强统筹管理，促进企业“两化”深度融合

加强信息和数字化顶层设计。围绕集团公司“打造世界领先洁净能源化工公司”、构建“一基两翼三新”产业格局的总体部署，编制了《中国石化数字化转型战略研究报告》《中国石化“十四五”信息化发展规划报告》，系统谋划了集团公司未来一段时期信息和数字化发展的目标、路径和重点任务，初步完成集团公司信息化应用架构（信息化树）设计，为总部、事业部（专业公司）和企业的各层级信息化建设提供了基本遵循。

优化完善信息化管理体制机制。完善了信息化制度体系框架，新修订了《信息和数字化管理办法》《信息系统安全等级保护管理办法》《网络安全和信息化考核细则》等规章制度；制定了12项“石化智云”平台建设技术规范，初步建立了以内部企业IT团队为主的“石化智云”平台运营机制；开展了数据治理工作，油田、炼化企业数据资源中心试点建设取得突破。

加强信息标准化体系建设。形成了包括技术标准、数据标准、应用标准的信息化标准管理体系，搭建了集中统一的信息标准化管理平台和主数据管理（MDM）平台，实现了信息化标准的统一发布、信息标准代码的统一维护管理。建立了统一的ERP大集中系统模板；统一管理了内部单位、外部单位、会计科目、物资物料等20大类700多万条标准代码；统一编制了智能工厂建设标准，10余项标准纳入国家智能制造标准。

制定实施了信息孤岛三年整治计划（2018—2020年）。在总部、事业部和企业三个层面同步推进系统集成整合工作，累计完成184套总部统推系统集成，完成油田、炼化和油品销售企业726套系统、1484项需求的集成整合，实现了三年消除信息孤岛的既定任务目标。

组织实施深化应用创效行动计划（2016—2020年）。推动企业加强信息化综合应用、协同应用，持续提升深化应用水平。通过价值引领专项行动，培养创新创效成果758项、绩效提升63244项、创效118亿元、培养示范企业28家；通过能力提升专项行动，培养应用专家型人才100人、培育创新创效工作室37个、完善各企业信息系统预案261个；通过“补短板、强弱项”专项行动，帮扶了29家企业570人次、开展专题培训19期1032人，实现100%企业达标的目标。

组织企业开展“两化”融合管理体系贯标工作。各贯标企业建起了与现有管理体系有机融合的“两化”融合管理体系，形成了推进“两化”融合的长效机制，营造了“以融合

促创新、以创新促发展"的良好氛围，实现了由信息化能力提升向企业竞争优势提升的成功转化，促进了管理模式、生产模式和服务模式的创新，提升了企业竞争力。截至2020年，累计实施贯标企业达62家，累计通过贯标认定企业达到47家，总数排名央企前列。

"十三五"信息和数字化获得的荣誉。"十三五"以来，集团公司信息化水平持续位列央企第一方阵前列，累计获评国家试点示范23项、央企典型案例15项。其中，集团公司被工信部评为"'两化'融合突出贡献单位"，"石化智云""石化e贸""易派客"、共享服务平台、智能工厂等被国资委评为"央企信息化应用优秀案例"；九江石化、镇海炼化、茂名石化、上海石化、中原普光等5家企业获评国家级"智能制造试点示范"；石油石化工业互联网平台（ProMACE）被工信部选为"2018年工业互联网试点示范项目"，油气生产智能管控等2个工业APP获评"2019年工业互联网APP优秀解决方案"，青岛安工院、化销公司、镇海炼化、胜利油田等4家企业成果获评"2020年国有企业数字化转型典型案例"。

六、"十四五"信息和数字化发展展望

面对全球新一轮科技革命和产业变革加速演进，面对我国能源发展洁净化、数字化、多元化的大趋势，中国石化认真贯彻习近平新时代中国特色社会主义思想，牢固树立新发展理念，坚持以技术立企兴企强企，聚焦提质增效升级和塑造竞争新优势，大力推进产业数字化转型，为打造世界领先洁净能源化工公司、带动我国能源化工产业高质量发展持续注入新动能。

"十四五"期间，中国石化信息和数字化发展紧扣集团公司"全面实施世界领先发展方略"总体部署，按照"数据+平台+应用"的新模式，基于"石化智云"工业互联网平台，围绕25个业务域开展信息化建设，着力提升集团一体化管控能力、板块创新创效能力、专业化统筹管理能力和新经济价值创造能力，为公司打造新模式、培育新业态、发展新经济赋智赋能。

"十四五"期间全面建成信息化"432工程"。即，建成支撑全产业链创新的管理、生产、服务、金融"四朵云"，构建集团完善统一的数据治理与信息标准化、网络安全、信息和数字化管控"三大体系"，打造敏捷高效可靠的数字化服务和信息基础支撑"两大平台"（简称信息化"432工程"），形成"石化智云"工业互联网生态，公司信息化能力和数字化水平显著提升，有效促进公司新旧动能转换、产业提质升级。集团公司信息和数字化整体水平持续保持在央企信息化水平第一方阵前列，达到行业国际领先水平。

站在新的历史起点上，中国石化将以习近平新时代中国特色社会主义思想为指引，坚定不移走数字经济和实体经济融合发展之路，全方位、全链条推进产业数字化、网络化、智能化，高效推动质量变革、效率变革、动力变革，奋力打造世界领先洁净能源化工公司，为我国经济高质量发展、实现"两个一百年"奋斗目标和实现中华民族伟大复兴的中国梦作出新的更大贡献。

中国石化数字化转型战略研究

信息和数字化管理部

当前，全球新一轮科技革命和产业变革加速演进，世界政治经济格局深度调整。面对我国能源发展洁净化、数字化、多元化的大趋势，中国石化认真贯彻习近平新时代中国特色社会主义思想，牢固树立新发展理念，坚持以技术立企兴企强企，聚焦提质增效升级和塑造竞争新优势，大力推进产业数字化转型，为打造世界领先洁净能源化工公司、带动我国能源化工产业高质量发展持续注入新动能。

一、数字化转型背景

我国油气行业目前面临空前的生存发展压力。

（1）资源获取的压力。油气发现越来越多地在深海、高山、极地等条件恶劣地区，资源成本高企。

（2）安全环保的压力。能源企业部分领域基础管理依然薄弱，安全事故尚未杜绝，国内系列环保法规的出台给化工企业带来巨大的环保压力，不少炼厂由于城市的发展已经变为“城市炼厂”。

（3）转型发展的压力。炼油能力过剩和竞争形势严峻，化工产品同质化严重，高端产品缺口巨大。加之国际竞争加剧和世界经济大环境低迷，市场竞争不断加剧，行业迎来转型发展期。

（4）多元化竞争的压力。油气行业面对民营和外资企业开放，形成全产业链开放格局。外资企业积极布局，民营企业加速崛起，传统能源产业格局面临冲击。

（5）电动革命的压力。联合国环境署最新发布的《2019 全球可再生能源投资趋势》报告称，2010—2019 年，全球可再生能源投资总额达 2.6 万亿美元，仅 2018 年投资即达到 2729 亿美元，是同期化石燃料发电投资的 3 倍，可再生能源的崛起正在完全改变传统的能源市场格局。

与此同时，我国油气行业正面临着千载难逢的发展机遇。

（1）全球数字经济蓬勃发展。当前传统经济的发展势头有所放缓，而以移动互联网、云计算、大数据分析和人工智能等新一代技术为代表的数字经济增速强劲。2019 年，全球数字经济规模达到 31.8 万亿美元，占全球经济总量比重已经达到 41.5%，其中美国数字经济 GDP 占比 58%，中国数字经济 GDP 占比 36.2%；在经合组织（OECD）36 个成员国的商业研发投入中，用于数字经济研发投入占比 33%，很多国家用于研发数字经济的投入已经超过了本国 GDP 的 0.5%。随着全球数字化和信息化的加速发展，数字经济日益成为经济复苏和经济增长的新引擎。

（2）中国高度重视数字经济。数字技术的应用和发展是各国实现跨越式发展的绝佳机会。我国经济已由高速增长阶段转向高质量发展阶段，发展数字经济与我国加快转变经济发展方式形成历史性交汇。中国政府高度重视数字经济：从 2017 年“促进数字经济快速成长”，到 2019 年“促进新兴产业加快发展，壮大数字经济”，到 2020 年“全面推进互联网 +，打造数字经济新优势”，再到 2021 年“加快数字化发展，打造数字经济新优势，协同推进数字产业化和产业数字化转型，营造良好数字生态，建设数字中国”，数字经济在中国已进入“数字产业化”和“产业数字化”协同发展的新征程。

（3）新一代信息技术成为新的生产力。纵观历史，人类社会经历了农业经济、工业经济，已迈入数字经济时代，而新一代信息技术就是其关键变革力量。5G、物联网、云计算、大数据、人工智能、区块链等新一代信息技术正在加速创新突破，与各领域深度融合，从人人互联到万物互联、从海量数据到人工智能、从生活消费到生产制造，并赋能千行百业数智化转型，助其形成了以高速网络为基础、信息技术和数据要素为驱动的新增长方式，以及更高质量、更有效率、更可持续、更为安全发展的重要路径。

中国石化一直高度重视信息化建设，用信息技术提升传统产业，已在全集团得到深度共识。信息系统已经覆盖主要业务领域：在经营层面的集成共享经营管理平台，增强了集团管控能力，提升了精细化管理水平；在生产层面的协同智能生产营运平台，提升了整体资源优化能力，促进了提质增效升级；在营销层面的互联高效客户服务平台，促进了营销服务模式创新，支撑了商业新业态发展；在技术层面的敏捷安全技术支撑平台，夯实了信息化发展基础，保障了信息系统稳定、高效运行，为公司数字化转型打下了坚实的基础。

二、数字化转型战略工作回顾

根据集团公司的统一安排，信息和数字化管理部会同总部各部门、各事业部、专业公司成立了编制小组，制定了编写方案和工作计划，组织访谈交流和业务调研，结合国家数字化转型要求、中国石化“十四五”信息化发展规划及各板块业务的实际情况，开展了数字化转型战略研究，提出了中国石化数字化转型的思路目标和重点任务。

（一）编制准备阶段（2020-05—2020-07）

准备阶段成立了编制小组，制定编写方案和工作计划，并通过对标壳牌、埃克森美孚、BP 和中国石油四家石油公司信息和数字化建设情况，提出中国石化数字化转型的评估指标。同时，编制小组研究石化行业全产业链数字化转型发展趋势，结合中国石化的业务和数字化转型基础，探索发展方向。

（二）访谈调研阶段（2020-08—2020-09）

本阶段，编制小组对接总部各部门、油田勘探开发事业部、炼油事业部、化工事业部、油品销售事业部、资本金融事业部及12家企业数字化转型的需求，并与麦肯锡、德勤、高德纳、IDC、华为、SAP等公司进行交流，深入探讨研究了数字化转型的定义、方法论和国内外数字化转型最佳实践。

（三）报告编制阶段（2020-08—2020-11）

经过讨论研究，编制小组选择化工和材料板块先行开展了板块数字化转型研究，并于8月14日完成向化工和材料党工委汇报，8月26日会同总部各部门、各事业部、专业公司召开中国石化数字化转型战略研讨会，提出数字化转型战略的思路、目标，及“1+4+15”工程。

（四）征求意见阶段（2020-12）

信息和数字化管理部组织内部讨论，修改完善，形成征求意见稿，征求总部各部门、各事业部、专业公司等17个单位的意见，并根据反馈意见，组织修订完善转型现状、痛点、方向和数字化转型重点任务，形成汇报稿。

三、中国石化数字化转型基础

（一）石油化工行业数字化转型内涵、核心要素和三个阶段

1. 石油化工行业数字化转型的定义和内涵

数字化转型是以价值创造为目的，以提升效率和效益为导向，用数字技术驱动业务变革的过程。

（1）以价值创造为目的：重构价值创造和传递环节，盘活存量价值，并不断挖掘新的价值增长。

（2）以数字技术为驱动：推动能源化工行业向数字化、网络化、智能化发展，发挥数据的核心要素作用。

（3）以业务变革为核心：数字化转型核心是业务转型，推动从业务数字化向数字化业务转变。

（4）是一个系统性工程：数字化转型不是一次性任务，而是一个持续打造新型能力的长期变革过程。生产力变革与生产关系变革相辅相成，螺旋式上升。

（5）突出效率和效益提升：数字化转型应围绕提升效率、效益展开，不断提高全要素生产率和资源配置效率，提升企业经营效益。

2. 数字化转型核心要素

数字化转型是信息技术引发的系统性变革，生产力和生产关系都将发生变化，从物质经济、规模经济的生产力和生产关系转变为适应数字经济、范围经济的生产力和生产关系。要适应这种变革，就要推动企业各领域的全面转型，实现业务、组织、技术的互动创新和协同优化（图 1）。

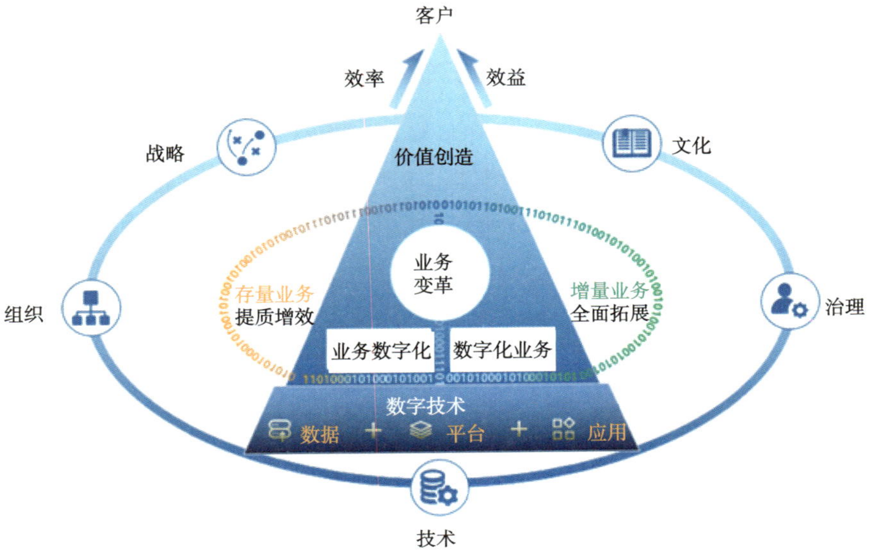

图 1 数字化转型

数字化转型的核心要素是业务、组织和技术。

（1）业务转型：注重客户为中心、全价值链优化、生态协同。

（2）技术转型：注重科技创新、数据驱动、体系健全。

（3）组织转型：注重组织变革、人才培养、文化塑造。

3. 数字化转型的三个阶段

数字化转型要着力培育壮大数字生产力，打破层级化、职能化的生产关系，从产业链、供应链、价值链的角度，构建与数字生产力相适应的组织与运行机制，实现模式再造。在转型推进中，内容、范围不断扩大，由局部优化渐至全局优化和全面变革，价值效益随之逐步提升。企业数字化基础不同，可以同步推进，也可以循序渐进。转型的终极目标是重新定义客户价值，开拓全新业务模式，颠覆固有的工作方式。一般来说，通过业务赋能、运营优化、模式再造，最终实现全面转型。

（1）业务赋能阶段的核心目标是加强业务协同，提升业务运行效率。其关注重点实质是技术转型，打造数字化基础能力，实现业务数字化，为产品、工具、员工、团队赋能；统筹推进数据融通，加快数据资源共享，提升数据的管理和运用能力。

（2）运营优化阶段的核心目标是动态响应内外环境变化，提高资源优化能力。关注重点为优化管理模式、运营模式、产品服务模式、生产模式；挖掘数据价值，形成数据洞察，以数据自动流转带动资金流、人才流、物资流的合理配置，实现智能决策。

（3）模式再造阶段的核心目标是创造新的效益增长点，实现业务转型升级。其关注重点为再造组织、流程，打造全新的业务模式，重构融合产业要素，形成商业新业态、业务新环节、产业新组织、价值新链条，从业务数字化向数字化业务转变；形成数字化生态，适应竞争环境的快速变化。

（二）中国石化信息和数字化的现状

近年来，中国石化大力开展信息化建设，在生产营运、油气勘探开发、工程设计、安全环保监控、设备健康管理等领域实现了业务赋能；在炼化生产优化、加油站管理、科研项目管理、数字化交付、供应链物流等领域实现了运营优化；在炼化生产日效益日优化、化工产品销售、物资采购电子商务、新零售等方面实现了模式再造，为数字化转型奠定了扎实基础。

受宏观环境变化等因素影响，能源化工行业进入转型变革期，竞争日益激烈，全球各大石油公司纷纷加大数字化投入，利用新一代ICT技术进行全产业链业务转型，抢占数字化发展先机。中国石化在业务水平、信息化水平、数字化转型水平三个方面综合对比看，总体上仍存在一定差距，但经过多年发展，已具备较好的数字化转型基础。

业务水平：中国石化业务层面发展迅速，取得巨大成绩，已实现对主要能源化工企业的规模反超，具备较强价值创造力、一定水平的运营管理力、资源配置力和创新引领力。

信息化水平：中国石化信息化管控能力处于同行业国内领先水平，在信息基础设施支撑能力和信息技术业务支撑能力方面同世界领先企业相比，仍有提升空间。

数字化转型水平：新冠疫情加速了油气行业数字化进程，各大石油公司均将数字化作为技术创新的主攻方向和提升核心竞争力的重大战略，各企业数字化转型的实施策略和方法路径呈现多样性，总体来说均处于数字化转型起步、探索阶段。

四、中国石化数字化转型思路、目标和重点任务

面对国内外新的环境，中国石化集团党组提出，要实施世界领先发展方略，紧扣打造世界领先洁净能源化工公司这一愿景目标，坚决扛起保障国家能源安全、引领我国石化工业高质量发展两大核心职责，加快构建以能源资源为基础、以洁净油品和现代化工为两翼、以新能源新材料新经济为重要增长极的“一基两翼三新”产业格局，大力实施价值引领、市场导向、创新驱动、绿色洁净、开放合作、人才强企发展战略，分三步把中国石化打造成为世界领先洁净能源化工公司。

“一基两翼三新”产业格局，全景展示了中国石化转型升级的业务图谱。其中能源资源是必须筑牢的发展根基，洁净油品和现代化工是必须巩固提升的核心优势，新能源新材料新经济是必须加快布局发展的增量和未来。集团发展方略对公司信息化发展提出新要求，信息化工作必须抢抓机遇、乘势而上，转变工作重心，围绕核心业务，对内实现效率

改善，对外实现价值挖掘。坚持目标导向和问题导向相结合，补齐信息化发展短板，全面支撑业务发展。

（一）数字化转型战略的思路

以习近平新时代中国特色社会主义思想为指导，深入贯彻党的十九大和十九届二中、三中、四中、五中全会精神，认真落实党中央关于制造强国、质量强国、网络强国、数字中国等决策部署要求，紧紧围绕集团公司“打造世界领先洁净能源化工公司”愿景目标和构建“一基两翼三新”产业格局总体安排，贯彻新发展理念，坚持创新引领，把握新一轮科技革命和产业变革发展趋势，加强数字技术、工业技术和核心业务的深度融合，通过数字技术推动业务转型，提高发展质量和效益，为公司打造世界一流、实现高质量发展注入强劲新动能。

（二）数字化转型总体目标

围绕“打造世界领先洁净能源化工公司”愿景目标，按照“一基两翼三新”产业格局的战略部署，以石化工业互联网（石化智云）为支撑，聚焦集团一体化管控能力、板块创新创效能力、专业化统筹管理能力和新经济价值创造能力的提升，围绕全产业链开展数字化转型，重点开展十五项转型工作任务（1个支撑、4大能力、15项任务，简称“1+4+15”工程），以数字技术驱动管理创新、业务创新和商业模式创新，打造世界一流、行业领先的卓越运营新能力，实现集团公司高质量发展。

（三）数字化转型“1+4+15”工程

依托石化工业互联网（石化智云）（图2），聚焦集团一体化管控、板块创新创效、专业化统筹管理和新经济价值创造四大重点领域的能力提升，围绕中国石化核心业务价值链和管控体系，推进横向协同和专业化发展，综合考虑现有转型基础和预期价值收益等因素，规划了15项数字化转型重点任务。

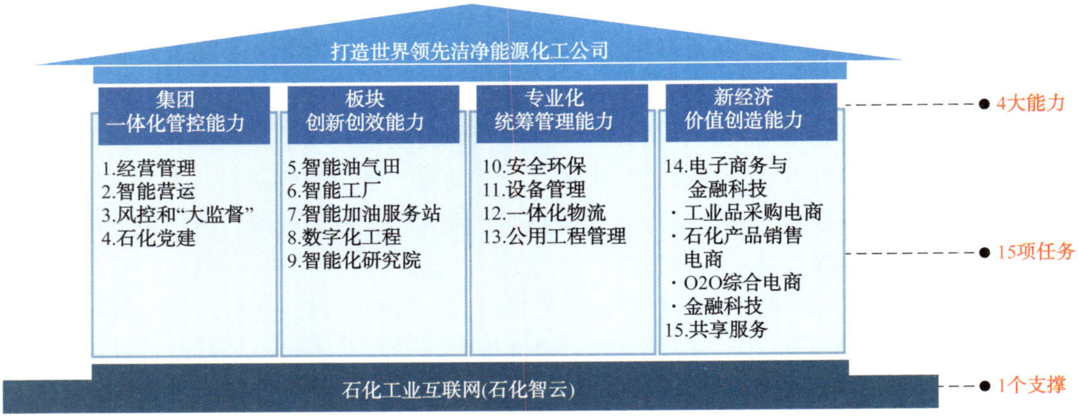

图2 石化智云

1. 数字化转型的一个支撑：石化工业互联网

以数为基、智为擎、云为翼，打造世界一流、行业领先的中国石化“石化智云”。以平台为支撑，促进内外协同、跨界融合，实现跨行业、跨企业的研、产、供、销、融等各环节资源汇集、数据共享、协同创新，构建开放、共享、共创的工业互联网生态。

基于工业互联网架构，采用“数据 + 平台 + 应用”的集成共享云服务架构模式，实现从单项应用向综合集成转变，构建“管理集约、开发敏捷”的通用业务、技术、数据服务能力，实现以业务为核心，从根本上打通传统壁垒和信息孤岛，提升系统纵向贯通性和业务覆盖度，促进业务协同，打造更敏捷、高效、安全的信息架构。

2. 数字化转型将提升四大能力：集团、板块、专业化、新经济

通过数字化转型，打造集团一体化管控能力、板块创新创效能力、专业化统筹管理能力和新经济价值创造能力，助力中国石化实现高质量发展。

（1）集团一体化管控能力。聚焦战略管控，纵向贯通战略规划、计划、预算和生产活动，横向打通价值链各环节，实现敏捷高效运营、跨板块跨企业资源优化配置，缩短经营决策到落地执行周期，激活企业的经营潜力，提升抗风险能力。推动组织扁平化、企业平台化、管理可视化，实现集中、精准、集约、智能的新一代集团管控。

（2）板块创新创效能力。聚焦提质增效，将数字技术与板块业务深度融合，打造智能油气田、智能工厂、智能加油服务站、智能化研究院，实现全产业链的智能制造。提升生产全过程、作业现场全场景集成互联和精准管控水平，提高全要素生产率和创效能力，激发企业经营活力，实现高效生产、安全生产、绿色制造，提升发展质量和效益。

（3）专业化统筹管理能力。聚焦数字赋能，夯实发展基础，创建数字与实体融合的全新业务模式。基于工业互联网平台对专业化业务进行升级改造，提升专业化业务的数字化智能化水平。建立扁平化、专业化、集约化的协调运作组织，创新专业化服务模式，打造高技术含量、高附加值的专业化服务能力，推动实现制造业服务化转型。

（4）新经济价值创造能力。聚焦价值创造，创新商业模式，重塑服务业态。以客户为中心，建立敏捷组织，优化供应链、制造链、产业链，拓展贸易链、资金链和服务链，快速应对市场变化，及时响应客户需求，不断创造客户价值，开辟新的价值增长空间。

3. 数字化转型的 15 项任务

为推进支撑中国石化数字化转型，按照四大重点领域分批次开展十五项数字化转型工作任务，用 5 年时间完成中国石化主要业务的赋能和优化、10 年时间实现集团公司整体业务的转型（图 3）。

集团一体化管控能力

- 任务1 开展经营管理数字化转型，打造精益化、敏捷化、智能化管理新模式
- 任务2 开展智能运营中心建设，打造协同优化、监测预警、深度指挥、智能分析、智能运营的生产运营新模式
- 任务3 开展风控和“大监督”的数字化转型，打造智能监控预警、风险监督管理新模式
- 任务4 开展石化党建信息化平台建设，推动党建工作从信息化到智慧化转型

专业化统筹管理能力

- 任务10 开展安全环保管理数字化转型，打造本质安全、绿色发展新模式
- 任务11 开展设备管理数字化转型，打造设备智能诊断、预知维修新模式
- 任务12 开展一体化建设，打造全程可控、全局优化、生态协同的物流运营新模式
- 任务13 开展公用工程数字化转型，打造一体化、集约化、共享化管理新模式

板块创新创效能力

- 任务5 开展智能油气田建设，打造协同化、一体化、智能化的勘探开发新模式
- 任务6 开展智能工厂建设，打造协同优化、实时优化、全局优化的炼化生产新模式
- 任务7 开展智能加油服务站建设，打造高效便捷、智能互联的油站管理新模式
- 任务8 开展数字化工程建设，打造协同设计、数字交付和智能服务新模式
- 任务9 开展智能化研究院建设，打造开放、融合、协同的科研新模式

新经济价值创造能力

- 任务14 ①开展工业品采购电商升级，打造数字化支撑、网格化共享、智能化协作的电商运营新模式
  ②开展石化产品销售电商升级改造，打造一体化、生态化的电商服务新模式
  ③开展O2O综合电商建设，打造全渠道融合的“人·车·生活”新零售生态圈
  ④开展产业金融平台建设，打造“产业经济·金融服务+生态体系”的数字金融新模式
- 任务15 开展共享业务的数字化转型，打造全品类、专业化的共享服务新模式

图3 数字化转型的15项任务

第二篇

加强信息基础设施建设
打造石化智云工业互联网平台

建设敏捷安全的技术支撑平台 支撑信息化建设高质量发展

信息和数字化管理部

“十三五”期间，集团公司信息化牢牢把握新一轮信息技术发展趋势，加快自身转型，信息化聚焦智能制造和“互联网 +”新业态两大主线，统筹规划、推进实施了“421 工程”建设，持续加强网络信息技术与石化产业深度融合，着力提升信息和数字化综合能力。建成了敏捷安全的技术支撑平台，完善了一体化运维和网络安全管控体系，支撑了信息化建设向“数据 + 平台 + 应用”新模式的转变，保障了信息化工作重心向“对内支撑卓越运营，对外推进开放互联”的调整。

一、扎实推进基础设施建设，为业务应用提供有力支撑

主要成效

“十三五”期间，IT 基础设施建设成效显著，南京江宁与北京沙河数据中心基本落成，“两地三中心”的架构初步显现，灾备能力同步得以增强，无论是总部数据中心、网络区域中心与汇聚子节点还是直属企业的网络性能与架构均得以持续优化与改进，网络承载能力明显提高，基础设施云平台逐步完善并走向成熟，形成了良好的一体化运营机制，能够为业务应用提供便捷高效的支撑服务，达到了敏捷安全的技术支撑平台的要求。

一是基础设施云平台服务能力持续增强，云服务水平迈上新台阶。中国石化基础设施云平台为信息化“厚平台、薄应用”的发展模式提供了坚实基础，提高了 IT 资源的整体利用率，加速应用高效交付，支撑了中国石化的管理创新、优化增效、拓市扩销等多类型业务应用，推进“两化”深度融合。云平台实现了资源池化、组件标准化，为消除应用建设的“烟囱式”模式、打破信息孤岛提供了技术支撑。通过资源池化，实现资源集中共享，提高了资源使用率。云平台采用多种云计算技术，更好地适应了中国石化上、中、下游一体化的业务复杂性，满足了经营管理、智能制造、供应链管理、客服服务等多方面的业务需求。云平台通过一站式供给方式实现了资源前台自助化申请和后台自动化调度的联动，改变了传统的资源供给模式，实现资源按需供给，提升 IT 资源供给服务能力和效率。云平台持续交付中心改变了应用系统的开发模式。通过原型开发、原型引导、用户反馈、需求挖掘、快速迭代迅速满足业务需求，实现了标准化项目建设，同时敏捷开发模式大幅度加快应用

开发速度，缩短了应用开发周期。通过自主开发积累和沉淀，形成了具有中国石化特色的云管理平台和 PaaS 平台等软件自主知识产权，获得了“计算机软件著作权登记证书”。

二是中国石化网络架构日趋完善，性能与稳定性显著提升。通过总部数据中心高速光纤环网的建设和石化主干网络的扩容，大幅提升了数据中心间的网络传输性能，为应对 ERP、统一云平台等石化业务系统的集中化趋势，以及业务流量由分散式向总部、向数据中心集中的转变，起到了有力的支撑作用，也确保了大型数据同步、勘探开发云等大容量数据的稳定传输；通过增加子节点数量，延展了区域网络中心的覆盖范围，方便企业就近接入，降低了线路成本。在企业网络完善项目建设中，将企业的主干带宽提升至万兆，其中服务器区带宽可达 40G，缓解了企业云计算和高数据流量对网络系统的压力；通过对企业无线网络的补充完善，方便了企业员工智能终端的移动接入，很好地支撑了移动应用在企业的推广，并通过中国石化无线网络管理云台的建设，实现中国石化无线访问、权限、安全架构一致化，提升了无线网络的安全性；采用网络虚拟化技术和关键节点的冗余架构，并对企业老旧和非网管设备进行替换，将虚拟网络的范围延伸到网络末端，为下一步 IPv6 和物联网等新技术的应用做好了准备。通过 IPv6 试点项目的开展，为下一步中国石化 IPv6 大范围推广和部署做好了铺垫，对中国石化 IP 地址池提供了有力的补充，为云计算、物联网等业务的开展打下了更坚实的网络基础。通过互联网统一出口项目的建设，将互联网出口进行集中部署，合理分配网络和服务器等资源，加强互联网访问的管理，规范互联网应用的发布和远程接入的安全标准，降低来自互联网威胁的概率，为企业提供安全、便利、高效的互联网服务。

三是主要数据中心陆续建成投用，IT 基础设施技术支撑服务与备份能力稳步提高。南京江宁数据中心按照国标 A 级建成投用，充分发挥出异地灾备数据中心的作用，同时成为基础设施云平台的重要节点，提供稳定可靠的环境保障。沙河数据中心采用业内较为领先的设计标准，使用先进电力及冷源供应技术方案，打造了中国石化最先进的数据中心。配备了独立屏蔽机房与四间高密机房，为今后中国石化核心保密技术资产与高性能计算提供可靠保障；数据中心整体布局合理，在九层 IT 调度指挥中心，今后既可满足对外接待、形象展示的要求，也可以满足在紧急情况下应急开展系统应急处置、灾备演练、信息安全事件处置等工作要求。在南京江宁数据中心和北京数据中心部署了资金集中、区外加油卡、销售板块 ERP 大集中等 27 个重要应用系统的异地或同城灾备系统，建成了 14 套存储同步复制、9 套数据库同步的数据同步复制，总的复制容量达到 260TB。

二、打造实用高效的基础应用平台，提升系统应用效果

（一）总体情况

“十三五”期间，中国石化全力打造实用、安全、高效的基础应用平台，全面支撑集团公司信息系统集成应用和员工日常办公，大力提升信息系统使用成效和员工办公效率。

依托主干网“总部–区域中心–企业”三级组网架构，建成了覆盖总部机关及147家直属企业的视频会议系统，为政令的上传下达、疫情防控、复工复产搭建了实时高效的沟通渠道；依托人力资源系统建成了基于实名制的统一身份管理系统和用户账号全生命周期管理体系，实现了用户账号集中管理和供应、统一认证和单点、智能风险感知等功能，为各类应用系统提供了标准的身份和认证集成接口，降低信息系统开发成本；积极推进以密码技术为核心的基础安全系统建设，先后建成了基于国际密码算法的数字证书系统、电子签章系统和时间戳系统，为所有信息系统的建设和应用提供了最基本的安全保障；积极推广中国石化电子邮件系统深化应用，实现了总部机关与120多个海内外分支机构的全覆盖，邮件用户数达36万个，应用效果显著。基础应用平台的建成和推广应用，为中国石化的日常办公提供了便利，也提升了信息系统身份管理水平和安全管控水平。

（二）主要成效

“十三五”期间，以完善基础应用平台建设为基础，积极深化总部、企业视频会议应用和支持日常业务的电子邮件使用，加强面向所有信息系统的统一身份认证集成，极大提升了基础服务能力和业务支撑能力，取得明显成效。

一是视频会议召开次数逐年增长，提升了沟通效率，节约了大量差旅成本。“十三五”初，视频会议年召开数量突破1000次，以后逐年递增。“十三五”期间，累计召开视频会议数量超过7000次，参会一级分会场近10万场次，直属企业总参会人数400万人次以上，海外参会人数超过10万人次。考虑到企业向二三级单位转接，实际参会人数超1000万人次。在政策宣贯、工作部署、排产应急、培训交流等方面发挥了巨大作用，极大地提升了内部沟通效率，节省了会议筹备时间，节约差旅费用超5亿元，降费效益十分显著。特别是2020年，视频会议在新冠疫情防控、复工复产，中国石化开展“双战双胜”工作中发挥了巨大作用。

二是统一身份及密码服务技术取得创新，推广应用成效显著。统一身份管理系统采用业内主流认证协议和标准，运用多种双因素认证技术，自主开发区域认证中心和总部认证中心会话共享机制，形成了全局统一的认证和单点登录能力。整合了多种不同的安全认证需求，实现了动态认证链技术，具备动态调整认证环节和认证技术的能力，满足国家网络安全等级保护要求。系统自主知识产权归中国石化所有，获得国家版权局计算机软件著作权证（2018SR097915）。在2018年，获得“国家网络安全与工业互联网十佳解决方案奖”一等奖（图1）。

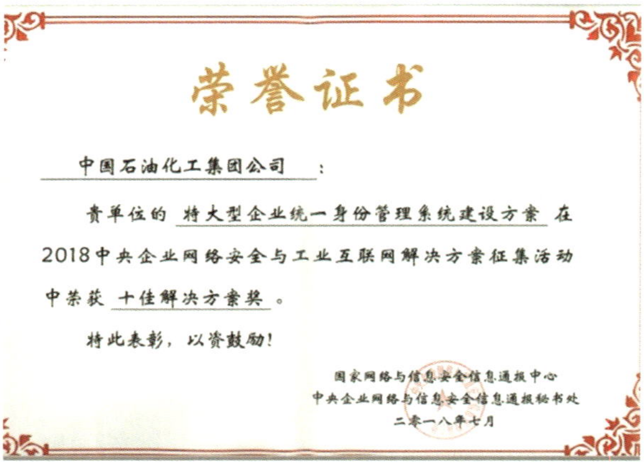

图1 获奖证书

按照总部“三统一”原则建成的统

一身份管理系统，设有北京、胜利、上海、广州、武汉、成都等多个区域认证中心，构成强大的认证服务云，提供高效可靠的、不间断认证服务。完成了130余家企业的推广，集成了2800余个应用，管理了80余万用户，日均用户账号管理操作5万余次，认证和单点访问300多万人次，累计完成账号管理操作2200多万条、认证和单点日志十几亿人次。

密码服务系统已推广374个数字证书受理点，数字证书服务覆盖中国石化总部、所有二级单位及部分三级单位；共签发6.9万张数字证书，其中1.9万张是国密数字证书，成为中国石化唯一、权威的数字证书颁发机构；收集发布了1.6万枚电子印章，23个系统在关键业务审批、合同签署及标书提交等环节使用符合《电子签名法》要求的电子签章服务，保障文件防篡改和防抵赖；总部及下级企业共140个应用系统使用密码技术在链路加密、身份认证、数据加密存储及传输、数字签名等环节使用密码技术保障重要数据完整性、机密性及不可否认性，其中23个应用系统使用国产密码算法。

统一身份管理系统和密码服务系统避免了各企业重复建设，节约了时间和经济成本。通过全企业推广集成，提高了用户身份管理及认证访问效率，降低信息系统用户管理和认证模块的开发成本。

三是电子邮件系统的深化应用，有效保障了集团公司日常各项工作的正常开展。“十三五”期间，累计收发邮件高达6.6亿封，数据达346TB，日均收发邮件达50万封300GB。针对海外分子公司安全需求，定制和完善相关邮件策略，满足了中国石化境内外生产经营管理的日常沟通、电子函件商务往来、任务下达及反馈、电子汇报材料上报等工作的需要，有效提升沟通效率、节约时间及沟通成本。邮件归档系统的上线，为内控审计、法律纠纷等业务提供有力支持。“十三五”期间，配合30余个分（子）公司和业务部门完成用户邮箱数据审计事件170多起；配合解决中国石化内部之间、与其他公司之间的多起法律纠纷案件，提取相关归档数据约20TB，为审计、诉讼等提供了有力的证据支持。

三、构建一体化运维服务体系，提升信息化运行效果

（一）总体情况

“十三五”期间，中国石化信息系统运维服务体系进一步完善。运维服务制度方面以《中国石化信息化管理办法》为依据，制定了涵盖机房、网络、资产、主机和应用、存储和备份、云资源、技术服务、安全以及系统账户管理等19个规章制度；运维服务管理流程方面主要围绕服务目录、服务水平、服务商、事件管理、问题管理、变更管理、配置管理、监控管理等事项新增21个规范细则、21个一级流程以及65个二级流程和188个表单模板；建立了上下一体的运维服务组织，信息与数字化管理部与石化盈科、IT共享服务中心、企业三支运维服务队伍不断完善三位一体的管理模式；运维服务管理范围覆盖统总部统建应用系统、总部数据中心、区域中心、主干核心网络、桌面终端以及企业自建应用系统、自建机房、工控边界隔离防护等。建成了集IT资源申请、问题提报、服务管控、

IT 资产管理、系统配置数据管控、系统运行监控、自动告警和故障处置等功能为一体的中国石化总部 IT 运维平台（图 2），并在部分企业试点应用，将运维服务管理标准与技术有机结合，实现了运维服务的流程化、自动化和数字化，监控及告警的自动化，为信息系统的安稳运行提供了有力保障。

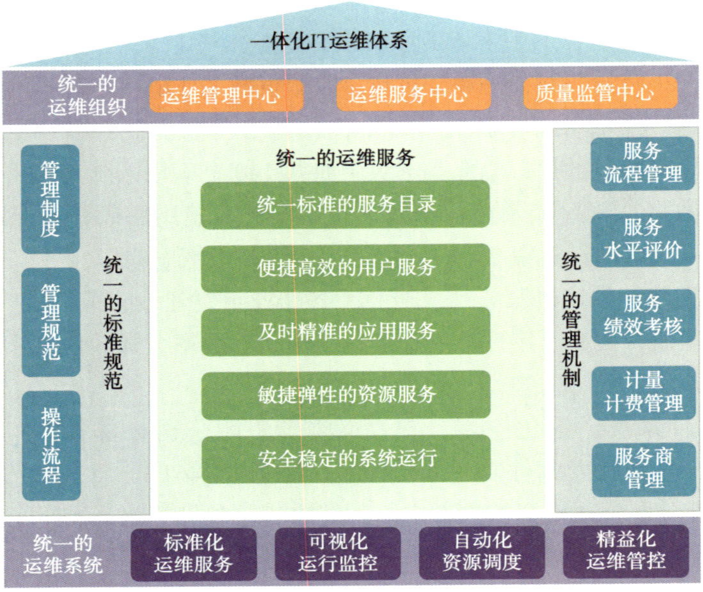

图 2 一体化 IT 运维体系

（二）主要成效

“十三五”期间，以完善运维服务制度、流程为基础，着重提升运维服务能力，转变运维保障模式，增强运维管控力度，加大运维服务力量培养，信息系统运维服务取得明显成效。

一是运维服务规范化程度进一步提高。完善了运维管理制度、规范和流程，使运维人员在制度和流程的规范和约束下协同操作。以《中国石化信息系统运行管理办法》二级制度为依据，对运维管理、云资源管理、网络管理、IT 实物资产管理、灾备管理、应急响应管理六个方面涉及信息系统运维管理的 19 个三级制度进行了完善；新编 21 个规范细则、21 个一级流程，包含 65 个二级流程、188 个表单模板。

二是运维保障能力进一步提升。建立日常运行调度机制及重大问题报告制度，进一步提高问题处理的质量和效率，关键性运行可用性指标达到 99.9%；重点做好重大活动期间的信息系统运维保障，在每年的“两会”、国庆七十周年、新冠疫情防控等重点时期，未发生影响生产经营的重大事项；特别注重每个财务年度集团公司和股份公司财务年结保障工作，年结期间保障了 30 多万个在线用户的业务活动，处理数据 3 亿多条，出具报表 29 万多张，通过多个专业团队的联合运维，确保了年结工作的顺利完成。

三是运维服务模式实现从被动运维转向主动运维。通过开展预防性保障工作，提前排查系统潜在隐患，针对排查到的所有隐患制定整改方案。同时，通过对相关系统的基础设施定制相应检维修计划，并对核心系统进行有效的运维异常点溯源，动态监测系统性能，进一步优化系统参数配置，强化系统架构的立体化感知，保障系统平稳运行；依据内控制度，定期组织穿行测试，主动发现问题，做好自查整改，实现了从被动运维向主动运维的转变。

四是运维服务内容覆盖广泛，运维服务队伍不断壮大。截至 2020 年底，纳入统一运维服务的设备总计 18174 台套，其中计算机设备 9205 台套，存储设备 1606 台套，网络设备 4532 台套，安全设备 2282 台套，计算机专用及机房辅助设备 437 台套，通信设备 112 台套；纳入统一运维服务的总部统建系统 146 套、中间件 2054 套、数据库 1257 套和操作系统 20443 套，实现 IT 基础设施和总部统建信息系统的统一运维。集团公司运维人员总数增长至 3118 人，其中企业 2567 人（含共享公司运维人员 89 人），石化盈科 407 人，中燕信息、东海蓝帆等 IT 公司 144 人，运维人员占信息化人员 45%，尚低于能源行业 70% 左右的平均水平。

五是提升了 IT 服务信息化水平，形成了统一的数据资产。优化了 IT 服务流程，为总部用户、专业公司用户提供了便捷的一站式 IT 服务。IT 运维平台已产生 364869 张工单、3475 张变更单，有效支撑了总部基础设施和合同管理、MES、智能管线、门户、OA 等应用系统的运维支持工作。IT 运维平台提升了监控能力，告警的自动化通知缩短了系统恢复的时间，已通知和处置重要告警 3356 次。IT 运维平台 CMDB 数据形成了有效的组织资产，为信息系统运行维护和网络安全工作提供了支撑。IT 运维平台建设项目于 2019 年获得了中国石化科学技术进步三等奖。

四、筑牢网络安全基石，为数字化转型保驾护航

（一）总体情况

“十三五”期间，集团公司网络安全综合防御水平大幅提升，建立了网络安全责任制、“三同步”管控、网络安全通报、重点时期保障与应急响应处置等长效机制，实行信息化项目网络安全“一票否决”；建成了网络纵深防御体系和态势感知平台，实现互联网应用、互联网访问和桌面终端安全管控全覆盖（图 3）。集团境内互联网出口实现全面集中管控，全集团境内互联网出口从上千个消减为 22 个，有效降低了网络安全攻击风险。持续加强网络安全风险评估、隐患治理、定向帮扶和实战攻防演练工作，企业网络安全管理水平明显提升，2020 年评价达到 B 级以上水平的单位有 101 家，占比 83.47%，同比提高 20%，全集团未发生重大网络安全事件；高度重视、周密部署，认真组织企业参加公安部 2019 和 2020 网络攻防演习，总得分排名央企前列、行业领先；组队参加了“2020 全国工业互联网安全技术技能大赛”和“中央企业‘新基建’网络安全技术大赛”，分获团体总分奖和团体二等奖。

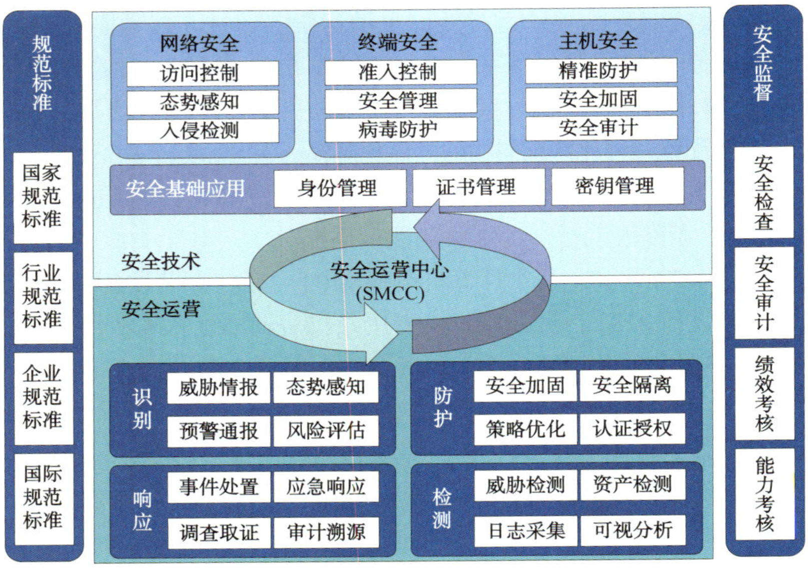

图 3 互联网安全管控

（二）主要成效

在网络安全体系有力支撑下，中国石化成功应对了“永恒之蓝”勒索病毒事件，有效组织了“国庆 70 周年”“两会”等重要时期网络安保工作，连续五年被评为“国家网络与信息安全信息通报工作先进单位”；公安部 2019 年和 2020 年网络攻防演习，总得分排名央企前列、行业领先，得到了中央网信办、公安部、国资委等部委的充分肯定，被公安部评为“央企最佳防守单位”。《中国石化网络安全管理体系变更与创新之路》成果，获得集团公司第二十九届管理现代化创新二等成果。

一是有效防御了大规模安全事件的爆发。2017 年 5 月 12 日“永恒之蓝”勒索病毒爆发后，集团公司党组迅速成立了总部和企业两级应急指挥小组，启动了网络安全应急预案，上下协同、全力以赴，从人员、资源、技术等多方面积极应对。由于部署及时、处置得当，有效防范了病毒入侵，保障了公司各项经营活动的正常开展。持续控制集团内部挖矿病毒蔓延，避免了网络攻击事件。

二是网络安全应急响应中心效益显著。在重要网络安保时期，集团公司各级占线协同联动，坚持 7×24 小时现场值守，执行每日“零通报”制度，及时消除各类网络安全威胁。长期跟踪防御处置境外有组织的 APT 攻击和邮件诈骗事件，避免了数亿美元的经济损失，取得了较好的经济效益和社会效益。

三是网络安全运营中心系统取得了良好的应用效果。在实现常态化的网络安全管控基础上，以防御“永恒之蓝”勒索病毒为代表的攻击事件及“两会”“一带一路”“新中国成立 70 周年”等重点时期安全保障中，发挥了重要作用。信息安全管控平台（SMCC）建设项目于 2018 年获得了中国石化科学技术进步一等奖。

四是网络安全人才培养取得长足进步。通过网络安全竞赛、靶场实训，选拔出了集团公司各行各业的网络安全攻防人才，掀起了网络安全技能比武的热潮。组队参加了“2020全国工业互联网安全技术技能大赛”和“中央企业‘新基建’网络安全技术大赛”，取得了团体总分奖和团体二等奖的佳绩。

（三）展望

展望“十四五”，中国石化将持续推进基础应用平台建设，进一步完善平台功能，加强系统深化应用，全力支撑中国石化信息系统安全稳定运行和集团公司业务正常开展。进一步优化中国石化视频会议系统架构，全面启用注册管理机制；积极推进中国石化私有云视频系统建设，完成中国石化视频会议传输专网建设，开通国际 SDWAN 专线；试点建设 4K 高标准视频会议会场，进一步提升国内外视频会议保障能力和视频会议召开效果。

“十四五”期间全面构建可感可控的网络安全体系，聚焦服务保障、网安监管，建成具备综合管控能力的网络安全运营中心，完善安全技防体系和工控安全防护系统建设，构建“实战化、体系化、常态化”的网络安全保障体系，提升“动态防御、主动防御、纵深防御、精准防护、整体防控、联防联控”六大安全能力。进一步提升网络安全运营的核心能力、扩大监管范围和监管纵深。包括借助机器学习、深度学习等 AI 技术加强主动安全智能化能力；加强平台与监管设备的联动能力、扩大联动的设备范围，进一步提高平台自动化网络安全运营能力；进一步整合资源、优化流程，实现全集团范围内的常态化网络安全运营。加强关键信息基础设施安全保护，完善网络安全监控响应运行机制，推进主动防御能力提升建设，持续消除网络安全风险隐患，做好网络安全攻防演练和重点时期网络安保，确保不发生重特大网络安全事件，保障信息基础设施与系统安稳高效运行，为集团公司“数字化工业生态”提供有力支撑。网络安全整体水平持续保持在央企信息化水平第一方阵前列，达到行业国际领先水平。

基于石化智云构建质量管控体系

信息和数字化管理部

数字化转型是中国石化决胜全面可持续发展、迈向高质量发展的必然要求。中国石化业务复杂、管理层级多，由于缺乏统一集成、共享复用的云平台体系支撑，信息化建设面临系统多、杂、散，系统架构、开发语言、数据访问方式等繁杂，系统间数据共享和联动难度很大，能力难以复用、知识沉淀困难，导致系统功能重复开发、共享复用难，开发周期长，成为制约企业数字化转型发展的瓶颈。

为解决上述问题，中国石化以“十三五”信息化发展规划为指导，坚持信息化“六统一”原则，按照“制度为本、标准引领、平台管控”的工作方针，建设了中国石化一体化的石化智云。按照“数据 + 平台 + 应用”的信息化建设模式，构建中国石化数据湖，打造石化智云平台，建设各业务版块的工业 APP 群，推进中国石化数字化转型。

一、构建企业数据湖，提供统一高效数据服务

中国石化通过多年的信息化建设，着眼于业务支撑，持续开展了专业库建设、源头数据建设、数据中心及深化应用、EPBP 等建设，实现了数据源头采集、全局集中管理，数据采集的范围和实时性得到大幅提升，为中国石化业务的发展起到了坚实的支撑作用。

在此基础上，中国石化提出要加快数字化转型顶层设计，全面谋划推进整体规划落实行动计划，开展数据治理试点及数据湖建设，构建企业级数据保障机制及支撑体系，提升面向大数据和云环境的数据服务能力，实现对于企业全量、全业务、全生命周期数据的资产化管理，支撑“数据 + 平台 + 应用”的信息化建设模式，助力企业数字化转型。

以胜利油田数据清点为例。数据盘点工作覆盖胜利油田分公司勘探开发、经营管理、生产运行等专业部门，建立数据资源业务分类，对各数据源进行梳理，同时理清数据支撑应用情况，明确数据归口责任，形成数据资源清单。经过初步测算，涉及 200 余套应用库和各类存储，累计结构化数据 7 亿余条记录，各类非结构化数据近 2000TB。

在企业数据清点基础上，基于中国石化基础设施云，搭建数据湖软硬件环境。设计数据入湖策略，根据各类数据的实际情况，按照逻辑入湖和物理入湖两种方式入湖。针对不同的业务数据源，完成数据资源的入湖，实现对数据源状态的动态感知、数据源的抽取和加载（图 1）。

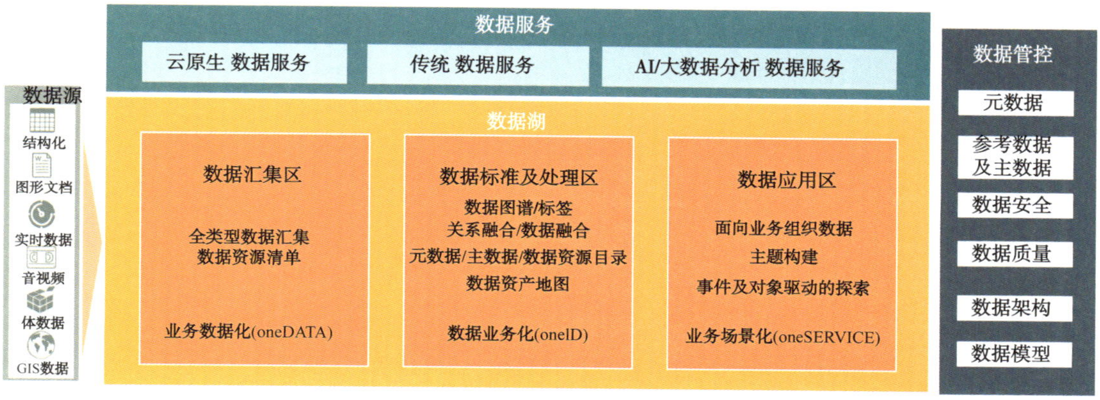

图 1　数据湖总体框架

（一）数据融合

利用复杂网络和数据自动化治理工具等人工智能技术，从数据模型、业务数据两个方面开展数据治理，建立全维度数据关系图谱，通过“一张图”全景展示数据维度及数据间关系，为发现隐藏在数据背后的规律和知识提供支撑，简化提升跨库跨表的综合应用能力和水平。

数据关系融合。应用复杂网络技术，基于元数据对入湖数据模型进行解析，构建湖、库、表、字段“四位一体”的数据关系图谱，实现数据关系融合。

数据内容融合。针对结构化、图形文档、实时等六类数据，制定不同的融合策略，实现不同类型数据之间的融合，为跨类型、跨业务数据集成检索和联合应用提供基础。

智能化数据组织。建立面向主题的智能化和自动化数据组织功能，满足传统应用、AI应用。

业务对象画像。设计面向业务对象画像的标签体系，完成井、设备、油藏等对象的标签建立，进行大数据画像。

（二）数据服务

基于数据湖建立了数据服务、服务集成、服务发布、服务申请、服务使用的管控流程，打造灵活、快速的数据服务定制能力，规范应用开发，提升支撑应用开发效率和业务应用能力。

制定数据服务规范。数据服务在支持传统应用的基础上，制定面向云上组件化应用和大数据智能化应用的数据服务规范。针对结构化、音视频、实时数据、体数据、文档图形等六大类数据的特点设计服务规范。

制定数据服务流程。建立从数据的服务定制–上线申请–服务审核–服务上线（入驻应用商店）–使用申请–使用审批–服务回收全生命周期的管控流程（图 2）。

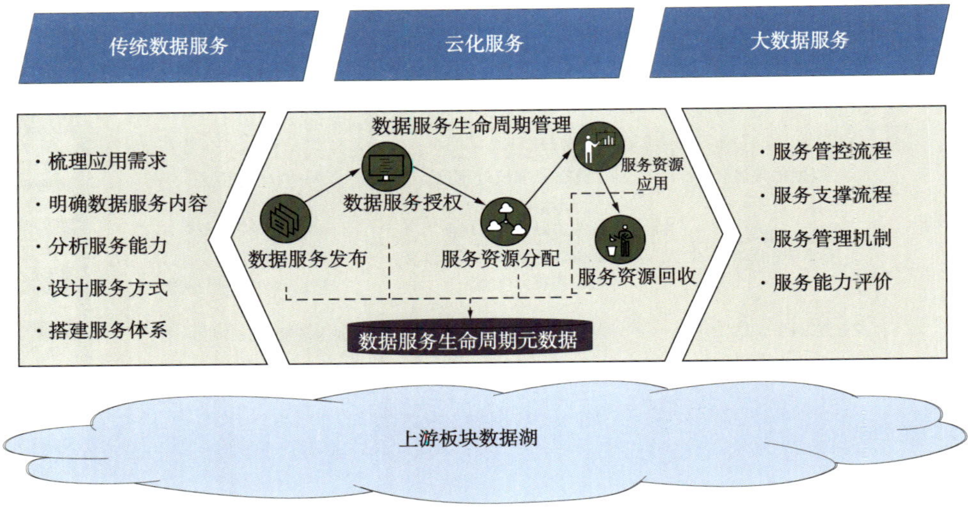

图 2 数据服务体系

数据服务注册。将数据湖海量的数据服务，纳入石化智云 API 管控中心统一管控，在石化智云的基础上，构建油气田业务服务能力。

服务提升与价值管理：通过对数据服务应用情况的跟踪与分析，评价数据服务能力以及数据湖数据热度，持续提升数据服务水平，建立面向大数据和智能化的数据服务新理念。

（三）数据安全

构建全面的数据湖安全体系，满足数据采集、传输、存储、应用过程中的安全管控需求，消除数据湖安全隐患（图 3）。

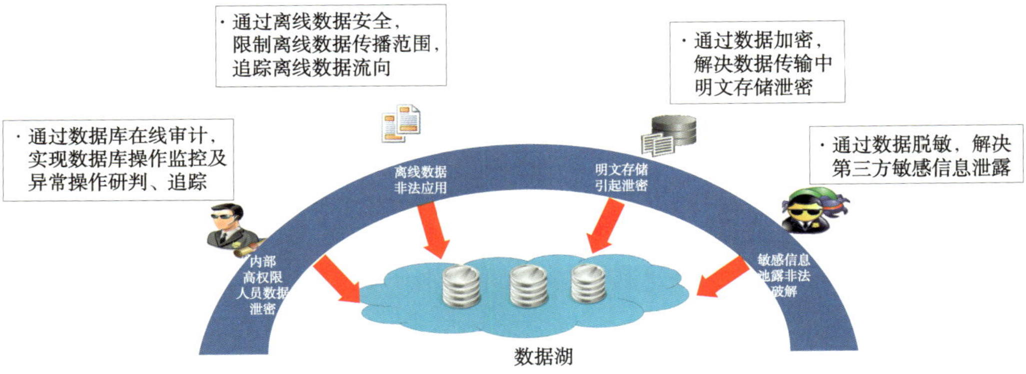

图 3 数据安全

数据操作审计。开展湖内数据增删改查等各种操作的在线审计，保障数据操作安全。

离线安全。建立离线数据的安全控制机制，从使用时间、访问次数、访问设备、数据流向等方面实现离线数据的访问控制，保障离线数据安全。

数据加密。通过对数据存储和传输两个环节进行数据加密，加强对敏感信息的主动安全防护，防止后台数据非法获取，以及网络抓包和解析。

数据脱敏。定制适合石化业务的脱敏算法、脱敏规则和脱敏方案，规避第三方开展软件测试时使用业务数据引起的数据安全隐患问题。

二、打造石化智云平台，构建信息化建设新生态

在数据湖建设基础上，按照"数据 + 平台 + 应用"的开发模式，打造统一集成、共享复用的石化智云，解决功能重复开发、共享复用难、开发周期长等问题。

石化智云以数为基、智为擎、云为翼打造，形成了完善的数字化服务能力，构建了数智赋能、产业协同、开放共赢的石化工业互联网生态。石化智云建设了能力开放中心、持续交付中心和服务管控中心，提供从底层资源到技术组件、业务组件的统一管控、统一发布、统一调用和统一监控等能力（图 4）。

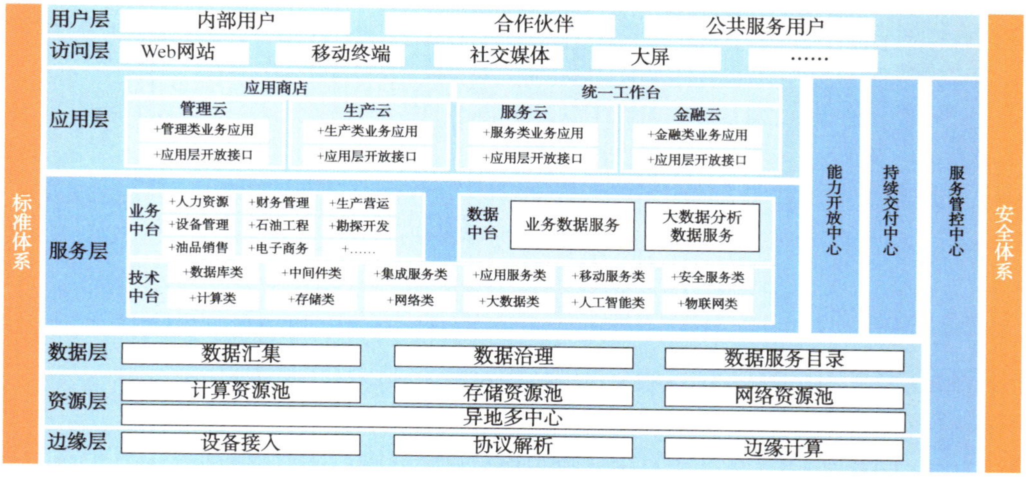

图 4　石化智云能力模型

（一）三中台

石化智云持续积累和沉淀业务中台、数据中台和技术中台服务能力，通过三中台的建设，为中国石化上层专业应用提供完善的数字化服务水平（图 5）。

建设数据中台。基于数据湖技术实现数据的接入和汇聚，通过数据治理实现数据资产化管理，为不同应用场景提供数据服务，支持全域业务应用、大数据分析以及人工智能应用。

沉淀业务中台。围绕集团主要业务场景，识别并构建全局共享的服务区，灵活支撑各业务领域应用诉求，减少重复建设，快速响应业务变化。实现各业务应用在平台上快速有序地生长建设，通过持续运营、中台赋能提升集团统建服务能力的价值最大化。

丰富技术中台。构建基础服务、安全服务、移动服务、数据服务、AI 服务等多类通用技术服务能力，为上层应用开发者提供标准、规范的技术组件。

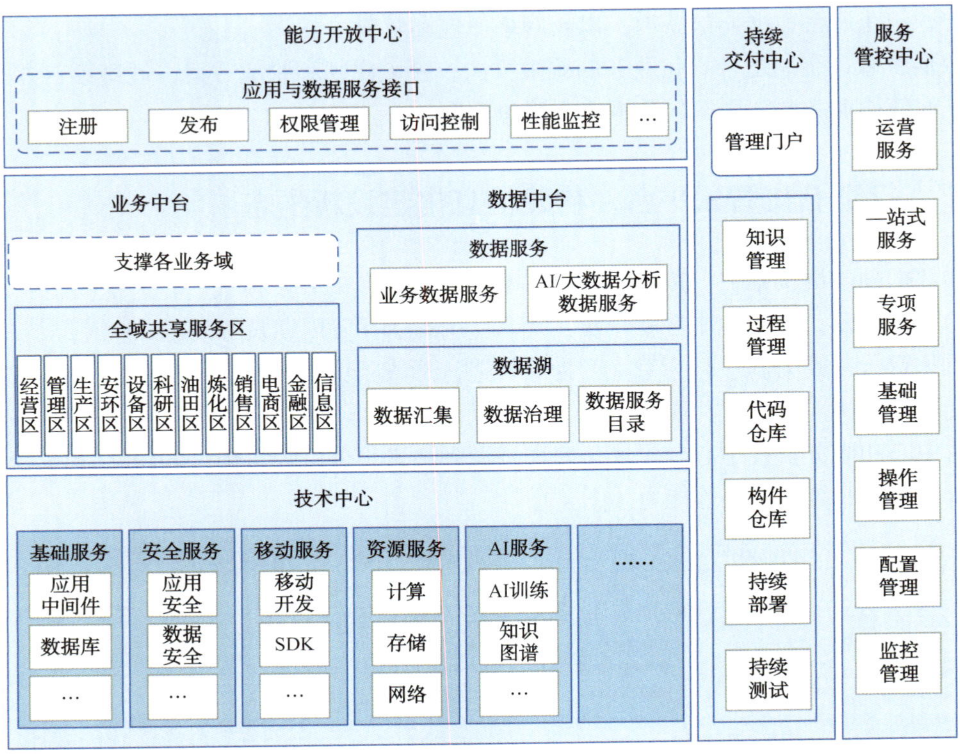

图5 石化智云中台建设

（二）三中心

石化智云打造了以能力开放中心、持续交付中心和服务管控中心为核心的研发运维一体化能力，支持中国石化信息项目的标准化研发过程。

持续交付中心。通过持续交付中心强化项目过程监管，确保过程资产的完整性和一致性，为各应用云的建设提供了端到端的研发运维工具链，提升了交付与运维效率，为集团业务快速发展与创新提供有力支撑。

能力开放中心。聚焦企业业务发展，轻松实现规范化、标准化的系统集成和业务整合，建立基于 API 的开放共享新生态。API 的管理和开放范围目前已覆盖经营管理、生产制造、客户服务、金融科技等各个领域。

服务管控中心。基于一体化 IT 运维服务系统和统一身份认证框架，按照公有云模式，提升用户和权限管理功能，支持云租户模式下总部和企业用户对云资源、云服务、云应用的分级分权管理，为费用分摊提供基础支撑。

（三）技术服务

石化智云提供了丰富的技术服务，为构建协同高效一体化的经营管理模式、工业互联网生态模式和智慧化综合服务生态模式提供了坚实的技术支撑。已建成基础类、数据库类、中间件类、集成类、应用类、大数据类、安全类等 7 类、共 23 项公共技术服务。如表 1 所示：

表 1 石化智云技术服务目录

序号	服务类别	技术服务名称
1	基础类服务	虚拟机服务
		对象存储服务
		负载均衡服务
2	数据库类服务	数据库服务（MySQL）
		数据库服务（SQL Server）
		数据库服务（MangoDB）
		缓存服务（Redis）
		表格存储服务（OTS）
		数据传输服务（DTS）
3	中间件类服务	分布式数据库（DRDS）
		消息服务（ONS）
		分布式应用程序管理服务（EDAS）
4	集成类服务	应用集成服务
		数据集成服务
		任务调度服务
5	应用类服务	地理信息服务
		工作流服务
		搜索服务
		权限服务
6	大数据类服务	离线大数据分析服务（BASE&ODPS）
		实时大数据分析服务（ADS）
7	安全类服务	数据证书服务
		身份认证服务

三、建设全业务域工业 APP，沉淀技术赋能业务

在《工业互联网术语与定义（2019）》中，工业 APP 是基于工业互联网，承载工业知识和经验，满足特定需求的工业应用软件，是工业技术软件化的重要成果。

在“数据 + 平台 + 应用”建设模式中，基于数据湖和石化智云平台，中国石化将建设各业务板块的工业 APP 群，为各板块的业务活动提供支撑。

中国石化将基于石化智云平台标准，在油田、炼化、化工等板块规划并建设板块 APP

群。以中国石化油田板块的 APP 规划为例，主要沉淀勘探开发核心技术方法和管理模式，构建覆盖油田板块勘探开发、油气生产、工程管理等关键业务环节的 APP 应用，实现关键业务环节技术和管理软件化。

在油田板块 APP 规划中，首先基于中国石化勘探开发业务模型的已有成果，对油田业务进行充分分析，完成全业务流程的完善与建模；然后从业务活动出发，分业务域完成 APP 规划，形成覆盖油田企业核心的业务 APP 规划成果；最后将 APP 成果纳入石化智云平台统一管理，指导油田板块信息应用建设（图 6）。

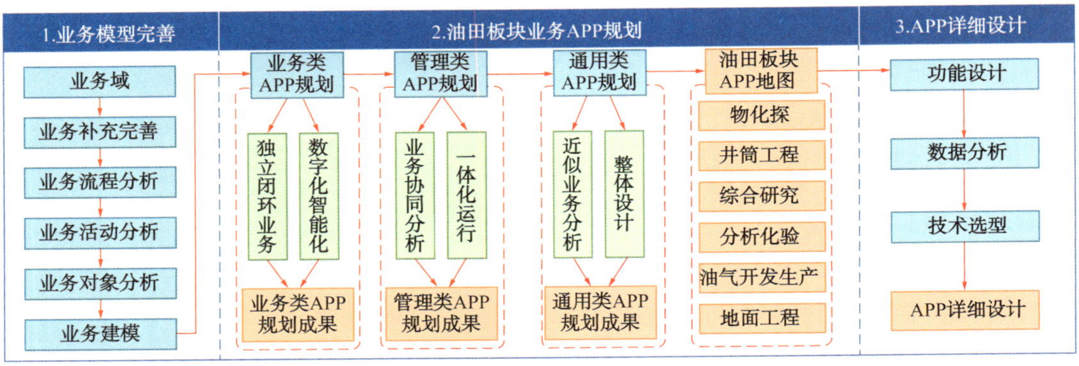

图 6 油田板块 APP 规划路线

（一）业务模型

中国石化 2015 年以来大力推进油气生产信息化、智能油田、EPBP、新型管理区、石化智云等建设。远程管控、一体化协同、油藏经营管理等成果落地改变了传统的油气勘探开发业务管控方式、协同方式及经营方式，需对已有业务模型进行升级完善，满足油田企业业务开展需要。

充分考虑各项建设成果，将 EPBP、PCS 等反映业务现状的分析成果融入业务模型中，重点将 EPBP 业务分析成果融入物化探、井筒工程等业务域，将 PCS2.0 业务分析成果融入油气开发生产、地面工程业务域，确保业务模型全面覆盖、符合油田业务现状。

目前，中国石化勘探开发业务模型，包括物化探、井筒工程、综合研究、油气生产、地面工程、分析化验等 6 大业务域、706 项业务活动。

以全新的勘探开发业务模型为基础，开展规划原则、APP 分类及规划步骤的方法论研究，依据方法论形成油田板块业务 APP 规划成果。

（二）APP 规划

一般来说，APP 必须有独立应用场景和实体对象，能独立运行；符合油田业务特点，解决业务过程中发生的问题，支撑业务高效运行；可满足石化内各油田企业业务应用；根据业务不断发展，能够快速容纳、扩展、集成新功能。

油田板块按照 APP 的应用范围，可分为业务类、管理类、通用类等 3 类 APP。

业务类 APP。勘探开发工作固有流程，不随管理变化而变化，上下游关系基本不变，是找油采油必须要开展的工作。APP 以推进业务“数字化、智能化、工具化”为主。

管理类 APP。针对需要跨专业的协同管理业务，如：井位部署、产能建设管理、能耗管控等，APP 以推进业务“纵向贯通、横向协同”一体化运行为主。业务类 APP 可组合构成管理类 APP。

通用类。针对不同专业间相同和近似业务，如：视频监控、设备管理、安全环保等，APP 通过“业务功能合并、顶层设计统一”进行整体规划。

（三）APP 设计

在 APP 规划基础上，通过功能设计、数据分析、技术实现，形成 APP 设计，参考“业务服务 + 数据服务 + 技术服务”的方式，进行 APP 的设计与开发。

APP 功能设计。从功能名称、解决问题、功能描述、功能样例 4 个方面开展功能设计，复用业务组件并持续丰富业务中台，科学指导 APP 后续设计、研发。

APP 数据分析。分析 APP 所需要的输入数据、计算方法、汇总统计方式、核心算法、输出数据等，业务数据统一由数据湖提供，数据服务的接口要求遵循数据湖技术标准规范。

APP 技术实现。承载油田业务核心技术方法，充分利用石化智云提供的基础服务、安全服务、移动服务、AI 服务等，采用大数据、人工智能等先进技术，确保 APP 的功能实用、强大、超前、安全、全覆盖。

目前，已完成油田板块综合研究、油气生产、井筒工程等 3 个业务域中 98 个 APP 的规划和设计。

（四）APP 建设

中国石化在 APP 规划设计基础上，逐步开展各业务版块的 APP 建设。以油田板块为例，通过智能油气田建设等项目，已发布了油气藏动态管理、单井管理、设备管理等 7 大业务的 33 个 APP（图 7）。

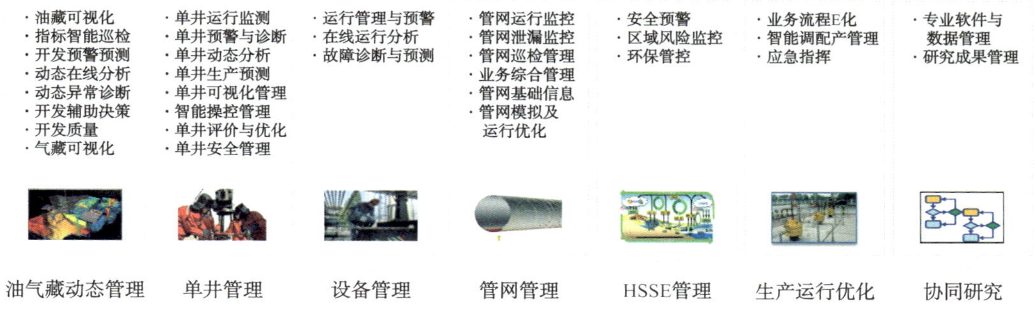

图 7　智能油气田建设项目已发布的 APP

四、“数据＋平台＋应用”模式推进业务数字化转型

2020 年，中国石化全面推进“一切系统皆上云、一切开发上平台”，强化石化智云平台应用，将上云上平台作为所有信息化项目的基本要求，促进“数据＋平台＋应用”建设模式的落地应用，推动信息化技术架构向“云计算”架构模式转变，实现资源共享、服务沉淀复用和应用系统设计、开发、测试、部署的在线管控，以平台化服务能力提升促进信息化管控能力的提升。

（一）建设模式

基于石化智云的建设，构建平台服务体系和数据治理体系，应用数据湖技术提供统一的数据服务，共同打造企业 APP 应用集群；实现了由传统的“竖井式单体模式”向“数据＋平台＋应用”的云服务建设模式的转变（图 8）。

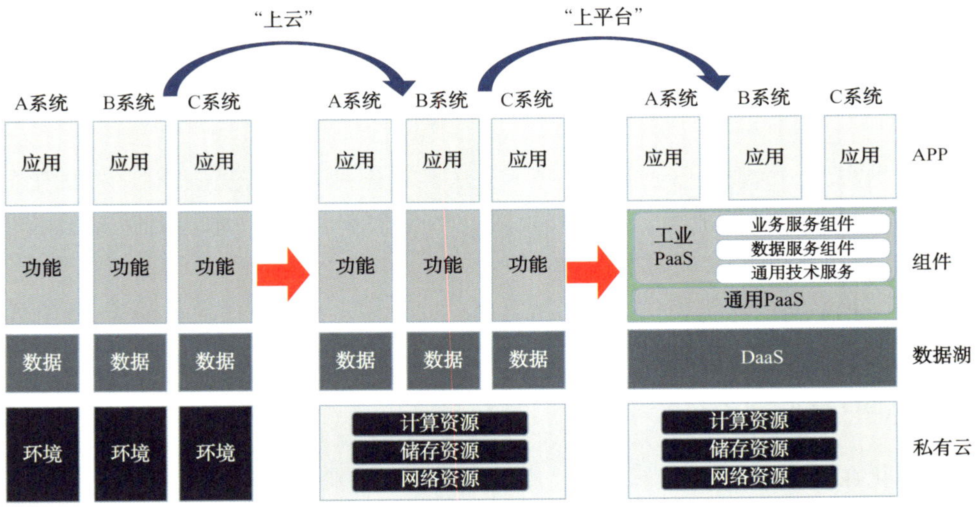

图 8 信息化建设模式转变

在“数据＋平台＋应用”建设模式下，要求所有企业应用必须上 IaaS 云、PaaS 云，所有开发过程必须在持续交付平台在线管理。企业应用需要的软硬件资源由云资源统一提供，鼓励各项目组使用容器技术；应用系统优先使用云中心已有的服务组件，避免重复建设，鼓励各项目组贡献云中心服务组件以及对外提供标准的 API 接口，推进功能和数据共享。

通过“数据＋平台＋应用”建设模式在中国石化及各企业推广应用，建成中国石化总部、板块、企业的三级数据湖群，基于石化智云建设一批特定业务场景的 APP 应用，形成中国石化“一湖一云一群 APP”的信息化新生态。

（二）运营模式

为了确保石化智云的稳定高效运行和“数据 + 平台 + 应用”的建设模式转变，建立了石化智云运营模式，组建了平台服务队伍和质量管控队伍，开展石化智云管理和运行。

在“数据 + 平台 + 应用”的开发模式下，遵循项目管理方、平台服务团队、质量管控团队、项目建设方职责不相容的原则，设计石化智云服务流程。通过石化智云 ABCD 四方（A：项目管理方；B：平台服务方；C：质量管控方；D：项目建设方）的职责分离和协同工作。保障未来各个基于石化智云建设的应用项目按照总部要求高质量地完成交付。

通过建立石化智云标准体系和培训体系，实现应用上云上平台有标准可遵循，为各级管理人员及承担信息化建设的人员提供资质培训，提升“数据 + 平台 + 应用”建设模式的宣贯，推进中国石化信息化建设的新模式转变。

五、应用效果

2020 年开始，中国石化全面推进业务应用上云上平台，按照“数据 + 平台 + 应用”建设模式，统筹推进数据中心、人工智能、工业互联网等新型信息基础设施建设，夯实公司数字化转型、智能化发展的战略基石。

石化智云资源池已支撑了近 600 个总部和企业的应用系统的运行，并为上述应用系统共提供了 1.13 万个技术服务实例，其中包括近 9800 个基础设施服务、1200 多个数据库服务、近 150 个中间件服务以及近 240 个大数据服务。持续交付中心服务范围已经覆盖总部、企业及外部开发商，支持了集团差旅管理、统一 CRM、智能工厂等近 100 个在建系统的研发全过程管控，使用自动化部署效率提升 86%，测试效率提升 80%。能力开放中心日均访问量达 2000 万次以上，满足了中国石化内部单位及与上下游合作伙伴互联互通的业务场景需求。

通过石化智云的建设，打造了“数据 + 平台 + 应用”建设模式，以及配套的石化智云运营模式，将有效推进中国石化信息应用服务化，构建适用于中国石化的信息化新生态，助推企业数字化转型。

基于石化智云的项目质量管控体系构建

信息和数字化管理部

一、背景

中国石化业务复杂、管理层级多，由于缺乏统一的平台体系，导致信息化建设系统多、功能散，应用能力难以复用，知识沉淀困难，系统功能重复开发，这些成为制约企业数字化转型发展的瓶颈。为解决上述问题，中国石化按照“制度为本、标准引领、平台管控”的工作方针，建设了中国石化一体化的石化智云。

为了全面推进业务应用上云上平台的工作正常运行，确保信息化建设实施符合信息化发展规划、平台化发展理念，促进应用功能和数据的开放共享，实现中国石化信息化高质量可持续发展，建立了专业化的质量管控体系。

二、建立了 ABCD 四方协同的管控模式

（一）建立了 ABCD 四支队伍

为了确保石化智云的稳定高效运行和“数据 + 平台 + 应用”的开发模式转变，打造以能力开放、持续交付和服务管控为核心的研发运维一体化能力，持续积累和沉淀业务中台、数据中台和技术中台服务能力，建立了 A、B、C、D 四支队伍，形成完善的数字化服务水平，开展石化智云管理和运行（表 1）。

表 1 四方协同管控

参与方	责任实体	工作界面
A 方	业务需求部门、信息管理部门等	（1）负责制修订开发测试区服务流程、标准规范，发布平台服务能力和资源； （2）负责提出、梳理业务需求，提出立项申请； （3）负责组织编制、审查组件 /APP 可行性研究报告和初步设计方案；组织开展 APP 应用验收； （4）负责发布已有组件、APP 清单
B 方	各开发测试区运营队伍平台服务团队	（1）参与制修订开发测试区服务流程、标准规范； （2）负责开发测试区技术培训，审查建设方平台准入资质； （3）负责开发测试区运行管理，包括运行监控、服务运维、安全运维； （4）负责项目创建和用户授权，提供项目环境资源（包括开发、测试、预生产环境）及平台技术服务（包括持续交付、平台服务、数据服务等）

续表

参与方	责任实体	工作界面
C 方	各开发测试区运营队伍质量管控团队	（1）参与制修订开发测试区组件和 APP 开发过程质量管控流程、标准规范等； （2）负责文档审查、组件审查； （3）负责测试环境下应用开发过程质量管控，包括组件和 APP 的代码扫描、组件规范合规检查、测试、部署等，出具质量管控报告； （4）协助组件、APP 可行性研究及初步设计方案审查
D 方	研发团队，各企业内部单位或软件公司	（1）履行开发测试区工作流程，执行开发测试区标准规范要求； （2）接受开发测试区平台服务、质量管控等技术培训，取得上云资质； （3）负责开展组件详细设计、版本规划、功能研发、数据封装等工作；协助开展组件、APP 测试、部署、发布等

（二）创立了 ABCD 四支队伍相互交互的工作流程

为了满足各团队的实际工作需要，将石化智云总体工作流程划分为立项阶段、准备阶段、研发阶段、预生产阶段、测试、上线阶段六个阶段，由 A、B、C、D 四方共同完成（图 1）。

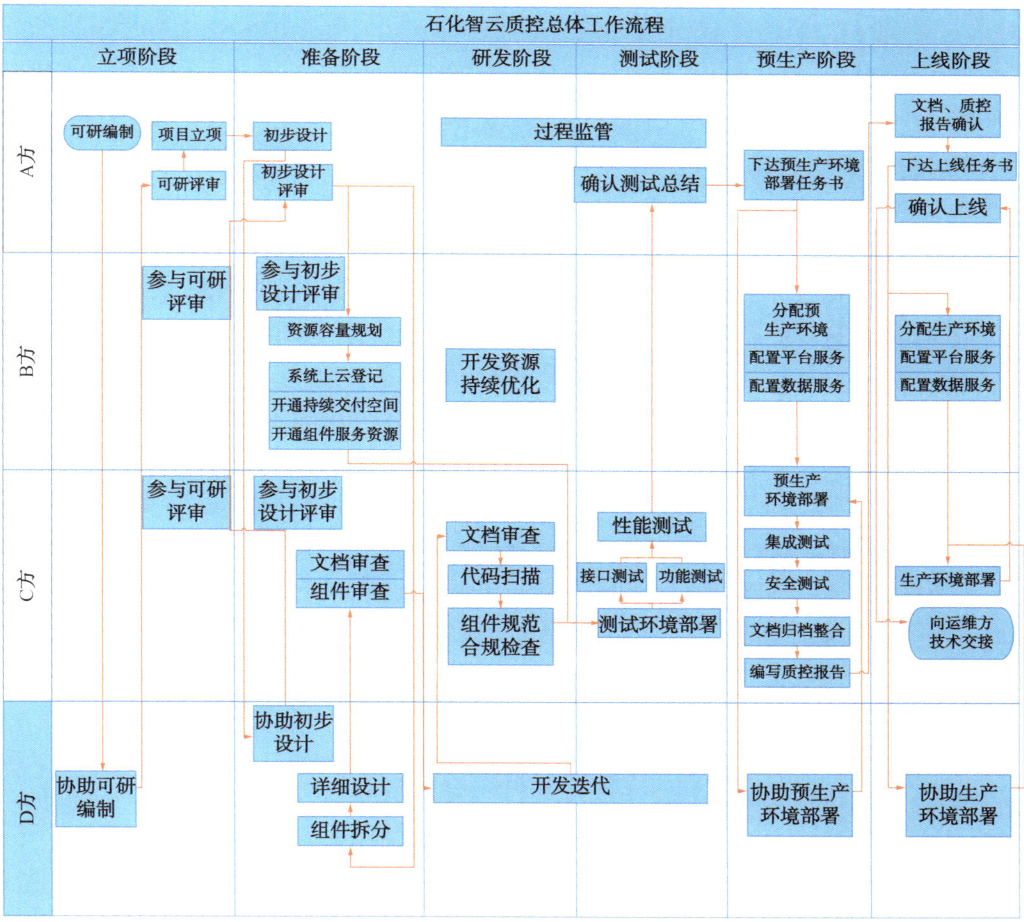

图 1　石化智云质控总体工作流程

在立项阶段，A 方作为信息化建设管理方组织 B、C、D 方（D 方需取得资质）进行项目可行性研究；可行性研究评审通过后立项，立项成功后进行初步设计，项目进入准备阶段。

在准备阶段，A 方组织 B、C、D 方进行项目初步设计；初步设计通过评审后，B 方展开云资源容量规划、系统上云登记、相关服务开通等系列工作，并出具资源交付报告。D 方也随即进行组件拆分、组件详细设计等工作，并根据 C 方提供的文档模板编写相关文档，经过 C 方的文档审查和组件审查后，项目进入研发阶段。

在研发阶段，D 方开始组件开发迭代；C 方根据 D 方的申请，经过该阶段涉及的相关文档审查后进行代码扫描、组件规范性合规检查，符合要求后进入测试阶段。在研发阶段，A 方对 B、C、D 方的工作实施过程监管，B 方根据 D 方在开发过程中的实际情况进行资源的持续优化。

在测试阶段，D 方向 C 方提交部署手册和测试申请；文档审查通过后，C 方在测试环境上部署组件 /APP，并根据源代码说明、接口说明、功能测试用例等文档对组件进行接口测试、功能测试和性能测试；测试完成后出具测试总结交 A 方审核，通过后进入预生产阶段。

在预生产阶段，A 方给 B、D 方下达预生产环境部署任务书，B 方根据任务书进行预生产环境、平台服务、数据服务分配和配置，完成后出具资源交付报告。C 方在预生产环境上部署组件 /APP，并进行集成测试和安全测试，通过后出具质控报告提交 A 审核确认，项目进入上线阶段。在预生产阶段，D 方需协助 C 方进行部署和测试的相关工作。

在上线阶段，A 方对项目所有文档和质控报告进行审查，确认无误后给 B、D 方下达上线任务书，B 方根据任务书进行生产环境、平台服务、数据服务分配和配置，完成后出具资源交付报告。C 方进行生产环境部署，经 A 方确认后，C 方向运维方技术交接，流程结束。

三、构建了以技术审查为抓手的项目质量管控模式构建

审查的对象主要是文档、代码、系统，简单说就是看方案、查代码、测系统。可行性研究、初步设计、详细设计阶段重点是看方案，检查方案中是否落实了“数据 + 平台 + 应用”开发方式及软件质量相关要求。实施阶段主要审查对可研、初设、详设的遵从以及代码质量；上线前要完成功能、非功能质量指标的测试验证。

（一）立项阶段

接收 A 方分发的可研文档，依据组件设计、开发等标准规范进行审核，确保上会评审的可研材料与运营审核结果一致。

（二）准备阶段

接收 A 方分发的初设文档，依据组件设计、开发等标准规范进行审核，确保上会评

审的初设材料与运营审核结果一致。在已通过文档审查的前提下，针对D方完成拆分的组件，在平台中检索，根据实际情况进行使用需求评价、服务泛性评价和技术审查。依据《石化智云组件划分规范》确保组件高内聚、低耦合，依据《石化智云组件开发技术规范》确保优先引用石化智云的已有服务的组件，杜绝重复开发。石化智云所提供的服务组件对所有云上应用和用户开放共享，其初衷是促进组件复用、系统集成和数据共享，避免重复开发建设。同时，石化智云平台已有的服务组件在符合服务泛性的条件下可以根据实际需要进行优化升级。因此，在D方开始开发迭代工作之前，对D方进行组件审查，确保了D方拟开发的组件具备相关特性且符合组件开发的前提要求，避免重复开发。

（三）研发阶段

根据申请对相关代码仓库的代码进行漏洞扫描，并对漏洞进行持续跟踪，直到代码扫描结果合格。代码扫描贯穿整个项目的研发过程，直至项目上线运行才能结束，通过代码扫描能够快速、准确地查找和定位代码中存在的安全风险，从而节约代码安全分析的成本，提高开发效率，并且能够发现很多靠人力无法发现的安全漏洞，最终开发出安全可靠的软件。代码扫描合格是组件规范合规检查工作开展的前提，组件开发完成并通过代码扫描后，依据《详细设计》、《组件设计说明》、《组件开发技术规范》和《源代码规范》对组件进行组件规范合规检查。确保了组件的开发技术、组件架构、功能实现以及编码符合《组件开发技术规范》和《源代码规范》的规定，与《详细设计》和《组件设计说明》中的描述相符。

（四）测试阶段

1. 接口测试

D方提交《接口说明》进行文档审查，审查通过后发起接口测试申请。C方制订测试计划，并依据《接口说明》编写测试用例。针对特定接口，需编写性能测试用例。C方实施测试，输出《接口测试报告》并反馈给D方。如果测试未通过，通知D方整改，C方跟踪接口测试中出现的问题直至接口测试通过；如果测试通过，流程结束。通过接口测试，重点检查了数据的交换、传递和控制管理过程，以及组件间的相互逻辑依赖关系。

2. 功能测试

功能测试遵循《石化智云持续交付平台应用 第2部分：软件测试》，按照《石化智云质量管控–功能测试基本操作指南》和《详细设计》开展功能测试，测试至少覆盖90%以上的功能点。通过功能测试，实现了对组件进行功能验证、单功能内测试和多功能键组合测试，并形成测试结果。

3. 性能测试

性能测试遵循《石化智云持续交付平台应用 第2部分：软件测试》，按照《石化智云持续交付中心操作手册–持续测试专用》开展性能测试，测试覆盖所有API和核心功能，采用最优并发用户场景、最高并发用户场景两种场景进行测试。稳定性测试需保持最大吞吐量持续 24 小时，并记录测试 TPS 和响应时间；负载测试需保持最大吞吐量持续 30 分钟，并记录测试 TPS 和响应时间。通过性能测试，实现了模拟多种正常、峰值以及异常负载条件来对系统的各项性能指标进行负载测试和压力测试，并形成测试报告。

（五）预生产阶段

D 方提交《预生产环境部署申请表》，审查通过后开始部署预生产环境，预生产环境部署完成后查看环境中的组件是否正常运行，以便后续的集成测试。

集成测试遵循《石化智云持续交付平台应用 第 2 部分：软件测试》《详细设计》《组件设计说明》和《集成测试用例》开展集成测试，覆盖所有组件集成后的业务功能点，确保各个组件组合在一起后能够达到需求设计说明的要求，性能指标要达标，不能超过各组件性能指标总和。通过集成测试，实现了检查需集成的各组件间数据交换，传递和控制管理过程，以及组件间的相互逻辑依赖关系，配置集成各组件测试信息，进行集成后的功能和性能测试并形成测试结果。

（六）上线阶段

按照《石化智云持续交付平台应用第 4 部分：应用部署》，根据《部署说明》《接口说明》和《组件设计说明》开展生产部署工作：生产环境部署应严格按照安全功能区和资源功能区部署，不能跨区部署；生产环境安装调试、资源配置应符合云平台应用的标准规范，并保持与设计的一致性；IP 地址、域名和端口服务申请和使用应符合中国石化 IP 地址、域名等相关管理制度，严禁自行更改已分配资源的主机名称和 IP 地址，严禁开放其他端口。通过应用部署，组件 /APP 开始正式上线运行。

四、成效

目前，石化智云已支撑了近 600 个总部和企业的应用系统的运行，并为上述应用系统共提供了 1.13 万个技术服务实例。

通过石化智云质量管控体系的建立，规范了检查内容，实现资源共享、服务沉淀复用和应用系统设计、开发、测试、部署的在线管控，强化了项目过程监控，提升了应用开发效率和业务交付的标准化水平，避免了重复建设，进一步消除了信息孤岛，提高应用建设质量和效率，推动信息化技术架构向“云计算”架构模式转变，为建设世界一流强企提供了有力支撑。

第三篇

加大集成共享建设力度
提升集团一体化管控能力

创新费用报销管理 支撑共享服务 促进业财融合

集团公司财务部、股份财务部、共享服务公司

中国石化费用报销系统项目于2013年启动，历经7年多的建设，实现了业务申请、业务审批、预算管控、报销支付、费用核算的全流程管理，同时与ERP、会计集中核算、资金集中管理、合同管理等相关系统紧密集成。通过费用报销系统的推广应用，实现了共享服务中心与企业间业务衔接、单据流转、数据共享，支撑了共享服务业务的顺利开展，规范了业务流程，降低了企业生产经营成本，提高了报销业务处理效率。

费用报销系统主要包括业务处理、后台配置、权限管理、影像管理等9个子模块，功能菜单共计535个，包括差旅费、培训费等13大类1325个费用项目，涵盖员工报销及对公业务大部分场景，在统一规范报销业务、提高效率、降低风险、提升管理等方面取得了显著成效。中国石化通过实施费用报销，推动管理转型，促进业务流程持续优化，充分运用分布式部署，云计算、电子发票识别等最新信息技术，探索应用“发票识别、验真、存储、归档等全流程管理”、引入分布式工作流技术，创新应用凭证模板，减轻了工作负担，提升了信息集成质量和业务处理效率，探索推进了智能化技术应用。费用报销的建设和推广，为财务共享服务业务处理及运营管理提供了强有力的支撑。

一、系统主要创新点

（一）建立了共享服务模式下的标准化费用报销流程

通过建立统一的费用报销系统，实现统一费用标准、统一业务流程、统一信息系统，建立了专业化分工、标准化处理、流水化作业的费用报销共享服务模式，嵌入业务规范，落实总部管理制度，提高企业业务操作规范性，固化财务流程，统一财务处理动作，提高财务核算规范性。

（二）推动企业端业务流程持续优化，规范企业报销业务管理，促进业财融合

建立基于场景的报销模式，支持更为细化的业务管控方式，通过填报模板限定可选择的费用项目，达到统一费用管控标准。从选费用项目改为选业务场景，降低填报难度，提高业务便捷性，实现业务端填单、审批，核算人员依据单据信息及凭证模板创建凭证草稿，自动集成凭证到核算系统，实现报销业务管理与财务付款的信息流整合。

建立基于员工信用体系的费用报销模式。根据员工信用等级实行不同的报销流程，对达到较高信用等级的员工试行“先报销付款、后审核抽查”的方式报销，减少报销审核工作量，提升报销处理效率，引导员工及时、合规报销。

（三）持续优化共享端业务处理流程，提高共享处理效率，降低共享运营成本

通过对共享初审节点进行拆分，根据员工实际情况进一步合理分配工作，盘活内部资源，拆分财务初审节点，细化专业分工，将处理量大、需要综合业务能力强的岗位按照分工拆分为三个顺序步骤，降低用工要求，提高处理质量，根据设定规则实现单据自动派工，已审批通过的单据实现批量制单。提高业务处理效率，减少用工总量。如：挂账人员由原来的 100% 财务人员，变更为 60% 非财务人员和 40% 财务人员，降低了人员要求；二是减少初审、挂账人总量 15%，按照东营分公司预计全部实施后需要 666 人，可减少用工 100 人。

（四）创新应用纸质发票影像化

利用扫描设备，将原始单据影像化，一方面实现报销的发票通过扫描保存，实现报销流程流转，审批可通过影像查看，实现无纸化办公；另一方面，发票影像系统与财务共享中心实现接口集成，与财务共享凭证处理形成业务闭环，并且共享人员直接调用影像扫描件查看。实现业务、财务人员以及审批领导费用报销的每个环节都可以查看到清晰完整的标准影像信息，提高业务处理效率，增加业务透明度。

（五）电子发票无纸质报销探索

发票电子化是随着社会不断进步而产生的一种新的社会需求。电子发票具备了规范、免费、平台统一、便于监管等诸多优点。2015 年 12 月，国家宣布在全国推广使用电子发票，系统通过电子发票 PDF 文件解析以及发送到公共邮箱两种方式获取电子发票信息，并与国税系统集成，实现电子发票对其进行验真验重，归档、查阅、处理的功能，有效降低了财务风险与核票的烦琐，避免了财务人员票据核查与管理的风险。同时电子发票单据无须打印、邮寄、扫描等操作，减少纸质单据流转。进一步促进了费用报销流程的优化、业务财务一体化，提高了公司的财务核算水平、财务管控能力，提升了工作效率和质量。

（六）创新应用凭证模板，财务共享凭证制单自动化、智能化

在共享建设中积极探索，创新建立了中国石化共享模式下费用报销业务的凭证模板配置功能。引入凭证模板层级概念，分集团、公司两级控制，集团层级配置共性业务规则，公司层级配置个性化业务规则，下级配置可继承上级凭证模板配置并可在此基础上进行细化。同时，支持多种凭证规则编辑方式，支持集合组合到 N 个集合的映射关系，可根据业务类型自动调用不同会计凭证模板，实现 ERP 大集中、集团 AIC 企业挂账、付款业务凭证草稿自动生成，实现批量制单，提高核算效率。

二、主要应用成效

（一）提高业务处理标准化、规范化程度

依据集团公司颁布的差旅费管理办法、会议费管理办法及业务支出管理办法等相关规定，逐步规范费用报销流程及相关报销执行标准，实现费用预算、费用标准、业务审批、会计核算、资金结算的统一集中管理，建立先挂账后付款的标准化流程模式，将内控要求固化到系统中，并统一部分关键业务流程，有效提升了业务处理的标准化、规范化程度。实现总部及下属企业报销业务处理的程序化、自动化、集成化、影像化。

（二）集中批量处理业务，提高工作效率

通过财务共享的实施，将分散重复的财务基本业务从各企业成员单位中抽离出来，集中到财务共享中心，在统一操作平台进行集中批量处理，加强系统集成。同时实现业务数据和财务数据的有效转换，减少部门之间的沟通，提升处理效率。另外，借助信息系统实现业务高效集成，增加批量处理、自动处理等功能，持续提升业务处理效率，体现共享规模效应。

（三）加强系统集成、优化业务流程

一方面，通过与商旅平台集成，在商旅平台统一预订机票及酒店，解决了传统差旅预订存在的弊端，实现了差旅申请、审批、预订、报销、结算业务的一体化管理，形成完整的闭环，加强了差旅的事前申请、事中管控、事后分析的全流程管理和监控；另一方面，加强与增值税管理系统集成，对影像化的发票信息进行 OCR 识别确认，确认无误后自动发送至费用报销系统，共享财务人员在初审环节引入识别确认的发票信息，优化企业和共享质检打包邮寄，扫描质检，提高业务提报及核算效率。

强化数据共享应用　提升合同管理水平

企改和法律部

一、实施背景

2011 年，集团公司为境内外企业提供了统一的“中国石化合同管理信息系统（CMIS）”平台，并成功全面推广上线。实现了合同管理标准化、流程化、集成化、规范化、信息化、国际化，建立法律风险防控体系的目标，提升了中国石化合同管理水平。但随着 ERP 大集中、MDM 主数据管理和 ERS 报销等系统相继统一实施，尤其 2017 年境内企业共享服务全面上线工作的启动，业务链条的拉长、共享核算人员与现场经济业务实质掌控的脱离等影响，对加强合同业务规范应用、提高数据质量、加大对合同履行环节的管控需求日趋迫切。

二、基本内涵和主要做法

根据国家新颁布的《会计档案管理办法》（财政部、国家档案局令【2015】79 号）中推动从以纸质为媒介的传统管理存储方式到数据形态的数字化管理的转变指导意见，按照集团公司《中国石化合同管理办法》（中国石化法【2014】628 号）的相关要求，立足风险防范和服务支持，彻底解决合同“重订立，轻履行”的系统应用现象，为从源头统一合同履约报销流程，规范企业合同报销及终结的流程和步骤，提高合同履约数据质量；打通 CMIS 系统与“中国石化费用报销系统（以下称 ERS）”集成流程，将合同履行过程向前延伸至 CMIS 系统由业务发起，并将 ERS 系统中的财务付款履行结果全过程反馈回 CMIS，做到合同的全生命周期、全流程状态管理，实现企业从合同订立、履行到终结的全流程闭环控制；通过摒弃线下审核、审批的传统管理办法，将传统线下各系统单独操作变为线上系统间的流程化运行，将合同履行环节与 SAP 后勤模块和 ERS 对公支付的集成，实现实时数据共享和信息反馈，最终达到业务端、财务端一体化发展，切实提高合同履约准确率和工作效率，全面提升中国石化合同管理水平，提升合同管理系统整体应用成效，促进企业应用能力和应用水平的双提升。

2017 年 12 月 27 日项目通过初步设计的评审。2018 年 6 月，共享模式下合同履约集成完成 14 家企业试点实施。历经 2 年，实现了中国石化集团公司 135 家单位，覆盖油田、炼化、销售和专业化四大板块所有企业的全面推广实施。该项目重点加强业务规范应用，统一合同履约入口的标准，增强 CMIS 系统优化集成，提高企业合同订立、履约等环节数据准确性；并结合财务共享运行的新模式，优化调整合同履约付款业务流程，实现了CMIS与ERP业务模块、共享平台和MDM主数据优化集成，达到对业务全生命周期的全流程线上闭环管理控制，满足了管理制度化、制度流程化、流程信息化的要求，为全面提升系统应用水平迈出了坚实的一步。主要创新措施表现如下：

（一）CMIS 系统优化集成

通过从CMIS系统的合同起草入手，强控必须输入合同收付款执行人信息，规定履约报销需按照合同进行发起履约报销，对履约完毕按照付款进度、订单执行订单进行关闭的功能进行增强，达到合同履约对付款挂账、款项支付和订单执行信息全过程跟踪。

在ERP系统中实现采购应签合同与订单类型的匹配与控制，确保应签合同类采购订单必须参考CMIS系统合同流水号，否则ERP系统采购创建不予通过；通过配置表结合企业组织数据、订单类型数据，达到某种订单类型创建PO时，报错并提醒输入合同号码；在采购订单抬头增强屏幕页签中，将合同信息字段【无需合同】取消，确保与合同集成采购订单必须关联合同。

（二）CMIS-ERP 业务模块优化集成

通过调整配置CMIS与ERP集成接口设置强制控制，加强已有接口程序使用。增加合同履约模块与ERP系统集成接口，实现ERP订单的执行状态与合同履约实时同步，实现订单信息与合同履约信息共享；通过增强订单与合同关联关系，实现原油、化工原料、物资等采购和项目服务采购业务、设备检维修业务应签合同与订单控制，控制此类订单都有合同。

在CMIS系统中建设合同履行中对订单执行过程进行查看功能，实现可根据合同履约的状态与采购订单状态相结合，将订单收货状态和入库信息、服务订单确认完成信息以及销售订单的发货状态及出库信息按合同维度进行展示。在合同履行过程中，把订单执行完成情况，作为合同关闭的依据，实现履行数据化的管控。

分别对MM、MRO、EM、PS和SD模块订单与合同号强关联，满足CMIS用户可以实时跟踪ERP订单执行情况。ERP订单执行情况可以作为合同履行关闭的重要参考条件。同时，ERP用户可以在执行订单时清楚地了解合同履约条款，了解合同进度，方便调取合同文本信息；加强了合同履约管控，有效地防范了合同履约的风险，同时也增强了ERP订单管理效率的质量。具体情况如下：

1. MM 模块采购订单与合同号强关联

在ERP系统实现原油、化工原料等采购应签合同与订单控制，控制此类订单都有合同，增强订单与合同关联关系。在CMIS系统实现合同履行中对订单执行过程进行查看，根据采购订单的收货状态和入库信息等进行合同评价并判断合同是否关闭。

2. MRO 模块采购订单与合同号强关联

在ERP系统实现物资采购应签合同与订单控制，控制此类订单都有合同，增强订单与合同关联关系。在 CMIS 系统实现合同履行中对订单执行过程进行查看，根据采购订单的收货状态和入库信息等进行合同评价并判断合同是否关闭。合同经办人依据 MRO 采购订单发起合同，规范业务操作流程，减少用户工作量。ERP 收货的状态传输至 CMIS，实现 CMIS 端可展现物资收货情况，完善 CMIS 系统内履约环节信息。

统一变更业务操作入口，统一变更业务数据流向，规范业务操作。优化接口功能，提高接口效率及数据集成度。依据订单完成情况对合同关闭进行控制，依据变更后的 ERP 订单创建变更合同。

3. EM 模块采购订单与合同号强关联

（1）模式一：以工单外委工序作为合同签约依据。

采用该方案的企业需在与 CMIS 集成方案中配置为以工序作为签约依据，需要在工单的增强屏幕“预算控制”卡片增加“需要签订合同”字段，默认该字段为√，仅当该字段勾选下达工单时才将工单外委工序推送到 CMIS 系统；选择推送到 CMIS 系统的工单工序创建合同，合同审批通过后需将合同流水号及合同的签约依据信息传回到 ERP 系统；保存采购订单时自动根据第一采购订单行项目对应的工单工序确定关联的合同流水号，并检查后续采购订单行项目对应的工单工序均为该合同流水号的签约依据；如果采购订单行项目对应的工单的“需要签订合同”字段为空则表明该采购订单无需合同，可以保存并不关联合同流水号；创建服务采购订单保存时对于关联了合同流水号的则需检查采购订单的供应商在合同的合同相对人中；修改或显示采购订单时，在采购订单中的“增强卡片”自动显示关联的合同信息；已生成采购订单的，则工单中的“需要签订合同”字段内容不允许更改，如果需要更改需要先将工单对应的采购订单删除后方可修改。CMIS 端需要修改推送到 ERP 端的工序号的逻辑，需要将工单号工序号合并成一个字段作为工序推送到 ERP 端，只有当合同中签约依据的工单全部关闭后方可关闭合同。

实现维修信息与外委维修合同的信息与订单信息共享。企业自主选择与 CMIS 合同的集成方式（以工单外委工序 或 以服务采购订单作为合同签约依据）。为解决部分工单或采购订单无法签订合同的问题，需要在工单中增加“需签订合同”字段来决定是否将工单工序或服务采购订单推送到 CMIS 系统及采购订单中是否自动关联合同流水号。只有当合同签约依据中的所有工单的系统状态均为“CLSD”时作为可关闭合同的依据。

（2）模式二：以服务采购订单作为合同签约依据。

采用该方案的企业需在与 CMIS 集成方案中配置为以采购订单作为签约依据，需要在工单的增强屏幕“预算控制”卡片增加“需要签订合同”字段，默认该字段为√，在创建采购订单时检查采购订单行项目对应的工单的“需要签订合同”均为勾选或均为空。对于采购订单行项目对应的工单的“需要签订合同”的采购订单，保存时自动将采购订单及行项目推送到 CMIS 作为签约依据；对于无法签订合同的一次性供应商，可考虑将这样的供应商配置到与 CMIS 集成的无需合同的供应商列表中，在创建采购订单保存时，如果该供应商在此列表中的，不将采购订单推送到 CMIS 系统作为签约依据；选择推送到 CMIS 系统的采购订单创建合同，合同审批通过后需将合同流水号及合同的签约依据信息传回到

ERP 系统；修改或显示采购订单时，在采购订单中的“增强卡片”自动显示关联的合同信息；已生成采购订单的，则工单中的“需要签订合同”字段内容不允许更改，如果需要更改需要先将工单对应的采购订单删除后方可修改，只有当合同中签约依据的采购订单所有项目对应的工单全部关闭后方可关闭合同。

该集成实现维修信息与外委维修合同的信息与订单信息共享。企业自主选择与 CMIS 合同的集成方式（以工单外委工序或以服务采购订单作为合同签约依据）。为解决部分工单或采购订单无法签订合同的问题，需要在工单中增加“需签订合同”字段来决定是否将工单工序或服务采购订单推送到 CMIS 系统及采购订单中是否自动关联合同流水号。只有当合同签约依据中的所有工单的系统状态均为“CLSD”时才能作为可关闭合同的依据。

4. PS 模块采购订单与合同号强关联

对于 PS 采购订单，在采购订单编辑信息项中取消“无需合同”字段，对于例外供应商需要进行配置例外供应商和项目信息，在采购订单保存修改时候检查合同号和订单号关联提醒，明确除例外情况采购订单必须有合同号。实现项目服务采购业务（如施工合同、勘察合同等）、项目专项采购合同（如大型设备采购）合同执行过程中，对项目的状态冻结和锁定、交货已完成、最终服务确认与合同履约集成，达到全部企业应签合同与采购服务订单自动集成。

5. SD 模块采购订单与合同号强关联

通过在 SD 模块中增加自定义字段，用于区分【zra3 炼化合同 / 计划】类型为合同或计划对于 CMIS 发起的合同，系统默认此字段值；对于 ERP 发起的合同，在保存时修改现在程序，如果为合同则提交 CMIS 平台，对于计划则不提交 CMIS 平台。销售合同在合同管理系统，可以通过对销售合同履约过程中发货单号、发货状态，交货数量、发票状态和发票数量进行跟踪，实现合同履行的监控跟踪。

（三）合同与财务共享及费用报销系统集成

以提高企业工作效率、强化内控、最大程度地规避法律财务风险等方面作为出发点，摒弃了传统的合同报销审批、管理办法。通过打通 CMIS 系统与“ERS 系统”集成流程，将合同履行过程向前延伸到业务端口，采用系统间集成接口自动触发申请；通过合同类费用报销全部统一由合同履约发起，建立区别其他费用报销的合同类报销功能，在报销单中系统自动增加合同信息及文本附件信息，在合同类对公支付（含预付款）单中增加合同信息，实现无须寄送与扫描合同文本及附件，而通过基于系统的合同编号，穿透至合同系统查阅的功能；通过将 ERS 系统中的付款履行结果全过程反馈回 CMIS 系统，可供合同使用者对合同履行全程状态的监控和及时操作合同的关闭，实现了从合同订立、履行到终结的全流程闭环控制；通过从源头规范业务、统一合同履约报销流程，解决了合同“重订立、轻履行”的现象，为合同全生命周期管理补齐了履约管理的短板，为合同履约管理提供数据支撑，全面提升了合同精细化管理水平。

CMIS-ERS 集成流程节点方面，主要由创建基于合同报销单、业务端审批、共享端财务初审、共享挂账处理、企业端发起支付申请、共享资金付款、企业业务端关闭合同等七个主流程。其各节点主要操作步骤如下（图 1）：

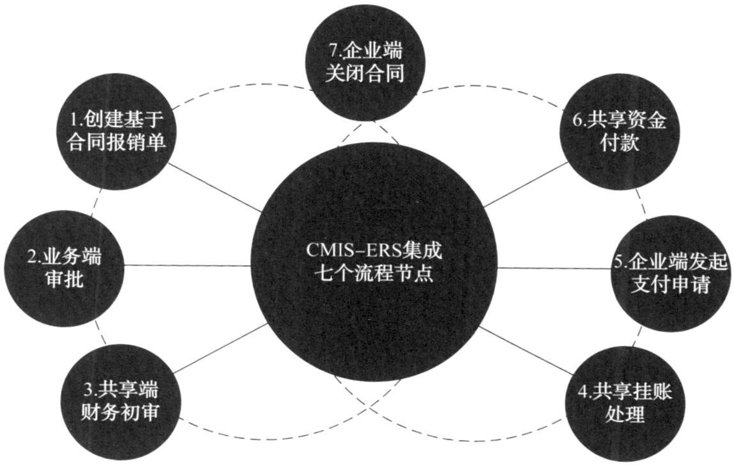

图 1　CMIS-ERS 集成七个流程节点

（1）创建基于合同报销单。企业业务人员在合同系统中发起履约报销，系统无缝衔接调用 ERS 系统报销提报界面，自动填入相关合同信息，锁定合同金额、采购订单号等信息；业务人员补充其他信息，发起 ERS 报销申请。

（2）业务端审批。在 ERS 报销系统中，由企业各级管理部门按内控要求设置的审批流程，完成业务审批。

（3）共享端财务初审。依据业务性质审核“业务种类”，和供应商信息、合同金额、质保金等相关信息，订单业务自动集成至共享运营系统（以下简称 FSO）进行账务处理，其余业务类型在 ERS 系统中实现会计核算。

（4）共享挂账处理。共享核算人员在 ERS 系统或从 FSO 系统至核算系统，完成挂账凭证的记账，系统自动向合同管理系统反馈报销审批结果，应付往来款项等信息回写至合同系统里相对应的合同项目下。

（5）企业端发起支付申请。按照合同约定，如果是预付账款，企业业务人员合同履约系统发起预付款，自动集成到 ERS 系统；如果是即挂即付的业务，业务人员在发起报销时，在 BX 单据选择本次支付金额，挂账完成后，自动集成 ZF 支付单据；非即挂即付业务，业务人员发起基于报销单付款流程，选择往来未清项，保存成功后，形成 ZF 单号，经企业财务等职能部门履行付款审批流程，如果业务种类是审批单据或审批单据-关联交易，审批完成后推送到 FSS 系统集成 FQ 服务申请，共享人员在 ERP 系统完成制证。业务种类为资金计划单据或普通单据的，审批完成后形成待上报资金计划，推送至 TMS 资金集中管理系统，申请资金计划。

（6）共享资金付款。资金计划获得批复后，反馈回 ERS 系统，共享中心资金运营部根据获得批准后的金额执行支付操作。支付流程结束后，ERS 系统自动向合同管理系统反馈付款结果。

（7）企业业务端关闭合同。待全部付款完成后，业务人员执行合同关闭，实现合同全流程闭环管理。

举例：企业业务发生后创建基于合同报销单，ERP 后勤模块的订单状态信息同步至 CMIS 系统，在 ERS 系统对业务端设置相关“前置审批”节点，通过线上审批的业务到达共享端进行初审及挂账处理。挂账信息及时反馈至 CMIS 系统；企业端对已生成的凭证在 CMIS 系统中发起支付申请，支付单和支付凭证关联合同号，同时在 TMS 资金集中管理系统提报资金计划；共享根据 TMS 审批金额执行付款。支付流程结束后，ERS 系统自动向合同管理系统回传付款结果，业务员根据合同付款结果，执行合同关闭，最终实现合同全流程闭环管理（图 2）。

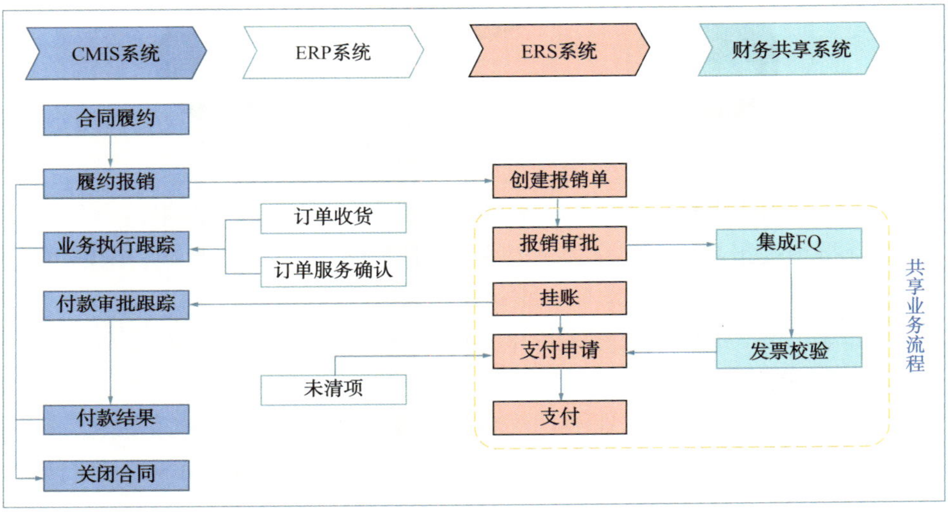

图 2 合同全流程闭环管理

（四）合同与 MDM 主数据系统集成

合同系统相对人中的外部供应商与 MDM 主数据集成，通过标准化供应商代码，规范合同签订的相对方标准化的信息，但是前期由于合同签订的主体有一些特殊性，例如自然人、村委会、军队、政府也是合同签订的像，但这部分数据没有集成。在 CMIS 中自建了此类数据，影响了与其他系统集成，造成财务付款时校验供应商出现错误。随着 ERP 大集中之后 MDM 扩大了分发的范围，增加了其他单位的分发。故借助本项目的推进，通过增加其他单位账户组 SK03 的集成，取消合同系统自建相对人功能，达到减少系统集成之间因相对人编码不一致的问题一并解决。

（五）建立健全制度推进管理环境持续优化

2019 年 4 月，集团财务部、股份财务部、信息化管理部和法律部联合下发《关于合同系统与费用报销系统集成方案有关事项的通知》(中国石化法合【2019】22号)，明确要求基于合同的报销业务必须从合同系统发起，费用报销系统其他费用报销业务模块不允许办理合同业务报销。企业应根据《合同管理办法》《内控制度权限指引》的相关要求，梳理必须签订合同的业务范围和金额下限，在费用报销系统中对其他费用报销按照利润中心、费用科目、费用金额等字段进行配置，配置法律部门审核节点。同年5月共享公司按照集团公司要求下发《关于规范执行合同系统与报销系统集成工作相关要求的通知》(中国石化共享工单【2019】48号)，明确规定对于企业应该签订合同的业务没有签订合同或者没有经过合同报销系统自动触发费用报销发起的业务，及时与企业沟通、协同，如有需要进行退单，不得进行账务核算。

"统一合同业务结算申请的源头"这一方案的实施，实现了合同付款环节与合同签订的"硬关联"，解决了多年来公司合同管理部门对于合同"应签未签"和"未履约付款"问题无有效管控手段的尴尬局面。以山东石油为例，自合同履约集成功能上线之后，2019年三季度创建合同数量比一季度和二季度分别增长24%和26%，同比2018年三季度增长23%。更值得一提的是，5月8日上海石油工程研究院实现CMIS系统履约集成并增加费用报销系统的法律审核节点后，共享中心进行账务处理时发现了付款无CMIS合同的历史问题，及时通知整改，达到了良好的规范管理效果，获得企业的认可。

自本项目实施推广以来，CMIS-ERS集成为企业的合同签订提供了数据平台，经营合规管理提供充分的法律保障，优化管理提供了技术手段，企业权益提供了维权依据，确保了合同项目的真实性、可行性、经济性、合理性、合法性，以及资料的完整性、业务的透明性、责任的可追溯性。截至2019年11月底，通过合同系统发起履行付款报销单43.7万笔，报销单总金额超过6430.12亿元，涉及合同超26.16万份，其中：单周最高合同报销单5846笔，合计202亿元，涉及合同5316份。

三、实施效果

(一)电子化流程化，带来运营成本降低

文本在线传递，带来办公成本降低。合同履约集成将合同文本查阅方式，由原纸质形式演变为线上穿透至合同系统查看电子文档，改变了所有使用者获取合同凭证的习惯，减少了合同文本的打印、扫描、邮寄和归档等环节，直接降低了办公消耗和管理成本。经统计，上线以来共享累计减少扫描量约50万页，全年节约833小时；节约了大量纸质材料的打印和邮寄费用以及档案管理后期相关费用，以每年60万份合同、每份合同平均节省60元计算，每年可降本减费3000万元以上。

业务流程优化，促进业务处理效率提升。合同履约集成将合同订立、履行到终结的全生命周期管理，完全迁移至线上，并进行了业务流程的优化再造，摒弃了线下纸质单据审批的传统管理办法，实现基于电子数据信息的全流程线上审核审批，合同平均审批周期从

实施前的 15 天下降至 4 天，审批时效提升 275%，增进了业务和财务端的共同发展，切实提高了合同履约准确率和工作效率。

（二）强化业务协同，提升内控合规水平

CMIS-ERS 集成增强了订单与合同的关联关系，通过增加调整配置 CMIS 与 ERP 集成接口设置强制控制，加强已有接口程序使用，实现 MRO、MM、PS、EM 模块应签合同与采购订单的匹配和控制，确保应签合同类采购订单必须参考 CMIS 系统合同流水号；通过支付单和支付凭证要求关联合同号，支付凭证在清账时，实现清每笔账款时要按照合同号进行清账。在履约管理中实现单点到 ERS 查看每笔合同的付款进度和详细信息。合同付款结果回传合同系统，实现合同履行的付款结果控制合同关闭功能。

对 SD 模块增强程序，实现 CMIS 与 SD 销售业务集成，减少经办人重复操作，保障销售业务与合同信息一致性及衔接性。CMIS 端获取交货的状态及发票的情况，实现 CMIS 端可展现交货情况，完善 CMIS 系统内履约环节的信息。

在 CMIS 系统中，通过对某项合同履行结果，做到与之对应订单执行情况的随时查看，结合合同履约状态与采购订单状态，还可将订单收货状态和入库信息、服务订单确认完成信息，以及销售订单的发货状态及出库信息，实现按合同维度进行展示的功能，更好地满足了企业内部业务管控需求。

另，增加同一供应商下多个合同批量生成报销单的功能、补充 ERS“紧急业务”和“关联方业务”业务场景，实现 ERS、FSO 系统间单据集成，完全避免了同一笔业务在 ERS 和 FSS 系统重复提报的风险。

（三）数据实时共享，履约风险有效控制

增设合同履约模块与 ERP 系统集成接口，订单执行状态与数据，在 CMIS 合同系统、ERP 后勤系统、ERS 费用报销系统和 TMS 资金集中管理系统等多系统间，实现了系统间数据共享和实时信息反馈，为使用者提供了快速在线查阅和全流程实时跟踪，有效将风险管控意识从“被动”变为“主动”，从“事后”走向“事前”。

基于合同系统发起的报销申请，将合同中诸如合同编号、金额等关键信息，从合同系统传输至费用报销系统，财务人员按照合同文本核实付款条件，比对合同金额与报销金额，避免合同多付、少付等错付问题。挂账、支付完成后，付款数据自动回传至合同系统，ERP 合同业务的收货入库数据也自动回传至合同系统，合同履行数据准确完整。合同管理员、经办人、财务人员等管理人员可在线查看、实时掌握合同报销业务的挂账、支付情况和 ERP 中的业务执行状况，跟踪合同履行进展，资金风险得到有效控制，规范办理合同终结。

本项目从合同订立到履约的终止，为使用者提供了合同实时状态的跟踪，减少了因执行偏差带来的双方纠纷，维护了甲乙双方的权益，为双方的长期合作及社会和谐稳定提供了保障，同时也提升了中国石化价值品牌，促进了集团公司的生态发展、信息发展和绿色发展。

（四）优栈系统联合，多点促进业财融合

CMIS 合同系统与 ERP 后勤模块（MM、MRO、EM、PS）的深度关联，合同履约功能与 ERS 报销系统的自动集成，使得供应商、采购订单和合同金额等核算必要要素，在发票挂账、付款结算以及合同终止等环节中，实现各系统间信息的自动传递和回写，减少了业务人员手工干预的工作量，办公效率和工作质量得到显著提升，有效促进业务运营成本的降低；同时，为企业业务端与共享核算岗“端到端”直联提供了可能，多点促进了业财融合。

创新服务模式，解决一站式数据治理管理平台方案，提升数据资产管理价值和有效利用。围绕业务运营管理的需求，从多维度捕捉实时动态数据，在多系统间实现同步实时展示；通过增强分级管理和基于穿透查询的关系导航，着力打通各系统间的数据传输壁垒，为使用者提供可自由调用合同管理系统的功能，实现数据集中管理，从而提升中国石化系统应用水平。

（五）精益管理深入，推动公司转型升级

按照《中国石化合同管理办法》关于签订书面合同的报销流程有关规定，基于合同的报销业务必须从合同系统发起的要求。通过从源头规范统一合同履约报销流程和步骤，借助 ERS 系统实施对一定金额的非基于合同报销业务，增加由法律部门审核把关，从而达到业务范围和流程的全面控制，并将其纳入内控管理体系，将法律管理与业务管理有机融合，真正实现了有章可循、有据可依。通过严格把关 CMIS–ERS 集成应用，在合同履约集成系统实施后，合同标准文本平均使用率已从 30% 提高到 81%，合同法律审核率实现 100%。追求规范化、程序化和数据化管理，为企业的精细化管理提供高质量的数据，为企业的科学决策提供可靠保证和有力支撑。

共享模式下 CMIS–ERS 集成，广泛应用于中国石化的油田、炼化、销售和科研等多板块、各类企业签订合同的业务，加快了企业业务到共享“端到端”直联的全流程操作模式实现。借助合同管理信息系统（CMIS）与费用报销系统（ERS）实时联动，触发生成业务申请单，引入“三单匹配”物资发票校验流程和 RPA 财务机器人，实现自动发票过账生成会计凭证，节省了纸质合同邮寄、传送时间，降低集团整体邮寄成本与纸质附件丢失毁损风险，加快了企业提交业务的处理周期，提高业务流程处理效率与准确性，达到全业务生命周期管理的规范化、统一化和标准化，更加助力于集团公司财务战略转型升级、跨步世界。

建设党建平台　推进智慧党建

党群工作部

"十三五"期间，中国石化按照党中央精神和党组部署，大力推进党建信息化建设，先后经历了党群工作管理系统、党务共享平台、石化党建平台三个建设阶段，取得了良好的应用效果。

一、开发建设情况

（1）建立全系统统一标准的党建信息化管理平台。系统搭建了资源共享、工作管理、统计分析、服务基层"四个平台"，涵盖了192个功能点，覆盖了集团公司各级党组织和全体党员，打通了集团公司党组、直属单位党委、基层党委和基层党支部穿透式管理，实现了党建关键业务信息化（图1）。

图1　中国石化党群工作管理系统

（2）结合共享发展趋势及党务共享服务业务需求，基于党群工作管理系统架构，进一步扩展系统功能。实现数据资源共享、基本业务服务、教育资源共享、专家咨询服务、移动APP支撑平台，同时基于云平台建设统一的语音转写服务和在线表决服务组件（图2）。

图 2　中国石化党务共享平台

（3）对标“甘肃党建”“学习强国”打造中国石化精品移动 APP。设计并建设石化党建独立 APP 应用，优化界面样式、建设“党建之声”“两项穿透”等功能（图 3）。

图 3　石化党建独立 APP

二、上线运行情况

1. 业务支持模块

通过平台促进党建工作规范化，较好解决党务工作“不会干”“不落实”的问题。设置党建业务规范模板 253 个、流程 7 个，解决新任职党务工作人员“不会干”“干不好”

等问题。利用平台加强频次统计、质量阅评，促进“三会一课”质量提升全系统 1.5 万余个在职党支部累计开展组织生活 24 万余次、组织换届选举 1 万余次、上级党组织阅评 4 万余次。实行统一管理、分级维护、逐级赋权工作机制，把履行党建工作责任情况纳入平台管理，推进党建责任层层落实。

2. 教育资源模块

通过平台促进学习方式便捷化，较好解决党员教育“不经常”“一般粗”的问题。截至 2020 年 12 月 31 日，已有 20 余万名党员完成注册，2020 年 12 月平台活跃度 654 万人次。累计发布图文、音视频、PPT 等各类教育资源超过 1.6 万项，目前党员日均线上学习超过 50 万人次（图 4）。

图 4 上线运行情况

3. 数据支持模块

对标全国党员信息系统和中央企业党建信息化系统，建设党员、党组织信息“两个数据库”，规范党组织基本信息、届次信息、单位信息、奖惩情况和党员基本信息、党籍信息、民主评议信息、任职信息、调动信息等。截至 2020 年 12 月 31 日，全系统 1.8 万个党组织和 30.7 万名党员信息已全部入库，党组织、党员信息完整率均超过 99%。通过平台促进资源利用集约化，较好解决基层党建“力量散”“负担重”的问题。完成全系统党、工、团及统战近 50 万条信息对接中央企业党建信息系统，并按要求提取报送 43 张报表；结合重点工作设置党员空白班组、党建入章情况等专项统计字段，较好解决了基层党内统计工作量大、数据获取层层上报周期长等问题。

4. 党费线上缴纳功能

嵌入石化金融 APP，实现党费全流程逐级上缴，电子化归集管理，流程更加规范可控，既满足了广大党员非现场缴纳党费的需要，又大幅减轻了党务工作者收缴党费工作量，并有利于规避资金风险和廉洁风险，该功能已在集团公司全面上线，实现党费线上缴纳率 100%。

三、下一步重点工作

根据集团公司“十四五”信息化整体规划，将以分步建设的方式，逐步完善石化党建平台系统功能，整合党建信息资源，构建大党建生态圈，打造央企一流党建平台。

第一阶段（2020—2021 年），党建平台 2.0：“扩能升级”，持续对标先进，拓展平台功能，提升应用效能，建成综合性的石化党建平台及移动智能 APP；通过数据分析为党建工作科学化开展提供支持；探索开展与全国党建信息管理系统对接、维护；扩展建设工会、团青、统战等子系统。

第二阶段（2022—2023 年），党建平台 3.0：“智能升级”，优化升级平台功能，通过智能化手段推进党建工作数字赋能；集成基础、业务、学习数据，探索开展基层党建质量分析；统筹内外部资源，实现学习资料的精准推送，建设党员学习教育线上活动室，打造系统化党员教育链条，由智能化向智慧化迈进。

第三阶段（2024—2025 年），党建平台 4.0：“生态升级”，运用 5G 技术实现党员交流、支部互通、资源互联、VR 学习、移动悦读、课程直播等智能共享，构建石化智慧党建，有效推进党建职能发挥，促进技术与党建、管理与服务、建设与应用的深度融合，汇聚丰富生态资源，形成管理服务一体化的网上党建工作生态圈。

建设易派客平台　打造物资采购新模式

物资装备部

一、基本情况

易派客平台根植于中国石化36年来打造的坚实产业链、24年来积累的采购管理实践、19年来取得的信息化新成果，探索铸就了"互联网+供应链"的创新模式，践行"让采购更专业"的理念，汇集甄选百万工业品优质资源，深度挖掘供应链内在核心价值，精心淬炼基于电商化的采购、销售、金融、综合服务，充分发挥专家采购、行家招标、管家服务优势，致力于实现采购供应链价值增值。截至2019年11月底，易派客工业品电子商务平台注册用户总数约20万名，其中供应商用户8.6万余名，采购商用户4.5万余名，其他个人用户6万余名。

二、系统创新性

易派客平台践行国家大数据战略，推进数据资源整合和开放共享，利用易派客平台助力关联方打造数据企业，推动实体经济和数字经济融合发展。易派客平台在应用大数据技术的创新实践及创新成果得到了平台关联方的广泛认可。

（一）规范中国石化内部采购管理

一是将框架协议执行从在企业ERP中各自执行调整为在易派客平台统一执行，解决了各企业可以自行在协议中增加框架协议所包括商品问题。二是易派客平台的商品均已确定价格，由牵头单位统一调价，解决了企业自行调价带来的价格风险问题。三是易派客平台已有商品在ERP中均有标识，通过系统控制，企业不能通过其他渠道采购易派客已上线商品，解决了有框架协议不执行的问题。四是通过一订单、一数据、一支付，解决了以往采购挂账后只能对应供应商无法对应到具体订单的问题。

（二）提升物资采购人员操作体验

易派客平台的建设，将物资采购业务从管理信息系统化转型升级到电商平台化，电商模式的采购，实现了商品的可视化，为采购人员提供了更加简洁、直观、准确采购体验。采购方与销售方在平台实时互动，提高了采购效率。采购需求通过物料编码与平台商品的自动匹配，降低了商品选择难度。

（三）应用大数据，融通供需

易派客通过与关联方深入集成，建成工业品产业链数据仓库，打通产业链数据壁垒，消除信息孤岛，应用大数据技术，实现供应链的融通，架起采购商与供应商之间高效、经济、便捷的沟通桥梁；实现产业链的贯通，便于采购商搜寻供应商，为供应商找寻用户方；辅助采购决策、销售，实现效益增值。实现贸易链畅通，提供内外贸、全流程、线上下、一体化解决方案。

创新推出一体化连接模式，将关联方的ERP等信息系统与易派客平台集成，实现业务流程贯通、数据自动流转，消除信息孤岛，提升供应链整体运转效率。应用平台沉淀的数据为关联方提供以易派客平台为核心的物资采购整体解决方案，实现系统自动匹配推荐商品下单，共享易派客平台资源，共享采购实践成果。

（四）建立易派客标准（ES）评价体系

携手权威信用认证机构、权威质量评价机构，依托大数据，对平台关联方进行综合评价，倡导企业诚信经营，促进市场公平竞争，营造健康商业生态，提升产品质量和服务水平。核心内容有四项，法人信用认证、产品质量评价、履约动态考评、市场业绩表现。

法人信用认证是易派客平台广泛联通公共信用资源，构建大数据信用评价模型，依托第三方商业信用评价机构，以独立公正、客观科学为原则，从基本资质、经营绩效、财务状况、信用记录等方面，对法人主体进行合规守信状况评价，给予综合信用评级，建立守信激励、失信惩戒机制，助力社会诚信体系建设。

产品质量评价是易派客平台联合第三方权威质量评价机构创新推出的工业品评价标准，以公平公正、定量主导为原则，从资质等级、装备能力、质量保证体系、产品性能检测等方面，围绕工业品属性特征，确定性能评价指标，对产品满足先进标准或技术规范水平，给予专业评定，致力推动工业品质量评价由功能型向性能型转变。

履约动态考评是易派客平台以大数据量化评价履约行为，以公开公正、动态量化为原则，科学设置的评价指标，从质量、服务、交付等方面，量化考评企业交易行为，客观反映履约能力，促进关联方重质量、重服务、重品牌、重口碑。

市场业绩表现是易派客平台最大发挥市场在资源配置中的决定性作用，以真实客观、科学量化为原则，依托大数据技术，从行业认可、采购变革、创新引领等维度，综合评价企业市场业绩情况的指标。

定期发布易派客标准指数数据榜、产品评价数据榜、贸易融通数据榜，并在招标投标采购业务中全面应用易派客标准（ES）相关数据，旨在树立行业标杆、产品标准和市场标尺，彰显“良币”价值、消除“破窗”效应，促进提质增效，全面营造诚实自律、守约互信的商业新环境，全面助力供给侧结构性改革，推动经济发展。

（五）对平台关联方进行 360° 全景视图画像

集合内部运营及外部工商、司法等数据，呈现关联方认证、财务、信用、销售、采购等数据，为关联方评价和融通供需提供数据支持，对风险进行预警和变动提醒，并能够进一步应用于平台 ES 标准体系的完善，为打造透明、公平、公开、公正的采购生态打好基础（图 1）。

图 1 关联方进行 360° 全景视图（部分）

（六）应用大数据推进智能化招标

中国石化严格遵守国家招标投标法律法规，大力推进生产建设所需物资招标采购，敞开大门、公开规则、放开平台，全力推进市场诚信体系建设。通过建立标准化评标模板，实施可量化的数字化评标规则，推进标准化数据在招标评标过程中的应用，提高了评标效率，减少了人为因素，推进招标标准化、投标简约化、评标数据化。进一步提高招标投标活动透明度，确保招标投标过程公开、公平、公正和诚实守信。

（七）聚焦关联方融资需求，应用大数据助力资金融通

联合银行机构于 2016 年 12 月 26 日创新推出安全高效的工业品电商 B2B 在线支付系统，搭建起便捷友好的电子支付环境，有效联通供应方、平台方、用户方，实现交易行为数据化、交易数据价值化。应用大数据，推出商业保理服务，为关联方拓展融资渠道，助力关联方获得融资支持。

（八）通过供应链阳光行动，集成生产、库存、物流等制造过程数据，打造阳光透明的供应链

易派客构建供应链阳光行动专区，实时在线展示原材料来源、订单节点实时监控、产

品 3D 图形分解展示、企业生产车间全景展示等信息，采购商可及时把握制造过程、合同执行、产品展示、生产过程数据，提高采购商对产品全生命周期质量追溯能力，推进制造数字化。以采购标准化、制造数字化、物流透明化、信息互联化为核心，全面推动具有新时代特征的供应链阳光行动（图 2）。

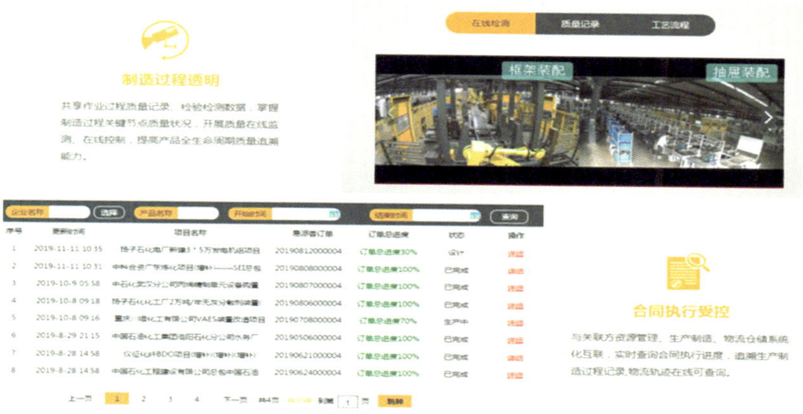

图 2　供应链阳光行动视图（部分）

（九）围绕平台运营管理与决策，向管理层提供可视化应用

建设了易派客运营指标平台及展厅数据监控大屏（图 3），对平台运营核心数据集中进行可视化展示，包括平台交易、活跃度、会员、商品、易派客标准（ES）评分动态分布、异常订单自动识别和报警等 11 个主题、71 余张图表、300 多项数据，通过网页端和手机端将数据推到管理者眼前，放到管理者手边，为管理者提供直观的、数字化的平台运营动态情况辅助运营决策，构建高信用平台体系机制。

（十）建立智能客服，服务于平台用户

易派客智能客服系统利用大数据技术收集、处理与分析海量数据，从过往海量的数据中分析出客服系统对应的业务变化趋势，充分挖掘现有资源的能力，实现客服系统效率最大化。通过持续更新知识库训练机器人能力，服务效果和效率不断提升，服务客户数和回答准确率持续提升。同时通过数据模型分析历史数据，根据历史数据合理预测特定时间段的

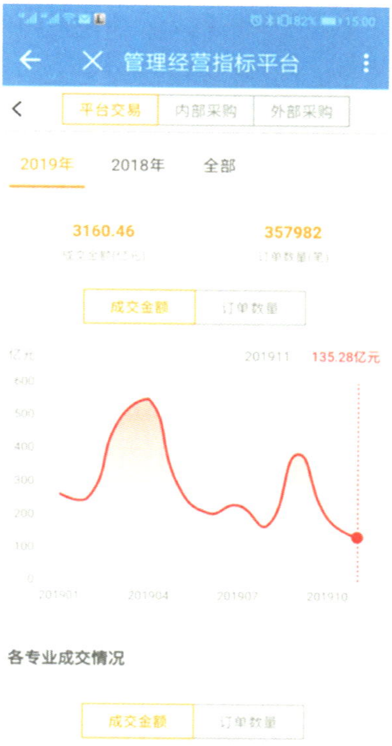

图 3　易派客运营指标平台手机端（部分）

工作量，进行客服话务高峰预测，应用大数据对客户专员（包括自动语音）能力进行自动评估，并根据业务的需求，及时作出适当的调度安排，为建立健全的客服应急服务机制、提升用户服务体验提供客观可靠的数据支撑。

（十一）技术创新

采用“平台＋应用”技术体系，实现电子商务大数据分析系统的快速部署，快速响应业务需求，且降低成本。按照“厚平台、薄应用、服务化”的建设理念，从业务和技术两个层面抽提出共性的、重复性的、可标准化的管理模块，基于云架构建设统一电子商务和客户关系管理平台。建成平台层共享服务中心 24 个，形成 367 个服务接口，3000 余个调用事件，支撑各项业务需求，实现了“统一平台，平台共享”。此后随着各类应用逐步建设，持续强化平台层的复用程度，将更多的共享服务沉淀到平台上来。

易派客平台的大数据架构采用 Hadoop 体系架构，以及行业专业数据模型，实现离线数据和实时数据的快速、高效、精准处理分析。数据分析方面，使用业界流行的算法及深度学习框架，实现对数据精准地挖掘分析、精准推送预测。技术架构采用多层结构，是当前大数据成熟的一种模式架构。优点在于数据存储、数据处理、数据分析、数据服务分离，便于不同角色人员分工，而且在业务发生变更时能够迅速准确地定位工作重点。另一方面，可以很好地完成各业务之间的协作任务，重视而且强化数据的统一性和规范性，对于功能的扩展有着很高的灵活性。

易派客是国内央企首个采用分布式架构模式建设的大型电商平台，实现了高性能、高扩展性、高可用性的技术目标，支持大数据相关业务运行。以“开源＋自主研发”的方式，通过敏捷迭代开发及时响应业务需求，形成集群式数据分发服务（DXS）、数据同步传输服务（DTS）等 5 项重要技术成果，实现了细化数据库权限、数据源之间的数据传输、非结构化标准数据检索等 4 项技术创新。

三、系统运营

易派客平台已建有中文、国际两个网站，涵盖 B2B 采购、B2B 销售、在线支付、会员、商品、物流、电子招投标、评价标准（ES）、供应链金融、商业保理、多语种国际贸易、大数据分析等核心业务，累计建设前后端共计 80 余个功能模块、近 4700 余个功能点。截至 2020 年 11 月底，平台注册企业 9 万余家，注册用户近 20 万个；当前上线商品 226 万种，上线单品 1546 万个，累计交易金额 9318 亿元。国际业务平台已汇聚全球采购商超 1 万家，供应商超 1200 家，在“一带一路”沿线国家累计交易额达 256 亿美元。

在融通供需方面，目前平台已注册社会企业 7 万家，用户 19.98 万个，累计下单 7191 亿元，2019 年下单 3160 亿元，同比增长 153%。累计与 511 家关联方实现一体化连接，关联方使用一体化连接功能在易派客平台累计下单金额 443.7 亿元。

在构建易派客标准（ES）评价体系方面，截至目前已有 8135 家关联方企业申请认证，

6188 家已通过法人信用认证。已对 24132 家关联方进行履约动态考评，并根据动态考评结果，给予星级评定，实行分级管理。已对 18417 家关联方给予市场业绩表现评价。同时已对 86808 家关联方进行了 360° 全景视图画像。

在应用大数据推进智能化招标方面，已有 79 个智能化招标项目正常完成开标评标。

在资金融通方面，已完成 14314 家会员开户，累计实现在线支付交易金额 2944 亿元。165 家企业申请供应链金融服务，108 家企业通过保理融资获得资金支持，目前已放款规模累计金额 137.17 亿元。

在打造阳光透明的供应链方面，已完成 19 家关联方互连，实现关联方资源管理系统、生产制造系统、仓储物流系统与易派客平台的信息化互联，为平台采购商提供从订单、生产到物流的供应链全过程数据。

在智能客服方面，已为 6 万余人次解答问题，回答准确率达 83%，人工在线客服工作量由 400 人次 / 天减至 100 人次 / 天，座席人数由 2 人减至 1 人，服务效率和用户体验持续提升。

随着易派客工业品电商平台的快速发展，平台集成的关联方逐步增加。与各关联方系统互联时，将面临各项数据的标准化和规范化问题，对平台的数据质量管理提出了更高的要求。数据是易派客工业品电商平台最重要的资产，保证数据质量是大数据为供应链赋能、为关联方增值的先决条件，必须提前布局，建立易派客大数据应用标准，进一步推动各关联方系统间的数据标准互通、互联、互认。

第四篇

加快智能油田建设
助力高效勘探开发

加强勘探开发业务协同管控 提升业务精细化管理水平

油田勘探开发事业部

一、总体情况

中国石化油田勘探开发业务协同平台，简称 EPBP（Sinopec E&P Business Cooperation Platform），是由油田事业部主导在上游板块全面推广建设的大型应用软件平台。2015 年中国石化启动 EPBP 建设推广，按照“五边”工作思路，分三批开展上游企业推广，2018 年在胜利和中原第三批推广企业建成 EPBP V2.0 版本，于 2020 年 11 月实现 12 家油田企业 EPBP 版本统一。EPBP 是统一的勘探开发业务的处理平台，实现了勘探开发业务数据采集、审核、加载、存储和利用一体化，岗位业务在平台上运行，平台记录业务过程和结果，形成坚实的数据基础，实现岗位基本应用，支撑业务过程管控。各分公司基于 EPBP 实现了业务协同和资源共享，全面加快了勘探开发数据资源管理中心建设，推进了企业信息资源整合和在用系统集成，有力地提升了油田板块企业信息化整体水平，支撑了企业管理创新发展需要。

二、典型做法

（一）统筹规划、顶层设计，组织健全、责任明确

EPBP 推广建设由油田事业部进行统一组织，各企业与技术支持方参与，成立技术支持中心，明确各方责任，开展建设推广工作。在实施过程中，油田事业部是组织协调责任主体，各油田企业是 EPBP 推广建设责任主体，技术支持中心是技术支持责任主体，协作单位是技术服务责任主体。按照“边推广、边建设、边完善、边应用、边发展”五边策略进行推广建设。

（二）采取业务专家工作机制，提升信息化建管模式

各企业抽调 10 大业务域的技术骨干组成企业 EPBP 业务专家组，业务专家全程参与建设推广。通过业务专家系统培训和全面参与，培养出一批既懂专业业务，又熟悉管理，同时对 IT 技术也有较深理解的复合型专家队伍，为勘探开发业务信息化提升提供了人才

保障。EPBP 专家不仅全面参与建设，而且参与管理和维护。通过专家机制，保证了 EPBP 软件符合现场实际和业务管理需求，保证了软件质量，提升了软件应用。

（三）工程管理体系严谨，“15 步法”科学规范有效

严格按照“15 步法”进行项目组织，按照“三条线”任务划分法进行项目推进。

第一条线，EPBP 可直接推广应用模块和需要小修小改的应用模块，快速完成小修小改部分，快速部署上线测试应用。

第二条线，需要新增扩展的业务模块，要求按照 IRP 方法，在 EPBP 统一架构下进行软件设计研发，全力保障按时上线。

第三条线，企业已有的数据库和应用系统的整合集成，由企业负责，制定策略规划逐步完成，要求影响 EPBP 单轨运行的集成整合与 EPBP 同步完成。

（四）关键技术方法优势突出，确保勘探开发协同应用

通过 IRP 信息资源规划方法，进行勘探开发全域业务分析和数据分析，明晰岗位流程和数据采集内容，快速构建业务模型、数据模型、软件功能模型，确保模块清晰、不重不漏，实现需求快速定制。按照源点数据采集、岗位协同化、流程化思路，将数据采集纳入业务统一管理，构建一体化的数据采集应用模式，实现物探、地质研究、钻井、测井、录井、井下作业、采油气、油气集输、生产管理、油气销售等专业内部、各专业之间、不同单位和不同岗位之间的协同，实现数据的共享与数据质量控制。通过构建岗位报表、综合展示功能，实现各岗位数据的即采即用，落实了岗位责任，减少了基层重复采集数据的工作量，提升了岗位应用水平。

三、主要成效

经过四年建设，形成了较为完善的 EPBP 软件，共有 1949 个业务模块，包括物探管理、地质研究、钻井管理、录井管理、测井管理、采油气管理、井下作业、油气集输、生产管理、油气销售等勘探开发十大专业内容，实现对勘探开发业务的全面支撑。

（一）在数据采集方面

1. 业务覆盖更加全面、采集内容更加丰富

EPBP 覆盖了勘探开发 10 大专业的核心内容，涉及油气勘探、油气开发、工程技术、生产运行、油气销售等多个业务管理部门，覆盖了分公司所有生产及科研单位，同时包括工程公司钻、测、录等岗位。EPBP 推广前数据主要是源头采集，由资料员统一录入。EPBP 是业务数据岗位流程化采集，岗位人员处理业务的同时，同步完成数据录入和审核，实现岗位工作标准化和信息化，极大地提高了数据及时性、全面性、准确性。

EPBP 实现了上游 120026 口单井、8243 个站库、55652 台套设备的管理，涉及 11 家

分公司的4184个业务岗位、4.2万用户。系统每日采集数据67万条、约3GB，较源头提高5倍以上。以胜利油田为例，数据日增量由原来的7.9万条，提高到目前的43万条。

2. 业务协同支撑能力大幅提升

EPBP实现了41个勘探开发流程，涵盖了物探、地质研究、钻井、测井、录井、采油气、井下作业等专业的任务下达-工程设计-派工-施工-总结等全过程，为油公司内部、油公司与专业化单位、油公司与乙方公司之间的业务管控提供了手段。EPBP改变了原有数据采集业务协同差的问题，例如钻井施工过程中，钻井和录井专业都需要采集套管、井斜等数据，专业之间没有协同共享，存在重复采集现象。EPBP通过业务协同和联动，确保了数据唯一采集，数据采集项由原来的24856项降到6692项。

3. 岗位信息化水平进一步提高

过去数据采集与岗位报表应用分离，数据采集后需要根据不同业务需求，建设不同的报表系统来实现各级、各类报表的存档及上报，管理和应用不便。EPBP以岗位业务信息化建设为重点，完成了分公司700余个岗位报表统一定制，实现了数据即采即用。例如，西南油气分公司对采气站场大量的纸质台账进行开刀，实现了计量、设备、生产、环保等51种台账的电子化，提高了岗位工作效率。

4. 数据资源中心的建设基础得到加强

EPBP夯实了勘探开发数据基础，建立了规范化的信息资源管理体系。用EPBP代替了原来多套采集系统，统一了数据采集标准、实现了数据集中存储和统一管理。采用信息资源规划（IRP）方法和信息资源整合（IRI）方法，形成了油田企业信息资源管理的系统方法论，为数据资源中心建设管理提供了理论指导。

（二）促进了上游信息化建设模式的转变

EPBP提出了上游勘探开发数据资源的整体建设架构，确定了资源中心的整体方案，打造了油田信息化建管新模式。新业务系统建设不再单独建库，确保不再产生新的孤岛；在用业务系统基于EPBP集成整合，由EPBP数据库统一支持。目前EPBP已支撑各分公司369个业务应用，其中西南已经完成全部应用集成整合，胜利、中原在EPBP建设过程中同步完成了32套系统的集成整合，系统整合建设效率得以提高，“信息孤岛”消除工作得以加快。

（三）为企业变革创新提供了技术支撑

EPBP稳定的数据结构适应管理的变革创新，可以针对机构变化、业务流程变化、岗位调整等情况进行灵活配置，适应不同油田、区块、地层或业务场景的变化要求。胜利油田的专业化重组、中原油田的采油厂合并、西南采气厂分拆过程中，通过EPBP调整主数据（组织机构、单井基础信息、用户信息等）和流程，快速满足了基层信息、报表的汇总，满足了改革后业务管理需求。

四、展望

经过前期建设，EPBP取得了丰硕成果，整体工作走在了国内油公司前列。下一步，继续深入贯彻落实国家“两化深度融合”信息化发展战略，坚持“一个平台、一个库、一套架构体系”的整体架构，通过“建成一个平台、深化两级应用、构建三大管理体系，打造三项支撑能力”，持续完善和提升EPBP，深化EPBP在勘探开发生产及经营管理领域的应用建设，满足油公司新模式下的业务管控需要，实现中国石化勘探开发业务管理信息化，支撑主营业务创新发展。

（一）建成一个平台

根据总部–分公司–厂–区（基层）的纵向业务贯通、横向业务协同的管理需求，开展总部业务梳理，持续提升完善EPBP，建成总部、分公司统一的EPBP，逐步实现一级部署，使EPBP成为统一的业务协同平台和业务管控平台，实现各项业务在EPBP上的协同推进，提升管理部门对各项业务的整体把控能力，提升油田板块业务标准化和管理规范化水平。

（二）深化两级应用

充分利用EPBP建设成果，持续深化总部和企业EPBP两级业务应用。通过EPBP全面支持一体化平台、勘探开发决策支持系统、能源管控中心等重点应用建设，实现业务跟踪监控、诊断分析、综合评价，为勘探开发生产、科研、管理决策提供全面支撑。深化大数据应用研究，提升数据智能化应用，解决传统方法难以解决的核心问题。通过生产与经营融合联动，支持业财融合，改变运行管理模式。

（三）构建三大管理体系，打造三项能力，建立信息化条件下管理新机制

开展数据治理、建设统一的数据资源中心。基于EPBP构建勘探开发业务管控体系、数据资源管理体系、运维管理体系，通过数据资源整合和历史数据补充，实现数据资产化管理和服务，持续提升“业务运行管控支撑能力、勘探开发综合研究支撑能力、企业管理变革与创新能力”，全面支持油田企业的数字化转型和创新发展。

加快油气生产信息化建设 支撑生产组织模式和生产运行方式变革

油田勘探开发事业部

一、总体情况

（一）现场建设情况

“十三五”期间，按照油气生产信息化建设总体部署，围绕“老区可视化、新区自动化、海上智能化”建设思路，全面推进以“标准化设计、模块化建设、标准化采购、信息化提升”为主要内容的油气生产信息化现场建设。到“十三五”末，累计完成197个管理区的现场信息化建设，信息化建设覆盖率达86%以上，基本实现了陆上全覆盖，形成1个指导意见，制定42项标准，申请85项专利，油气生产工业控制体系基本建成，现场数字化水平实现跨越式发展。

（二）油气生产指挥系统（PCS）研发及推广情况

围绕“到‘十三五’末，全面实现油气生产过程可视化、生产运行状态全面感知、生产实时监控和高效运行指挥，全面提高油气生产管理水平，促进油田管理效率和经济效益的提升”的系统建设要求，全面启动PCS的研发与推广应用，功能支撑逐步由实时监控、异常报警、运行指挥向三级贯通、智能诊断、业务协同转变。在中国石化8家上游企业37个采油气厂197个管理区部署，已成为各级管理人员和技术人员开展日常油气生产管理、技术分析的重要手段和必备工具。在此基础上，落实油气和新能源版块党工委的安排，加快推进PCS总部应用建设，2020年开展PCS进总部的技术架构及功能研发，已基本实现总部、分公司、采油气厂、管理区的四级贯通应用。

通过开展生产信息化配套和油气生产指挥系统建设，以“工业控制系统+油气生产指挥系统”为主要构成的油气生产工业物联网体系基本建成。

二、典型做法

（一）建立标准化的建设体系，保障油气生产信息化建设

标准化的建设体系是油气生产信息化的基础。在对标准化建设现状摸底调研的基础

上，深入了解现场建设、软件开发存在的不足，建立现场配套标准和软件建设标准体系，规范油气生产信息化建设。

1. 建立现场配套标准，规范现场建设

从设计、产品和施工 3 个方面入手，构建现场配套标准体系。一是设计方案标准化，创新采用“系统节点管理法”，形成了涵盖所有油藏类型和开发方式的标准化设计体系；二是技术产品标准化，实现原理、结构、材料、指标、规格、质保、价格、接口、图纸、外观标识的“十统一”。三是建设施工标准化，将标准化的单体设备、构件和元器件进行模块化集成，形成了标准化的施工模块和施工模式。

2. 建立软件开发标准，统一功能开发

遵循系统开发“六统一”的建设原则，按照“一切系统皆上云、一切开发上平台”的工作要求，开展顶层设计，建立框架标准、代码标准、UI 标准、接口标准、数据标准等 7 项开发标准，建成生产监控、报警预警、生产动态、调度运行、生产管理、应急处置 6 大功能模块，实现总部、分公司、采油厂、管理区四级联动、功能上下贯通、层层穿透。

（二）建立规范化的应用体系，充分发挥平台支撑作用

规范化的应用体系是油气生产信息化的关键。通过优化组织架构、细化岗位职责、再造业务流程，为数字化条件下运行模式的实践提供规范指导。

1. 规范顶层设计，发挥示范引领作用

基于生产信息化平台，规范管理顶层设计，围绕“价值引领、效益导向，责权统一、分级负责，专业化管理、市场化运作，创新驱动、‘两化’融合，规范有序、标准统一，党建保障、优势转化”6 项基本原则，编制《新型采油管理区规范建设管理大纲》，规范管理区组织机构、岗位配置，落实新型管理区“五项机制”和“七项权利”。依托深化应用创新创效活动，建立油气生产信息化创新创效工作室，形成《年度管理及应用成果汇编》，搭建交流平台，形成“信息搭台、专业唱戏”的良好氛围，激发员工创新创效活力，充分发挥示范引领作用，促进成果转化和落地实施，有效支撑油公司改革，压扁管理层级，提高管理效率。

2. 规范制度建设，促进信息与业务深度融合

基于生产信息化平台，在采油管理区“三册”修订中，将数字化、信息化融入《基层单位管理手册》、《班组管理手册》和《岗位操作手册》中，重新梳理流程，将系统功能细化到岗位职责，建立了信息化条件下的运行体系，提高管理水平。融入新理念新标准新要求，引领推动基层管理变革，按照“突出观念转变、突出党建引领、突出核心业务、突出责任落实，突出实用管用”等要求，聚焦价值创造，从整体、系统的角度对基层管理体系重新顶层设计。

3. 规范运行模式，提高过程管控能力

基于生产信息平台，构建“人、机、网”联动的实时管控模式，依托油气生产信息化

建设成果，充分利用“采、控、研、管”等系统功能，构建了数据查询、异常预报警、处置过程管控、处置效果跟踪的全流程的异常管控模式，形成以生产指挥中心为核心，多业务协同联动的“中心值守 + 应急处置”的管理模式，通过实践进一步深化信息与业务的融合，支撑各业务间的协同，提高过程管控能力。

（三）建立完善的考核体系，保障系统稳定高效运行

完善的考核体系是油气生产信息化的保障。按照“考核促管理，管理促应用，运维强基础”的工作思路，建立了涵盖系统应用、运维管理、建设管理等方面指标的油气生产信息化综合评价体系，保障系统稳定高效运行。

1. 建立系统运行指标，强化系统应用

基于生产指挥系统实时数据，以提升技术指标为目的，制定涵盖系统阈值设置、动态巡检、报警处置等方面的 8 项评价指标，指标数据层层穿透，责任落实到岗位，考核管理到个人，充分调动人员工作积极性，强化系统运行管理，有效提升了系统应用水平和基础管理水平。

2. 增加运维考核指标，强化基础保障

在系统运行指标基础上增加采集数据质量、运维管理方面 8 项评价指标，强化数据质量管理，确保数据可采可用，督促各单位切实抓好设备设施管理和现场运维质量提升，强化基础保障。

三、主要成效

（一）支撑生产组织模式的变革

油气生产信息化建设及 PCS 推广应用，实现了油气生产动态实时感知、油气生产全流程监控、运行指挥精准高效，全面提高了油气生产管理水平，促进油田管理效率和经济效益的提升，为“扁平化架构、科学化决策、市场化运行、专业化管理、社会化服务、效益化考核、信息化提升”新型管理模式创造了条件，有力支撑了油公司体制机制建设和数字化转型（图 1）。

胜利油田基本完成十三五油公司体制机制建设目标，油气生产信息化系统支撑了生产指挥中心、技术管理室的核心业务，通过油气生产“人、机、网”联动，把一线员工从简单重复的劳动中解放出来，拓展了老油田人力资源优化的渠道，支撑压扁管理层级、优化劳动用工。维修、注汽、监测、运输、后勤服务等业务完成专业化重组，以油藏经营为核心的新型采油管理区基本建成，形成“三室一中心”+ 专业化采油班站的新型生产组织模式，基层班站人员岗位配置的“两增三减五优化”。到 2020 年底，外闯市场 2.2 万人，创效 11.1 亿元。劳动生产率提高 347 吨 / 人・年，年劳动生产率总体提高 58%。

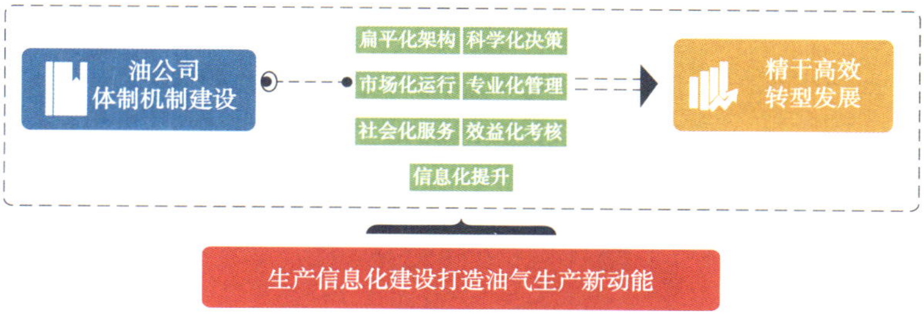

图 1　油气生产信息化建设及 PCS 推广应用

（二）支撑生产运行方式的变革

随着油气生产信息化系统的全面推广，油气生产运行方式由传统的人海战术向“中心值守 + 应急处置”模式转变，数字化条件下制度流程体系基本建成，支撑制度优化和生产运行流程信息化再造，生产信息化提供了数据实时采集、异常报警预警、远程自动控制、流程线上运行、单兵精准指挥等高效的运行手段，支撑生产指挥中心现场问题全掌握、指挥运行更高效。通过岗位标准化功能的普及和移动应用建设，推进了生产运行方式的变革（图 2）。

胜利油田建立与信息化环境相适应的制度体系和流程体系，助推油公司体制机制改革进程。依托生产指挥中心，全面推广模型化预警、实时工况诊断、电子巡检、单兵指挥、生产报警闭环管理、远程操控等功能，明确相关管理要求和操作规范，变人工发现问题为系统诊断报警、报警联动处置，变现场操控为远程控制。积极构建与维修、监测等专业化队伍工单化运行新模式，提高协同运行能力，以指挥中心为枢纽的生产运行管控方式基本建成，流程节点进一步优化，运行效率提升 95% 以上。

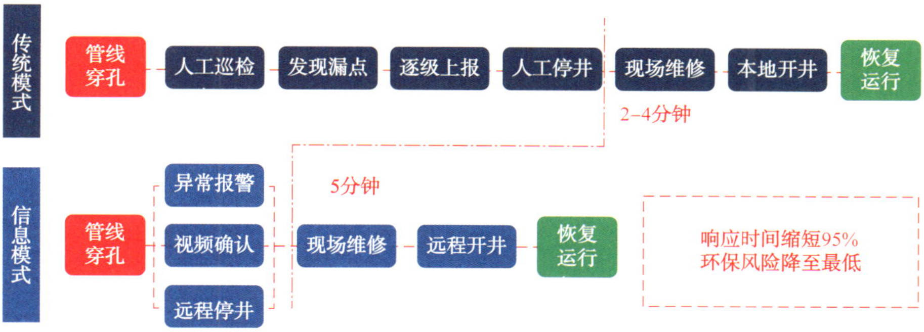

图 2　油气生产信息化系统推广应用

（三）提高绿企创建的保障能力

以生产指挥中心为枢纽，依托实时数据和视频影像，构建覆盖千里油区生产全过程的电子化、可视化安全生产监控体系，加快推进信息技术与安全生产深度融合，实现关键生产设施全天候监视、风险隐患闭环管控、重点施工环节全过程监管、重点污染源实时监测、危化品运输全程跟踪、突发应急事件协同处置，极大提高了安全环保督查工作的效率，确保生产安全、环保运行。利用生产运行智能诊断和系统效率优化技术，实现生产能流可视化管控，凸显用能潜力点、提效点，助力生产系统能效优化，促进油气生产绿色低碳运行（图 3）。

图 3　电子化、可视化安全生产监控体系应用

胜利油田“十三五”期间，安全环保指标保持良好，社会治安事件大幅减少，生产现场抢维修效率提高 40%，管线维修成本下降 26%；抽油机平衡率提高 6%，机采系统效率由 30.3% 提升到 32.5%，吨液耗电下降 0.04 千瓦时 / 吨。

（四）提升智能开采能力

通过生产信息化建设，深入挖掘实时数据价值，探索大数据及人工智能等技术的应用，实现生产动态精细管控、工作措施精准调控、现场问题精确预警防控，为油田精细挖潜、提质增效措施提供了智能化支撑手段，油藏经营工作逐步从精细化管理向精益化管理转变，开发技术指标大幅度提升。

胜利油田“十三五”以来，在生产信息化的有力支撑下，自然递减率降至 9% 以内，躺井率下降 1.0%，检泵周期延长 325 天，维护作业频次下降 0.1 次 / 年，油井时率提升 0.4%，油井泵效平均提升 1.2%，提高液量 11000 立方米 / 天，等效于增开 200 口油井（图 4）。

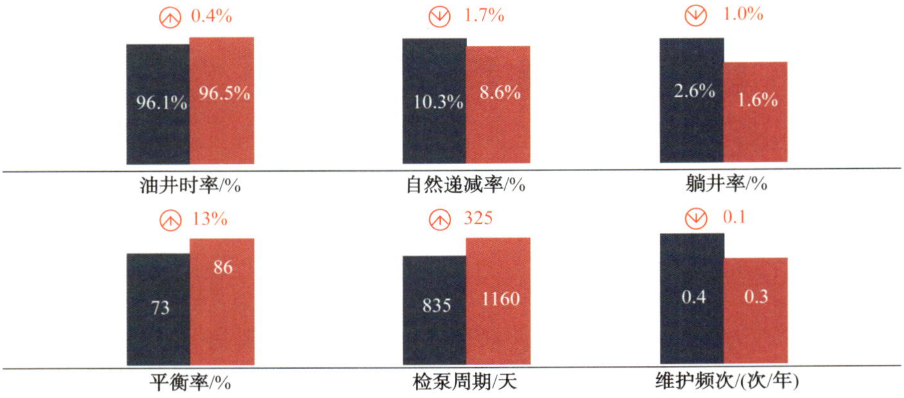

图 4　生产信息化应用效果

四、工作展望

围绕智能油田建设及数字化转型总体安排，按照“数据联动驱动业务，业务协同保障运行”的建设思路，依托“数据 + 平台 + 应用”的信息化建设新模式，基于“石化智云”大力推进云计算、大数据、5G、人工智能等先进技术在生产信息化建设领域的深化应用，提升过程管控、联动优化、高效协同和综合分析能力，全面支撑智能油田建设及数字化转型，确保“两化”融合应用走在前，支撑油田的可持续高质量发展。

一是构建完善的工业物联网体系，扩展生产前端信息化覆盖范围，依托建设成果，建设“工业控制大脑”。首先在采油气生产主业物联网覆盖的基础上，提升注汽、作业、动态监测、地面维修、车辆、电力等方面的自动化水平；第二扩充工业控制系统的联络、整合和输出能力，确保运行稳定、数据安全，发挥边缘计算优势，实现智能分析和自适应控制；第三通过搭建集态势感知、运维管控于一体的物联网管理平台，强化运维管理，保障系统稳定运行。

二是提升系统数据联动驱动业务、业务协同保障运行的能力。以油气生产为主线，覆盖油气田生产全部业务，构建完整的业务应用体系，实现纵向数据四级贯通、横向业务协同联动，逐步由生产指挥向生产经营管理过渡，并稳步推进智能化提升，打造建设世界一流的油气生产经营综合管控平台，为油公司体制机制建设和油田改革发展提供有力支撑。

三是持续提升应急处置指挥能力，集成视频应用、音视频联动、单兵指挥、重点设施高危后果区监控等应用成果，在生产指挥系统总体框架下，面向油田陆上海上应急处置指挥能力建设需求，实现应急处置可视化、应急指挥联动化、应急资源共享化。

融入产业链 打造新优势
全方位推进老油田数字化转型高质量发展

中原油田分公司

中原油田分公司深入贯彻习近平总书记能源安全战略要求和系列重要指示批示精神，落实集团公司信息和数字化管理部关于加快推进数字化转型部署，坚持信息化“六统一”原则，持续加强“两化”深度融合，推进信息化技术优势向企业核心竞争力转化，为老油田加快转型升级提供强力支撑。

一、总体情况

“十三五”期间，着力于数字化、智能化油气田建设，加快信息化技术与油田主营业务的融合，提升油气生产主营业务效率效益，推进老区“油公司”模式建立，建成普光智能气田 1.0，加强内蒙探区勘探开发效益与生产管控能力，建立“总部、分公司”两级专业软件共享管理体系和综合研究协同工作环境，通过 EPBP 推广实现数据岗位流程化、标准化采集共享，增强以 ERP 为核心的精细化经营管理能力，进一步提高了油田的企业核心竞争力。油气生产信息化建设已全面覆盖 26 个采油区，含油气井 3482 口、联合站 9 座、小型站场 618 座站，单拉点 248 个，有力支撑油公司体制机制改革；形成了一体化的数据资源中心，数据资源总量达到 185TB；推进云平台云端优化管控，形成 1920 核 CPU 计算能力、内存 12.4TB、存储容量 260TB；专业软硬件配套方面，形成 512 节点 PC 集群地震资料目标处理能力，配套存储能力 2000TB；配套形成盆地模拟、油藏描述、储层预测、储量计算、资源评价、地质制图等地质研究软件系列，用户许可达到总量 60 余个，建模软件 Petrel、数模软件 Eclipse、储层预测 Jason 总量达到 5 个。为油田“十四五”数字化全面转型、智能化全面应用、协同化生产运行、创效化经营管理夯实了基础。

二、典型做法

（一）突出责任担当，打好打赢疫情防控阻击战

面对突发的疫情严峻形势，中原信息人主动担责，推出 120 方专业云视频会，网络远

程办公技术服务。保障疫情期间3倍激增网络视频会，油田“三会”视频召开；信息战疫对油田“5+1”人员21万人疫情信息大排查，940多万个数据比对；助力油田3.6万员工健康复工打卡；94个油田办公区域及住宅小区扫码出入疫情防控。为油田疫情防控和复工复产提供了有力的信息技术支撑。

（二）突出一体化，实现信息化全生命周期管理

坚持信息化管理“六统一”方针，建立“油田网络安全与信息化建设领导小组决策机制，信息化管理中心归口管理，业务职能部门分工负责”的三级管理体制，制定“1+7”的制度架构体系。推进网络安全与信息化管理、建设、运维一体化，加强项目投资管理与可行性论证，突出集成共享，消除信息孤岛，做有效益的信息化，提高了信息化建设的质量与效率。“十三五”期间形成油田级科研成果30项，制定油田信息化技术标准28项。

（三）突出能力提升，建成全链条优秀人才队伍

提升油田数字化转型的效能和服务水平，打造了中国石化体制内业务链条齐全的信息化队伍，涵盖信息化规划、软件开发、基础设施运维、云质量管控等业务；独立承担中国石化河南区域中心运行维护，成为石化智云质量管控技术支持团队。先后有10人次在集团公司、河南省、全国竞赛中获奖，3人获河南省“五一劳动奖章”。普光气田被国家工信部评为“国家智能制造试点示范企业”“智能气田的物联网与虚拟可视化技术应用”被国资委评为中央企业熠星创新创意大赛二等奖。

（四）突出创新应用，实现业务信息融合发展

开展“两化”融合工作，促进业务流程优化、组织机构优化，实现生产要素的优化配置、生产组织方式的管理创新。在油田重大工程建设中推进信息系统“三同步”。成立油气大数据实验室和工业物联网实验室，开展新一代信息技术创新应用；依托普光智能油气田建设开展硫化氢预测和趋势分析、地质灾害预测以及北斗卫星短报文通信等研究工作。在中国石化上游板块第一家获得国家工信部“两化”融合管理体系评定。被评为中国石化“两化”深度融合创新示范单位。

（五）突出安全防护，做到网络技术统一管理

整合网络运维和网络安全技术力量，建立专家支持团队，将东濮、普光、内蒙及中国石化河南区域中心“三地一中心”纳入统一管理，建立“一基双核，四网四边”安全防御体系，即夯实以终端防护为主的基础防护，重点强化数据中心和DMZ区两个核心区域的安全防护堡垒，逐步构筑生产网、办公网、中国石化主干网、互联网四个网络及四个边界安全防线。该安全防御体系，在集团公司的护网专项行动中，取得了良好成效。

三、主要成效

聚焦网络化、数字化、智能化油气田建设，推进信息化技术与勘探开发、经营管理等业务深度融合，企业管理效能和发展质量效益持续增强。

（一）老区生产信息化改造，提升劳动生产率

“十三五”期间开展老区生产信息化建设，全面完成油田 26 个采油管理区的信息化改造，覆盖油气井 3482 口、联合站 9 座、小型站场 618 座站、单拉点 248 个。通过现场可视化监控、数据自动化采集、生产运行平台化管理等技术，有效提高劳动生产效率，优化用工 5790 人，人均管理井数提高 0.95 口，人均油气当量提升 233 吨。信息化技术促进了采油管理区生产模式转变，有力支撑油公司体制机制改革。建成贯穿油田－厂－区三级的生产应急指挥中心，油气生产“听数字指挥”。集中接入生产安全视频 6300 多路，安全督查远程可视化管理，多应用系统集成、多业务部门协同、多应急现场联动会商的应急指挥模式支撑油田生产“大运行”的实现（图 1）。

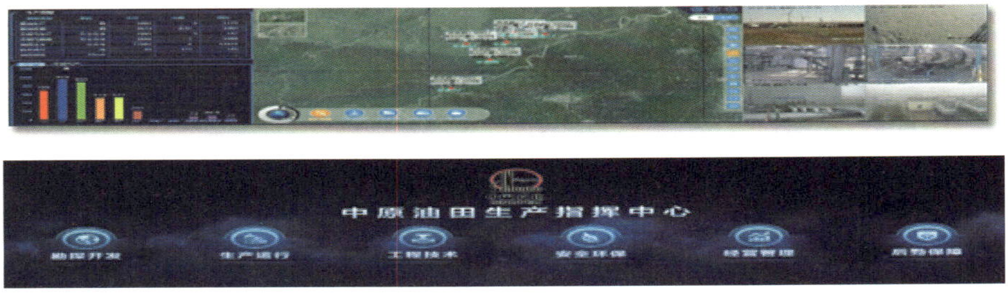

图 1　中原油田信息化建设

（二）普光智能气田试点建设，打造智能气田样板工程

围绕普光气田气藏、单井、管网、设备、安全环保、生产运行与应急等六个方面，集成生产运行、自动控制系统、视频监控、智能管线、环境监测、GIS 等多个应用系统，建立了上下贯通、横向协同的生产运行与应急指挥系统。形成了智能化气田解决方案，建成高含硫气田开发预测预警与辅助决策，实现单井智能配产，气藏亿方气水侵量从 8.9 万方下降至目前的 4.7 万方，实现井台智能选址、井轨迹智能设计，助力实现开发井成功率 100%，200 余井次硫沉积成功解堵、3 口水淹停产井成功复产，形成了高含硫气田生产运行及应急指挥智能联动技术，提高应急响应速度 40%，形成高含硫气田安全环保智能管控技术，助力普光安、稳、长、满、优运行。

（三）推进业财融合，提升经营管理价值创造能力

搭建油田经济评价系统，建立生产经营大数据融合体系，集成数据资源中心生产数

据，实现一键式生产经营数据提取、清洗、分摊；搭建经济评价模型和效益预测模型，建立分析指标体系，实现局、厂、区三层评价主体对单井、单元、油田的多维度、多元化分析和效益预测；自动根据效益情况排名结合自定义筛选参数条件，聚焦低效、无效井，实现智能推送生产优化方案制定。“十三五”期间评价单井效益共计 11011 口，压缩无效工作量 950 井次，作业操作成本下降 1.9 亿元（图 2）。

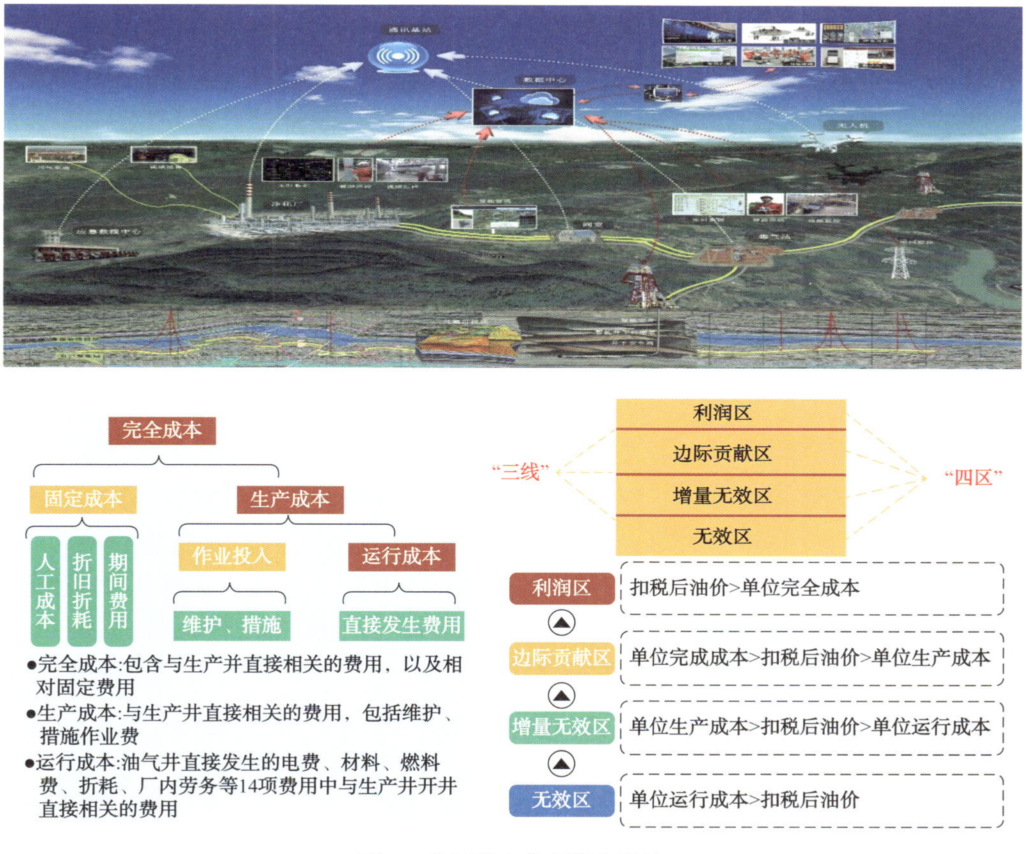

图 2　业财融合实现降本增效

搭建资源共享服务平台，实现人力资源共享、设备共享、外委项目共享，降低外委支出 1.38 亿元，盘活闲置设备和积压物资 3501 万元。通过油田车辆管理信息化支撑系统内首家车辆改革，实现共享用车、单车核算，实现车改当年降本增效 2000 万元、调派效率提升 50%。

（四）油田数据中心建设，夯实油田数字化转型基础

开展源头数据采集、EPBP 等数据建设工作，建成集中管理、共享服务、统一备份的企业级数据资源中心，建立数据从采集、审核、加载、存储到数据服务管理一体化模式，为辅助决策、生产指挥、地质研究、资源评价、经营管理提供全面数据支撑，实现了覆盖油

田三大生产基地的物探、地质研究、钻测录、采油气等 10 大专业岗位采集，建立了油田企业流程化、标准化的业务管理链条，推进横向跨业务、跨部门，纵向跨管理层级的勘探开发业务协同，勘探开发结构化数据 9000 余万条，日增数据 7 万余条，用户数 4200 多人（图 3）。

图 3 数据资源中心建设

（五）业务“上云上平台”，提升集成共享能力

以 EPBP、PCS 和数据中心为基础，采用界面集成、数据集成、应用集成三种方式，提升油田核心业务领域用户体验，打破业务壁垒，促进业务协同。消除存量 26 个信息孤岛，配套顶层设计与管理制度，形成避免出现新信息孤岛的长效管控机制；实施业务应用与基础资源上云上平台战略，为普光智能气田建设打下坚实基础；加强信息安全防护系统应用，桌面安全系统 2.1 万台客户端注册；开展用户实名制和弱密码专项治理，部署网络准入系统的三个园区网络区域实名准入控制率 100%；搭建统一管理平台，初步完成东濮、普光、内蒙三地视频监控资源整合，具备了视频转发服务能力；利用视频监控统一平台随时、随地或在指定地点按需抽查生产运行、治安防范、安全管理的实时现场视频监控场景（图 4）。

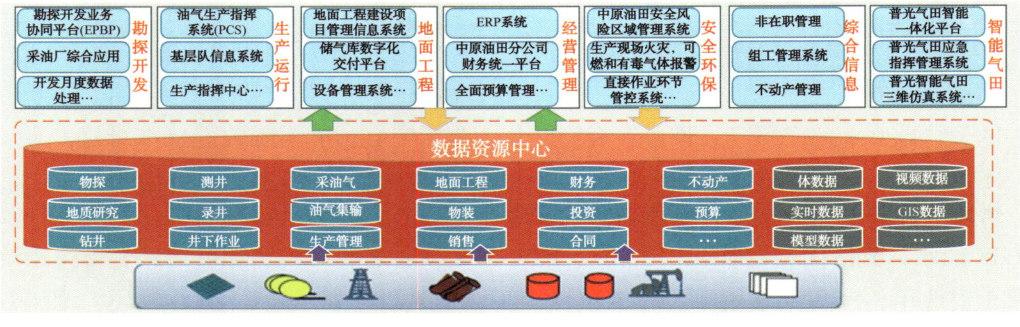

图 4 业务上云上平台

四、展望

按照中国石化信息化“432 工程”规划指引，聚焦争创中国石化信息化一流技术团队工作目标，提升五项能力。

（一）对标一流，提升信息化管理能力

按照集团对标世界一流部署，完善制度、流程和运行机制，建立“数据 + 平台 + 应用”新模式，构建“实战化、体系化、常态化”的网络安全体系，确定信息化业务覆盖、“两化”融合、信息化投入产出等三大类考核指标。开展“两化”融合管理体系再评定工作。

（二）融入主业，提升勘探开发数字化转型能力

对勘探开发综合研究流程进行再梳理，完善油气勘探开发数据管理标准，开展探井运行管理信息化试点，根据运行节点跟踪业务进展，评价运行时效，积极探索大数据与人工智能技术在勘探开发关键业务领域的应用。

（三）深化应用，提升一体化生产指挥协同能力

开展东濮、普光、内蒙三大区域指挥系统平台融合，逐步推进油田 + 生产单位的“1+N”两级指挥运行体系。按照无人值守的数字化联合站标准进行改造提升，进一步提升现场劳动生产率。实施抽油机安全信息化提升、重大危险源集中管控、危化品运输管理信息化建设，提升安全生产水平。

（四）业财融合，提升经营管理价值创造能力

研究区块链技术在不动产信息管理中的应用，实现土地、房屋、税费数据互通共享，促进不动产价值创造。加强财务、投资、生产三大计划融合，打通生产数据与计财数据壁垒，实现重点项目预算提报、专业审批、预算下达、合同签订、项目运行、项目结算到投产全过程线上信息协同管控，提升经营管理效能。

（五）筑牢基础，提升网络安全管控能力

构建“实战化、体系化、常态化”的网络安全保障体系，完成油田重要信息系统二级等级保护，做好新建系统“三同步”管理。开展数据中心智能运维关键技术研究，实现三地一体化管理。承担总部石化智云质量管控工作，建立开发运维规范，整合油田安全数据库、节能、标准化、质量、计量等管理系统，实现所有业务上云。

新阶段、新理念、新格局，征途漫漫，唯有奋斗！坚持贯彻落实中国石化世界领先企业方略部署，为打造油田千万吨级一流油气公司作出新的更大贡献。

精准施策　精益服务　加快油田信息化发展步伐

江汉油田分公司

“十三五”以来，江汉油田信息化工作以习近平新时代中国特色社会主义思想和党的十九大精神为指引，紧密围绕江汉油田“两个三年、两个十年”战略部署，按照总部“统筹推进、融合发展、集成共享、协同智能”的工作方针，牢记初心使命，聚焦核心业务，扎实推进涪陵智能化气田、油气生产信息化、EPBP、EPCP 等重点工作，持续开展深化应用创新创效、网络安全治理、消除信息孤岛、“两化”深度融合等专项行动，初步形成了以 EPBP、PCS、ERP 系统为核心的快捷、安全、高效的信息化服务能力，信息化已成为支撑油田油公司改革、数字化转型和高质量发展的重要措施，为油田抗疫情、保效益、促改革、谋发展作出了积极贡献。截至“十三五”末，老油区基本实现可视化、数字化，涪陵气田加快由数字化向智能化迈进步伐。油田“两化”融合管理体系通过国家认证，被评为集团公司深化应用创新创效示范企业、信息化系统应用评价 A 级企业。

一、精准施策，打造四大阵地，驱动油田数字化转型

油田以打造涪陵智能气田、PCS、EPBP、EPCP“四大阵地”为抓手，紧跟油田战略步伐，主动拥抱数字革命，结合核心业务需求，精益施策，油田数字化转型取得较好效果。

出实招创实效，涪陵气田智能化实现新跨越

江汉油田坚持以支撑油公司运作模式、支持产能建设快速发展、提升 HSSE 管理水平为目标，践行“用最少的人创造最大的价值”理念，初步建成具有自主产权的页岩气田智能化应用系统。一是筑牢智能化基础。按照智能油气田建设标准，坚持“六统一”“三同时”原则，构建页岩气田生产物联网，对各集气站点周界视频、语音、门禁及生产数据进行有机整合与智能联动，建成 SCADA、ESD 一体化调控中心，日均采集实时数据 3889 万条，基本实现生产全面感知、参数应采尽采、井站互联互通、区域视频监控和应急一键关断，为下一步智能气田建设夯实了数据基础。二是拓展自动化管控。打造气井、站点、生产调控平台、EPBP、掌上涪气“五位一体”机制，实施生产现场遥测、遥信、遥控、遥调、遥视“五遥”监控，研发上线压缩机异常预警系统，应急响应缩短至 2 分钟以内，47 座集气站实行无人化值守；对 107 台压缩机组进行预知性维护，月均增产 300 万立方米。三是构建大数据开发体系。充分发挥数据作为新生产要素的作用，基于关联分析、聚类分类、时间序列分析等数学方法构建“图数一体”的大数据分析引擎，实现钻、测、录、试气压裂、

生产、措施、管输等全过程数字化管控。建立生产预测预警及智能调配产模型，完成气井低压预警、井筒积液预警、单井趋势预警等功能，压力和累产预测准确率达到90%以上；利用SCADA综合预警处置等手段，科学调整采气工艺，提升生产时率23.98%。开展管线滞液分析与腐蚀机理研究，国内首创页岩气集输系统腐蚀预测软件，实施501口井，准确率达83.5%。自主研发钻井智能化预警防碰系统，实现邻井大数据分析、三维可视化模拟及井眼轨迹绕障等功能，部署上部气层、井网加密井240口，助力气田立体开发调整（图1）。

图1　江汉涪陵气田数字化生产现场

二、建示范强应用，PCS生产运行凸显新成效

油田坚持“集成共享、高效敏捷、创新驱动、协同智能”工作方针，大力推进老油区数字化、可视化建设。一是促进生产全面感知。全面完成油田14个采油管理区生产信息化建设任务，部署PCS生产指挥系统、SCADA自控系统、视频监控系统，搭建纵向贯通、横向协同的生产运行管控平台，在线监控油井3125口、站点529座，信息化覆盖率93.2%，实现了对生产前端全过程的数字化、可视化、远程化管控。积极探索“井站一体、电子巡护、远程监控、科学管理”的新型采油管理区运行模式，构建油藏管理信息“大平台”，完善共享“大数据”，促进油藏管理由单一的人工分析转变为人、机、网实时联动的智能分析。二是开展特色技术攻关。以生产智能化指挥、井站无人化值守为目标，积极开展关键技术攻关，开展PCS智能分析诊断、系统算法优化、预警模型构建等“十大”创新应用，深化井站多参数组合预警工具、管网多因素运行监控等功能，自主研发高含盐油井精细掺水、硫化氢高风险站点密闭自控装车等工艺，建立了电子巡井、集中监控、预警预测、应急联动的新型巡检模式，将PCS管控延伸至HSSE、井筒、站点。完成王广钟输油管线、建南输气管线、清河长输管线智能化改造与站点三维建模，实现高风险管线的全生命周期管理。三是助力新型采油管理区建设。推动信息化模式下的生产组织、地面建设模式变革，累计提供人力资源2169人，为彰武油田整体流转、陕北塞17区块承包等外拓市场提供了强有力的人力资源支撑；配套开展地面工艺优化，减少无效低效资产占用1413.7万元，生产时率、机采系统效率和劳动生产率分别提高1.16%、12.4%、41.6%，电费、维

护费、单井综合用工分别降低5.2%、10.3%、0.21人/井，油田开发综合指标持续向好。特别是抗击新冠疫情期间，各级生产管理人员充分发挥PCS集中管控、电子巡井、异常预警及远程启停等功能，实现了抗疫保产保安全。

三、强基础促融合，EPBP一体化激发新动能

针对勘探开发数据采集规模大、专业覆盖广、数据类型多等特点，建立跨部门、跨专业、跨领域的EPBP一体化数据资源体系，实现勘探开发数据"融合贯通、灵活获取、一次录入、共享应用"。一是建成EPBP数据管理平台。按照"盘点–规范–治理–应用"的思路，完成EPBP建设、数据清理与平台升级等工作，部署业务模块1485个，提升209个岗位业务协同能力，日均新增采集数据5万条，实时反映4082口油井、583口气井、1382口水井、266口完钻井的生产动态，初步构建起企业数据资源"采、存、管、服"体系。二是深化EPBP一体化协同应用。开发PCS实时数据与EPBP的接口24项，制订录井、试油气、压裂等实时数据与EPBP的接口规范42类；完成统一身份认证与消息推送功能。通过规范数据采集、管控数据质量、简化应用流程、强化数据考核等措施，EPBP资料全准率达到98.4%，业务覆盖面达94.5%，数据可信度不断提高。三是推进EPBP与开发生产深度融合。推进EPBP方案在线协同功能，支持管理–研究–生产的跨界融合，规范井下施工设计和页岩气井试气等审核流程54个，年均在线审核方案5016份，提高效率37%以上，促进了勘探开发数据由分散应用向集成共享、局部分析向一体化研究、单一业务向多业务协同等"三个转变"。

四、重创新促先行，EPCP云平台开创新格局

按照总部综合研究专业软硬件共享体系建设的统一部署，实现软硬件资源、基础数据、科研成果的一站式应用和多学科、多业务、多领域的一体化协同。一是初步建成EPCP勘探开发云平台。实现HRS、Techlog、Jason、CMG、Eclipse、Geolog等25项专业软件在EPCP上的许可部署，完成80个GeoFrame工区数据向Petrel软件平台的迁移工作，软硬件算力及共享能力实现新跨越。二是远程协同成为新常态。涪陵、武汉、江汉三地科研人员通过EPCP远程协同，开展平桥北三维403平方千米、焦石坝南三维815平方千米地震资料的构造精细解释，工作效率提高20%，较好满足了地震解释、地质建模、数值模拟等业务需求。三是协同研究初见新成效。围绕外围页岩气、涪陵北页岩油气、江汉盐间与新沟嘴组页岩油三大攻关课题，利用EPCP平台助力地质建模、三维压力预测等研究，高质量完成《涪陵区块复杂构造区页岩气开发评价技术》等10项成果；利用Petrel软件开展叠后属性计算、三维地应力模拟等研究，有力支撑白马千亿方储能的部署。"涪陵页岩气水平井轨迹设计技术研究"和"基于Hadoop地震数据批处理模块研发"等一批自主创新成果达到国际先进水平（图2）。

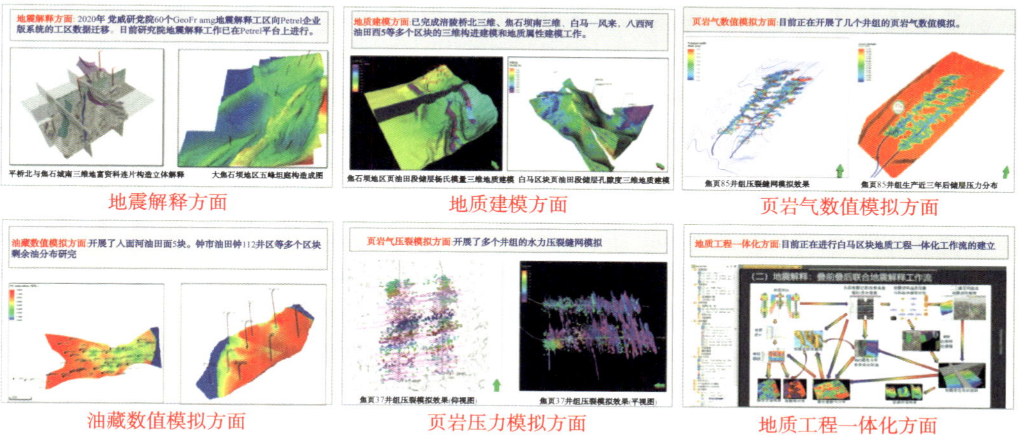

图 2　江汉油田 EPCP 系列应用成果

五、精益服务，提升三项能力，促进油田高质量发展

油田围绕深化经营管理应用、完善基础设施建设、促进“两化”深化融合等方向，以适应新形势为目标，努力打造安全可靠、精准高效的信息化服务新能力。

深化经营管理应用，增强科学决策新能力

深化信息系统与经营管理融合应用，打通从业务运行到经营管理的数据链条。一是构建经营管理新模式。上线总部费用报销、商旅平台等系统；完善投资管理、预算管理、人力资源、资金集中管理等系统集成，升级合同管理、对外支出业务公开、“1331”绩效考核等应用功能，按照业务与财务深度融合的理念，开展多维度的财务管理试点，精准核算每个业务单元的投入产出效率。二是服务油田改革调整新需求。配合油公司机构改革、“四供一业”社会职能移交、共享服务中心成立等工作，不断优化和剥离 ERP 等系统功能，确保改革调整平稳高效运行。三是拓展信息服务新领域。开发上线 22 款移动 APP 应用，实现办公 OA、合同审批、车辆管理、党建等多业务流程的移动审批、协同共享及待办提醒。打造融合线上线下的“指尖上的公积金”服务，实现公积金从柜面“人工密集型”向网上“AI 智能型”转变，连续两年获评“中国优秀政务新媒体”奖。针对疫情防控严峻形势，第一时间开发上线“江汉生态商城”电商平台，让人民群众足不出户享受便捷服务，共受理线上订单 46610 份，为油田 34 个小区 3.7 万户家庭配送食材 95 万斤，在油田抗击疫情工作中发挥了不可替代的作用。

六、夯实信息网络基础，打造安全快捷新能力

“十三五”以来，油田持续完善企业网络、计算和存储资源，建立健全网络安全防控

体系，基本满足了信息系统快速发展和油田改革管理创新的需要。一是基础网络全面升级。企业主干网带宽提升至 40G，统一租用数据专线 15 条，引入 APN 物联专网，架设生产网专用光纤 426 千米，油气生产现场网络覆盖面达 96.2%。二是网络服务能力大幅提升。部署油田基础设施云，完成 20 套重点应用系统、102 台虚拟服务器的上云迁移，与 12 家二级单位签订服务器托管协议，推进基础设施统一管理、安全管控，资源交付由 30 天缩短为 4 小时，信息基础资源利用率提升 45%。三是打造统一的视频管理平台，整合 3824 路视频，视频监控在线率由 61% 提升至 95%，为油田生产运行、安全环保、综治维稳、反恐防范、应急指挥等提供了技术支撑。搭建覆盖 12 个机关部门、16 个二级单位、28 个基层项目部的油田视频会议平台。2020 年，面对突发疫情，以最快速度启动视频会议保障预案，召开视频会议 3762 次，参会人员 7 万人次，满足了疫情防控、复工复产多场景视频会议和居家办公需求。四是增强网络安全管控能力。以“工作不掉线、安全总在线”为目标，建立“3225”安全防护体系，强化统一的互联网出口管理，加强桌面安全基线管控，网络准入、桌面管理与 360 天擎安装率 95% 以上；对 117 个信息系统进行安全等级管理；注重以攻促防、以战促建，常态化开展“护网行动”实战攻防演习，阻断安全威胁 312 万余次，实现了“两特两重”期间油田网络安全无事故（图 3）。

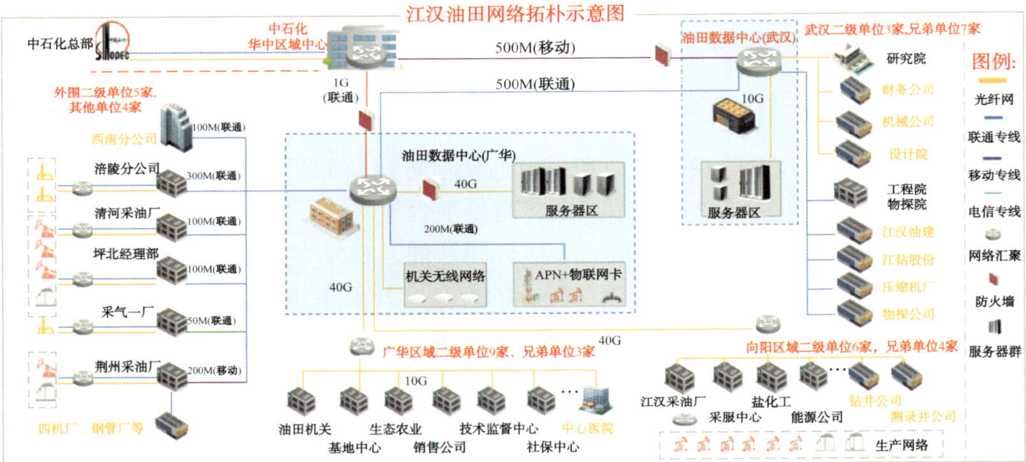

图 3 江汉油田网络拓扑示意图

七、推进“两化”深度融合，提高信息服务新能力

围绕“建成千万吨油气田，打造上游一流企业”的油田发展战略目标，加快“两化”深度融合，带动油田信息化整体提升。一是完善“两化”融合管理体系。加强信息化顶层设计、统筹规划，编制油田信息化发展“两个三年、两个十年”发展目标与“十四五”信息发展规划；开展标准宣贯、培训和实施工作，制定《视频会议系统建设与管理规范》《涪陵页岩气田实时数据编码规则》等 6 项信息化标准，修订《无线局域网运行管理规范》

《信息资源管理规范》9项企业规范。二是持续开展深化应用创新创效行动。突出问题导向，组织开展PCS数据质量提升等专项研究，PCS考核从89分提高到97.5分，名列上游板块前三。开展CMIS（合同）系统“账号清查及历史数据统计处理”“疫情防控期间合同风险排查”等工作，形成信息成果62项。其中，11项案例入围总部典型推广成果，油田荣获集团公司深化应用创新创效示范企业称号。三是开展消除信息孤岛治理。按照“大数据、大平台、大系统”的思路，对259套系统进行数据源、绩效、风险综合评价，对12个应用系统进行模块优化，系统功能从1400个减为916个；对28个二级单位网站实行集中云部署。“十三五”期间，通过严控新建系统、优化在用系统、淘汰“孤岛”系统，消除信息孤岛91个，杜绝再生“孤岛”，提前完成任务目标。

八、锚定目标，抓住机遇，加快油田智能化发展

当前，在后疫情时期、低油价新常态背景下和剧变的外部国际环境影响下，数字化转型、智能化发展成为油田实现高质量发展战略目标的重要手段。江汉油田将围绕打造世界领先洁净能源化工公司远景目标和构建“一基两翼三新”发展格局，在建设“管理+技术”现代油公司的目标指引下，紧扣“十四五”信息化发展规划，不折不扣地推进智能油气田建设，为实现“万亿方储量、千万吨油田、百亿方产量”的奋斗目标注入强劲动能。

一是坚持不懈推进智能油气田建设。坚定走智能油田建设之路，开展信息化“强基、提质、增效”三大攻坚战，建成“一个新型数据资源中心、一个云技术支撑平台、六大主营业务数字化应用”，形成信息引领、数据融合、业务协同的“大运行、大科研、大监督”体系，构建积极向上和持续迭代发展的信息化新局面，实现主营业务全过程实时感知、可视可控、精益高效，“十四五”末油田主营业务全面迈入数字化时代。

二是坚持不懈推进数据赋能与管理融合工作。按照“数据+平台+应用”新模式，大力推进云计算、大数据、人工智能等新技术与油田全业务、全要素的深度融合，着力做好顶层设计与滚动计划，构建统一的数据治理与信息标准化体系，推行全业务链闭环式管理，做实数据赋能与管理融合，做强平台应用与效益提升；畅通人才引进与成长通道，打造一支具备自主软件研发、大数据分析、自控运维能力的信息化专业队伍，持续推进信息管理模式重构、新型数据资源中心建设、业务协同优化等工作，加速形成油气田数字生产力。

建立数据资源管理平台　提升数据治理水平

江苏油田分公司

一、总体情况

江苏油田 EPBP 实现了油田物探、地质研究、钻井、录井、测井、采油、集输、井下作业、生产管理等岗位业务数据资源全覆盖，集成了勘探开发岗位业务流程 180 多个，是勘探开发工程核心岗位业务数据资源的存储中心、管理中心、交换中心和服务中心。企业的数据资产是最珍贵的财富，是企业的核心价值。这些海量的数据资产，为油田生产科研、经营管理提供了服务，为油田体制机制改革、转方式、调结构提供了支撑。

但是数据的齐全性、及时性如何得到有效监控是痛点之一。一直以来，我们都是通过各个专业的业务人员每天手工检查，不但效率不高，时常出现漏检误检情况。所以我们要用信息化手段对数据从产生、获取到使用全过程、持续性、精准地进行管理，将其提炼成有价值的数据资本，继而支撑企业创造效益。实现企业数据精准化，优化数据资源，并最终将其转变为企业的核心资产。

二、典型做法

建立油田勘探开发数据资源综合管理平台，梳理规划数据资源监控范围，和油田各职能部门紧密结合，编制企业层面的数据资源管理规范，建立灵活切合实际的数据资源扫描、考核机制，自动生成企业级的数据公报向全油田发布，并在平台上综合展示数据扫描检查成果图表。同时，也可将应用系统的数据模型、数据接口等纳入平台统一管理，将油气生产信息化等更多的勘探开发数据纳入数据公报进行考核，使油田数据资源管理更全面、更深入，进一步提高数据资产的管控能力。

（一）建立统一可靠的技术架构

江苏油田勘探开发数据资源综合管理平台架构于 EPBP 一体化协同平台基础之上，通过调用勘探开发数据资源管理平台的服务层提供的各类数据检查服务对目标数据进行手动或自动预扫描，并对扫描结果进行存储及管理，供各级管理者编制对应的检查报告或企业级检查公报，同时为最终的问题解决跟踪提供流程化管理方案，实现数据检查流程的闭环化管理（图 1）。

江苏油田勘探开发数据资源综合管理平台按照“模块内强内聚，模块间弱耦合”的架构设计原则，层间通过预先定义好的接口规范进行服务调用，各类服务则由企业服务总线进行统一调度管理，最大限度地降低了各层间耦合度，保证了平台的可伸缩性和灵活性（图 2）。平台架构划分为以下三层：

图 1　江苏油田勘探开发数据资源管理平台

第一层：平台信息资源层，实现平台所涉及的各类数据资源交互配置、数据模型字典库管理、数据检查规则库管理及质检成果库管理等功能。

第二层：平台信息服务层，定义各类平台内部及外部使用的通用服务接口，通过服务接口规范进行功能调用，主要服务包括模型字典服务、模型比对服务、检查规则服务、数据扫描服务、过程监控服务等。

第三层：平台应用层，搭建基于平台最终要实现的各类应用，主要包括数据模型导入、数据资源管理并以丰富的图表形式加以展示、数据质检管理及公报编制和发布、标准规范上传下载管理、资料管理上传和下载及权限管理、综合信息查询统计及发布管理、整改进程监控管理等。

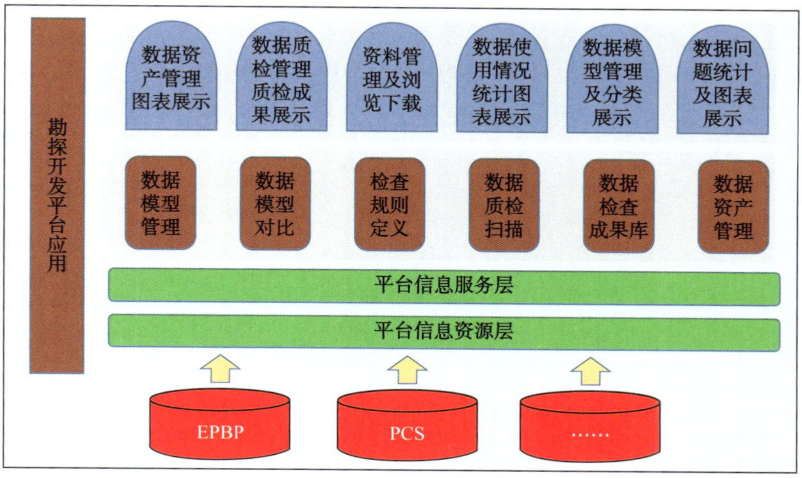

图 2　勘探开发平台应用

（二）建立灵活可配置的数据管理模型

数据模型是勘探开发一体化平台及基于其上的各应用系统运行的基础，也是建立数据规则管理体系、实现数据及时性、齐全性、准确性管理的基础。强化数据模型的管理、建立起规范化、完整化、信息化的数据模型管理机制意义重大。

可配置式的数据管理模型，能很好地适应生产现场工艺技术的变革、生产方式及管理方式的改变，运用先进信息化技术手段，让数据库更新完善能及时同步更新反映到数据模型中，为后续继续平台完善及提升带来了便捷。而且以前开发的各类应用系统数据库，都可以在同一个数据资源管理平台中进行规范化管理，为数据资源管理奠定了坚实的基础。

通过对业务流程、数据结构等的分析和梳理，我们建立了六步数据模型配置法。通过专业配置、项目配置、数据表配置、基准时间配置、考核项和基准时间关联配置、特殊井处理时间配置六大步骤实现数据模型的统一架构、统一规范和标准化工作流程。

（1）专业配置：构建需要管理的专业代码、名称、意义和有效标志（图 3）。

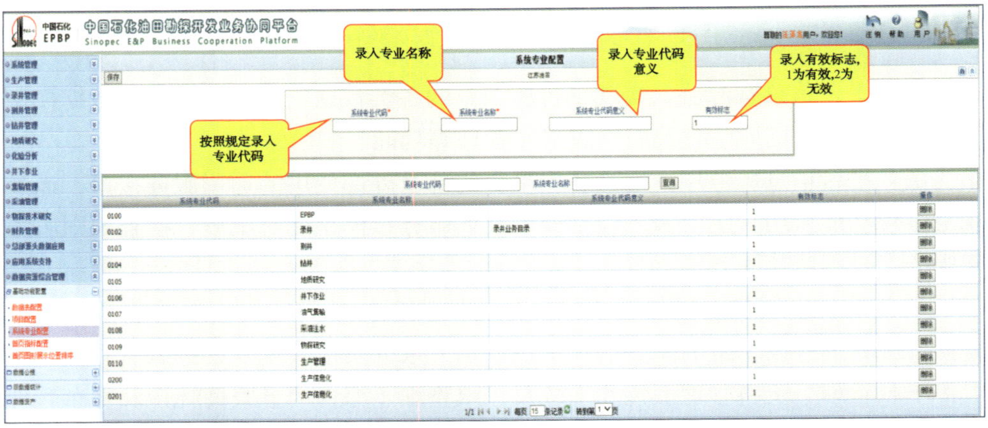

图 3 专业配置

（2）项目配置：配置各个专业下需要管理的项目名称，比如裸眼井测井、井下作业日报等（图 4）。

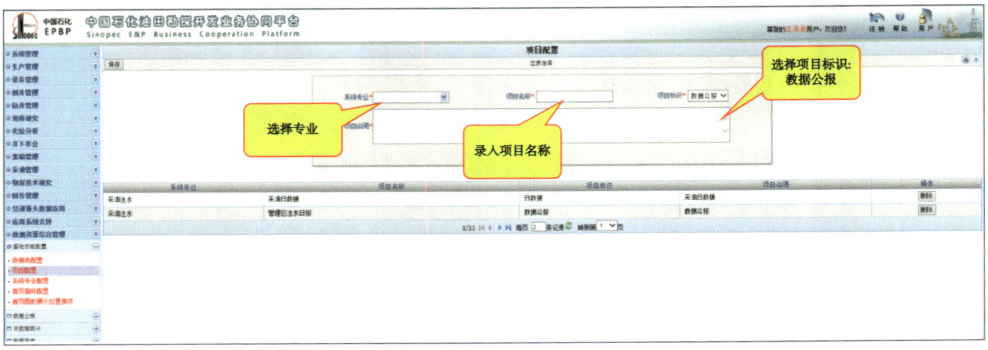

图 4 项目配置

（3）数据表配置：配置各个专业数据管理需要用到的表、视图、存储过程，每日监控数据标识，以及管理需要用到的字段名称和中文名称等（图5）。

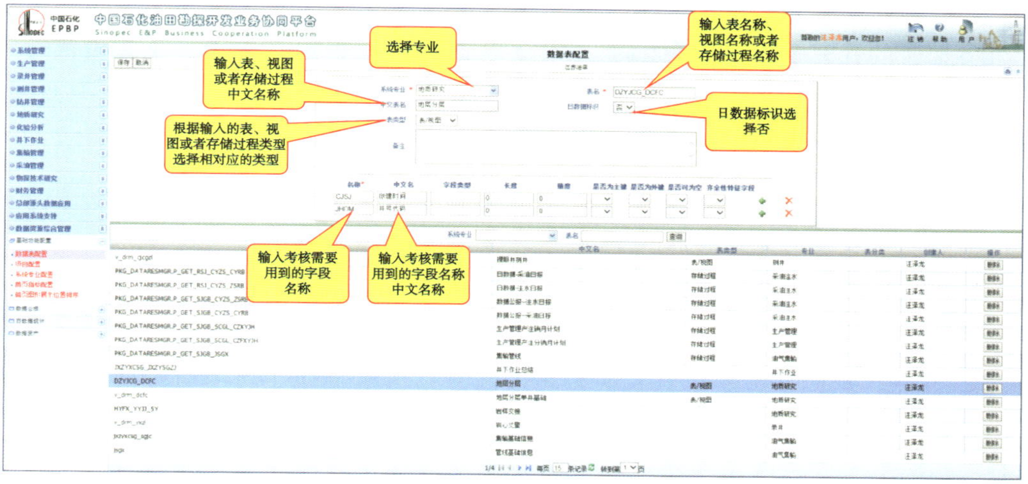

图5 数据表配置

（4）基准时间配置：配置各个专业下各个项目考核的基准表、基准时间以及监控指标（图6）。

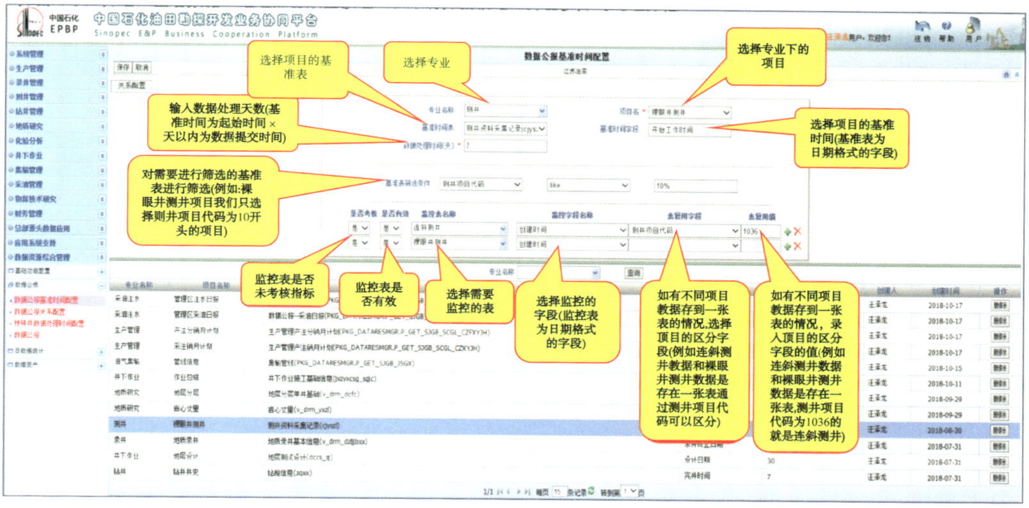

图6 基准时间配置

（5）考核项和基准时间关联配置：配置基准表与监控表之间的关联字段（图7）。

（6）特殊井处理时间配置：对有特殊情况的井进行数据处理时间配置（图8）。

（三）建立全面实用的数据资源管理规范

全面强化勘探开发数据资源管理，保证数据资源及时、完整、准确采集，并安全、合理、有序传递和使用，为生产科研、经营管理决策提供支撑。针对数据资源管理的及时、完整方面，我们组织勘探、开发、生产管理等各职能部门和数据建设单位，一起对数据管理规范进行重新梳理，对数据考核规则进行定义，建立数据采集层面的相互管控、相互约束、相互监督的管理规范和责任体系。建立了数据资源管理流程，制定了有据可依的《江苏油田数据资源管理办法》，对数据资源采集与审核、入库验收、存储与备份、专业应用、安全管理、检查与考核等方面做了详细的切实可行的规范。

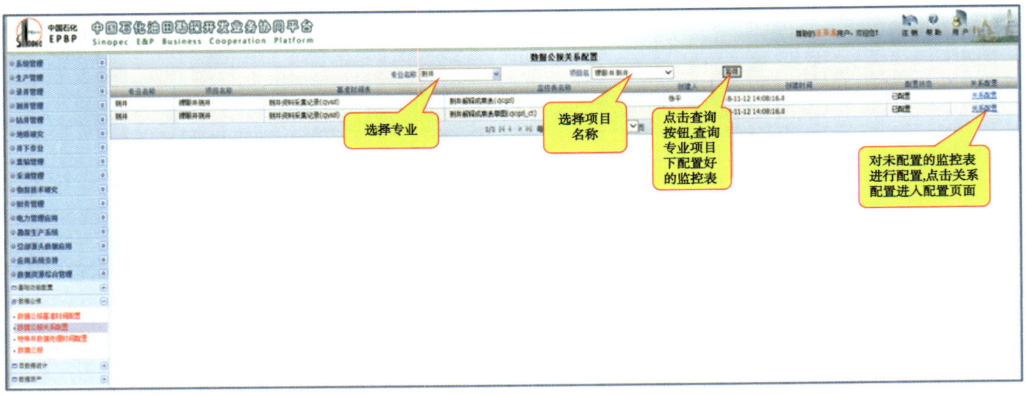

图 7　考核项和基准时间关联配置

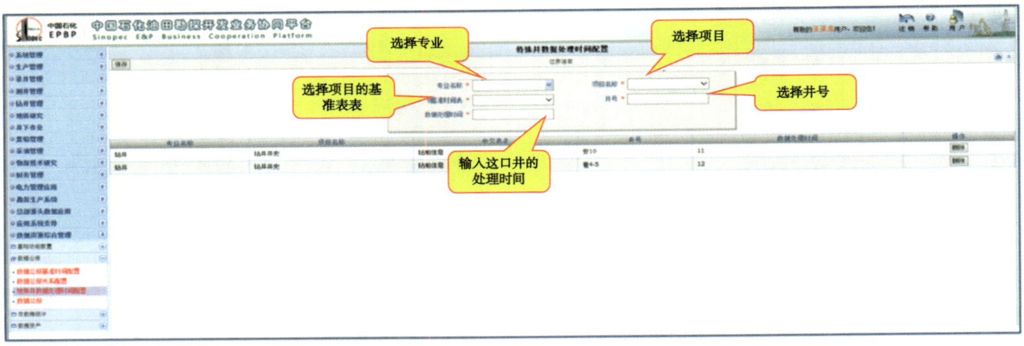

图 8　特殊井处理时间配置

（四）建立公正严格的数据资源自动化考核机制

在数据资源管理平台中，管理人员可以根据管理办法的考核要求，灵活配置数据业务逻辑检查规则，由资源管理平台自动对入库数据的及时性、完整性、准确性进行检查，自动生成数据公报并发布。数据公报内容包含四个方面：一是数据入库情况，包括数据采集和审核的及时性、齐全性。二是为项目建设单位组织的数据审核和验收情况提供手段。三是信息中心组织的数据质量检查监督结果。四是上期公报问题整改情况。

数据资源管理平台与 EPBP 平台实现了架构规范的统一，具有可伸缩性、灵活性、易维护性。可通过调用数据资源管理平台的服务层提供的各类数据检查服务，对目标数据进行手动或自动预扫描，并对扫描结果进行存储及管理，供各级数据管理者生成对应的检查报告或企业级检查公报。与此同时，为了促进解决检查考核中存在的问题，系统提供了数据资源问题跟踪解决流程化管理功能，问题实现短信提醒、件件落实到人，整改通知、整改结果检查全部流程化，实现数据资源检查、考核的闭环化管理。

（五）自动分析生成直观的图形化数据资产分布

数据资源管理平台通过建立数据资源多级分类、定义，自动识别各个专业的数据资源内容信息，从而实现各专业的信息资源导图，可以非常准确地统计出数据资源的总体情况和分布。可按物探、地质研究、钻井、录井、测井、采油气、油气集输、井下作业、生产信息化等专业领域，进行统计分析。如：录井专业的地质录井总数、综合录井总数、岩屑描述的总层数、井壁取心颗数、色谱描述总数等，以及历年的录井解释总层数等等，再将这些数据资产以最贴近用户使用习惯的方式，全面、多角度及图形化展示出来，如：按用户角色的多视角主题切换展现，按管理驾驶舱多维图表方式进行过滤、查询展示等。数据资源平台提供统一对外数据接口，向有需要的应用系统和管理单位提供数据资产信息订阅与查询。

三、主要成效

数据资源管理平台按照强化数据资源管理、服务油田生产的建设目标，着重解决了生产经营、科研管理人员关于数据有没有、数据有多少、数据在哪儿、数据好不好的问题。抓住了数据资源问题，就是抓住了信息化核心生产力，为油田企业数字化转型提供有力支撑。2019 年江苏油田数据资源管理平台正式投入使用，数据监测及时准确，油田数据资产统计清楚明了，目前用户数达 1500 余人，受到了技术和管理人员的认可，取得了很好的社会效益。

（一）主要成果

1. 实现油田数据资产自动统计分析

与油田 EPBP、PCS 融合，以数据资源目录的方式，全面多角度、图形化展示油田各类数据资产。一是展示油田 9 个专业数据资源入库情况统计，共包括宏观指标计 72 项、详细指标以图表统计 74 项（其中各类图形统计 54 张，表格统计 20 张），同时提供按所属专业、所属单位、日期等多维度的详细查询方式。二是实现油气水井全生命周期的业务数据监控。将油气水井从勘探、开发生命周期中涉及的 8 个专业、78 个项目的重要业务信息进行一体化的监控、分析和汇总展示，以及详细信息的穿透查询，为单井的精细管理、迭代提升管理提供了帮助。

2. 实现数据资源的高效准确监控

数据资源管理平台在建设过程中，配套编制了企业级数据资源管理办法，建立了数

江苏油田分公司

2021 年 4 月 EPBP 数据公报

信息中心 2021 年 05 月 14 日

·1 本期数据入库状态

.1）按专业统计

专业	项目	应到	实到		未到
			按时到	迟到	
物探研究	施工资料	2	14	/	/
	测量资料	2	38	/	/
	表层调查	2	18	/	/
	SPS 文件	2	3	/	/
	现场处理	2	2	/	/
	竣工验收	2	4	/	/
地质研究	地层分层	5	0	0	5
	岩心入库	4	0	0	4
	井位合格证	9	9	0	0
	井位地质任务书	23	23	0	0
	地层断点	14	0	0	14
	样品送样	317	317	0	0
	岩屑入库	9	2	3	4
	井壁取芯入库	1	0	0	1
	化验分析报告	86	86	0	0
	钻井井史	12	5	7	0
	钻井液井史	12	5	7	0
	钻井设计轨道	9	8	1	0

图 9 数据公报样式

据管理模型，采用灵活可配置的数据检查规则机制。针对 EPBP、PCS 等主流勘探开发业务平台，配置了物探、地质研究、钻井、录井、测井、采油、集输、井下作业、生产管理、生产信息化 10 个专业、64 个监控项目、3 千多个监控数据项的检查规则，对各专业数据入库的应到、迟到、未到情况进行了详细设定，大大提高了油田数据管理人员的工作效率和数据资源的齐全性、完整性、准确性。并在此基础之上自动编制生成数据监控检查的问题整改清单，系统进行问题整改的自动检查，实现数据资源检查问题的闭环管理。

3. 实现自动化数据公报

数据资源管理平台上线后，信息部门每月对数据资源进行扫描，并自动形成 WORD 版本的数据公报（图 9）。数据公报对近 64 项的数据资源，按专业、采集单位进行分类统计，明确应到、迟到和未到的数据资料，并附出详细问题列表。数据公报的实施和发布，大大加强了油田的数据资源管理力度，为我们的信息资源管理人员提供了强有力的工具，让数据资源管理者真正用数据说话。

截至 2021 年 5 月，通过油田数据资源管理平台，共定期发布数据公报 29 期，数据入库齐全率从 89% 逐步提升到 98%，取得了明显的成效（表 1）。

表 1 数据公报发布

时间（2019 年）	1 月	2 月	3 月	4 月	5 月	6 月	7 月	8 月	9 月	10 月	11 月	12 月
数据入库齐全率	89%	90%	91%	93%	93%	93%	94%	96%	95%	96%	95%	96%
时间（2020 年）	1 月	2 月	3 月	4 月	5 月	6 月	7 月	8 月	9 月	10 月	11 月	12 月
数据入库齐全率	94%	96%	95%	95%	95%	94%	97%	94%	95%	95%	95%	95%
时间（2021 年）	1 月	2 月	3 月	4 月	5 月	6 月	7 月	8 月	9 月	10 月		
数据入库齐全率	96%	95%	97%	98%	98%							

4. 完善勘探开发项目验收管理流程

落实数据入库是项目验收前置条件的管理要求。勘探开发工程技术服务单位在项目验收之前到信息化管理中心进行资料入库的验收。信息化管理中心在接到勘探开发工程技术服务单位的资料入库验收申请后，组织 EPBP 业务专家对本次验收的项目进行资料入库审查。在审核数据入库齐全后，开具数据入库验收合格证。财务计划部门将数据入库验收合格证作为钻井、录井、测井、侧钻井项目结算的凭证之一，见到数据入库验收合格证，方可支付费用（图 10）。

截至 2021 年 5 月，共开具钻井项目数据入库合格证 91 份、测井项目数据入库合格证 114 份、录井项目数据入库合格证 82 份。

钻井（侧钻井）数据入库验收表

井　　号：马 45-3

施工单位：华东石油工程公司江苏钻井公司　　施工队伍：30159HD

是否入库：是-√；否-×；无该项目-/

项目类型	是否入库	项目类型	是否入库
钻井井史	√	井眼轨迹投影图	√
钻井液井史	√	钻井取心工程信息	/
钻具使用记录	√	地层破裂压力测试	√
钻井班报表	√	复杂故障记录（工程）	/
钻井液班报表	√	钻井周期	√
钻井工程基础信息	√	材料消耗（工程）	√
班次配置	√	钻井技术总结	√
施工节点时间	√	套管记录	√
动态井深	√	套管强度	√
钻机动态	√	套管使用情况	√
钻井作业记录	√	钻井设备使用信息	√
钻井参数	√	固井信息	√
测斜数据	√	钻井液服务基础信息	√
钻头使用信息	√	钻井液材料出入库	√
钻井班组人员	√	钻井液班报表基本信息	√
交班记录	√	钻井液性能	√
钻井地质分层	√	钻井液处理	√
井身基础参数	√	钻井液材料消耗	√
井身结构	√	钻井工程简况	√
特殊工艺（开窗、水平井等）	/	净化设备使用记录	√
井口装置	√	复杂故障记录（钻井液）	/
井眼轨迹	√	钻井液技术总结	√

信息化管理中心验收意见：

资料是否齐全：☑是　□否

验收人：　2020 年 12 月 17 日

审核人：　2020 年 12 月 17 日

（一式两份，一份由信息化管理中心保存，一份作为施工方申请付款凭证）

图 10　数据入库验收合格证

（二）社会经济效益

一是大大提高数据管理人员的工作效率和管理效率。通过数据资源管理平台，及时发布物探、钻井、录井、测井、井下作业等专业数据采集情况，业务管理部门、项目建设单位、数据源点单位等均可以通过平台及时查阅。项目建设单位在作业工程结算前，查阅专业数据入库情况，核实资料归档情况，会同勘探开发管理部门、信息管理部门开展数据资源入库验收。并以此作为数据资源入库验收与结算的参考依据，并生成工程资源入库验收单，大大提高了工作效率和检查准确度。

二是提高勘探开发业务人员的工作效率。数据资源管理平台规范了数据采集，大大提高了数据资源的齐准率，不仅方便管理部门对数据进行考核，还可以直观地展现每口井的所有资料信息，大大减少了勘探开发人员下载、收集、整理数据的时间，快速实现共享和再利用。目前油田科研院所、采油厂等二级单位和勘探、开发管理部等管理部门近 1000 人在线使用，按每人每年节约 200 小时的资料查询时间计算，总计可节约时间 200000 小时。

（三）专利著作

油田勘探开发数据资源管理软件已获得国家版权局自主知识产权认证（证书号：软著登字第 5495989 号）。

四、展望

数据就是资源。加快数字油田发展，关键要有数据支撑。数据是基础，我们要固根基、扬优势，奋力攻坚，向着智慧油田迈进，进一步完善数据资源管理措施，提升数据齐全性、准确性，构建良好的数据资源管理体系。

一是根据平台使用情况，不断优化完善各单位数据考核项，进一步满足勘探开发生产需求。

二是开展数据挖掘与分析应用。开展数据统计分析，大力加强数据升化应用，不仅要将数据管理好，还要将数据应用好。

创新信息化管理和建设模式
助力油田提质增效转型升级

西北油田分公司

一、总体情况

西北油田工区位于塔克拉玛干沙漠北缘及腹地，部分油井位于广袤的无人区，穿越多个少数民族聚居区，矿权面积9.45万平方千米，横向跨越1000余千米，共有油气水井2300余口，各类场站150余座，点多、线长、面广。管理的海相碳酸盐岩油藏具有埋藏超深、高温、高压、高含蜡、高含硫化氢、地层水高矿化度、原油超稠的“两超五高”特点（图1）。

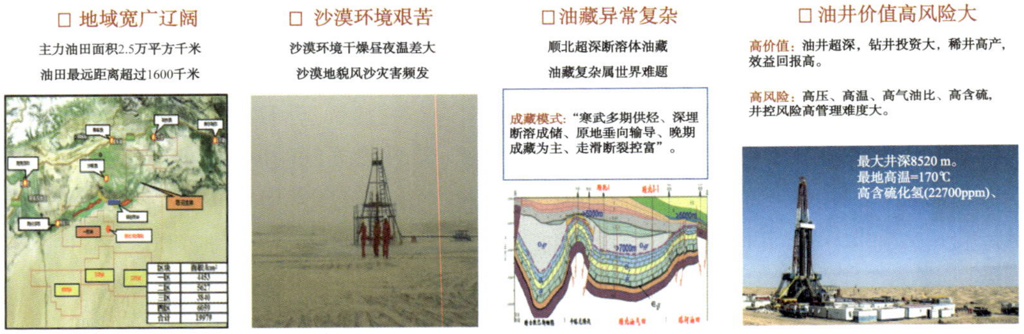

图1 西北油田开发面临的问题

近年来，面对油田成本上升、盈利能力下降的困境，西北油田积极应对，从完善体制机制、加强油藏认识、提高开发水平、发展采油技术等方面创新思维、多措并举，同时主动应对数字革命，加快油气生产信息化建设、数据资源共享、智能油气田试点等重点工作，夯实关键基础设施，筑牢网络安全体系，持续推进“两化”深度融合，为勘探开发业务赋能。信息技术在创新生产经营管理模式、优化资源配置、提高工作效率、降低劳动成本等方面发挥着越来越重要的作用。“十三五”期间，信息和数字化工作获得集团公司深化应用示范企业、信息化工作先进单位等荣誉称号，助力油田高质量发展。

二、典型做法

全面落实集团公司信息化“六统一”的要求，不断完善“业务部门专业牵头、信息部门综合管理、IT队伍技术支持”的建设新模式，做到“五个坚持”、实现“五个确保”。

（一）坚持统筹推进，确保示范引领

为进一步落实油田公司信息化“十三五”规划，组织到长庆油田等信息化先进单位、华为等领先 IT 企业调研学习，在此基础上对信息化存在的问题及需求进行了对标分析，制定了适合油田实际的信息化中长期发展规划，明确了以建成全面感知、预测预警、分析优化、智能协同的四项能力的智能油田为中长期发展目标。

按照“整体规划、试点先行、分步实施、差异化演进”的思路统筹推进，结合油气藏特点及建设效益、管理模式、自动化基础等因素，在采油三厂进行试点建设，重点围绕油气田开发与生产业务，开展油藏动态分析、生产运行优化、智能决策等业务应用，实现油气藏动态管理与优化，油气田单井、管网、设备的智能诊断与优化，固化推广模板，形成示范引领效应（图 2）。

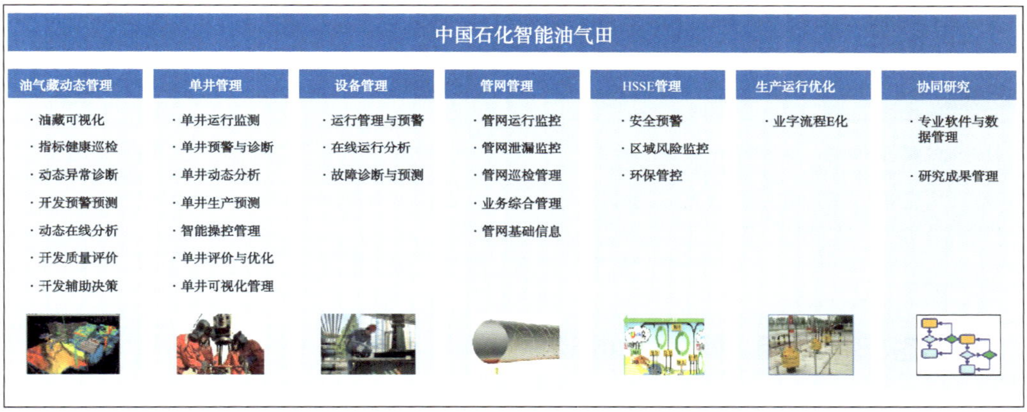

图 2　智能油气田试点应用建设内容

（二）坚持全员参与，确保质量效益

在信息化重点项目建设过程中，成立以总经理为组长、主管信息化副总经理为副组长、信息部门和用户单位负责人为成员的领导小组，对项目的总体实施进行全过程综合管理。建立月度例会制度，领导小组成员全程参与、协调督导，确保各项工作落实到位。

积极利用新技术，优先解决了业务线上办公、数据快速查询、成果一键共享等业务痛点问题，吸收油田开发研究、QHSE、设备管理等各业务专家广泛参与，列入专家组和技术组，配合项目实施组进行了原有系统及相关业务流程的梳理，并制定需求调研方案、项目设计方案、上线计划等，定人定责限时完成历史数据的补录和准备，积极参与验证业务功能及数据的合理性，同时在建设过程中不断探索体制变革和机制配套，加强数字化复合型人才培养，健全岗位数字化职能，固化线上数字化运行模式，确保建设取得实效。

（三）坚持平台开发，确保标准统一

按照总部统一部署，第一次通过“平台 + 数据 + 应用 + 新技术”的全新模式进行油田业务信息化建设。在应用层建设了油气藏、单井、管网等7大类业务应用，按照“应用–功能–子功能–服务”的拆解方式，沉淀了开发、生产、集输、生产辅助、QHSE等5大类64个业务组件（图3）。

建立满足大数据分析和应用的支撑环境，满足结构化、非结构化以及实时数据等6大数据类型存储需求，并制定了相应的管理策略及分发机制，统一数据编码和源头，形成较为完善的资产化数据资源管理体系。做到标准统一，促进共享复用。

图3 “数据+平台+应用”建设模式

（四）坚持深化应用，确保价值创造

西北油田按照集团公司深化应用相关要求，积极主动推进深化应用创新创效工作，优选7+N套系统，建立了责任矩阵，分解到了职责部门单位，纳入绩效考核，确保责任到位。建立重点信息系统管理体系，推进标准化管理、规范化应用，深入挖掘系统应用价值，提高业务应用深度。重点加强业务协同和集成共享提升，通过界面、数据、应用三类集成方式基本消除信息孤岛，自建系统数量下降37%。选树示范部门和单位，成立“信息化创新创效工作室”，加快财务数字化转型。通过近4年的深化应用，形成了22项创新创效行动成果，共计创效1010余万元。并将好做法好经验固化到相关标准、制度、流程，加强了基础管理，确保持续创效。

（五）坚持维护到位，确保业务连续

建立了“统一管理、分级负责、属地运维”的IT大运维管理机制，将全部13个二级单位划定为3大运维区域，实现了通用信息系统维护规模化、标准化、规范化，采用“统一标准、集中采购”的方式，优选专业化运维队伍，发挥大运维体量规模效应，整合了运维资源，综合成本单价下降19.2%。建立了考核管理体系，制定了人员保障、岗位技能等7大类22小类120个量化考核指标，通过季度项目例会、用户评价、现场抽查等方式，定期进行考核通报，强化过程管控，促进运维质量不断提升，确保各类系统长期稳定运行。

三、主要成效

（一）助力高效勘探开发

一是建成勘探开发数据资源中心。通过 EPBP 进行源头数据岗位集中采集、统一管理和共享应用，科研人员数据收集、整理时间缩短 60%，满足了研究部门对数据使用的及时性、准确性、多样性的需求。二是持续推进勘探、开发模型化应用，建立了碎屑岩油藏 15 个主力区块和碳酸盐岩缝洞型油藏 21 个大单元模型，模拟吻合度提升至 87%，对潜力点的动用状况、剩余储量、油水关系进行综合分析，为井位论证、立体注采井网构建提供有效支撑。三是有序推进勘探开发软硬件资源云，用户通过远程协同调用 Landmark 等 21 套研究软件，实现企业级资源研究成果共享和多学科异地研究协同，效率提升 30% 以上（图 4）。

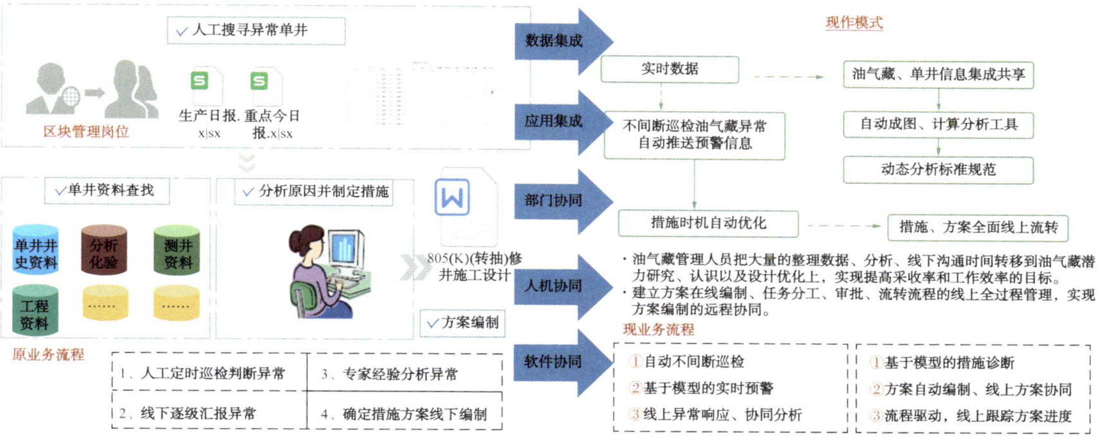

图 4　多学科协同研究环境

（二）提升生产运行效率

按照“井站一体化、大站管小站、小站无人化、单井可视化”的总体思路推进生产信息化建设，大幅提升生产运行效率。一是完成全部 14 个管理区生产可视化覆盖，部署油田公司–厂–管理区三级生产指挥系统，实现了油气井、站库生产参数和视频数据穿透查询，配套了多部门联合值班，有效支撑了生产应急“大运行”管理新模式。二是完成井站一体化示范区建设，打破传统巡井、巡线、站库管理的壁垒，重心前移，将计转站打造为前线关键指挥节点，辐射所辖单井，实现精准指挥，单次管道刺漏污染面积下降 63%。三是完成倒液物流线上业务优化。汽车倒液运输业务从订单任务发起、定量装车、位置监控、无人干预计量交接、检查站放行、运费结算全流程线上闭环流转，流程节点压减 25%，效率提升的同时降低了经营风险。四是普及无人机巡线，业务覆盖全部集输管线和电力线路，年巡检 60 余万公里，巡检频次较传统提升 4 倍，大大提升异常发现效率（图 5）。

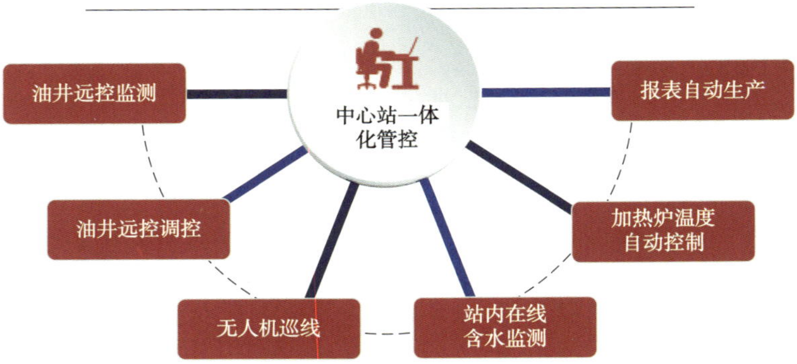

图 5　中心站一体化管控模式

（三）促进油田本质安全

充分发挥信息化在安全环保工作中的技术支撑作用。一是试点异常管控模式。通过对装置运行、设备参数、场站可燃气体、人员动态信息、直接作业现场、环境敏感区等关键性资源的全方位实时监控，配套报警模型优化，实现异常超前预警、分级推送和智能分析管理，确保安全环保全过程受控。员工远离了高温、高压、有毒有害等风险区域。二是利用信息化手段完善了采油气生产安全督察体系，完成线上安全检查问题录入、审核、验收全流程管理，并对结果自动分类、分级，及时发现薄弱环节，定期生成分析报告，实现安全检查标准化、规范化和闭环管理。

（四）支撑经营数字转型

基于信息化进行经营管理创新，局部业务数字化转型试点效果初现。一是以主数据标准为基础，注气、注水、汽车运输等业务生产数据直接生成结算数据，实现生产指令、任务书、结算书的线上流转和闭环管理，贯通生产信息化与财务结算系统数据最后一公里，促进业财融合。二是通过车辆调度平台，结合北斗定位，实现了全部 559 辆车的集中管理、统一调度，支撑了车辆管理改革，运行成本同比下降 22%。三是广泛采用移动办公的方式进行安全作业票、公文合同、承包商考核等 21 类流程线上审批，减少差旅、会议等费用，实现业务协同、用户体验和效益效能的“三提升”。

（五）取得智能油田突破

采油三厂智能油气田试点于 2019 年 11 月上线运行，初步实现“四项”能力。一是为决策层打造一个领导驾驶舱。集成已有的应用成果及数据，横向上接入关键经营及技术指标进行展示，纵向上实现功能及数据穿透，通过一张图实时掌握全厂生产经营情况。二是实现油藏和单井两项可视化。面向技术研究人员，实现单井基础资料及录井、测井、试油等动静态资料的集成，灵活定制生成综合研究图表，解决了原有动态分析业务需要手动收集整理资料的烦琐过程，提升研究效率。三是促进生产、安全、设备和管网业务精细化管理。集成整合多领域数据，满足不同业务场景管理需求，实现安全隐患整改、生产运行优化、设备故障处置等业务全流程链可视化和线上闭环管理，由定性向定量、事后主观分析向主动预警超前控制、粗放型管理向精细化管理转变。四是取得了部分业务场景智能化突破。例如应用图像识别技术对无人机巡检进行异常图像分析并自动推送报警，大幅降低监控人员工作强度。最终构建起一套生产协同环境，通过业务数据集成与融合，打通了业务间技术壁垒，形成了“全过程闭环决策”的业务管理模式（图 6）。提升生产运行、综合研究、工程管理、安全管理、经营管理等协同能力，实现前线与后方联动决策，有效支撑劳动生产率提高 13%，站库值守及巡线人员优化 29%，年化效益 892.5 万元（图 7）。

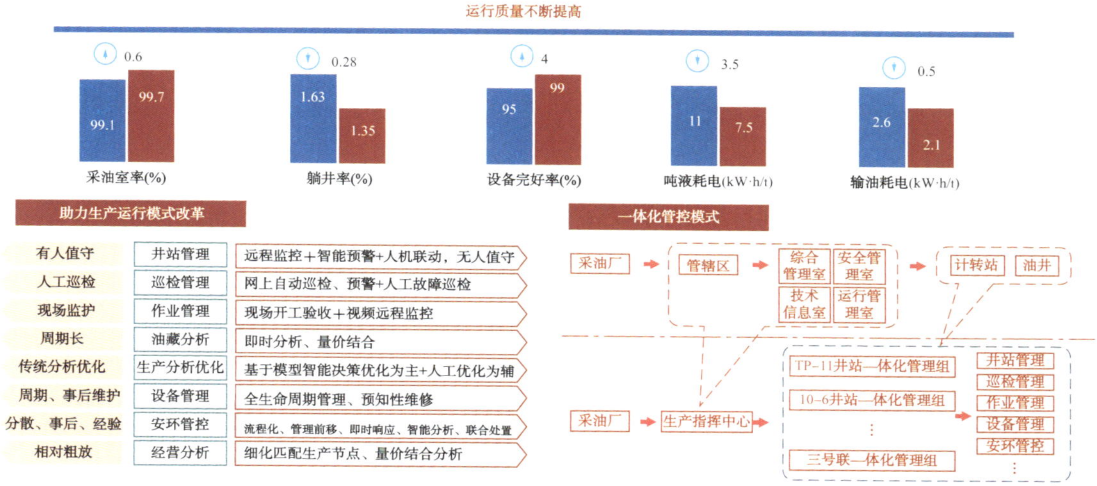

图 6　智能油气田试点效果

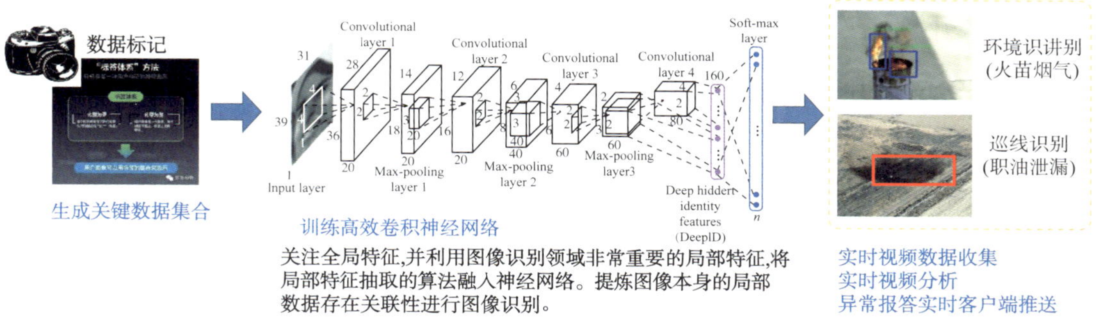

图 7　视频图像识别应用

四、展望

围绕油田高质量发展规划，充分利用云计算、物联网、大数据等 ICT 先进技术，按照“数据 + 平台 + 应用”建设思路，稳步推进油气生产信息化建设，持续完善数据治理体系和网络安全体系，支撑勘探开发、生产经营等主营业务数字化转型、智能化发展。

（一）强化管控能力提升

对标一流进行管理提升，进一步理顺信息化管理体系，坚持业务需求主导，加强立项统筹、标准引导和后效评估，加强系统全生命周期管理，确保“建好、用好”。

（二）提升物联网覆盖率

围绕“注采配输一体化”“生产物流一体化”和“石油工程可视化”，编制发布数据采集和存储标准，推进新老区数字化和基础网络配套。

（三）增强数据服务能力

根据业务需求，推进数据治理，不断提高数据采集范围和质量，形成数据资产目录，提升易用性，充分释放数据价值。

（四）做好核心应用建设

围绕油田核心业务，推进数字化技术与勘探开发业务有机结合，重点围绕油藏建模数模、油藏经营管理、项目责任制、地面工程“五化”建设等业务需求，构建一体化的应用，促进“管控能力、融合能力、共享协同、决策创新、深化应用”等能力提升，支撑数字化转型。

（五）加快智能油田提升

立足顺北油田，以油藏经营管理为核心，聚焦“油藏–井筒–地面”搭建数字化应用，借力移动应用、人工智能等技术，在违章快速识别、电泵异常诊断等场景取得实效，促进运行效率提升。并将建设成果按需推广至全部采油气厂。

（六）筑牢网络安全防线

按照等保 2.0 标准要求，从制度管理、安全技术、防护设备等方面，开展风险评估和整改加固工作，部署态势感知系统，增强主动防御能力，实现网络安全零事故。

西北油田信息化工作将按照集团公司工作部署，围绕发展战略，与时俱进、狠抓落实，加快推进“两化”深度融合，助力油田高质量发展。

聚焦协同智能　优化安全与生产为公司可持续发展赋能

东北油气分公司

一、“十三五”信息化建设总体情况

“十三五”期间，东北油气分公司信息化建设以“六统一”原则为指导，致力于补短板强弱项、固安全提能力，治理网络安全隐患，深化数据资源共享，消除信息孤岛、深化创新创效，探索智能油气田建设，为实现全面可持续发展增添新动能。

一是建成了网络安全基础设施平台，保障了公司业务高效运行。建成高效、安全、稳定的企业网，主干网承载能力提升70%，建立生产工区4G专网，承载实时井场视频等通信数据，确保业务可靠、安全传输；开展工控网边界隔离防护提升，保障了生产数据正常采集和两网有效隔离；建成了勘探开发专业软硬件云平台，发布7大类22个软件，实现了企业级专业软硬件资源共享和多学科业务协同。

二是建成了协同智能的生产营运平台，提升了生产运行协同能力和安全管控水平。完成EPBP推广，提升了业务覆盖面和协同能力；整合了12套应用系统，消除了信息孤岛；完成定向、录井、压裂等工程数据实时远传，提高了现场安全生产管控水平；完成松南气田信息化提升，建成了覆盖生产全过程的物联管控平台，实现了信息共享和统一调度指挥。

三是建成了集成共享的经营管理平台，整合了公司管理流程，提升了业务协同化水平。完成了OA系统与合同管理系统等15个系统的代办集成，实现了公文一站式审批流转；深化无纸化会议应用，达到了绿色、低碳、环保；实现了招投标等150多个业务流程在线流转审批，优化整合了业务流程；深化应用系统创新创效，累计确定重点项目59项，实现了数据资源共享和系统协同应用。

二、主要举措

（一）坚持以问题为导向，切实解决需求部门痛点难点

实现了业务流程线上审批。针对各部门线下审批繁多、审批效率低下状况，与相关业务部门梳理对接已有线下审批流程和表格，分析各审批节点的人员及角色，完成招投标、商务谈判、工程设计等11大类、158个业务流程梳理，开展线上审批迁移。

完成了业务代办统一集成，针对不同业务待办来源不同、领导需要来回登录切换等问题，以 OA 综合办公系统为枢纽，集成总部合同管理系统、费用报销系统等 15 个系统业务待办，达到了一站式审批流转（图 1）。

图 1　一站式审批流转

（二）坚持以生产现场需求为先，打通野外与机关信息链路

针对生产、监督、科研人员经常到钻井、作业施工现场检查、监督、调研等现状，把定向、录井、压裂等现场工程数据实时回传，同时集成作业井场、钻井平台等关键区域监控点 480 个，方便管理部门及时了解现场生产情况，提高了现场安全生产管理水平（图 2）。

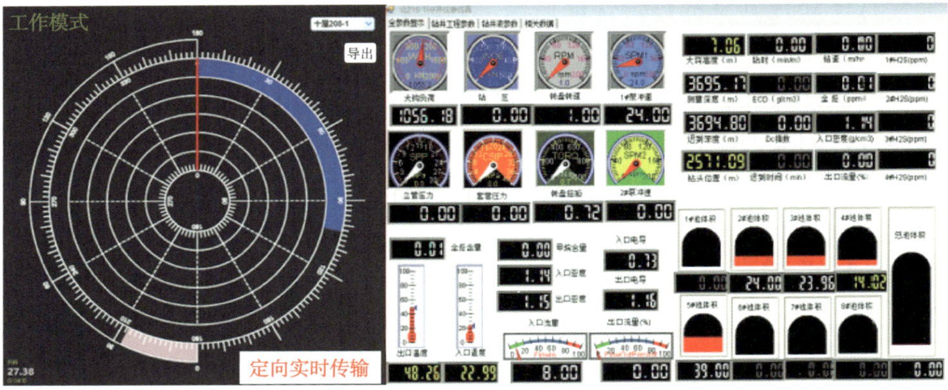

图 2　录井、定向实时数据展示

（三）坚持以智能化协同化为方向，促进业务协同与降本增效

按照“分级监控、事前预警、应急处置、闭环运行、智能调控、统筹管理”规划，打

造“看得见、听得着、管得好”的生产运行协同管理新模式。

1. 建立安全生产一体化智能协同系统

协同的核心和关键是业务流程的协同点。通过梳理生产、安全、技术等业务流程衔接的节点，使原先节点的业务信息交互，工作衔接有力（图 3）。

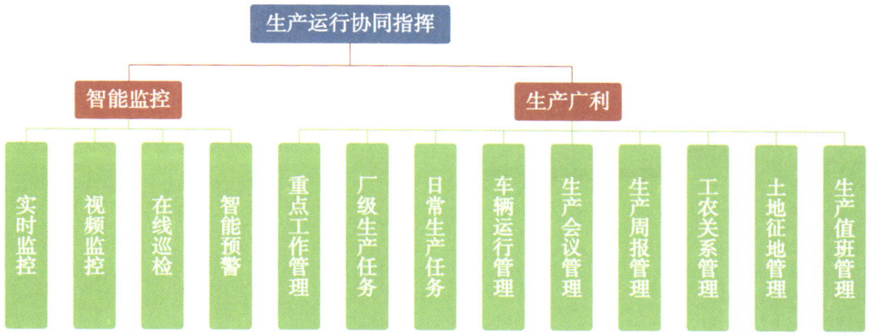

图 3　生产运行协同指挥

充分利用生产数据、巡检数据、报警信息，建立贯穿采气厂生产运行全环节、全过程的智能生产运行协同指挥中心，实现“问题发现–问题上报–问题处置–任务制定–任务执行–跟踪督办–宏观动态把控”的网上闭环管理。

综合集成 GIS 地理、三维仿真、企业 4G 专网等信息化技术，集成单井、站库、管线、车辆等实时监控、报警信息，实现单井场站的在线巡检和各种业务统一承载（图 4）。

图 4　场站三维仿真建模

以“安全生产”为主体，将设备、管理、生产、安全风险监控进行集成，完成直接作业管理、安全检查、风险管控一体化监控。绘制井场 22 个、集输处理站 29 个、集气站 2 个仿真工艺流程图、1363 个采集点，平均 3 秒采集一次，利用模拟流程图或曲线方式，展示现场生产状态（图 5）。

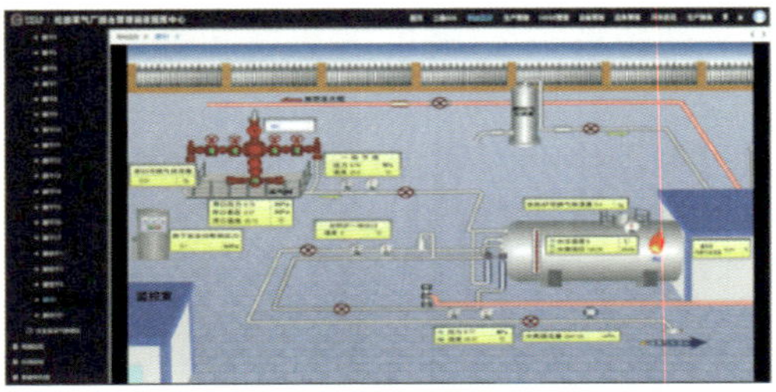

单井工艺流程图

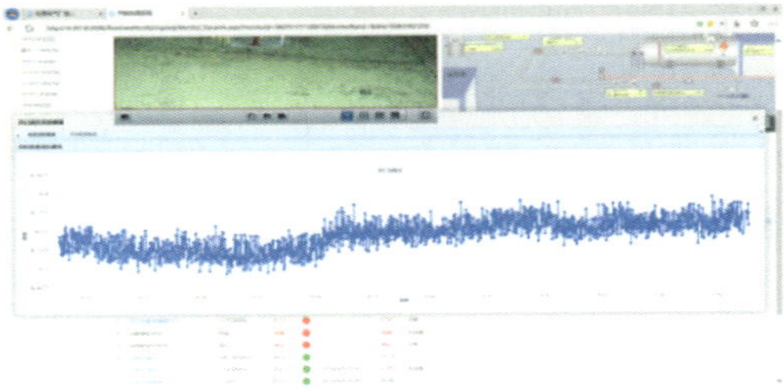

YS1 实时油压 数据曲线

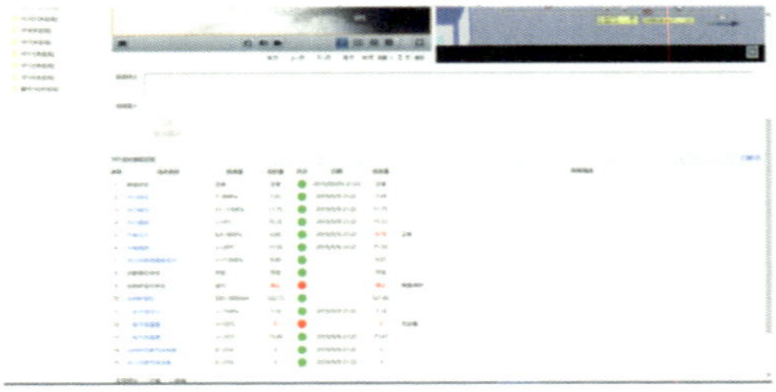

单井在线巡检

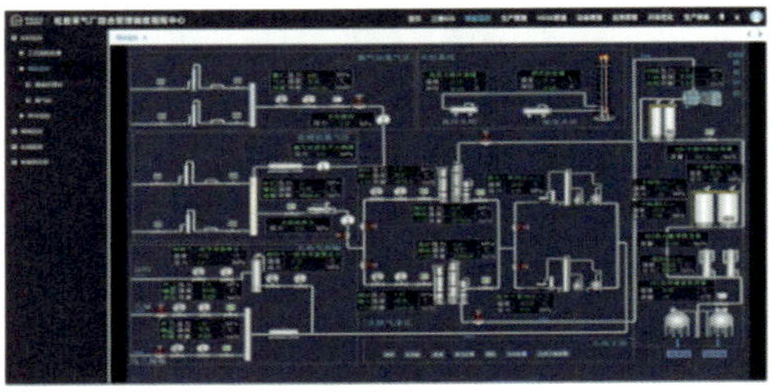

集输处理站 工艺流程图

图 5 场站实时监控

2. 借助信息化手段改变工作方式

通过打造“内操 + 外操”巡检模式，实现内操在生产指挥中心及时发现、外操在现场解决问题，工作重心由“巡检 + 故障处理”改为“监控 + 预维护”，减少了巡检人员重复劳动（图 6）。

图 6 智能视频监控

建立生产节点分类分级隐患预警机制，综合诊断实时数据和报警信息，及时推送处置安全生产隐患，实施“一点一策”的精细化安全管理。

利用大数据手段建立工况诊断模型，结合单井故障案例库和专家系统进行工况异常智能识别和诊断，异常预警由事后发现转变为模型主动预警（图 7）。

建立厂级调度任务 PDCA 循环管理，确保调度工作按时完成。建立 1 个厂级和 8 个基层流程任务，建立 180 个规范化任务工单，全面实现调度工作的标准化、流程化管控。

图 7　区域防爆等级图

3. 业务流程线上闭环运行，提升生产运行协同能力

将年初制定的重点工作录入系统，按责任分工逐条指派给牵头人，进度随时更新。年终综合数据分析，对比未完成工作分布的部门及类型，总结经验教训，提升管理水平（图 8）。

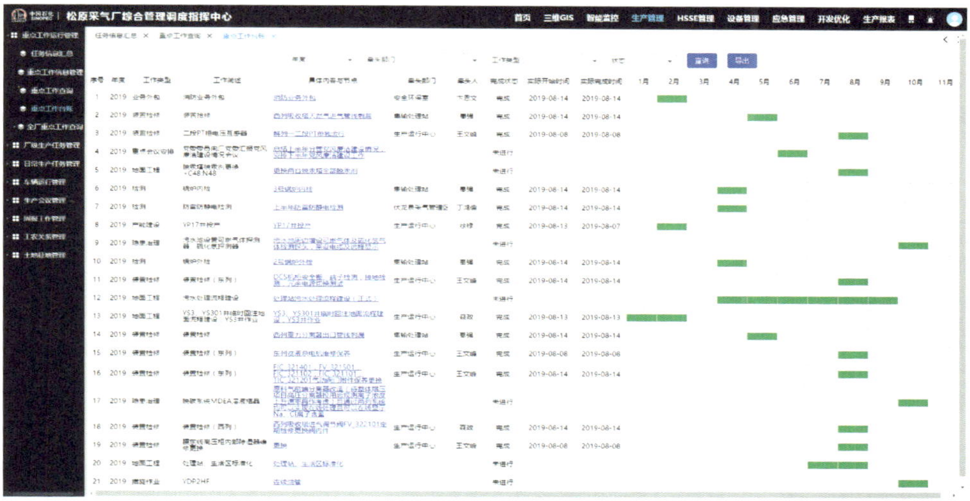

图 8　松原采气厂重点工作台账

开展车辆管理在线运行，用车人在线申请车辆，车辆分配情况通过短信通知，减少中间环节。通过 GPS 系统对车辆路线、时速、位置进行实时监控，保证车辆安全受控。用车后，当日行驶的参数（行驶里程、油料等）上报至系统，降低了车辆使用廉洁风险。废除了车辆票据制度，避免了因人员流动导致的票据遗失等问题，运行过程资料更加完整（图 9）。

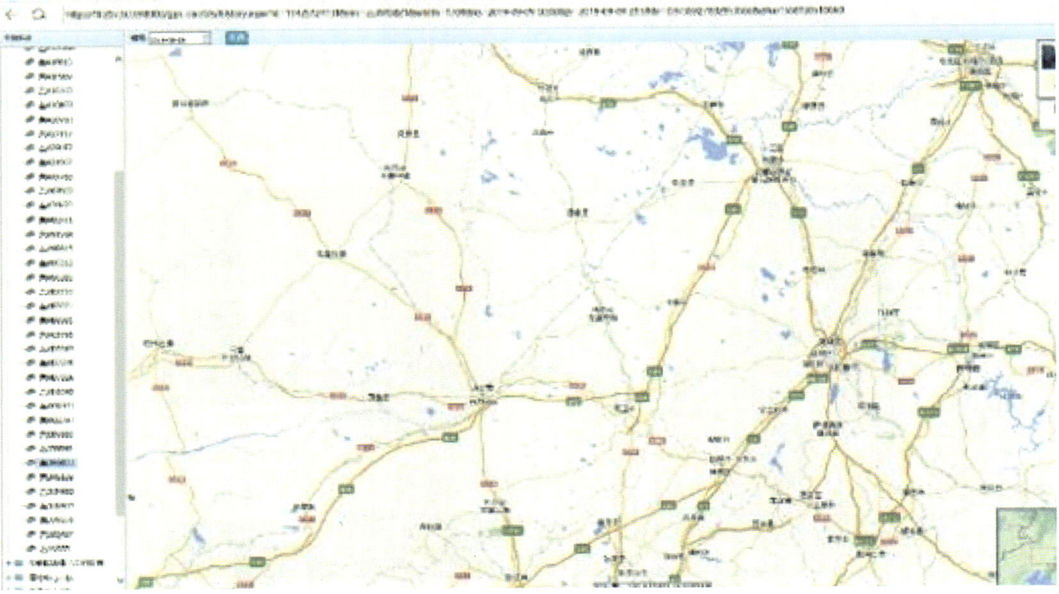

图 9　车辆 GPS 监控

4. 完善全程风险管控机制

风险管控管理机制主要包括重点工作管理、HSSE 检查、全员安全诊断、直接作业环节管理、承包商管理、制度管理、风险管控、隐患立项、事故事件管理等（图 10）。

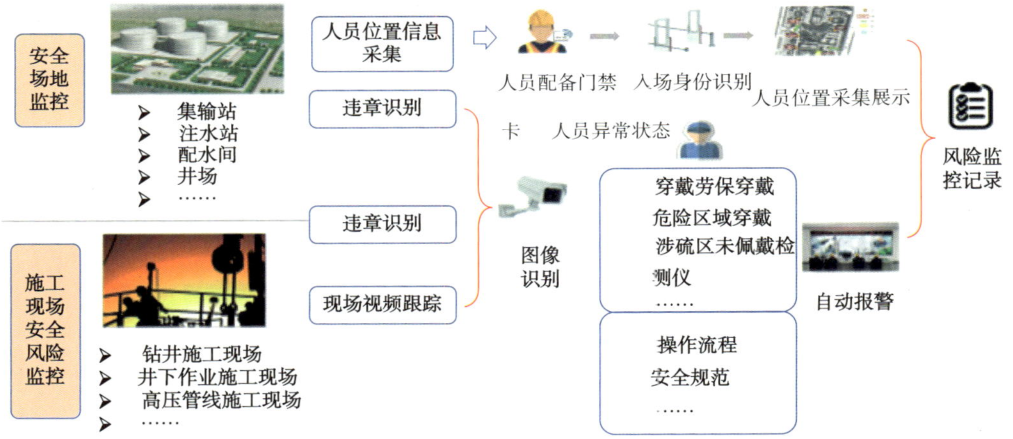

图 10　风险管控

比如 HSSE 检查实现了“检查计划下发－问题整改处置－检查问题跟踪－信息统计”全过程痕迹化管理，做到检查过程标准化；基于岗位工作 JSA 分析、HAZOP 分析识别任务风险，自动匹配任务对象，有效降低安全隐患；直接作业票据签发由线下转移到线上，提高规范性，从源头杜绝了票据签署不规范的问题；承包商线上办理入场手续，实现承包商资质相关信息在线审核；实现承包商入场在线考试、自动组卷与自动统分（图 11）。

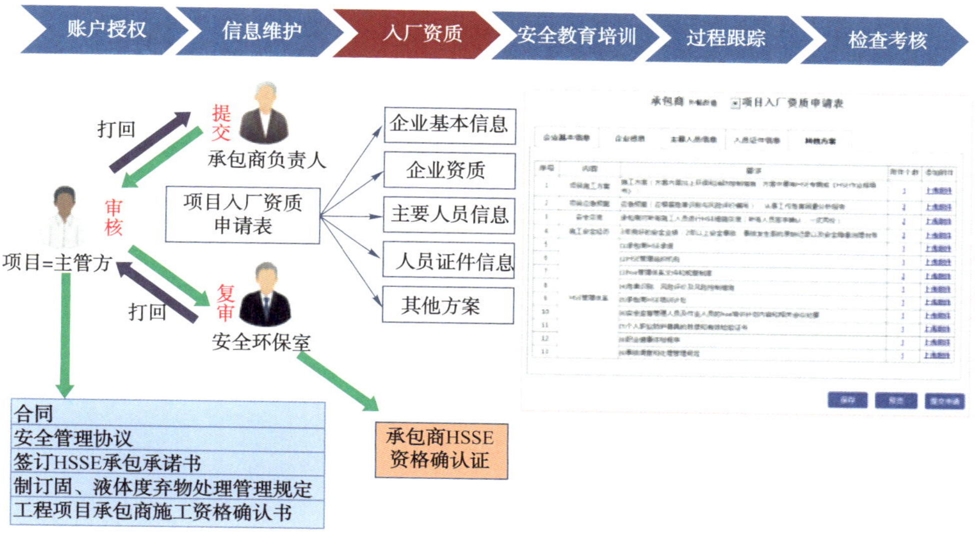

图 11 承包商过程管控

三、主要成效

（一）整合了公司管理流程，有效实现了业务协同

业务流程实现线上审批以来，大大减少了各部门来回签字的时间，解决了公司业务流程自动流转、过程留痕等问题，实现了各级待办事项随时随地审批与流转，达到了一站式审批流转，提高了公司办公审批效率，真正实现了“管理制度化、制度流程化、流程表单化、表单信息化”。

以项目线上结算审批流程为例，上线以来共完成结算流程 791 个，其中 0—3 天完结的流程数为 268 个（35%），4—6 天完结的流程数为 391 个（49%），7—9 天完结的流程数为 132 个（17%），大大提高了结算效率。

（二）实现了多专业技术融合，提高了作业现场安全水平

工程实时远传系统建立了数据采集、储存、传输规范，实现了定向、录井、压裂等现场工程实时数据远传，实现了跨专业技术融合，累计部署 300 井次，数据约 1.6 亿条，为科研、生产及管理人员提供更丰富的数据支撑，提高了现场安全生产管理水平。

（三）形成了生产安全一体化协同管理新模式

依托“四化一体”（预警智能化、监控可视化、运行闭环化、决策精准化、一体化协作）思路，探索形成了气田的生产安全一体化协同管理模式，并可在其他类似采油气厂全面推广应用。

一是强化了现场作业规范性。通过任务标准管理模块，建立了现场巡检、设备启动、设备盘车等 8 大类 160 小类业务标准与规范，基于 JSA 分析、HAZOP 分析识别任务风险，自动匹配任务对象，适时推送任务操作风险提示，有效降低安全隐患。通过规范岗位作业程序、标准和人的作业行为，实现了岗位作业标准化与规范化。上线以来，共产生巡检 2072 次，任务执行率达到 98.7%（图 12）。

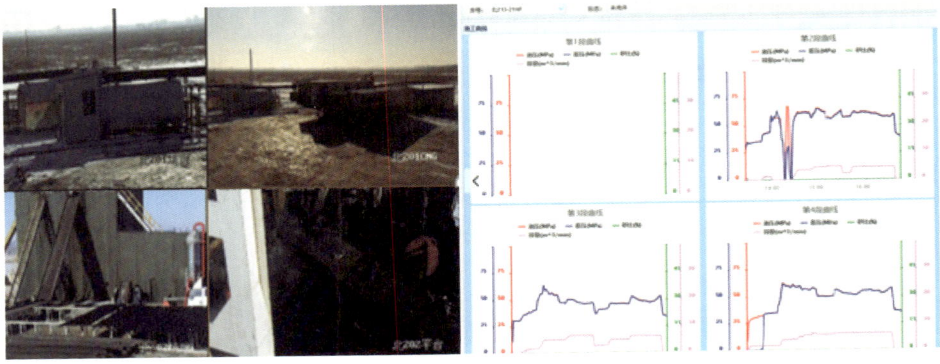

图 12　井场监控与压裂实时曲线图

二是降低了现场作业风险。4G 专网和无线网桥，解决了单井远程紧急切断重大安全隐患和恶劣天气下数据无法传输的问题，数据传输稳定性为 99%，井口异常有效报警率 94%。2019—2020 年装置检修，利用高清视频监控、直接作业管理、手持机等功能，对现场作业进行远程监控、作业票检查，做到了现场作业、人员状态等全程监视，降低了作业风险（图 13）。

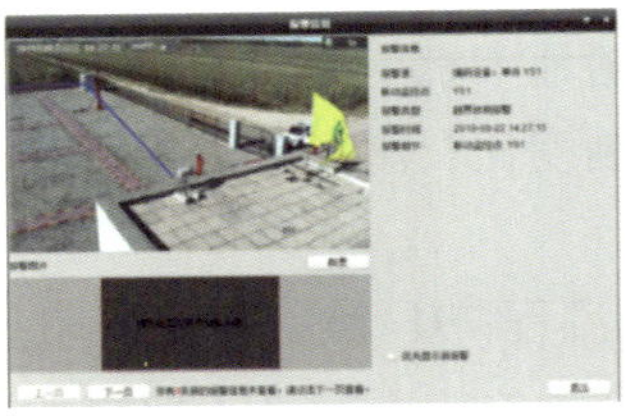

电子围栏/越界侦测

装置检修作业现场监控

重点区域集中监控

YDP1 移动侦测，追踪

增压机房

越界侦测、夜间监控

图 13　作业现场监控

三是提高了承包商入场办理效率。以前松原采气厂每周培训 2—3 次，需专职安全管理人员 1 名，每月入厂手续办理需投入时间 40 小时。目前实现了承包商在线学习、在线考试，自动阅卷、自动办证，安全管理人员只需过程监督，每月办理时间缩小至 1 小时（图 14）。

图 14　承包商在线考试

（四）协同管理提高了人员效率，降低了生产成本

在线巡检改变了以往人工巡检运行模式，故障检查为自动判断，能第一时间对异常情况进行判断、分析产生原因，实现了“现场 + 指挥”管理模式。通过对生产过程的实时监控，实现了自动发现问题、提交至调度岗、自动生成电子工单、工单运行动态自动跟踪、提醒及关闭，形成在线闭环管理（图 15）。

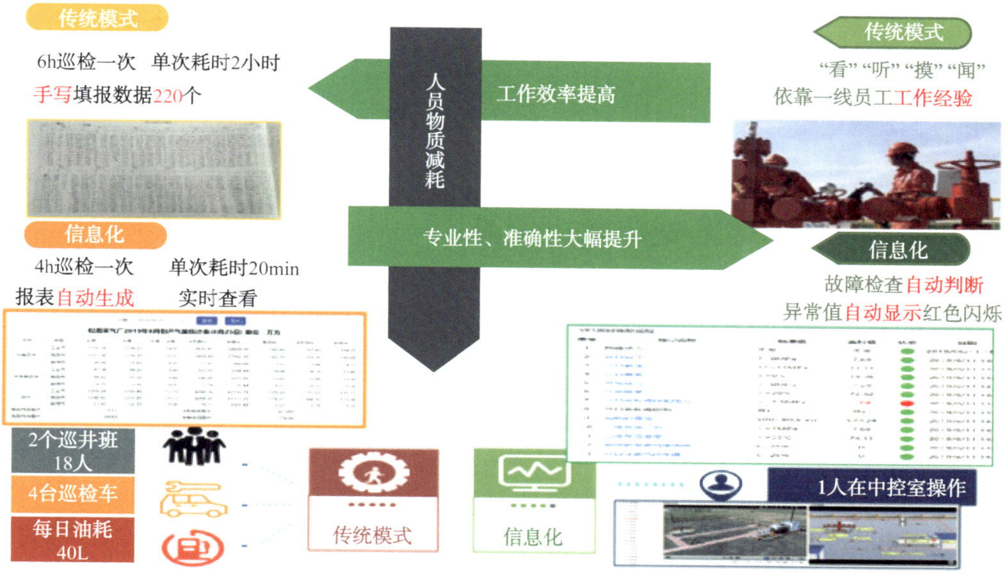

图 15　巡检模式对比

采气厂原来有两个巡井班，4 台巡逻车，每日油耗约 60L。在线巡检模块的建设，使得单次巡检时间由 120 分钟缩短至 20 分钟，劳动效率提升 84%，人员由定员 32 人优化至 17 人，优化了用工，节约人工费用约 390 万元，同时每年节约了巡检费用约 16 万元。

（五）建立设备全生命周期管理体系，提升了设备综合效能

基于信息化任务工单，实现了 7 类重大设备定期自动推送到期需保养设备清单，有效避免设备漏保及保养不到位的现象发生，主要设备一、二级保养执行率达到 100%，提高了设备利用率、完好率，保障装置的“安稳长满优”运行（图 16）。

按照炉类、塔类等 12 个类别进行划分，共完成 1217 个设备设施的完善，基础台账完善率由 68.2% 上升到 98.3%。通过信息化实现生产设备全流程、全天候的可视、可管、可控，保证了人员及机组安全，实现监控覆盖率 100%。

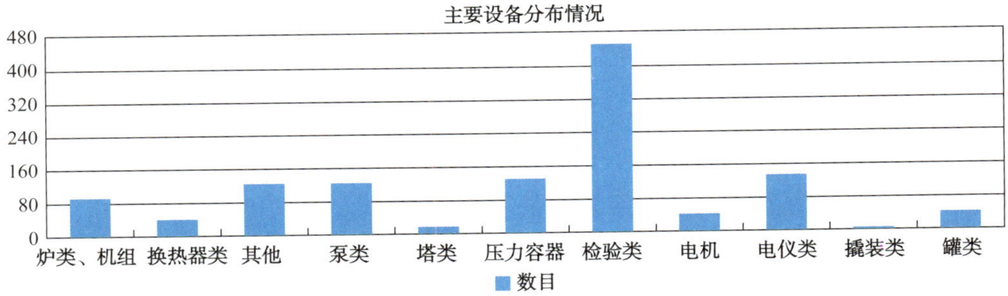

	泵类	电机	炉类、机组	压力容器	塔类	换热器类	罐类	电仪类	其他	检验类	撬装类
数目	126	41	94	133	18	44	43	136	127	451	4
比例	10.35%	3.37%	7.72%	10.93%	1.48%	3.62%	3.53%	11.18%	10.44%	37.06%	0.33%

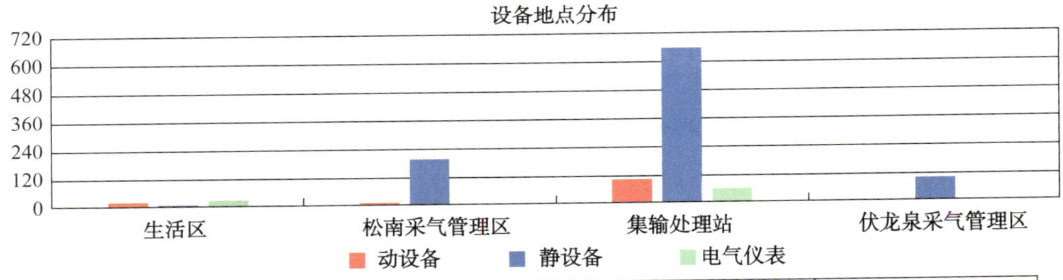

	生活区	松南采气管理区	集输处理站	伏龙泉采气管理区
静设备	14	199	663	104
动设备	26	13	101	9
仪表电气	28	0	60	0

图 16 设备分布图

（六）通过动态在线分析，提高了气藏开发技术水平

气藏开发模块依托生产曲线定制，只需事先对不同特征的气井或气藏，设置好针对性的模板，就可批量生成日度、月度生产曲线图。内置拟合算法 11 种，结合人工剔除噪点，实现生产动态预测，单次操作时间由 2 小时缩短至 20 分钟，效率大大提升。把研究人员从模式化、固定化的工作中解放出来，既提高了工作效率又缩短了应急情况的响应时间，为不断探索气田科学开发、实现提质增效，提供了新途径和新措施（图 17）。

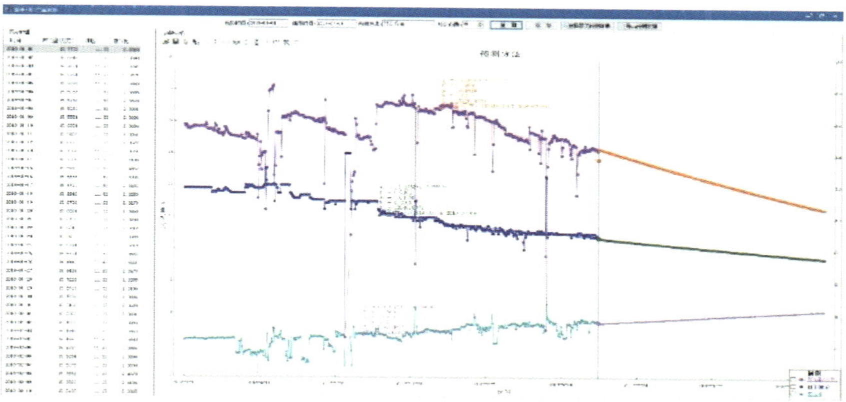

图 17　生产动态预测——产气量、压力、液气比

四、展望

（一）打造远程决策指挥系统

利用 5G 低延迟、高速率的特点，把施工现场数据实时传输回指挥部，借助大数据、人工智能等技术打造智能化作战室，实现钻井、压裂等作业现场与后勤指挥部的无缝结合，指挥部人员可在 PC 端或移动端掌握现场施工实时状况，打造远程专家诊断和决策指挥系统。

（二）全面开展数据治理

实现生产及经营管理类数据标准统一，打通不同层级、不同专业之间的数据壁垒，构建数据的采集、传输、存储、处理和反馈的闭环，建成数据湖，加快数据资源共享，提升数据的管理和运用能力。

（三）建成智能油气田

借助物联网等新技术，提升全面感知、集成协同、预警预测、分析优化能力，实现油气田相关信息的智能化识别、感知、定位、跟踪、传输、管控，加快数字化技术与油田核心业务的融合，加快“两化”融合，建成智能油气田。

（四）实现数字化转型

借助数字技术的深入应用，构建一个全感知、全联接、全场景、全智能的数字世界，推动业务数字化和数字业务化，优化再造公司业务，深化数字赋能水平，最终完成数字化转型。

应用采气优化设计系统全面提升气井生产效益

华北油气分公司

一、总体情况

东胜气田是华北油气分公司大牛地气田的重要接替阵地之一，受鄂尔多斯盆地盆缘影响，存在明显“低压、低产、低丰度”三低特征，单井日产气 1.5 万—3 万立方米，日产液 5—10 立方米，平均液气比 3.5 立方米 / 万立方米。因此在老区稳产、新区上产过程中，两大技术瓶颈制约了气田整体开发效益：一是部分气井管柱尺寸不合理，严重影响了气井携液，导致气井积液及水淹停产；二是井下节流工艺应用界限不明、参数设计误差大，导致气井生产时率仅为 38.7%、积液水淹问题严重。

针对技术瓶颈，他们立足技术攻关，强化信息化水平提升，建立了涵盖生产管柱优化和井下节流参数设计采气优化系统。在管柱优化方面，首先基于井筒流动规律及携液理论，建立了不同液气比气井的临界携液模型和井筒压降模型，夯实了管柱优化设计的基础理论；其次基于实时 IPR 生产系统分析，与临界携液流量工况诊断方法有机整合携液，形成了“四线六区”工况识别方法，实现气井全生命周期稳定生产特征的采气工况准确识别，构建了全生命周期采气生产管柱优化系统。在高液气比清洁采气方面，创新建立了井下节流工艺应用界限多参数智能识别图版、两相流节流压降与温降耦合通用模型，形成了不同液气比气井的全生命周期井下节流工艺参数设计方法，集成创新采气优化设计系统，实现科研成果的软件化及信息化，提升工艺设计效率。

“十三五”期间应用管柱优化系统 137 口井，累计增产气量 7929 万立方米，累计新增利润 3093 万元，累计节约成本 56.58 万元；应用井下节流工艺设计系统 180 口井 352 井次，累计增产天然气 2.3756 亿立方米，累计新增利润 17189.92 万元。采气优化设计系统实现了气井生产效益的全面提升，有力支撑了分公司气田效益开发。

二、典型做法

（一）建立适用气井全生命周期生产管柱优化系统

1. 研发了基于管柱优化模型优化软件

针对低液气比井筒压降及携液模型在高产液井、水平井应用时适应性差的问题，基于大牛地、东胜气田的气井井筒流动规律及携液理论的深化研究，明确了气液滑脱影响规律，建立了适应高液气比水平井临界携液模型及井筒压降模型，模型准确率由 75.2% 提升至 87.8%，并编制了管柱优化软件一套，为高液气比气井的管柱优化设计提供了技术支撑。

2. 创建适用气井全生命周期生产工况识别系统

针对气井全生命工况变化大、管柱优化时机抉择难的问题，以实时 IPR 生产系统分析为基础，与临界携液流量工况工诊断方法有机整合，绘制在同一图版上，形成“四线六区”工况识别方法，结合气田 300 多口井的大数据拟合后，建立气井全生命周期采气工况识别系统，可实时有效识别气井所处生产工况，指导气井管柱优化及合适助排工艺选择，为实时改善气井生产效果提供指导方法（图 1）。

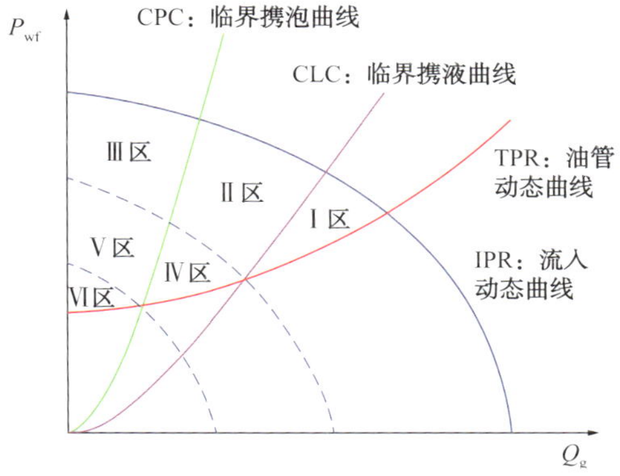

图 1 “四线六区”工况分析图版

3. 形成气井管柱优化方案

以不同的井深、不同井型、压力产量特征等为基础，通过临界携液模型及井筒压降模型模拟计算，开展不同生产管柱的适应性与敏感性识别与综合分析，形成管柱优化方案。对于连续自喷压裂投产一体化生产的老井，中后期更换 ϕ50.8mm 速度管，满足中后期生产需要；对于新投产井，考虑适应全生命周期带液需要，直井采用 ϕ60.3mm 油管、水平井采用 ϕ60.3mm+ϕ48.26mm 组合管柱，ϕ48.26mm 管柱下深造斜点至 *A* 点上部 50m，满足水平井直井段和造斜段等临界携液需要。

（二）建立适用高液气比气井井下节流工艺设计系统

1. 建立井下节流工艺应用界限多参数定量识别图版

针对高液气比气井井下节流工艺应用界限不清，现场实施后积液水淹频繁，生产时率仅为 38.7% 的问题，基于气井产能、举升压力和临界携液能力，创新建立了井下节流多参数定量识别方法，编制不同产液、产气特征下选井图版。实现了井下节流工艺应用界限的快速判定，为该工艺规模推广指明了方向（图 2）。

2. 建立高液气比气井差异化井下节流设计方法

针对单相流模型设计井下节流参数误差大、配产符合率仅为 63.1%，同时生产时率低的问题，基于漂移理论，明确液相分布系数及漂移速度，解决气液滑脱影响，引入滑脱因子，创新建立了两相流节流压降与温降耦合通用模型，形成了不同液气比气井的全生命周期井下节流工艺参数设计方法，将井下节流工艺应用界限由低液气比井（平均 1 立方米 / 万立方米）拓展至高液气比井（平均 10 立方米 / 万立方米），符合率达 96.4%，提高两相流嘴径设计精度。

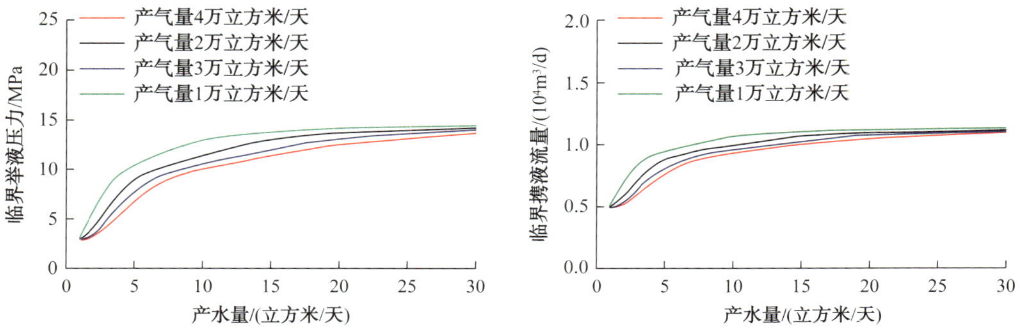

(a)临界举液压力条件　(b)临界携液气流量条件

图 2　井下节流工艺应用界限图版（ϕ60.3mm 油管）

3. 研发井下节流工艺设计软件并建立技术规范

基于井筒压降模型和嘴流模型，研发了高液气比两相流井下节流设计软件，并应用在设计工作中，生产时率达 98.3%，配产符合率达 96.2%，保证了井下节流设计的准确性、高效性。同时建立了高液气比井节流工艺设计规范，明确了井下节流器合理下深、打捞时机及检节流器周期，支撑井下节流设计要求和施工要求信息化、规范化。

三、主要成效

（一）提升大管柱老井携液能力，实现积液水淹井复产稳产

基于对大管柱老井基于生产管柱优化系统论证，通过组下速度管优选管柱实施，提高气井携液能力，同时重建气井油套环空，便于泡排等助排措施应用，实现老井“活力重现”。“十三五”期间累计应用 94 口井，生产时率由 92.2% 升至 95.6%，日产气量由 7858 立方米升至 9683 立方米，日产液量由 1.5 立方米升至 1.8 立方米，月降压带液次数由 14.4 次降至 2.7 次，累计增产气量 2702 万方，累计新增利润 905 万元。

（二）降低生产管柱成本，延长水平井无助排期

为满足水平井直井段和造斜段等临界携液需要，在东胜气田应用 ϕ60.3mm+ϕ48.26mm 等临界组合管柱共应用 43 口井。与原 ϕ60.3mm 方案相比，一方面组合管柱降低成本，共计节约成本 56.58 万元；另一方面气井可在日产气量低于原管柱造斜段临界携液流量条件下，实现稳定携液生产，有效改善气井排液效果，平均延长气井自主携液期 300 天。上述气井累计增产天然气 5227.7 万立方米，累计新增利润 2187.8 万元（表 1、表 2）。

（三）提升井下节流设计符合率，实现气井产能有效释放

通过井下节流工艺应用界限多参数智能识别图版和井下节流设计软件的应用，现场实

施 190 口井，现场设计符合率达 95.8%，气井生产时率由 38.7% 提升至 99.8%，配产完成率由 63.1% 提高至 96.3%，科学释放了气井产能。同时配合井下节流技术规范管理，支撑井下节流设计要求和施工要求规范化。

表 1　ϕ60.3mm+ϕ48.26mm 组合管柱增产情况统计表

年份	应用井数 / 口	增产气量 / 万立方米	单位天然气利润 /（元 / 立方米）	新增利润 / 万元
2017	35	1873.47	0.38	711.92
2018	8	3354.22	0.44	1475.86

表 2　ϕ60.3mm+ϕ48.26mm 组合管柱节约成本统计表

年份	应用井数 / 口	48.26mm 油管长度 / 千米	单价 /（元 / 吨）		线质量 /（吨 / 千米）		节约成本 / 万元
			48.26mm 油管	60.3mm 油管	48.26mm 油管	60.3mm 油管	
2017	35	24.5	11408	9362	4.093	6.996	46.06
2018	8	5.6	11408	9362	4.093	6.996	10.52

（四）拓宽井下节流工艺应用界限，实现防堵与排液

应用差异化井下节流设计技术后，不断优化井下节流器下深，同步实现排液与防堵双重目的。气井排水成功率提高至 90%，有效改善气井排液效果，实现了“高产液、高液气比”气井连续携液稳定生产。同时有效防止水合物生成，实现了“零堵塞”和“零注醇”生产，单井解防堵药剂用量同比减少了 260 立方米 / 天，累计节约解防堵药剂量 379600 立方米，实现东胜气田低成本清洁生产。

（五）提高井下节流参数设计效率，有力支撑气田产建

通过井下节流设计系统应用，运用智能化、信息化工艺选井和工艺设计方法替代经验性、手工操作的设计方法，提高了工作效率，选井、设计及实施所需时间由一周缩至两天。“十三五”期间累计应用信息化井下节流设计技术 190 口井 352 井次，累计增产天然气 2.3756 亿立方米，累计新增利润 17189.92 万元，有力支撑了东胜气田规模建产。

四、展望

该采气优化设计系统，是将迭代计算复杂的气井工况判断图版、管柱尺寸论证模型、两相流节流压降与温降耦合模型进行程序化、软件化、集成化，操作方便，为老井管柱优化、新井管柱设计、井下节流工艺设计等方面提供了信息化解决方案，有力指导气田排水采气工艺优化实施。通过采气优化设计系统应用，助力大牛地实现连续 8 年 30 亿立方米稳产、东胜建成盆缘首个 15 亿立方米高效气田。尤其是差异化井下节流排水采气技术具有适用范围广、防堵和排水效果佳、低成本清洁环保等优势，实现东胜气田“不注

醇”清洁开发，日产气量突破500万立方米，累产气超35亿立方米。该技术已成为高含水气田低成本清洁开发的关键主导技术，可广泛应用于其他同类含水气藏开发，实现天然气低成本清洁开发。该系统将助力东胜气田含水三级储量达7300亿立方米持续效益动用，2020—2045年预计新增动用储量1265亿立方米，新建产能27.5亿立方米，具有较大应用前景和经济社会效益。同时为华北油气分公司大牛地气田“30亿立方米硬稳产”、柳杨堡气田和富县区块的效益开发提供强力技术支撑，对鄂尔多斯盆地苏里格气田、神木气田等稳产、上产开发也具有广阔推广前景，并为国内致密低渗气田有效开发提供了借鉴。

构建单井信息集成系统　提升生产科研效率

华北油气分公司

一、总体情况

目前油田上游板块存在的数字岩心、分析化验和测录井剖面等单井应用主要为客户端系统或软件，其数据库独立建设，管理分散且水平参差不齐，各系统缺少关联应用，为典型的“竖井式烟囱”模式，应用与展示也受时间和地域严重制约。EPBP 平台因缺少支撑生产科研的应用系统，采集到的数据无法利用系统及时检验数据质量并快速应用于生产科研，技术人员仍然无法摆脱低效数据准备和重复劳动，多维度资料不能快速协同和关联展现，影响了生产科研效率的提升。针对存在的问题和痛点，基于 EPBP 平台，利用“数据 + 平台 + 应用”的建设模式，研发了单井全生命周期信息集成应用系统。

根据单井生命周期业务阶段，确立建井、油气开发、报废等各业务节点，利用微服务架构（图 1），统一数据服务、统一技术规范和统一组件化开发了 B/S 端单井信息集成应用系统。根据急用先建的原则，一期建设完成了数字岩心、测井、录井、分析化验和部分储层改造、试油气和生产动态参数展示。

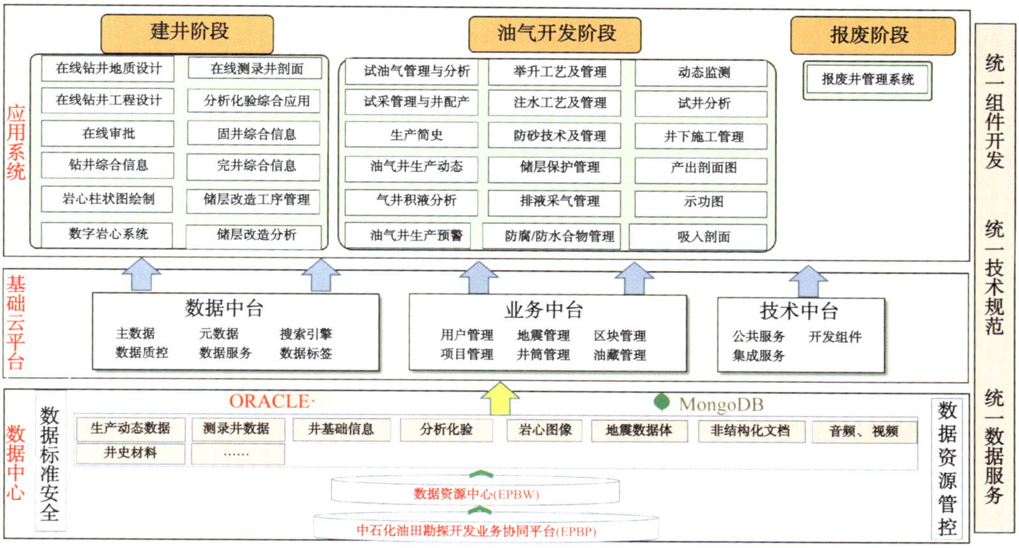

图 1　单井信息集成应用系统技术架构

与目前业界的应用系统相比，科研人员数据获取、制图和成图分析效率提高了10—30倍，其在油气田业务需求和业务创新具有以下几点：

（1）实现上网即可浏览和应用的B/S端，“三统一”的EPBW提供全部数据服务（图1），严格按照石化规范进行组件开发，方便后续业务快速拓展。

（2）实现完全“见井见信息”，以“图表数像”完整、直观展现单井全信息，专业应用互联互通。测录井可一键绘图，剖面关联取心井岩心图像，射孔、压裂、试油气和生产的数据、表参数。数字岩心可多条件或精确查询查看全井岩心图片，关联测录井多维度查看岩心，穿透应用岩心取样位置查看岩样分析化验成果。分析化验可快速筛选查询，支持在线预览和下载以及快速在线成图，并根据需要推送至取样位置。

（3）开发的应用模块能可视化的实时查看和分析EPBP采集数据和EPBW历史数据是否存在“错、漏”，反向溯源提升数据源的服务质量。

二、典型做法

（1）构建全生命周期的单井信息集成系统，完善“数据+平台+应用”的新生态。

以单井生命演化过程为依据，按照业务阶段，依次梳理各阶段详细业务节点，建立覆盖单井从设计、开钻、录井、完钻、测井、固井、套后测井、完井、射孔、压裂、试油气、投产、大修、生产测井、试井、采油、采气、转注、测斜、分注到报废的21个重要阶段的生命体系。组件化开发建立以井筒信息资源为核心的华北油气分公司单井信息集成可视化应用系统（图2），形成以展现井筒全面岩心图像、钻井、试油气、测录井图为主体，辅以区域构造、物探剖面、矿权管理和地理信息，使井筒相关空间对象组织在一起，组成包容地面和地下的“数字井筒资源”。不同的业务组件互联互通、业务协同，实现数据在线快速、标准载入，自动成图和数据分析，进而提高全井信息的高效利用。

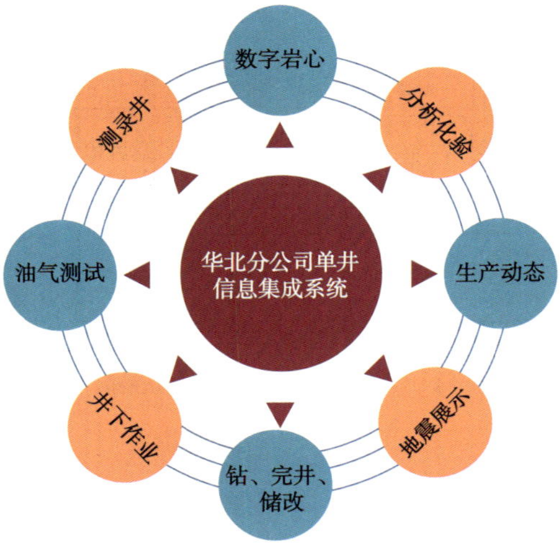

图2 华北分公司单井信息集成应用系统

（2）确立数据资源中心（EPBW）提供统一数据服务，利用系统迭代完善数据规范，溯源提升数据质量。

确立了数据资源中心（EPBW）提供统一数据服务，利用数据接口直接从 EPBW 获取钻、测、录、岩心和化验等相关单井数据信息，让技术人员摆脱从分散专业数据库或个人电脑中查找、下载、整理数据，并人工加入相应软件的应用方式，统一数据资源的支持实现了数据流与业务流统一（图 3），极大化减少人工对数据流的干预，实现数据“所想即所得”，进而实现应用系统中的标准、准确、快速成果生成和展示。

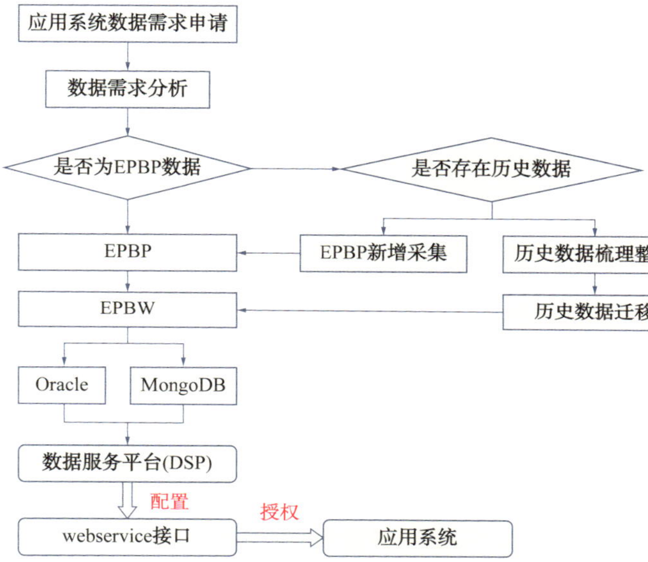

图 3　应用系统数据获取流程

针对业务建设模块，根据不同的数据服务需求开展相应数据分析与治理工作，进而完善 EPBW 历史数据标准，实现历史数据梳理、整合或迁移。根据 EPBP 已有数据采集标准和应用系统展示所需，补充完善 EPBP 数据采集标准，提升增量数据的服务质量。

结合应用系统建设，遵循“循序渐进、不断完善”的原则不断完善数据标准，确保每一个数据标准对应业务数据需求，做到反向溯源开展数据现状和问题分析，为 EPBW 历史数据整合入库和 EPBP 新增数据奠定标准（图 4）。

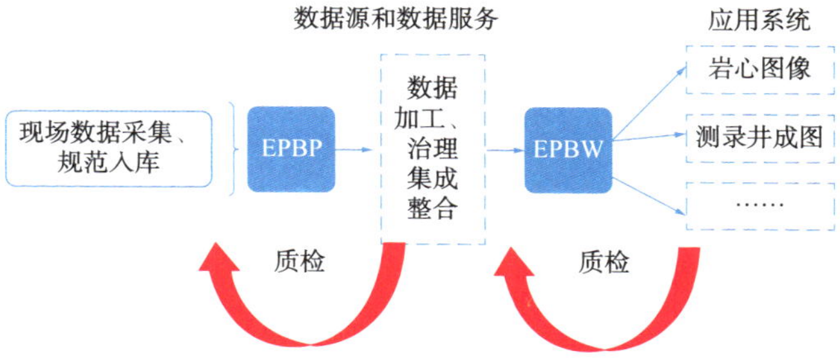

图 4　数据服务和数据反向溯源质检流程图

（3）采用微服务架构，完善平台 + 应用之间的逻辑关系，确立同一平台的组件开发。

采用微服务架构，框架具备进程隔离、负载均衡、熔断及高可用等特性，实现前后端分离。通过领域划分来实现解耦，独立开发、独立部署、独立扩展，每个微服务在自己的容器中运行微服务之间相互隔离，不同粒度组件可以相互组合，实现各功能应用之间的关联调用，快速构建综合研究业务应用，满足不同领域、不同学科技术人员的需求（图 5）。低耦合、高内聚性使得每修改一个功能或缺陷，实现了应用的不停服升级。基于 Rancher 平台和“K8S+Docker”的基础云平台，使用 Java、.net、python 开发语言，按照统一技术标准规范和组件模式进行业务应用开发，构建业务组件和公共组件，打造组件复用、服务共享和持续运营的开放平台。

基于“持续交付”的理念，借助 Devops 平台实现开发、测试、上线、运维一体化敏捷管理支撑，实现“开发一个 APP、测试一个 APP、上线一个 APP”（图 6）。

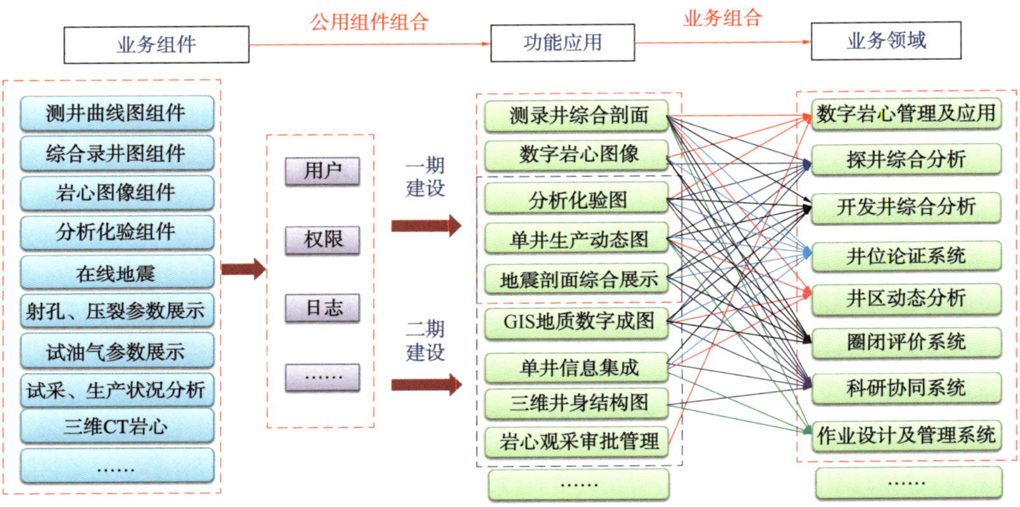

图 5 不同粒度组件功能组合

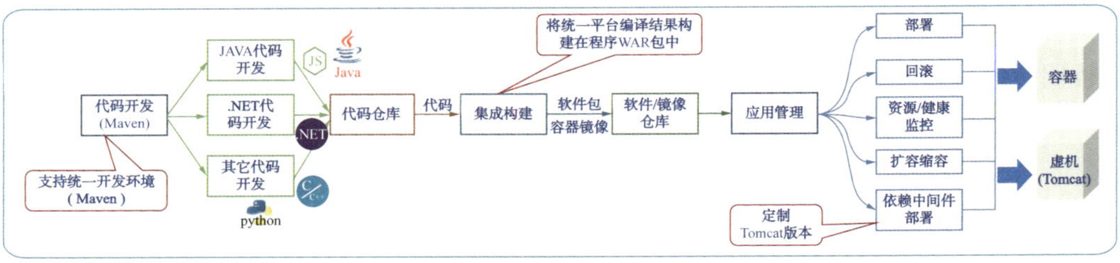

图 6 持续集成 / 持续交付

三、主要成效

（1）基于同一平台环境的应用系统确保了数据源唯一、使用和管理统一，实现了数据和应用所需即所得。

系统数据对接 EPBW 数据资源中心，通过数据服务接口获取所需数据，确保了数据来源唯一性和数据的完整性、时效性。解决了大量人工操作来进行数据更新问题，杜绝了数据重复存储、浪费资源的现象。利用 B/S 架构 Web 界面，分公司员工通过石化 AD 账户即可在内网登录访问，应用与展示不受时间和地域制约，可保证 500 人同时在线使用。

首页具有平面导航定位功能，并可按需求切换构造、砂厚等不同底图（图 7）。利用一键精准和不同参数（地、井区、目的层、年度）约束批量查询等功能，技术人员查询效率与原线下相比提高了近二十倍。查询后页面可跳转查看单井的测录井剖面、岩心图像及分析化验成果等，实现对相关图文信息及地质资料的共享（图 8）。应用模块获取 EPBP 增量数据，可快速查阅最新数据入库情况（图 9）。

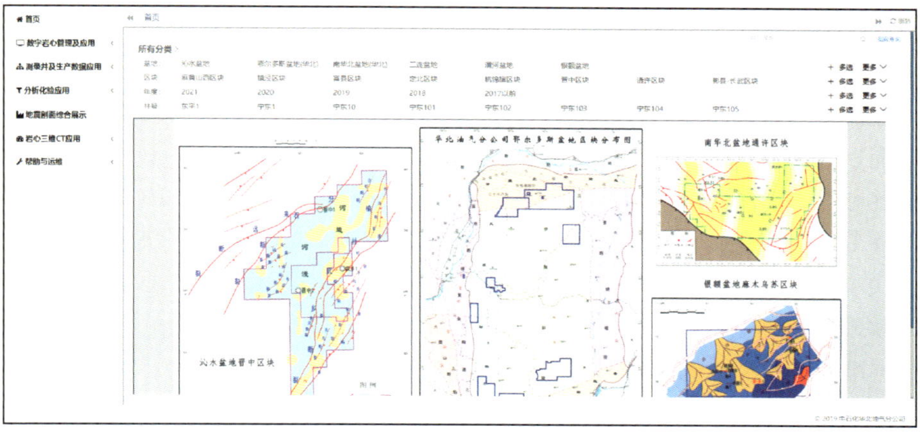

图 7　单井信息集成系统首页

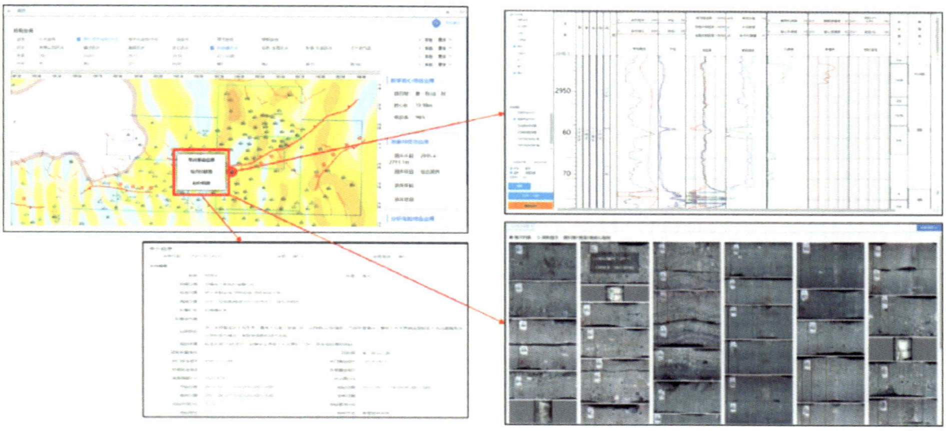

图 8　查询功能与不同模块界面快速跳转

通过数据的统一管理、共享和不同应用关联，彻底解决了数据和应用的孤岛化，实现了数据和应用所需即所得。

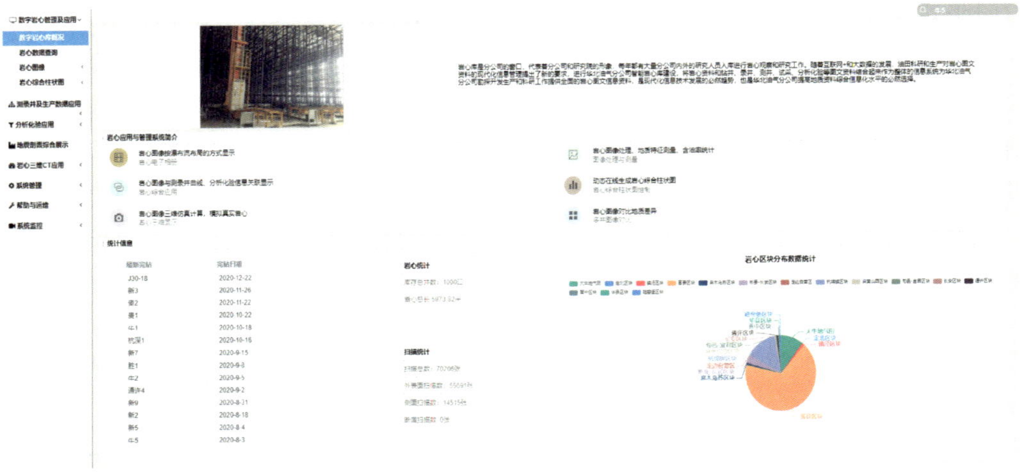

图 9　最新岩心图像入库

（2）定制开发的自动绘图和在线数据分析功能具有较强的软件替代性，实现了模板化的即时成图、分析和下载。

在线测录井模块面向分公司不同研究岗位，可模板化定制（图 10），满足不同业务、不同流程环节多场景的办公需求，结合数据共享，实现了即时专题图快速绘制、数据在线分析，替代了目前卡本、石文等地质软件剖面成图功能。彻底解决了通常单井测录剖面绘制存在的软件安装，不同部门、不同人员成图差异大，数据成果不统一，共享难度大，烦琐低效数据准备、曲线绘制占整体成图 30%—50% 等痛点。

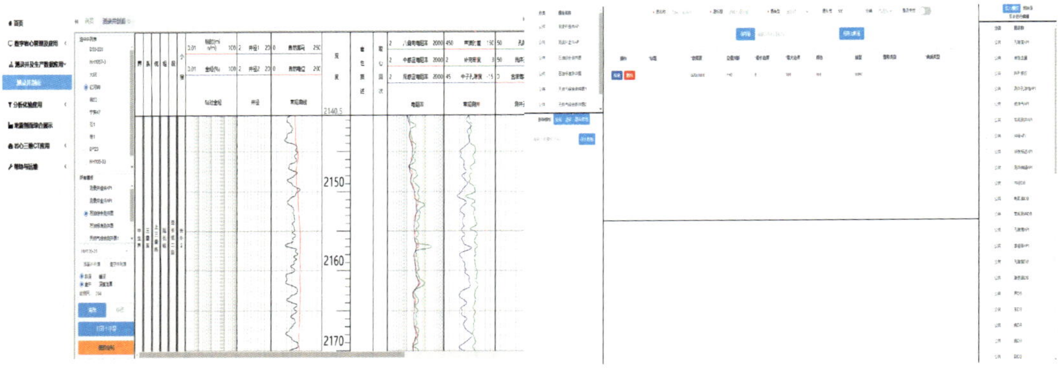

图 10　测录井剖面展示与模板定制功能

分析化验模块研发定制了包含地化分析、C-M 图、岩石成分三角图和压汞曲线等 13 张分析化验图版，可筛选深度、层位等参数，实现 2 分钟“数据 + 图版”在线成图。与通常软件成图相比，本次省却了数据准备，建立工区等流程所需 30—60 分钟，效率提升近 15—30 倍。例如岩石成分三角图成图（图 11），通过点击主界面导航“分析化验应用-岩矿分析-岩石成分三角图”进入功能页面，通过筛选读取数据成图显示，支持成图数据预览、图版属性设置和成果图版保存功能。

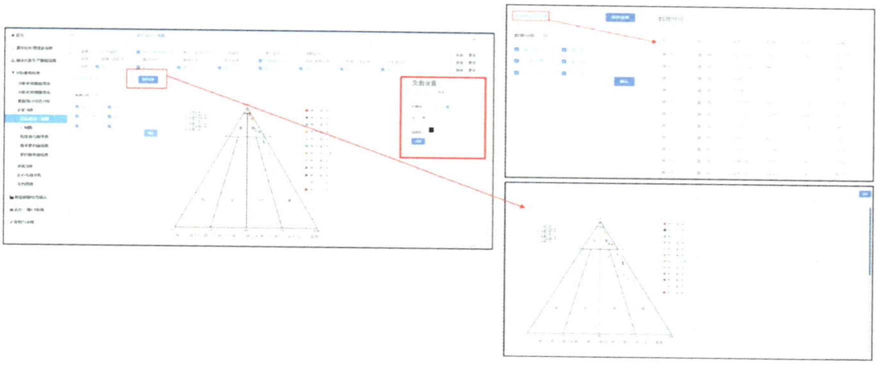

图 11　岩石成分三角图在线成图与属性设置

数字岩心管理模块通过不同的模板可实现在线录井图和岩心综合柱状图制作（图 12），多井对比可实现多口井同一目的层的图像对比，方便开展沉积岩相、岩相等研究分析，不仅替代了部分地质成图软件，其效率也提升 10 倍以上。

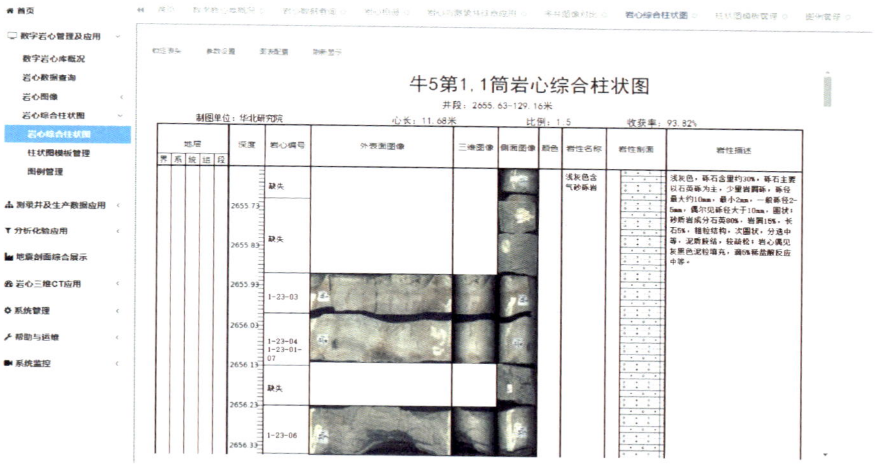

图 12　单井岩心综合柱状图

（3）利用图数关联、应用关联、融合穿透等功能，实现了多学科、多维度资料在线关联展现。

在线测录井剖面通过区块、层位、深度等空间信息，将多学科、多维度资料在线关联展现，不仅直观展示曲线形态和相关的岩性、油气成果充填，同时可实时读取相关深度和曲线数据（图 13）。根据选择，点击射孔、压裂以及试油气则快速关联相关的数据、图表等（图 14），同时这些图、数据保持关联，利于快速获知参数。射孔、压裂、分层、试油试气、测试等资料与测录井数据自动对应关联，可交互分析，获得对油气藏的特征认识，提升勘探开发分析与决策工作的效率和勘探开发综合评价支撑能力。针对探井可以通过取心段关联岩心综合柱状图，进而综合利用岩心描述、测井、试井、录井等信息综合评价，提高工作效率。

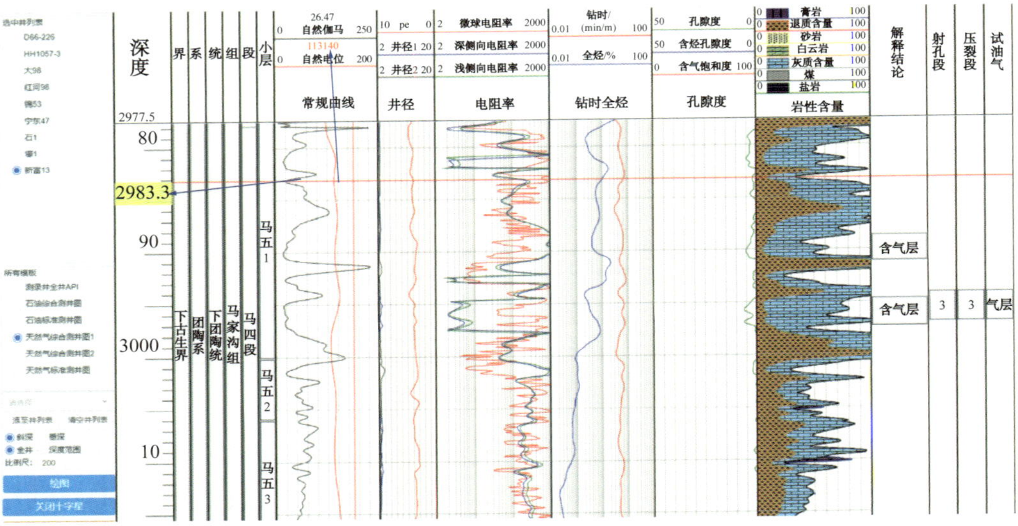

图 13　测录剖面图数联动展示

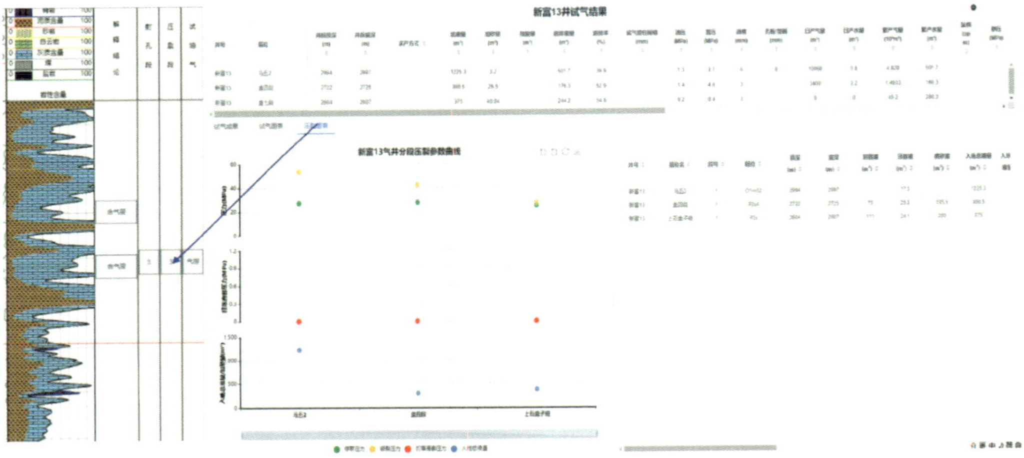

图 14　压裂段与压裂参数、试气成果的关联调用

数字岩心管理模块在岩心查询、观察、描述、多井岩心对比等方面能够替代实物岩心库，利用研发的岩心与测录井综合应用，不仅可三维视野查看岩心全景，并可实时查看每块岩心对应的测录井曲线特征。根据取样位置关联化验成果，通过数据监听和关联方的推送功能，可实时看分析化验图版生成的最新成果图，以及关联铸体薄片、扫描电镜等非结构化图片。通过便利的观察与综合分析为油气综合研究快速提供基础资料和评价依据，提高岩心资料的利用价值。

（4）利用应用系统质控，反向溯源分析数据，确保准确、全数据入库。

统一数据资源中心和应用系统的关联交互分析决定了数据与数据之间不再是独立个体，可以利用应用系统快速审查数据齐全性、准确性和标准性，高效分析测录井、试油试气等数据，进而提高专业数据的数据质量。

利用数字岩心管理模块三维显示、图像处理、纵向筒次和测录剖面等图形展示工具检查已录入的 796 口井、23190 米的扫描图像，快速检查岩心图片的质量等，图 15 发现的某块岩心扫描曝光过度。

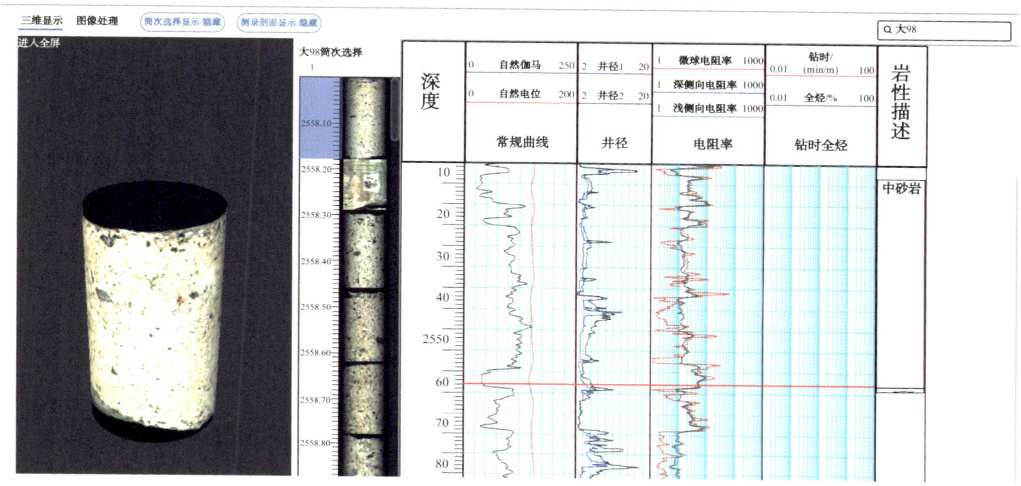

图 15　大 98 井岩心曝光过度

分析化验模块中，通过不同的图版直观检查数据，例如 C–M 图版发现原化验数据明显不合理等（图 16）。根据井位导航中井号无法识别发现数据库中对象标识不规范等问题（图 17）。通过应用系统对数据的分析，不断溯源完善了 EPBW 数据结构，在原有历史数据基础上新增字段 219 个，按照数据规范标准，修改字段 440 个。

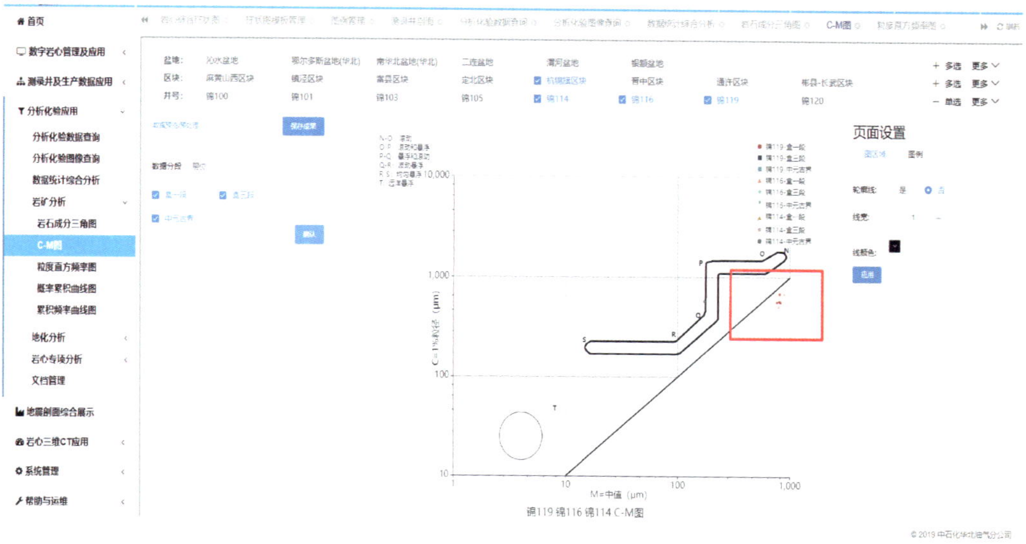

图 16　利用 C–M 图版检查数据质量

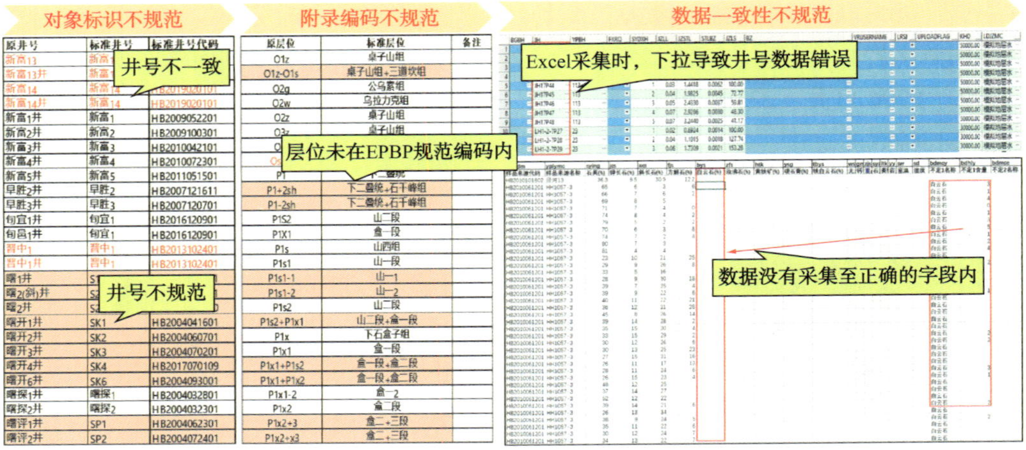

图 17　利用应用系统发现的数据结构问题

四、展望

基于“三统一”模式继续完善单井信息集成应用系统，论证第二、三期研发建设，完善设计、钻井、钻后评价、测试选层、生产运行、修井作业、动态监测等业务。结合规范的业务流程和在线关联的应用系统，完成多维度、多专业、多类型数据整合集成，实现各类动静态数据快速提取、高效处理与应用，反向溯源对数据质控。根据单井全生命周期管理的业务需求，完善应用界面，实现全过程的管控和可视化展示，达到技术领先、协同共享、简单易用的目标。

基于 EPBW 数据，建成单井从设计、钻井、测试、生产、核销报废等全生命周期资料的集成管理系统。以生产节点为对象，实现油气井钻后评价、测试选层、动态监测等单井生产动态的全面跟踪。利用单井多维度数据建立井筒可视化模型，与井筒结构变化交互展示，直观展现井筒状况，辅助产能预测和措施优选等。利用文档系统管理模块对试油气情况进行管理，包括设计、施工进度、压裂、试油气数据、试油气成果报告等内容，实现快速多参数检索单井试油气动态和分析成果。

搭建“平安华北”安全教育平台 提升 HSSE 培训管理水平

华北油气分公司

一、总体情况

（一）项目背景

1. 传统的安全学习培训模式面临三个亟须解决的问题

为满足当前安全管理要求，急需探索学习内容、培训手段、考核方式等全方位的改革与创新，提升安全学习培训效果。

一是员工查阅安全资料存在查阅“不及时”“不便捷”“不全面”等问题，且学习主动性不够、质量不高。

二是传统的安全学习培训模式难以满足员工个性化、专业化的知识获取方式和习惯，需要内容更丰富、更新更及时、形式更新颖、操作更便捷、覆盖面更广、效果更显著 。

三是安全学习培训海量数据人工处理量大。

2. 数字化时代的急迫要求

信息化时代，急需依托先进的信息化、智能化手段，探索一个能提供内容更丰富、更新更及时、形式更新颖、操作更便捷、覆盖面更广、效果更显著的平台，助推全员安全能力的提升。

（二）“平安华北”HSSE 智能化学习培训平台的建立

“平安华北”平台是自 2018 年开始开发，经历三年的建设升级，成为一个由电脑端管理系统和手机端应用系统组成的安全教育数字化平台。是一个以“学习培训”为核心、以“能力提升”为导向、以“信息技术”为工具，融合 13 个模块（“平安华北”平台功能设置见图 1），旨在建立集“学习、培训、考核、鉴定、激励”于一体的 HSSE 学习培训平台，是一种将安全学习培训管理与信息技术深度融合的创新模式，克服了传统线下安全教育培训时间（空间）受限、学习形式机械单一、针对性差、效果不佳等缺点，大幅提升安全教育培训的效率和效果。

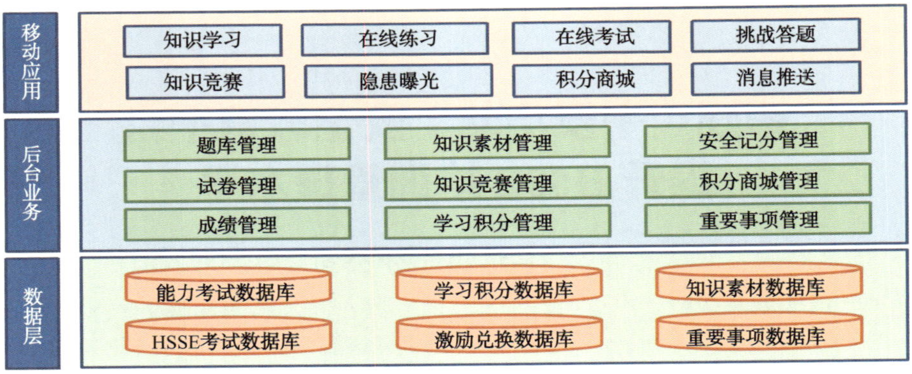

图 1 平安华北平台功能配置图

二、典型做法

（一）构建了以“知识库”为基础的全时段数字学习平台

“知识库”涵盖了从国家到集团公司再到公司各层级的，包括安全环保的法律法规、规章制度、操作规程、多媒体课件等多类别的文字、音（视）频内容教材库，可满足不同岗位员工在任意时间利用手机端进行学习的需求。同时不断丰富的教材内容也能够满足不同岗位员工知识需要；平台还建设了“国家注册安全师考试专题”“河南省安全资格证考试专题”等 8 个不同类别的专项题库，通过员工答题练习，实现对自我学习效果的评价。

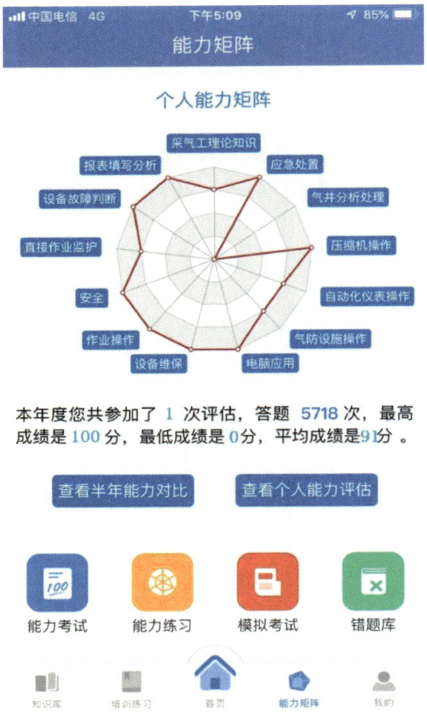

图 2 某员工能力矩阵雷达图

（二）利用“员工能力矩阵”建立了科学的员工能力评价模型

“员工能力矩阵”模块根据不同的岗位特点，制定了操作岗员工针对性的岗位能力项，员工可开展自主学习，并可参加固定周期能力评价考试。系统根据员工成绩自动判断所考查员工能力的水平，并绘制员工能力矩阵图和各项统计分析图，从而实现精确定位员工知识技能短板，让员工在自我学习时做到心中有数、有的放矢。同时，能力矩阵的分级模式能够让管理层清楚掌握每一名员工的能力水平状况，为员工调整、工作分配等管理工作提供科学有效的依据（员工个人能力矩阵分析雷达图见图 2）。

（三）实现“安全记分”数字化管理

按照《全员安全记分管理实施细则（试行）》要求设置，实现作业违章记分制度，员工随时通过系统查询自己扣分情况，及时规范个人作业行为，提高“岗位安全”系数。强化局、分公司安全生产责任意识，提高全员安全履职能力，推动安全生产责任全面落实。

（四）建立“隐患曝光台”模块

设置重要事项提醒功能，重点图片滚动展示，实现公司检查督察问题全员公布，提高各级 HSSE 管理积极性，落实基层单位“隐患整改”。

（五）形成了一种全员主动参与安全教育的全新机制

一是建立学习积分奖励机制（积分规则见表 1）。平台制定学习积分规则，将员工在平台上的一切学习行为量化；分为学习、考试、知识贡献三种类型，涵盖七种学习行为，两种反馈建议。积分规则可以动态设置，APP 端根据规则自动记录积分，并展示个人总积分、积分明细、每日积分、个人排行、单位排行等。利用平台的积分商城模块，员工可以进行积分兑换、兑换记录查询、兑换规则查询等操作，还可以进行“幸运抽大奖”；实现鼓励员工学习、提高学习的积极性和主动性的目的。

表 1　平安华北平台积分规则明细表

序号	奖励类型	奖励形式	奖励标准	备注
1	学习	每日登陆	1 分	
2		答题练习（HSSE 月考专题练习、省安全资格证考试专题练习、注安师专题练习等）	2 分	每日累计完成答题超过 10 道，积 2 分；每日上限 2 分
3		知识学习及练习	2—4 分	每日管理、技术、操作岗位员工阅读相关文章 1 篇且学习时间超过 20 秒得 2 分，每天最多 4 分
4			5—15 分	完成阅读学习，进行对应题库练习，完成 10 题奖励 5 分；进行对应题库挑战答题 10 题，答题正确率达到 70%–79% 积 3 分；答题正确率达到 80%–89% 积 6 分；答题正确率达到 90%–100% 积 10 分，多次答题按最好成绩积分，每日最高 15 分
5			2 分	每日视频学习时间超过 1 分钟得 2 分，每天最多 2 分
6			1 分	每日完成收藏得 1 分，每日最多 1 分
7			1 分	每日完成分享得 1 分，每日最多 1 分
8	上传资料	上传资料	10—50 分	1 文档类：每日上传 1 份资料，采纳后，法律法规、标准、制度、操作规程 10 分，课件、论文、PPT 10–30 分（根据原创性、品质评分）。 2 视频类：视频时长 3 分钟之内，质量高得 15 分，质量一般得 10 分；时长 3–10 分钟之内，质量高得 20 分，质量一般得 15 分；视频时长 10–30 分钟之间，质量高得 30 分，质量一般得 25 分。 上传文档及视频每日上限 30 分。（调整比例，降低）

续表

序号	奖励类型	奖励形式	奖励标准	备注
9	考试	分公司级别考试：每月全员 HSSE 知识答题、月度安全会等	0—20 分	参与答题满分得 20 分、90–99 得 18 分，以此类推（得分按照：成绩每降低 10 分，积分降低 2 分计算）
10	建议	针对平台不足，提出合理化建议被采纳	1—30 分	通过系统“意见反馈”模块（待发布）提交的内容，根据建议的含金量进行奖励
11	题库报错	题库一键报错	0—10 分	在“培训练习”“能力练习”模块中，发现错题，可一键报错（待发布），经原题上传人修改后，提出人可获 1 分 / 题，每日最高 10 分。原上传人超过 7 日未处理，每条扣取积分 1 分，无上限
12	管理员	审核任务完成情况	0—22 分	审核员每日审核文档类，每类通过三项奖励审核员“平安华北”积分 2 分，最高奖励 10 分；质量把控不合格，被分公司审核员驳回一项扣除 2 分，每日最多扣 10 分。 每日审核视频，完成 3 个事故视频奖励审核得 6 分（1 个 2 分），完成 3 个教学视频审核得 6 分（1 个 2 分），最高奖励 12 分；质量把控不合格，被驳回一项扣除对应类目得分 2 分，每日最多扣 12 分

二是能力矩阵评估结果的应用。按照预制规则分别评价出金牌站长、金牌副站长、银牌站长、银牌副站长、金牌员工和银牌员工，获取金牌站长、副站长、员工的员工再参与 ABC 类员工评选，为基层人才储备提供数据支撑，并将评价结果与员工个人绩效及职业晋升挂钩，激发员工自主学习主观能动性。

（六）建立了全员安全培训考核的新模式

一是智能化考试管理。考试模块突出灵活性和自主性的特点，可以实现公司各层级、各专业自由开展各种考试。按照题库创编、导入试题、组建试卷、成绩统计的工作流程，各单位都可组建本单位所需各类专项 HSSE 考试。考试范围可以根据：单位、工种或者具体人员名单进行自由组合，定向发布到人，参加考试人员可以在移动端收到消息提醒，完成考试。试卷类型：自由组卷、随机固定组卷、人工固定组卷，支持单选、多选、判断，多选可设置少选得分，还可设置员工的考试机会次数。目前已经创建题库 296 个，共导入试题 14753 道，共发布各类 HSSE 考试 307 场，参与考试 42072 人次（表 2）。

表 2　公司近 12 个月全员 HSSE 考试情况表

考试月份	参加人数	平均成绩
2020 年 1 月分公司全员 HSSE 考试	3215	95.77
2020 年 2 月分公司全员 HSSE 考试	2400	96.67
2020 年 3 月分公司全员 HSSE 考试	3406	94.23
2020 年 4 月分公司全员 HSSE 考试	3550	96.63
2020 年 5 月分公司全员 HSSE 考试	3641	97.51

续表

考试月份	参加人数	平均成绩
2020 年 6 月分公司全员 HSSE 考试	3668	97.51
2020 年 7 月分公司全员 HSSE 考试	3726	97.62
2020 年 8 月分公司全员 HSSE 考试	3772	98.99
2020 年 9 月分公司全员 HSSE 考试	3805	99.21
2020 年 10 月分公司全员 HSSE 考试	3837	99.55
2020 年 11 月分公司全员 HSSE 考试	3843	99.88
2020 年 12 月分公司全员 HSSE 考试	3838	99.83

二是量化培训学时。平台提供学习行为记录和学时转换功能。分公司要求所有员工须在平安华北完成安全再培训，满足年度学习时间在 20 个学时以上、月度考试合格率 80 分以上（双达标）的，每年 12 月 31 日由系统自动给个人发放“年度安全复训合格证”。

三、主要成效

（一）“平安华北”平台创造的经济效益

公司员工累计使用“平安华北”平台参加各类学习、培训、考试共计 712120 人次。按照各模块使用情况计算，其中“培训模块”应用创造价值 912.84 万元，节约差旅费 318.42 万元，“HSSE 考试模块”应用创造价值 211.35 万元，“员工岗位能力测评模块”应用创造价值 100.77 万元，“问卷调查模块”应用创造价值 2.11 万元，“知识库模块”节省分公司购买及印刷法律法规、标准规范类书籍费用约 44.25 万元。共计创造经济效益 1589.74 万元。

（二）“平安华北”平台凸显的管理效益

“平安华北”平台获得《华北石油局有限公司 华北油气分公司 2020 年度管理现代化创新成果》一等奖。是我公司第一个综合学习、培训、考试、考核的安全信息化系统，移动端 APP 的设计符合现阶段公司 HSSE 管理要求，平台的推广有效弥补了传统培训的局限性，提升了安全培训的质量、效率、及时性、覆盖面，提升了员工学习的积极性、主动性。

一是根据管理岗位与操作岗位员工学习培训内容侧重点不同，“平安华北”平台智能推荐学习内容，提供有针对性学习培训。“知识库”模块根据工种不同，建立分层次管理目录，操作岗位员工侧重于与生产相关的技能提高、设备操作、应急处置、风险分析类培训内容，同时结合“能力矩阵”模块分析工具及方法，实现员工能力分析，有效检测员工岗位知识技能水平，为针对性开展员工培训及岗位聘用提供了重要数据。管理岗位员工侧重使用“知识库”模块开展系统专业知识学习培训，对应知应会内容进行有计划、有方向的系统培训安排，提高管理者的管理能力。

二是“考试”模块的广泛应用，让公司各级可以高效组织各类考试，并通过智能成绩统计，分析各单位、部门员工知识掌握情况，做到以考促学。同时有利于督促国家、集团公司、公司各级各项法律法规、标准、制度的推广。

三是通过“问卷调查”的形式，我公司可掌握每位员工思想动态。根据问卷分析结果，可以发掘出有关的事实现况。通过大量数据的收集，可以了解目标人群对问卷调查内容的认识与理解，有助于进一步分析、处理及完善有关事项，并制定有效的决策和策略。

我公司全体员工利用“平安华北”平台，通过对“员工能力矩阵”“知识库”“考试”“挑战答题”等模块的学习、使用，提高自身技能水平及安全意识，降低企业“人的不安全行为”，从而降低企业事故风险，提升管理效益。

（三）“平安华北”平台为安全生产提供保障

安全是生产的保障和前提，提高员工安全意识与员工岗位能力，杜绝“人的不安全行为”，是保证生产持续、健康稳定发展的必要条件。我公司以“平安华北”平台建设完善为抓手，强化制度落实，持续抓好优化运行，不断提升全员安全环保技能，为公司有规模可持续发展筑牢安全环保基础。

四、展望

“平安华北”平台 2020 年得到集团公司认可，在 10 家上游企业推广试用；2021 年将继续升级现有功能，潜心开发新技术、新业务，实现角色精准数据推荐、EPBP 数据整合等功能，将“平安华北”打造成为中国石化最实用、最智能、最便捷的 HSSE 学习平台。

2021 年将对现有功能进行升级。一是完善知识库，补充法律法规、专业题库、视频课件等管理知识，丰富学习内容。二是建立“平安华北”视频授课奖励机制，开展管理制度、作业程序远程宣贯，创新培训模式。三是优化岗位能力矩阵。按照管理、操作两类员工构建四种能力，管理人员能力评价侧重于是否掌握法律法规、规章规范、标准制度，操作人员能力评价侧重于是否掌握岗位风险清单、设备设施操作、作业规程、应急程序，通过分类评估，开展针对性培训。四是将矩阵评价结果与绩效挂钩，实现正向激励。五是开发适用于承包商培训教育的功能模块。六是建立全员培训信息化档案，结合 HSSE 培训矩阵，进一步拓展“平安华北”EPBP 模块，实现线上培训、电子制证、需求推送、复训提醒、证件查询等功能，建立全员 HSSE 培训档案，在集团公司率先实现培训管理信息化。

第五篇

推进智能工厂建设
打造世界领先炼油化工企业

深化工艺管理系统应用 提升炼油装置运行水平

炼油事业部

一、总体情况

炼油事业部围绕集团公司发展战略和“十三五”信息化发展规划，以《中国石化炼油化工工艺技术管理规定》为基础，并基于石化智云自主研发了中国石化工艺管理系统，实现了工艺管理制度的深化应用与落地，规范企业的工艺管理和流程标准化，实现对工艺管理过程的全覆盖监管。

该系统已完成11家企业的建设，包括天津、洛阳、中原、齐鲁、九江、中韩（武汉）、广州、北海、茂名、青炼及海南。该系统规范了企业工艺人员的装置预检流程、工艺监控流程、工艺资料审批流程，提高了工艺人员的工作效率；实现了工艺指标闭环管理；提供工艺参数关联分析的手段；将工艺检查工作日常化，提高了企业工艺管理水平，给工艺管理人员带来了极大便利，成为工艺管理工作不可缺少的有力工具。

二、典型做法

（一）主要成果

1. 通过工艺监控功能，实时监控装置的指标报警情况

工艺监控旨在向企业工艺管理人员和运行部工艺技术人员提供各种类型、各种层级、各种维度的装置运行数据。包括有工艺卡片合格率、工艺报警次数、质量指标超标、工艺参数平稳率等指标数据，装置投入产出、能源消耗、在线分析仪表等运行数据；支持公司–运行部–装置–单元的层层穿透和历史趋势查看；也可查看装置各班组的具体情况，最终帮助工艺人员实时了解运行动态，及时发现装置问题并采取相应解决措施。

2. 通过工艺指标库，形成工艺指标闭环管理标准体系

工艺数据的管理是工艺管理业务的重点工作。数据的指标不是一成不变，会根据装置的运行情况发生调整。系统依据企业现有工艺指标变更流程，在线上实现指标变更流程，规范变更过程中的风险评估、等级评估、变更记录、指标自动变更、后评价等环节，可对工艺指标进行历史变更查看和变更次数统计，提升了企业对工艺指标的管理水平（图1）。

图 1　工艺指标管理

3. 规范日常工作流程，提高企业工作效率

系统提供了装置预检、工艺监控、工艺资料审批等多个功能。系统利用信息化技术对原有业务流程进行升级，改变了传统工艺管理执行不规范的现象，形成了标准统一的装置预检流程、工艺监控流程、工艺资料审批流程，以提高工作效率、规范工艺人员流程为出发点，满足炼化企业工艺管理工作要求，最终提高中国石化炼化企业的工艺管理水平。

4. 建成了工艺知识库，实现工艺知识承载与复用

企业里技术人员更迭较快，系统上线前，工艺资料多以纸质形式存放在企业文件柜中，技术人员需要学习的时候费时费力。系统通过建立企业标准的工艺资料库，实现了工艺知识的承载与复用。技术人员根据标准化的命名进行搜索。在使用资料库上传文件时可根据标准化的业务流程进行文件审批流转，按照需要选择是否进行风险评估和后评价流程。在需要时，系统可根据技术人员的配置进行工作提醒。技术人员可自定义配置技术报表，生产记事台账、工艺参数执行台账等，系统可以自动生成技术台账并保存在系统中供随时查阅，工艺知识库很好地满足了各级技术人员的需要（图 2）。

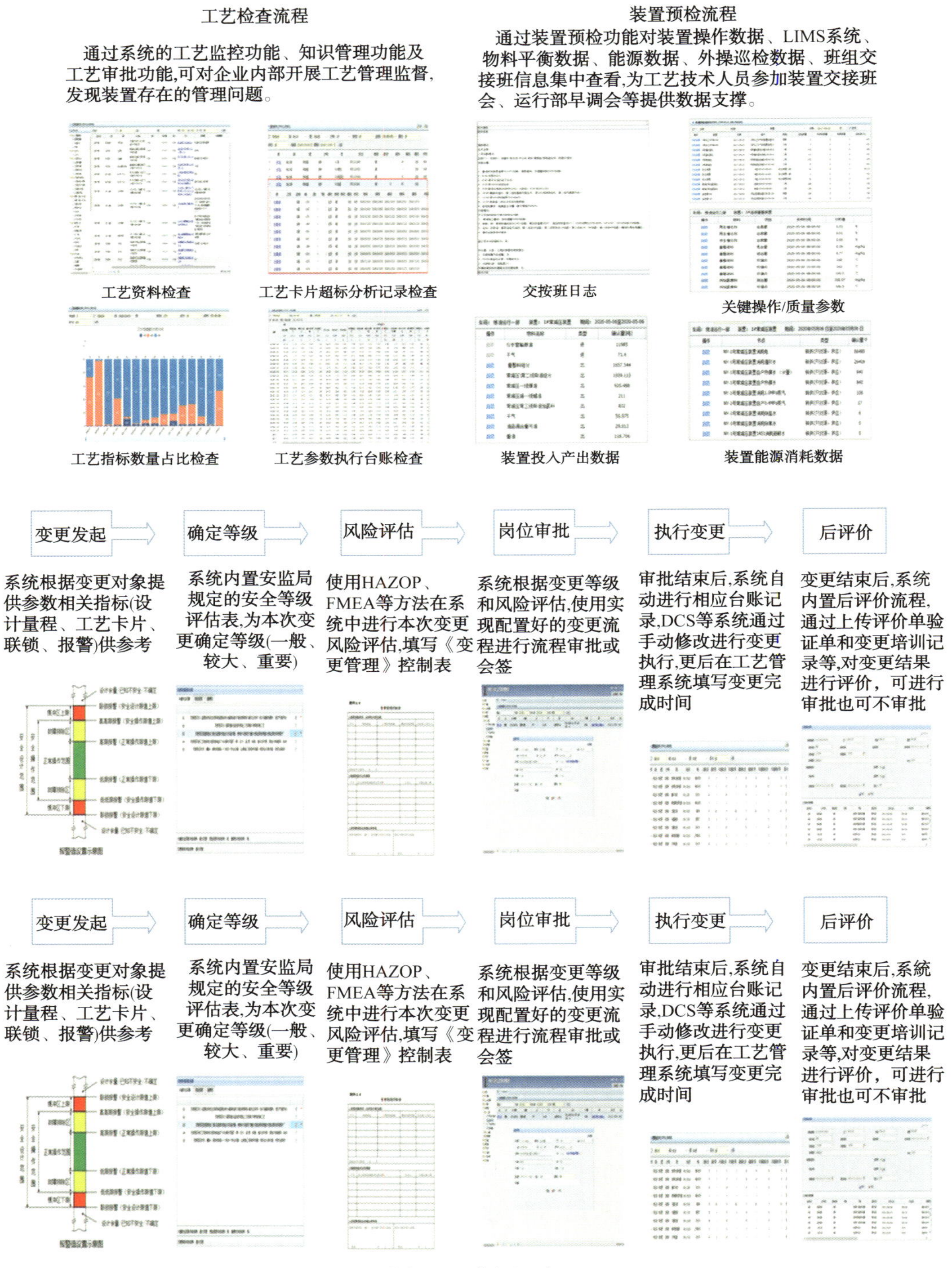

图 2 工艺知识库

5. 提供动态可配置的数据组态工具，为工艺人员提供数据分析支持

系统提供了灵活配置的数据分析工具，支撑了工艺人员日常对关键工艺数据、化验分析数据

的灵活分析工作，实现统计、分析功能高度灵活可定制。极大限度降低开发量和工艺人员的数据配置工作量，提高工艺人员对日常问题的分析能力，增强系统的灵活性、可扩展性（图3）。

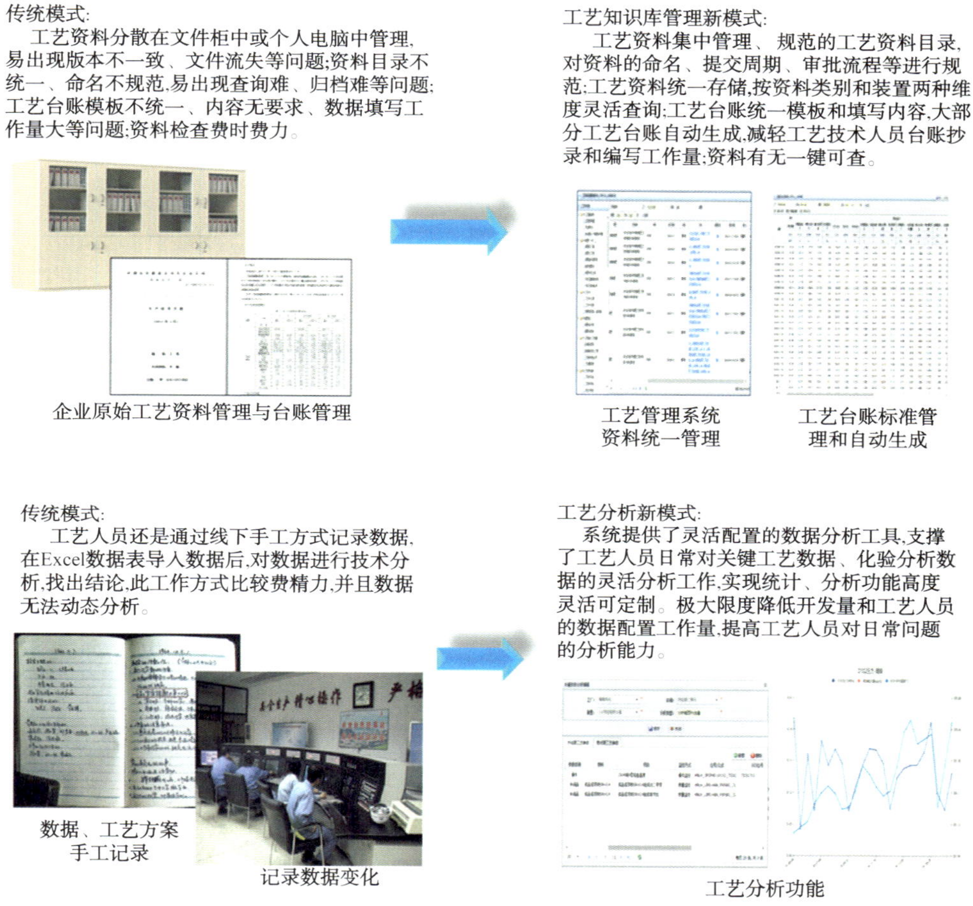

图3　数据分析工具

（二）实现功能

中国石化工艺管理系统基于石化智云搭建，实现了服务化、共享化和可视化，沉淀了工艺管理专业业务组件，具有较高的专业价值和复用价值。系统涵盖了工艺综合管理、装置预检、工艺监控、工艺分析、工艺资料管理、工艺检查6个一级功能应用、50个二级功能应用。

三、主要成效

（一）监控装置运行、优化工艺指标，保障装置平稳运行

系统上线以来，11家企业通过工艺监控相关功能实现了公司对运行部、运行部对装

置、装置对班组的有效监管，实现了工艺卡片执行与考核、操作报警监控与分析、馏出口完成情况评价、工艺参数稳定率讲评等常态化工艺管理工作的落地；通过工艺指标闭环管理相关功能实现了指标的变更、审批、台账记录、变更评估、日常监控、方案切换的全流程管理，对指标的动态管理提升了工艺技术人员和工艺管理人员对装置的指标管理水平（图 4）。

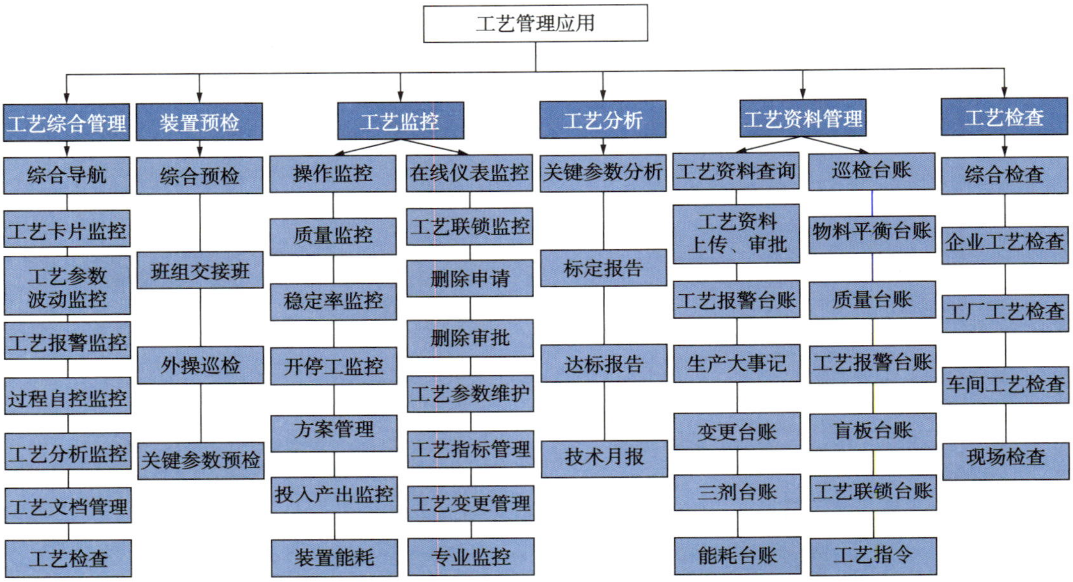

图 4 工艺管理应用

（二）提升了工艺管理的合规性

通过工艺管理系统审批模式，实现了工艺指标变更审批和工艺资料上传发布的闭环。指标变更过程形成了标准的指标库、自动生成了相关台账、规范了后评价机制。资料上传发布过程规范了资料目录、固定了审批流程、形成了完备的工艺资料库。

（三）提升了企业工艺管理的效率

装置预检：基于工艺人员的日常交接班工作，系统实现装置预检功能，缩短工艺人员巡检时间，提高工艺管理水平。以装置为基准，查看交接班日志、关键参数、高频报警统计等方面的基础信息。通过系统可以在短时间内掌握上个班组的装置生产状态，并对班组作出正确的工艺点评。传统的装置预检需要花费 30 分钟完成，新的装置预检方式只需要 10 分钟即可，装置预检效率提升 60%。

工艺分析功能：针对单一装置或多个装置可进行操作参数和质量参数的关联性分析，支持异常点过滤及自定义坐标轴刻度范围，形成散点图或关联图，便于工艺技术人员和工艺管理人员查找解决问题的关键。以前工艺人员收集、整理、分析数据的过程大约 2 小时，使用工艺分析功能大约10分钟可生成相关数据，提高了技术员工作效率，管理水平大幅提升。

工艺资料管理：对企业工艺资料进行集中管理，部分重要文档的审批流程实现线上审批和修订，规范工艺资料的管理。通过梳理，系统规范了44类文档的工艺资料目录，方便了工艺人员对工艺资料集中管理，减轻了工作量。

工艺台账：系统可以自动生成大部分工艺台账，部分台账内容需要工艺人员手动填报，有效提高日常工艺台账管理水平。工艺人员从每天1小时时间查询、记录台账内容减轻至每天10分钟时间确认、维护台账内容。

工艺检查：系统根据工艺卡片合格率、操作报警、工艺参数稳定率定制公司工艺管理考核报表，支持工艺管理专业指标考核。根据工艺参数启用统计、工艺参数数采信任度、用户登录次数统计和工艺卡片/报警分析率对运行部进行评比，支持工艺管理专项指标考核，管理更加科学，考核更加公平。减轻了公司工艺管理人员日常40分钟收集考核数据时间至5分钟综合展示。

四、展望

中国石化工艺管理系统依据《中国石油化工股份有限公司炼油化工工艺技术管理规定》的要求设计开发了一套炼化企业工艺管理系统。系统基于中国石化智云统一技术架构，通过与企业实时数据库、LIMS系统、MES系统、能源管理系统、操作管理系统、企业审批系统的数据集成，提出了面向中国石化炼化企业工艺管理业务的整体解决方案。通过系统提供的功能提升了工艺人员操作体验，强化了日常工艺卡片监控、工艺报警分析、工艺变更管理等业务，有效利用了系统各类工艺数据，提高了工艺人员工艺分析能力，最终提高企业工艺管理水平，达到装置长周期安全稳定运行的目的，建议在中国石化其他炼化企业推广应用。

建设质量管理系统　防控产品质量风险

炼油事业部

一、总体情况

围绕集团公司发展战略和“十三五”信息化发展规划，聚焦提升信息化价值和企业核心竞争力，以质量管理体系为核心，基于石化智云自主研发中国石化质量管理系统，创建了质量域标准化管理，促进了质量管理由事后处理向事前管理转变，逐步实现了全过程质量管理与追溯，为中国石化全方位推进高质量发展提供了有力支撑，保障了“每一滴油都是承诺”的社会责任和“质优量足、客户满意”的质量目标。

二、典型做法

（一）实施方案

1. 标准先行，建立完善的标准体系

以主数据管理为基础、产品标准管理为核心，业务统计管理为目的，创建了“三位一体”的质量域标准化管理，创新性地采用文本结构化技术将产品标准转化为结构化数据，有效提升了质量域标准化管理水平。对中国石化 18 大类炼油产品、8 大类化工产品的 979 项产品标准进行结构化和规范化的梳理，在质量管理系统中形成新的产品标准库（图 1）。

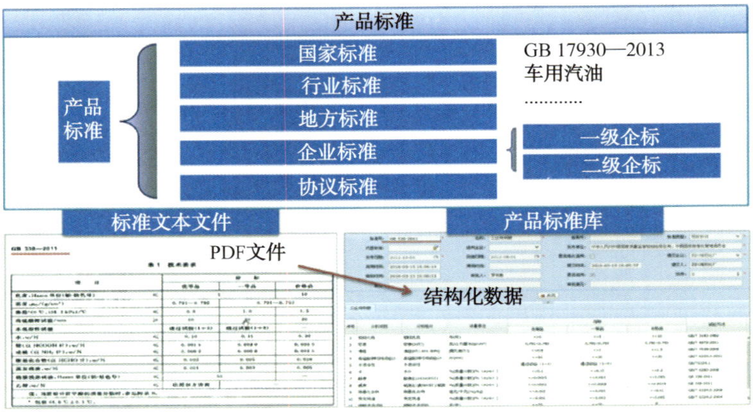

图 1　产品标准库

2. 顶层设计，建立先进的统一平台

质量管理体系与信息化深度融合，搭建了“炼化一体、上下贯通、数质协同”的一体化质量信息化管控平台，实现了炼油和化工、总部和企业、数量和质量的一体化协同管理（图 2）。

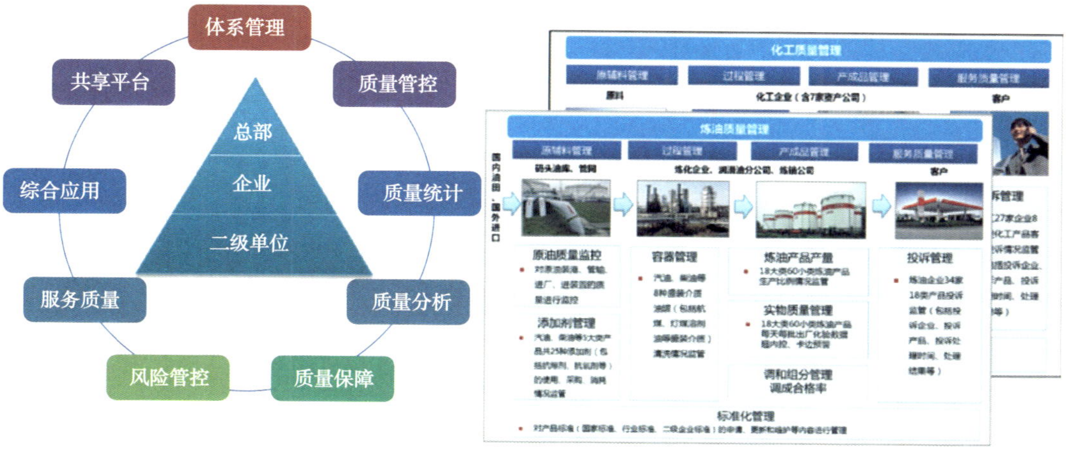

图 2　一体化协同管理

3. 关键技术

基于石化智云平台搭建，实现了服务化、共享化和可视化，沉淀了质量专业业务组件，具有较高的专业价值和复用价值（图 3）。

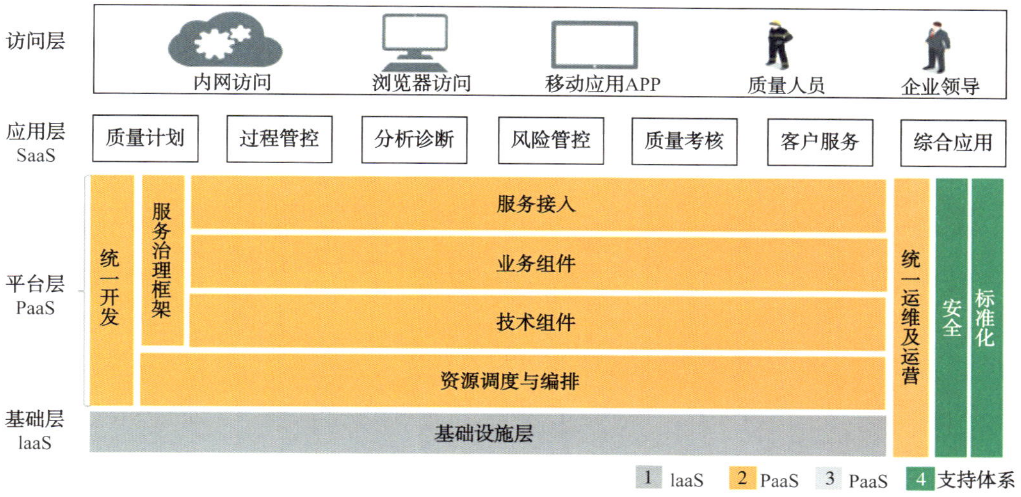

图 3　关键技术搭建

工厂模型与质量指标模型紧密结合，搭建了全方位、全过程、全类别的质量管控信息模型，实现从原油及原辅料进厂、产成品出厂到客户投诉等过程的质量管控和炼油化工产品类别的全覆盖（图 4）。

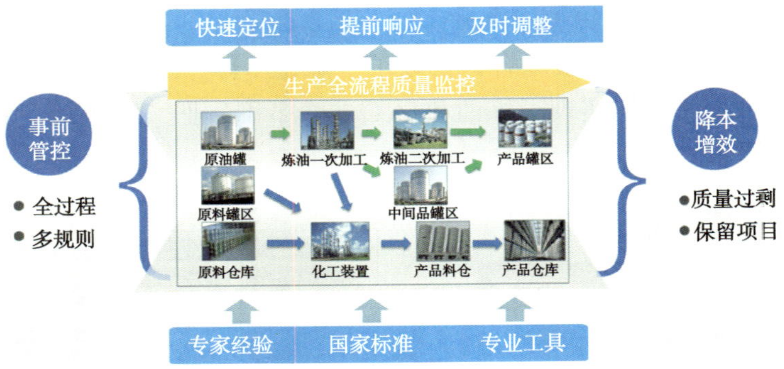

图 4 质量管控信息模型

研发多种核心算法模型。结合六西格玛质量管理体系，建立多维度的过程能力分析模型，建立符合国际标准的异常预警算法模型、相关性分析算法模型。

LIMS、MES、CRM、MDM 集成服务和数据共享。

（二）实现功能

系统按照集团到企业自上而下一体化分级管控模式进行设计与建设，炼油板块应用建立质量管控、质量统计、质量分析、质量保障、体系管理、服务质量、风险管控、综合应用等 8 大功能模块；涵盖了质量、数量、体系、风险、服务等全面的质量管理业务，促进了质量管理由结果管理向过程管理的转变。炼化企业层面应用建立质量计划、过程管控、分析诊断、风险管控、质量考核、客户服务、综合应用等 7 大功能模块，围绕质量策划、过程管控、质量改进三大业务主线，实现企业从原料到产品全过程管理，实现多维分析诊断、及时监控报警和精准推送等，满足不同层级质量管理者操作、处置及决策的需要（图 5）。

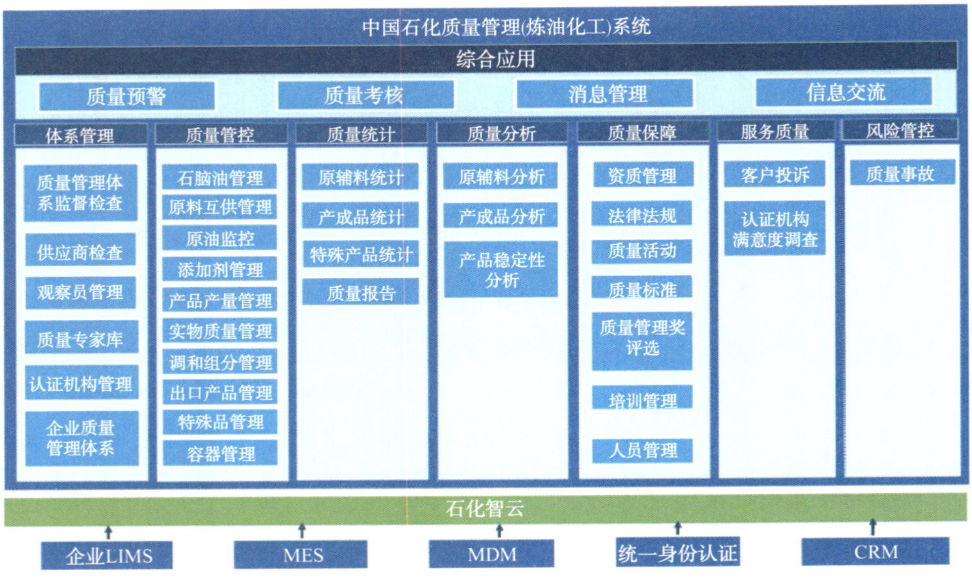

图 5 中国石化质量管理（炼油化工）系统

（三）案例

1. 体系流程管理重要举措

规范了中国石化质量管理体系流程，确保了企业体系管理工作有效运行。按照质量专业化管理要求，实现业务流程规范化管理。解决人工线下处置及时性、合规性不足、效率低、易疏漏等问题，解放劳动力，提高管理效率。分散数据集中管控，异常数据全面感知，实现对质量管理相关信息的自动采集和集中监控；实现数据找人，让质管人员把握先机，提高过程质量管控能力。沉淀专家经验，提炼出一套符合生产实际的判异规则，结合全面感知支撑生产决策，提升质量管理智能化水平（图 6）。

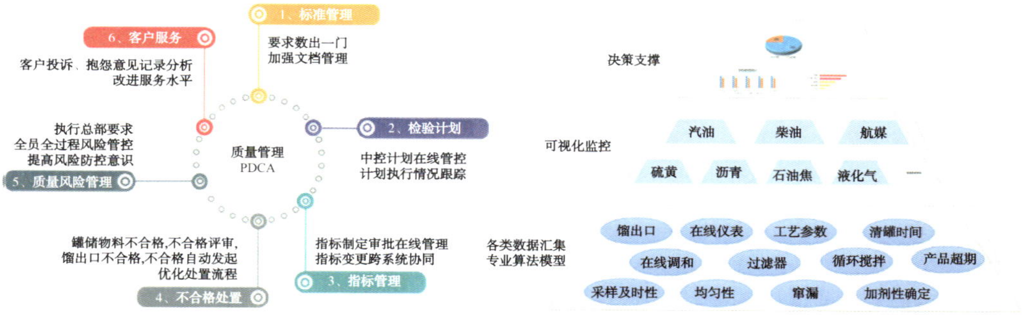

图 6　体系流程管理

2. 过程质量监控及处置做法

建立炼油产品质量多级预警监控模型，设置总部、企业两级内控指标，对超内控、卡边情况进行预警，严格保障出厂产品合格率 100%（图 7）。

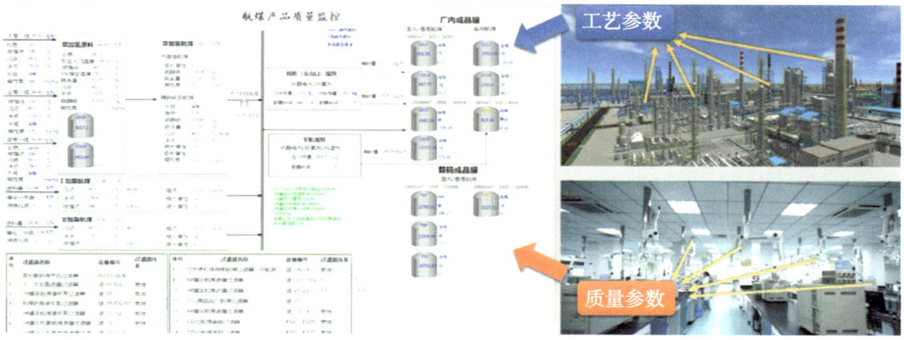

图 7　过程质量监控及处置

可按照质管人员配置的质量指标、相关工艺参数等关键点的趋势预警规则，当发生连续多点上升、下降、波动异常趋势时自动预警。帮助管理人员能够更早发现潜在异常，提前作出反应，及时调整生产，保障产品质量稳定。

3. 质量风险管控做法

坚持以质量风险为导向，以控制为主线，以治理为核心，通过研究质量风险识别的内容与方法、构建质量风险分析评价体系、形成质量风险闭环管理机制、设计开发风险管理的功能、全面应用风险管理过程中，提升油品质量的合格稳定控制。集 30 家炼化企业、800 多人的智慧，形成集风险识别–风险评估–风险管控–风险复核为一体的闭环管理模式，累计识别出 1400 余条质量风险点，形成风险库（图 8）。

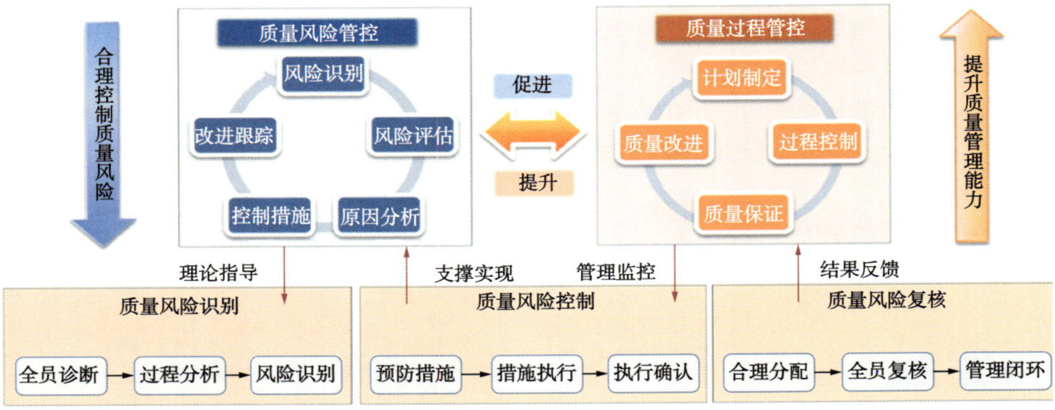

图 8　质量风险管控

企业通过风险管理的手段，将生产过程中的潜在问题进行了全面梳理，通过强化具体措施的落实，把事后管理变成事中管理和事前预警，切实提高了过程质量稳定性。

三、效益及价值分析

（一）业务规范、管理优化

构建了适应炼油化工流程化的质量管理新模式，促进了由集团到企业自上而下的质量监管体系的建立健全，逐步实现了质量全过程精细化管理及问题可追溯，提升了中国石化整体质量管理水平。

（二）前移管控关口

实现质量管理从事后处置到事中、事前管理的转变。基于超限预警、波动预警、趋势预警等模型和算法在线实时报警，累计发现异常数据 1600 余次。通过不断加强异常数据管理和优化异常监控模型，有效提升了质量预警准确性，提高了问题定位的效率。以九江 S–Zorb 稳定汽油为例，2019 年异常报警 66 次，2020 年异常报警 10 次，降幅达 85%（图 9）。

（三）全员全过程质量风险防控

对质量风险管控业务进行全面梳理，清晰划分各部门业务关系和职责。有效减轻了管理工作负荷，提升了风险管控、风险复核及各级审批工作效率。通过开展质量风险识别与防控工作，2019 年和 2020 年炼油产品质量控制显现了历史突破性的好成绩，产品出厂合格率 100%；全年无上报质量事故；各级质量抽检合格率 100%。无质量问题带来的经济损失（表 1）。

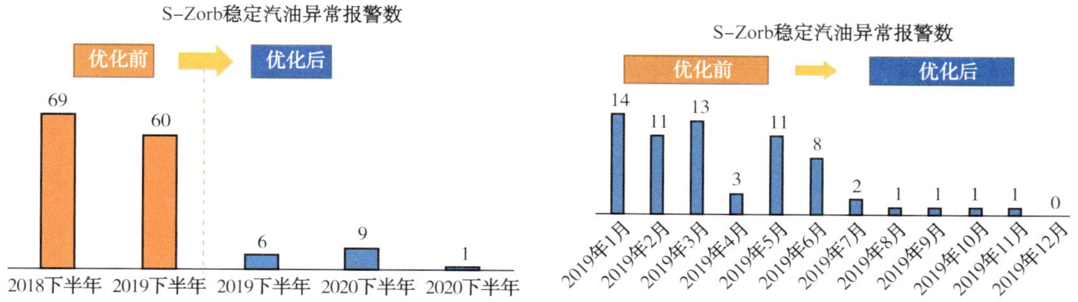

图 9　S-Zorb 稳定汽油异常报警

表 1　质量风险防控

质量工作	具体指标	完成情况
产品出厂	出厂产品质量合格率 100%	完成
投诉处理	全年平均处理时间不超过 13 天	完成
	用户投诉处理完成率 100%	完成
质量事故	杜绝发生重、特大质量事故和区域性质量事故，减少一般性质量事故。	全年无上报质量事故

（四）挖潜增效

多源头多维度分析，实现从定性评价到定量评价的转变。通过 CPK 值量化评价产品质量稳定性，分析原因并有效指导生产（图 10）。

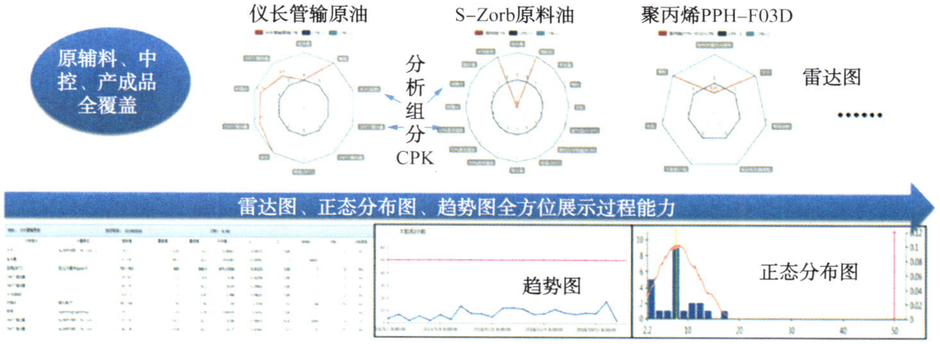

图 10　CPK 值量化评价产品质量稳定性

CPK 评价分析技术，为降低非目标产品产量，提高产品优级品率，促进企业提质增效提供了有效支撑；按每年化工产品西格玛水平提升 0.2 计算，过渡料可减少总产量的 1% 左右，按照每家企业每年化工产品产量 100 万吨计，减少过渡料 1 万吨，过渡料与正牌料的价差按照550元/吨来计算，可增加效益=1万吨/年×550元/吨=550万元/年，则企业建设质量管理系统可增效550万元/年。

四、展望

（一）持续推广建设，凸显应用成效

实现炼油化工企业质量管理系统的全面覆盖，支撑炼化企业质量全过程在线规范管理，提升过程管控能力和数据分析能力。

（二）过程质量管控智能化提升

建立“强知识库+强推理”的质量专家知识库，提高质量异常预测预警准确性，提升智能化预测预警，加强数据集成和综合分析能力。

（三）助力中国石化质量管理体系从规范性向有效性提升

加强标准化工作逐层深入；健全质量风险控制措施库；加强体系制度有效性管理，实现不断迭代的质量改进闭环管理。

强化全流程自控监测 助力炼油装置长周期全自动运行

炼油事业部

石油化工工业作为一个典型的流程工业系统，在国民经济和社会发展中发挥着不可替代的作用。随着加工能力的增强、优质油气资源的短缺，油品质量的提高以及环保问题突显等问题，对炼油技术与炼油企业发展提出了更高要求和新的挑战，“节能降耗”的压力时时刻刻压在炼油企业的肩上。目前炼油企业装置自控提升遇到瓶颈，卡边操作难度较大、装置报警及操作频繁；对于现场自控程度、控制平稳运行情况、报警频次和操作强度等无法进行实时准确地统计，实时查询数据难度大，分析不便利，造成无法实现精准、高效的管理。

为此，2014 年引入全流程自控提升技术。通过在 11 家炼油企业的应用，当全厂装置自控率达到或接近 100% 时，可以在没有操作人员干预的情况下安全的、可靠的长时间全自动运行，为炼油企业长周期安全稳定运行奠定基础，助力炼油板块管理水平更上新台阶。

一、总体情况

伴随着科学技术水平的不断提升，以及工业互联网的快速发展，工业自动化控制系统得到了前所未有的发展机遇，全流程自控系统需求越来越多，功能也越来越完善和复杂。

（一）创新主要内容

在炼化企业搭建基于树状结构的自控率监控系统、控制平稳率监控系统、报警及操作记录监控系统，并实现自控率、控制平稳率、报警和操作记录数据向总部设备完整新管理系统上传数据；基于先进控制的思想去优化控制器形式、整定控制器参数；从控制品质的角度去分析现场仪表及控制阀缺陷，指导企业整改。通过上述技术实施，实现生产装置的全流程自动、报警梳理、一键操作、最长无报警时间操作，达到平稳操作、提高收益率、提高产品合格率等目的。

（二）创新目标

通过全流程自控系统，炼油装置应实现以下指标。一是提升关键 KPI 指标，减少非计划停工：装置实时自控率≥ 96%，月均自控率≥ 98%；装置实时控制平稳率≥ 96%，月均控制平稳率≥ 98%。“两率”提升后，人为干预的因素减少，设备运行在良好的工况下大大减少非计划停工。二是强化报警管理：装置日均发生过程报警次数≤ 150 次 /100 个控制回路。三是实现流程工业智能化：装置自控率达到或接近 100%，可以在没有操作人员干预的情况下安全可靠、稳定地长时间（≥ 60 分钟）自动运行，实现全流程自动化和一键操作。四是降低操作强度，提高生产效率：装置日均操作次数≤ 100 次 /100 个控制回路，人均监控装置数量由 1—2 套增加至 4—5 套，为优化内操人员配置、实行大班制奠定基础。

二、主要举措

（一）建立自控控制平稳率监控平台

自控率、控制平稳率是炼化装置运行的重要 KPI 指标，科学准确地统计“两率”，将为提升炼油企业管理水平提供可靠保障。自控控制平稳率监控平台采用“基于树状结构的自控率、控制平稳率监控系统及方法”，对生产装置所有控制回路参数（手自动状态、设定值、测量值、输出阀位及复杂逻辑等）进行实时在线监控，以科学严谨的统计算法统计装置自控率及控制平稳率。同时，监控系统具备信息导出、班组评比、实时查询、历史查询等功能，便于实现企业对部门、装置等各个节点的数据进行考核与分析评比，管理部门可依据系统数据对运行部、装置、班组进行考核评比，为管理部门提供有效、便捷的手段（图 1）。具体做法如下：

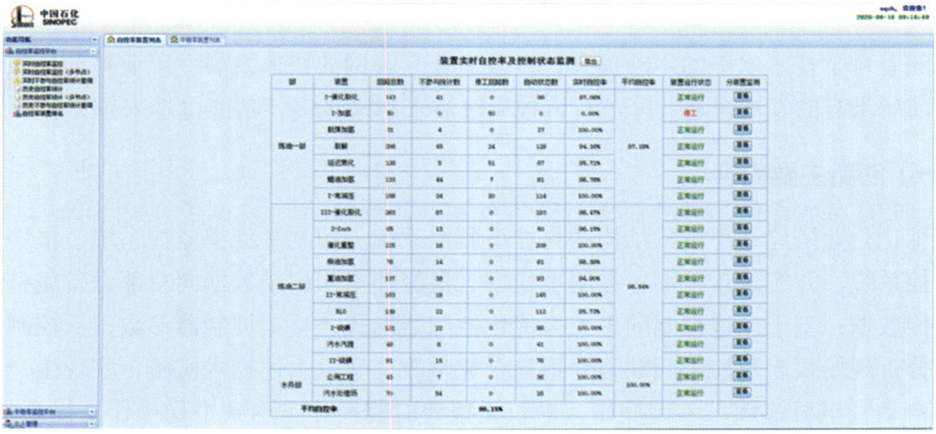

图 1　自控控制平稳率监控系统图

首先根据炼油企业网络结构情况提出自控控制平稳率监控平台网络实施方案，再结合企业网络架构进行监控平台网络结构搭建，平台数据加点与配置，然后开始监控平台建设工作，最后监控平台调试上线。

（二）建立操作报警监控平台

生产装置操作报警数据直接反映炼油企业装置控制水平及生产运行情况，通过搭建数据采集网络，实现装置操作报警数据的实时监控与全面分析对比，数据信息化的手段帮助炼油企业深挖生产装置操作报警背面的管理问题，为企业运行管理提供参考依据（图 2）。

图 2　装置报警监视系统图

首先自控工程师对生产装置网络结构进行调研与分析，在充分了解现场情况后与相关部门进行充分沟通，针对企业网络结构特色，提出监控系统网络建设方案；其次与各部门充分沟通协作，在企业内网进行操作报警监控系统网络结构搭建与平台建设，并完成功能测试、数据核对等；最后根据企业需求定制开发炼油企业功能，完成操作报警监控系统上线运行。操作报警监控平台通过实时采集生产装置操作及报警信息，再按照预先设计的规则进行统计、分类排序，并且具备评比和导出功能，统计效率较以往的管理平台大大提高。

（三）进行控制系统基础优化，提高生产自动化水平

利用全流程自控系统提升管理对生产装置进行了“全身体检”工作，同时对所有控制回路进行 PID 参数优化，不仅实现了单回路的良好控制效果，达到了大幅降低波动幅度作用，同时也实现多回路间良好协同控制作用，达到了整个生产装置良好控制的目标。保证了生产装置各控制回路可以适应多种工况下自动平稳的控制，结合具体装置工艺流程及控制情况梳理提出控制问题清单，并提出对应控制变更方案。

（四）实施最长无报警操作

自控工程师深入分析及解决生产装置控制问题之后，进一步捋清楚装置间存在的工艺流程不通、控制不协调等难点问题。为解决装置间的产品协调问题，从而提高装置间产品直供率，以降低能耗，提高收益率等目的。针对这些重难点问题控制问题，提出全流程自动控制优化达到方案，达到实现装置最长无报警操作的目标（图 3）。

图 3 装置实现最长无报警操作效果图

三、自控提升的实施效果

（一）自控率提升攻坚

在完成全流程自控系统提升管理工作后，石家庄、沧州、高桥、金陵、齐鲁、济南、安庆等 7 家企业平均自控率由 69.5% 提升至 98.5%。

石家庄炼化自 2018 年 5 月开始试点实施，2019 年 2 月圆满完成全流程自控系统提升管理工作，实现了生产装置自控率、控制平稳率、报警及操作等现场数据远程信息化、精确化、实时化查询，同时解决了 20 套生产装置自控率较低问题，自控率由 81.4% 提高至 98.1%。复杂回路投用率由 59.8% 提高至 100%（图 4）。

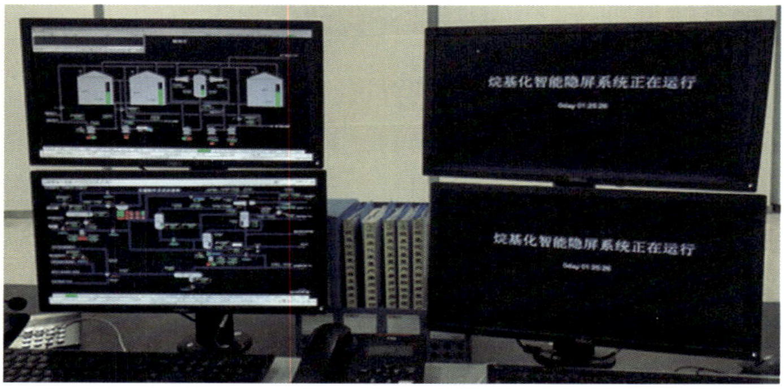

图 4 石家庄炼化先进自控提升效果图

（二）控制平稳率提升攻坚

针对装置存在的控制问题及不稳情况，自控工程师进行攻关解决，各装置自动控制水平明显提升，装置平稳运行时报警量大大降低，操作人员以往操作难度大、劳动强度高的现象显著改善（图 5）。

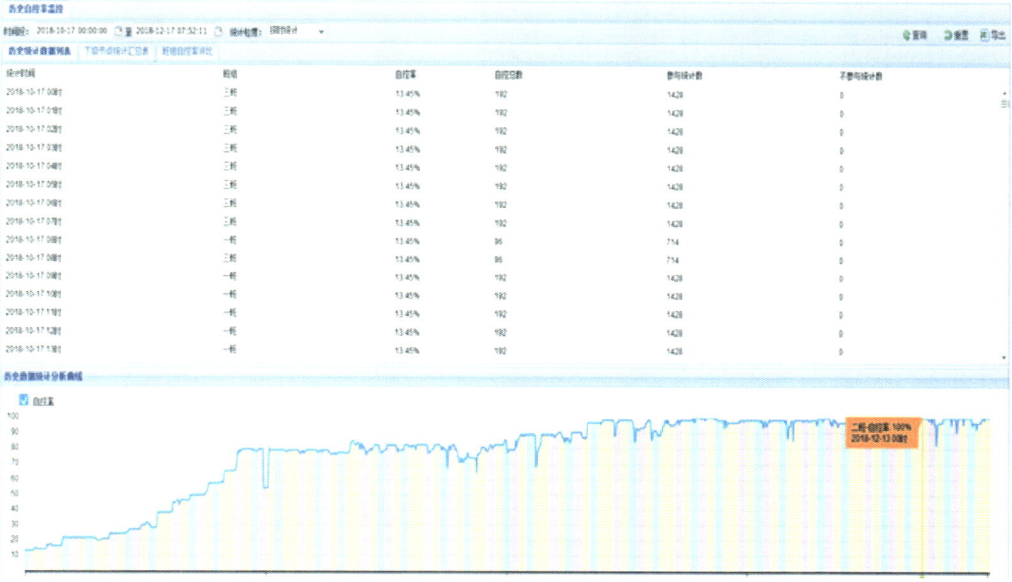

图 5　安庆石化控制平稳率提升效果图

（三）发挥环保效益助力保卫蓝天

硫黄装置项目实施期间，自控工程师结合硫黄装置控制问题，重点攻关并成功解决了 SO_2 排放量波动大问题。项目实施前后各取一段时间（时间间隔一个月）化验分析数据做对比，1# 硫黄装置优化前净化尾气中平均硫含量为 34.07mg/m^3，优化后平均硫含量降至 23mg/m^3；2# 硫黄装置优化前净化尾气中平均硫含量为 30.25mg/m^3，而优化后降至 23.83mg/m^3。装置尾气中硫含量的降低，有利于装置环保指标的控制，符合国家节能减排的政策。

（四）全面提升装置运行安全系数

未经过系统性报警优化的装置存在报警值设定不符合工况、报警数量多的现象。有时因设备故障产生的报警不能及时处理，产生的报警多而密集，造成报警泛滥的现象，操作人员容易忽视重要的报警，导致装置安全性大幅降低。DCS 控制系统储存报警的数量和时间是有限的，一般用新的信息覆盖旧的信息，当报警信息中充满无效报警后，整个报警信息的查询功能将失效，频繁的无效报警会让操作人员产生麻痹心理，反而影响对正常报警的判断。自控工程师对各装置上线了报警监控系统，通过对报警逐条进行分析、梳理，提出了报警优化方案，大大提升了装置报警的质量，为装置长周期安全稳定运行提供了保障。统计优化前后装置日报警次数如表 1 和图 6 所示：

表 1 1# 硫黄装置 SO_2 优化前后排放量对比

	优化前		优化后			优化前		优化后	
	采样期	硫含量 mg/m³	采样期	硫含量 mg/m³		采样期	硫含量 mg/m³	采样期	硫含量 mg/m³
1#硫黄装置	7/5	22.8	11/6	18.3	2#硫黄装置	7/5	28.6	11/6	23.1
	7/6	42	11/7	18.7		7/6	39.2	11/7	14.5
	7/9	24.4	11/8	17.3		7/9	27.6	11/8	26.4
	7/10	28.4	11/9	19.6		7/10	29.8	11/9	23.6
	7/11	32.6	11/12	29.7		7/11	24.6	11/12	27.8
	7/12	40.8	11/13	30.6		7/12	24.2	11/13	24.4
	7/13	29.3	11/14	18.7		7/13	23.6	11/14	21.6
	7/16	44.1	11/15	25.8		7/16	27.8	11/15	29.3
	7/17	26.1	11/16	30.6		7/17	28.4	11/16	24.6
	7/18	35.7	11/19	18.3		7/18	32.8	11/19	21.6
	7/19	27.6	11/20	29.4		7/19	26.5	11/20	31.6
	7/20	41.6	11/21	19.6		7/20	31	11/21	16.8
	7/23	34.9	11/22	17.9		7/23	28	11/22	23.6
	7/24	34.3	11/23	35.6		7/24	24.2	11/23	28.6
	7/25	24.6	11/26	23.6		7/25	27.4	11/26	25.3
	7/26	42.7	11/27	24.6		7/26	40.6	11/27	27.2
	7/27	32.5	11/28	25.5		7/27	27.4	11/28	28.6
	7/30	38.8	11/29	25.4		7/30	46.3	11/29	19.7
	平均	34.07	平均	23		平均	30.25	平均	23.83

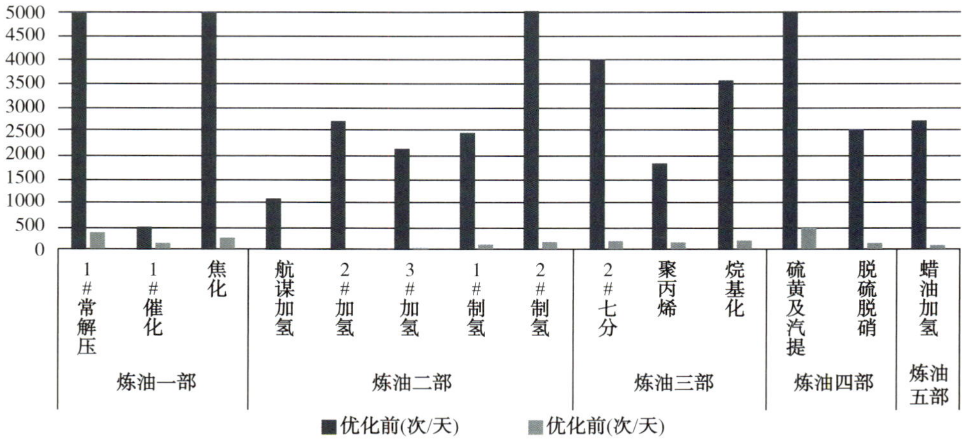

图 6 优化前后各装置报警次数对比柱状图

（五）着力“建章立制”，优化人力配置

一是完善制度建设。炼油企业在推进全流程自控系统提升管理工作的同时，更加注重创新驱动，大力推进管理创新，例如燕山石化、茂名石化、石家庄炼化等企业均建立了《自控率考核办法（暂行）》，用好考评“指挥棒”，高扬干事“风向标”，形成以制度为抓手、引导促进相结合的方式，建立长效工作机制。

二是优化人力资源配置。炼油企业在推进全流程自控系统提升管理工作的过程中，更加注重人才强企，把人才作为支撑发展的第一资源，自控工程师恰恰是这一要求的体现。同时人均监控数量由1—2套增加至4—5套，为优化内操人员配置、实行大班制奠定基础。

（六）创效攻坚

石家庄在实施全流程自控系统提升管理工作后，炼油8大类装置直接经济效益为8486.97万元（表2）。具体表现在以下几个方面：一是节能降耗，比如1#常减压平均综合能耗下降0.545kgEO/t，处理量取312万吨/年，每1000千克标油价格为（税前）2340元，装置节约能耗效益为：312万吨/年 ×2.34元/kg标油 ×0.545Kg标油/t=397.9万元/年；二是提高收率，比如石家庄1#催化轻烃收率从59.05%提升至60.52%，环比提升1.47%，年处理量按86万吨计算，轻油与油浆差价按1500元/吨计算，轻油收率提升产生年经济效益为：86万吨/年 ×1.47%×1500元/吨＝1896万元/年；三是减少非计划停工，以石家庄1#催化为例，节约开停工能耗约118万元和吹扫蒸汽约75万元，合计193万元。

表2　石家庄8大类炼油装置直接经济效益

序号	装置	降耗/万元	提高收率/万元	减少非计划停车/万元
1	1#常减压	397.9		
2	2#常减压	269.4		
3	1#催化		1896	193
4	3#催化	1204		90
5	焦化	210		
6	连续重整	1558		
7	硫黄回收	410.7		
8	1#、2#制氢		45.2	
9	2#加氢		405	
10	3#加氢	50	201.5	
11	蜡油加氢		140	
12	渣油加氢	784.27		
13	S-Zorb	68	564	
合计		4952	3252	283

综上，石家庄、沧州、高桥、金陵、齐鲁、济南、安庆等7家企业的炼油八大类装置在节能降耗、提高收率、减少非计划停工等方面产生直接经济效益5.94亿元/年。

四、展望

2020年3月20日，中国石化张玉卓董事长在2019年年度业绩发布会上宣布股份公司未来发展格局为“一基两翼三新”，炼油和化工板块将作为洁净能源和合成材料的两翼，争创领先世界一流能源化工企业。为此，各炼油企业更应以全流程自控系统提升管理成果为契机，支撑“五年一修”长周期运行，下一步将逐步完善总部级自控监测系统，2022年全部炼油企业建成全流程自控监控系统，2023年炼油板块自控率和控制平稳率达到98%以上，逐步实现全流程自动化。

建设设备完整性管理平台
支撑炼化企业设备高效运行

炼油事业部

为提升炼化企业设备管理水平，2012 年炼油事业部和化工事业部开始引入设备完整性管理体系（以下简称“完整性体系”），2013 年在武汉石化、济南炼化开展完整性体系建设试点工作，并于 2017 年通过项目验收。根据试点情况，事业部于 2017 年发布《炼化企业设备完整性管理体系文件》1.0 版，2018 年启动 9 家第一批推广企业的完整性推广工作，2020 年第二批 17 家企业正式启动推广。为满足完整性体系建设的需要，总部和炼化企业迫切需要建设设备完整性管理信息平台（以下简称“完整性平台”）。

一、总体情况

完整性管理平台支撑完整性体系建设和运行，保证完整性体系的落地执行，初步实现设备管理标准化、标准程序化、程序表单化、表单信息化。为加快完整性管理体系的落地，事业部以武汉、济南、广州、镇海、燕山等 11 家完整性第一批推广企业为试点单位进行了完整性平台建设，并取得了初步成效。在实施过程中，通过多家经验总结，建立了设备完整性管理信息平台，其功能如图 1 所示。

二、主要举措

完整性体系的核心理念是在设备设施全生命周期内，运用基于风险与可靠性的方法，对设备设施进行系统的、动态的管理，达到设备设施运行经济可靠（安全性、可靠性与经济性的最优平衡）并持续改进，能够提升设备管理整体水平。完整性体系是完整性平台的基础，完整性平台是以 KPI 为引领、“可靠性 + 经济性”为原则、风险管控为中心、业务流程为依据、信息技术为依托，通过管理与技术的融合，建立“数据驱动决策、系统提升管理”为导向的设备管理信息系统。

为实现上述目标，共设计开发了 7 个一级功能模块，主要包括综合展示、定时性工作、业务流程监控、预防性维修管理、KPI 管理、平台运行监控、体系评审；并延伸开发了 13 个二级功能模块，覆盖设备分级、缺陷、变更、风险等专业管理。其中进行了如下功能的规划：

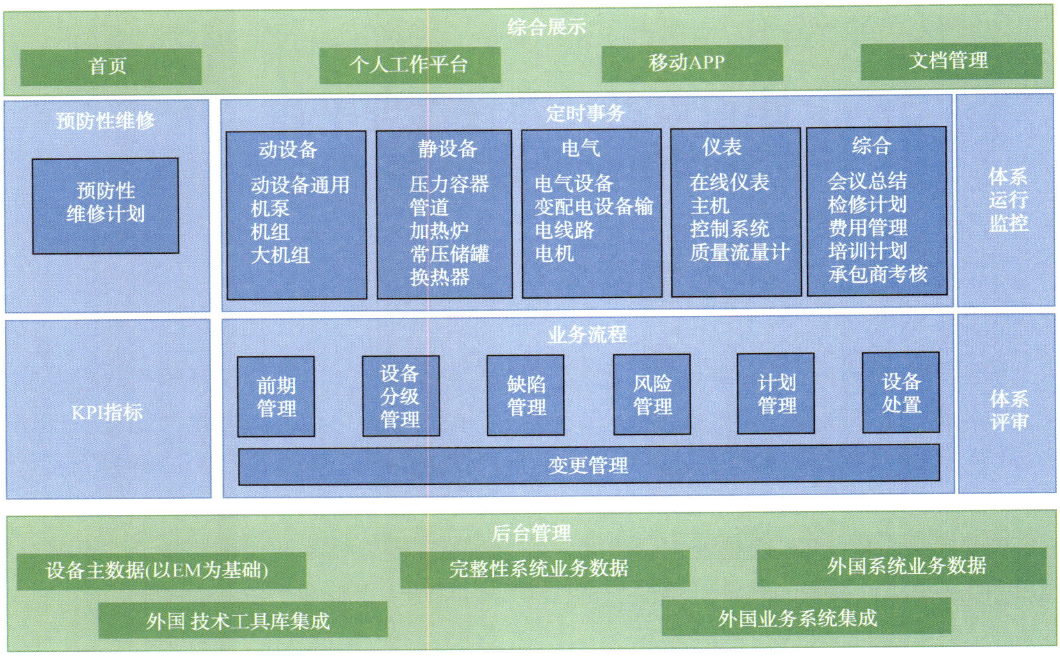

图 1　完整性平台架构

（一）综合展示

完整性体系涵盖设备管理业务广泛。为直观展示各管理要素，以及各功能模块总体执行情况，在平台首页上展示包括定时事务待办、业务监控、KPI 指标、专业管理、系统使用情况、个人工作台（通知、待阅、提醒、定时事务日历）、文档管理等内容（图 2）。

图 2　完整性平台首页

（二）定时性工作

依据中国石化设备完整性管理体系规定的定时事务内容，采用以事件驱动的方式，将规定的业务数据内容在规定的时间推送给规定的人执行，实现日常管理事务的定时自动推送（图 3）。

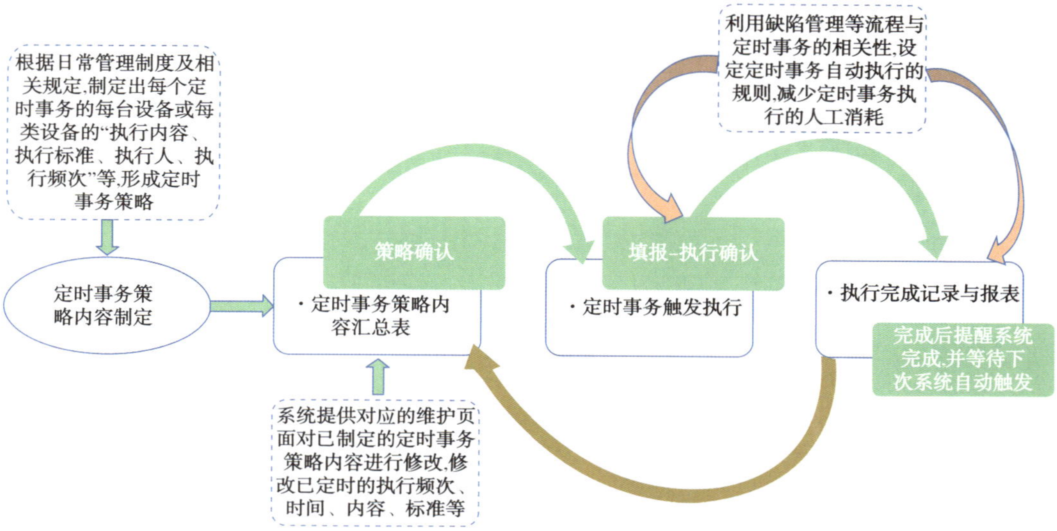

图 3　定时性工作流程

（1）定时事务内容制定。定时事务内容标准化、结构化，可以进行人工维护内容或者从缺陷等其他流程进行关联自动触发。

（2）定时事务计划汇总。定时事务内容标准制定完成后，自动进入计划汇总表，形成将要进行的任务列表。

（3）定时事务应用。可与外部系统结合，推送定时任务给外部系统并接收反馈结果，打破数据应用壁垒，提升各系统关联性（图 4）。

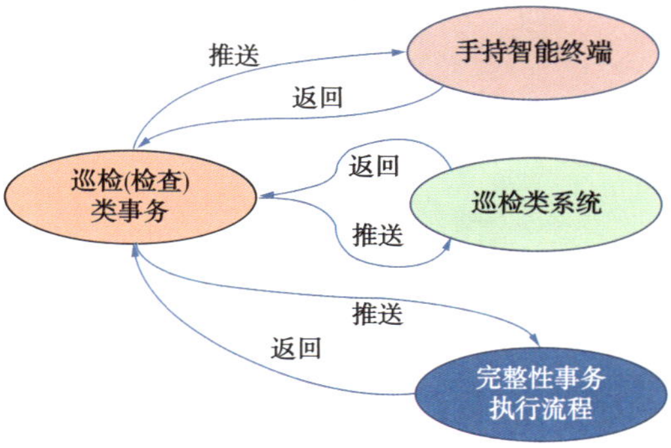

图 4　定时工作与外部系统交互

（三）业务流程

在总部下发标准的指导下，充分发挥业务流程化、流程表单化的理念，制定企业的业务流程和定时事务（表 1）。同时，在梳理流程和定时事务过程中设备管理人员对完整管理体系的认知得到快速的提升。

表 1 各家企业流程梳理情况

企业名称	定时事务	缺陷管理	风险管理	计划管理	设备分级	变更管理
广州	218	P	P	P	P	P
中韩	142	P	P	P	P	P
九江	156	✓	✓	✓	✓	✓
镇海	142	✓	✓	✓	✓	✓
齐鲁	214	✓	✓	✓	✓	✓
茂名	90	P	P	P	P	P
沧州	175	P	P	P	P	P
济南	211	✓	✓	✓	✓	✓
燕山	103	P	P	P	P	P
上海	93	P	P	P	P	P
天津	189	P	P	P	P	P

1. 设备分级管理

采用量化的关键性评价方法，根据设备分级要素的评分值，将设备分为关键设备（A）、主要设备（B）、一般设备（C）三级，进行分级管理。不同专业可以根据专业设备的特点，制定适合本专业设备的关键性要素和评价标准，并根据评价标准进行分级。

2. 缺陷管理

缺陷管理（图 5）采用流程群组的理念，秉持“一源、三全、五标准，多应用”，以“风险管控”为核心，打破了原有分散、重复录入的 PDCA 循环，建立了业务相关性流程群组的一体式 PDCA 循环。实现了不同流程之间数据共享，极大减少了数据维护工作量，提升了工作效率。

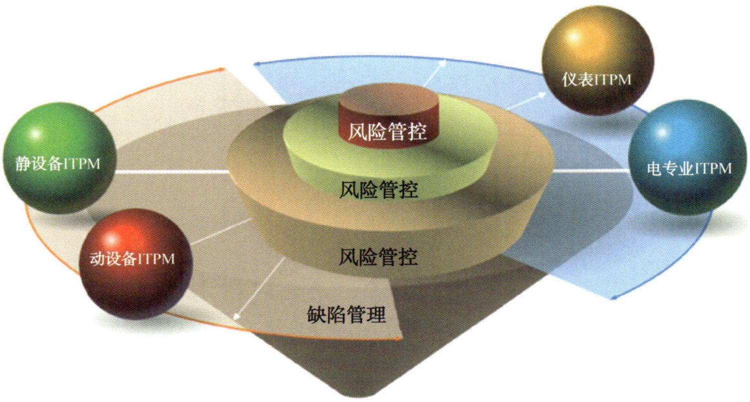

图 5 缺陷管理建设思路

（1）建立缺陷线上提报、处置、验收和分析的流程，实现缺陷的标准化提报。

（2）建立流程群组：建立与压力容器月度检查等定时性工作的流程群组，实现通过提报的缺陷现象、缺陷部件与定时性工作的检查项关联，定时推送自动执行定时性工作检查，生成线上的检查报表。

（3）推送 EM ：通过缺陷自动反写推送 EM 生成通知单。

（4）推送维修计划：由缺陷推送预防性工作计划生成缺陷计划。

（5）推送报表：由缺陷自动生成漏点台账、带压堵漏、带压封堵、带压开孔等日常管理性事务报表。

（6）推送缺陷分析：缺陷推送进行缺陷分析，形成缺陷分析报告，实现缺陷的闭环管理。

（7）推送风险：按业务将缺陷推送风险，进行风险评估和管控。

3. 变更管理

依据中国石化变更管理相关规定，将设备变更管理（图 6）细分为“变更识别评估审批”“变更实施与投用”“变更验收”“变更关闭”“紧急变更”。

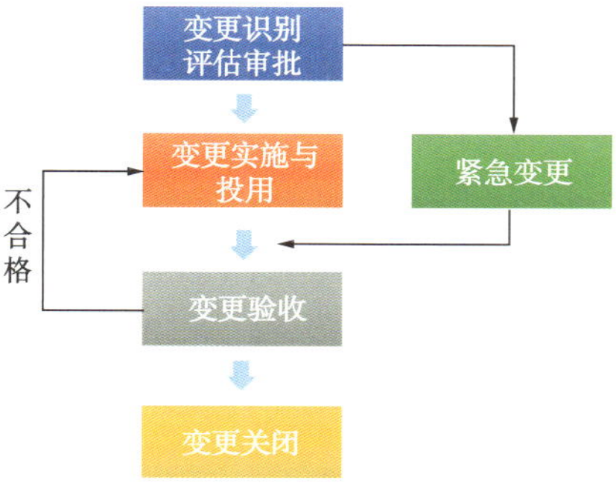

图 6　变更管理流程

实现如下功能：变更提报、变更风险评估审核、线上设备变更识别评估审批表、变更实施投用设备、线上变更实施投用表、变更验收审核 / 线上设备变更效果验证和验收报告、变更关闭、线上设备变更关闭申请表、线上重大变更审批参考表、线上设备设施变更等级评估表。

4. 风险管理

在设备全寿命周期内，开展设备危害识别、风险评价、风险控制及风险监测，将风险控制在可坚守的范围内。

建立风险评估矩阵图、风险分级管理、风险提报、审核、风险台账统计、风险管控落实管理、线上风险管控分析、风险管控进展表（图 7）。

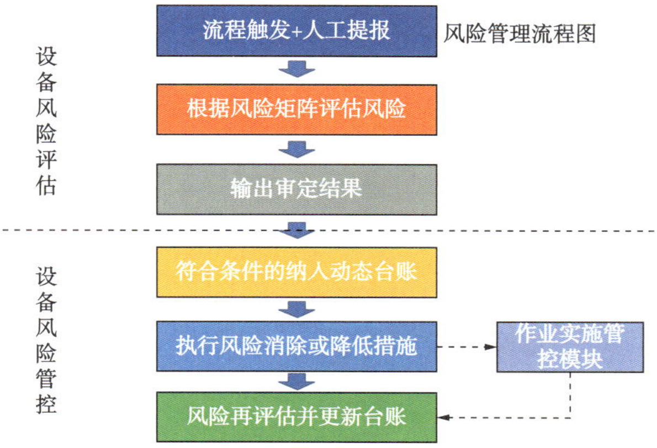

图 7　风险管理流程

（四）预防性维修管理

预防性策略制定后，经过审核通过后，进入维修策略库存储，由系统设定的定时功能自动触发对应的设备类、专业或其他符合要求的规则进行触发，并形成维护清单。维修策略不是文档数据，而是结构化数据，可自动生成不同部门所有同类型设备的维修计划（图 8、图 9）。

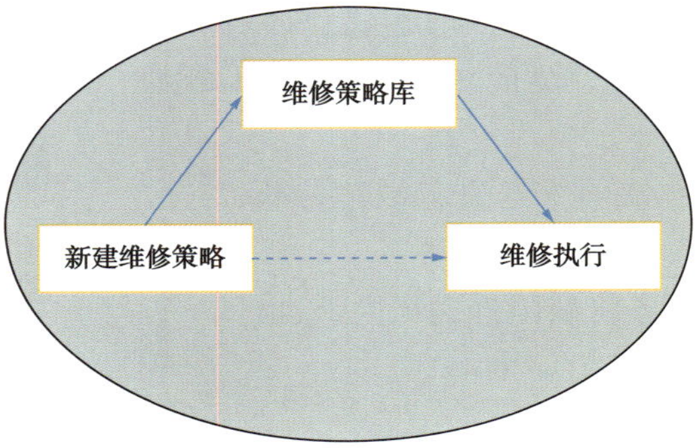

图 8　预防性维修示意图

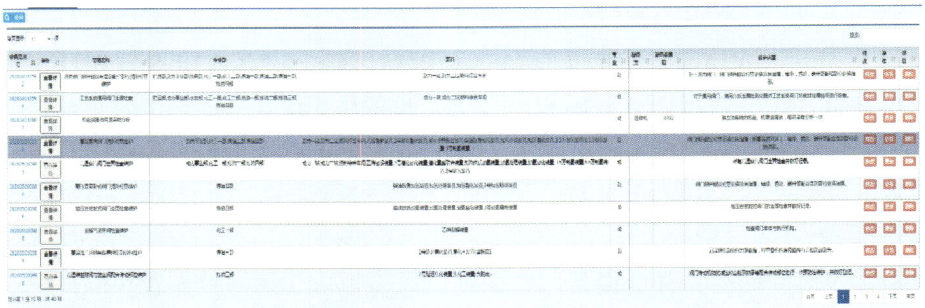

图 9　预防性维修制定

完整性平台定时推送到相应的定时性工作中执行（图 10）。

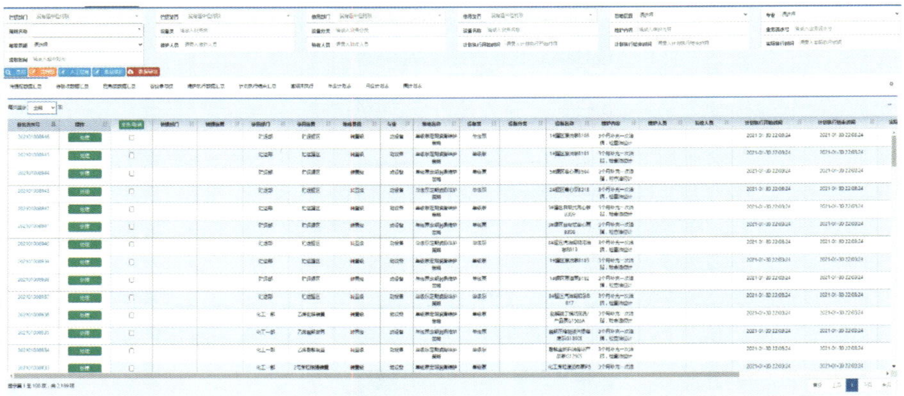

图 10　预防性维修执行

（五）KPI

以 KPI 为引领，将其转化为设备管理目标，成为指导设备管理工作、提高可靠性、提升绩效、分析体系运行状况、优化维修策略的重要依据。

为有效评审和改进设备完整性体系实施效果，事业部组织整理了《中国石化炼油企业设备完整性管理体系绩效指标数据采集要求》，作为 KPI 的建设依据。

KPI 集成 EM、Lims、实时数据库等外围系统数据作为计算数据源，系统配置 KPI 及其计算公式，通过自动采集数据和人工录入数据进行计算和校验。

（六）体系运行监控

为有效监控设备完整性管理系统的运行情况，系统提供了不同维度的数据统计，可直观体现系统各要素的执行运行情况（图 11、图 12）。

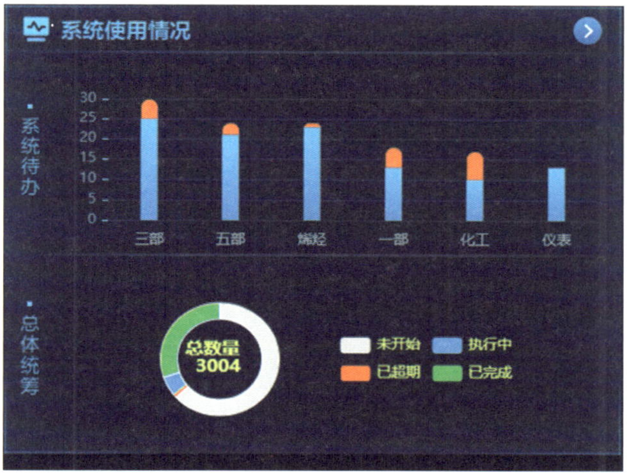

图 11　各部门待办执行完成情况监控

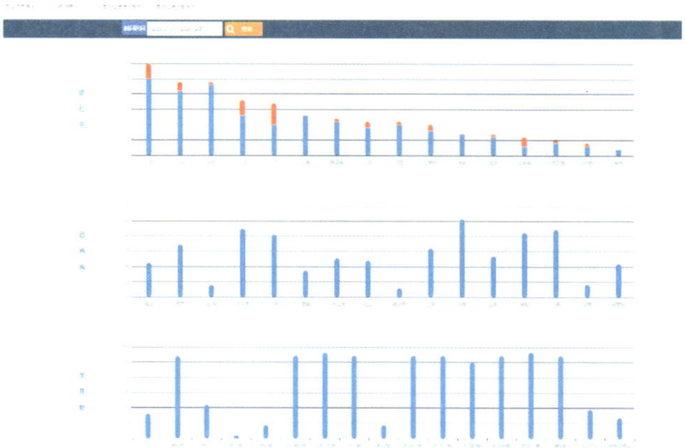

图 12　各专业待办执行完成情况监控

（七）体系评审

总结设备完整性管理体系建设中的问题及要素，形成体系评审的检查题目，将其与设备大检查进行融合，制定检查表单，促进企业完整性管理体系的建设。在原有设备大检查基础上，将检查标准进行了细化，总结出每个检查标准对应的评审检查表单（图 13）。

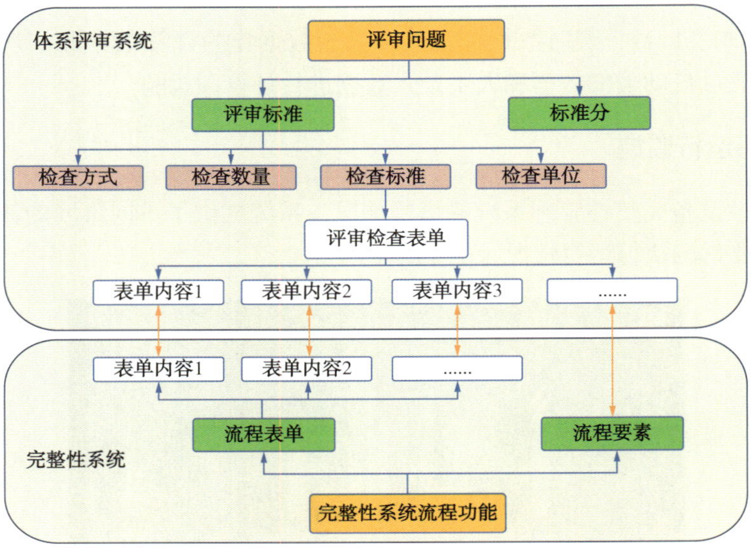

图 13　体系评审建设架构

三、主要成效

（一）装置可靠性进一步提升

2020 年，炼油板块企业装置可靠性指数总体较好，平均值达到了 96.77%（图 14）。

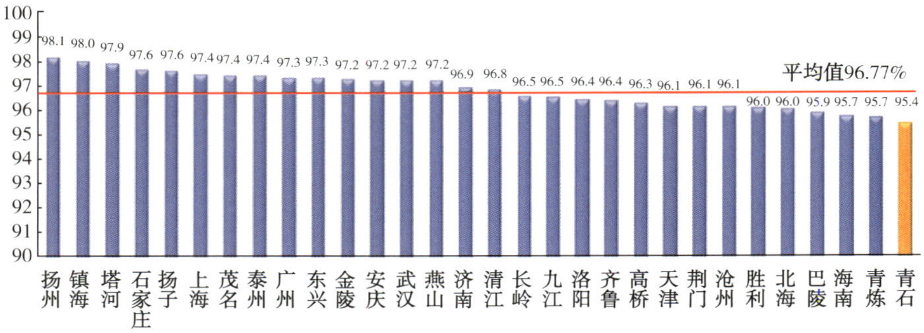

注:装置可靠性指数是一个综合性指标,其反映了装置的可靠性,是指扣除日常维修天数及年大修分摊天数的停工影响后装置可用于生产的时间百分比。

图 14　2020 年装置可靠性指数

（二）突发性故障明显下降

随着设备完整性体系建设工作深入开展，定时性工作和预防性策略的执行率大幅度提高，企业突发性故障率明显下降（图 15）。

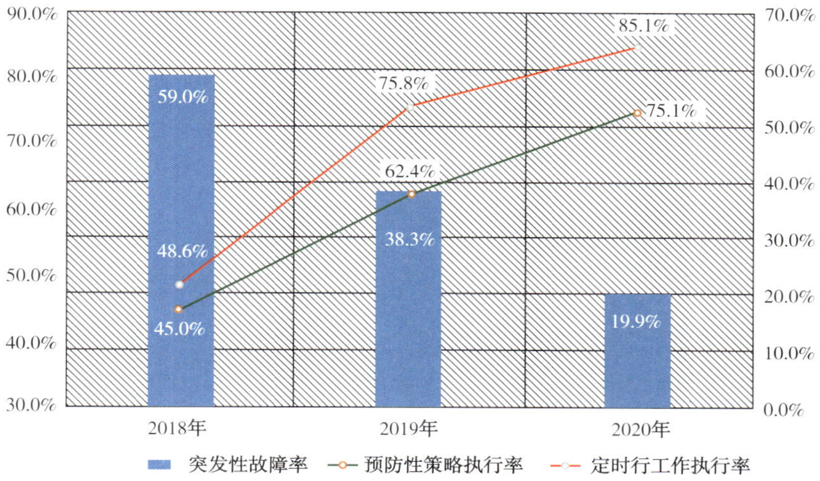

图 15　突发性故障与定时性工作、预防性策略执行情况（2020 年）

（三）抢修次数

由于预防性维修的采用，抢修次数大幅减少，装置运行平稳，大大降低了安全风险（图 16）。

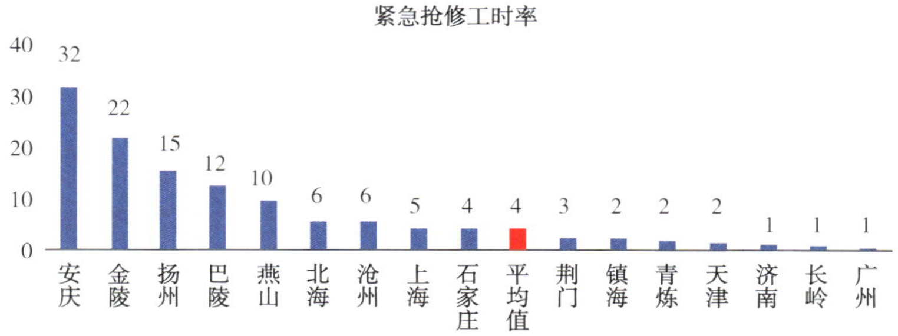

图 16　2020 年部分企业紧急抢修工时率（%）

（四）部分专业管理工作量减少

打通了流程间的管理壁垒，保证了数据的一源性，提高了工作效率。比如广州流程梳理中引入流程群组概念，利用缺陷管理流程直接形成压力容器月度检验报告，每月可减少工作量 90 个工作日。

（五）充分利用已有信息资源

整合利用各企业已开发使用设备管理系统数据，秉承“以我为主，为我所用”的信息化实施策略，大大节省信息资源，加快完整性平台建设速度，提高了各系统的生命力。

（六）以 KPI 指标引领初显成效

中韩（武汉）、济南、广州、镇海等 10 家企业均按要求建立了 KPI 指标体系。编制 KPI 管理技术月报，每月对指标分析查找管理问题，部分企业逐步形成 KPI 引领基层管理的良好局面。

四、展望

设备完整性信息化建设工作将以《炼化企业设备完整性管理体系文件》为指导方针持续开展，推进完整性管理平台在炼化企业的深化应用、提升，促使完整性管理体系通过信息化平台在各炼化企业落地生根。下一步信息平台将做以下提高：

一是加快实现炼化企业设备完整性管理“驾驶舱”功能，聚焦设备管理核心，将设备管理人员从日常杂事中“解放”出来。实现企业综合管理指标监控、KPI 指标监控、设备完整性管理体系运行监控、设备完整性管理体系运行报警、临时工作任务、专业管理和业务管理的集成。

二是管理流程标准化。总结已实施完整性管理平台的企业经验，进一步规范管理流程，制定统一的实施模板，减少个性化，并将其纳入设备完整性管理体系 2.0。

三是实现各专业管理系统业务数据与完整性平台的交互互通，让设备管理从信息层面上真正消除信息孤岛，各业务互通互联。

四是完成总部设备完整性平台建设，实现总部平台与企业平台的数据交互。

开展化工产品二维码应用　提升综合服务水平

化工事业部

一、总体情况

多年来，化工事业部贯彻“质量永远领先一步”质量方针，落实“质优量足 客户满意”质量目标，在自身发展的同时，努力践行“每一滴油都是承诺”社会责任，提供化工产品直接或间接服务于人民的衣、食、住、行、用，提高了亿万人的生活质量。“十三五”期间，化工事业部贯彻落实《质量发展纲要（2011—2020 年）》《质量品牌提升“十三五”规划》质量发展要求，按照集团公司党组领导对质量管理工作的统一部署，坚持“创新是引领发展的第一动力”，积极探索新模式、新业态，大力发展平台经济，深化信息化建设，充分利用先进信息技术，综合运用微信、网络等工具实现对产品质量进行了解，提升客户服务体验。

为进一步提升企业客户质量服务能力，化工事业部积极推进以“互联网 +”服务方式开展化工产品包装二维码应用，建设统一的化工产品合格证管理平台。通过提升 LIMS 系统功能、统一化工产品批号规则、质量数据信息共享等工作，提高中国石化化工企业质量管理水平，提升客户质量服务能力，维护中国石化品牌形象，提升品牌影响力，提升综合服务水平。

化工产品合格证管理系统统一了化工产品批号编码规则，实现批号自动生成；建设了化工产品合格证数据库；实现了“二维码应用”提升客户体验；实现了产品加工建议推介功能；实现了产品评价、信息反馈主动推送功能等。通过化工产品二维码技术的应用，客户扫描包装二维码即可在互联网上获取产品合格证和加工建议。

化工产品合格证管理系统涉及了齐鲁分公司、中韩石化、福建联合、扬子石化、上海石化、镇海炼化、燕山分公司、天津分公司、茂名分公司、广州分公司、安庆分公司、洛阳分公司、海南炼化、巴陵石化、石家庄炼化、金陵分公司、高桥石化、沧州分公司、青岛炼化、青岛石化、九江分公司、长岭分公司、湛江东兴、北海炼化、中原石化、仪征化纤、江汉盐化工总厂、川维化工、南化公司、中科炼化、中天合创、宁夏能化、中安联合、济南分公司、荆门分公司、湖北化肥、中沙（天津）石化等 37 家企业。

二、典型做法

化工产品合格证管理系统（图 1）建设包括化工产品合格证集成、WEB 应用和微信公众号应用（表 1）。

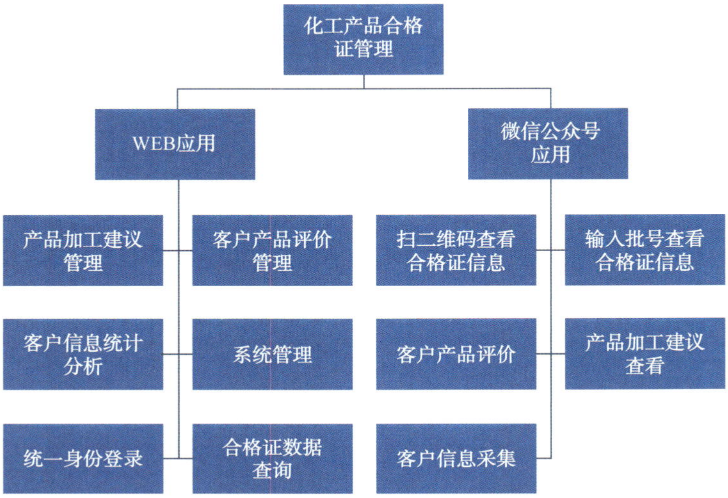

图1 化工产品合格证管理系统

表1 WEB、微信公众号与数据的对应关系

应用	序号	组件	数据内容		数据类型	数据源
			业务数据目录	数据项		
WEB应用	1	统一身份登录	用户统一身份信息	用户统一身份用户名、登录状态、登录等数据信息	结构化数据	统一身份平台
	2	产品加工建议管理	产品基础信息及加工建议附件信息	物料编码、产品类别、产品标准、产品名称、产品批次、产品等级及加工建议附件信息	结构化和非结构化数据	LIMS
	3	客户产品评价处理	产品信息和用户评价信息	企业编码、用户编码、用户所需区域、用户评价内容、评价产品信息、回复信息等	结构化数据	微信公共号
	4	客户信息统计分析	用户点击和查看信息	用户编码、用户查看次数、用户所在位置信息、用户点击产品信息	结构化数据	微信公共号
	5	合格证数据查询	合格证基础信息和文件信息	企业合格证文件、合格证名称、所属企业、上传时间、文件路径、合格证文件	结构化和非结构化数据	LIMS
	6	系统应用配置	用户基础信息、组信息、角色信息、菜单信息	用户编码、企业编码、角色编码、组信息、用户和组的关系信息、菜单名称、彩电路径等信息	结构化	LIS
微信公众号应用	1	二维码扫描查询合格证	二维码信息及合格证文件信息	二维码内容、合格证名称、合格证产品、合格证等级、批号、企业编码及合格证文件	结构化和非结构化数据	LIMS
	2	手工输入批号查询合格证	合格证文件信息	合格证名称、合格证产品、合格证等级、批号企业编码及合格证文件	结构化和非结构化数据	LIS

续表

应用	序号	组件	数据内容		数据类型	数据源
			业务数据目录	数据项		
微信公众号应用	3	产品加工建议查看	产品信息及评价信息	企业编码、用户编码、用户所需区域、用户评价内容、评价产品信息、回复信息等	结构化数据	WEB 应用
	4	客户信息采集	客户微信端采集基础信息	微信 tokenid、用户微信信息、用户位置信息等	结构化数据	微信公共号
	5	客户产品评价	客户基础信息、评价产品信息及评价信息	用户编码、用户名称、位置信息、合格证名称、所属企业、批号、物料名称、产品等级、评价内容、评价星级等信息	结构化数据	微信公共号和 WB 应用

（一）化工产品合格证集成

化工产品合格证数据库用于存储企业 LIMS 系统推送过来的合格证数据，将各企业的合格证数据存储在一个大的数据仓库中，为二维码应用、总部端查询统计各产品数据提供数据支撑。

1. 统一化工产品批号编码规则，开发批次自动生成功能

各企业出厂数据批号规则重新开发，每一产品批号在中国石化所有化工企业内唯一，批号按照产品唯一规则分为固体方案和液体（含气体）方案。固体批号规则编码含有批号信息 10 位和附加信息 9 位，共 19 位，编码间无空格；批号信息和附加信息间可加空格。液体和气体产品批号编码规则含有 10 位，编码间无空格。按照批号规则，开发批号系统自动生成功能。

2. 非标准化 LIMS 出厂数据统一接口

未采用中国石化标准化 LIMS 模板的企业，需要实时的将出厂合格证数据推送到总部化工产品合格证数据库，推送方式为系统集成。

企业 LIMS 可通过功能开发与化工产品合格证数据库进行统一接口集成。当制作合格证时，将数据实时自动推送到化工产品合格证数据库，集成的规则需要遵守统一接口数据表结构设计以及标准化编码的设计要求，否则数据将无法同步到化工产品合格证数据库。

3. 标准化 LIMS 出厂数据推送，开发推送作业序列功能

完善企业 LIMS 系统合格证制作功能，开发数据推送功能，企业 LIMS 系统增加推送作业序列存储表，用于将企业合格证数据实时推送到总部端数据中心，企业 LIMS 系统制作或删除合格证的同时，将合格证信息加入推送作业中，数据推送功能自动将合格证信息推送到总部数据中心（图 2）。

企业合格证数据推送时，当出现企业与总部网络中断时，企业 LIMS 系统自动将推送数据加入作业序列中，作业序列检测到有作业存在时会自动往化工产品合格证数据库推

送，如果推送失败，每隔1小时自动检测网络，直到检测到网络中断恢复后再继续将中断前的合格证信息继续推送到化工产品合格证数据库，从而达到数据的完整性。

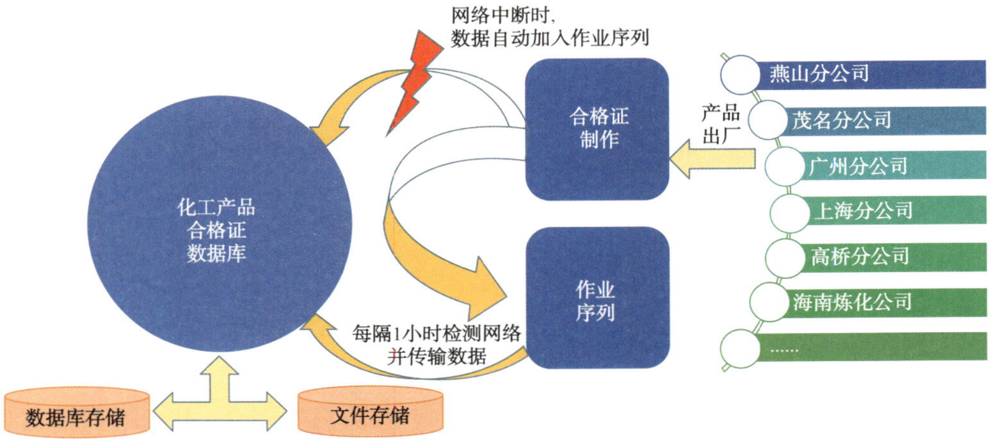

图2 数据推送作业序列

（二）WEB应用

系统将中国石化下属企业化工产品集成至总部形成化工产品合格证数据库。该数据库囊括了中国石化所有化工产品信息及产品合格证。WEB应用（图3）供企业和总部用户使用，每个企业用户信息和权限由本企业的管理员创建和分配。WEB应用可以对各企业化工产品和客户等信息进行数据分析，也可以统计查看客户提出的产品意见，同时为公众号的应用做数据支撑，如产品加工建议、用户、权限等基础信息都在WEB端维护和发布。

1. 化工产品合格证查询

总部可在WEB端查看所有企业的合格证信息，并可对企业的产品质量情况进行比对。

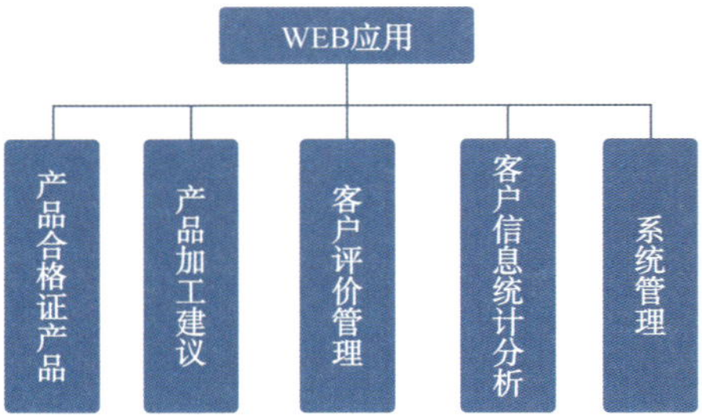

图3 WEB应用功能模块

企业用户可在WEB端对本企业产品加工建议基础信息进行维护（图4），发布后的产品加工建议信息会在微信公众号上显示和更新（图5）。产品生产企业用户编写加工建议，保证了产品加工建议的准确性。客户根据加工方案加工产品可有效提升客户产品加工体验并提高产品的利用率。

企业用户登录WEB系统进入化工产品物料库菜单对各物料产品加工建议进行维护。

2. 产品评价管理

企业WEB端用户可以在系统中查询到所有本企业生产产品客户提出的评价（图6）。客户评价通过批号与每批产品对应，企业用户可以清楚了解评价所应的产品，企业用户可筛选客户良好或者有建设性产品评价，采纳这些评价后帮助企业提升产品的用户体验。

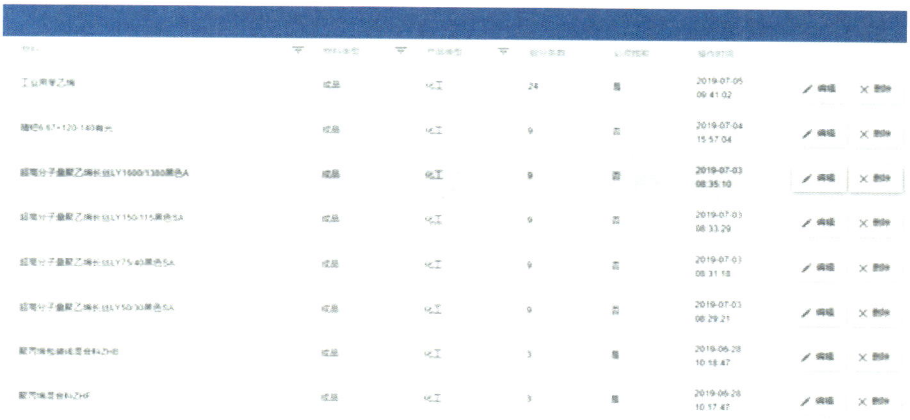

图 4　产品加工建议维护界面

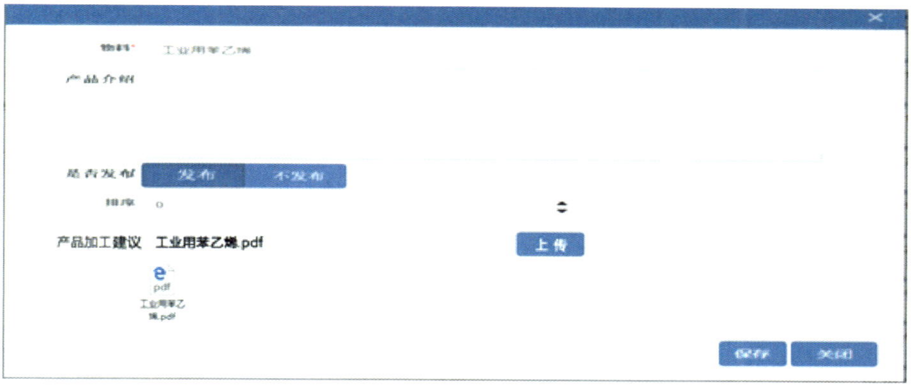

图 5　产品加工建议上传界面

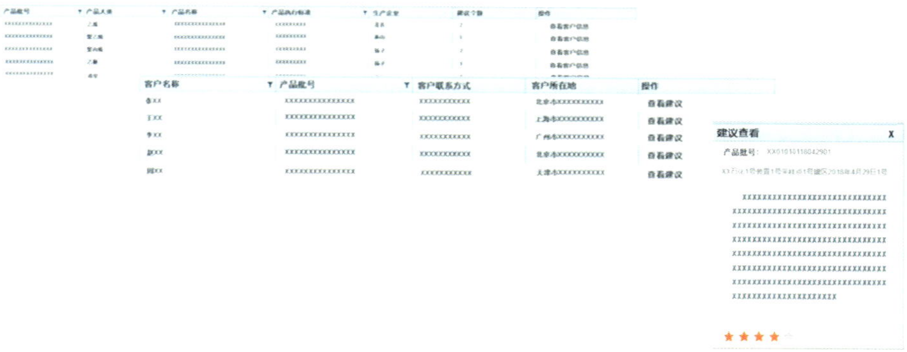

图 6　产品评价管理界面

3. 客户信息统计分析

用户在使用微信公众号查询产品信息和查看新产品数据的同时系统自动记录保存客户的个人信息如微信、联系方式、位置区域等信息，统计客户查询产品的次数和频次，将客户和产品数据汇总后分级，分析级别较高的准客户对某产品的感兴趣和需求程度，推送相关销售信息促成合作伙伴关系（图 7~ 图 9）。

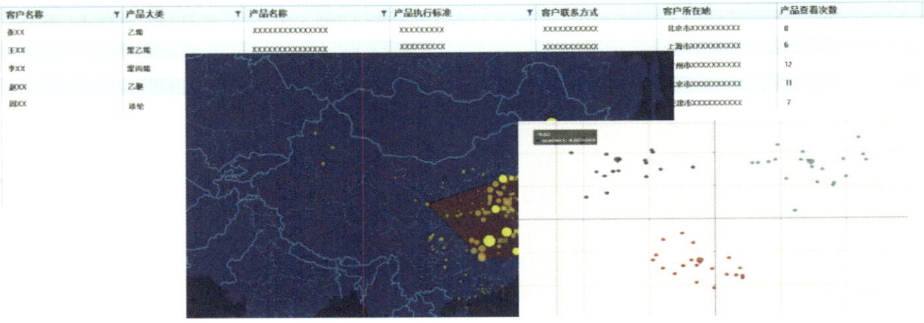

图 7　客户信息统计分析（1）

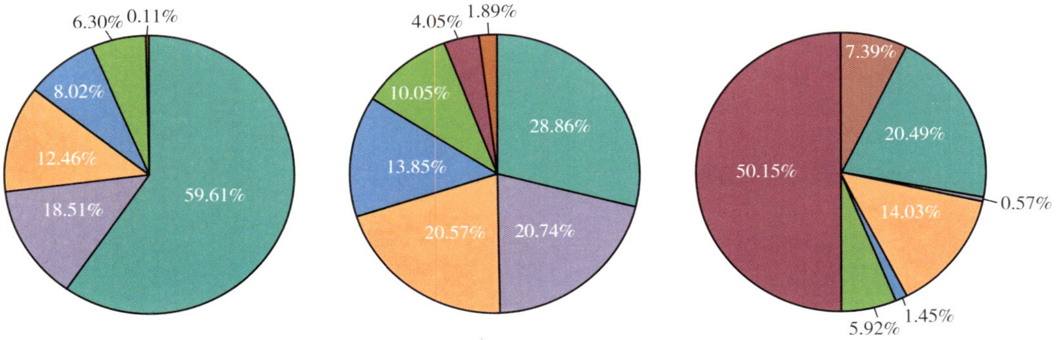

图 8　客户信息统计分析（2）

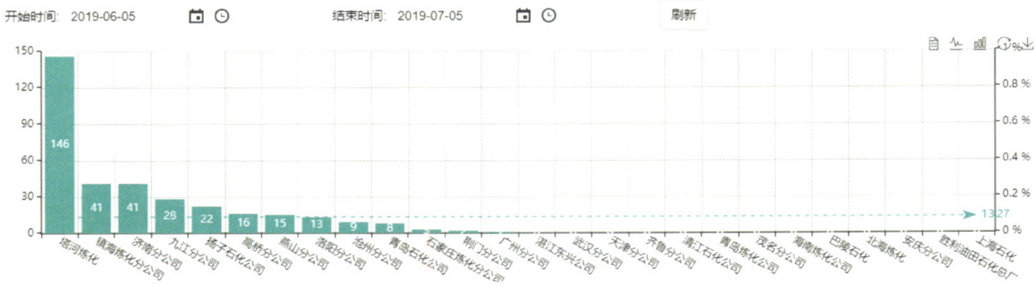

图 9　客户信息统计分析（3）

4. 系统管理

企业有自己的 WEB 管理员。企业管理员可管理本企业的人员、菜单、权限管理等（图 10），实现各企业管理自己企业的基本信息，使整个后台业务流程简洁化，无需复杂的流程完成基础信息的维护，展现系统的易用性，为系统的应用打下坚实的数据基础。

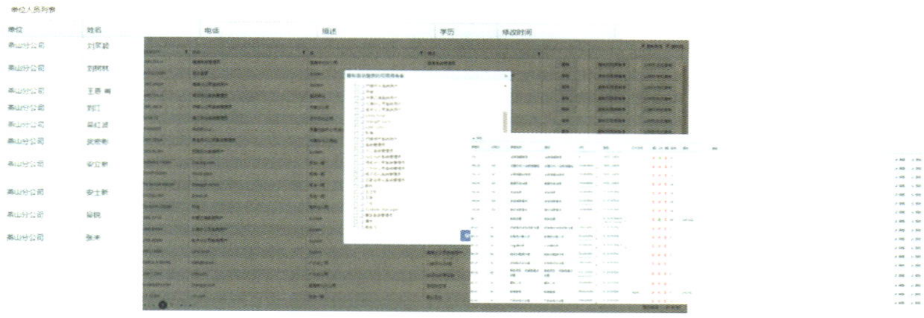

图 10　系统管理

（三）微信公众号应用

中国石化制定了统一的批号规则。在企业生产每批产品时都拥有自己的“身份证”，即统一规则批号生成的产品二维码。产品出厂时包装袋上打印二维码，方便社会客户查询产品合格证信息，展现了中国石化对产品质量的信心，映射出在生产环节一丝不苟的监管力度。包装二维码的使用（图 11）是中国石化对社会责任承担具体表现之一，客户可关注公众号查询产品合格证信息。

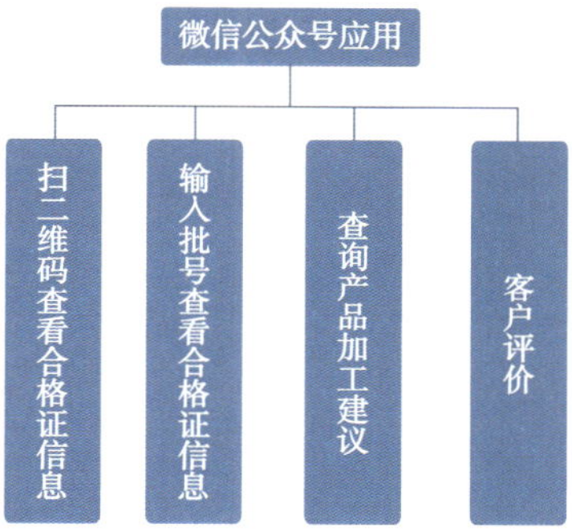

图 11　微信公众号应用

1. 扫描查看合格证信息

客户需要关注中国石化二维码应用公众号、通过扫描包装二维码查询合格证信息（图 12）。

图 12　微信扫描查询合格证信息

客户也可以通过选择微信公众号合格证信息菜单下的扫码查询功能，程序调用手机摄像头，扫描产品包装袋上的二维码，公众号内会显示此批号产品的合格证信息（图 13）。

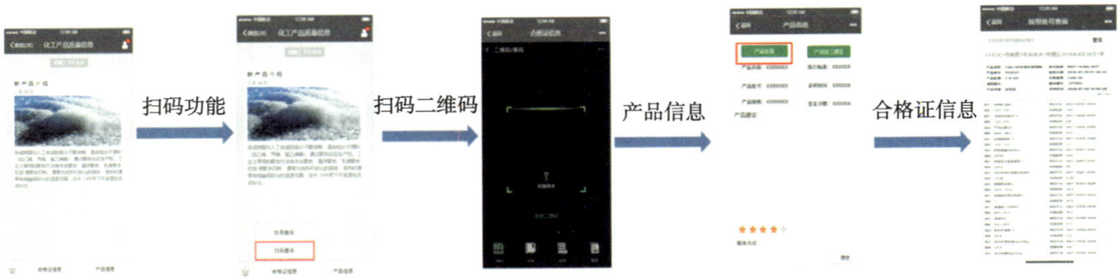

图 13 微信扫描查询合格证信息

2. 输入批号查询合格证信息

客户关注中国石化二维码应用公众号后，也可以通过输入批号查询合格证信息（图 14）。

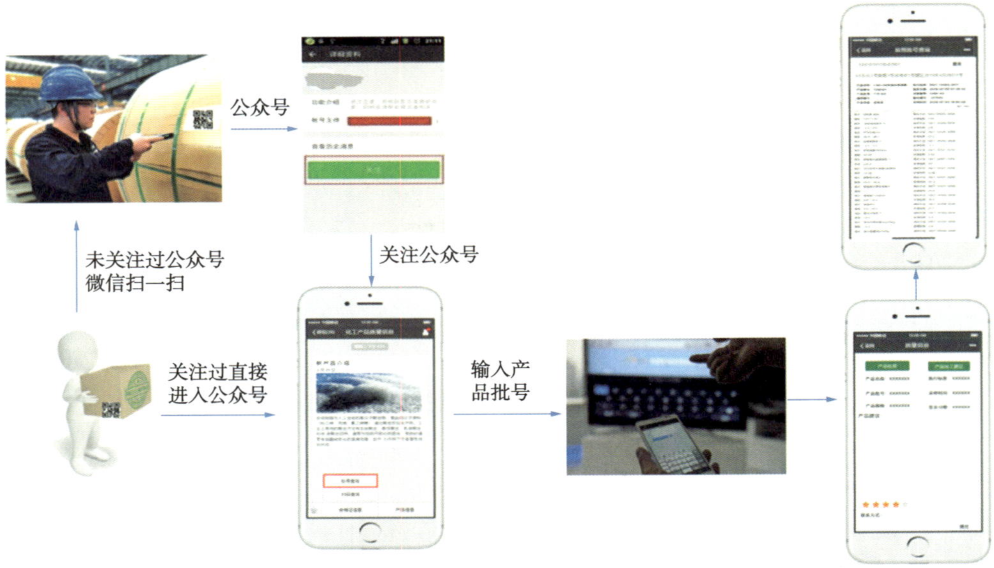

图 14 输入批号查询合格证信息

客户选择微信公众号合格证信息菜单下的批号查询功能，进入输入批号页面，输入产品批号后点击查询，公众号内会显示此批号产品的合格证信息（图 15）。

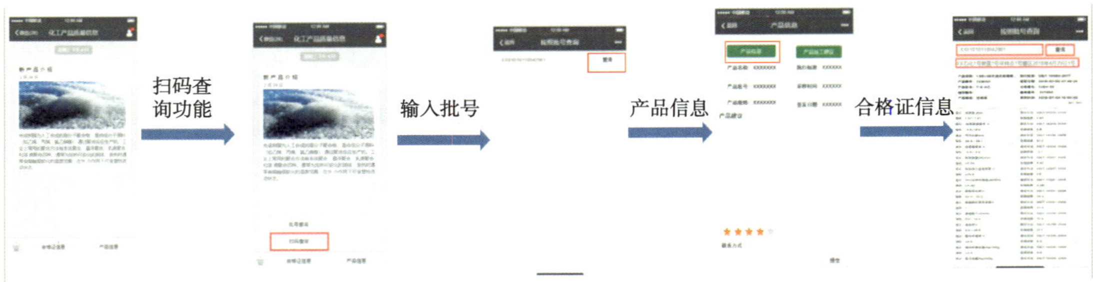

图 15 输入批号查询合格证信息

3. 产品加工建议

客户关注化工产品质量微信号，使用公众号主页的产品加工建议功能客户可以查询中国石化化工产品加工建议（图 16），也可以在查询产品信息页面点击产品加工建议按钮，查询此批产品的加工建议详情，供用户参考。按产品使用建议中的步骤和条件加工产品，可以使产品利用率最大化，避免由于操作而影响产品性能。

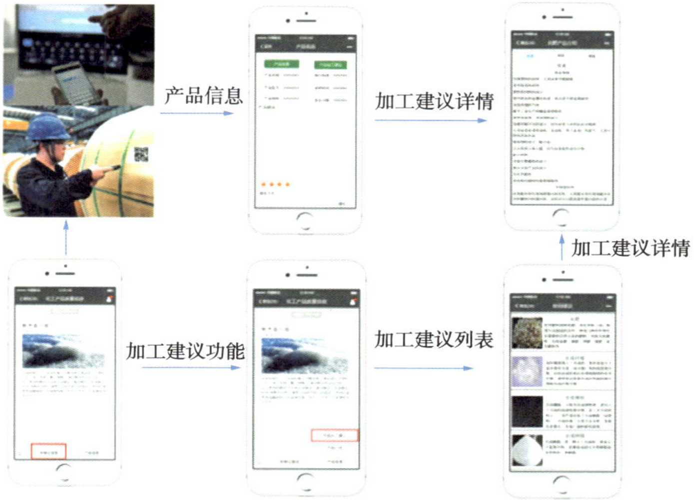

图 16　产品加工建议流程

4. 产品评价

客户可在微信公众号内对某批号产品提出产品建议（图 17），客户的建议提交后会直接推送至该产品的生产企业，由企业相关人员阅读处理。总部用户可查看各企业产品建议处理情况和进度，良好且对产品生产有所帮助的建议企业用户可添加收藏。这些建议都是一线产品使用者在使用过程中最真实的使用体会，可帮助企业提高产品质量和客户使用体验。

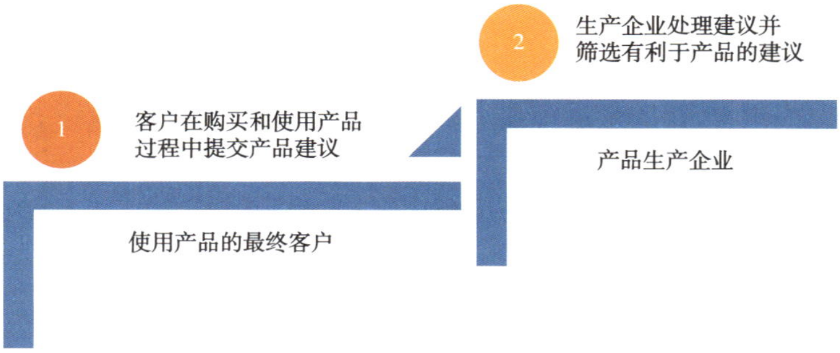

图 17　产品建议

客户在微信公众号扫描二维码或输入批号后，进入产品信息页面，在产品信息下方产品建议处填写对本批产品的建议，此建议会提交至生产企业处理；在产品建议处会提示客户此处只是提出产品建议，如有产品投诉请拨打 95388 客户服务中心处理（图 18）。

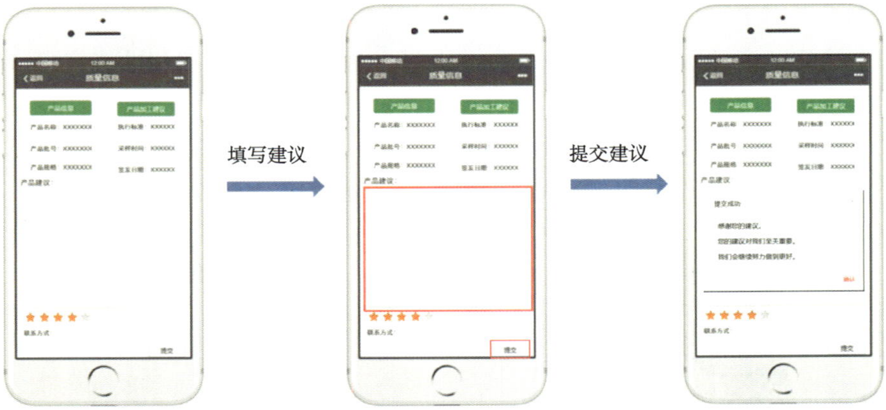

图 18　产品建议填写提交

三、主要成效

一是积极推进化工产品包装二维码应用，建设化工产品合格证管理平台。截止 2020 年底，合成树脂、生成橡胶和合成纤维等生产企业按计划采购二维码打印机 145 台，并实施应用（图 19）。

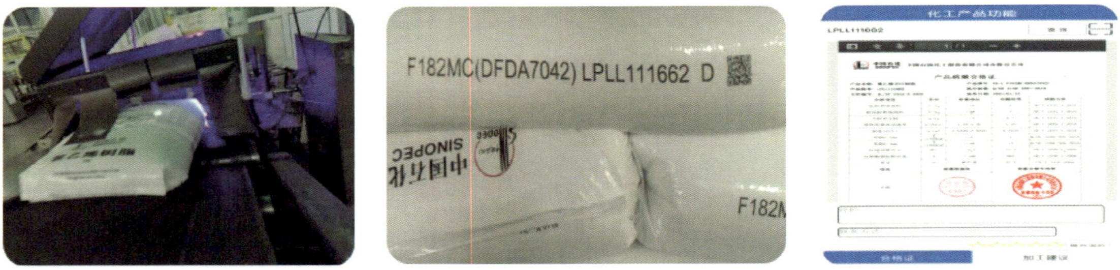

图 19　合成树脂产品二维码应用

二是用户通过公众号可以自主查询产品合格证，并可以查询此批产品的加工建议详情。按产品使用建议中的步骤和条件加工产品，可以使产品利用率最大化，避免由于操作而影响产品性能。

三是获得用户相关信息。用户在使用微信公众号查询产品信息和查看新产品数据的同时系统自动记录保存个人信息如微信、联系方式、位置区域等信息，为 WEB 应用中信息统计提供数据支撑。

四是用户可在微信公众号内对某批号产品提出产品建议，建议提交后会直接推送至该产品的生产企业，由企业相关人员阅读处理。这些建议都是一线产品使用者在使用过程中最真实的使用体会，可帮助企业提高产品质量和客户使用体验。

五是用户满意度提升，客户投诉减少。“十三五”期间，化工产品二维码应用实施后，密切了下游用户和生产企业联系，扩展了沟通渠道，加深了业务、技术交流，客户满意度大幅提高，投诉事件逐年减少。2020 年累计 23 件用户投诉，同比 2019 年减少 14 件。

四、展望

化工产品二维码应用实施后，大量数据被收集到企业服务器，数据的背后代表的是消费者和用户的需求和诉求，为企业的生产、销售、服务优化提供了数据支撑。在企业数据基础上，化工事业部探讨利用总部数据库，统筹、分析、协调、解决企业间共性问题，通过对核心数据进行整理分析得到最优价值的信息，在总部层面为企业产品的生产和营销提供指导，持续改进化工产品质量，获得优质客户并更好地服务客户，最终提升中国石化化工产品整体市场竞争力。

建设乙烯装置实时优化系统 努力提高生产效益

化工事业部

一、总体情况

实时优化技术的英文简称是RTO（Real Time Optimization），指设定一定的优化目标，让装置操作围绕该目标实时、在线优化的一种技术。RTO技术是实现石油化工企业装置操作智能化的主要技术路径。RTO以现场操作数据、产品及原料分析数据、物料价格数据为计算输入，以机理模型为计算依据，以效益最大化为目标，在生产约束的限制范围内，对生产装置关键操作参数进行优化计算并自动执行，使装置始终处于最佳收益的运行状态。

“十三五”期间，化工事业部高度重视化工装置控制优化工作，以RTO技术为抓手，积极推进乙烯装置RTO系统建设，努力让乙烯装置在化工板块率先实现自动化、数字化和智能化。截至2020年底，先后有燕山乙烯、镇海乙烯、茂名1#乙烯、茂名2#乙烯、齐鲁乙烯、扬巴乙烯开展了RTO系统建设，其中燕山乙烯、镇海乙烯、茂名1#乙烯、扬巴乙烯RTO系统已建成投用，已实现关键操作变量实时在线优化、优化结果自动投控制系统、控制系统自动跟随执行的在线、闭环优化控制。茂名2#乙烯装置RTO系统和齐鲁乙烯RTO系统预计也将在2021年陆续建成投用。

二、典型做法和主要成效

从投用效果来看，RTO系统为乙烯装置优化生产、进一步挖潜增效、实现装置操作控制的自动化、数字化和智能化奠定了基础，具体包括以下四个方面：

（一）围绕多产高附加值产品优化操作，努力提高生产效益

以镇海炼化乙烯RTO项目为例。镇海炼化乙烯装置分两期完成RTO系统建设。一期实现裂解炉区、急冷区、压缩区的在线实时优化，主要优化思路是围绕多产高附加值产品且保持合理结焦速率下优化裂解反应的操作条件。能够对各裂解炉进料分配量、裂解深度、稀释蒸汽比、COT、压缩机转速、急冷塔各股蒸汽回流量等关键参数进行优化。装置按两小时进行了优化周期设置，每两小时自动优化并执行一次闭环控制。一期RTO系统投用后，经过两次严格标定发现，各反应炉高附加值产品收率都有不同程度的提高，平均达到0.73%（表1），折合吨乙烯效益增加26.34元，装置年效益增加值3091万元。二期

实现分离段在线实时优化，从而实现乙烯装置全流程 RTO。主要优化思路是：对分离段冷量合理利用从而促进装置加工能力的提升、优化控制分离精度从而多产双烯以及 C2/C3 炔烃防过度加氢的优化控制。镇海炼化乙烯 RTO 项目二期投用后，在一期增效的基础上，吨乙烯效益又增加 11.14 元，装置年效益又增加 1308 万元。

表 1　优化前后裂解炉高附收率变化

		BA105	BA106	BA106	BA108	BA109	BA110	BA111A	BA111B
投料类型		NAP	HCR	HCR	NAP	NAP	NAP	LNAP	LNAP
高附收率	优化前	58.31	57.21	57.98	58.68	57.98	58.69	60.97	60.99
	优化后	58.79	58.19	58.47	59.22	58.76	59.65	61.75	61.81
	增量	0.48	0.98	0.50	0.54	0.78	0.96	0.78	0.83

由于 RTO 模型具有模型自动整定功能，模型可以保证与生产实际的长期匹配性，故 RTO 模型给装置带来的优化收益能够长期有效。如燕山乙烯 RTO 自 2013 年投用以来，年增效始终保持在 3000 万元；镇海炼化乙烯 RTO 自 2015 年投用以来，年增效保持在 3000 万—5000 万元之间，自 2015 年以来助力镇海炼化连续 3 次获得所罗门绩效评价“全球石油群组世界领先水平”称号。

（二）自动感知环境变化，跟随环境变化自动优化生产，初步实现了装置操作智能化

RTO 系统对闭环优化控制是自动执行的。可通过在线分析仪自动感知原料的变化，通过价格体系发现产品价格、原料成本的变化，通过模型自动评估设备的能力。当发现环境变化后，RTO 根据最新环境条件自动优化计算该环境下效益最好的操作方案，并将操作方案投入控制系统自动执行。在没有 RTO 系统时，要靠操作工去感知并判断环境的变化，并对变化作出操作调整反应。但化工复杂系统的环境波动凭借人力去发现、判断难以做到及时、准确，容易造成调整不及时，效益流失。

茂名石化 1# 乙烯装置 RTO 系统投用后显示了实时优化的效果（图 1）。如 8 小时区间内，RTO 系统及时监测到石脑油进料中链烷烃含量在缓慢下降、芳烃含量缓慢上升，RTO 模型基于当时价格体系乙烯价格高于丙烯价格，优化计算裂解深度（丙烯乙烯比）须跟随原料变化逐步降低。该计算参数投到 APC 后，APC 随动控制，使得裂解深度自动跟随逼近优化值，实现了原料波动后的系统自动优化控制，使得装置始终处于高收益水平。

（三）依靠 RTO 机理模型在线计算，积极开展乙烯装置的数字孪生应用

RTO 基于严格机理建模，且可实现在线模拟计算，这是装置数字孪生应用的重要技术基础。前期完成乙烯 RTO 系统建设的企业，已积极开展基于 RTO 模型的数字孪生应用，取得了初步成效。

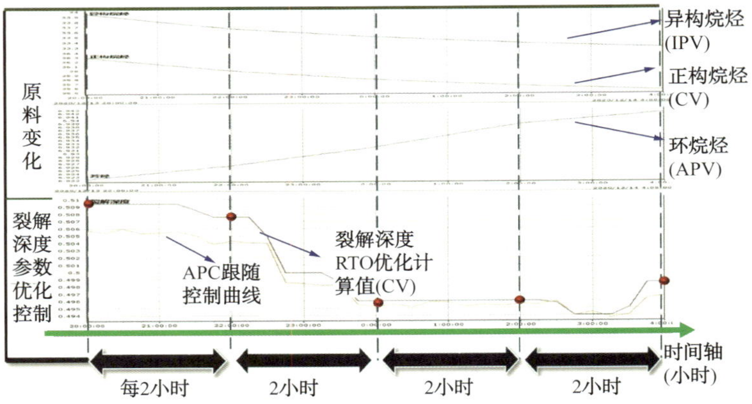

图 1　茂名乙烯 RTO 随原料变化进行跟随优化控制

如镇海炼化利用乙烯 RTO 模型对 1103 块仪表对应的变量进行在线模拟计算，再用模拟计算值与仪表测量值进行比对，以双方偏差评估仪表的可靠性，并以此为依据对仪表进行维护。表 2 为镇海炼化乙烯 RTO 系统定期输出的仪表偏差报表部分截图。通过报表可以看出，每个仪表的测量值、RTO 模型模拟计算值、两者偏差对 RTO 优化目标的影响程度（误差目标贡献值）。其他企业如燕山、齐鲁正在尝试用乙烯 RTO 模型给计划优化模型提供投入产出计算结构，以保证计划优化模型中的乙烯装置模型更加符合生产实际。

表 2　镇海炼化乙烯装置仪表偏差报表

仪表位号点	单位	仪表测量值	模型计算值	误差目标贡献值
FI00001	TON/HR	145.5	145.4	0.45
FI00003	TON/HR	48.6	48.5	0.89
FIC00007	TON/HR	10.4	10.4	0.01
TIC00001	DEGC	65.0	65.7	1.18
TIC00003	DEGC	62.0	61.9	0.01
TIC00002	DEGC	60.1	60.3	0.10
TI20043	DEGC	81.4	91.8	159.94
TIC00005	DEGC	82.7	82.8	0.02
FI00020	TON/HR	0.0	0.0	0.00
TIC00020	DEGC	25.2	25.2	0.00
FIC00005	TON/HR	50.1	48.5	36.75
TIC00006	DEGC	62.8	63.0	0.10
FIC00010	KG/HR	12,640.6	12546.4	2
FIC00002	TON/HR	3.4	3.4	0.00

（四）通过 RTO 系统建设，配套在线分析仪，对问题控制阀整改，完善 PID 控制回路及 APC 控制回路，乙烯装置的自控率进一步提升

如在齐鲁石化乙烯 RTO 系统建设期间，补充 2 台近红外分析仪用于在线分析石脑油和加裂尾油原料的馏程、密度和 PINA 值，对 400 多个控制回路进行了 PID 参数整定，新建 APC 控制器 17 个。在茂名石化乙烯 RTO 系统建设期间，新增 LPG 和富乙烯气 2 台原料在线色谱仪，对 APC 控制器新增稀释蒸汽比控制、急冷塔汽提塔温度控制共 20 个点的控制变量。这些在线分析仪的配套、仪表和控制回路的完善，使得装置过程监控能力和自控率水平进一步提高。

三、展望

截至 2020 年底，中国石化规模以上（60 万吨以上）乙烯共 12 套，已实现或即将实现 RTO 的装置 5 套，占比为 42%。“十四五”期间，化工板块将围绕四个方面继续推进 RTO 技术的应用：一是继续推进规模以上乙烯装置 RTO 系统建设；二是基于 RTO 模型开展乙烯装置“数字孪生”应用；三是在芳烃联合装置等有优化潜力的装置开展 RTO 试点建设；四是组织开展 RTO 软件国产化研发，有序推进关键技术国产化。

深化质量管理系统应用　实现质量精细化管理

化工事业部

一、总体情况

按照集团公司发展战略和“十三五”信息化发展规划及信息化“421 工程”，聚焦提升信息化价值和企业核心竞争力，化工事业部在总部科技部、信息和数字化部的大力支持下，组织企业专家成立项目专家团队，以质量管理体系为核心，基于石化智云自主研发中国石化质量管理系统（图 1），创建了质量域标准化管理规范，促进了质量管理由事后管理向过程管理转变，逐步实现了全过程质量管理与追溯，在管理流程优化、降低成本、提升效益等方面发挥了很好的作用，为中国石化化工业务推进高质量发展提供了有力支撑。

图 1　质量管理系统效果图

二、典型做法

（一）实施方案

1. 建立“三位一体”质量域标准化管理规范

推行“三个规范”，以主数据管理规范为基础、以产品标准管理规范为核心，以业务统计管理规范为目的，创建了集质量业务、数据和管理于一体的质量域标准化管理规范

（图 2），包括产品标准管理规范、主数据管理规范和业务统计口径规范等三项内容。这三者之间既相互独立，又相互关联，大幅度提升了质量域标准化管理水平。

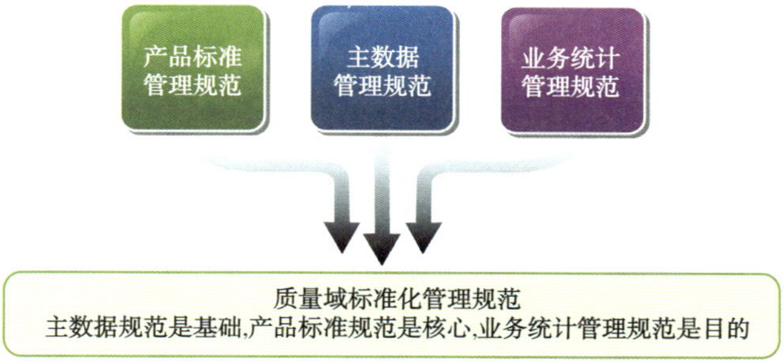

图 2　质量域标准化管理规范示意图

对中国石化 7 大类化工产品标准进行梳理，建立产品标准库。对产品标准进行结构化管理，使产品标准从简单的文本变为结构化的数据，是产品标准维护、动态报表生成及数据统计检索等功能的基础。

2. 建立多维度质量分析模型

通过对原料质量指标、过程质量指标和产品质量指标信息进行关键指标分析、过程能力分析、相关性分析，实现质量分析数据的图形可视化（图 3），并自动形成相关报表，提高工作效率，支撑生产决策和质量改进。

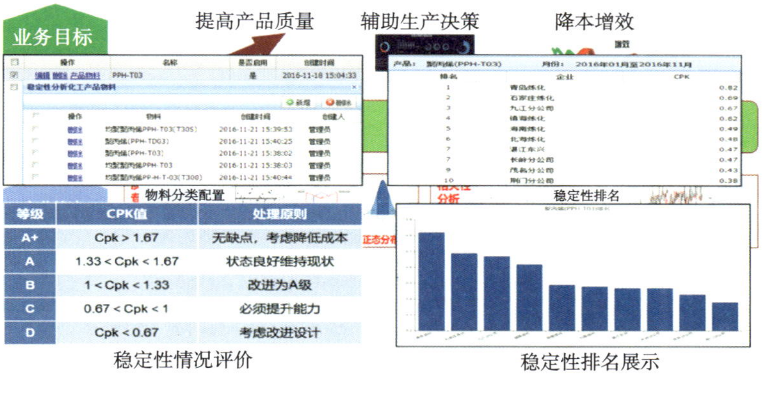

图 3　质量分析数据的图形可视化示意图

建立化工产品稳定性评价体系，减少副牌料、过渡料，促进企业提质增效改变了对产品质量的单一指标评价模式，建立多层次、多维度的化工产品稳定性评价体系，为企业细化管理、提高化工产品质量稳定性提供支持。对同类产品的稳定性情况进行企业间横向对比，促进企业间学标杆、找差距，提升企业质量管理水平。

3. 关键技术

基于石化智云平台搭建，实现了服务化、共享化和可视化（图 4），沉淀了质量专业业务组件，具有较高的专业价值和复用价值。

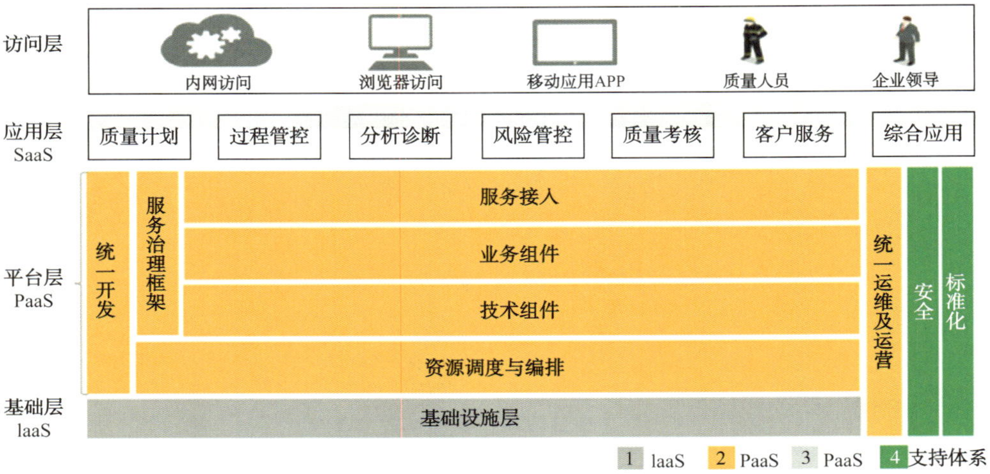

图 4 服务化、共享化和可视化示意图

结合六西格玛质量管理，研发核心算法模型。研发了多层次、多维度的产品质量稳定性评价分析技术，首创了产品质量稳定性评价分析技术，建立多维度的过程能力分析模型。

基于单指标稳定性，采用乘法原理和权重系数分析单产品的稳定性，通过建立产品质量稳定性分析模型，用样品正态分布的两个特征值即平均值 x 和标准差 σ 推算产品质量合格率，以综合推断工序质量是否稳定（CPK），实现单产品 CPK、权重 CPK 分析、三大合成材料整体 CPK 分析，提高目标产品等级品率，促进提质增效。CPK 计算方法如图 5 所示：

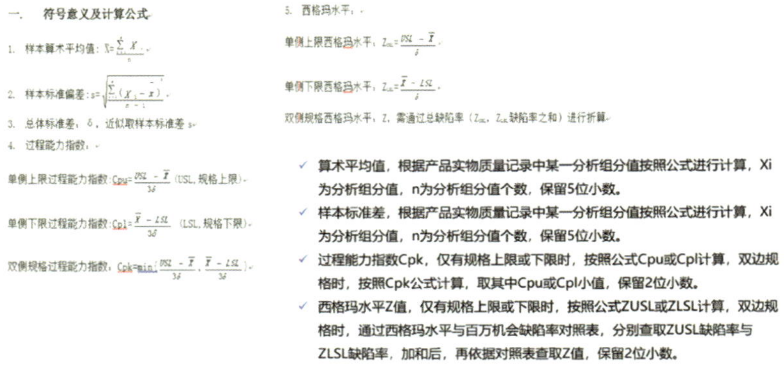
一、 符号意义及计算公式

1. 样本算术平均值：$\bar{X}=\frac{\sum_{i=1}^{n} X_i}{n}$

2. 样本标准偏差：$s=\sqrt{\frac{\sum_{i=1}^{n}(X_i-\bar{x})^2}{n-1}}$

3. 总体标准差：δ，近似取样本标准差 s

4. 过程能力指数：

单侧上限过程能力指数：$Cpu=\frac{USL-\bar{X}}{3\delta}$（USL，规格上限）

单侧下限过程能力指数：$Cpl=\frac{\bar{X}-LSL}{3\delta}$（LSL，规格下限）

双侧规格过程能力指数：$Cpk=\min\left(\frac{USL-\bar{X}}{3\delta},\frac{\bar{X}-LSL}{3\delta}\right)$

5. 西格玛水平：

单侧上限西格玛水平：$Z_{USL}=\frac{USL-\bar{X}}{\delta}$

单侧下限西格玛水平：$Z_{LSL}=\frac{\bar{X}-LSL}{\delta}$

双侧规格西格玛水平：Z，需通过总缺陷率（Z_{USL}，Z_{LSL} 缺陷率之和）进行折算

- ✓ 算术平均值，根据产品实物质量记录中某一分析组分值按照公式进行计算，Xi为分析组分值，n为分析组分值个数，保留5位小数。
- ✓ 样本标准差，根据产品实物质量记录中某一分析组分值按照公式进行计算，Xi为分析组分值，n为分析组分值个数，保留5位小数。
- ✓ 过程能力指数Cpk，仅有规格上限或下限时，按照公式Cpu或Cpl计算，双边规格时，按照Cpk公式计算，取其中Cpu或Cpl小值，保留2位小数。
- ✓ 西格玛水平Z值，仅有规格上限或下限时，按照公式ZUSL或ZLSL计算，双边规格时，通过西格玛水平与百万机会缺陷率对照表，分别查取ZUSL缺陷率与ZLSL缺陷率，加和后，再依据对照表查取Z值，保留2位小数。

图 5 CPK 计算方法

以 LIMS、MES、CRM、MDM 集成服务和数据共享为依托，开发控制图、正态分布图、雷达图多种图表工具进行直观展示，以 CPK 量化产品质量的稳定性。

（二）典型应用

1. 产品标准库的结构化管理

创建了结构化、集中化的产品标准管理规范，建立了产品标准管理规范，使产品标准从简单的文本转变为结构化的数据，支撑了系统的数据采集、统计及分析功能，并形成了规范、集中、统一的产品标准库（图6），提升了标准化管理水平。

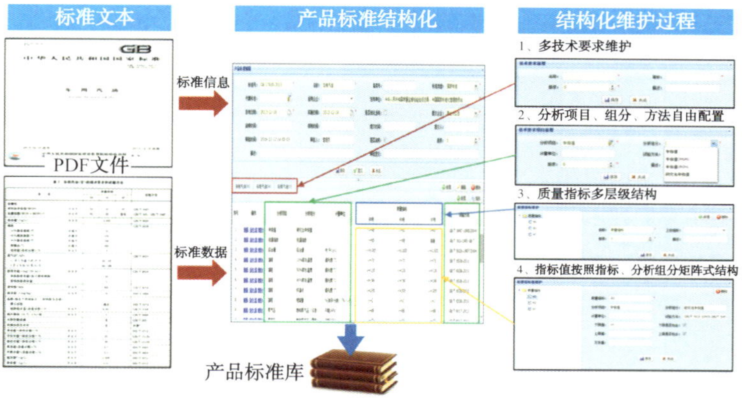

图6 产品标准库示意图

2. 化工产品稳定性评价

综合利用六西格玛理论和过程控制能力指标，支持对化工产品质量稳定性进行多层次（指标、产品、企业）、多维度（横向、纵向）的分析和对比（图7），为降低非目标产品产量，提高产品优级品率，促进企业提质增效提供了有效支撑。

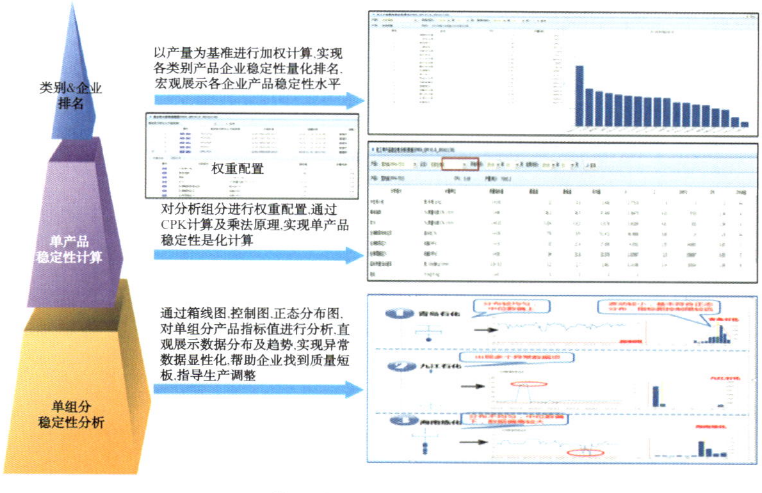

图7 化工产品质量稳定性示意图

针对某一化工产品的某一分析组分，选取对应的数据进行稳定性分析；采用箱线图直观展示各企业同一产品、同一指标对比情况及指标值分布情况，查看数据整体分布及异常情况。

以CPK（过程能力指数）评价单产品稳定性情况，基于单指标CPK，采用权重系数计算单产品的CPK（图8）。

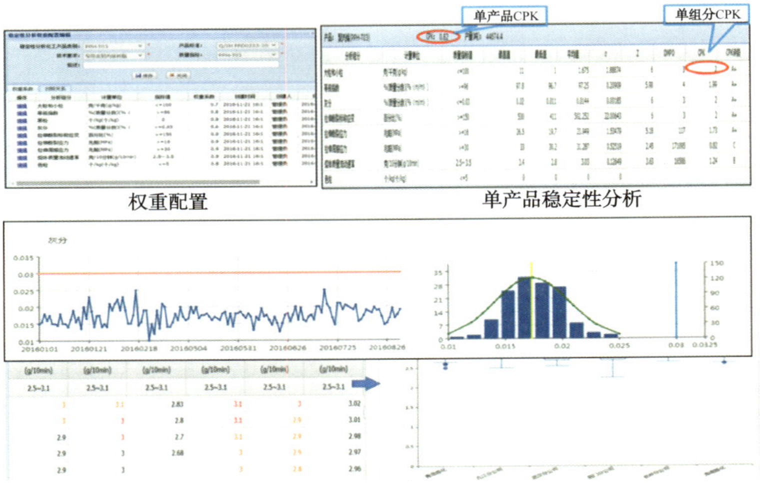

图 8　化工单产品的 CPK 示意图

三、主要成效

（一）业务规范、管理优化

构建了适应化工流程化生产的质量管理新模式，促进了由集团到企业自上至下的质量监管体系建立健全。创建了标准化、规范化的业务统计管理规范，改变了以前分布式系统中各企业统计口径不一致、物料分类不一致而难以进行准确的数据统计分析工作的问题，对业务统计口径进行了标准化、规范化的管理，有效地提升了质量管理工作的效率和数据准确性。

（二）质量域主数据管理标准化

针对质量域主数据标准化范围广、复杂度高、实施难度大的特点，创新性地提出了分析项目、分析组分和分析方法“三项独立”的编码规则，解决了质量域主数据长期以来编码重复率高、编码不唯一、集成难度大的问题，系统共计优化处理分析项目 8431 项（约占总数的 70%）、分析组分 3398 项（约占总数的 50%），提升了质量域主数据的标准化水平（图 9）。

（三）质量管控精细化

对各企业石脑油（乙烯和芳烃石脑油）质量指标管理、石脑油质量指标预警、石脑油质量指标进行统计（图 10）。对石脑油途耗（结算量、实收量、途耗、途耗率）原因分析及改进措施进行综合管理。实现化工原料互供管理、互供原料关系管理、供需双方原料数据统计对比、原料互供指标预警等。

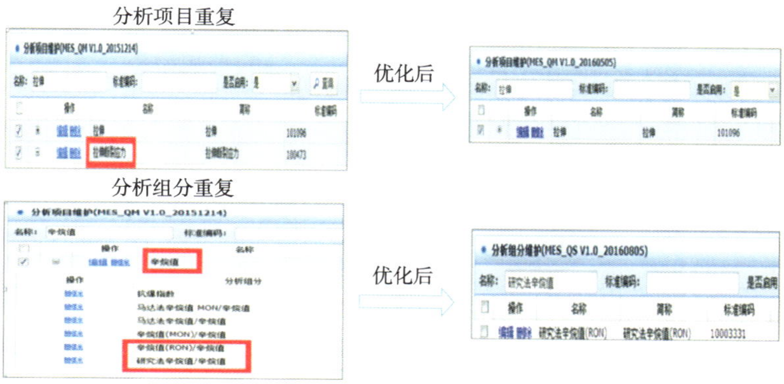

图 9　主数据管理标准化示意图

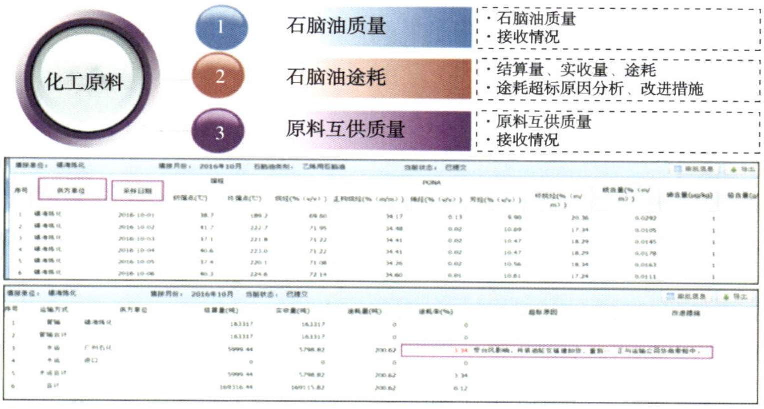

图 10　石脑油质量管理示意图

扩大产品质量监控范围，化工产品从按类别管理细化至 3948 个牌号，产品覆盖率增加 37%。化工产品质量管理模式从产品等级品率管理细化到各牌号产品实物质量管理。

（四）提升质量、挖潜增效

多源头多维度分析，实现从定性评价到定量评价的转变。通过 CPK 值量化评价产品质量稳定性（图 11），分析原因并有效指导生产。“十三五”期间从化工企业整体来看，合成树脂 CPK 从 0.79 提升至 0.93，合成橡胶 CPK 从 0.64 提升至 0.9，合成纤维 CPK 从 0.9 提升至 1.29。

通过对产品质量稳定性进行分析，找出影响产品质量的关键因素，提高整体西格玛水平，减少副牌料、过渡料，提升效益（图 12）。按每年化工产品提升 0.2 个西格玛水平的测算，可减少过渡料、副牌料 1.5 万吨；过渡料与正牌料的价差按照 550 元 / 吨来计算，可增加效益 =1.5 万吨 / 年 × 550 元 / 吨 =825 万元 / 年，则建设中国石化质量管理系统可增效 825 万元 / 年。

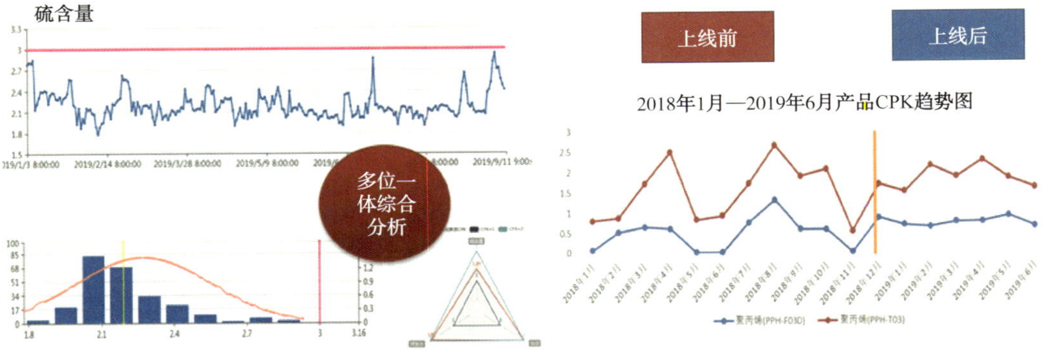

图 11 CPK 值量化评价示意图

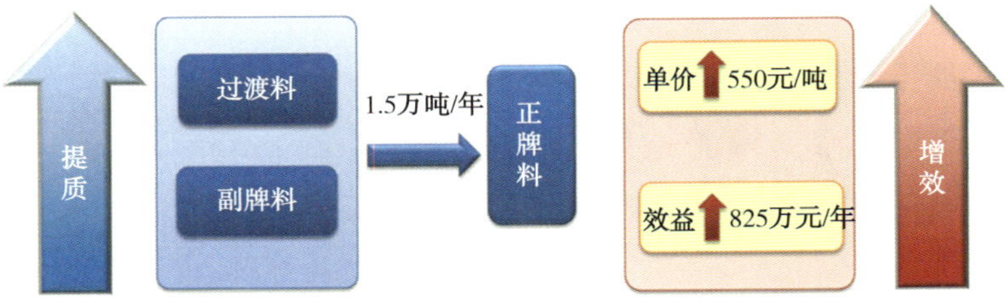

图 12 提质增效示意图

四、展望

一是持续推广建设，凸显应用成效。实现化工企业质量管理系统的全面覆盖，支撑企业质量全过程在线规范管理，提升过程管控能力和数据分析能力。

二是过程质量管控智能化提升，建立“强知识库 + 强推理”的质量专家知识库，提高质量异常预测预警准确性，提升智能化预测预警，加强数据集成和综合分析能力。

三是助力中国石化质量管理体系从规范性向有效性提升。加强标准化工作逐层深入；健全质量风险控制措施库；加强体系制度有效性管理，实现不断迭代的质量改进闭环管理。

开展信息化创新应用　支撑企业数字化转型

上海石化股份公司

一、总体情况

“十三五”期间，上海石化信息化围绕企业发展战略目标，贯彻总部信息化工作精神，强化“六统一”管理，聚焦智能制造、加强集中集成、强化数据治理、深化创新创效。深化三大信息化平台，建设完善智能工厂、“两网两库两门户”等信息系统和新基础设施。促进了公司经营管理方式的加快转变和机构精简，支撑了效能提升和生产力增强，“十三五”期间共实现经济效益 58.87 亿元。信息化已成为生产经营中一股不可或缺的新型力量，有力支撑了上海石化的转型发展和“十三五”目标的实现。

公司 2016 年被集团公司评为“十二五”“两化”融合优秀实践单位，2017 年获工信部“两化”融合管理体系贯标示范企业称号，2018 年被工信部选为“智能制造试点示范”，2017 年、2018 年被集团公司评为“深化应用创新创效示范企业”，2019 年被集团公司评为首批信息化应用 A 级企业。

二、主要举措

“十三五”期间，上海石化信息化着力智能制造、推行新兴技术、强化应用研发、深化创新创效，助力企业战略目标的实现。

（一）建设智能工厂，推进先进技术应用

通过建设智能工厂，全面推行先进控制、实时优化和全流程优化，发挥一体化集成优势，支撑高质量炼化生产。

（1）建设智能工厂，打造生产管控新模式。提升计划优化模型，改造装置模型 20 套，梳理物料流向 600 余条，切割原油 107 种，梳理产品牌号 54 个、装置负荷 82 套，构建价格模型，在线效益测算，优化采购、生产和销售等环节，实现生产过程协同优化；打造智能化调度指挥系统，配置进出厂监控、装置运行监控、罐区监控、公用工程监控、预报警指标 2200 余个，装置流程图 49 张，公用工程流程图 9 张，全厂物料平衡图 15 张，蒸汽管网监控图 8 张，填补了公司在公用工程管网监控的空白，实现生产运行全过程可视化监控、异常自动侦测主动推送，实现调度指令监管、执行一体化闭环管理体系，全面提高指挥效率和决策水平，确保生产安、稳、长、满、优运行。

图 1 AGV 机器人工作照片

（2）应用 AGV 机器人（图 1），实现仓储管理智能化。建设 3000 平米的智能仓库（其中 192 平米恒温恒湿仓库），容纳 500 个货架、6600 个货位。利用 AGV 机器人系统作为执行载体，将传统的“人找货”仓储管理模式，改变为“货找人”的仓储模式，打破原有物资存储“分区分类、专库专储”的概念，由“磁带式”顺序存取，变为“磁盘式”随机存取，提高仓储区域的货架密度、仓库利用率和出入库效率。目前电气仪表、轴承、密封件、紧固件等共计 4000 余项物资已纳入仓库新模式下管理。日均入库节拍约 100 行 / 天，出库节拍约 40 行 / 天，提高物资的出入库准确性和效率 40% 以上。

（3）扩大先控和优化覆盖面，提升降本增效水平。建成常减压、催化裂化、渣油加氢、乙二醇和 PE 等 5 套 APC 系统、1 套原油调和系统、1 套乙烯在线优化系统。至此，上海石化共建设 APC 系统 23 套，基本覆盖主要生产装置，形成了规模效应，使生产线的稳定性得到整体提升，进一步增加产能、降低消耗和质量过剩，年经济效益 1.82 亿元，成为企业生产挖潜增效的有力工具。

（4）建设全厂流程优化系统，助力生产方案优化。通过创建炼油、烯烃、芳烃所有单装置模型和一体化全流程模型，实现准确表征单装置及全厂实际运行情况，优化原料品种、数量、操作条件，预测中间物料产品切割和流向，有效识别、评估优化增效方案，模型预测精度达 98% 以上。通过模型测算优化方案，2019 年 7 月，顺利完成乌拉尔原油的加工工作；2019 年 9 月，对 2# 常减压老区循环热量进行回收，年提升经济效益 117 万元；2019 年对汽油加氢脱 C_9 塔进行优化调整，年效益达 100 万元；2020 年 10 月针对 2# 常减压加工低硫方案进行优化，处理量增进 30 吨 / 时。

（5）试验设备预知性维护，实践维护新模式。利用大数据和人工智能技术，建立了芳烃压缩机智能模型，实现了利用设备、工艺等源数据识别故障的能力，故障预警时间达到 10 天以上。避免非计划停车，降低设备维护成本，提高生产运行稳定性。

（6）实现 DCS 报警管理系统全覆盖，全面提升装置报警性能和运行稳定性。系统全面覆盖油化塑 50 多套生产装置，优化了过程报警管控等业务流程，实现装置平均报警数降低 45%、无效报警数下降 56%，加强了装置报警系统性能监控，为管控风险、安全运行提供了保障。

（7）业务管理流程化，提高办公效率。将跨部门、分散、无序的日常业务管理工作转化为可视化、标准化、可量化的业务流程管理模型。截至 2020 年 12 月，流程管理平台已梳理上线 240 余支管理流程。年发起管理实例超过 50 万例，接入用户 4700 余人。线上的管理流程平均比线下管理活动提升 5 倍效率，管理实例完成率保持在 95% 以上，大幅提升了管理效率。

（二）建设完善“两网两库两门户”，扩大核心系统效果发挥

“两网两库两门户”加强核心系统、主营业务间的数据集成，强化多系统协同应用，提高系统操作的便捷性和数据共享效率，扩展了信息化应用效果。

两网——光纤主干网实现主干 40G*2、接入 10G 的传输能力，为信息系统高效运行创造基础环境；移动专网（图 2）采用 1.8G—10MHz 频段，实现全厂无线覆盖，为智能工厂等系统动态感知现场状况创造条件。

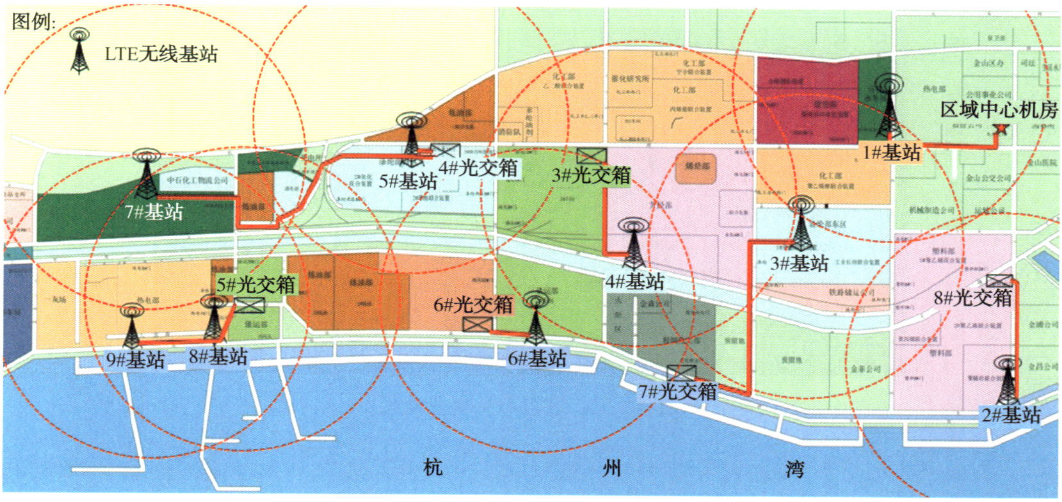

图 2　4G 移动专网覆盖范围

两库——中央数据库（图 3）实现企业 24 个主要信息系统共 7.1TB 数据的集中归集、存储及共享，消除交叉引用数据时相关系统的额外负荷；实时数据库采集、存放所有生产装置控制系统生产过程实时数据共 10.5 万点。支撑动态感知、协同智能。

图 3　中央数据库监控界面

两门户——工艺过程信息集成门户（图 4）以实时数据库为基础，在工艺流程图上集成企业所有装置在 MES、LIMS、DCS 报警管理等系统中的 2 万多个信息源，包括工艺流

程图、装置基础资料、采样点、巡检点、视频监控点、动设备监控点、在线分析仪等，实现工艺、质量等多专业数据动态展示、集成分析，实时调整和优化；地理信息门户（图 5）以天地图为基础，实时采集、展示视频、车辆等各专业实物地理信息 3 万多个点，包括厂区建筑、道路、装置、摄像头、动态车辆，以及消防、火灾报警、环保和气象监测等设施，及时推送异常报警，实现全厂区的可视化实时监管。基于位置、位号的“两门户”实现了跨专业跨系统的数据集成和高效应用，为全面、及时掌握生产运营过程、异常情况，提供第一手材料。

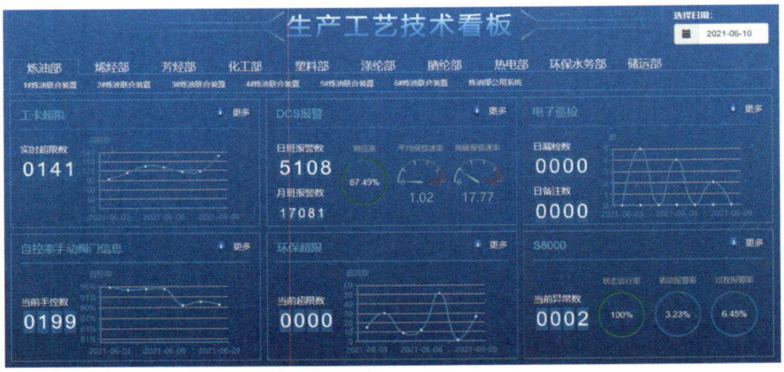

图 4　工艺过程信息集成看板

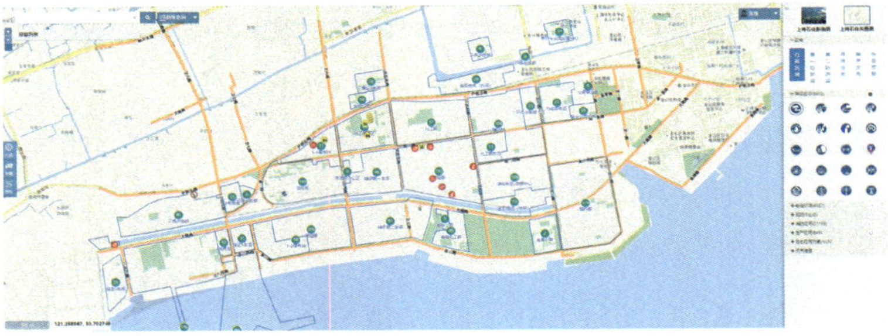

图 5　地理信息门户主界面

（三）规范系统应用运维，确保系统应用效果

为确保信息系统应用效果和经济效益，发挥信息化规模效应，上海石化设立了信息化工作协调组织（图 6），信息化领导小组和工作推进组作为信息化动力源，IT 服务中心、责任部门和应用单位为载体和放大器，协调会和协调组为动力输出，持续推进信息化应用工作。

按照集约化管理、工厂化运作模式，统筹 ERP、MES 和智能工厂等重点信息系统，明确业务和 IT 部门职责分工，形成联动机制，从业务操作、技术支持、应用管理 3 个层面，全面梳理、规范、优化业务流程、主数据和工厂模型，及时解决生产经营过程中的问题，使系统应用水平不断提升、成效累累。

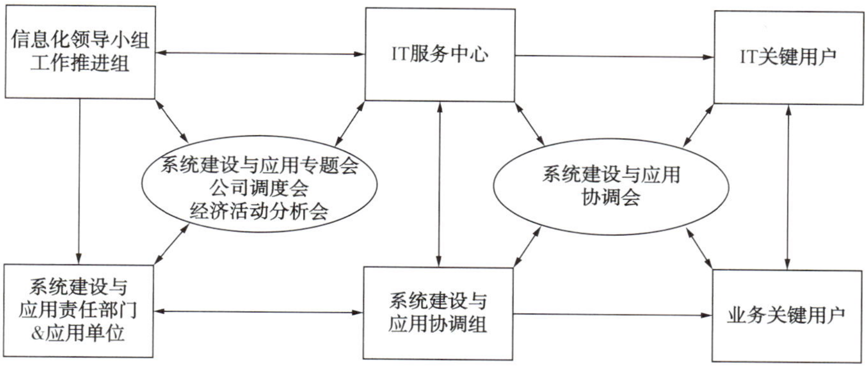

图 6　信息化工作协调流程

业务操作层：加强对各岗位用户的操作培训和现场指导，定期总结应用中的问题并提出解决办法，提高操作技能，使基础数据的输入快速、规范，中间处理熟练、正确。

技术支持层：及时解决系统、网络和客户端问题，确保系统正常运行；持续对系统在功能、性能方面进行调整和完善，使系统保持稳定高效运行。

应用管理层：通过监控应用及时发现问题，及时与支持人员联系将损失降至最小；定期在公司会议上进行应用讲评，总结经验、寻找差距、落实措施、持续提升。

通过抓应用、促创新，显著增加了信息系统的应用效果，经济效益逐年增大，并推进信息化的进一步发展，形成了一个良性的循环。2017 年、2018 年获总部"深化应用创新创效示范企业"称号，2019 年"生产运行管理深化应用创新创效工作室"获总部表彰，"深化 MES 数据分析应用，降低装置综合能耗""利用 SPYRO 进行经济性模拟测算，实现乙烯原料轻质化，提高经济效益"等 11 项成果获奖或推广。

三、主要成效

信息化为企业结构调整和转型升级工作的开展、发展质量和效益的提高——战略目标的实现，提供了全面的支撑，取得了良好的效果。"十三五"期间，上海石化信息化应用产生的经济效益共 58.87 亿元，其中 APC 产生的直接效益 6.32 亿元。

ERP 和电子商务等经营管理系统的全面深化、集成应用实现了业务流程的全局优化，人财物、产供销信息的整体集成，增强了企业全面管控能力，为企业经营管理的扁平化、规范化、敏捷化提供支撑，促进降本减费、精简机构、精细管理工作的顺利实现。全员劳动生产率和市场竞争力同步提高，产生了显著的经济效益，每年节约采购资金 8.6 亿元，减少各类费用 1.7 亿元，降低应收账款占用 1300 万元；"十三五"期间减员 2800 多人，减少人工成本近 3 亿元。

智能工厂和 MES 为核心的生产运营平台实现了各生产要素的协同优化，实现了生产运行主要环节的动态跟踪、协调指挥、效能提升，使公司生产运营优化和协同指挥能力和执行力得到加强，为公司降本增效注入新动力。智能工厂通过一体化优化功能结合 PIMS 等工具，增效创效 3200 万元 / 年；通过调度排产模拟计算，避免原料库存瓶颈约束和紧急情况发生产生的波动，创效 330 万元 / 年；通过火炬气在线监测，节约成本 265 万元 / 年。仓储机器人推进仓储作业标准化，提高物资的出入库准确性和效率 40% 以上，节约人工成本 180 万元 / 年。“十三五”期间与生产部门一起，按照效益优先原则，筛选、建成 5 套 APC 系统，实现经济效益 2968 万元 / 年。大量的 APC 系统建设也给企业带来了规模效应，各产品线运行的稳定性再次得到提高，物料能量更能持久平衡，能耗物耗进一步降低、产品收率再次提高，极大地促进了企业“安稳长满优”生产和技经指标的提升。原油调和系统实现常减压进料平稳、应分尽分，减少侧线浪费；优化配方、提高小比例机会油种掺练，降低原油加工成本；增加回炼污油量；降低原油分析费用。年降本创效 1275 万元。乙烯装置全流程优化系统建立了裂解产物全组分收率、燃料气消耗、超高温蒸汽在线预测模型，利用滚动优化实现了裂解深度的实时优化；首次采用大系统分解协调理论对裂解过程模型与分离过程全流程模型、各局部单元处理能力约束模型等进行一体化集成处理，通过约束的动态更新与实时传递，实现了乙烯装置全流程的协同优化。年增效益 2836 万元。

图 7 所示为“十三五”期间上海石化先控与优化效益（万元）。

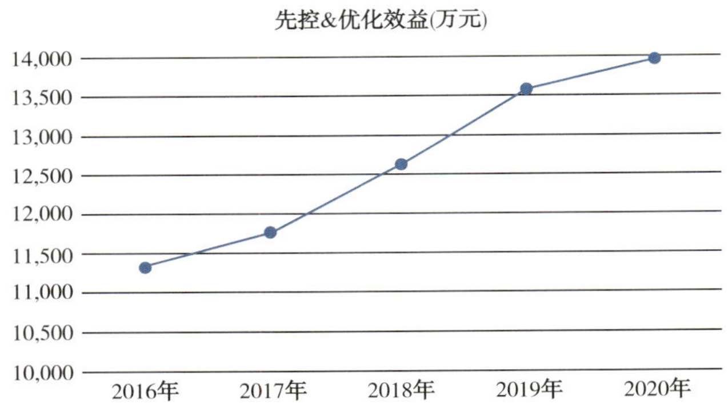

图 7 “十三五”先控与优化应用效益

此外，信息化应用在安全绿色生产、提高办公效率、服务疫情防控、提升信息化质量等方面起到了积极作用，产生了良好的效应。

工艺过程信息集成门户的应用。2020 年 3 月 18 日晚，工艺人员像往常一样在“工艺过程信息集成门户”上远程调阅 2# 催化装置的工艺参数，21 点左右发现再操作的工艺参数有些异常，特别是双动滑阀开度、再生温度、外取热器上水量和发气量等与以往参数有细微差异，立即在门户上公布。装置领导专家凭着丰富的经验和对参数的敏感性感觉到了问题的严重性，立赴现场判断出外取热器取热管泄漏并抢修，避免了由此引起反再压力平衡失控造成紧急停车以及安全环保事故，避免了几千万元的经济损失。

客户服务应用。客户服务－自助提货模块改变现行的计划制定提货方式，引入预约机制，实现客户自助提货预约、自助打印提货票等操作，优化单位时间提货车辆数量、员工与客户无直接接触功能在疫情期间起到很大作用。

企业微信扩展应用。封装了业务流程审批、员工请销假、公务车申请、事务提醒和疫情防控报告等细颗粒度服务，为充分利用碎片时间、实时沟通协调工作提供了便捷的工具（图8），同时也解决了企业行政党群事务管理中的众多小杂碎需求。疫情期间承担居家办公沟通交流，发起视频会议5100余次，总时长1700多小时，有效支撑了疫情期间的工作。

图8　企业微信应用主界面

四、展望

坚持信息化工作“六统一”原则，强化“数据治理、系统集成，动态感知、数智赋能”，全面建成“一云一湖一工厂”，促进数字技术与实体经济深度融合，赋能企业提质升级、转型发展。

全面建成智能工厂。全面建设以生产集成管控、供应链一体化优化、设备完整性管理为主线的智能工厂，生产经营业务上下集成。建立覆盖全业务链的数据采集、传输和汇聚体系，内部联通主要设备、人员等，实现生产动态感知、预测预警；外部联通上下游主要企业，培育互联网生态圈。实现先进控制全面覆盖主要装置，实现核心装置实时在线优化，支持整体优化运行。

加强数据治理和利用。建设公司数据治理和标准化体系、组织及其信息系统，统一数据架构与标准，集中管理数据资源。建设企业级大数据分析平台，强化业务场景数据建模，实现生产经营业务的智能分析、预测预警。深化新技术的规模化集成应用，预知预警生产运营和外部市场情况，实现数据驱动业务创新。

夯实信息化基础。按照“数据＋平台＋应用”的模式，整体规划、全面提升数据中心和网络资源等基础设施服务能力，满足“上云上平台”的需求。重点进行数据中心能力提升、云资源整合、网络优化、视频融合和基础应用等。

创新管理 赋能生产 全面打造数字化燕山

北京燕山分公司

“十三五”期间，燕山分公司围绕中国石化建设“世界一流能源化工企业”的战略要求，根据“打造数字燕山、建设智能工厂”的信息化发展思路，制定了燕山石化信息化建设发展的路线图，从顶层设计出发，确立了燕山石化信息化建设内容和奋斗目标。

一、总体情况

建立完善的组织制度保障体系。燕山石化成立了由董事长、党委书记挂帅，领导班子成员为副组长，各部门、单位一把手为成员的信息化及信息安全（护网工作）领导小组。建立完善的信息管理制度体系，形成了以《燕山石化信息化管理办法》为总纲、信息应用系统、信息网络、基础设施以及信息安全等专业事项管理制度互为支撑的制度架构，为各项工作的执行提供制度保证。

信息化全面支撑公司各项业务。积极响应总部深化应用行动计划相关要求，持续有力推进行动计划落地实施并圆满完成，连续三年获得行动计划实施A类企业称号；强化信息运维全过程跟踪管理，努力提升运维质量，筑牢信息安全防线，2020年获得总部信息安全水平评价A级称号，实现信息安全零事件的目标。全面推进智能工厂建设，以生产装置为核心，按照自动化、智能化、流程化、模型化、可视化等智能工厂运行特征，开展了生产、计划、调度、设备、质量、物资等主要业务领域信息化建设，基本实现了专业业务运行及管理的信息化全覆盖，取得了社会效益和经济效益的双丰收；进一步提升应用系统能力，打造安全、环保、设备平台，业务域数据共享，实现“两化”深度融合，为公司信息化发展提质增效提供强劲动力。

二、“十三五”期间信息化建设典型做法

（一）创新创效深化应用工作

燕山石化积极响应总部深化应用行动计划相关要求，结合本企业实际，发布实施方案，制定各阶段目标和重点任务，持续有力推进行动计划落地实施。自行动计划开展以来共制定95项重点任务、16项目标，全部圆满完成，累计标准化数据3.1万余条，提升数据质量约131万条，流程优化128项，参数优化103项。燕山石化全力推进创新创效活

动，形成 190 项成果，其中 5 项获得总部推广型成果、3 项获得总部典型案例、4 项获得总部优秀成果。通过成果实践，累计获得经济效益 26846.83 万元。

（二）“十三五”期间网络安全工作提升

依据 4 个专网 1 个中心，建立网络安全纵深防御架构，对网络进行分区分域管理，纵向部署入侵防护、监测、安全控制设备，横向控制通过杀毒软件、网防 G01 系统实现本地防护，同时利用堡垒机、日志审计、数据库审计等系统，进一步完善了网络安全整体架构；通过国家网络攻防实战演习，不断提升公司关键信息基础设施安全防护水平和应急处置水平，实施多方安全加固、优化联动机制、快速分析溯源，圆满完成了特殊时期信息安全保障工作，实现本质安全。

（三）“十三五”期间基础设施保障工作稳步进行

1. 基础设施虚拟化提升

服务器虚拟化引入 NSX 网络虚拟化技术，通过微分段分布式防火墙实现虚拟服务器间细粒度安全管控，整合数采及视频两大虚拟化平台，实现虚拟化服务器统一管控，全方位提升服务器虚拟化管理水平。

2. 打造视频平台 提升企业工业视频监控质量

推进视频监控专项治理，完成 1132 个新增点摄像头数字化部署工作。投用燕山石化视频监控管理平台，集成不同品牌、不同规格的视频监控点共 4802 路，实现统一平台、统一画面和统一管理。

3. 网络核心提升 无线网络覆盖

利用服务器 CISCO N7K 双核心冗余，提升公司核心区域的数据转发和处理能力，满足了重要业务区域的万兆接口速率需求。部署无线网络接入点 640 个，实现公司办公区域无线网全覆盖，提升了办公效率，拓展系统应用场景。

三、“十三五”期间信息化建设主要成效

（一）打造环保管理系统，助力绿企创建

党的十八大以来，党中央围绕生态文明建设开展了一系列开创性、长远性的工作，出台了史上最严的环保法律法规，环境保护工作发生了历史性、转折性、全局性变化。燕山石化秉承绿色低碳、环境友好的发展理念，主动对接首都城市功能定位，积极践行绿色新发展理念，建设燕山石化环保管理信息系统，提升环保管理效能。

环保管理系统采用面向对象开发法、生命周期法和原型法相结合的方式，开发和运行过程由直线型的生命周期转换成环形迭代，在每个环形中进行业务论证，提升模型严谨度，通过增量迭代方式逐渐提升系统功能，最终形成完整、高效的信息系统。

环保管理信息平台涵盖环境实时监控、环保监测过程管控、监控与评估管理等 18 个重要环保业务范畴，实现对燕山石化厂区、周边及生活区气态、液态、固态三类物质全方位监控，初步形成从生产源头监控——生产过程监管——环境治理与改善的全过程环境保护管控。平台实现 67 处重点污染源实时监控与报警，日同步 1.5 万余个监控数据至北京市环保管理系统；系统实现 LDAR 从计划下达到复测闭环的智能化管理，检测和管理效率提升超 50%。截止到 2019 年底，LDAR 泄漏率较 2014 年首次开展时的 0.55% 下降到 0.11%，修复率从 75.92% 提升至 100%，VOC 排放量从 1133t 降至 108.56t（表 1）。截止到 2020 年 7 月底，公司各项污染物排放量逐年递减，均完成许可量要求（图 1）。

表 1　2014—2019 年 LDAR 检测情况统计表

年度	检测点 / 万个	泄漏率 /%	修复率 /%	VOC 排放量 /t
2014 年	125.6	0.55	75.92	1133.7
2015 年	142	0.46	77.88	668.29
2016 年	141.18	0.39	84.46	297.06
2017 年	150.47	0.25	96.53	168.26
2018 年	181.6	0.14	100	133.05
2019 年	174.35	0.11	100	108.56

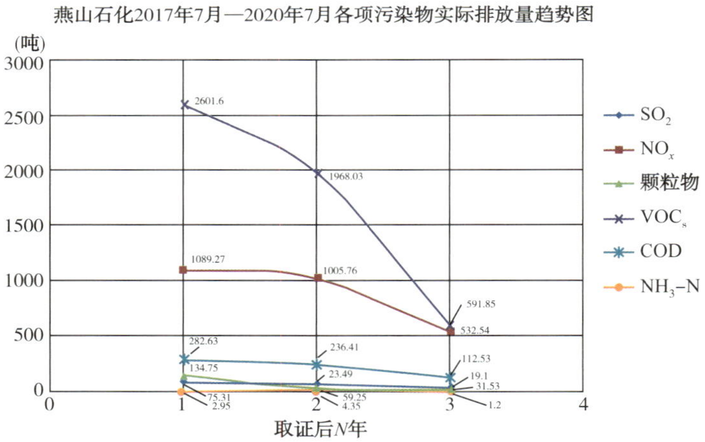

图 1　2017—2020 年各项污染物实际排放量趋势图

环保管理系统的深化应用显著提高了环保业务的管理效率，使得环保管理更加规范，助力燕山石化公司荣获“十三五”节能减排先进单位、环境保护诚信企业、2018 年首批最具影响力绿色企业品牌、国家级绿色工厂、中国石化绿色企业等荣誉称号。

（二）汽车衡远程集中监控，无人值守智能计量出厂

近年随着汽车进出厂计量业务量的快速增长，公司原有计量称重管理和操作模式中存在的问题逐渐显现，如各工作站单点运行、分散驻守、人工称重等，人员不易管理，称

重业务数据手工填报、传输，不仅工作效率低下，而且存在数据传输错误和人为作弊风险。司磅员多为女职工，平均年龄达到 45 岁，随着老职工退休，出厂计量工作将面临缺员问题。

汽车衡远程集中监控系统（图 2）利用原有称重系统、防作弊系统，增加摄像头、车牌识别仪、红外对射、自助称重一体机、扫码器等智能硬件设备，实现现场硬件升级。开发自助称重软件，通过车牌自动识别、栏杆机自动控制、称重条件自动判断、称重数据自动采集、计量单自助打印、远程集中监控、联动协助处理、数据自动推送等功能，实现司机自助称重和数据处理全过程自动化。结合视频监控，实现计量现场全方位实时监控，计量过程全程可控，支持历史追溯。

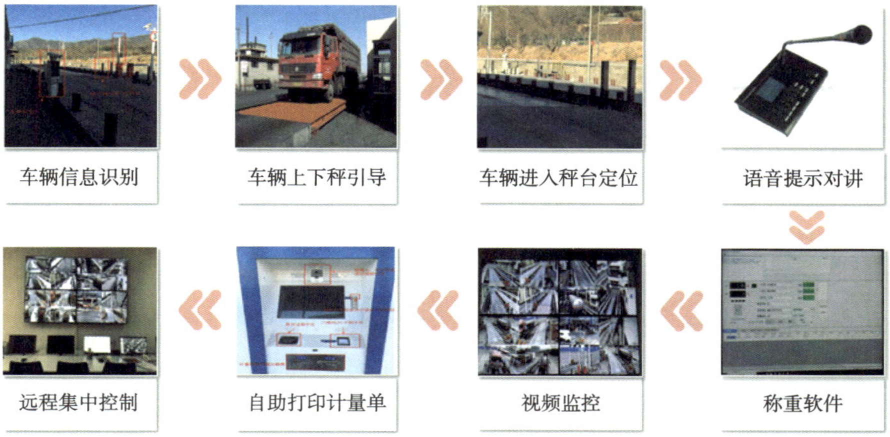

图 2　汽车衡过磅流程图

汽车衡远程集中监控系统的实施，有效满足燕山石化进出厂计量业务智能化的需求，实现进出厂计量业务管理的自动化、信息化、可视化和智能化，进一步提升企业精细化管理水平。实现了计量过程人工零干预，节省人力成本，提高工作效率，降低劳动强度。衡器工作站原有在岗司磅员 29 人，系统实施后，在岗人员减少 10 人，按每人每年人工成本 20 万元计算，每年可节约 200 万元。车辆自动识别，有效阻止计划外车辆上秤。整合称重、计量、销售管理等多个业务系统，过账数据自动推送，保证数据传输的准确性、及时性。司机自助打印计量单，每单过磅时间由原来的 3 分钟，缩短至 2 分钟，节约近 1 分钟。2018—2020 年进出厂称重次数分别为 163800 次、156412 次、181184 次，共计节约工时 8361 小时（图 3）。

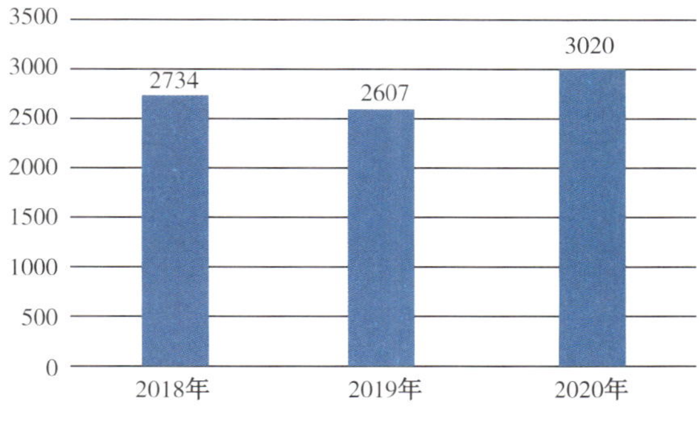

图 3　2018—2020 年汽车衡过磅节约工时（小时）

（三）操作报警全覆盖，助力企业安全生产

生产装置过程控制系统中的报警设置在没有报警合理化的情况下，往往存在诸多问题，容易产生大量无效报警，甚至出现报警泛滥、淹没重要报警的情况，严重影响装置稳定生产。鉴于以上原因，国际自动化协会与工程设备和材料用户协会制定了 IEC ISA18.2 和 EMMUA 191 标准，对生产装置的报警性能做出了明确的评价标准，并对操作报警系统功能和报警管理的模式做出了明确定义，成为报警管理工作的重要参考依据。

燕山石化操作报警管理系统（图 4）参照国际标准进行设计和开发，通过 DCS 提供的标准 OPC 接口采集报警事件数据，对数据进行辨识、归档，将各 DCS 厂商的报警和事件数据统一标准存储；系统按照 ISA18.2、EEMUA 191 国际标准给出的报警管理全生命周期模型，对报警事件进行统计分析，依据峰值报警率、平均报警率、扰动率等关键指标，评价装置的报警性能，实现与国际标准的对标管理；系统通过对操作数据和报警数据多维度分析，形成装置的 TopN 报警、泛滥报警、震荡报警、持续报警等分析报告，达到快速定位和消除无效报警的目的。用户借助系统数据分析，结合管理制度要求，形成持续的分析、评比、优化、执行的管理模式，建立循环提升的报警管理机制，报警管理效果稳步提高。

目前，燕山石化已经完成了 27 套装置的操作报警实施工作，投用后装置报警日均总数降低 50%，实现了报警系统性能的实时评估与监管，降低了操作人员的工作强度；同时管理人员可通过系统提供的实时图表分析工具，时刻掌握装置的报警性能情况；装置技术人员可通过分析工具快速定位报警问题，从根本上对无效报警做出合理处置，大幅度提高装置的报警性能；目前 2# 汽油脱硫、蜡油加氢、三聚丙烯、新三废、间二甲苯、饱和干气等多套装置日均报警数量已低于 150 个，平均报警率已达到国际 ISA-18.2 标准最优水平。

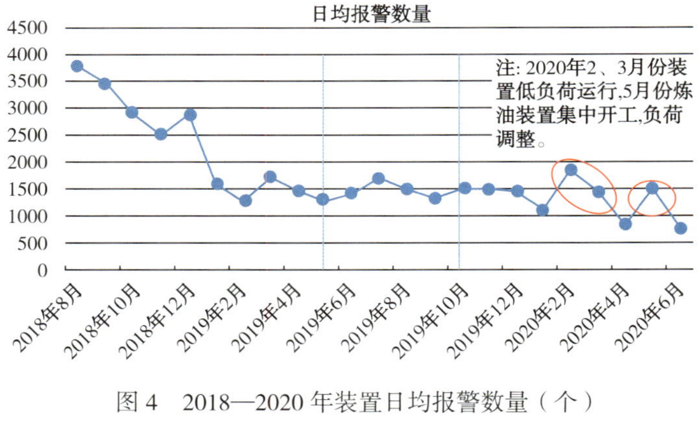

图 4　2018—2020 年装置日均报警数量（个）

四、展望

坚持集团公司信息化“六统一”原则，围绕集团公司信息化“432 工程”，推进物联网、大数据、5G 等新一代信息技术与生产过程全方位、全链条、全要素深度融合，提升

公司生产制造环节的数字化、网络化、智能化水平，按照“数据＋平台＋应用”模式推进智能工厂建设，加快数字化转型，全面支撑经营管理、风险防控，实现价值引领、科学决策、高效协同。

依托总部智能运营生产云，开展智能工厂建设提升。持续完善计划生产协同优化，实现从计划制定到效益分析的全流程可视化管理；优化智能调度管理，推广操作报警管理，确保装置运行安全；实现全公司汽车衡站点无人值守；结合总部数据治理工作，以公司数据资产管理为纲领，探索构建企业级数据治理体系。

有序提升 IT 基础设施，强固基础支撑平台。升级电脑终端、视频监控等，为业务提供稳定的 IT 应用平台；建设 IT 一体化运维平台，实现 IT 运维从被动式无序管理向主动式流程管理转变。

完善信息化管理体系，适应数字化转型。健全网络安全组织架构和制度规范，强化应急演练和应急处置能力；加强信息化人才队伍培养，增强对新技术的学习、数字化转型的理解，为企业信息化工作提供人才保障。

推进“两化”深度融合 打造炼化竞争新优势

齐鲁分公司

一、总体情况

“十三五”期间，齐鲁石化信息一路在集团公司信息和数字化管理部的关心、指导下，紧紧围绕“建设绿色低碳、环境友好型炼化一体化企业”发展战略，聚力提质增效升级，紧扣“两化”深度融合，数字化、智能化、自动化水平不断提升，为生产经营和改革发展提供了有力的信息化支撑。

“十三五”以来，50余个重点信息项目建成投用，有力推进了信息化在经营管理、生产运营、生产控制三个层面的深度融合，高效助力了生产安全管控、人力资源优化等专业管理工作，信息技术价值得到充分体现，信息化氛围更加浓厚。高度重视网络安全管理，网络安全工作节节升高，在集团公司网络安全评级中，由2017年的C级上升至2018年的B级，2019年、2020年连续保持A级，网络安全防线进一步巩固。持续强化信息系统深化应用，“深化应用创新创效”行动扎实开展，公司连续5年评为集团公司“深化应用创新创效”示范企业、A类企业，创新创效能力显著增强。“两化”融合管理体系完成贯标，2次年度监督审核顺利通过，具有齐鲁特色的基于先进控制的平稳运行与节能降耗能力获得了评审专家组的高度认可，“两化”融合迈向新的台阶。

二、典型做法

（一）以智能工厂建设为核心，大力推进信息化建设和“两化”深度融合

针对企业生产、经营各个环节的决策和执行没有达到“快、准、灵”，信息掌控不准、不全、不快等问题，通过智能工厂建设，坚持与生产经营相结合、与专业化管理相结合、与系统优化相结合，提升各业务领域的感知、预测、优化分析和协同能力，用信息化全面提高生产经营管理水平。“建成一个平台、解决两个问题、实现三大目标”，即加强基础建设、建立全公司统一的集成平台，解决信息孤岛和应对迟缓两大问题，实现运营决策科学化、运营管理协同化、运行操作自动化。

（二）确立了智能工厂建设推进策略，分类别、分专题聚焦，稳步推进项目建设

以推广项目为主，聚焦专业域一体化管理。包括炼化生产一体化优化、炼化生产集成

管控、全生命周期资产管理和智能制造平台。以企业自建项目为辅，聚焦生产经营难点和痛点，从助力安全、稳定生产、优化人力资源配置、提高生产效率和效益等方面开展项目建设。

（三）顺利推进项目建设，组织保障到位

为推进项目有序进行，由公司领导亲自挂帅，建立组织机构，全面统筹管理项目建设，对建设过程中的重大问题进行决策，定期听取项目组的进展汇报并解决跨部门的问题，确保项目建设按计划有序推进。公司党政主要领导亲任项目领导小组组长、分管领导任常务副组长，20 个专业部门和分厂参与实施，累计召开项目例会、推进会 120 余次，为项目实施提供了有力的组织保障。

（四）坚持“信息搭台、业务唱戏”，以业务驱动推进深化应用，助力提质增效

按照“业务部门牵头、信息部门综合管理”工作原则，成立深化应用创新创效行动组织机构，明确职责分工。各业务部门负责制定本专业的深化应用目标，结合业务实际，出思路、订措施，信息部门负责制定整体工作目标，研讨落实解决方案，并组织实施。制定了 22 个总体目标和 105 项重点工作，百余人深度参与，累计解决 ERP、MES 等系统运行问题 900 余个，培训人数 2000 余人次、发布创新成果 60 余个，生产经营增效达 3000 余万元，有力促进了公司生产经营管理能力的提升。

（五）推进消除信息孤岛工作，系统集成性、易用性大幅提升

摸清了存量应用系统现状，理清治理清单、确定治理策略、制定集成规范。将具备条件的 50 余套系统进行数据集成。对不具备条件的 40 余套老旧系统进行关闭。对 30 余套系统仍有应用需求暂时不具备整合与升级条件的进行虚拟化迁移。对 40 余套系统进行了统一身份认证系统集成，系统运行整体效率得到明显提高。

（六）建立起“条块呼应、业务协同”的管控机制，筑牢应用底线

建立“两级例会”及“三级监控”制度，实现了点面呼应、上下协同。“两级例会”分别为专业周例会和信息化月度例会，其中专业例会由各专业部门牵头落实，信息化月度例会由信息部门牵头。“三级监控”分别为操作层监控、业务主管部门监控和信息部门监控。操作层监控的落脚点是规范应用，业务部门监控的落脚点是深化应用，信息部门监控的落脚点是总体工作推进及总体成效。5 年累计解决 ERP、MES、CMIS 等问题 900 余个，形成了大集中后新的企业层级支持体系，提高了支持人员综合处理问题能力。

（七）修订制度、更新预案、强化应急演练，提升“三基”管理水平

修订信息化应用建设、ERP、MES、APC 等系统应用管理办法，把深化应用工作纳入其中，加以固化。梳理了应急状态下的业务流程，确保了应急业务流程的可行性，按照

“快、准、灵”模式，尝试开展了跨多业务部门的全流程应急演练，开展 ERP、MES、计量系统、智能出厂系统的联合应急演练以及网络攻防应急演练，信息系统的应急处置能力得到大幅提升。

（八）实施精准培训，提升整体应用水平

围绕智能工厂推广及深化应用总体工作安排，制定公司培养计划。即：选择一批关键用户补充运维力量、选树一批关键用户成为深化应用骨干、培训提高一批深化应用项目管理主力、培育一批“多系统应用”专家型人才、储备一批优秀创效骨干。持续开展大系统培训，提高操作水平，累计培训 ERP、MES、ERS、CMIS、智能管线等系统 2000 余人次。

三、主要成效

（一）智能工厂推广项目成效明显

（1）新建“炼化一体化优化模型”，支撑企业进行整体优化测算。生产经营计划实现线上管理数据共享，提升了业务人员及各部门间的协作效率。通过计划管理系统可以实现计划与生产实际数据日、月跟踪，使生产实际数据对计划调整提供数据支持。

基于炼油新模型开展 2021 年年度排产、2020 年 4 季度及月计划排产，形成 20 余个测算案例。基于新模型及总部 M+3 测算价格体系开展月优化测算，1—6 月累计优化方案测算 29 个，实施 7 个，累计创效益 4223 万元（图 1）。

序号	本月优化测算情况 名称	测算结果	备注
1	在M+3月份预算价格体系下,测算进口原油保本价。	高硫原油的采购顺序为伊重>沙中>沙重>科威特>卡夫基。低硫原油采购顺序为阿布扎库穆>萨宾诺>卢拉>凯萨杰>桑格斯>杰诺>普罗托尼>啧拉索。	
2	测算不同原油加工量下的效益变化情况。	7月份,应该多争取原油加工量和成品油配置计划。	
3	在7月份预算价格下,通过PIMS测算加工胜利原油和进口原油的效益对比。	7月份,用1万吨沙重原油代替胜利原油,增效29.8万元,用1万吨科威特原油代替胜利原油,增效117万元,用1万吨桑格斯原油代替胜利原油,增效145万元。	
4	在7月份预算价格体系下,测算外购蜡油保本价。	外购1万吨蜡油的保本价2634元/吨,外购2万吨,蜡油的保本价2454元/吨。	
5	在7月份预算价格体系下测算船燃保本价。	随着低硫重质船燃的产量增加,净利润先增加后减少,生产1–4万吨的保本价分别为2334元/吨、2427元/吨、2513元/吨和2568元/吨。7月份预算价格2478元/吨,月度计划安排中应保持一定的船燃出厂里,有利于增加企业效益。	
本年度累计情况			
名称		方案累计数里	累计效益
今年累计优化方案测算情况		29	
今年累计优化方案实施情况		7	4223万元

图 1 优化测算情况

基于化工新模型开展 2021 年年度排产、2020 年 4 季度排产及月计划排产工作。通过乙烯专项优化模型进行测算，模拟了循环炉、压缩机按体积控制，对乙烯原料结构进行优化，对实际生产提供了指导意见，累计增效 500 万元。

（2）“调度优化管理子系统”建立了“月计划－旬计划－日计划”管理体系，根据生产动态和外界条件变化信息，及时作出反馈并测算。通过三个计划的衔接，有力地加强计划与生产沟通协作，保证装置以效益最佳的状态运行（图 2）。

原料名称	投入数量		物料编码	产出物料	收率	产量
炼厂石脑油	110252.48	1#石脑油	LJH	氢气	0.89%	985
			NC1	甲烷	15.00%	16539
			C2=	乙烯	28.74%	31689
			C3=	丙烯	14.03%	15466
			XC4	其他碳四	4.18%	4606
			BUT	丁二烯	4.50%	4962
			CR1	裂解汽油	15.29%	16858
			ZNZ	苯	7.52%	8291
			HM0	重混合油	2.14%	2359
			YJY	乙烯焦油	2.23%	2463
			YW1	乙烷	3.77%	4160
			BW1	丙烷	0.49%	536
			YQ1	乙炔	0.36%	397
			JYQ	甲基乙炔	0.55%	610
			LOS	损失	0.30%	333
总投入	110252.48			总产出:		110252

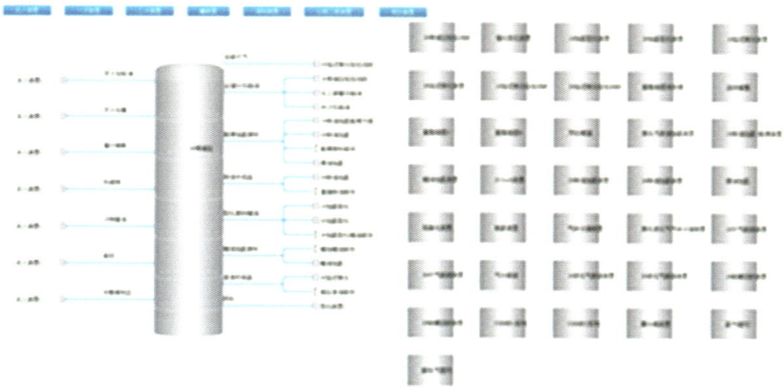

图 2　调度优化管理子系统

（3）“装置优化子系统”基于调度优化的全局优化目标，进行单装置的优化计算，保证了整体计划下的单装置优化，即实现“全局最优”，而非“局部最优”。根据每日的调度指令，不仅给出装置目标是什么，还给出如何执行才能达到优化目标（图 3）。

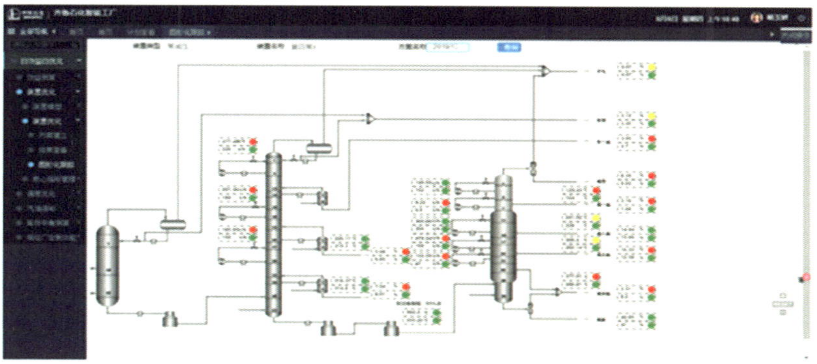

图 3　装置优化子系统

（4）“一体化效益测算及日优化”，通过图形化可视化展示装置的效益，以及每日分析效益差异原因。通过投入、产出、能耗和关键指标等方面进行关联对比分析，快速定位引起效益变化的主要因素，提高决策效率。每日测算炼油、化工、存续三个板块 9 个二级单位 78 套装置的效益情况，按旬将炼油月度计划拆解为每日作业计划（图 4）。

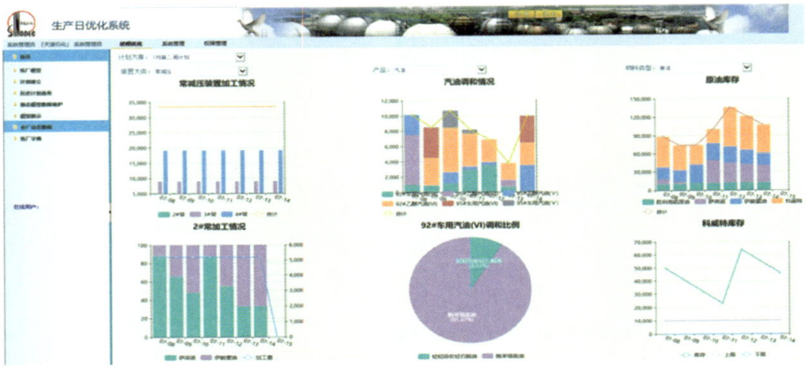

图 4 一体化效益测算及日优化

（5）“操作报警系统”在第二催化裂化、3# 常减压等 11 套生产装置应用，工艺管理人员可通过报警分析工具对装置报警情况进行分析。以二催化装置为例，报警数量从每周 27000 多次减少到 14000 次左右，下降 48%，无效报警被及时优化，装置报警有效性大幅提高（图 5）。

图 5 操作报警系统

（6）“调度指挥子系统”，通过整合现有业务数据，梳理业务规则建立运行监控模型，实现公司装置、罐区、物料平衡、公用工程管网实时运行动态监控，为公司生产调整指挥提供数据支撑。通过生产预警、预测分析等功能，实现事后应急、事中发现的传统管控模式向事前预测、主动应对的模式转变，将管理向前延伸，提高生产长周期平稳运行能力（图 6）。

（7）“设备健康管理系统”，整合状态监测系统、实时数据库系统和实验室管理系统等，集成关键机组等设备的工艺运行参数、设备状态参数和化验分析参数等，展示设备运行状态，并对设备监控参数进行实时监测和趋势监测，实现设备状态的综合监控。针对全公司关键机组建立不同故障诊断模型，自动获取状态监测数据，进行征兆转换后，按优先级进行案例诊断、规则诊断、人工诊断，出具诊断报告，并对故障发展趋势进行预测（图 7）。

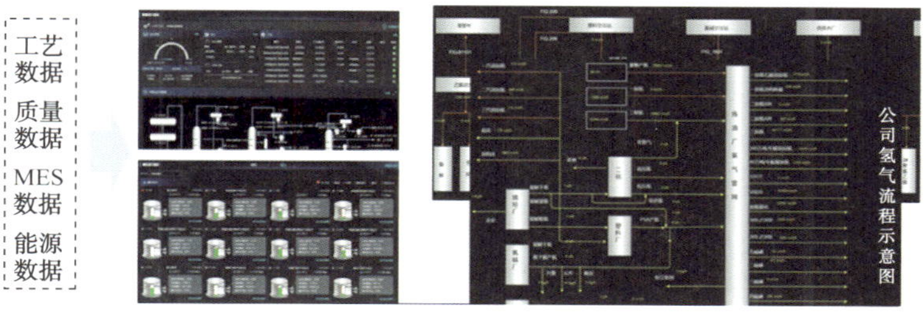

图 6　调度指挥子系统

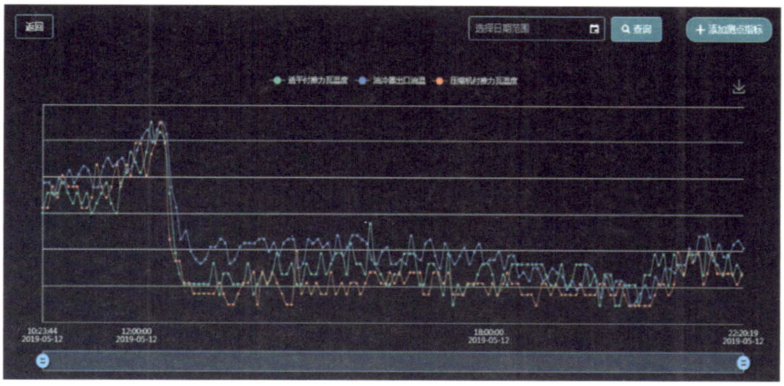

图 7　设备健康管理系统

（二）信息化支撑经营管理决策，人力资源优化水平不断提升

（1）建设衡器无人值守系统促进人力资源优化（图 8）。完成了两期衡器无人值守项目建设，打通了不同专业（产品销售、物资配送、经济保卫、过衡管理）之间的工作流程，以及不同信息系统（销售 IC 卡、ERP、MES、智能仓储系统等）之间的数据流程，实现了齐鲁石化过衡业务的集中管控。衡器无人值守系统上线后，33 人在计量集中控制室上岗，同时管理 15 台衡器，用工成本明显下降，劳动生产率大幅提升。根据齐鲁石化 2019 年度人工平均成本测算，每年可节约人工成本 660 万元。

（2）完成自助式化工产品提货系统提升（图 9）。引入预约和自助提货模式，提高了发货效率，提升了客户满意度。化销公司和企业人工成本得到降低。根据 2019 年度公司人工平均成本测算，年可节约人工费用 100 万元。

（3）深化价格管理系统应用，助力企业价值创造提质提效。通过完善提升价格管理信息系统，促进了价格管理全面性和系统性。按照公司“采用联合、产销联动”经营策略，实现了公司13类近170种产品销售的全监控、上万种物资的采购价格采集以及30余套装置的生产成本和产品边际贡献的测算，提高了价格监管效率和价格监管能力。2017—2018年实现增效30786万元，平均年增效15393万元，2017年增效14886万元，2018年增效15900万元，实现了价格管理效益创造最大化。

图8 无人值守系统

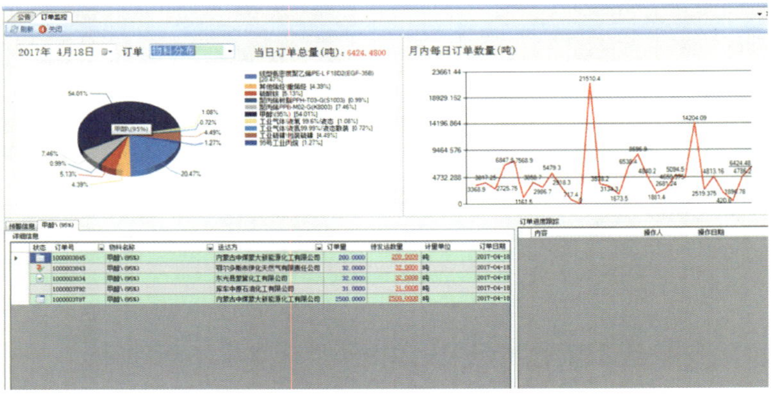

图9 自助式化工提货系统

（4）提升资产管理系统，实现管理创新创效。通过参照资产管理制度，在系统中定制资产管理业务流程，将管理责任落实到具体业务处室或部门。实现资产业务的线上管理、线上审批。借助资产信息系统，2019年齐鲁石化积极开展资产清查和分类评价工作，全年盘活资产增效2962万元。公司净资产收益率和总资产报酬率分别同比提高了6.51%和3.71%，资产质量不断提升、资产创效能力进一步提高。

（三）聚焦生产管理持续发力，生产管理增效明显

（1）推广APC助力装置优化增效。充分发挥先进控制系统对生产装置运行的优化增效作用，“十三五”期间完成炼油厂三气分等5套装置先进控制系统建设，对连续重整等9套装置APC实施了模型优化，提高了高附加值产品收率，降低了装置能耗。齐鲁石化重

要装置在用先进控制系统累计达到22套，年创效能力超过4000万元。

（2）大机组预警辅助装置长周期运行。建成了工业生产及动设备智能预警系统，部署于40台关键机组，实现了机组状态的实时监控和故障的提前预警，一定程度上解决了动设备运行管控中存在的“异常不能事前预警”“故障不能快速定位”“历史经验不能有效传承”等难题。2018年成功避免一次塑料厂高压装置机组K102非计划停机故障，较其他监控系统发出故障报警信号提前8天。

（3）利用大数据提升装置管控水平。针对加氢裂化装置的生产操作系列问题，开发装置操作大数据诊断分析系统，实现了生产操作平稳率分析影响分析、产品质量操作影响分析等功能。根据炼油分厂加氢车间2019年技术月报，实施加氢裂化大数据分析后，能耗降低0.8%，节省蒸汽215.4t，带来经济效益28万元/月。实现加氢裂化装置石脑油终馏点、航煤终馏点质量实时预测，分别可提升约1.5℃和1℃，折算收率预估提高0.16%。预估增加效益22.4万元/年。同时精确的软测量可为操作员提供实时参考，可适当降低化验频次，降低化验人员工作量，应对人员老龄化问题。

（4）利用大数据技术实现产品质量预测分析。以更直观的形式呈现质量指标变化趋势。实现了塑料厂6套装置约145个化验分析项的实时预测。从运行效果看，主要指标的预测偏差小于3%，基本满足指导工艺生产要求。同时可减少化验频次，降低化验人员劳动强度。

（5）开展炼油分馏塔软仪表开发及应用。通过数据采集、数据处理、数据分析、模型辨识和优化开发完成了炼油厂12块分馏塔软仪表。12块软仪表能够保持长期平稳运行，反应及时、准确，经与化验值比较，两者之间的误差均在允许范围内。通过软仪表输出与先进控制系统配合，基本实现产品质量闭环控制，减少产品质量过剩、提升先进控制投用效果。

（四）以信息化手段打造安全管控平台确保生产安全

（1）一体化视频监控平台成功搭建。完成了炼油、化工（一期）、存续三大板块视频监控隐患治理项目，5306路视频监控完成数字化升级改造。“一套网络、两级平台、三层服务”的视频监控架构体系以及集视频监控、视频分析、应用集成、应急联动为一体的智能化应用平台成功搭建，打造了可视化、大安全管理新模式。在鹰眼全景企业地图标注、双光谱热成像、“火眼”早期火警告警、HSSE重大作业、人员统计、装置温度监测等方面开展应用，有效提高了安全管控水平（图10）。

（2）统一报警推送，稳定生产运行。依托各专业数据库建立数据报警推送管理系统。通过深度挖掘公司各专业数据平台，建立了生产、工艺、质量等7大类、3.4万个关注点、730人使用的报警管控体系。实现了公司、厂级、车间三级报警信息实时推送和闭环处理，提升了应急处置能力。

（3）统一协同应急指挥，提高处置突发事件的快速响应。构建统一协同的应急指挥平台，支撑“应急响应、资源调度、现场处置、应急演练”四个核心业务，满足企业和现场应急指挥两个层次的业务需要。包括警情接报、应急通知、联动监控、应急资源及调度等模块。实现了与视频监控、实时数据、消防管理、单兵无线视频、环保在线监控系统等集成。

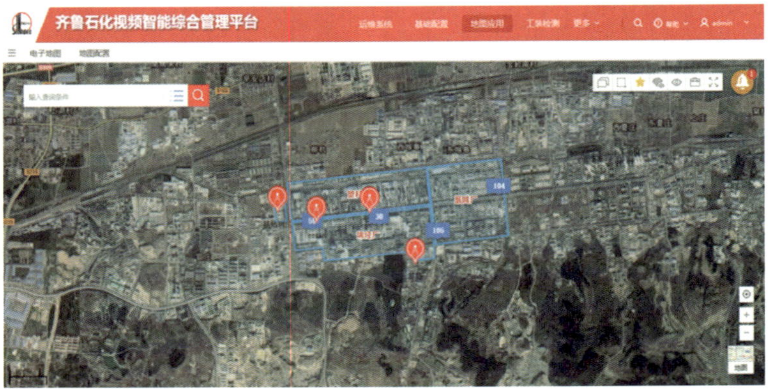

图 10 一体化视频监控平台

（4）建设封闭化安全防护告警系统，实现全面、多层次、立体化的智能周界报警系统。对入侵行为第一时间报警、感知、响应、处置，实现对周界区域的全方位安全防范。一旦有警情发生，能在第一时间将报警信号传送到控制中心，并可以联动现场的摄像机、声光报警器等设备，全方位对现场实现监控和管理。

（5）实现现场作业标准化管控。依据制度规范直接作业环节票证办理过程，解决票证填写不规范、措施落实不到位、代签、改签和补录等办理过程走捷径等问题。以移动终端、射频位置标签为载体，将安全责任落实到人，实现作业现场过程的信息化、标准化、高效管理，保障现场作业安全合规（图 11）。

图 11 作业现场标准化管控

（6）网络安全防护能力稳步提升。建立了以网络安全预警平台为核心，多个安全系统辅助的网络安全技术防控平台。建立并优化网络威胁行为模型 18 个，管理核心网络设备和安全设备 19 台、服务器 300 余台，日均采集、分析网络安全数据 3TB 以上，会话数 1600 多万条。齐鲁石化网络威胁从过去的月均 300 多万次降至月均 3 万次，总体网络威胁下降 99%，累计预警并整改风险 10 万余项，取得显著成效。网络威胁从发现到消除平均治理时间，从 2017 年的 140 小时，下降至 2020 年的 10 小时，网络威胁治理效率得到大幅提升（图 12）。

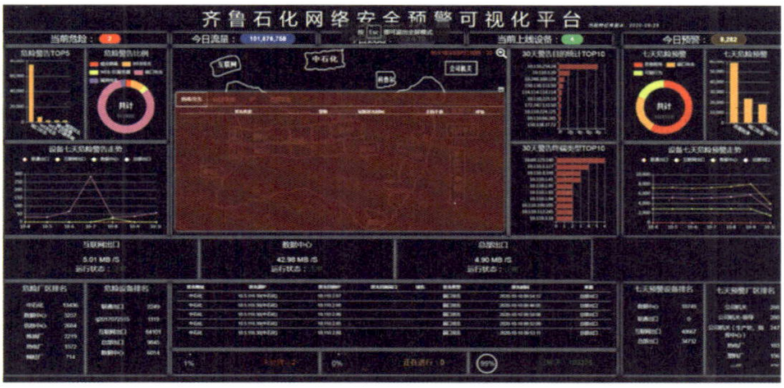

图 12　网络安全预警可视化平台

四、展望

“十四五”时期，国家把信息化发展摆在了更加重要的位置，将坚定不移建设网络强国、数字中国，打造具有国际竞争力的数字产业集群。齐鲁石化将按照集团公司信息化“十四五”规划目标，结合自身实际，做好云计算、物联网、大数据、人工智能、移动互联技术落地应用，逐步构建“数据 + 平台 + 应用”管理新模式，加快推进数字化转型，推动业务应用上云上平台，稳步开展数据治理、前沿技术推广、信息系统深化应用等重点工作，以奋进姿态开局信息化“十四五”，进一步提升数字化、网络化水平。

（一）推进“数据 + 平台 + 应用”项目建设与应用

围绕“石化智云”，以平台为核心，以数据为底座，融入其中，深度学习，不断拓展新应用、改造老应用，提升信息系统的数字化服务能力。按照“数据 + 平台 + 应用”的开发模式，利用平台开发系统、部署系统、改造系统、优化系统，共享系统。建设通用性的齐鲁特色“工业 APP”，加强数据的标准化建设和系统集成化应用，推进 ODS 功能提升。

（二）推进“工业互联网 + 安全生产”，提升本质安全水平

紧密结合集团公司“十四五”安全和信息化发展规划，按照“数据 + 平台 + 应用”的新模式，以“石化智云”1 个工业互联网平台为基础，建设综合管理、生产过程、作业安全、储运安全、应急管理、员工健康、公共安全等 7 大安全主题域，开发相关“工业 APP”，构建“1+7+N”的“工业互联网 + 安全生产”总体框架（图 13）。

（三）以炼化一体化优化为导向，提升生产智能化管控水平

推进信息与生产过程层面的深度融合，加强炼油、化工部分装置实时优化建设，新

增部分重要装置 APC 建设，加强实时数据库国产化升级。推进“虚拟制造”试点，探索“全要素联动”。探索企业级模型建立技术，真正实现数据的本质集成，使“并行制造”成为可能。推进基层数字化转型，探索“数字化车间”建设。针对车间层面横向信息集成度不高的问题，探索“数字孪生”理念在车间层面的落地应用。

图 13 工业 APP

（四）加快智能化新技术推广，促进企业降本增效

加强大数据、物联网、人工智能等新技术应用，持续推进信息化新技术与仓储、销售、计量、搬运、操作巡检等业务领域的深度融合，提升自动化处理效率，降低人工成本。试点 5G 应用，在安全环保方面，利用 5G 技术让信息和决策传输更迅速，发生危险或紧急事件时及时做出判断并应急处理；在物流运输方面，利用 5G 技术融合摄像头、无人机、机器人等，实现无人化的远程调度。

（五）推进办公自动化应用，促进办公效率提升

扩大移动办公应用范围，提升业务系统审批、处置效率。推进公文系统、邮件系统、BPM、门户网站等系统的应用提升，促进“马上就办”“办就办好”。加快 RPA 技术在财务、物资管理等业务领域的应用，提升业务管理效率。

（六）强化网络安全管理，提升安全管控水平

建设软件安全开发管理平台，完善公司信息化项目的安全开发管理体系。完善网络安全主动防御体系，在关键应用系统部署入侵检测响应系统，在关键区域部署“蜜罐”系统。构建统一网络安全大数据中心，建立公司网络安全风险模型，全面评估、可视化展示、智能预警网络安全风险，指导运维力量快速响应，提升网络安全管理水平。

创新信息技术应用 助力企业攻坚创效

茂名分公司

一、总体情况

茂名石化深入贯彻落实习近平总书记关于“以科技创新和数字化变革催生新的发展动能”论述，以及张玉卓董事长“深化信息技术创新应用，以数字化转型赋能高质量发展”指示精神，落实总部信息化战略部署和“六统一”要求，“十三五”期间以“智能制造”“互联网+”为主攻方向，完成了两期智能工厂，支撑经营、生产、优化项目建设。建成了覆盖经营管理、生产营运、客户服务、基础技术支撑等主要领域的“421”工程，信息安全和IT管控机制不断完善，“两化融合”进一步深入，有力支撑了企业的提质增效、转型升级和可持续发展。“十三五”期间，企业减员21%，人均劳动效率提升27.8%。至2020年达到1071万元/人，信息化建设创效超过25亿元，全口径数采率提升至78%，生产数据自动采集率保持99.20%以上，智能制造成熟度达到了规范级。

公司在“十三五”期间争先创优，被工业和信息化部授予“智能制造试点示范企业”、集团公司授予“‘两化’深度融合创新示范单位”“ERP先进应用企业”“MES先进应用企业”“信息和数字化先进工作单位”等称号；ERP、MES、LIMS、APC等系统在总部应用排名保持在总部第一方阵，荣获“‘两化’融合创新实践奖”、3家基层单位获“‘两化’深度融合先进基层单位”荣誉、8人分获“突出贡献奖”和“先进管理奖”、1人获“信息和数字化先进个人”荣誉称号，11项深化创新创效成果被总部评为典型、推广优秀案例；“智能工厂实时信息平台”“大型炼化企业检维修全要素综合管控平台”等2项成果获省部级科技成果二等奖。

二、主要举措

（一）拉高标杆“对标”一流，持续提升专业管理水平

一是提升管理促融合。“十三五”期间实施了“机关+二级单位”的“1+1”管理模式变革，将信息化管理职能纳入企业管理部，将信息专业管理提升到生产主业管理平齐的地位，健全了“业务主导、专业统管、信息支撑”的管理新机制，实施“业务IT化、IT业务化”人才培养工程，从组织、管理、人才等方面推进“两化”融合。二是建立规范促应用。引入智能制造成熟度评估方法，建立“管理+技术”两个规范体系，发布了《年

度信息化发展情况报告》指导各单位开展信息化建设；针对项目建设、信息安全、深化应用等环节开展查思想、查纪律、查隐患的“三查 + 服务”工作；制定自建信息系统应用评价体系，信息化应用水平由 75.3% 提升到 85.9%，达到了管理促应用的预期效果。三是制定规范适应转型。制定《新建和存量系统上云上平台规范》和《持续交付中心使用规范》，2020 年完成了新产品研发管理在石化智云建设部署，实现工艺管理、环保二期、投资管理等 3 个系统向石化智云迁移，迈出了向“数据 + 平台 + 应用”模式转变的第一步。

（二）引新技术赋能应用，打造新型创新创效能力。

一是引入敏捷开发平台，赋能自主开发。按“厚平台、薄应用”建设思路引进协同管理平台等工具，通过低代码、无代码敏捷化开发赋能业务，自主搭建了绩效考核、职代会提案、培训练兵及抽考统计、工程现场签证明星 APP 等应用和 40 余项流程，逐步扭转只能依赖承包商开发建设和运维提升等“卡脖子”的局面。二是创新“平台 + 二次开发”，降低建设成本。依托低代码协同平台基础和架构，采用“平台 + 二次开发”模式建设人力资源分析系统，而且突破“打地基 + 盖房子 + 包装修”的传统模式，探索出一条“平台 + 二次开发”的信息化建设新路子。三是引进新工具，突破承包商卡脖子瓶颈。引入爬虫工具破解数据集成垄断、数据接口“双向收费”等卡脖子难题，应用在二维码防伪项目，为消除信息孤岛提供了新技术解决方案；运用 RPA 机器人技术实现了报表跨系统自动填报，报表填报时长由 24 小时减少至 0.7 小时，探索出一条突破数据集成难、接口费用高等难题的有效路径。

（三）筑牢网络安全防御基础，保障生产稳定运行

一是夯实信息基础服务保障能力。建成 ODS 数据中心和 ESB 总线枢纽，集成 41 套系统、支撑 92 套系统，形成 700 多个共享视图和 140 个共享服务，建成了生产管控集约化的神经中枢和数据共享服务平台；建成了 40G 带宽的企业核心网络高速公路和云资源节点，支撑了“十三五”期间企业 59 套装置转型升级建设与配套系统的应用。二是提升安全综合防御能力。部署云资源虚拟化防护、资产风险巡检、国防 G01 防护、入侵检测防御 EDR 等安全防护系统，开展工控网、数采网和管理网边界隔离，实现虚拟服务器逻辑隔离、流量检测、防护和 IT 资产 24 小时的不间断巡检、集中监控，构建了自主可控、安全可靠的多层次纵深防御体系，为“十三五”期间企业生产经营提供了有力的信息安全保障。

（四）谋顶层规划设计，加快企业数字化转型发展

一是完成信息化战略规划。遵循总部总体部署以及数字化转型工作要求，结合企业发展战略，完成了“两个三年、一个十年”信息化战略规划，制定了经营、生产、安全、IT 等六个业务域工作任务和演进路线，同时滚动优化开展“十四五”信息化发展规划编制，

指导企业有序推进信息化战略实施。二是制定数字化转型初步方案。全面梳理和分析出企业114项数字化转型项目需求，制定了17类KPI指标和90项数字化转型工作任务，细化数据资源中心建设、数据资产管理等8方面转型计划和措施，形成了企业数字化转型、数据资源中心方案，确定了公司未来3—5年的数字化转型路径和方向。

三、主要成效

（一）夯实了数字化、自动化基础，实现减负提效。

一是实施数字化基础建设。实施了进出厂物料、炼油、铁运区域电能采集、炼油分析仪器和水质化验室等数字化项目建设，实现324个进出厂计量、2088个电能和183台分析仪数据的自动采集、实时展示和报警，进出厂物料数采率由0提升至87%，全口径数采率由<50%提升至78%，每年节约抄表工作量超过6万小时，大大减轻基层负担，进一步奠定了智能工厂的数字化和自动化基础。二是进一步推动自动化建设。实施了炼油、化工6台汽车衡器和4台轨道衡器无人值守建设，实现了物资进出厂自动过衡、线上结算的整体业务闭环，单次计量时间由180秒降低至20秒，效率提高9倍，进出厂过磅整体效率提升50%以上，部分岗位实现无人值守，现场计量岗位可减员67%。

（二）持续优化创新创效应用，促进生产经营降本增效。

一是降低了经营成本。建成投用进出厂物料智能管理系统，加强原料进厂及产品出厂监管，年降损约459万元；深化智能物资管理系统应用，只需原来30%的人员便可完成原来仓库保管所有工作量；以客户为中心实施互联网+客户服务建设，推动服务创新，建成集企业、承运商和客户三方参与的营销、预约和提货一体化平台，助推营销岗位减员20%，发货效率和用户满意度提高超过30%（图1）；建成日优化与日绩效系统，通过监控操作和现金流变化的效益模型应用，优化燃动消耗、操作参数和加工方案，为公司年降本减费约3.8亿元作出了贡献。二是增加了经济效益。布局主要生产装置，逐步推动先控软件国产化，完成25套装置APC项目建设，通过提高高附加值产品收率、节能降耗，年增效约9000万元；完成企业43套主要生产装置PID参数整定项目建设，通过减少内操的操作频次和产品收率波动，进一步提高装置生产平稳率，年增效约8000万元（图2）；建成原油加工优化系统，对常减压装置操作参数的优化调整，进一步提升高价值产品收率，年优化创效约700万元；建设在线实时优化系统（RTO），通过搭建裂解炉机理模型，集成原料、产品、公用工程价格和质量分析等数据，持续对装置进行实时优化，使装置操作达到最佳经济效益操作点，模型收敛率达87%以上、吨乙烯效益增量23.44元，预计年创效890万元（图3）。

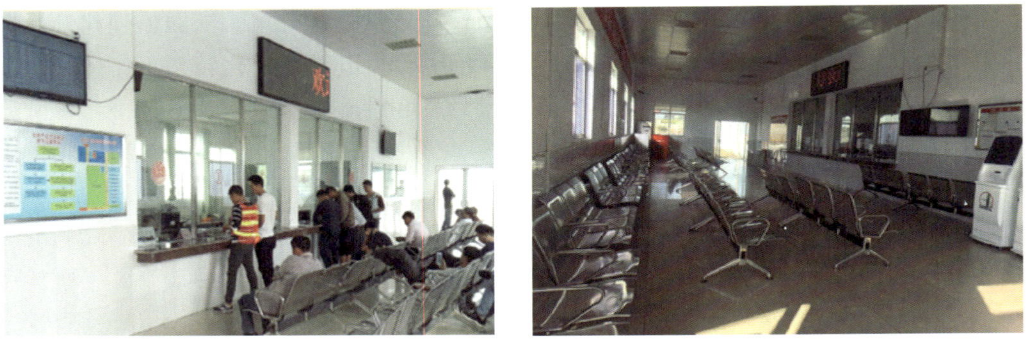

图 1　系统投用前门庭若市，投用后空无一人

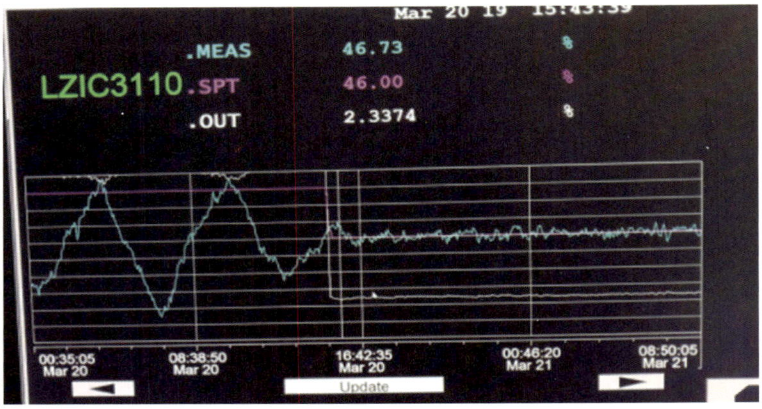

图 2　PID 参数整定

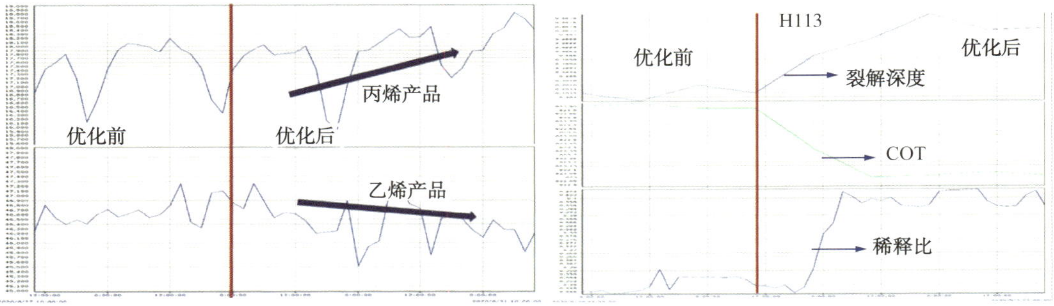

图 3　标定期间丙烯效益好于乙烯产品，自动降低裂解深度

（三）网络化、集约化应用助推工作岗位效率提升

一是打通进厂到出厂价值链促效率提升 30%。围绕 ERP 为核心服务开展智能物资、检维修费用、财务分析等项目建设，实现了物流、现金流和信息流的统一，推动业务链管理向价值链管理转变，仓库、检维修、经济活动分析等经营岗位工作效率整体提升超过 30%。二是生产统计分析效率提升 35%。建成投用生产统计分析共享平台，通过搭建数据

模型实现生产、统计等多层级报表台账、数据的互联互通和跨系统自动获取，统计数据线上共享覆盖率超过 80%、数据集成运算速度提高 90%，数据流转效率提升超过 35%，有力支撑了数据共享服务（图 4）。三是一体化互供物料平衡优化效率提升 8 倍。通过集成 MES、LIMS、金凯讯等系统，拓展日优化、日绩效应用（图 5、图 6），增加石脑油、轻烃等一体化资源的全景监控、建设价格、效益测算、装置物料等模型，建设了化工物料平衡排产及炼化轻油一体化平衡模型，实现了炼化企业“宜烯则烯、宜芳则芳”的资源排产操作和优化配置，工作效率从 4 小时缩短为 0.5 小时，提高 8 倍。四是辅助业务工作效率明显提升。应用分析仪器、水质化验室数据自动采集项目，实现仪器、水质化验室数据的实现自动采集，效率提升 12.5 倍，数据汇总分析工作由 4 小时缩短为 0.25 分钟，效率提升 16 倍；加强外围点管理，实现国际、天源、正源码头运输进厂烟煤汽车过磅数据的自动采集、比对和偏差报警，提高数据监控效率，月统计报表用时由 12 小时减至 1 小时。

图 4　用户自定义报表取数逻辑

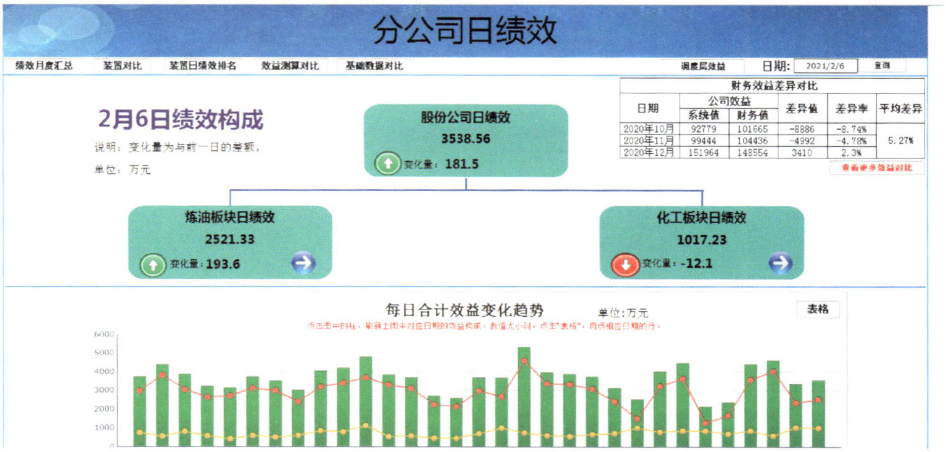

图 5　公司绩效构成

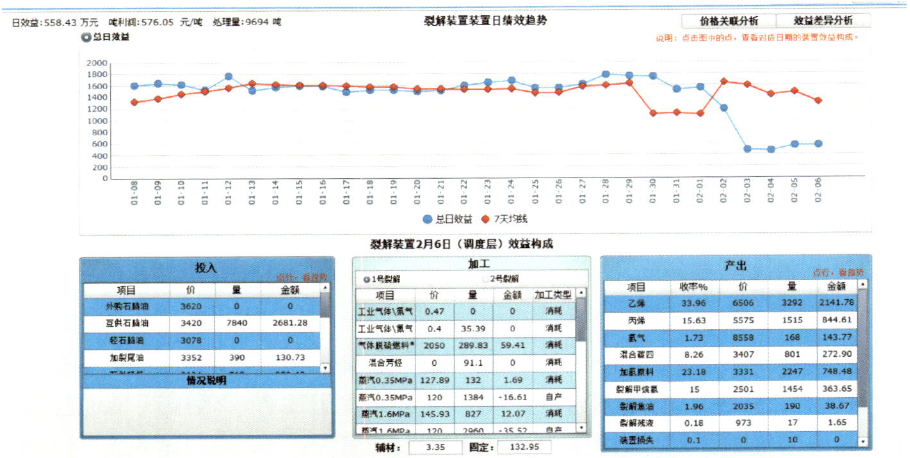

图 6　裂解装置投入产出价值链管理

（四）流程化、信息化应用促进了业务协同和规范管理

一是以流程信息化规范业务管理。全面梳理业务流程并开展信息化建设，推动职能管理向流程管理转变、规范业务管理。完成了 IT 事件、检维修、计量数据发布、人力资源综合分析等 65 条流程的信息化建设，规范、精简了业务活动，实现流程端到端的信息化贯通；同时搭建流程信息平台对流程业务环节进行可视化的监控跟踪，提高流程运营能力，公司步入“制度 + 流程”管理新模式。二是规范门户管理，实现业务的高效协同，提高用户体验。通过门户“瘦身健体”，优化压减子门户和栏目，同时将 89 套统建、自建系统按统一规范实现单点登录；PC 端集成 26 个系统待办、移动端集成系统 20 个，实现日常办公的业务协同和规范应用，提高业务处理效率和用户体验。三是搭建选商平台，规范选商业务。建设选商交易管理系统，规范业务外包和辅助业务商务采购流程，98% 以上竞价项目实现远程线上报价、投标和定标，精简流程审批层级，提高评审效率 91.7%，进一步规范了选商交易过程。

（五）应用新技术提升管理绩效保生产平稳高效运行

一是首家投用国产实时数据库。敢于第一个吃螃蟹，落地国产实时数据库并高效、稳定运行，数据采集点由 7 万个增加到 13.8 万个，覆盖全公司生产数据采集点，打破国外实时数据库垄断地位，具有示范效应（图 7）。二是应用大数据技术提高管理绩效。建设投用橡胶大数据分析系统，搭建顺丁橡胶品质预测模型，通过阿里大数据挖掘和机器学习技术找到生产原料、过程变量、人员操作等参数与橡胶品质的最优量化关系，门尼值合格率从 89.97% 提高至 95.56%（图 8），产品品质提升 1.27%，年增效益约 115 万元（图 9）。三是视频会议支撑穿透式管理。建成 90 个“贯穿层级、覆盖到边”的视频会场，通过“工作流 + 视频流”双流模式，实现数字化调度会、经济活动分析会等会议精神和工作部署向基层穿透和即时传达、即时接收，支撑了“穿透式”管理要求，同时支撑了两级调度压缩为一级调度管理，尤其疫情期间通过视频组织会议累计超过 700 余次，全力保障了公司防疫抗疫和复产复工（图 10）。四是 APC、PID 应用效果更加明显。开展 25 套装置 APC 模型及控制调整和优化及相关仪表改造，APC 自控平稳率达到 99% 以上；完成炼油 43 套生产装置实施 PID 参数整定，装置自控率提升至 98% 以上，有力支撑了生产过程的平稳高效运行。

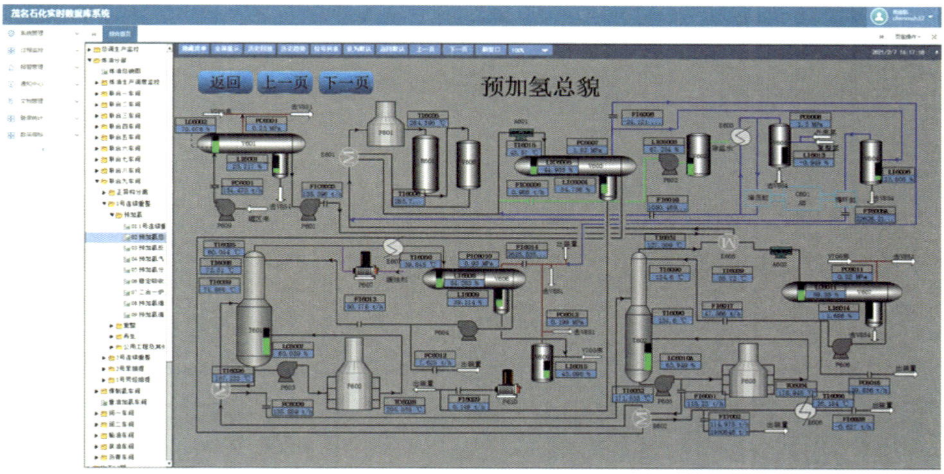

图 7　1 号连续重整预加氢总貌

	标定实验前半年（2019年9月份~2020年3月12日）	试运行期间（2020年3月12日~2020年9月14日）
统计总数	1316	2006
合格总数	1184	1917
优良总数	1078	1656
合格率(45 ± 2)	89.97%	95.56%
优良率(45 ± 1)	81.91%	82.55%

图 8　门尼合格率提升

数据统计	实验前	实验后	变化	备注
总质量（吨）	18313.25	18532.80	Nan	
因门尼导致非优级品总质量（吨）	675.00	145.00	-530.00	减少
因门尼导致非优级品总质量占总质量	3.69%	0.78%	-2.90%	减少
BR9000总质量（吨）	14445.35	17254.8	2809.45	提升
BR9000D总质量（吨）	2420.90	0	-2420.9	减少
BR9000D存在门尼不合格质量（吨）	1301.00	0	-1301	减少
BR9000D因门尼导致降级质量（吨）	233.00	0.00	-233.00	计算效益数据，筛选仅为门尼不合格的产品数据
BR9000D因门尼导致质量占总质量	1.27%	0.00%	-1.27%	
BR9000LD总质量（吨）	1447.00	1278.00	-169	减少
BR9000LD存在门尼不合格质量（吨）	607.00	0.00	-607	减少
因门尼导致BR9000LD质量（吨）	0.00	0.00	0.00	与BR9000D判断标准相同，无单纯门尼影响
因门尼导致BR9000LD质量占总质量	0.00%	0.00%	0.00%	
混合料B&C	67.61	49.95	-17.66	减少

时间	BR9000/9000D综合价差（元）	总质量（吨）	门尼提升BR9000D变化比例	效益估算
对比区间	928.45	18,313	1.27%	￥216,329
年度估算（按2019年记）	928.45	95,080	1.27%	￥1,123,151

图 9　橡胶大数据项目效益核算

图 10 双流视频会议

四、自评估报告

（一）总体情况

通过两期智能工厂建设，建成了以炼油化工生产管控一体化、石化全产业供应链协同一体化、工厂设备资产全生命周期、HSE 全天候监控管理等业务域智能化为主的智能工厂应用框架，搭建了以云资源为核心的集中集成、三维数字化等基础技术支撑平台，夯实了信息标准化和信息安全体系，有力支撑了企业全方位业务的智能化应用和生产优化创效，加快促进企业转型升级和人均劳动效率提升。

（二）主要成效

（1）智能制造成熟度达到规范级。利用工信部智能制造成熟度评估平台于 2019 年、2020 年对公司情况开展评估。智能工厂建设前，企业智能制造成熟度自评估约 0—1 级，2019 年智能工厂 2.0 验收后企业智能制造成熟度自评估 2.64 分，2020 年自评估 2.71 分，企业整体水平达到 2 级（规范级）（图 11）。

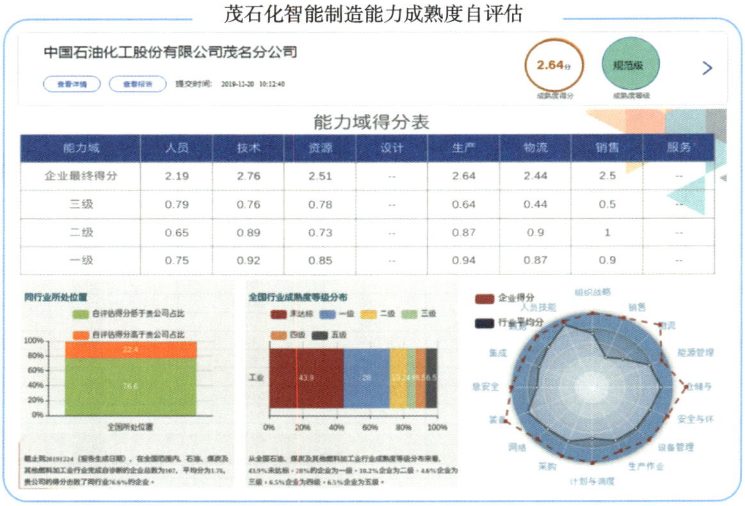

能力域	人员	技术	资源	设计	生产	物流	销售	服务
企业最终得分	2.19	2.76	2.51	--	2.64	2.44	2.5	--
三级	0.79	0.76	0.78	--	0.64	0.44	0.5	--
二级	0.65	0.89	0.73	--	0.87	0.9	1	--
一级	0.75	0.92	0.85	--	0.94	0.87	0.9	--

图 11 企业智能制造成熟度评估结果

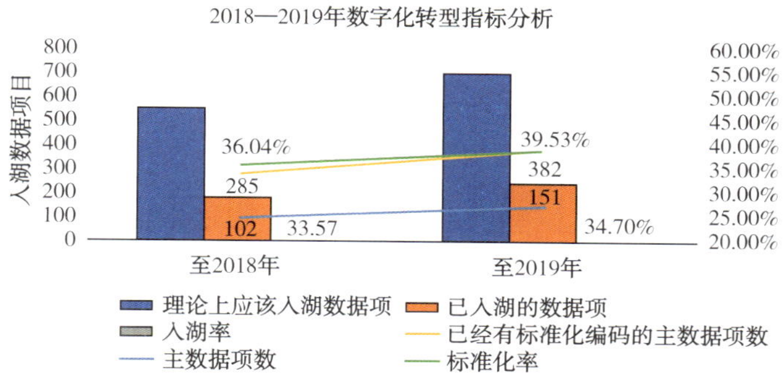

图 12 企业数据成熟度评估结果

（2）通过智能工厂建设，初步建成了企业级数据仓库，形成了数据标准管理体系（图 12）。依据《数据管理能力成熟度评估模型》（GB/T 36073—2018），企业数据成熟度由智能工厂建设前的“0”提升到“初始级”，数据入湖率由智能工厂前的无湖“0”状态提升到 36%。

（3）信息化应用水平进一步提升。通过建立了信息系统绩效评价 + 信息专业绩效评价两个体系（图 13、图 14），信息化应用在炼油板块专业管理排名中位居第 4，深化应用创新创效获评集团公司 A 类企业。

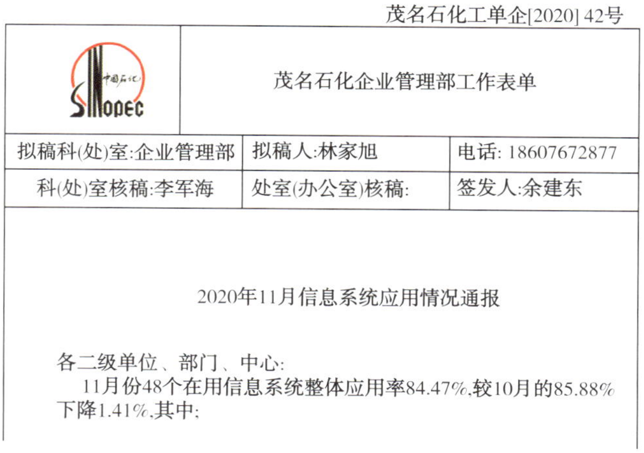
茂名石化工单企[2020] 42号

中国石化 SINOPEC	茂名石化企业管理部工作表单	
拟稿科(处)室:企业管理部	拟稿人:林家旭	电话: 18607672877
科(处)室核稿:李军海	处室(办公室)核稿:	签发人:余建东

2020年11月信息系统应用情况通报

各二级单位、部门、中心:
11月份48个在用信息系统整体应用率84.47%,较10月的85.88%下降1.41%,其中:

图 13 企业信息系统应用情况通报

（三）存在的不足

（1）投资不均衡导致智能制造成熟度差异。2015—2020 年机电仪专业造成的非计划停工占总次数的 55%，机电仪非计划停工原因与投资不足、智能制造成熟度低有着较为明显的逻辑关系，

（2）信息化配套的硬件基础设施投入不足。信息化建设长期重软件、轻硬件，重应用、轻平台，配套的在线分析、自动数采、感知监测等硬件基础设施投入不足，影响了智能工厂应用效果及数字化转型发展。

应用系统	业务主管部门	应用部门	评价得分	指标明细	指标基准分	本月指标得分
茂名石化日优化管理系统	生产管理部	生产管理部	90	用户登录率	100	90
		炼油分部	90	用户登录率	50	40
				操作指令完成达标率	50	50
		化工分部	97	用户登录率	20	20
				操作指令完成达标率	50	50
				切换指令按时执行率	30	27
中国石化茂名石化智能工厂设备大数据系统	机动部	炼油分部	82	访问率	20	15
				机组状态指标数据异常率	30	26
				回路腐蚀风险指标数据异常率	30	25
				机组健康分析应用率	10	8
				腐蚀风险分析应用率	10	8
		化工分部	90	访问率	20	15
				机组状态指标数据异常率	60	59
				机组健康分析应用率	20	16
茂名石化信息化管控平台	信息中心	信息中心	95.26	文档标准化率	40	40
				阶段按时完成率	30	26.84
				项目计划提报准确率	30	28.42
茂名石化原油调合优化系统	生产管理部	港口分部	95	调和作业单执行率	80	76
				新调和配方数据及时完整率	20	19
		炼油分部	95	调和作业单执行率	80	76
				新调和配方数据及时完整率	20	19
		计划管理部	95	新调和配方数据及时完整率	100	95

图 14 企业信息系统应用量化指标

（3）未形成“厚平台、薄应用”的技术架构。由于企业智能工厂建设试点较早，未按照“厚平台、薄应用”构建云化架构，组件化、模块化建设技术未成熟，距离“数据 + 平台 + 应用”模式还有较大差距。

五、展望

2021 年，茂名石化将践行新发展理念，按照集团公司统一部署，立足新发展阶段，“对标”世界一流，遵循“六统一”和“432”建设框架，擘画企业“十四五”规划蓝图，加快数字化转型，开展数据治理、数据资源中心、工业互联网、电气仪表、无人仓库等试点项目建设，扩大 RTO、APC、PID 装置覆盖面，深挖 5G 新技术应用场景，不断提升信息化新型创效能力；按照“三化六防”管理要求，完善信息安全体系建设，推动网格化安全员管理，构建网络安全综合防控体系；推动新建系统上云上平台、改造存量系统向云平台迁移，加快向“数据 + 平台 + 应用”建设模式转变，构建企业新发展格局，促进企业高质量发展。

打造智能工厂升级版　谱写数字化转型新篇章

镇海炼化分公司

“十三五”期间，我们坚持总部信息化“六统一”原则，面向现场、面向基层，创新管理，突出抓好“两横两纵一环”重点工作，智能工厂建设和应用水平始终走在集团和国内石化企业前列，网络安全连续四年获集团A级企业，深化应用一直位居集团前列，2020年评为“十三五”信息和数字化先进企业。2020年11月，国资委在镇海炼化召开“对标世界一流管理提升现场推进会”，对我公司打造智能工厂的做法和经验高度肯定。

一、总体情况

（一）建立生产协同优化模式，提高企业经济效益

全流程优化实现资源配置最优化，“十三五”增效超10亿元；2020年12月，“镇海炼化全流程优化，实现效益最大化”入选国资委国有企业数字化转型典型案例。自研调度指令，创新调度指挥模式，评为新型实用技术专利。21套主要生产装置投用APC系统，年增效1.05亿元；乙烯和重油催化装置应用RTO技术，年增效6300万元。

（二）建立数字设备运营模式，促进装置长周期运行

在总部指导下，联合设计单位编制国标《石油化工工程数字化交付标准》；细化交付内容，编制《工程建设数字化交付执行细则》；实现POX、渣油加氢等三套装置物理工厂与“虚拟工厂”同步交付。以设备完整性管理体系为指导，建立设备完整性管理系统，实现数字化运行。打造以维修项目流为主线的“五流合一”设备维护模式，实现数字化维护。

（三）建立绿色发展新模式，提升安全环保管理水平

运用物联网等技术，全方位在线管理关键装置要害部位；采用数字化手段，构建安全作业管控新模式；运用VOCs、CEMS在线监测及LADR技术，实时动态监控职业危害场所；国内炼化企业首家达到挪威船级社国际安全评级6级。

（四）建立精益管理模式，提高企业运行效率

在线督办工作105项、节点2080个；实施“马上就办”平均完成时间从2天提升到

2 小时。疫情发生后，迅速推广电子门禁、复工管控、云盘协同及视频会议，日常管理向数字化转型，减少人员聚集与接触，保证生产平稳运行。

（五）打造工业互联网，提升企业新基建水平

投用行业领先、炼化企业最大的云数据中心（图 1），总面积约 800 平方米，持续开展网络设备国产化及现场机房标准化改造。采用边缘计算技术，建设 4G 无线网络覆盖装置现场，通过现场移动应用和 2000 多台防爆终端，实现各种生产要素互联互通。

图 1　镇海炼化调度指挥中心

二、主要举措

（一）运用信息新技术，持续赋能业务

针对业务"痛点"，积极运用信息新技术，优化管理流程，提高业务运行效率。

（1）疫情管控。疫情发生后，以"少接触、稳生产"为目标，迅速推广电子门禁、复工管控、云盘协同及视频会议，日常管理向数字化转型。采用电子门禁加强重点部位人员进出管理，正月初一安装 29 个临时门禁及 6 辆通勤车的二级门禁。严格执行总部及政府复工管控要求，以"微信 +PC+ 彩云"方式实现 4.6 万人次承包商复工申请；动态采集复工人员健康数据，实现端到端、人联人的承包商健康管控。采用云盘协同编辑和视频会议，保障疫情期间业务高效运转，平均每周召开视频会议 260 余场；全年本地参会 1.3 万余场次，节省路上时间折合 2750 人天；总部、外部应用视频会议，全年节约差旅费用 60 多万元。

（2）服务大修。建设和应用停工检修移动应用，覆盖 2.4 万项检修项目、35 类质量验

收，涉及 4 家监理单位、31 家施工单位；在线验收 11 万个质量控制点，累计实现 1.2 万个现场检查问题的闭环管理（图 2）。特种设备检验数据统计从 2 小时提升到 5 分钟出报表，进度统计从 1 周只能统计 2 次提升到 3 分钟出报表，问题闭环由 3 天提升到当天，累计节约检修费用 1600 万元。

图 2　检修管理

（3）基地建设。投用工程建设管理系统（图 3），将合同、采购、施工、验收、转资、运维等全过程各环节实行数字化管理，提高业务的管理效率。目前系统共管理一类、二类、三类项目 847 个，投资总额达 321 亿元；管理项目 EPC、设计、施工、监理、检测等承包商 175 家。应用移动 APP、视频、二维码、定位等移动应用技术，解决施工现场质量安全管理和人员机具管理问题，管理承包商、施工单位等 3.89 万余人，吊机、弯管机、配电箱等 3.05 万件机具，人员资质、工器具状况、票证信息随时随地可查，作业闭环率达到 90% 以上。

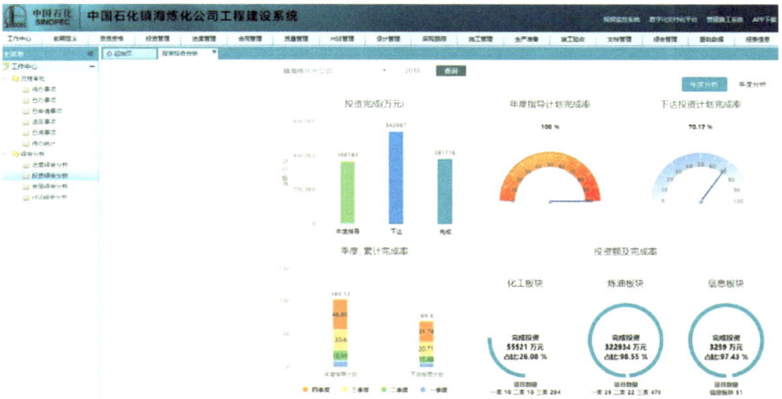

图 3　工程管理

（4）移动应用。以炼化彩云为移动应用平台，建设经营管理、生产现场和智慧生活三类 33 项移动应用，经营动态、智能巡检及职工之家促进降本增效。特种作业许可证全流程管控，全面推广到 12 个运行部，在线开具 7809 张安全作业票证（图 4），规范管理，减少跑票时间，全年节约 488 人天。对移动终端系统化管理，防止违规操作，造成数据泄漏；通过统一推送，APP 推广和升级从原先的 22 人天减少到 2 人天，全年减少 300 人天工作量；通过统一授权，实现移动终端多工种多用户复用，终端使用率提升 20%。

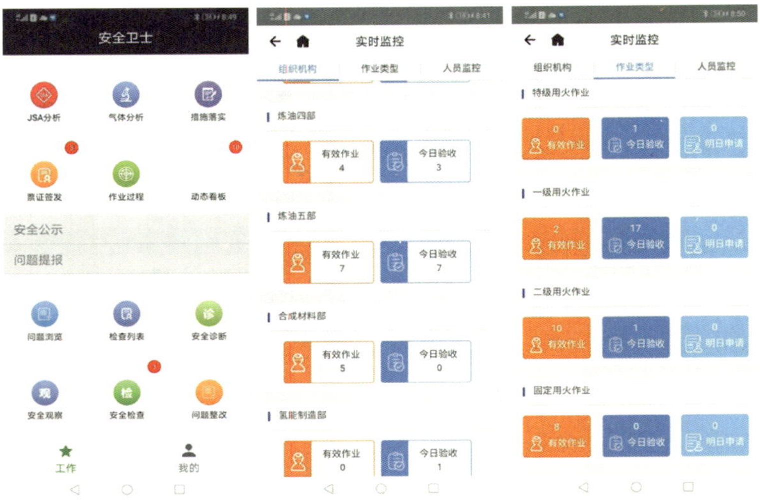

图 4　电子票证管理

（5）机器代人。引入数字员工——流程机器人，0.5 小时完成全月 400 多张 ETC 发票开票，自动识别可抵扣发票并引入 ERS，年节约 48 人天。3 月，在电气中心烯一班试点电气低压停送电操作远程监护，实现"变电站 2 人"向"变电站 1 人 + 后台远程监护 1 人"模式转变。电气中心 220KV 浙化变电站试点巡检机器人，实现无人值，节约用工 12 人。运用无人机巡检基地项目施工现场。

（6）共享服务。根据总部统一安排，2017 年我公司作为第一批财务共享和人事共享试点单位，我们及时调整和优化 BPM 流程，抓好岗位人员培训，确保业务顺利上线。2020 年还配合做好 ERS 系统的上线工作。

（二）启动数字化转型，谋划战略规划

我们深刻地认识到数字经济、数字社会是人类发展不可阻挡的历史潮流，谁先业务转型，谁就占领未来的制高点。

（1）明确数字化转型战略。2020 年，我们在中国石化实施数字化转型整体规划和行动计划中先试先行，将"深化数字化转型的改革战略"作为公司三大战略之一。3 月份，公司成立数字镇海基地建设领导小组，全面推进数字化型工作。举办数字镇海炼化"青年先行"云对话活动，9000 多人在线参与互动、点击量 3.4 万次，以青年带头转变思想观念。

开展“身边的数字化”劳动竞赛，共收到建议336条，采纳173条，促进全员参与数字化转型。

（2）明确数字化转型实施规划。3月份，组织发布了《数字镇海基地建设总体工作方案》。7月份，按照顶层设计要求，组织制订了《数字镇海基地建设规划》，确立了“1134”模型：“一策划、一规划、三指南、四路径”，确定了数字化转型“三构建三提升”目标。为此，每月召开例会、每周发布周报，动态跟踪200多项任务执行情况，保证各项工作落到实处。

（3）明确数据资源中心建设思路。我们发布数据标准化、数据资源中心建设及数据治理等三项行动指南，梳理数据标准，构建“人、事、物”的数据架构，探索数据治理；组织制订数据管理制度和数据标准管理制度；与阿里巴巴、华为等技术交流，深入研究数据治理及服务技术；在总部指导下，我们编制完成了数据资源中心建设可行性研究报告并于11月20日通过了总部组织的专家评审。

（三）加强规范管理，提升信息化水平

企业数字化转型对信息化管理工作提出了很高的要求，规范信息化管理是企业数字化转型的重要保障。

（1）开展深化应用工作。我们认真开展《深化应用创新创效行动计划第二阶段实施方案》（2019—2020年），按照“信息化要为人服务、为业务服务”的理念，落实从业务中来到业务中去的工作要求，按照“1+N”和业务部门唱主角的工作机制，成立深化应用创新创效工作室，建立两级例会制和激励保障机制，明确应用管理制度要求。2019—2020年，第二阶段行动计划工作任务共67项，包括MES监控、EM主数据管理等5项以季度为单位的年度工作，特种设备数据共享、应用仪表数据集成综合平台、泵群状态系统应用提升等4项以项目为单位的工作，全部按计划完成。

（2）逐步转变信息化建设模式。我们按照总部提出的“数据+平台+应用”信息化建设新模式，做好上云上平台准备。一是优化信息化管理机制。2020年3月份，信息中心更名为信息和数字化中心，设立数据、平台及应用等岗位，精简提效信息化管理机制，项目管理从过去40个步骤减少到34个，46个审批节点核减12个。二是抓好信息孤岛治理。2018年以来确立的58个信息孤岛问题全部得到解决。2020年11月份，配合总部专题组完成了应用系统信息树的梳理，确立业务树系统53个枝干模块122个。三是推行平台化建设。近几年，在应用系统建设上以总部统推系统为主，坚决不重复建设。在企业自建系统管理上，我们按生产、设备、企管、安环等业务域进行集中集成的改造，推广微应用微服务。四是参与石化智云建设。2020年成立了由20人组成的石化智云质量管控队伍，逐步调整应用系统的开发和运维模式。

（3）完善基础设施。“十三五”期间，我们按照智能工厂“千兆到桌面、万兆到装置”的网络标准，持续对网络和老旧机房进行标准化改造，铺设光缆260余公里，实现一级汇聚点、二级网络节点环网双冗余。我们高度重视利用数据为业务增值，ODS实时共享数据条目达8千万条，开发ESB数据共享服务70个，实现数据的“一源输入、全局共享”；

业务人员分析主要装置生产计划与完成情况，原来收集数据、制作分析图表需要 3 天，利用 ODS 自助报表工具仅 30 分钟完成。建设一卡通管理系统，实现门禁、消费、娱乐、班车于一体，并通过提升实现就餐消费和门禁人脸识别。建设以"人、事、物"为重点的数字地图平台，实现公司各项业务与地理位置、空间位置数据统一集中分析展示，并及时提醒业务异常状态。

（4）抓好网络安全。2017 年以来，组织完成了互联网出口统一建设，实施终端安装"三件宝"，安装率达到 100%。积极落实《中国石化 2020 年网络安全水平评价标准》要求，全面推广统一身份集成，对 18 套关键系统实施 https 访问改造和 MD5 数据存储加密。建立日常安全保障机制，一年 2 次安全检查、4 次安全漏扫、每 6 个月密码修改、禁止设置弱口令。连续三年护网行动中，公司上报 4 级以上事件 0 起，无应用系统、服务器、终端被攻陷，无总部下达问题整改项。

三、主要成效

（一）提升了生产优化水平

针对原油进厂、加工、分析、调和到出厂的全流程，构建形成了计划、调度、操作到控制的智能优化运行机制。计划优化实现了以经验为主向模型为主转变，形成了月、旬和日完整的计划优化协同体系，助推企业分子管理。调度指令（图 5）精确传递与自动分解各级生产指令，实现从指令到物料移动全流程最优，平均每月下发作业指令 3200 条，实现在线生产优化协同，工作效率提高 15%。推广装置先进控制、实时在线优化，已实施 APC 装置 21 套。乙烯 RTO 优化范围扩展至乙烯裂解全装置和蒸汽系统，高附加值组分收率平均提高 0.73%，年增效 4300 多万元。组织实施 28 套装置操作报警，降低无效报警 50% 以上；对 23 套炼油装置的 3400 个控制回路的 PID 进行深度优化和整定，装置自控率达到 96%；推广实施了 1021 套在线分析仪，实施智能采样留样管理，杜绝传统采样时间不准确、采样遗漏等问题；建立立体仓库和公路出厂产品的网上预约到自动提货的智能服务管理，出厂效率提高 50% 以上。

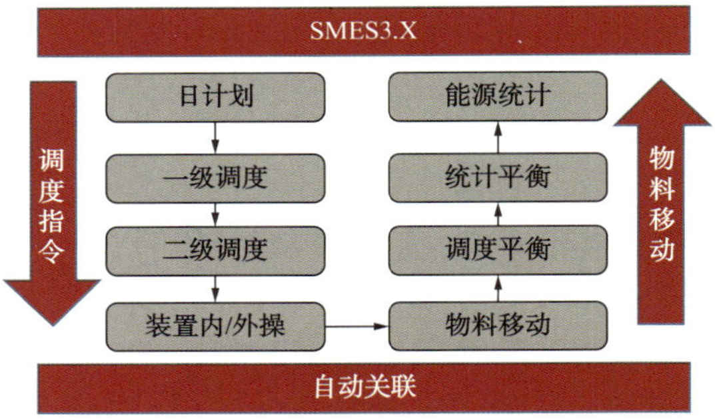

图 5　调度指令逻辑架构图

（二）提升了设备管理效率

推行数字化交付，完成了 POX、渣油加氢（图 6）、生物航煤三套装置的数字化交付试点实践，打通了从设计、采购、施工到运维全过程管理，并建立了数字化交付标准和交付内容，实现物理工厂与“虚拟工厂”同步交付。加强设备健康和可靠性管理，实现全公司 1786 台高危泵和重要泵由人工现场间歇式检查改为在线实时预警模式，每年降低维护成本 1450 万元。建立仪表设备健康平台，将 20 多万台仪表进行在线监控和远程维护技术指导。推行以完整性管理为核心的设备管理体系建设，打造以项目流为主线的“五流合一”设备管理模式，提高了设备维护管理效率。

图 6　渣油加氢数字化交付

（三）提升了安全环保和企业管控水平

组织安全和环保智能化建设，实施安全帽检测、可燃气联动等视频智能应用。实施 VOC 在线监测，实时监测污水、烟气排放等污染源，系统直联地方环保局和中国石化总部。应用国际先进的泄漏检测与修复技术，减少 VOC 排放，改善作业环境空气质量。应用移动终端，实现承包商属地安全教育在线培训、移动考试、自动阅卷等“一键式”管理，虚拟门禁、属地教育与施工人员管理联动，通过安全电子票证的现场移动应用，夯实施工作业现场安全管理。建立以“价值”为核心的绩效管理系统、以“制度”为核心的岗检系统和以“流程”为核心的督办系统（图 7），形成价值创造、任务落实和制度执行的全面管控体系。让人少跑腿、让数据多跑路，随时随地跟踪公司重点督办工作 105 项、经营和基地建设督办节点 2080 个；“马上就办”平均完成时间从 2 天到 0.31 天。BPM 每年发起各类业务 40 余万条、节省用工 170 人·天。

四、展望

2021 年是以数字化转型为主的“十四五”规划实施起步之年。我们将认真落实总部信息化“432”规划部署，深入开展“‘对标’世界一流管理提升行动”，抓好数字基地建设、智能工厂 3.0 等重点任务，按照“一切系统皆上云、一切开发上平台”原则，做好石化智云企业端建设和应用，为中国石化数字化转型探路引航。

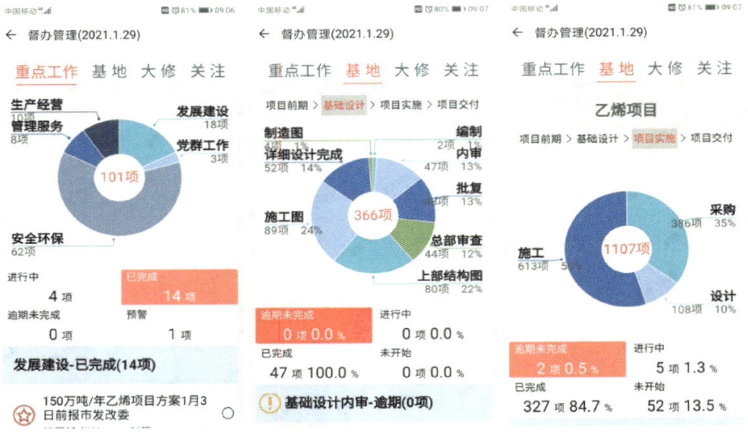

图 7　督办管理

（一）全面启动数字化转型，实施“三构建三提升”

构建数字镇海炼化、数字专业、数字运行部、数字装置、数字岗位的新管理模式，提升运行效率和安全环保管理水平。构建数字化建设、数字化交付、数字化运行、数字化绩效、数字化党建的新可视化价值创造流程，提升决策准确性和管理效率。构建面向员工和合作伙伴的数字化服务、数字化物流和数字化产业链的新协同模式，提升服务体验和协同发展水平。

（二）全面应用新架构，推进上云上平台

按照“上云上平台”要求，采用“数据＋平台＋应用”新模式，统一各业务域应用功能和技术架构，向微服务、微应用转型，提高敏捷响应能力。全面开展石化智云培训，提升团队石化智云建设、应用和服务能力。积极抓好数据标准建设工作，按照基线盘点和业务盘点，完成企业“人、事、物”数据标准建设，构建数据治理体系；认真做好数据资源中心试点建设工作，实现企业内部、企业之间、企业和总部的资源共享，提升数据服务能力。

（三）全面建设数字镇海基地，打造智能工厂 3.0

组织完善公司信息化发展规划，更好地赋能企业高质量发展。着力在生产优化和安全环保上大胆应用新一代数字技术，新建装置配备完善各类智能化设备和智能化仪表，进一步夯实老区无人化、移动化、网络化、智能化，探索工业互联网整合上下游资源，充分发挥镇海基地优势，推进全产业链发展。加强网络安全管理和网络安全物理防护，实现网络“分区分级”管理，完善网络安全防御体系，确保数字化转型环境下的数据安全。对港储部区域行政、调度电话进行“铜改光”，试点软交换技术。积极实施“信创”工程，抓好知识产权保护，软件使用合规合法，避免侵权。

推进智能工厂建设 深化“两化”融合创新 为打造环渤海炼化一体化产业基地赋能

天津分公司

一、总体情况

“十三五”期间，天津石化以打造“世界一流”为目标，坚持“六统一”原则，以公司发展战略为导向，以智能工厂建设为核心，积极推动企业数字化转型，促进物联网、大数据、人工智能等信息技术与生产经营全面融合，助力本质安全环保，优化生产营运，智能生产过程控制，培育“机器代人”新动能，积极推进“两化”深度融合，充分发挥了信息技术的支撑和引领作用，为实现公司可持续发展注入了强大动能。信息化工作得到了集团公司和地方的极大肯定，2020 年“智能制造试点示范项目”和“‘两化’融合管理体系建设项目”获得天津市政府专项支持资金 540 万元，荣获工信部“2017 年‘两化’融合贯标示范企业”、集团公司“2018 年度深化应用创新创效示范企业”等荣誉称号，在集团公司信息化专业比武中获得个人 5 金 5 银 3 铜、团体 3 金 1 银 1 铜的优异成绩。

二、典型做法

（一）领导高度重视是信息化建设顺利发展的关键

“十三五”期间，天津石化确定了“打造世界一流管理体系”“建设世界一流绿色企业”，建成环渤海炼化一体化产业基地的奋斗目标。公司上下充分认识用信息化注入新动力、打造新引擎，是公司提升核心竞争力，打造“两个世界一流”的现实需要和必然选择。公司领导站在全局高度，对信息化工作作出了一系列重要决策，从信息化规划、项目管理、深化应用等方面给予了大力指导和支持。各级领导既挂帅又出征，亲自抓业务流程整合、内部机构改革，指导帮助解决信息化建设中的困难，对项目建设和应用的高度重视和身体力行，使得信息化建设“一把手工程”得以顺利推进。成立信息化专家组，对项目规划、立项和质量进行严格把关。

（二）管理模式创新是信息化成功的基础

坚持“六统一”和“业务牵头、信息支撑”原则，充分调动业务部门能动性。一是强化“两化”融合管控程序的执行，成立项目组织机构，形成有效的项目管理协调机制；二是以项目经理责任制为核心，细化各专业职责，对项目建设的质量、进度等进行把控，全面提高项目管理水平；三是严格执行项目例会制度，发挥项目领导组和管理组职能和作用；四是强化考核管理，对重点工作、重要节点进行督办管理，确保项目按期有序推进；四是坚持信息化例会制度，及时协调解决存在的问题，积极开展项目后评估工作，持续跟踪项目应用成效并进一步推动深化应用。

（三）深化应用创新创效是信息化成功的翅膀

以支撑公司经营决策和精细化管理为原则，在持续开展规范应用、数据质量提升、流程优化、专业绩效的基础上，以提升信息系统综合应用评价水平为目标。一是持续完善深化应用创新创效制度，完善主要应用系统的量化考核评价机制，明确专业部室作为本专业应用系统运行的责任主体，做好本专业信息化业务的应用评价和考核管理；二是开展《深化应用创新创效行动计划》年度计划编制，促进信息系统深化应用、总部排名和改进措施；三是对关键应用系统开展应用达标监控，同时完善考核方式，促进应用管理水平的提高；四是以智能工厂建设为契机，建成企业数据仓库 ODS，确保数据同源，数出一门，提升数据准确性；四是加强 5G、大数据、人工智能等新技术应用，引进 AGV 机器人、无人机等智能设备，打造产品仓储、长输油管线自动化和智能化应用场景。深化视频初期火灾智能识别系统，推进企业数字化转型。

三、主要成效

（一）积极推进智能工厂建设，有力支撑提质增效

一是通过一体化优化应用，实现了生产计划全流程跟踪管理、生产效益的在线测算及偏差分析，以生产调度优化形成日计划，指导装置生产安排，通过装置优化实现了装置参数最优的目标。通过生产计划优化应用，实现了生产计划在线管理及核心生产指标的全流程跟踪、生产效益的在线测算及偏差分析，通过方案优化，提高吨油加工效益；2020 年天津石化通过原油采购优化测算，及时抓住低价时机降低原油成本，降本约 2600 万元；结合内外贸价格趋势变化，通过测算及时调整内外贸成品油结构，压减航煤，减少成品油出口量，增效创效 7000 万元；效益总计 9600 万元 / 年。

二是生产集成管控建立装置运行监控模型 50 个、物料平衡预测模型 50 个、公用工程动态平衡模型 22 个、预报警模型 1936 个，实现了对装置运行、工艺参数、质量数据、罐存信息、公用工程平衡等的全厂生产运行状态实时在线监控和异常报警，运行动态可模拟、可预测，异常管理在线闭环，提升了调度指令下达的准确性、严谨性、时效性以及生产变更的合规性管理（图 1）。

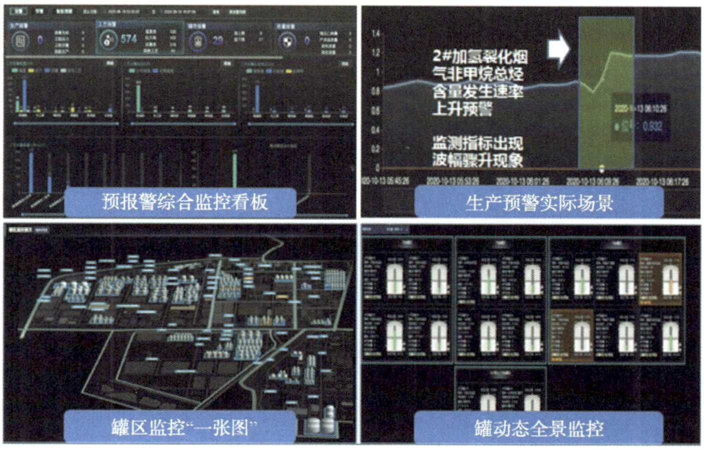

图 1　生产集成管控

三是通过设备健康管理应用，实现了设备状态在线监控、异常情况报警、运行状态监控分析；在腐蚀诊断与评估方面取得重点突破，以腐蚀回路为对象，对腐蚀相关参数进行监控、分析及评估，实现设备防腐的可视化管理，提高了设备专业业务管理的信息化水平，保证了设备长周期稳定运行（图 2）。

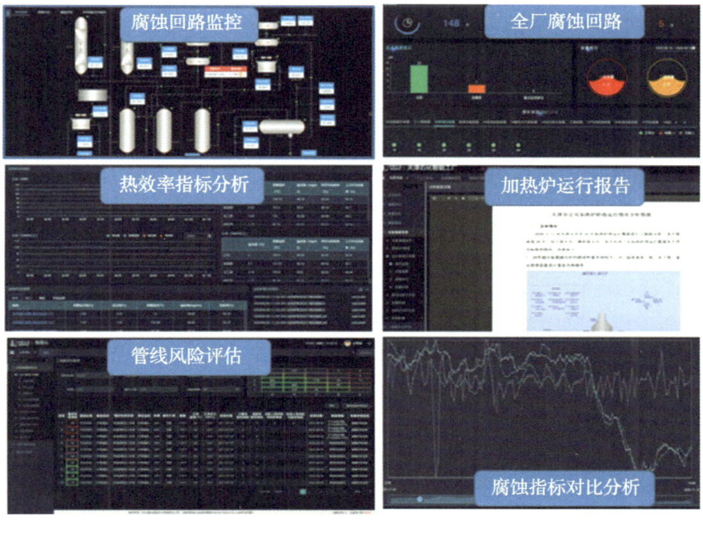

图 2　设备健康管理应用

通过三维数字化平台及设备三维应用实现了 3 套生产装置工程级建模，实现了设备运行参数的动态展示、动土测量、防腐保温测算以及设备拆装培训。

四是基于大数据分析和案例相似度分析技术，建立机组智能诊断模型和状态监测分析专家系统，通过常规报警、智能动态阈值报警、智能快变报警等多种方式，实现了故障智能报警；开发了智能诊断系统，综合梳理常见故障，建立了故障案例库，对故障自动给出诊断结论和建议措施，实现了关键机组智能预警和智能诊断（图 3）。

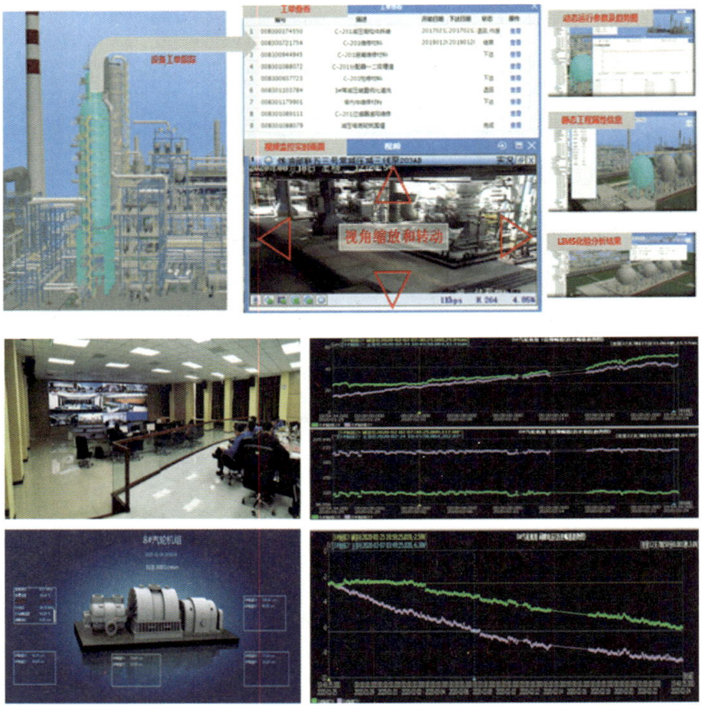

图 3 机组智能诊断模型和状态监测分析专家系统

五是在系统内率先应用基于二维码技术的电仪设备质量验收系统，实现检维修项目三级验收定人、定时、定点，通过手机 APP 和 PC 客户端的有机结合，实时统计分析各级验收的抽检率、合格率、施工质量排名、高发问题分析等内容，有效把控检修质量。

六是智能物资管理实现全业务链信息透明化、可视化、智能化管理，发货效率提高 45%、领料效率提高 60%、工作效率提高 40%，库存占压资金降低 5%（图 4）。

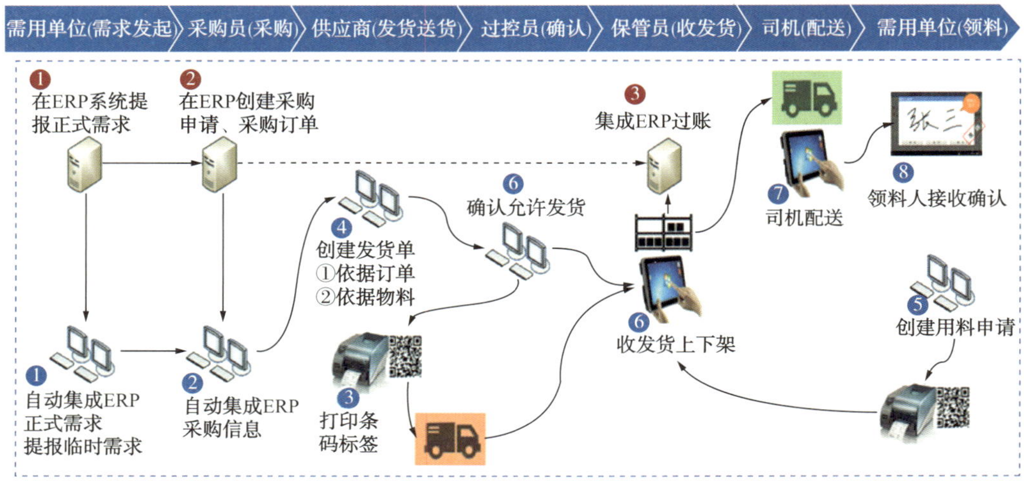

图 4 智能物资管理

（二）强化风险监控，有力支撑本质安全环保

一是初期火灾识别预警助力安全防控。深入研发并广泛应用了初期火灾智能识别系统，对视频监控画面中火焰特征迅速分析、自主判定，第一时间发出报警信号，为初期火灾争得宝贵的"处置黄金期"，保障了平稳安全生产（图5）。

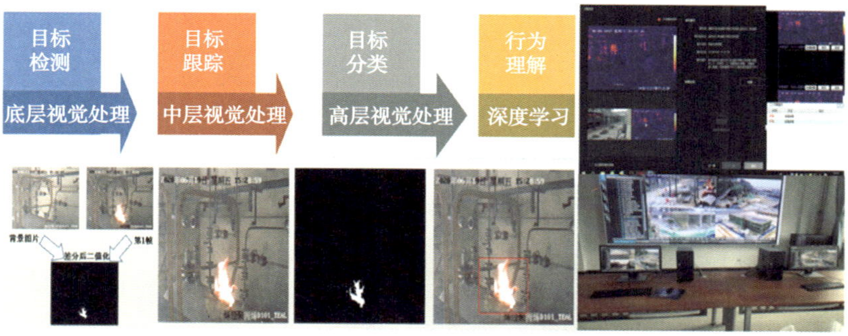

图5　初期火灾识别预警助力安全防控

二是强化机泵群状态监测。建设机泵群网络化监测和智能预警系统，对26套生产装置的537台关键机泵进行早期设备故障诊断与趋势预测，实现对设备异常状态的自动报警，应用该系统避免机泵非计划停机或发生次生事故30余次，创直接经济效益达3000万元以上（图6）。

图6　机泵群状态监测

三是强化电气过负荷预警。利用装置综保采集电机运行电流、电压情况，经逻辑判断后发出报警信号，将314台电机综保报警信息与SCADA、电力调度、实时数据库等进行集成共享，电机三相电流值和一至四级电流过负荷报警信息分级分类推送至相关管理人员，累计监测异常200余起，有效预防隐患（图7）。

四是强化承包商和直接作业环节安全管理。采用人脸识别、射频识别、物联网等技术，实现承包商人员、机具、现场作业及奖惩的全过程智能协同闭环管理，有效杜绝了借卡、尾随、假证等违规现象，为公司严把"准入关"提供了可靠的信息化支撑。直接作业环节管理系统的建设，实现了管理制度与现场作业"捆绑"，确保了票证签发人员必须到现场确认票证，彻底解决现场作业环节安全管理盲区（图8）。

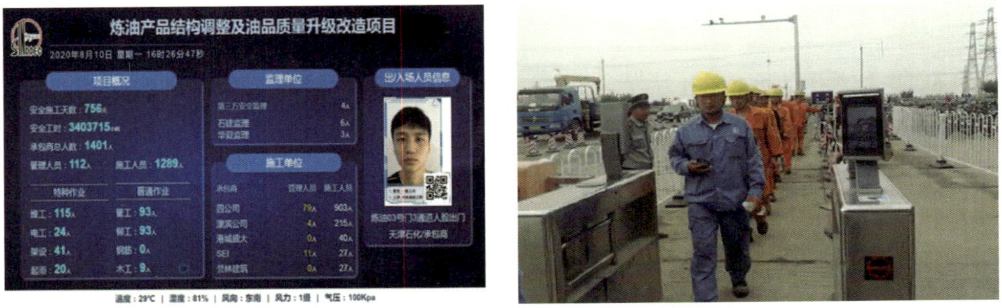

图 7　电气过负荷预警

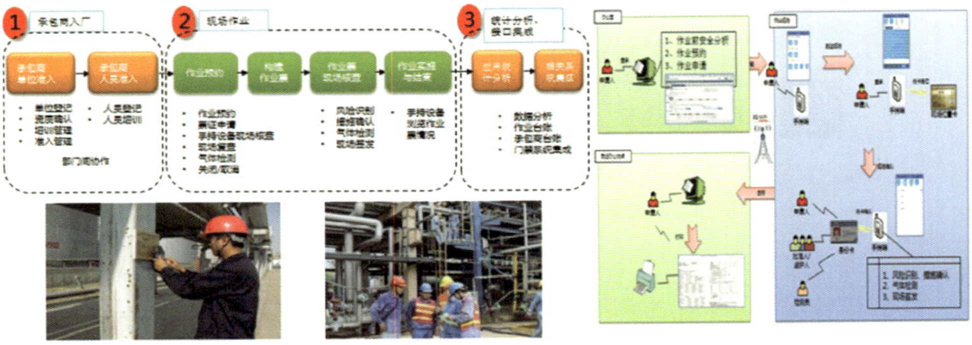

图 8　承包商和直接作业环节安全管理

五是强化环保管理。构建了环境保护监控地图，实现对“三废”、VOCs、LDAR 等污染源排放的实时监控、预警、趋势分析、视频监控和快速响应；LDAR 检测与修复体系将 36 套装置 34.8 万点 LDAR 基础档案、检测信息、泄漏数据、维修记录等全部上传平台，形成完整的 LDAR 数据库（图 9）。

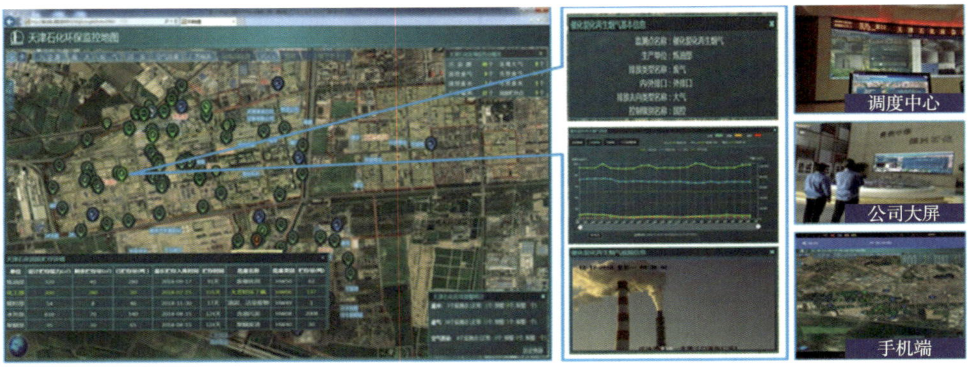

图 9　环保管理

（三）加快新技术应用，支撑基层减负和效率提高

一是以“机器代人”，提升劳动效率。利用 5G 通信、视觉导航、自适应技术，通过

AGV 叉车实现短丝仓储智能化管理，库房系统与 MES、LIMS 系统高度集成，IC 卡出库、入库流程完全智能化，可实现产品自动运输和分类存放及智能装车，减少叉车司机 23 人，创经济效益 518 万元 / 年（图 10）。

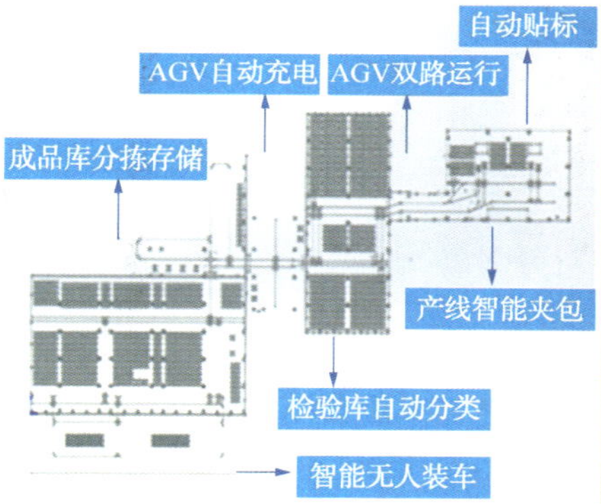

图 10　仓储智能化管理

二是在石化行业首家应用近红外光谱技术取代轻质油人工分析，分析检测耗时由 1—4 小时缩短至 3 分钟，优化减员 8 人，节约材料成本 200 万元 / 年。

三是化工销售电子提货系统采用二维码技术，配套自助机设备，实现客户预约提货、自助打印二维码提货单、车辆排队叫号、衡器称重、企业发货过账、自助打印质检单等提货全流程智能化管理，化销产品发运效率提高 30%，保障 95% 的化销产品尽产尽销，降低产品库存积压风险。

四是汽车衡无人值守系统采用二维码电子化凭证提送货、客户自助计量、计量人员远程监控的智能化管控模式，司机称重后自助打印计量过磅单，自动过账提供 MES 计量单及 IC 卡过账等，实现公司全部汽车衡无人值守进出厂计量，过磅时间由 5 分钟缩短至 1 分钟，减员 20 人，创经济效益约 418 万元 / 年。

五是长输油管线无人机智能巡检系统采用纯电四旋翼无人机 +3 台自动机库，基于四维全息地图，自主规划巡检航线、设置巡检任务，对无管线周围施工作业、工程车辆、人员等异常情况进行智能识别与预警，项目投用后有效减轻了巡线人员工作强度，提升巡检精细度和效率。

（四）强化协同管控，有力支撑生产优化和效益提升

一是提升装置优化水平。在常减压等 16 套主装置投用 APC，先进控制投用率达到 99%，经济效益 4000 余万元 / 年；100 万吨 / 年连续重整装置 RTO 顺利投用，装置加工量、重整芳烃产量可分别提高 0.5%、0.25% 以上，装置能耗降低 0.5% 以上，创经济效益 1000 余万元 / 年。

二是持续推进节能降耗工作。围绕锅炉、汽机、减温减压器建立面向“产能侧”机

理模型，对全厂的不同等级蒸汽、电力进行在线优化，实时推送优化方案，综合平衡全局用能。实现了能源的供、产、耗全业务流程管理，每年节能降耗减费可达1430余万元；水务信息系统以新鲜水、循环水、化学水、锅炉水、中水、污水、冷凝水等为实施目标，对工业水系统的运行水质、水量消耗及设备运行状态进行远程网络监控，年节约循环水量1800万吨，循环水节水率达16%，调节各水源的补水比例，降低系统补水量，年增效1300万元。

（五）信息化助力疫情防控，有力支撑复工复产

部署云视频会议系统，推广应用云视讯，召开各类视频会议2500余次，超过20000人次参会，确保了公司生产经营管理正常有序开展；打造承包商人员一站式服务平台，实现远程安全教育、学时统计、自主考试、人员资质审核和制证申请，确保工作“人事对应、人证合一”和多项事务“不见面审核”，为疫情期间顺利开展大修提供保障。投用热成像体温筛查系统，实现连续快速面部识别和体温检测，提高了检测效率。开发外来人员管理系统，实现了外来人员远程预约、身份识别、体温检测、入厂到出厂全过程记录跟踪。

（六）推进基础和安全建设，有力支撑系统高效运行

对主干网进行两次升级提升，主干网络带宽达到双链路40G，汇聚交换机到接入交换机达到万兆，用户计算机带宽达到千兆，大幅提升了网络承载能力。建成了“IT智能管控平台”，对1500余台网络设备、服务器、安全防护设备进行纳管，实现了故障事件统一受理、集成分析、协同处理，提升了运维工作效率。形成了办公网、数据中心、数采和视频专网、工控网四层网络架构，实现了管理网、生产网和工控网的安全隔离。

四、展望

一是强化管理信息化，提升公司治理能力。将制度执行与信息化建设高度融合，对业务流程进行彻底梳理、优化、再造，将制度、职责、流程、绩效有机关联。构建企业决策平台，提升科学决策水平和响应能力，促进管理模式创新。

二是打造HSSE管控平台，助力本质安全环保。打造安全智能化管控平台，以信息化手段管控全部安全要素，实现安全管理的“业务标准化，数据集成化，管控流程化，预警可视化”，助力本质安全。

三是优化生产营运平台，创新全产业链生产营运管控新模式。深化智能工厂建设，聚焦一体化计划、指挥、分析、资源统筹、异常捕捉、预警预测，提升全产业链资源优化能力、生产集成管控能力、安全预警能力和应急响应能力。建成智能运营指挥中心，实现各业务间的集成和一体化联动，有力支撑提质增效、高效运营。

四是推进生产过程智能化控制，变革装置运行模式。推进生产装置全流程智能化控制和“数字孪生装置”“数字工厂”建设，通过大数据分析和数字模拟，逐步建立自感

知、自决策、自执行的新型生产模式，全面提升装置优化控制水平，试点推进装置“无人驾驶”。

五是同步开展南港乙烯项目的智能工厂规划和建设。将智能工厂建设与南港乙烯项目同步规划、同步设计、同步建设、同步投用、同步验收，实现智能指挥、智能运营、智能优化、智能操作，以老厂支撑新厂、新厂带动老厂，全面提升智能制造水平。

六是以培育新动能为中心，提高劳动生产率。加强5G、大数据、人工智能、区块链等新技术应用，推进“机器代人”在仓储、搬运、巡检、化验、清罐作业、电气巡检等领域的全面应用，促进企业加快动能转换、转型升级。

强基础　促融合　助力业务数字化转型

上海高桥分公司

“十三五”期间，高桥石化认真贯彻落实总部决策部署，按照信息化“六统一”原则和“统筹推进、融合发展，集成共享、协同智能”的信息化工作方针，开展信息化项目建设，实施“两化”融合管理体系贯标，开展深化应用创新创效行动计划，强化网络信息安全防护，推进企业互联网、大数据等新技术的应用，抓好信息化与生产经营、企业发展统筹推进，提高信息系统应用水平。

一、总体情况

（1）公司注重用信息技术持续提升经营管理水平，经营管理层面的信息应用不断深化，“强化信息化建设助力企业管理水平提升”应用成果获评集团公司第二十八届管理现代化创新成果二等奖。“十三五”期间高桥石化完成了 ERP 分公司转子和大集中建设、EM 系统功能提升、TBM 系统优化、中国石化统一的费用报销系统建设，提升了精细化管理水平。公司从页面集成、数据集成和业务集成三方面落实孤岛整治要求，完成三年消除信息孤岛目标任务。

（2）公司注重用新技术打造智慧应用成果，提升生产管理水平。向上海化工区申报的“化工部自控率提升项目”，通过政府部门智慧园区项目审查，获得政府无偿资助 167 万元。生产管理层面信息系统也加快建设，完成了 MES 系统升级改造、实时数据库提升、LIMS 系统提升、智能化管线、环保 VOCs 系统、工艺自控平稳率监控、生产异常报警监控管理系统等项目实施，提升了资源优化、生产协同、安全环保水平、生产管理水平，促进提质增效和攻坚创效，为企业生产管理注入新动力。

（3）全面提升信息化基础设施性能，高桥石化积极推进移动办公等新应用模式在员工中的广泛应用，疫情期间，公司“云办公”模式被人民网宣传报道。公司通过完成虚拟化资源的集中整合、网络系统的升级改造、视频集中监控平台建设、HSE 信息公示，保障信息系统稳定、高效运行，并探索新技术的应用，提升信息化应用能力。

（4）公司从技术和管理两方面开展信息安全防控，按照《中国石化网络安全评价标准》落实各类防控要求，2018 年、2020 年在“网络安全水平评价”中公司获得了 A 级企业的评价。圆满完成“2019 护网”“2020 护网”工作预演和实战演练，演习期间未发生有效攻击事件。做好全国“两会”、国庆 70 周年等重点时段的网络安全保障。

（5）完善信息化管控机制，推动“两化”深度整合。积极开展信息系统深化应用工作，提高信息系统应用水平，为百日攻坚、持续攻坚创效提升信息化支撑，并获得了总部A类企业的评价。完成“两化”融合管理体系贯标工作，根据总部41项信息化制度管理要求、“两化”融合要素、公司有关制度架构规定设计了“1+5+X”的三层制度结构，健全信息化管理制度体系。

二、典型做法

（一）完善信息化管控机制，推动“两化”深度融合

（1）开展信息系统深化应用工作，提高信息系统应用水平，为百日攻坚、持续攻坚创效提升信息化支撑。通过制定深化应用的年度总体目标和重点任务，组织17个业务部门开展信息系统深化应用，每月召开信息系统深化应用例会，分析信息系统应用中的问题，落实整改措施，总结固化应用成果，提升信息系统应用水平，共完成24项总体目标、113项重点任务、55个深化应用成果。

（2）推进“两化”融合管理体系建设。2018年完成“两化”融合管理体系贯标，公司积极打造数字化厂际管线管控能力、高效的产品质量管控能力、精确的生产操作协同能力，获取可持续竞争优势，实现公司战略与“两化”融合规划相统一。公司结合管理体系的思想和方法，结合总部41项信息化制度管理要求，设计了“1+5+X”的三层信息化制度结构，并完成《信息化管理规定》《信息系统应用与运维办法》《信息化项目管理办法》等制度的修订。

（3）开展多层次的信息化应用培训。一是结合技能竞赛，组织全体IT人员移动技术岗位练兵活动，2016年获总部互联网+移动应用技能竞赛创意大赛三等奖。2019年组队参加“观安杯”上海市网络安全竞赛荣获运维赛行业组二等奖。二是开展信息化人员、业务应用人员技能培训，提升员工信息化能力和素质；三是开展部门内的技术交流，聘请多领域技术专家介绍最新技术应用动态，不断开阔员工视野。

（二）全面提升信息化基础设施性能，保障信息系统稳定、高效运行

（1）完成虚拟化资源的集中整合。一方面开展数据存储网络的改造，统一SAN存储访问资源，消除分散在各系统的小存储，提升了存储资源的利用率；另一方面积极推进虚拟化和云技术的应用，建成服务器云和桌面云系统，扩充虚拟化平台资源，优化服务器虚拟化平台，提升信息系统安全稳定性。

（2）完成网络系统的升级改造，实施网络升级项目，提升网络基础设施性能，优化信息安全基础架构。一是完成网络交换机的国产化替代工作，同时将主干带宽升级到万兆。二是全面启用区域节点防火墙模块的功能，平均分摊设备防护压力。三是建立MLPS-VPN虚拟专网，分离视频监控等专业流量，实现网络分域管理。四是完善公司无线WiFi系统，实现公司主要办公区域无线全覆盖。

（3）落实技防措施，提升数据中心机房本质安全管理水平。在信息大楼和供销两个数据机房建设5套七氟丙烷气体灭火系统，提高机房防火能级；在数据机房添置机房精密空调、安装机柜网孔门、建设机房环控系统，满足计算机设备对环境安全的管理要求。

（三）强化网络安全管理，提升了网络安全防护能级

（1）持续完善网络安全防护体系，提升信息系统运行安全和信息资源安全水平。一是成立公司网络安全与信息化领导小组，明确各级机构的网络安全职责，组织全体员工签订网络安全责任书。二是强化信息系统账户管理，对全部56套信息系统开展账户权限核查，落实账户权限变更及最小化配置管理要求。三是按照等级保护要求，完善52套一级系统备案材料，对MES等6套二级系统开展等保测评，满足合规性管理要求。四是按照总部网络安全评价标准，强化漏洞风险管理，实施服务器补丁集中分发策略，建立常态化补丁更新机制。

（2）圆满完成“2019护网”“2020护网”工作预演和实战演练，演习期间未发生有效攻击事件，提升应对网络攻击的应急处置能力。做好全国“两会”、G20会议、国庆70周年、“进博会”等重点时段的网络安全保障，制定保障方案，落实保障措施，开展24小时值班值守，实施“零报告”，保障期间未发生网络安全事件。

（3）加强网络安全宣传，提升员工网络安全意识。开展网络安全宣传周活动，通过建立网上宣传展示厅、现场布置宣传海报、开展网络安全培训等形式，进行《网络安全法》等法规和知识宣贯、培训，提升员工网络安全意识。

三、“十三五”信息化取得的主要成效

（一）经营管理层面的信息应用不断深化，提升了精细化管理水平

（1）ERP系统作为经营管理平台的核心应用，支撑企业生产经营和改革发展，功能不断完善，应用不断深化。一是完成了ERP分公司转子和大集中建设，为公司体制改革提供了强有力的支撑。二是完成EM系统功能提升，精简审批流程（从152个减到29个），优化岗位设置（49个企业岗位优化调整到27个），工单审批下达时间从原来7天缩短为2天左右。三是优化TBM系统的功能，压缩报表数量，重构算法模型，预算编制的效率大幅提升了27倍。四是以缺陷为源头，实现设备全生命周期管理。将完整性缺陷平台中的信息写入ERP系统生成M2通知单，实现缺陷工单闭环跟踪。

（2）开展信息孤岛整治行动。从页面集成、数据集成和业务集成三方面整治孤岛问题216项，完成总部三年消除信息孤岛目标任务。一是实施统一身份认证，开展了信息平台的优化，实现公司信息系统统一入口、统一账号、集中待办；二是完成业务应用整合，对会议纪要、月度报告类、设备类、生产变更类应用进行整合，从功能上统一业务应用。三是建设信息系统集成推广项目，将公司生产营运核心业务数据统一采集到数据仓库，利用

ODS+ESB 技术，实现了企业核心数据集中管控、共享服务、数出一门、数据同源。

（3）完成中国石化统一的费用报销系统建设。实现了中国石化财务共享服务框架下的线上费用报销审批业务，审批方式由传统的线下签字模式改为线上审批，进一步规范费用报销业务和会计核算。实施采购发票校验自动化，通过 ERP、EPEC 直接触发 ERS 审批流程，并和合同履约集成，衔接后续的 ERS 对公支付流程，实现从整理资料、通知供应商开票到发票校验的线上处理，减轻了企业财务人员工作量，平均完成一笔业务从原来 1.5 小时左右缩短到 5 分钟，账务处理缩短到 1 分钟以内，整体上缩短到 6 分钟以内，单据流转从之前的 10 天左右加快缩短至 2—3 天。

（4）BPM 应用持续推进，支撑了管理模式优化，提升业务效率。公司根据业务管理需要持续开发了生产信息手机推送系统、重大生产事件报告、月度工作报告等 40 余项业务系统，为业务处室精细化管理提供技术支撑。并根据去行政化改革要求，对信息平台进行全面梳理，完成 200 多个模块 560 余个调整功能点的变更，支撑了公司职能部门改处为部的管理需要。

（5）利用信息技术，规范业务行为，落实全面从严管理要求。采用人脸识别技术建设的电子考勤系统，用技术手段狠抓员工劳动纪律，全面落实总部“双严”工作的需要。实施招标管理平台，统一各类合同业务的招标模式，实现合同“预算－招标－签订”全流程的规范管理，2020 年降低合同费用 4894 万元，为企业降本减费提供支撑。

（二）生产管理层面信息系统加快建设，促进提质增效，为企业生产管理注入新动力

（1）完成 MES 系统升级改造，优化生产、统计、能源线条数据模型，提升了业务精细化管控能力。对标等级保护要求，消除安全隐患，开展主数据贯标，提高数据交互共享效率。操作管理、“五位一体”巡检系统的建成，实现了岗位交接班电子化、外操巡检智能化，提高了内外操协同的水平，加强了生产管控，现场巡检漏检率持续下降到 0.12%，装置平稳率、工艺联锁投用率等指标均保持在较好水平，为装置安全稳定长周期运行提供了保障。

（2）完成实时数据库提升项目建设，建立了包含 4 万余点装置数据采集平台，为工艺技术分析和生产管控提供了安全稳定的数据资源。同步实施 1# 蒸馏、2# 重整、2# 焦化和 S-Zorb 等四套先进控制系统，提高了装置的抗干扰能力和运行平稳率，降低了操作人员劳动强度。

（3）建设 LIMS 系统提升、实验室执行系统（LES），为提升质量管理水平提供支撑。LIMS 系统提升项目建立了分析业务流程、业务数据和功能的标准化模板，实现原材料、中控、成品和环保等分析业务的全覆盖。实验室执行系统（LES）借助移动化、智能化硬件平台，从源头对实验过程进行管控，提高原始数据一手采集率，提高实验室的自动化水平，实验操作工作效率提升 30%，实验记录完整度提高 30%，提高了分析数据电子化率。

（4）智能化管线、环保 VOCs 系统等项目建成，为提升安全环保水平提供了有效的平

台。智能化管线项目的上线，实现了公司厂际管线数字化、可视化管理，提升了管线安全隐患治理和应急响应能力。环保 VOCs 系统建设，实现环保数据的集中管理，为开展安全环保大数据预测分析创造条件。同时，公司完善生产信息推送系统，增加“启动预案”功能，根据台风、暴雨等突发事件启动预案的级别，分级推送通知不同的人员，提升应急响应效率。

（5）开展工业大数据分析，提升业务管理水平。“工艺自控平稳率监控”和“生产异常报警监控管理系统”科学分析、精准判断来自装置运行的大数据，按周滚动监控生产装置工艺指标平稳率与合格率、装置自控率与控制回路平稳率，及时针对波动频繁工艺指标和控制回路，组织装置开展风险识别技术攻关和维修消缺，消除波动运行隐患。高桥石化炼油化工主体装置自控率、控制回路平稳率累计均值达到 97% 以上，工艺控制指标平稳率累计均值达到 95% 以上，合格率累计均值达到 98.5% 以上。装置运行平稳率大幅提升，为持续攻坚创效奠定高效、安全运行基础。利用 MES 系统提供数据支持，通过对炼油装置全流程优化，2019 年全年累计增效 1875.3 万元，2020 年累计增效 1950 万元。

（三）提升网络、云资源等基础设施能力，信息系统安全保障水平迈上新台阶

（1）公司从技术和管理两方面开展信息安全防控，按照《中国石化网络安全评价标准》落实各类防控要求，2018 年、2020 年在“网络安全水平评价”中公司获得了 A 级企业的评价。

（2）落实网络安全技术防护措施，提升技术防护能级。一是建设了 IDS 入侵检测系统、日志审计系统、态势感知系统等网络安全防护设施，提高信息系统安全防护能力。二是在办公电脑上禁用微信、QQ 应用，建立屏蔽会议室，强化电子信息保密安全管理。三是完成虚拟测试环境建设，投用 windows 补丁管理系统，试点信息平台数据加密传输，提升本质安全防护能力。四是推广准入控制系统、桌面安全管理系统、防病毒控制系统等标准化安全防护软件，提升终端安全水平。

（3）加强互联网管理。关闭独立互联网出口，将互联网出口统一到上海区域中心，实现互联网出口的集中统一管控。开展互联网应用安全专项治理活动，“关停迁转”不应在互联网上发布的系统 9 套，对整合后留存的 2 套应用进行安全加固，到政府部门办理了 ICP 备案、公网安备案和二级等保备案。

（4）公司特别注重用新技术提升信息基础设施应用能力，推进移动办公等新应用模式在员工中的广泛应用。疫情期间，公司“云办公”模式被人民网宣传报道。疫情暴发初期，第一时间开通 VPN 申请绿色通道，为公司科学精准防疫提供技术支撑；全面启用内部视频会议系统，稳步推进视频会议改造项目建设，为远程工作交流提供了高清会议手段；在信息平台上开发疫情防控专栏，为员工提供了解公司疫情防控信息的窗口。

（5）探索新技术的应用，提升信息化应用能力。一是采用人脸识别、“二维码”扫描和 GPS 定位等技术，实现了现场承包商人员和临时车辆实时管理，为大检修、进博会安保提供技术保障。二是探索深化数据分析的应用模式，建立异常报警应用，综合分析生产

数据，推进业务管理的创新和优化。三是建设企业物联网，整合各类移动视频和采集应用，实现移动状态下施工作业环节的全程视频监管。四是利用RPA机器人技术，对信息平台的运行质量进行定时巡检，及时发现系统运行中的问题，将故障处置由被动变主动，提升系统运行的平稳性。

四、展望

（1）深入学习贯彻“中国石化十四五信息化规划”，全面理解石化智云和“数据 + 平台 + 应用”的应用模式，结合实际调整工作模式，做好公司信息化管理工作，推进公司数字化转型。

（2）落实“业务数字化、数据业务化”理念，对照总部“十四五信息化规划”，加快推进业务数字化，高质量完成水务、质量、危险品运输等系统建设，用数字化技术为业务赋能，提升业务管理服务水平。开展企业智能化建设，实施智能出厂系统、智能仓储系统等智慧应用，提升工厂智能化水平。

（3）探索高桥石化数字化转型模式，开展大数据分析与应用。基于企业数据仓库，结合业务实际需求开展各专业领域的大数据挖掘与多角度、多层次的分析，为优化生产和管理提供信息化支撑。

（4）加强网络安全管理。一是提升工控边界隔离强度，统一安全数采网关，提升工控系统安全防护能力。二是落实网络资产定期排查和网络安全风险跟踪机制，确保网络安全问题“查得清、找得到、管得住”。三是对照《中国石化网络安全评价标准》，开展精准对标，逐项落实管控要求。四是开展二级等保系统的安全评估复测和隐患治理工作。

（5）完善数据中心基础设施。一是对机房气体消防系统、UPS系统、电力系统进行安全整治，消除安全隐患；二是完善机房环境监控系统，及时发现环境不安全因素；三是优化计算和存储资源，做好硬件的冗余备份；四是提升化工部机房的应用能级；五是分域建立虚拟资源池，提升云平台的安全运载能力。

（6）强化服务保障，为公司中心工作服务。一是为大检修提供全方位的信息技术支持。二是为公司科学精准疫情防控提供信息技术支持。三是为公司管理变革和优化生产提供新技术手段。

强化“数据+平台+应用”模式　加快推进数字化转型 为打造世界领先洁净能源企业注入强大动能

金陵分公司

一、总体情况

“十三五”期间，金陵石化在总部的领导和支持下，紧紧围绕“建设世界领先炼化企业”的目标，秉承“业务驱动，信息引领”的理念，加强信息和数字化建设发展规划和顶层设计，加快推进信息化“421工程”建设和数字化转型，面向经营服务，着力生产优化，聚焦安全环保，夯实设备管理，全面开展智能工厂建设，构建了全方位的经营决策层、全流程的生产管控层和完备的基础数据层，数据自动采集，信息支撑决策，形成了以门户为集成平台，纵向由生产指挥直达班组生产单元，横向管控油品储运和产品出厂的左右贯通、上下一体的整体信息化架构，“两化”融合取得新成效，为实现公司全面可持续发展和高质量发展提供了强劲动能。

二、典型做法

（一）加强集中集成，提高数据准确性

大力推进集中集成，消除信息孤岛60%，圆满完成阶段性目标。依托公司门户建成个人工作平台，通过应用系统的界面集成、数据集成、应用集成，实现个人待办、会议安排和个人备忘录的实时提醒，提高各信息系统之间的“互通互联”能力。整合12个系统，梳理4888个报表，压减1671个报表，提升整体工作效率。完善优化实时数据库，补充在线分析仪表、GDS、关键仪表运行参数等数据，采集全公司70余套装置、7万多点位的实时数据。建立计量管理系统，全公司原料进厂、产品出厂、进出生产装置、能源计量监测点4500多个，一级计量器具配备率达100%，计量表检定率100%，计量数据有效率99.66%，整体数采率99.5%，做到了“数出一门、量出一家”。

（二）标准化业务流程，推进数据治理

贯彻集团公司“马上就办”管理要求，利用业务流程管理平台，梳理并自主开发房产管理等30多项业务流程及应用，业务更加清晰，审批更加规范，管理更加严谨，提升工

作效率近 50%。通过实施承包商标准管理和全过程精准管控，较好解决了企业长期存在的对承包商安全管理的难点和痛点，促进了精细管理目标的落实，使工作效率显著提高，承包商管理更加公平、公正、透明，直接作业现场管控更加科学规范，安全事故发生率呈明显下降态势。利用石化智能制造云平台及企业数据中心，实现物料类等 10 项主数据标准化，集成 MES 等 29 个系统 182 类数据，支撑设备健康等 9 个应用，让数据有效利用。

（三）加强基础管理，绩效考核更有效

推进先进控制项目建设和应用水平提高，进一步发挥先进控制系统的效果。保障总部和公司视频会议，确保公司生产经营管理的平稳运行。拓展移动应用，将原油跟踪、油价分析、环保监控等应用到移动终端，提升领导远程辅助决策水平。2020 年建立全员岗位练兵移动应用，收集 17 万道题目，参与人员 3772 人，实现以赛带练、以练促升。

开发"低老坏"曝光台系统，实现了从曝光信息提报、问题初审、单位整改、专业部门审核、企管考核的闭环管理，整改 33 万余条，整改率 99.6%以上，"低老坏"现象得到有效遏制。运用"三基"平台，通过指标、事项、岗检、单项奖、绩效等考核，开展岗检与绩效管理，建立标准化 KPI 考核指标 1034 项，做到工作有标准、管理全覆盖、考核无盲区、奖惩可依据。

（四）提升信息安全水平，保障应用系统高效运行

组织参加总部护网攻防预演习，公司各重要信息系统均运行正常，加强工控安全管理，规划办公网络与工控网络隔离策略，数次护网行动和安全检查中未发生安全事件，被评为中国石化网络安全 A 级企业。持续加强信息安全管理，从组织、制度、预案、演练 4 个方面健全完善应急体系，实现主要系统"一系统一预案"，有效避免和降低突发事件可能造成的危害。成功承办中国石化信息系统综合应急演练，实现了炼化、大区、销售上中下游企业间的协同合作，得到总部的充分肯定。

（五）加强"两化"融合，深化应用更突出

2018 年，"两化"融合管理体系通过国家认证，成功打造"智能高效的油品调和"和"石油炼化智能生产优化"两项新型能力。深入开展信息系统深化应用，"一把手"发动、信息部门推动、业务部门行动，在持续开展信息系统规范应用、数据质量提升、数据集成共享、流程优化的基础上，重点加大数据挖掘与分析应用的力度，共完成总体目标 28 项、重点工作任务 155 项，完成率 100%，累计取得经济效益近 5600 万元，17 项成果被评为中国石化深化应用创新创效成果，公司"数据挖掘与分析应用创新创效工作室"入选中国石化"十三五"典型创新创效工作室，公司被评为中国石化深化应用创新创效示范企业、A 类企业。

三、主要成效

（一）信息化助力生产经营，降本增效取得新突破

1. 优化生产过程，提升协同能力

系统内首家搭建生产全流程优化系统，建立月计划–周计划–日计划、日优化–日效益管理体系，利用生产装置收率、排产、机理等模型，建立起生产优化与调度指令一键联动机制，实现了计划优化、调度指挥、装置优化的智能化管理，累计优化生产方案 46 项，生产指标合格率上升约 5.5%，累计增效达 1.2 亿元（图 1）。

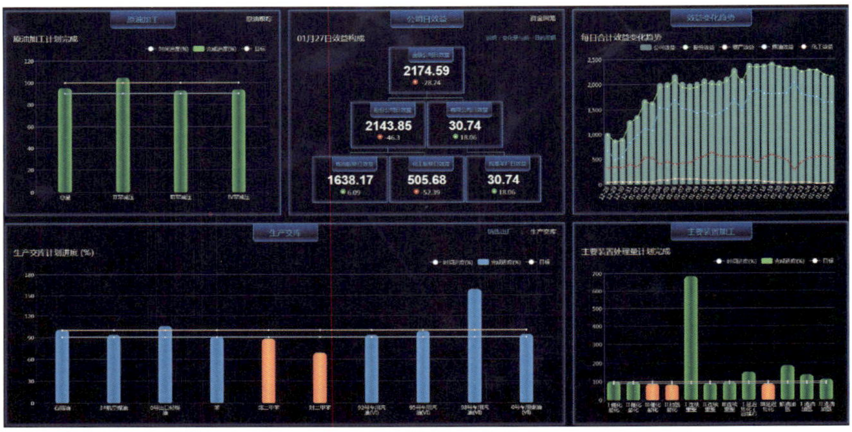

图 1　生产全流程优化系统

建立异常管理系统，对 592 个公司级异常点、七大类异常事件实时监控报警和闭环处理，及时有效处置各类生产异常情况（图 2）。

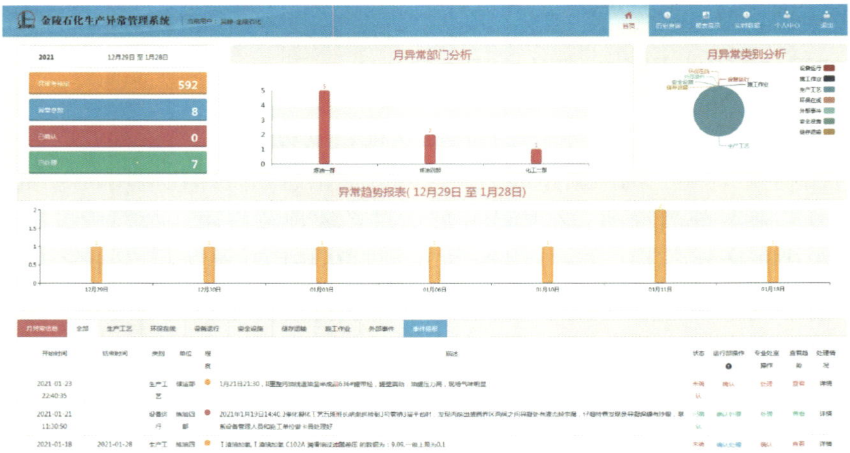

图 2　异常管理系统

升级原油调和系统，完善原油性质库，实施原油快速评价，利用近红外在线分析仪，实时监测产品质量，不断优化调和效果，确保排产合理、常减压装置进料性质稳定，减轻原油调度60%的工作量，节约原油调和成本1.3亿元（图3）。

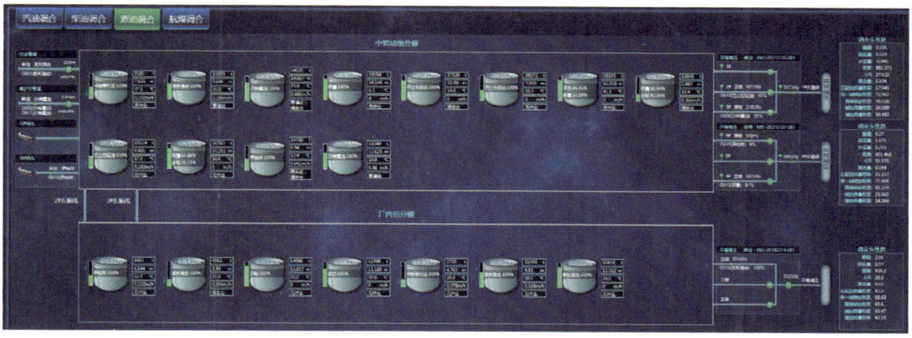

图3　原油调和系统

建立成品油在线调和系统，通过对调和各个组分的在线监控，实时优化调和组分，成品油一次调和合格率达95.95%，降低挥发损耗3023万元，调和优化增效6574万元（图4）。

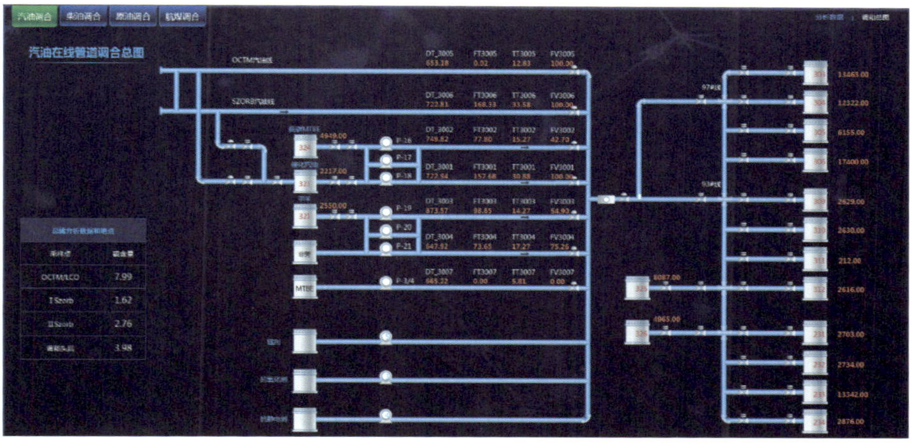

图4　成品油在线调和系统

创建运行部级生产管控平台，全方位、全过程监控炼油一部装置工艺、设备、安全、环保等信息，并实施分级应急管理负责响应机制，通过及时处理生产异常，优化生产方案，炼油一部累计增效达350余万元（图5）。

优化工艺管理系统，实现工艺技术、盲板、报表管理，建立标准化三剂管理流程，强化三剂指标对比分析，建立催化剂预测模型，实现催化裂化的产品分布、催化剂新剂用量预测及装置收率预测（图6）。

2. 科学配置资源，降低加工成本

建成原油全流程管理系统，让信息“网上流”，紧抓原油成本这个“牛鼻子”，多措并举，岗位协同，实时跟踪原油基准价等国际行情变化，按采购、运输、结算流程进行各环节跟踪，实时监控滞期费、超储费，有效降低原油采购、运输和财务成本，实现降本增效 1 亿多元（图 7）。

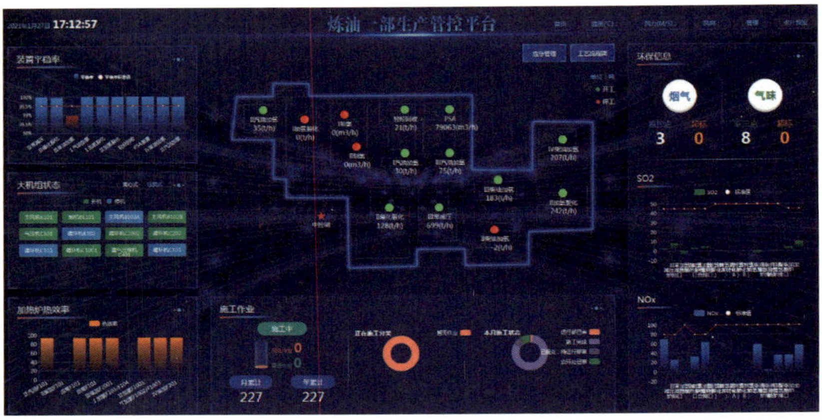

图 5 运行部级生产管控平台

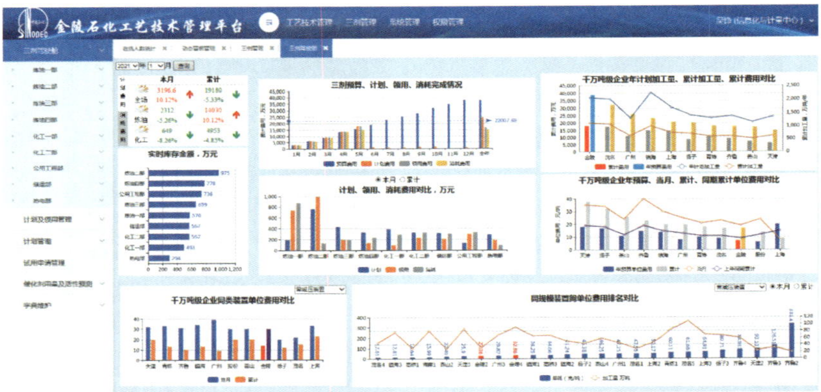

图 6 工艺管理系统

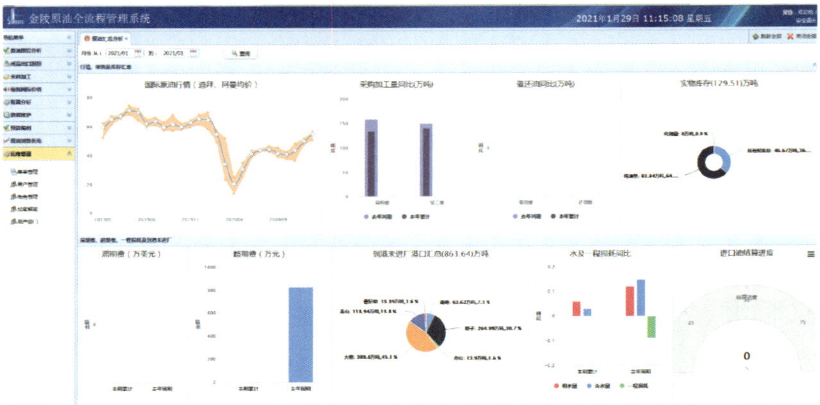

图 7 原油全流程管理系统

产品出厂流程跟踪系统建立（图 8），实现码头运力精准跟踪控制，加快产品出厂速度，保证生产后路的畅通，提高码头运力 10%—20%，相当于新建了一个码头。

图 8　出厂流程跟踪系统

自主开发铁路装车控制系统，创新运用质量流量计进行批量控制与计量，效率提升日渐凸显，在炼化企业进行推广运用。

实施“成本 + 利润”管理，秉持“左右不了价格，就管控成本”的理念，建成成本管控系统（图 9），以单位加工费为抓手，结合关键指标实现装置成本管控，每项费用“摸得清、算得准”，减少成本支出 3400 多万元。

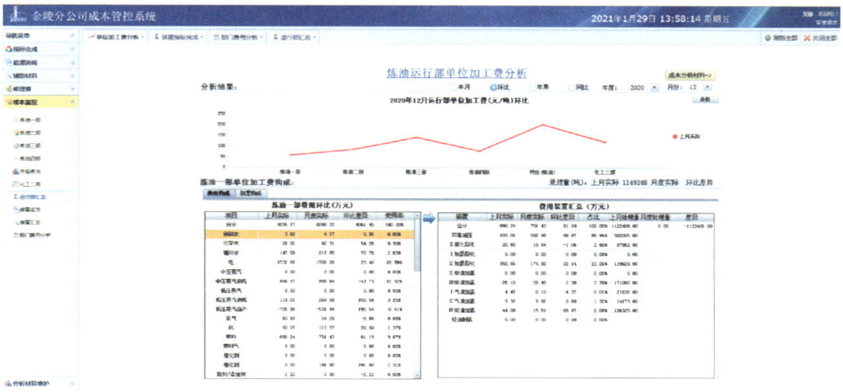

图 9　成本管控系统

建立修理费监控系统，对修理费发生各环节进行实时监控、分析和预警，加快修理费结算速度，节约成本。利用资金回笼系统，压缩各环节审核时间，提高资金回笼速度 17%，增效 1488 万元（图 10）。

强化能源过程管控，利用能源监控系统，实时监控节能设施运行，跟踪各装置能耗指标和超标问题，推动节能降耗措施精准落实，公司炼油部分综合能耗从 56.97 降低至 55.82 千克标油 / 吨，节能设施优化运行率从 93.66% 提高至 96.95%（图 11）。

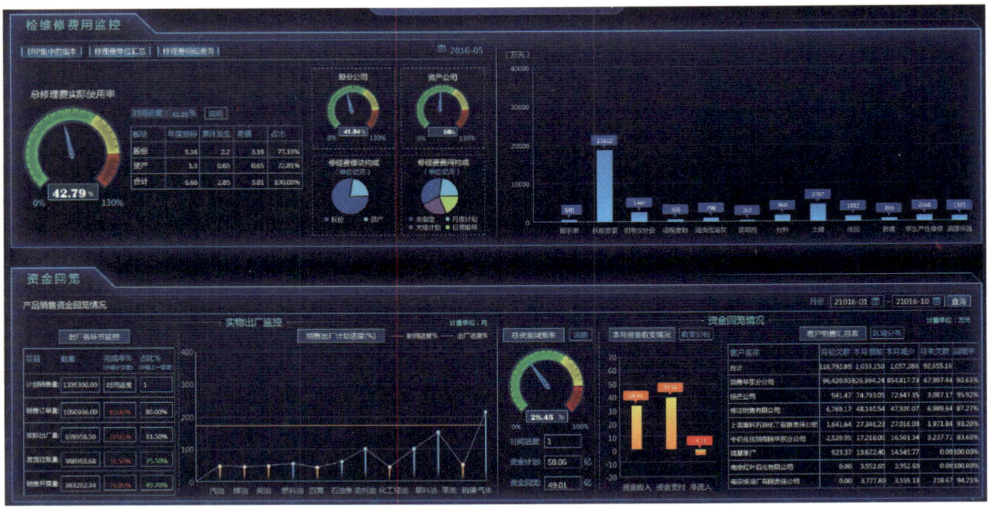

图 10 修理费监控系统

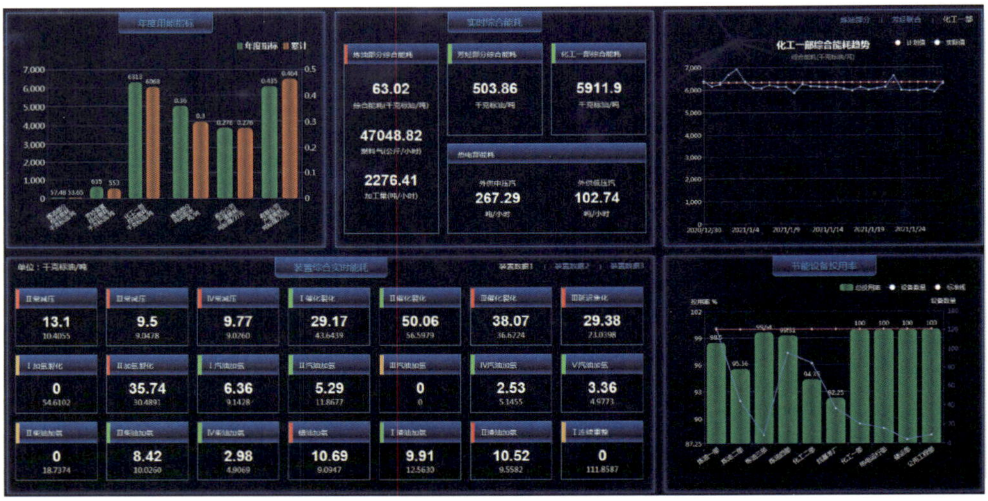

图 11 能源过程管控

自主开发直热供料监控系统，实时监控、分析公司 59 条主要管线直热供料运行参数，推进直热供料优化改造，公司整体热供率和直供率分别提升至 82%、67%（图 12）。

3. 加强经营服务，大力推进攻坚创效

自主开发油价分析系统（图 13），集成 8 类四十多种原油、产品最新价格行情数据，跟踪分析国内和外盘等价格情况，利用价格预测模型，监控并预测产品价格，为公司增效 2207 万元。

未雨绸缪，构建远期效益测算模型，预测定价体系与国际接轨后公司盈利能力，测算 16 项模型的成本、效益，寻求最优方案，从而调整生产结构，多生产高附加值产品，累计测算优化方案 27 项，实施 17 项，增效 7225 万元（图 14）。

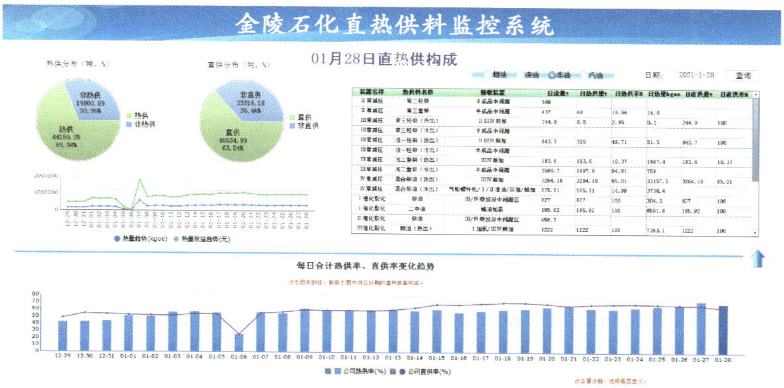

图 12　直热供料监控系统

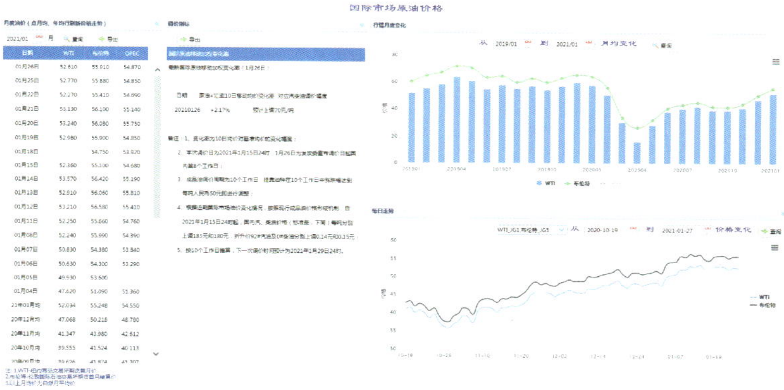

图 13　油价分析系统

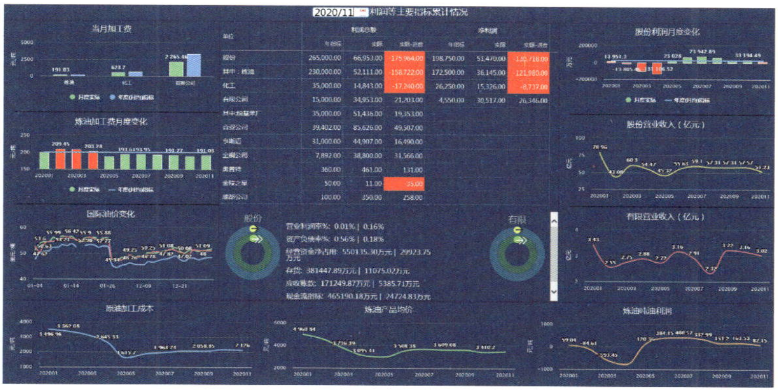

图 14　公司盈利能力预测

集成全面预算、ERP、MES 等系统，自主开发公司级的营收、利润、库存等综合分析监控平台，通过产品销售市场实时呈现，为拓销扩市提供帮助；通过实时监控公司各类成本指标完成情况，为各部门成本分析提供有益工具；通过物资、油品库存实时监控，控制积压物资的形成；通过公用工程成本监控，推进“峰谷”发电优化（图 15）。

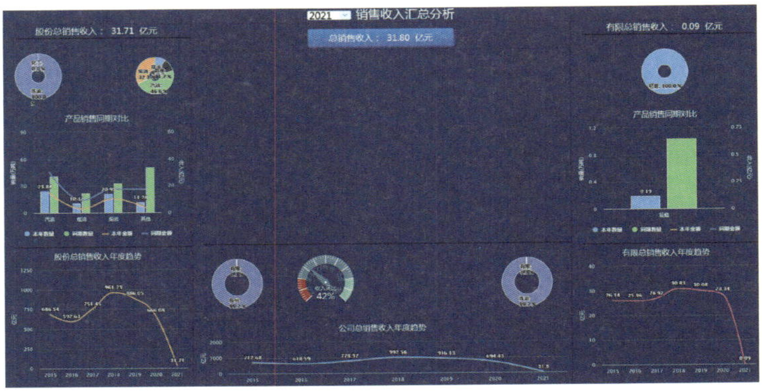

图 15　综合分析监控平台

建立进出厂物流管理，完成液化气等 5 个公路提货流程优化再造，实现运输计划、客户自助服务、车辆自动识别等，提高发货环节作业效率（图 16）。

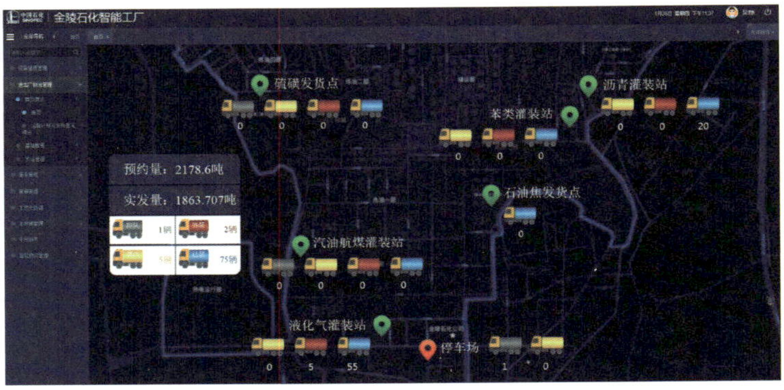

图 16　进出厂物流管理

4. 全力推进智能工厂建设，提升科学决策能力

构建设备健康一体化管理，实现对 784 台设备、7785 个工艺运行参数的闭环管理，实现设备监控、效能分析、故障缺陷处理、根本原因分析业务的贯通，提高设备完好率（图 17）。

图 17　设备健康一体化管理

加强大数据技术应用。建立3号连续重整装置工艺大数据分析，实现10种产品未来45分钟收率预测、初馏点预测，找出影响收率关键因子，“对症”调整操作参数（图18）。

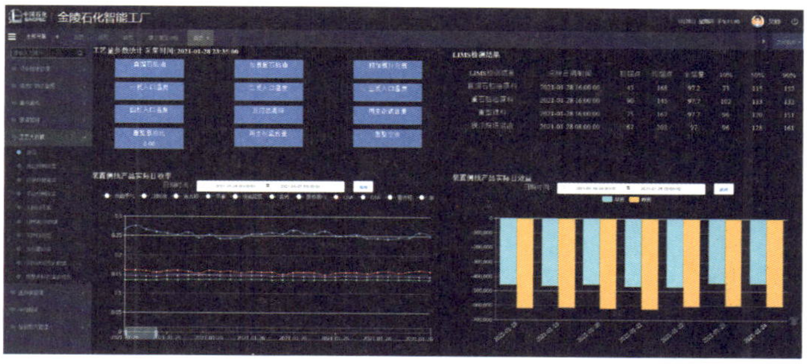

图18 工艺大数据分析

建立8台关键机泵的健康度分析，提前预警机泵故障，降低30%的机泵故障率（图19）。

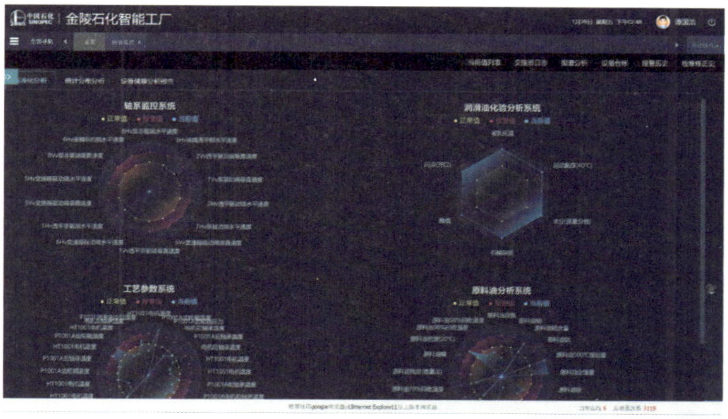

图19 健康度分析

建立6台热电锅炉炉效分析，找出影响锅炉运行的关键指标，指导生产操作，提升锅炉运行质量（图20）。

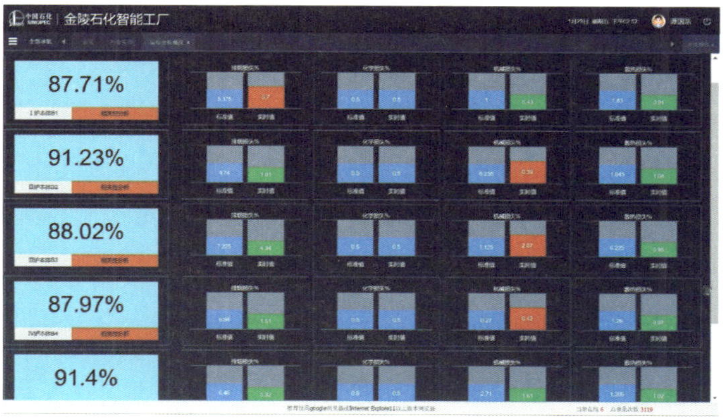

图20 热电锅炉炉效分析

建立智能化仓库，实现从收货、上架、发货、盘点、移库、退货等环节供应链可视化及智能仓储管理，规范业务，降低风险，提升物资部门保供能力，公司库存周转率提高 10%（图 21）。

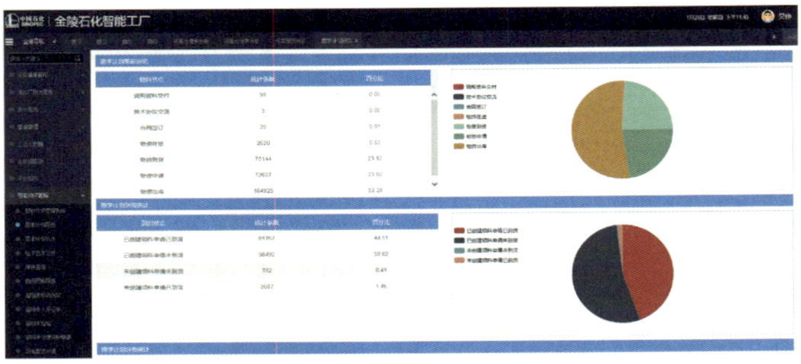

图 21　智能化仓库

（二）信息化助力安全环保，绿色发展取得新跨越

1. 加强现场管理，防范安全风险

自主开发安全环保管控平台，实现施工作业线上申报和审批，建立施工作业电子地图，集成移动和固定视频，对施工现场全天候、全方位监控，使得施工现场“看得准、守得住”，有效降低了直接作业现场安全风险。

建成工业视频监控网络，监控点共达 2000 余个，利用热成像技术，实时监控再生器、烟机、火炬等关键设备。利用火灾视频智能分析，实时监控Ⅲ常减压装置高温管线与油泵。运用人脸识别技术的封闭化管理，实现从“刷卡”到“刷脸”的转变，真正做到人证合一，并将“人脸识别考勤”运用到项目建设和检维修现场管理，杜绝了串卡、代刷卡和一人多卡的现象。

建立消防保卫应急指挥一体化平台，实现应急物资、消防车辆、占道管理等管理，提高应急指挥决策效能。

建立管道应急处置，实现 12 类、238 条危化品管线巡检事故的快速处置。

2. 夯实环保管理，打造绿色企业

全面推进环保分级管控，自主研发环保实时监测系统，系统内首次实现生产区域环境 VOCs 的在线监测，运用环保地图，自动对标，趋势分析，异味管理做到“定位精准，指标严控”。加强对所有环保排放点、环保气味与环保装置的实时管控，前移管控关口，强化源头预警功能，确保及时查清原因、排查问题、采取措施，实现了由“管排口”向“管源头”转变，推动了环保管理由定性管理向定量管理转变、由经验管理向科学管理转变、由事后管理向事前控制转变。

（三）信息化助力设备管理，平稳运行取得新成绩

1. 加强设备在线管理

建立机泵群状态在线监测系统，强化高温高危油泵管理，完成 18 个装置 270 台关键

机泵振动和轴承温度实时监测，在线监测率从0.04%提升至85.99%。

运用仪表自控提升系统，监控仪表自控率、平稳率、报警和操作记录，梳理并优化报警与控制，优化回路876个，装置自控率达到95%以上，装置生产平稳率提高到96%以上。全面启动设备完整性管理体系建设，实现设备缺陷、特种设备台账、设备KPI管理等。

首创计量仪表智能监控系统，实时采集126台智能仪表1226个参数，利用数值到报警信息的计算模型，实现对测量设备运行状态的智能监控、分级报警，并利用专家知识库，提供智能处置方案。

2. 强化检维修过程管理

为改变过去预算粗、效率低的现状，建立检维修费用标准工序库，将工序和定额标准化，形成知识库，新建4622项标准项目、6131条标准工序，使预算、决算更加精准，检修计划编制更加便捷，费用控制更加高效。建立装置检修改造管理系统及移动应用，实现检修改造全过程管理，完成2020年冬季检修统筹计划78项，监控1077项检修项目过程。应用关键机组远程诊断和检维修策略服务系统，监测35台关键机组，实现故障智能报警。系统自2020年11月投用以来，累计优化176项，报警1960次，诊断通知145条，检修反馈6条，累计产生381条故障案例记录，诊断准确率达到98%。

四、展望

下一步，金陵石化将加强信息化建设规划和顶层设计，坚持“一基两翼三新”发展格局，秉承“实用+特色+先进”的理念，加快推进“432工程”，结合公司信息化建设的问题和需求，按照“数据+平台+应用”模式推进信息化建设，为中国石化打造世界领先的洁净能源和合成材料公司作出新的更大贡献。

一是推进生产数据治理，挖掘数据资产价值。建立公司生产数据资源中心，提升数据资产的价值。采用大数据、人工智能等智能化技术，为生产营运、安全环保、能源和公用工程、设备、物流、工程等领域的业务运营、决策提供个性化的智能化、可视化数据服务。

二是加强5G技术应用。不断探索“5G远程检修”“IDC服务”“云计算”等技术的应用前景和模式，创新实施打造新一代智慧信息化应用的标杆。

三是加强智能工厂深化应用。打造公司生产营运实时感知、资源统筹优化、预警预测和全局协同指挥能力，实现对公司全业务域关键生产营运活动的实时在线监督，提升公司生产营运活动的全局掌控、资源配置的优化协调、应急事件的综合协同、重点工程的监管督导水平。

深化信息系统应用 助力创建“绿色企业”

扬子石化公司

一、总体情况

“十三五”期间，扬子石化在总部统一领导下，始终坚持“六统一”和“建用结合、以用为主”方针，构建以需求为驱动、知识价值为导向的信息化建设和应用体系，围绕经营管理平台、生产营运平台和信息基础设施与运维平台“三大平台”的建设和应用，公司信息化建设规模及应用水平在总部同类型企业中始终处于前列。“十三五”期间，通过工信部“两化”融合体系认证；建成MES操作管理模块、碳排查系统、LDAR、智能化管线系统、一卡通系统等，深化应用ERP和MES，荣获集团公司ERP应用先进企业、MES应用达标企业。完成二套常减压、2PP 、1PP A/B线、1#重整、1#加氢、2#催化裂化等装置的APC和优化控制软件开发、建模和部署，获得中国能源企业信息化管理创新奖1项、国家知识产权局软件著作权1项；深化应用创新创效优秀成果累计8项，能源在线优化、MES建立物料平衡预测及预警模型等年创效超过8000万元，公司荣获集团公司深化应用创新创效示范企业。

二、主要举措

（一）加强顶层设计

围绕公司发展战略，坚持“六统一”原则，按照总部“一切系统皆上云，一切开发上平台”的要求，加强顶层设计，聚焦公司安全环保、生产经营、计划与调度、成本分析等核心业务，深化信息化业务需求诊断和分析，梳理数据中心、云计算、信息系统整合、深化应用、信息孤岛治理、信息安全等提升目标，按照“十三五”信息化规划，构建“两化”融合管理体系，推进云计算、大数据、物联网与石油化工生产管理的深度融合应用，支撑建设绿色和谐卓越奋进新扬子的总体目标，实现公司基础设施资源全面整合优化、生产经营核心业务的全面贯通、智能协同。

（二）深化信息系统应用创新创效

按照总部统一部署，2017—2020年分两个阶段开展信息系统深化应用创新创效，消除信息孤岛，立足补短板、固基础、重长效、强创新、增实效，将行动落实到25个信息系统、36个模块中，确定了33个优化提升点，提出了38项改进措施，充分发挥信息技术优势，挖掘数据资源价值，为装置安稳长满优运行保驾护航，为提升经营绩效贡献力量。

开展深化应用的主要途径，一是提升信息系统应用度，把现有的系统使用好；二是提升信息系统应用深度，通过信息系统的使用，促进业务绩效和管控水平的提升；三是扩展信息系统应用范围，扩大企业业务管控范围和经营业绩；四是发挥业务人员利用信息系统解决业务问题、改进业务管理的能动性，不断挖掘数据资源的潜在价值。

（三）优化业务流程，加强系统整合，促进重点信息化工程建设

通过操作管理系统建设，基于企业MES平台，建立面向生产操作层面的信息化管理平台，对生产操作提供全方位监控评价管理，进一步规范班组操作，提升装置平稳率，促进班组管理精细化，助力操作执行从严管理。

结合企业业务流程，以企业MES物料管理和能源管理为基础，建设一套覆盖固定、移动、制程、逸散、间接5大类排放源及回收利用的碳资产管理系统，做实企业碳资产管理的全面应用，实现企业月度、年度、装置级碳资产排放数据的统计、核算及分析，并可进行日度碳排放监测，提高企业碳资产管理精细化程度。

优化物流管理流程，整合电子提货系统。公路出厂产品品种多、数量大。车辆全部采用传统的纸质票据发货形式，一是提货流程长、手续烦琐，纸质票据多；二是客户必须现场驻点，拆单工作量大，此外车辆进厂门手续烦琐；三是提货车辆对公司停车场占用时间多，司机等待时间长；四是现场岗位人员劳动强度大，提货环节电子化程度不够；五是ERP、门禁系统、地磅系统等系统内数据未能实现共享。为此集成门禁系统、地磅系统和电子提货系统，实现发货和ERP过账自动化。

随着公司生产规模不断发展，蒸汽系统变得庞大复杂，已形成“多级–多环–多汽源–多用户”模式。依靠传统管理模式，技术人员无法及时掌握管网蒸汽流向、流速、压降、温降、冷凝水等运行参数，导致在实际管理时过多依赖经验，无法有效分析管网运行安全和效率问题。为此，整合企业实时数据库、能源管理系统等数据，建立蒸汽管网优化系统，形成蒸汽管网优化模型。针对管网运行过程积累的大量数据，通过采集、整合、建模、分析，提升企业节能、安全生产的水平。

加强数据分析、利用，采用“大数据”技术，充分挖掘已建成的实时数据库、化验分析系统LIMS、生产执行系统MES等海量数据资源价值，建立生产运行监控系统，实现对工艺指标、质量、环保、联锁、消防水、可燃气报警仪、设备、停车8类控制操作指标，分车间级、厂级、公司级报警控制设置在电脑终端、手机短信同步报警，同时车间人员需对报警事件及时响应，填入原因、采取措施、处理结果，实现报警事件的闭环管理，将生产、质量、环保事故消灭在萌芽状态。

推进新技术应用，建设门禁与考勤的系统协同应用，杜绝承包商违规人员进入施工现场；LDAR系统增加二维码识别应用，实施VOCs减排和物联网检测等。

（四）点面结合，加强数据共享和统一身份集成，提升网络安全水平

强化 ERP、MES、RTDB、LIMS 等数据共享和数据标准化、规范化建设、应用，完善应用系统的安全等级保护定级，强化网络边界防范，细化防火墙策略和规则，推进应用系统采用总部统一身份集成，提升网络安全水平。

三、主要成效

（一）信息化助力公司成功创建“绿色企业”

二维码标识技术与泄漏检测与修复（LDAR）系统结合，极大提升泄漏检测及修复的效率和分析能力。公司以 5300# 汽柴油加氢装置为试点，安装了 887 个二维码标签，配置 7 台防爆终端，实施了人员定位、数据统计分析、二维码标识管理和移动终端 APP 等提升工作，实现了作业过程中泄漏的实时监测、全程记录、密封点智能识别以及数据实时同步。开发“可挥发性有机物减排和智能监测物联网系统”，大大提高了对可挥发性有机物的监测效率和减排控制。在芳烃厂重整、二甲苯、加氢裂化和制苯等装置应用后，VOCs 减排 60% 以上，实时监测和安全预警可靠性 99% 以上；将各类数据集成，开发智慧环保大脑（图 1），环境数据事前预警、超标报警、短信提醒、反馈闭环、智能预判等功能，实现环保工作智能化管理，为公司成功创建绿色企业提供技术支撑。

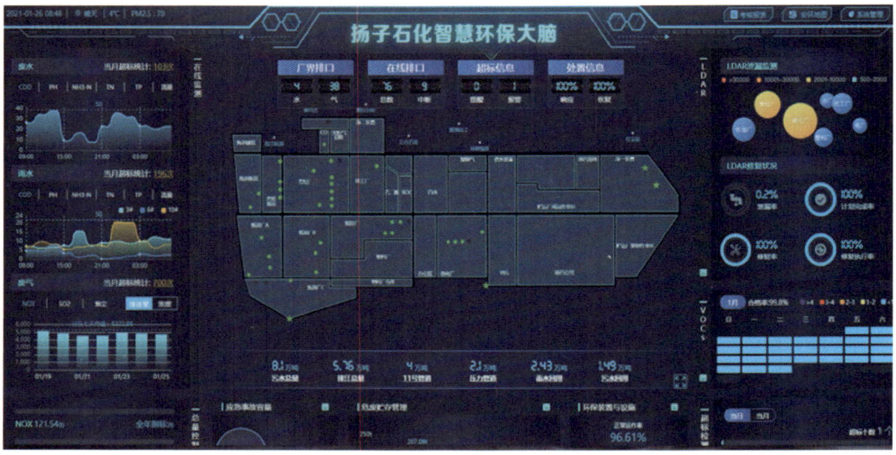

图 1 智慧环保大脑

（二）信息系统深化应用创新创效行动取得丰硕成果，促进优化运行、绿色生产

按照总部统一部署，完成为期三年的信息系统深化应用创新创效行动实施，取得“基于 MES 建立物料平衡预测及预警模型，优化指导生产运行”等 28 项成果，其中通过 MES 系统贮罐物料数据属性和实时数据库集成，物料平衡由每班 12 个小时，提升到 10 秒以

内；利用 ASPEN 开展装置建模优化芳烃厂 1#、2# 重整运行，增加效益 2209.9 万元；对公司 82 台主要加热炉炉效开展热效率监测并发布分析报告，2019 年炉效同比上升 0.16 个百分点。基于 MES 建立物料平衡预测及预警模型，优化指导生产运行成果，通过建立原油加工、加氢裂化料、重整料、柴油、催化裂化料、重油、裂解料、乙烯、丙烯、混合碳四等关键原料和产品的平衡和预警模型，将 MES 记录已发生的事件和业务数据，变为可预测未来一周、一月物料平衡的调度“优化软件”，实现提前一周生产预平衡精确测算、30 天生产平衡测算，合理安排原油进厂、产品生产和出厂，节省贮罐占用和合理安排船期，年效益达 1336 万元以上。2019 年下半年，利用本模型，平衡好 VGO、控制好 VGO 硫含量，保持加裂装置高负荷运行，优化乙烯原料结构，保持 LPG 裂解 1300 吨 / 天，确保乙烯产量 2300 吨 / 天、PX 产量 2900 吨 / 天以上，实现乙烯、PX 产量刷新年度历史新纪录，一年为公司增效 5800 万元。

（三）一批重点项目建成上线，节能降耗、碳资产管理再上新台阶

生产运行监控系统涵盖工艺指标、质量、环保、联锁、消防水、可燃气及有毒有害气体报警仪、设备、停车等 8 类数据，监控点数达到 12325 点。自 2016 年建成上线以来，数据资源在生产装置安全稳定运行方面发挥重要作用，报警量逐年下降，其中 2018 年短信共发出 22331 组 157258 人次，比 2017 年同期的 30782 组 189932 人次下降了 27.45%（图 2）。

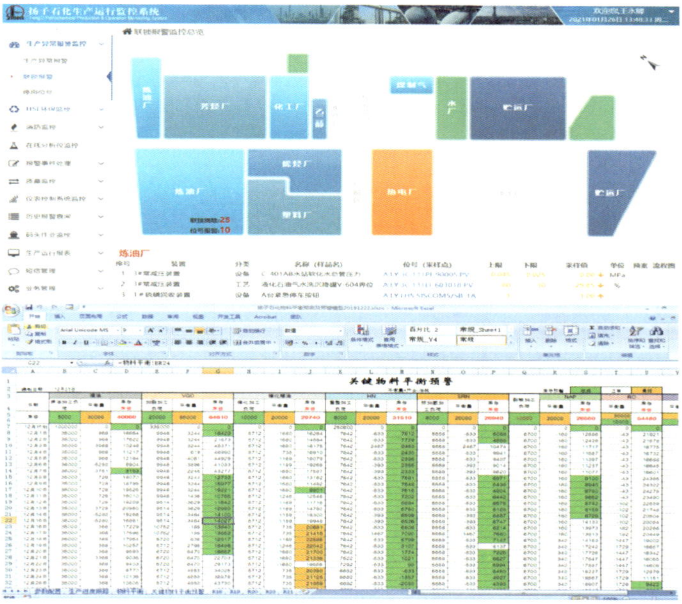

图 2　生产运行监控系统

操作管理系统内操管理、外操管理、操作绩效管理、智能巡检等模块上线运行，交接班日志和外操智能巡检功能在全公司范围推广应用，通过智能巡检应用，巡检计划完成率达到 95% 以上，促进了班组操作的规范化、班组管理的精细化。化工厂实行五位一

体巡检，并与生产监控系统联动，PTA 二装置生产异常报警数量下降约 15%；同时有效提高生产平稳率 1.5%；经济技术指标明显提高，PX 单耗由 656.3kg/tPTA 下降至目前的 654.26kg/tPTA，醋酸消耗从 41.8kg/tPTA 下降至 40.7kg/tPTA，每月节约成本约 76.22 万元。

碳资产管理试点项目建立二级单位模型 24 个、碳排放设施 218 个，盘查项目 641 个，计算公式 951 个，2018 年 7 月上线后公司减排二氧化碳 3%，每吨二氧化碳以 40 元计算，减排效益约 1200 万元 / 年，为中国石化碳资产的信息化管理作出突出贡献（图 3）。

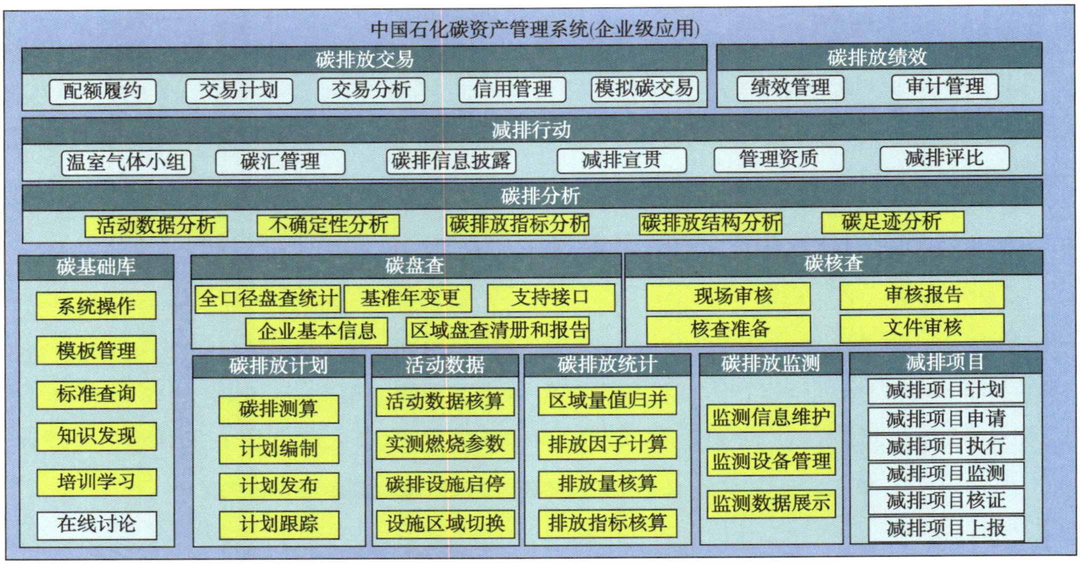

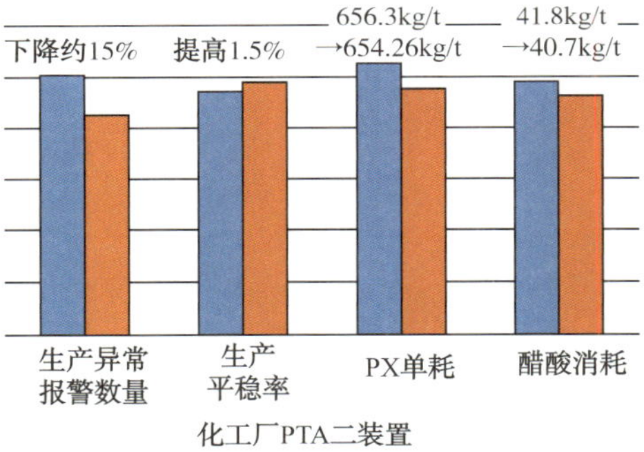

烯烃厂乙二醇车间	
巡检失误引发事故数	0
现场巡检空白时间	每2.25h→每1.25h
智能巡检完成率	近100%
登记隐患数量	1296条

图 3 碳资产管理系统

电子提货系统通过整合、提升，大大提高了现场发货效率，提高客户满意度。一是提货司机只要在装运点刷身份证，就能实现多系统联动，实现进出厂、发货和 ERP 过账自动化；二是采购订单自动集成企业销售订单，线上自动推送至客户和承运商，既减少各种订单打印带来的成本，也减少各部门配合订单打印人员成本；三是实现电子提货系统与无人值守地磅的无缝衔接，彻底实现 PTA 产品的自助发货，大大提高发货效率；四是通过整合现有承运商系统内的数据，将承运商信息和车辆信息在事前、事中、事后等提货各环节共享，提高了危险化学品运输过程的安全管控水平（图 4）。

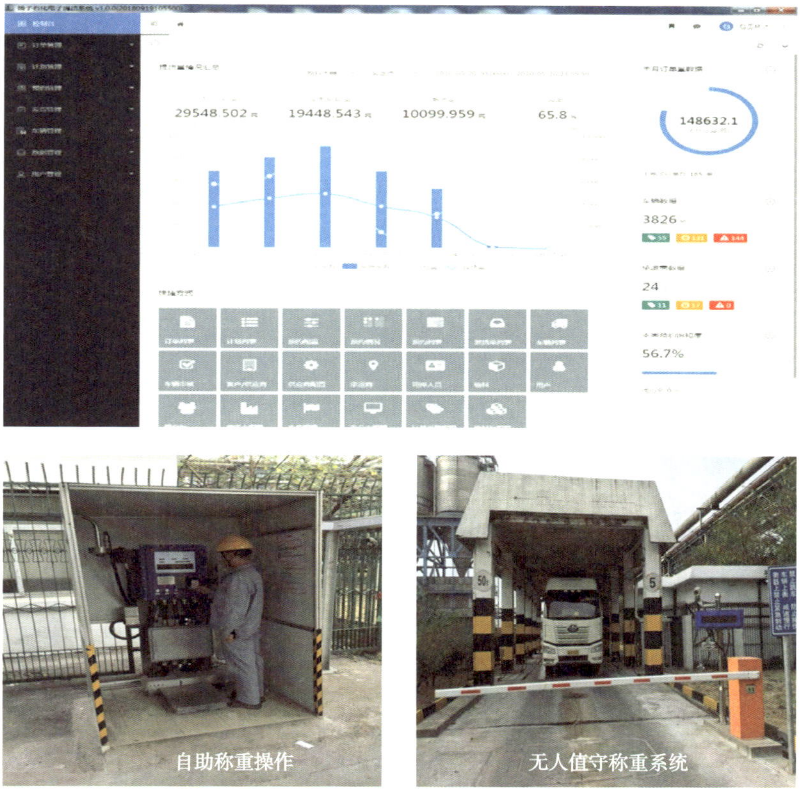

图 4　电子提货系统

蒸汽管网优化系统集成蒸汽管网结构参数、操作参数和环境参数，对蒸汽流向、流速、流量、压降、温降、冷凝水量等建立运行及优化数学模型，实现蒸汽管网运行参数的全面量化。通过流速分析，发现厂际中压 M5 管线自热电厂分两路，流速较缓，3—6m/s，需密切注意流向和流速，注意疏水，防止爆管；通过工况分析，发现 CO 装置中压蒸汽至 2# 线母管有少量冷凝水产生，需注意疏水，通过优化输送方案，年节约蒸汽 4.97 万吨，年效益 690 万元（按低压蒸汽内部结算价 139 元 / 吨计）（图 5）。

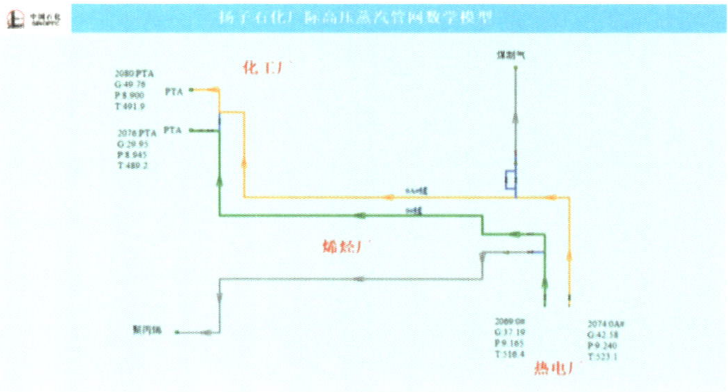

图 5　蒸汽管网优化系统

四、展望

“十四五”开启了新征程。扬子石化深入贯彻落实创新驱动发展战略，坚持需求牵引、目标导向，围绕“一切过程记录数字化、一切业务流程信息化、一切运营决策模型化”，推进智能工厂建设，以数字化推进企业智能制造升级。一是要加快推进智慧工厂指挥中心建设，优化公司生产及应急指挥流程，实现综合指挥、信息研判、科学决策、指令传达为一体的高效联动。二是要聚焦数据资产价值创造，大力推进数据治理，建立健全数据标准体系、数据资源共享与数据资产管理机制，加快建设企业数据资源中心，以数据流引领和优化业务流。三是要以信息化驱动业务流程再造和组织结构优化，构建完善覆盖运营管理全业务的一体化数字业务平台，促进跨系统、跨部门、跨业务的高效协作，优化资源配置。四是要以数字技术建立业务模型，加快推进营运决策支持系统建设和应用，把数字化管理作为精益手段，实现战略运营、业务运行、产业链运转等生产经营活动的实时监控、动态分析和风险管控，提升洞察能力与管控水平，全面支撑公司运营风险管控和科学决策。五是要大力推动资产数据化，加快建设设备完整性管理平台，深化资产采购、运维、更新、报废全生命周期运营管理。六是要加快构建 5G+ 工业互联网应用，完善新型信息基础设施，抓住新技术发展机遇，综合利用机器人巡检、人脸识别、人工智能视频算法等智能装备和新技术，实现工业安全生产创新应用。

深化“两化”融合　培育新型能力
为建设一流化工材料企业提供数字化支撑

巴陵分公司

一、“十三五”信息化工作总体情况

“十三五”期间，巴陵石化认真贯彻落实中央有关建设制造强国、网络强国等决策部署和集团公司党组关于构建新发展格局、推进数字化转型等战略布局要求，紧紧围绕“建设一流化工材料企业”的战略目标，坚持问题导向，按照总部信息化建设“六统一”的原则，结合公司生产管理的新情况、新理念，完善各项信息基础设施，推动信息系统建设和应用，全力促进“两化”融合，加快信息新型能力打造，全面推进公司信息化管理工作。

“十三五”期间，在集团公司的关心和指导下，巴陵石化建设和完善了办公局域网、生产数据采集专网以及视频监控专网、无线局域网等信息基础设施，为公司生产经营管理、基础数据采集共享、安全管理、移动办公提供了可靠支撑；建设并完善了以MES、LIMS、实时数据库系统为核心的生产运营管理平台，为公司提升生产管控能力提供有效手段；实施并应用了新公司ERP、集成共享、综合事务、移动办公、物资辅助、大宗原燃料等一批信息系统，不断提升管理水平和工作效率；部署并实施安全态势感知、统一身份认证、桌面安全、G01监控等安全设备和系统，完成桌面计算机的标准化管理，逐步形成多层次、全方位的网络安全防御体系；建立网络安全联络员体系，健全网络安全保障与应急响应机制，不断强化网络安全基础管理，提高网络安全管理水平；实施深化应用创新创效行动计划，完成企业“两化”融合贯标，大力推动企业“两化”深度融合。

二、“十三五”信息化的主要举措

（一）坚持本质贯标，完善“两化”融合管理体系

牢牢抓住入围工业和信息化部“两化融合”贯标试点企业的契机，以“本质贯标”为目标，在“转观念、塑体系、提能力”上做文章，明确了“统筹推进、融合发展、集成共享、协同智能”的“两化”融合方针，实施了“石化产品生产工艺数字化管控能力”等系列新型能力建设工作，修订了《巴陵石化公司信息化管理办法》等15项制度，信息化建

设"六统一"的原则逐步成为公司上下共识，各项信息化建设、管理工作有序开展。2020年4月，顺利通过工业和信息化部"两化"融合管理体系认证并获颁证书。

（二）加快补齐短板，聚焦新型能力打造

围绕公司打造一流化工材料企业的发展战略，紧贴业务需求，坚持价值引领，强化顶层设计，着力提升精细化生产管控能力、安全绿色发展能力、科研创新和产权保护能力、供应链智能服务能力、企业管理高效运行管控能力。持续夯实数据基础，数据采集向可燃有毒监测、消防报警等领域延伸，并初步构建涵盖一二级危险源四大类数据的预警预测系统，开展智能物流、能源管理、环保管理、生产技术管理等一系列应用系统建设。推动工业视频监控集中管理改革，严格按照集团公司及国家相关标准，以"全覆盖、无死角"为目标开展视频监控隐患治理项目。经营管理平台聚焦消除信息孤岛和基层减负，开展了物资辅助管理、绩效管理、新一代协同办公系统、报表定制、移动应用扩展等建设工作，推动经营管理向精益化、高效化转变。

（三）深化内部改革，提升信息专业团队能力

秉承"因事设岗、最优结构"原则，结合公司人才强企工程，通过轮岗交流、加长板凳等方式，不断优化整合IT人力资源，组建网络安全、核心基础设施、深化应用、综合管理等专业团队，构建与IT业务发展相匹配的专业管理模式，通过"中心督办、专业协调、借脑借智、团队负责"的方式，将工作任务目标分解落实，激发各方活力。建立横向到边、纵向到底的信息联络员网格，建立数据分析深化应用工作室，提升绩效考核细则中深化应用创新创效工作考核比重，增设公司创新创效管理成果专项奖励。完善内部绩效评价体系，引导和激励员工争作贡献、团结协作、提升效率、工作创新，组织全员开展网络安全、深化应用、"两化"融合体系等专业培训。在人员减少40%，业务量同比增加100%以上的情况下，IT专业充分发挥了管理集中的优势，在智能工厂建设及网络安全体系建设等工作中展示了极高的工作能效。

（四）加强技术攻关，积极探索信息新技术应用

推动5G技术在石化企业应用落地，针对己内酰胺新区建设工地管理中的人员车辆管理、周界监控、现场作业实时监控、塔吊状态及安全监测等需求，借助5G技术超高速、超大连接、超低时延、部署快捷等优势，开展5G智慧工地建设试点，较好地应对工地建设管理区域分散、灵活机动、逐步完善等特点。采用4G-LTE物联网技术搭建了巴陵石化工业无线物联网系统，进行独立加密数据传输，建立安全与便捷的通信通道，在数据采集、物资管理、现场视频回传等方面得到较为广泛应用，解决了90余块有线网络无法覆盖的偏远区域分散计量仪表采集问题（图1）。

图 1　借助 5G 技术，开展己内酰胺新区智慧工地建设

（五）狠抓安全管理，推动信息化安全有序发展

编制发布了《网络安全管理细则》《网络安全责任制》等一系列管理制度和文件，逐级压实网络安全责任。IT 中心内部成立网络安全管理团队，外部建立直达公司基层装置车间的信息联络队伍，初步形成了较为完善的网络安全人员体系。认真落实信息系统等级保护要求，等保定级就高不就低，过程管控从严更从细，严格把控项目立项、过程管理、上线验收等关键节点，防止新建系统带病上线、验收。高度重视网络出口、网络边界管理，不断强化桌面终端设备安全管理，积极推进桌面标准化工作，通过 AD 域管理、桌面标准模板、桌面安全三件套等多种措施相结合，实现用户终端的统一管控。定期组织漏洞扫描、安全自查、网络安全意识教育等活动，高标准、严要求开展网络安全自查整改工作，不断消除隐患、夯实网络安全管理基础。

三、主要成效

（一）公司经营管理逐步向数字化、精细化迈进

建成公司集成共享平台，实现公司 50 多套主要信息系统的单点登录、10 多套系统待办信息的集中处理，使“一个网站处理所有业务”成为可能。初步建成企业数据仓库，对生产 5 大类中的 18 项主数据贯标和对标，形成经营、设备、物料、操作、能源、质量 6 个主题数据库，配合统一报表平台，可完成 50 余种报表定制开发。通过对业务数据的分析，可以实时掌控原料的库存情况、生产装置负荷、生产工艺指标参数情况等，更好地指导生产、优化生产，降低产品生产成本。建设、完善物资辅助管理系统，实现物资全流程管控，利用工业无线 4G 网和二维码等新技术，对采购物资智能定位、扫码出入库、电

子签收，实现物资管理自动化、智能化，通过物联网技术实现8个物资缓冲仓库的无人值守，一举解决了储备管理集中至物资供应部门后八小时外紧急领料困难的问题，该做法得到了集团公司物资装备部调研组的高度关注和好评（图2）。

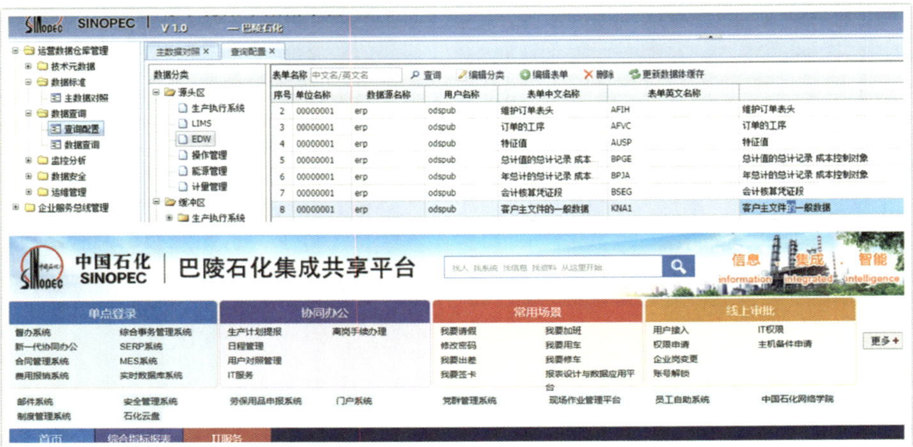

图2 集成共享平台

通过集成共享平台和数据主题库，落实消除“信息孤岛”相关工作利用工业无线4G网和二维码等新技术，实现物资管理自动化，深化应用创新创效工作成效显著。依托LIMS、MES及数采系统开展的班组成本核算试点，以合成氨装置为例，年累计氨耗综合蒸汽比前年同期低0.05T/T，液氨及产品质量合格率均达到了100%；通过过程控制指数报表应用，环己酮装置实现开停车时间自动判断，每吨产品成本下降166元，累计创效1600万元；通过BW库自动比对预警、库存物资提醒推送等应用，一般物资采购降本3060.77万元，库存积压物资减少了711.38万元。公司于2020年进入集团公司创新创效“A类企业”行列（图3）。

图3 物资管理自动化

（二）生产运营管控能力有效提升

数据基础得到进一步夯实。实时数据库装置数据自动采集率从 91% 提升到 96.89%、具备条件的计量仪表自动采集率从 60% 提升到 96.4%，并设计开发了关键参数报警、非计划停车监测、自控回路状态管理等多个功能模块，在降低装置物料、能源消耗、工艺指标设定值报警、提升装置运行平稳率、物料平衡等方面的作用愈发凸显。

建成大宗原燃料管理系统等多个专项应用。大宗原燃料管理系统集成 ERP、铁路专用线、MES、LIMS 等系统中相关数据，通过数据关联为精准定位各途耗环节和原因查找提供依据，在实现数据准确率 100% 的基础上，每月减少人工操作时间 1056 小时，煤炭业务人员从 18 人压减到 6 人，2020 年途耗由 0.5% 降至 0.3%。利用直接作业计划管理模块，加强用火作业计划管理，每天进行可视化公示，每月进行分析通报，督促提升作业计划管理水平，通过加强作业计划管控，现场用火总量同比减少了 45.84%，特殊作业同比减少 50.71%；实现了从承包商资质准入、计划申报、过程管控、业绩评价全流程管理，应用效果受到集团公司和地方政府的好评。

（三）网络抗风险能力显著增强

编制发布了《巴陵石化公司信息化管理办法》等十余项管理制度，各项信息化建设、管理工作有章可循、有序开展，严格落实等保 2.0 的要求，所有存量和新建系统均完成等保备案工作，同时形成较为完备的网络安全人员管理体系，网络安全管理的要求和指令在基层能够得到快速传达和执行，网络安全意识逐渐深入人心。完成了 4000 余台桌面计算机标准化工作，实现了入网计算机的统一规范管理。IPS、日志审计系统、工控防火墙、安全态势感知平台等网络安全设备陆续完善，应急处置能力持续提升，逐步形成了网络安全事件动态感知、精确追溯、人机结合、快速响应的综合防御管控体系。“十三五”期间，公司未发生较大及以上网络安全事件，其中三年获评集团公司网络安全管理 A 类企业。

（四）基础设施平台支撑能力不断提高

基础设施不断完善，网络节点全面覆盖公司业务板块，核心设备全部完成国产化替代，应用服务器操作系统全部迁移到云平台，在系统内率先将数据采集 IP21 服务器进行虚拟化，系统采用基于安全基线的标准模板，新系统部署时间缩减至 15 分钟，关键应用数据实现远程数据级备份，服务器故障时系统可瞬时切换、业务零中断。建设了统一的工业视频管控平台，完成 1900 个监控点整合。桌面云系统分步部署，率先在科研、技改、工程等专业核心岗位推广应用，有效支撑了技术保密要求。

四、展望

展望未来五年，公司信息化建设将按照“数据 + 平台 + 应用”的建设模式，遵循集团公司"十四五"信息化规划"432"总体规划设计理念，聚焦公司核心业务板块"智能制造"和"商业新业态"两大发展路径，充分运用物联网、大数据、人工智能、5G等新技术，推进公司产业数字化转型升级和业务创新发展，打造"以市场为导向，以客户为中心，创新推进，按需排产，柔性定制"的智能化工业体系和智能化商业服务体系。经营管理业务域通过"五管控一扩展"，实现数据集成、数据价值挖掘利用、知识管理数字化、业务协同；生产运营业务域以一体化智能协同优化管控为目标，实现生产营运整体优化高效协同，物流运作上下通畅，能源管理精细优化，安全环保风险可控，资产设备健康可靠，工程管理严谨高效，科研开发智能敏捷目标；基础支撑平台根据统筹规划、服务应用、适度前瞻的原则，整合IT基础设施资源，形成石化智云与企业云相结合的一体化云平台。建立健全信息和数字化专家的培养与使用机制，完善信息标准化管理与服务制度，健全网络安全管控体系，建设数据中台，通过数据治理实现数据资产化管理。以己内酰胺新区建设为契机，打造数字化装置标杆，以新带老推动公司信息化水平全面提升，到2025年，争取完成智能化工业体系和商业服务体系的构建，公司信息化建设达到行业领先、国内一流水平，初步实现智慧企业目标，为公司实现"建设一流化工材料企业"的战略目标注入新动能。

推进企业数字化转型
开启“双示范”高质量发展新征程

广州分公司

一、总体情况

“十三五”期间，广州分公司以信息化和工业化融合为主线，融入企业安全绿色高质量、转型升级发展战略，开展“两化”融合管理体系贯标、信息孤岛治理、深化应用创新创效、网络安全防护等重点工作，以数字化转型赋能高质量发展。

公司取得“两化融合管理体系证书”和“信息技术服务管理体系证书”；“炼化行业工控安全商用密码应用系统”被工信部授予2020年网络安全技术应用试点示范项目；承担广东省“新一代通信与网络”重大专项5G+智慧石化研发项目，在2020世界5G大会上发布“5G+智慧石化”行业解决方案；被集团公司授予信息化应用水平A级企业，深化应用创新创效示范企业、A类企业，网络安全水平评价A级企业，“中国石化两化深度融合优秀实践单位”“中国石化网络安全先进单位”；7项成果入选集团公司深化应用创新创效成果案例；在中国石化互联网+移动应用竞赛中，取得团体银牌1枚和个人铜牌1枚。

二、典型做法

（一）着力推进企业“两化”融合，持续打造可度量IT服务管理体系

在国家倡导科技创新、集团公司建设智能工厂的大环境下，广州分公司信息化融入企业安全绿色高质量转型升级发展战略，智能制造、数字化转型稳步推进。

“两化”融合管理体系于2016年10月通过工信部贯标认证，纳入公司一体化管理体系统筹管理，通过公司领导月度信息化例会、信息部门规范应用工作例会和专业部门深化应用项目专题会三级例会制度，对日常运行、绩效达成、任务进展等进行检查监督和统筹协调，按月量化积分通报考评，每季度发布体系运行报告，强化过程监控和绩效考核，持续打造“生产管控和优化”新型能力。

IT服务管理体系自2013年5月通过ISO/IEC 20000-1：2011国际认证以来，连续3次通过认证，结合总部IT运行管控平台试点项目，升华了企业可度量IT服务管理体系，创新实现权限矩阵在线化、运维管理方案在线化、IT服务级别管理在线化。

（二）管理主体形成合力，多措并举推进信息孤岛治理

结合创新创效行动计划，借助炼化企业信息系统集成推广建设项目，推进信息孤岛治理工作。

成立专项工作小组，明确管理主体责任，制订《广州分公司存量系统消除信息孤岛工作方案》，明确孤岛类型、整改技术思路、紧急程度、业务责任人、技术负责人、整改期限、考核措施等内容，细化工作时间表，为治理工作落地提供清晰的工作指引。同时，建立常态化工作机制，不断挖掘现存系统中的不足，通过月度例会检查督办，将其纳入创新创效任务管控与考评，按轻重缓急稳步推进治理工作的开展。

（三）全面完善管理考评机制，深入开展信息化应用创新创效

在公司网络安全和信息化领导小组统一领导下，按照“业务部门牵头、信息部门综合管理、相关部门协同配合”原则，全面、全力推进深化应用创新创效工作。完善综合应用监控、考评评价机制，动态调整深化应用创新创效行动计划工作任务。创建“林金英、张洪灏创新创效工作室”，开展深化应用创新创效行动劳动竞赛，积极营造“深化应用、全员参与、价值导向、创新创效”的良好氛围，确保各项目标任务顺利开展。

一是建立三级例会制度，跟踪检查考核和统筹协调。二是完善考核激励机制，强化过程监控和价值引领。三是创建汇聚劳模工匠跨专业、跨部门的全流程优化创新创效工作室。四是动态调整深化应用创新创效工作任务。五是持续提升关键信息系统综合应急处置能力，修订关键信息系统业务应急预案，开展应急演练，优化业务应急处理环节，加深应急预案操作认识。六是加强应用培训，落实保障措施。七是开展劳动竞赛，促进员工“比学赶超”，提升信息系统整体应用成效，促进公司应用能力和应用水平的双提升。

（四）落实网络安全“三化六防”，确保信息安全“零事故”

一是利用网络安全宣传周活动、核心业务信息系统应急演练、护网演习及广州反恐演练等工作，积极提升全员网络安全意识，提升主动应急响应能力。二是将网络安全纳入公司 HSSE 管理体系，成立信息 HSSE 分委员会，完善相关网络安全管理制度，依托 IT 服务管理体系实现管理流程标准化，有效落实网络安全“三化六防”和等级保护工作，全面提升公司网络安全水平。三是落实网络安全责任，抓好信息 HSSE 风险评估及安全隐患整治，建立信息安全作业 JSA（作业安全分析）分析机制，落实网络安全“三同步”，清理已下线废弃 IT 资产，实施精准安全管理，筑牢网络安全“防火墙”。四是完善多点分层次防御体系，持续开展互联网应用安全专项治理行动，完成网络安全域划分，实施不同安全策略并动态优化，梳理可信设备清单，建立统一运维入口，加强关键基础设施权限集中管理与审计，为网络安全提供坚实保障。五是按照“外部专家 + 内部安全运维团队”的模式建设攻防兼备专业队伍，通过实战演练、网络攻防演习、技术培训等强化队伍技能，打造有技术有能力的安全管理团队。

三、主要成效

（一）掀开 5G+ 智慧石化序章，企业“两化”融合新型能力稳步提升

完成“十四五”信息化规划、智能工厂项目、国资委央企工业互联网合作试点项目可研，承担广东省“新一代通信与网络”重大专项 5G+ 智慧石化研发项目，在 2020 世界 5G 大会上发布“5G+ 智慧石化”行业解决方案（图 1），展示了分公司创新高质量发展的新时代企业形象。

图 1　2020 世界 5G 大会上发布“5G+ 智慧石化”行业解决方案

不断打造“生产管控与优化”“两化”融合新型能力，9 项新型能力技术指标稳步提升，管理体系持续有效运行。装置平均自控率达 95% 以上，工艺及环保在线预警总数大幅下降逾 70%，炼油单因耗能在集团公司累计排名第二，综合能耗排名第四，乙烯装置运行平稳率排名第一。

建立生产指挥综合报警管控体系，对关键工艺操作指标、厂控质量指标、外排环保指标、雨量监控、设备防腐、关键机组、机泵状态、关键仪表等八类运行参数实现 100% 报警监控和处置。2768 台报警仪 100% 在线实时监控，年报警数从 12000 余次下降到 2000 次以下。

持续推进 PID 参数整定和 APC 实施及应用，装置自控率提高至 98% 以上，月度控制平稳率均≥ 98%，APC 控制器投用率 100%，主体装置操作更加平稳，报警次数明显减少，操作工劳动强度得以降低，轻油收率提高 0.5%，苯和混合二甲苯收率提高 2%，能耗降低 0.3kgEo/t 原料。

建立炼油生产装置排产和储运数字化模型，实现调度作业计划、执行、反馈闭环管理，原油计划排产效率提升 50%，排产准确率达 99.4%，提高了对生产过程的管控力度。持续完善提升 MES 自动罐量计算功能，物料移动及时性合格率由原来的 96% 提高到

100%；通过进出厂计量跨月拆单功能，装置投入产出生产平衡与统计平衡偏差率合格率由原来的 98% 提高到 100%。

形成了主动的运维服务模式和可度量的 IT 服务能力，使得企业“两化”深度融合得到有效支撑，为中国石化 IT 服务共享提供了“广州石化解决案例”。

（二）系统破解信息孤岛难题，构建信息化共治共享新格局

按照界面类、应用类、数据类孤岛分类治理，100% 完成企业自建系统单点登录及待办集成工作，高度整合提升各业务环节协同作业水平和信息共享，解决了关键业务域业务和数据集成问题，增强了决策的透明性和快速反应能力。

1. 界面类孤岛治理

通过“企业信息门户”解决用户反复登录多系统办理业务的问题，信息门户承载了 66 个业务系统入口，通过与 AD 域或统一身份集成，解决了反复登录的问题；集成 20 个系统的待办，100% 完成企业自建系统单点登录及统一待办集成（图 2）。

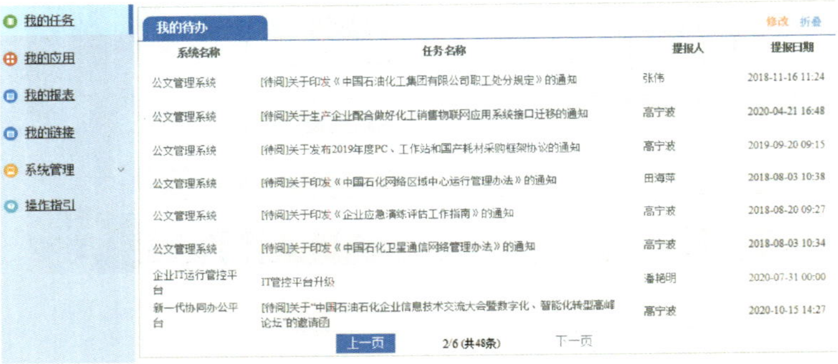

图 2　统一待办集成

2. 应用类孤岛治理

生产实时数据库实现对 MES、操作管理、生产指挥、智能化管线等 20 个业务系统的实时数据支撑；ERP 系统与仓储管理系统实现无缝集成；整合计量、MES、ERP 等系统，实现能耗数据在线采集、实时监测；通过华为 ICT 新技术、新平台，全面打通门禁管理系统、治安监控视频系统、车辆管理系统、HSSE 执行管理系统、提货易系统、来访登记等系统之间的数据集成及协同应用，打造智能治安防范综合业务平台（图 3）；完成工艺管理业务服务组件的云化；通过出厂数据、MES 罐收付数据、生产实时表量数据、ERP 计量设备主数据的深度集成，高度整合提升各业务环节协同作业水平和信息共享。

3. 数据类孤岛治理

通过集成 PIMS、LIMS、MES、生产实时数据库数据，实现基于原油调和优化的生产排产以及氢气、瓦斯、硫分布平衡测算，提高生产计划的准确性和时效性；通过集成环境监控、PHD 实时数据库、HSSE、LIMS 系统数据，定时发布企业安全环保信息；环保地图展示空气质量检测与 VOC 排放数据，泵群监测支撑动设备的管理与业务分析，整合地

磅称重系统和资产销售系统，集成 ERP、MES、计量、化工物流等系统业务数据，实现客户、销售、商务支持、发运、承运商等信息共享（图 4）。

图 3 综合安防平台

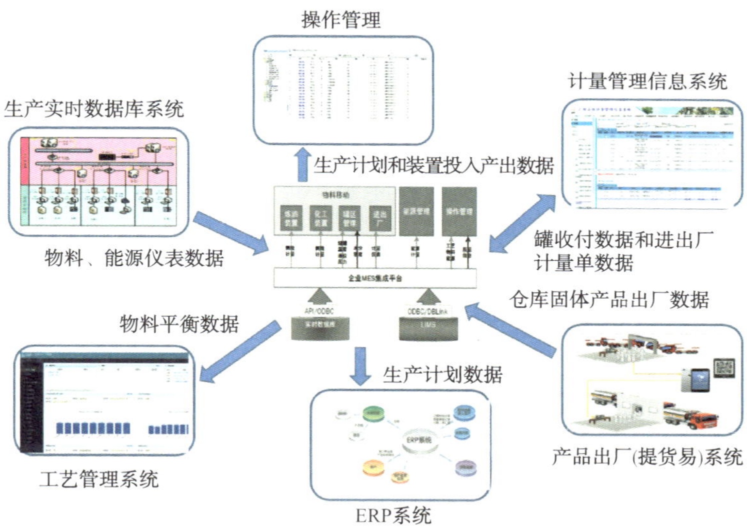

图 4 多系统数据集成

（三）以创新创效“劳模”工作室为引领，企业信息化综合应用示范成效显著

2019 年 4 项、2020 年 3 项应用成果被总部确认深化应用创新创效成果案例，获评集团公司深化应用创新创效示范企业、A 类企业。

1. 创新创效行动计划实施第一阶段

总结创新创效成果 40 项，其中经营管理成果 13 项，安全生产成果 19 项，设备管理成果 6 项，IT 服务成果 2 项，创造经济效益测算为 2.05 亿元。

利用炼油生产调度与优化系统（图 5），通过渣油分类测算提升企业效益。实现动力焦库位保持平稳，动力焦硫含量 4.52%，CFB 炉外排烟气没有因原料硫含量不合格造成

SO_2超标，为创建绿色企业奠定了基础。通过渣油硫含量测算和罐存趋势测算，组织沥青生产，实现月均生产沥青6.23万吨的良好成绩。同时管控低硫渣油罐存和催化渣油原料罐存的稳定，石蜡基原油采购量同比减少17.4万吨，节约原油采购成本约370万元。

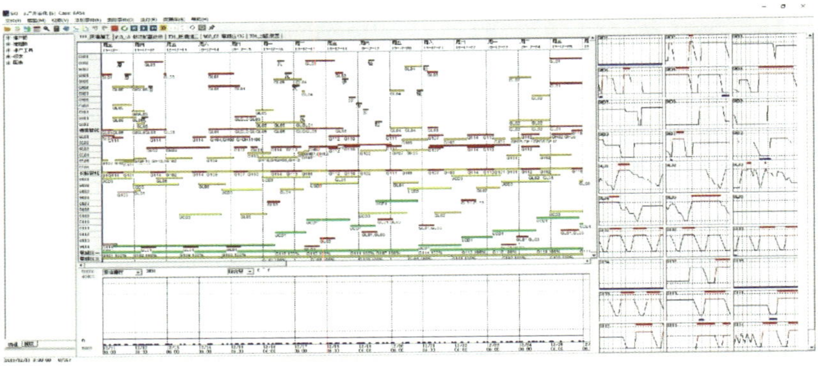

图5　炼油生产调度与优化管理系统（简称SKI系统）排产

利用SPYRO与PIMS优化裂解生产方案，提升化工经济效益。通过梳理全厂乙烯原料资源，利用SPYRO软件测算各种原料在不同操作条件下的裂解收率，结合化工PIMS模型，以效益最大为目标，优选出裂解炉的最佳投料方式和操作工况，实现效益1165万元。

条码管理“三协同三关联”，有效提升物资供应收发货效率（图6）。利用条码管理，通过三方协同，减少线下沟通成本，仓管员扫描单据二维码，进行入出库操作，改变了原来对照线下单据、核对实物的操作模式，一年可节约25%人工成本。利用微信阳光供应，直接扫描二维码发货，实现无纸化作业。

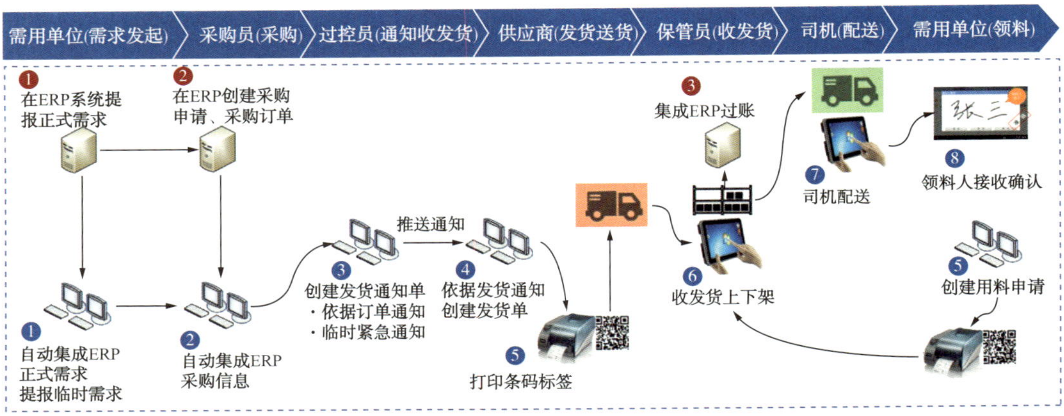

图6　物资收发货整合流程示意图

多系统数据溯源分析仪表测量波动难题，有效提升装置平稳率（图7）。通过参数优化，双法兰变送器FT4102A的指示稳定在15T/H左右，FIC4102A投自动控制，提高装置自控率；减少焦化蜡油中的氮气含量，提升工艺操作的平稳率和可靠性，降低操作人员操作难度；减轻仪表维护的工作量，降低发生安全环保事故的风险。

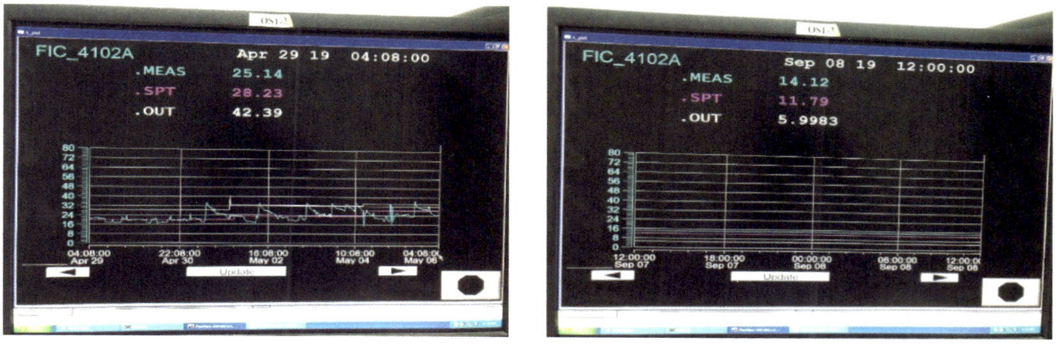

图 7　参数优化前指示波动情况及参数优化后指示情况

2. 第二阶段总结创新创效成果 38 项

共创造经济效益 3.69 亿元。由公司劳模领衔成立生产优化及数据分析创新创效工作室，累计解决生产难题 53 个，获评集团公司企业创新创效工作室。

催化裂化增产丙烯、助力企业效益提升。每月增产丙烯近 3500 吨，增效 1858 万元 / 月，减少了外购丙烯的压力。增产丙烯从源头考虑，增加性价比高、裂解性能好的石蜡基油；通过调整不同装置负荷，增加丙烯产量，既满足三套聚丙烯装置生产，又降低了航煤产量，解决疫情下航煤出厂困难问题。

信息化数据分析支撑，降低乙烯装置成本。综合利用 PIMS、SPYRO 软件及 MES、LIMS 及工艺管理系统的数据集成，对乙烯原料的选择、操作过程及产品分布等进行测算及指导，达到降低乙烯装置成本的目的，裂解装置吨乙烯成本降为 3359 元 / 吨，有效地促进了信息化及数据化在工业生产的实际应用，为下一步实现智能工厂提供借鉴经验（图 8）。

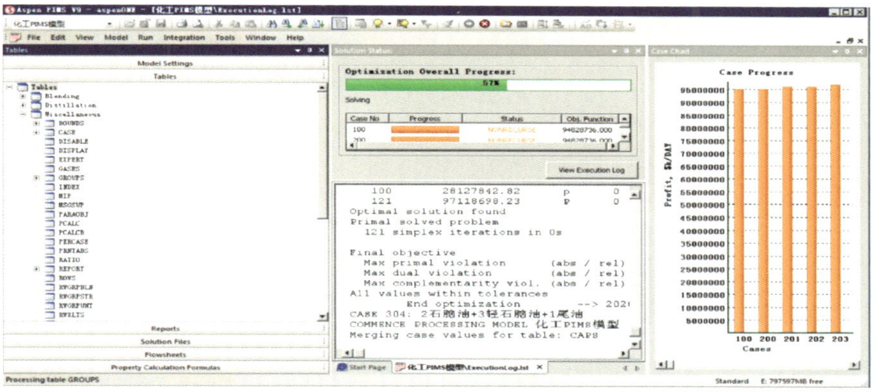

图 8　工厂计划优化管理系统测算

构建生产经营决策模型，打造效益监控新引擎（图 9）。以利润为核心，对影响利润的因素逐级细化，并对采销量价、产量、库存、边际等数据进行筛选并整理，搭建决策模型。纵向以利润的影响因素进行细分，横向以市场走势、决策判断以及决策评价三个模块设计，着力构建“数据–评价–应用”的全流程分析路径。降低已烷油结算价格，减少成本370万元，2020年上半年降低来料核销原油购汇成本1350万元。

生产经营日常数据跟踪

	市场走势				采购决策			销售决策			库存决策			计划采购评价		计划销售评价		计划库存评价		支撑资料
一、原料市场	向上（扩大）	向下（缩小）	持平	波动	多买	少买	持平	多卖	少卖	持平	涨库	降库	平库	符合	不符合	符合	不符合	符合	不符合	
1、原油								N/A	N/A	N/A						N/A	N/A			价格走势图、进出库趋势图
2、丙烯								N/A	N/A	N/A										价格走势图、进出库趋势图
3、石脑油																				价格走势图、进出库趋势图
4、异辛烷								N/A	N/A	N/A										价格走势图、进出库趋势图
5、MTBE								N/A	N/A	N/A										价格走势图、进出库趋势图
二、产品市场																				
1、成品油																				价格走势图、进出库趋势图
2、苯乙烯																				价格走势图、进出库趋势图
3、丁二烯																				价格走势图、进出库趋势图
4、甲苯																				价格走势图、进出库趋势图
5、二甲苯																				价格走势图、进出库趋势图
6、聚丙烯					N/A	N/A	N/A													价格走势图、进出库趋势图
7、聚乙烯					N/A	N/A	N/A													价格走势图、进出库趋势图
8、聚苯乙烯					N/A	N/A	N/A													价格走势图、进出库趋势图
9、沥青					N/A	N/A	N/A													价格走势图、进出库趋势图
10、液化气					N/A	N/A	N/A													价格走势图、进出库趋势图
11、戊烷发泡剂					N/A	N/A	N/A													价格走势图、进出库趋势图
三、效益变化																				价格走势图、进出库趋势图
1、炼油加工边际					N/A	N/A	N/A													走势图、加工量趋势图
2、92#汽油与异辛烷差价					N/A	N/A	N/A	N/A	N/A	N/A	N/A	N/A	N/A	N/A	N/A	N/A	N/A	N/A	N/A	走势图、汽油产量和MTBE及异辛烷用量趋势图
3、92#汽油与MTBE差价					N/A	N/A	N/A	N/A	N/A	N/A	N/A	N/A	N/A	N/A	N/A	N/A	N/A	N/A	N/A	走势图、汽油产量和MTBE及异辛烷用量趋势图
4、92#汽油内外差价					N/A	N/A	N/A													走势图、出口量趋势图
5、98#汽油内外差价					N/A	N/A	N/A													走势图、出口量趋势图
6、航煤内外差价					N/A	N/A	N/A													走势图、出口量趋势图
7、柴油内外差价					N/A	N/A	N/A													走势图、出口量趋势图
8、天然气顶替边际					N/A	N/A	N/A													走势图、采购趋势图
9、聚丙烯边际					N/A	N/A	N/A	N/A	N/A	N/A	N/A	N/A	N/A	N/A	N/A	N/A	N/A	N/A	N/A	走势图、销和存趋势图
10、聚乙烯边际					N/A	N/A	N/A	N/A	N/A	N/A	N/A	N/A	N/A	N/A	N/A	N/A	N/A	N/A	N/A	走势图、销和存趋势图
11、苯乙烯边际					N/A	N/A	N/A	N/A	N/A	N/A	N/A	N/A	N/A	N/A	N/A	N/A	N/A	N/A	N/A	走势图、销和存趋势图
12、聚苯乙烯边际					N/A	N/A	N/A	N/A	N/A	N/A	N/A	N/A	N/A	N/A	N/A	N/A	N/A	N/A	N/A	走势图、销和存趋势图
13、丁二烯边际					N/A	N/A	N/A	N/A	N/A	N/A	N/A	N/A	N/A	N/A	N/A	N/A	N/A	N/A	N/A	走势图、销和存趋势图
四、半成品库存																				半成品库存趋势图

图9　生产经营日常数据跟踪

（四）成功打造网络安全五大能力，加固企业网络安全“堡垒”

“十三五”期间，广州分公司成功打造网络安全的策略管理、安全管控、安全防护、识别感知、响应恢复五大能力（图10），落实网络安全“三化六防”，实现“主动防御、动态管控”的安全体系建设目标，确保公司网络安全“零事故”。

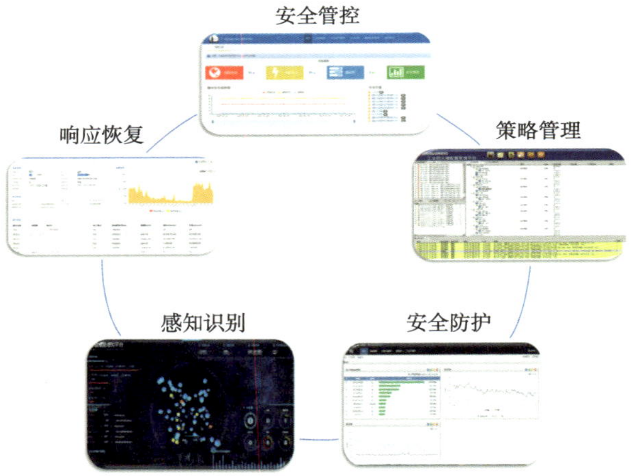

图10　成功打造网络安全五大能力

2019年、2020年护网成功。分公司被授予“中国石化2017年度网络安全先进单位”和2018年总部网络安全专业技术比武“优秀团队奖”以及“中国石化2020年网络安全A级企业”。“炼化行业工控安全商用密码应用系统示范项目”被工业和信息化部授予“网络安全技术应用试点示范项目”（图11）。

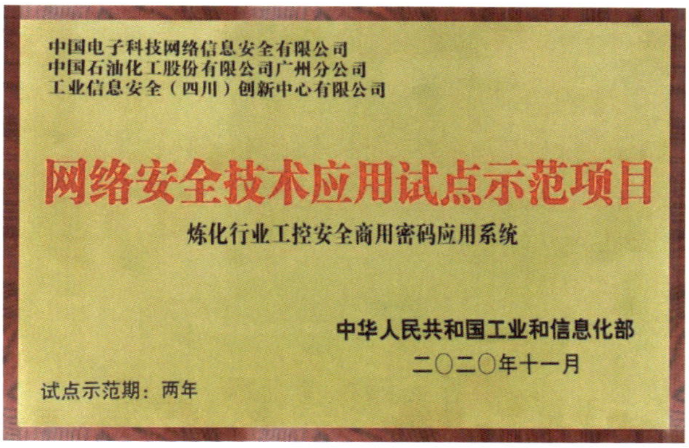

图 11　网络安全技术应用试点示范项目

四、展望

“十四五”期间，广州分公司将紧紧围绕打造世界一流绿色能源化工核心目标，按照“整体规划、技术总成、分项落地实施”的原则，依托石化智云，采用“数据 + 平台 + 应用”的模式，通过 5G+ 工业互联网融合网络、三个技术平台（新一代企业数据资源平台、人工智能等技术平台、智慧炼化业务平台），聚焦生产管控、供应链、设备、能源、安全、环保等六大核心业务，以公司数字化转型赋能绿色、安全、高质量发展，打造智慧流程工业的示范。

（一）推进企业数据治理，发挥数据要素驱动能力

构建公司级统一的“数据底座”和平台能力。按照数据治理的策略，建设企业数据资源中心，构建面向生产、优化、环保、安全等数据主题，加强主数据、元数据、数据实体和配套数据标准建设，加强数据内外部共享应用，提升数据要素在生产异常预测预警、生产协同优化、环保溯源等方面的应用，助力企业数据治理体系的建设。

（二）聚焦核心业务领域，提升创新创效能力，打造企业竞争新优势

聚焦生产管控、安全环保管理等核心业务领域，建设智慧广州石化。从效益最大化角度，实现计划、调度、操作、控制多级协同优化，提升劳动生产率；从生产管控精细协同角度，提高生产管理效率、实现业务高效协同；从供应链全过程增值角度，通过计划、调度、装置、控制四个层面的一体化优化实现生产全过程效益最大化；从大数据分析和人工智能支撑角度，推进设备运行维护智能化、设备全生命周期数字化，节约维修成本，实现生产装置长周期运行；从能源“产存转输耗”全过程精细化管理角度，实现计划、运行、统计、优化和评价的全过程管理，提高全厂能源管理的精细化水平；打造可溯源的安全环保智慧管理，实现本质安全，促进“两化”深度融合。

（三）增强基础设施驱动，形成数字化驱动引擎

基于石化智云技术架构，增强基础设施的联接能力、支持业务快速编排能力，实现企业数据、模型、专家经验平台承载、融合和共享应用，进一步提升增强平台供给能力，形成支撑企业转型升级的数字化“底座”，发挥石化智云的资源配置和协同优化的能力，支撑企业数字化转型，赋能业务发展。

开展集成创新 推进数字化转型 助力企业提质增效

洛阳分公司

一、总体情况

“十三五”以来，洛阳石化公司以国家“大力推进信息化与工业化深度融合”精神和集团公司总体规划为指引，紧紧围绕公司总体发展战略和目标，坚持“六统一”原则，全面推进集中集成、深化应用、数字化转型、智能化改造等重点工作，公司信息系统平台功能更加完善，集成度进一步提高，数字化转型、智能化改造取得初步成效，网络、机房等基础环境得到有效提升，发布运行了“两化”融合管理体系，信息化制度体系不断完善，公司信息化管理能力、业务支撑服务能力得到显著提升。

目前，洛阳石化建成投用了涵盖生产运营管理主要业务的应用系统160余套，DCS、PLC等底层控制系统超过100套，实现了信息化应用对生产运营主要业务的全方位覆盖，信息化作为公司发展战略的重要组成部分，在公司转型升级、提质增效、推进科学发展中发挥了重要作用。

二、典型做法

（一）坚持六统一原则

在信息化建设应用工作中，始终坚持集团公司信息化建设“六统一”原则，信息化建设、系统运维等全过程都由信息部门集中归口管理，加强项目建设、系统运行的协同管控，实现项目管控工作的流程化、精细化、集约化，确保了“六统一”的有效执行。

（二）坚持业务主导原则

洛阳石化公司在开展项目建设、应用开发等工作中，始终坚持业务主导，在信息技术项目立项、提升改造等工作中，树立以业务需求为指引的原则，项目建设内容、功能设计等结合业务实际、注重应用效果，重建设更重应用，保证了系统上线后的成功应用。

（三）重视人才队伍建设

一是重视信息化组织机构，在企业机构变革过程中，不断整合、强化和理顺企业信息化管理组织机构和业务职责，以职责顺畅的管理机制来保证信息化专业管理的高效有序。二是重视人才培养和员工素质提升，坚持每年将信息化培训纳入公司“三基”培训内容，提升了员工信息化知识能力，打造了一支高素质的信息化技术队伍和关键用户队伍，为企业信息化建设应用提供了人才队伍支持。

（四）重视自主开发工作

洛阳石化公司始终重视自主开发工作，利用自有开发队伍优势，结合业务需求，及时开展自主开发工作，既解决了业务急需，又锻炼了队伍，同时节约了外维开发费用，提高了自主可控性，提升了信息系统应用效能。

三、主要成效

（一）坚持“六统一”，四大平台建设取得新成绩

“十三五”以来，按照总部统一规划，并结合公司业务实际，先后组织完成了 S-Zorb 装置、2# 聚丙烯装置 APC 项目建设，以及能源管理、水务生产营运管理、工艺管理、安全环保管理、危化品检测预警、大型机组管理、LIMS 系统升级、实验室执行系统（LES）、计量管理系统升级、MES 系统升级、移动应用平台、统一身份认证、集中集成等近 20 套总部推广应用系统建设任务，完善提升了经营管理、生产营运、基础运维等应用平台，夯实了企业信息化发展根基，为公司持续推进“两化”深度融合打下了坚实基础。

“十三五”期间，围绕提升业务协同处理能力和管理效能，先后组织开发了业务审批中心、生产监视管理平台、公用介质平衡与优化、智能进出厂等多套业务系统，为企业管理提升、生产优化、提质增效等提供了有力支持。其中，业务审批中心实现了 175 个业务流程线上审批，实现了审批业务的无纸化、移动化办公，极大地提高了业务处理效率；公用介质平衡与优化系统实现了对瓦斯、氢气、蒸汽等公用介质的实时监控、产耗预测和统计分析，年创效 3647 万元。

（二）高效集成，优化控制，构建操作控制新模式

为推进“数字炼厂”“智能炼厂”建设，洛阳石化通过建设企业级实时数据库系统，将生产装置 65 套 DCS、5 万余点工位数据纳入实时系统，装置数采率达到 95%。以 MES 系统为核心进行集成应用，形成了计划统计、生产调度、装置操作等集成管理平台，实现了生产计划精准制订、生产执行高效可控和生产运行全过程数字化、可视化闭环管理。

“十三五”以来，在主要生产装置先后投用 11 套先进控制系统（APC），实现了 APC 应用对现役主要生产装置的全覆盖。通过 APC 模型预测对装置进行自动控制、智能优化，大幅降低了人工操作强度，提高了智能化控制水平，最大限度地挖掘装置潜能，有效发挥

了 APC 优化生产、提高产能，降低能耗物耗的目的。根据测算，仅 S-Zorb、重整、常减压三套装置 APC 应用，年可增效 2700 余万元（图 1）。

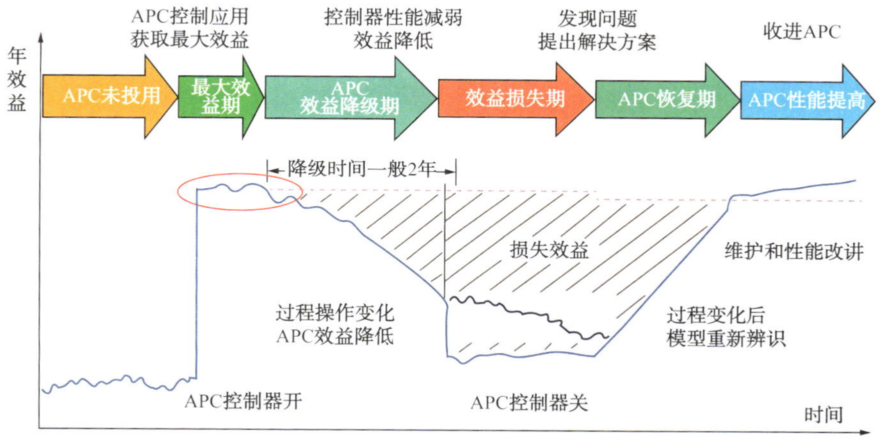

图 1　APC 模型预测

（三）集中管控，“六位一体”，推进生产管控智能转型

为快速实现生产运行动态跟踪、实时监控和生产过程综合指挥，2019 年，洛阳石化投资 5800 万元规划建设了集生产运行、集中调度、消防控制、环保监测、视频监控、应急保障“六位一体”的综合生产管控中心。生产管控中心既是公司生产控制中心、生产信息中心，也是应急指挥中心，它将工艺过程相关的装置集中起来，形成流程化操作，区域中心内各装置的监视、控制、操作和管理融为一体，区域之间的生产、管理信息流集中共享，具备高可靠性、高安全性，为工厂安、稳、长、满、优运行创造了条件。日常生产监控方面包括生产调度指令下达执行、全厂装置运行参数实时监控、全厂物料平衡以及现场视频监控等功能。管控中心整合 47 套控制系统，实现了对 21 套主生产装置的集中运行监控，实时汇集传递生产、安全、环保、工艺、质量等数据信息，通过数据集成和分析应用，制定精细化生产安排，实现了由单装置操作向系统化集成、管控分离向管控一体化的智能转型。操作平稳率提升 5%，重点装置控制率达到 100%，重点环境排放点实现了 100% 的实时监控与分析预警。

（四）技术引领，服务生产，助力生产运行智能升级

2018 年建成了 e-LTE 专网建设。2019 年以来，开始依托 4G 专网进行厂区应急实时视频、装置仿真、智能巡检等业务应用的开发部署。视频监控系统实现了企业视频系统统一标准、统一平台，监控范围覆盖到全公司各主要生产区域，有效提升了企业安全监控能力。共计建成投用 8 套装置仿真培训系统。仿真培训系统通过采用成熟先进的计算机仿真技术高精度地模拟实际生产装置的工艺、设备、DCS 等生产要素，按照生产装置处理量、

工艺流程、化工原理、能量平衡、控制系统等实际进行定制开发，具有工艺仿真、操作评价、总体监控等功能，能够系统性地模拟装置在开停车、正常生产、异常处置等过程中的工艺动态变化过程，使培训效果与实际操作相吻合，可以为操作人员提供实操训练环境，并对训练效果进行实时评价。仿真培训系统作为工艺和安全操作技能考核平台，在安全生产和效益提升方面发挥了积极作用。智能化巡检系统建成了依托可视化数字工厂地图的巡检作业管理和执行的新模式，并集成设备故障专家诊断系统，有助于及时制定出优化的处置方案，更好地保障设备平稳运行、安全生产和提高经济效益（图 2）。

图 2　系统应用

2020 年 11 月，智能进出厂系统正式上线运行，公司化工统销产品、炼销产品、自销产品和废旧物资出厂以及原料进厂，全部实现“网上预约，扫身份证提（送）货”的智能化自助操作，成为中国石化系统内首家实现进出厂产品通过身份证自助提（送）货全覆盖的企业。该系统投用后，各项业务线上预约率达到了 100%，大幅缩短了客户从发出需求到提货出厂的响应时间，提升了工作效率，炼销、化销产品发运效率总体提升 30% 以上。该系统还实现了与化销 ERP 系统、化销 E 贸网、配送产品物流网、炼销公司电子提货系统以及企业 ERP、MES、LIMS、地磅称重系统、总部短信平台等九大系统的集成共享，客户可通过手机端实现开交货单、提货预约、发货跟踪及产品追溯。因其“操作便捷、物流高效”的优势，受到广大用户认同，有效提高了数据共享率和业务协同效率。

（五）集中集成，消除孤岛，深化应用成效显著

“十三五”期间，按照总部“消除信息孤岛”统一部署和公司信息孤岛治理实施方案，从界面类、数据类和应用类三方面入手，以“消除信息孤岛、提升用户体验度、提高数据质量”为原则开展集成整合工作，共完成消除信息孤岛类问题 23 项，有效提高了信息系统标准化率、数据共享率和工作效能，信息系统集成度得到有效提升。在深化应用、创新创效方面，通过实施深化应用创新创效行动计划，使信息系统在强化管理、防控风险、优化生产、降本增效等方面发挥了重要作用。通过实施两个阶段的行动计划，共完成 21 项总体目标和 132 项重点任务，业务处理效率总体提高了 15% 左右。经测算，降本减费约 8700 余万元。

公司信息部门紧贴企业实际，发挥专业特长，以 IT 劳模工作室创新平台和创新创效劳动竞赛为载体，组织做好应用系统自主开发工作。先后完成 40 余项应用系统 / 功能应

用的自主开发任务。这些应用系统的相继投用，解决了业务需求，大大提高了工作效能。经测算，“十四五”以来，自主开发共计节约外委开发费用800余万元。

近年来，洛阳石化公司ERP、MES系统在总部炼化板块考核排名始终保持在第一方阵，APC、LIMS系统监控考核排名位列前茅，两套应用系统均曾连续8个月获得了总部考核第一名，四大系统的综合应用考核排名均位列炼化企业前列。

（六）技术+管理，筑牢信息安全防线

“十三五”以来，公司从技术和管理两个层面持续强化信息安全，信息安全管理水平得到有效提升。公司成立有“洛阳石化信息化暨信息系统安全领导小组”，修订发布了《洛阳石化公司信息安全管理办法》，规范了信息安全管理；“十三五”期间，完成了对所有信息系统的安全测评和定级，完成7套等保二级信息系统备案，实现了在用信息系统等保定级全覆盖；按照管理要求，认真组织参加总部和地方政府组织的历次信息安全检查、网络安全实战演习等工作，均取得了不俗成绩。在技术层面，公司实现了管理网、生产网、互联网的三网分离运行模式，统一部署了防病毒、桌面安全管理、主干网加密设备和安全网关；对关键应用系统部署了防火墙、入侵检测等设备，提高了病毒防御能力和安全防护等级；在工控系统安全防护方面，在生产数采网与企业局域网之间采用异构防火墙、数采网关等技术，提高了本质安全性。

“十三五”以来，洛阳石化公司先后荣获“河南省档案学会先进单位”“洛阳市六型示范班组”“洛阳市档案工作先进集体”等荣誉称号，先后获得总部“信息化应用优秀成果”1项、“腾讯河南城市力量奖”1项、河南省优秀科技成果1项、洛阳市管理创新成果一等奖1项，2020年荣获“2020中国能源企业信息化管理创新奖”，信息化专业先后有四名同志获公司“劳动模范”荣誉称号、15名同志获公司“我身边的榜样”荣誉称号，专业水平、队伍素质得到持续提升。

四、展望

新一代信息技术发展方兴未艾，正在成为重要的生产力和创新要素。展望“十四五”，洛阳石化公司将继续以集团公司“十四五”信息化规划目标为指引，结合公司自身发展实际，创新工作方法，在更高层次上推进“两化”深度融合，为公司数字化转型、智能化提升再立新功。

（一）按照总部“十四五”信息化规划总体部署，结合公司实际，谋划好自身信息化建设规划

公司信息化规划要符合集团公司总体规划要求，还要与公司整体发展规划协调一致，确保“两化”融合建设和应用在支撑运营、服务生产、提升效能等方面满足企业发展需要。

（二）推进数字化转型、智能工厂建设，提升生产运营智能化水平

按照“数据＋平台＋应用”模式，推进设备管理、工艺平稳性（报警管理）、操作管理等信息化建设。优化、提升现有APC系统，根据新建装置开工运行情况，推进APC及仿真系统建设。依托企业4G无线网络，完善整合视频监控系统，开展智能巡检、火灾智能识别等新技术应用，构建移动化、可视化数字工厂平台。

（三）持续抓好数据治理和深化应用工作，在更高水平上实现集中集成和融合应用，消除信息孤岛

依托ERP系统资源，以业务需求为导向，进行数据挖掘分析，实现数据集成利用，为财务、计划、生产调度、采购销售等业务提供更加优化的业务支持和综合应用，帮助业务端提升管理水平和分析决策能力。

（四）优化信息化基础环境，提升信息安全管理水平

完成核心机房和二级机房改造提升，统一健全整合机房监控管理平台，实现对重要节点设备、环境等的有效监控管理；按照智能工厂建设需要，对基础网络系统进行优化完善，做好数据中心网络迁移和整合，引入SDN、IPV6、融合通信技术，研究利用5G通信技术，提升网络智能化和安全性；扩充整合服务器虚拟化资源，加强存储安全管理，建立新、老存储的备份保障机制；提升工控系统安全，实现工控边界安全的统一管理和监测分析，建成统一的工控安全防护平台。

（五）结合业务需要，围绕提质增效、优化管理，新上一批业务系统，推进数字化转型、智能化升级

“十四五”期间，洛阳石化公司初步规划新增上工艺平稳性、操作管理、先进控制扩充、机房改造提升、融合通信建设、工控安全防护、火灾智能识别、数据治理、生产运行监控平台整合等10余个信息化项目，内容涉及生产管理、运行控制、安全管控、集成优化、基础提升等多个层面，进一步夯实四大平台基础，加快数字化转型和智能工厂建设步伐。

聚焦深化应用　助力提质增效
为推动公司高质量发展提供新动能

荆门分公司

一、总体情况

“十三五”以来，荆门分公司认真贯彻落实集团公司“421”工程统一部署，聚焦智能制造主线，强化统筹协调，着力深化应用，信息化各项工作取得了新进展；公司被集团公司评为 2017 年、2018 年网络安全水平评价 A 级企业、深化应用创新创效达标企业，深化应用累计创效 8000 余万元，深化应用成果 56 项；“打造企业级能耗监控平台，促进公司节能创效上台阶”获得“2020 年中国能源企业信息化管理创新奖”。信息化在管理创新、优化增效、安全环保等方面发挥了重要作用。

二、典型做法

（一）完善管控机制，规范信息化管理

公司构建了包括组织体系、制度体系、支持体系和评价体系在内的信息化应用管理体系，形成了行之有效的推动信息化建设和应用工作机制。健全企业和部门两级信息化应用管理架构，公司职责手册明确业务部门信息化应用主体责任，各部门负责分管业务领域信息系统应用管理，通过部门分管领导和关键用户推进信息化建设和应用工作落实；建立了信息化应用例会制度，通过召开网络安全和信息化领导小组会议、深化应用月度例会、专题问题分析会，研究安排信息化应用重点任务，分析解决信息化应用突出问题；按照精细管理和“两化”融合的要求，制定 22 项信息化管理制度，信息化走上了职责明确、制度管人、流程管事的轨道；公司 IT 运维支持团队，通过日常监控，为信息系统应用“把脉问诊”“对症下药”；建立了以规范应用和促进业务绩效提升为导向的信息化应用考核体系，根据集团公司制定的 ERP、MES、合同管理等信息系统应用评价指标，通过组织开展专业系统应用达标和信息化综合应用评价，增强了各单位的信息化应用意识，激发了员工“对标一流，深化应用”工作热情，提高了信息系统深化应用水平。

（二）坚持业务驱动，发挥信息系统价值

深化应用是企业信息化的生命线，坚持“从业务中来、到业务中去”，充分发挥业务部门积极性、主动性、创新性，避免信息部门“单打独斗”的局面。信息系统深化应用取得成效，得益于业务先行；只有业务部门深度参与，信息化才有强大和持久的生命力，才能真正为业务赋能、创效增值。

（三）坚持问题导向，推进深化应用

公司现有重要应用系统 60 多套，个别系统存在应用深度不够、部分系统用户体验不高等问题，没有很好地发挥信息系统系统的应用价值。信息部门深入业务部门了解业务部门需求，解决业务运行过程中的难题，提出“一重视、二保障、三促进、四提升”，推动了信息系统深化应用有效开展。

（四）聚焦业务痛点，助力降本增效

公司把支持绿色低碳战略落地，摆在信息化应用的优先位置，加快能源管理系统建设，深化了能源计划、运行、统计、评价分析闭环管理，实现了与荆门市能源管理中心数据联网共享，满足了地方政府对重点用能单位能源信息管理的要求。

三、主要成效

（一）完善集成共享的经营管理平台，提升了公司管控能力

1. 提升了财务管理水平

以 ERP 大集中为核心，资金集中管理系统、合同系统与 ERS 系统、ERP 系统的履约集成、财务共享等集成类应用，实现了 175 项业务提升，减少财务人员 11 人，减员率 26%。

2. 优化了经营管理业务流程

在公司组织架构调整、“三供一业”移交、春风油代加工等工作中推进业务流程优化，同步调整信息系统，通过特种油差异化销售（图 1），年创效约 400 余万元。通过监控应收账款和存货，减少企业“两金”占用，强化生产与销售环节的衔接，年减少资金占用利息 300 余万元。

公司成品油原销售流程为通过铁路输送到省石油公司余家湖油库，再从油库通过汽车配送到加油站。因该油库要长时间停业改造，为保证区域的成品油供应，业务部门提出直接通过汽车将油品配送到加油站。为此公司和省石油公司联合实施了公司 ERP、计量管理系统与荆门石油公司销售分单系统的业务和数据无缝集成，自动提取装车信息，无须人工兑票操作，自动化程度高，支撑了企业销售业务流程优化。实现成品油在企业本地一站式销售，率先在行业内实现成品油出厂销售由二次物流优化为一次物流，降低了物流成本，

节省了人力资源；汽柴油发油速度提高到 100 立方米 / 小时，月直供可达 2 万吨，提高了 98# 高标号汽油产品的出厂销售量（图 2）。

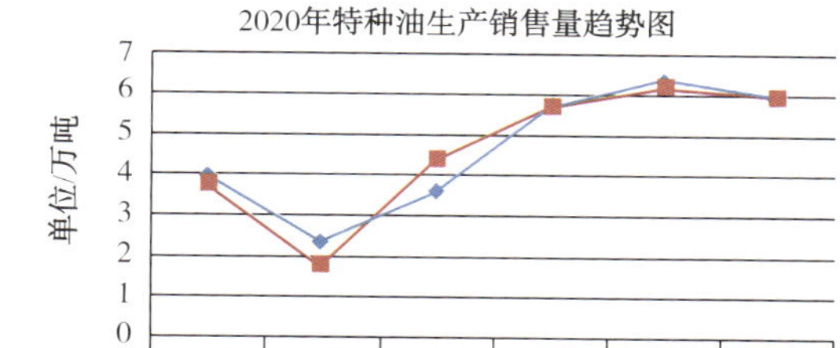

	一月	二月	三月	四月	五月	六月
生产量	3.96	2.38	3.62	5.66	6.4	5.92
销售量	3.71	1.75	4.37	5.7	6.22	5.98

图 1　特种油生产量对比

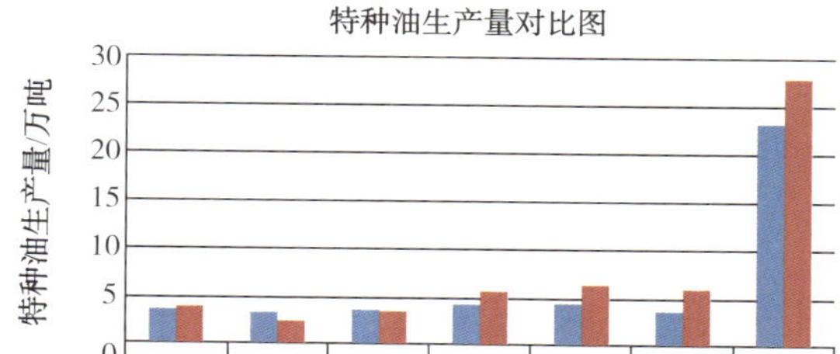

	一月	二月	三月	四月	五月	六月	合计
2019年	3.58	3.34	3.62	4.43	4.48	3.77	23.22
2020年	3.96	2.38	3.62	5.66	6.4	5.92	27.94

图 2　特种油生产销售趋势

3. 加强了风险管理

在合同计划、标准文本应用、合同履约管理等环节强化管控，合同履约率 100%，提升了风险防范能力。

4. 实现了移动快捷办公

实时数据库、LIMS 、环境监测、公文管理等 20 多个移动应用及 VPN 异地办公，管理人员摆脱了时间、空间和网络的束缚，打造了绿色协同办公模式。

（二）支撑资源配置，提升整体优化能力

1. 计划与生产协同优化

利用 PIMS 开展方案优化（图 3），根据测算结果及时调整生产，2020 年特种油品方案优化实现综合增效 4700 余万元。

利用 PIMS 进行原油采购过程的性价比测算，根据装置加工适应性和原油性质，优先选择测算排名靠前的油种。通过进口原油盈利能力测算，降低高硫原油采购比例，优化采购节奏，充分利用库存调节能力，2020 年上半年降低原油采购成本 1000 万元以上。

2. 实现了预约智能提货

集成 ERP、物流、计量等系统，实现微信开单、预约提货等功能，客户凭手机和身份证即可完成开单、提货，减少了车辆拥堵，提升了客户体验。

公司原产品销售业务（除化工产品外）的发货管理一直采用线下纸质单据的管理模式，流程长、效率低、用户体验差，销售部门无法实时掌握订单执行情况和现场发货情况。公司计划经营部提出业务需求并深度参与智能出厂系统调研、设计、开发工作，完成与公司 ERP、炼销 ERP、化销 ERP、计量系统、门禁系统、LIMS 系统等相关系统集成，定重包装、地磅和定量装车销售业务已经实现分批上线，实现了收发货单据的电子化流转，提高了收发货效率；同时加强了提货车辆调度和监控管理，规范提货现场秩序，提高客户满意度；实现销售及采购环节的闭环管理，构建集销售订单、订单执行、车辆进出厂

各业务环节信息、计量数据信息为一体的管理平台，初步实现销售物流数字化、智能化、移动化。

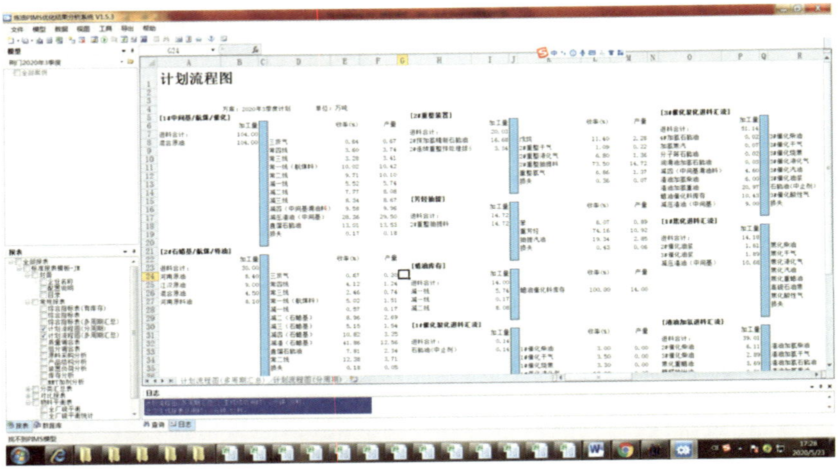

图 3　PIMS 模型优化测算

3. 提升物资精细化管理水平

利用 RFID 等技术，通过移动作业实现了物资入库、出库、调拨、盘点等工作。物资收料入账用时仅为过去的 1/8，极大提高了工作效率，降低了人力成本。

（三）围绕生产运行，提升精益管理能力

1. 加强了进出厂协同

依托计量系统，开展原油进厂计量交接和数据监控分析（图 4），降低原油进厂损耗，年创效约 900 余万元；率先实现将成品油销售二次物流变为一次物流，年创效约 800 余万元（图 5~ 图 7）。

图 4　管输进厂原油数据比对

图 5　管输原油进厂比对报表

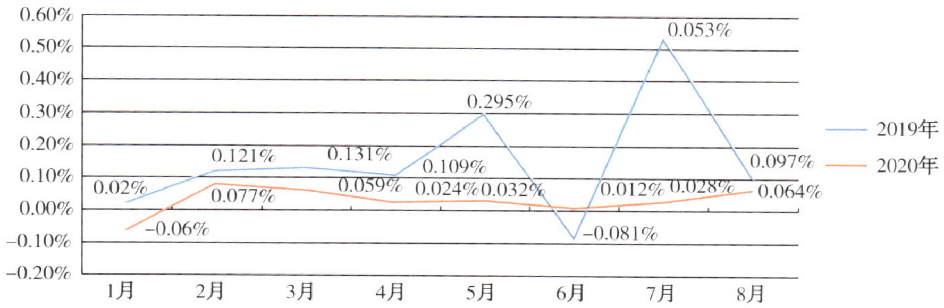

图 6　荆门石化 2019 年和 2020 年 1—8 月原油交接损失率趋势图

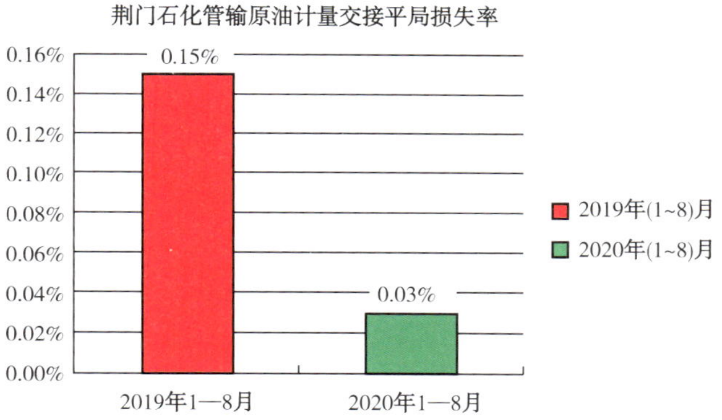

图 7　荆门石化 2019 年和 2020 年 1—8 月原油交接损失率柱形图

2. 实现生产操作闭环管理

基于工艺技术规程，实现班组操作执行的全过程监控、操作水平量化评价和绩效考核，工艺操作合格率由 80% 提升至 95%。

3. 实现调度指挥闭环管理

生产预警系统实现调度指令在线下发、确认、审核闭环管理，达到了“指令有出处，过程可跟踪，风险能预警，问题有记录，操作可量化”的生产管理目标；实时发送异常报警短信，使管理人员及时掌握生产动态、处理问题。

4. 提高巡检质量

电子巡检系统实现巡检线路、人员、任务安排、记录与全过程信息化管理，促进巡检人员及时发现、处理和上报安全隐患。

5. 提升了仪表自控率平稳率

在 1# 蒸馏、2# 催化等 8 套装置开展控制器（PID）参数优化整定，自控率由 50.1% 提高到 97.6%，报警次数由 5554 次 / 天下降为 1393 次 / 天，下降 74.9%，平稳率由 70.9% 提高到 97.6%。

（四）围绕节能低碳，提升节能减排能力

深化 MES、能源管理系统、实时数据库系统集成应用，实现了能源的供、产、耗全业务流程管理、可视化展示，通过蒸汽管网优化、氢气氮气平衡和直供料比例提升，强化用能过程管控。

由于受加工规模和装置结构复杂等因素制约，公司能耗指标在炼化企业排名落后，对效益影响较大。2020 年公司成立节能创效深化应用工作室，攻关公司能耗痛点、难点。业务部门与信息部门通力合作，建立装置能耗和加热炉热效率指标监控平台（图 8、图 9），通过实时数据库系统关键工艺参数及能耗数据相关联，实施能耗实时监控，促进操作人员优化装置操作。

配合公司节能降耗攻关小组重点分析能耗异常，制定节能方案，强化实施后的数据指标跟踪，通过能耗监控数据寻找主要影响因素和优化空间，对症下药，实施优化调整，降低各装置能耗，进而降低分公司能耗，促进了公司能源管理水平提升。公司加热炉平均热效率由 90.50% 提高至 91.57%，公司能耗平均降低约 1.5kg 标油 /t，2020 年 4 月至 8 月节约成本 1002 万元（图 10）。

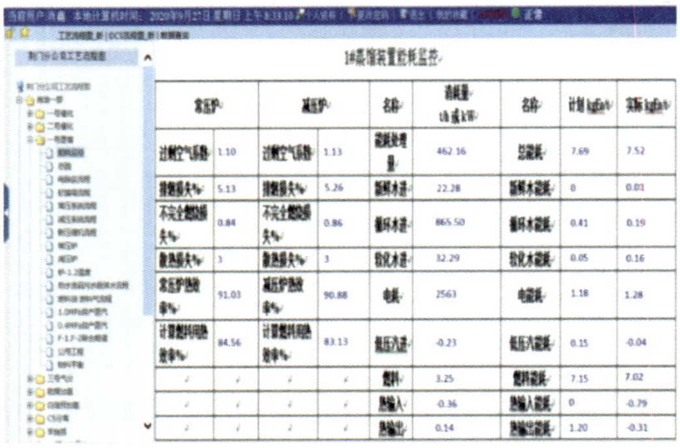

图 8　3# 催化装置能耗监控

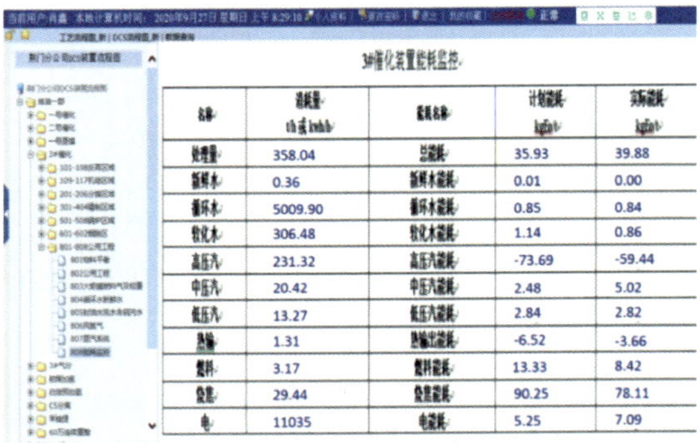

图 9　1# 蒸馏装置能耗监控

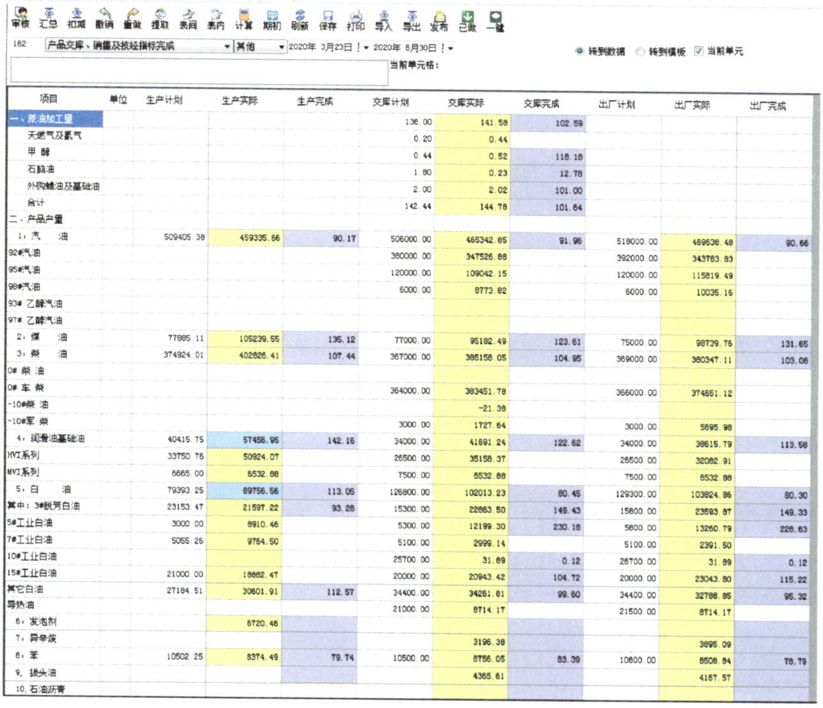

项目	单位	生产计划	生产实际	生产完成	交库计划	交库实际	交库完成	出厂计划	出厂实际	出厂完成
一、原油加工量					136.00	141.58	102.59			
天燃气及氢气					0.20	0.44				
甲醇					0.44	0.52	118.18			
石脑油					1.80	0.23	12.78			
外购蜡油及基础油					2.00	2.02	101.00			
合计					142.44	144.78	101.64			
二、产品产量										
1，汽　油		509405.38	459335.66	90.17	506000.00	465342.85	91.96	518000.00	469638.48	90.66
92#汽油					380000.00	347526.88		392000.00	343783.83	
95#汽油					120000.00	109042.15		120000.00	115819.49	
98#汽油					6000.00	8773.82		6000.00	10035.16	
93# 乙醇汽油										
97# 乙醇汽油										
2，煤　油		77885.11	105239.55	135.12	77000.00	95182.49	123.61	75000.00	98739.76	131.65
3，柴　油		374924.01	402826.41	107.44	367000.00	385158.05	104.95	369000.00	380347.11	103.08
0# 柴油										
0# 车柴					364000.00	383451.78		366000.00	374651.12	
-10#柴油						-21.38				
-10#军柴					3000.00	1727.64		3000.00	5695.98	
4，润滑油基础油		40415.75	57456.95	142.16	34000.00	41691.24	122.62	34000.00	38615.79	113.58
HVI系列		33750.76	50924.07		26500.00	35158.37		26500.00	32082.91	
MVI系列		6665.00	6532.88		7500.00	6532.88		7500.00	6532.88	
5，白　油		79393.25	89756.56	113.05	126800.00	102013.23	80.45	129300.00	103824.86	80.30
其中：3#脱芳白油		23153.47	21597.22	93.28	15300.00	22863.50	149.43	15800.00	23593.87	149.33
5#工业白油		3000.00	8910.46		5300.00	12199.30	230.16	5800.00	13260.79	228.63
7#工业白油		5055.26	9764.50		5100.00	2999.14		5100.00	2391.50	
10#工业白油					25700.00	31.89	0.12	26700.00	31.89	0.12
15#工业白油		21000.00	18882.47		20000.00	20943.42	104.72	20000.00	23043.80	115.22
其它白油		27184.51	30601.91	112.57	34400.00	34261.81	99.60	34400.00	32788.85	95.32
导热油					21000.00	8714.17		21500.00	8714.17	
6，发泡剂			8720.46							
7，异辛烷						3196.38			3895.09	
8，苯		10502.25	8374.49	79.74	10500.00	8756.05	83.39	10800.00	8508.84	78.79
9，拔头油						4365.61			4167.57	
10，石油沥青										

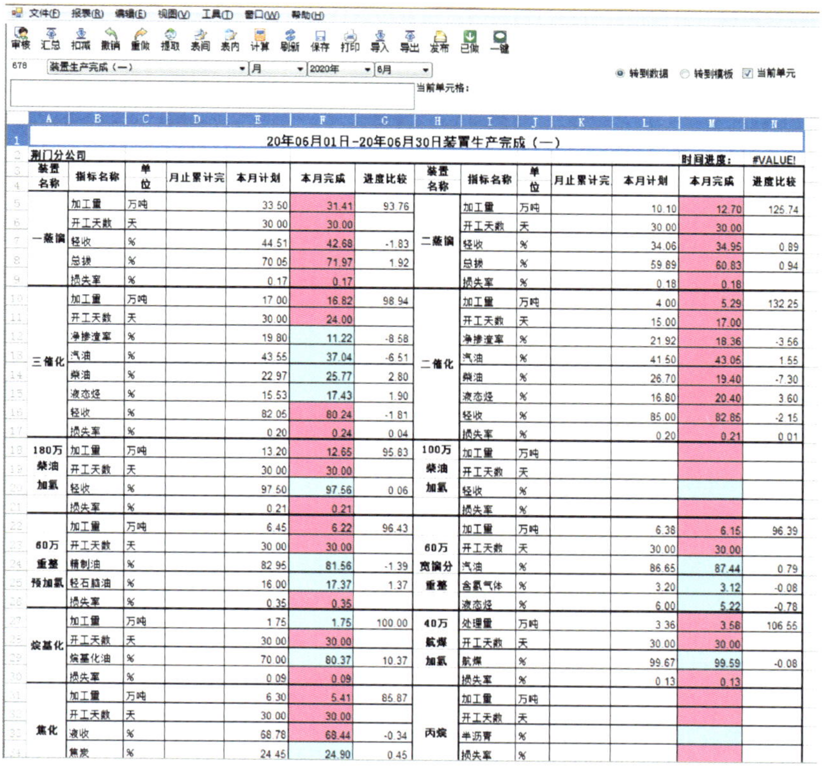

20年06月01日-20年06月30日装置生产完成（一）

荆门分公司　　时间进度：#VALUE!

装置名称	指标名称	单位	月止累计完	本月计划	本月完成	进度比较	装置名称	指标名称	单位	月止累计完	本月计划	本月完成	进度比较
一蒸馏	加工量	万吨		33.50	31.41	93.76	二蒸馏	加工量	万吨		10.10	12.70	125.74
	开工天数	天		30.00	30.00			开工天数	天		30.00	30.00	
	轻收	%		44.51	42.68	-1.83		轻收	%		34.06	34.95	0.89
	总拔	%		70.05	71.97	1.92		总拔	%		59.89	60.83	0.94
	损失率	%		0.17	0.17			损失率	%		0.18	0.18	
三催化	加工量	万吨		17.00	16.82	98.94	二催化	加工量	万吨		4.00	5.29	132.25
	开工天数	天		30.00	24.00			开工天数	天		15.00	17.00	
	净掺渣率	%		19.80	11.22	-8.58		净掺渣率	%		21.92	18.36	-3.56
	汽油	%		43.55	37.04	-6.51		汽油	%		41.50	43.05	1.55
	柴油	%		22.97	25.77	2.80		柴油	%		26.70	19.40	-7.30
	液态烃	%		15.53	17.43	1.90		液态烃	%		16.80	20.40	3.60
	轻收	%		82.05	80.24	-1.81		轻收	%		85.00	82.85	-2.15
	损失率	%		0.20	0.24	0.04		损失率	%		0.20	0.21	0.01
180万柴油加氢	加工量	万吨		13.20	12.65	95.83	100万柴油加氢	加工量	万吨				
	开工天数	天		30.00	30.00			开工天数	天				
	轻收	%		97.50	97.56	0.06		轻收	%				
	损失率	%		0.21	0.21			损失率	%				
60万重整预加氢	加工量	万吨		6.45	6.22	96.43	60万宽馏分重整	加工量	万吨		6.38	6.15	96.39
	开工天数	天		30.00	30.00			开工天数	天		30.00	30.00	
	精制油	%		82.95	81.56	-1.39		汽油	%		86.65	87.44	0.79
	轻石脑油	%		16.00	17.37	1.37		含氢气体	%		3.20	3.12	-0.08
	损失率	%		0.35	0.35			液态烃	%		6.00	5.22	-0.78
烷基化	加工量	万吨		1.75	1.75	100.00	40万航煤加氢	处理量	万吨		3.36	3.58	106.55
	开工天数	天		30.00	30.00			开工天数	天		30.00	30.00	
	烷基化油	%		70.00	80.37	10.37		航煤	%		99.67	99.59	-0.08
	损失率	%		0.09	0.09			损失率	%		0.13	0.13	
焦化	加工量	万吨		6.30	5.41	85.87	丙烷	加工量	万吨				
	开工天数	天		30.00	30.00			开工天数	天				
	液收	%		68.78	68.44	-0.34		半沥青	%				
	焦炭	%		24.45	24.90	0.45		损失率	%				

图 10　MES 监控产品交库、销售、装置生产完成情况

（五）围绕安全环保管控，提升企业本质安全能力和绿色可持续发展水平

1. 远程监控现场事故苗头

视频监控集中平台部署高清摄像机 1118 台，为关键装置和要害部位、应急指挥、现场作业安全、进出厂和安保集中管控提供了重要的技术支撑。

2. 提升了综合安防管控能力

门禁系统通过人脸识别、车牌自动识别、GPS 定位等技术，达到人、车、物的安全可控、痕迹可查，防范相关风险，提升企业安全管理水平。

3. 接处警应急联动

119 接处警系统建立“集中接警、同时响应、专业处置、部门联动、快速反应、信息共享”的消防管理模式，实现与各类可燃 / 有毒有害气体检测、视频监控集成联动，提高事故响应速度。

4. 实现了环境数据实时监测

建立 8 套装置环境数据实时监测系统，直观展示环保检测点、环保数据报警、统计分析等功能，实现环保管理可视化、一体化、移动化。外排污染物实时监测数据在公共场所对外公开展示，主动接受社会监督。

5. 实现了 VOCs 泄漏管控

全面开展了泄漏检测与维修（LDAR）应用，完成 150 余万个密封点泄漏检测数据入库，为绿色生产、降低排放提供了支撑。

（六）树立预防性维修理念，推进设备全生命周期管理

1. 提升了设备预防性维修能力

实时采集三催化、加氢重整、焦化等装置 12 套大型机组、133 台机泵运行状态参数，远程监视和分析机组的运行状态，预防性维修比例同比提高 20%，转动设备紧急抢修比率由 60% 下降至 32%。

2. 深化 EM 应用，降低设备故障抢修率

对 EM 中的通知单、工单、设备故障、修理费等设备运行数据进行多维度统计分析，查找故障本质原因，为维修决策提供重要依据，减少非计划停工，向预防性维修转变，每年节约维修费约 200 万元。

3. 实现了设备腐蚀诊断与监控

以腐蚀回路为对象，对腐蚀参数进行监控和分析，评估腐蚀程度；基于测厚数据计算腐蚀速率和剩余寿命。

（七）信息技术平台为公司应用信息系统安全稳定运行提供了技术保障

1. 满足了业务应用的无线网络需求

4G 无线专网采取租用运营商线路模式，发放移动 4G 卡 240 张；支撑了移动视频监

控、机泵状态监测、智能提货、环保监测、通勤车门禁等业务应用。

2. 增强了应用系统可用性

MES、OA、LIMS、实时数据库等 43 个应用系统迁移至虚拟化平台，运行虚拟机 82 台；提高了应用系统可靠性，支撑了系统快速部署。

3. 提升系统灾备能力

数据备份系统为应用系统提供了备份手段，实现数据可靠恢复，缩短业务中断时间。

4. 实现集成应用

基于数据仓库（ODS）、服务总线（ESB）和 API 网关技术的集成平台，实现了物料管理、能源管理、操作管理、LIMS、MES、ERP 等 9 个重要生产经营系统生产层内部、生产层与经营层跨层的界面集成、数据集成和应用集成。

5. 提升了网络安全防护能力

实施日志审计、网络准入控制完善、安全运维审计、网管、防病毒升级、桌面安全国产化、IDS、防火墙完善、G01、UPS 更新等系统，完善了公司网络安全防御体系，为建设网络安全“三化六防”体系打下了良好基础。

四、展望

虽然我们在信息化建设和应用方面做了一些工作，取得了一定成效，但是我们深感与先进企业相比还存在许多不足。公司将在“十四五”期间认真贯彻总部信息化和数字化工作的统一部署，认真落实新发展理念，紧紧围绕公司打造炼化特一体化企业的战略目标，坚持信息化”六统一”原则和“战略引领、数据驱动、集成提升、持续改进”工作方针，按照“数据 + 平台 + 应用”的新模式，全面推进信息化能力建设，聚焦智能工厂建设主线，大力推进信息化和生产经营管理全方位、全过程融合，提升企业数字化、网络化、智能化水平，用信息化培育新动能、塑造新优势，为建成炼化特一体化企业注入新动力。

1. 提升以 ERP 为核心的经营管理平台

重点补齐建设短板，进一步加强系统集成融合，推进决策支持、风险与监督、财务、人力资源、物资供应、综合协同等经营管理核心应用，强化经营数据的治理和应用，实现数据共享，提升公司管控水平，支撑业务管理创新。

2. 建设协同智能的生产营运平台

聚焦三条核心业务主线，围绕支撑一体化协同和专业化管理，提升本质安全和环保水平，建立数字化、网络化、智能化的生产运营新模式。

（1）炼化生产一体化优化主线：建设计划优化、调度优化、装置优化、控制优化。通过降低原料采购成本，统筹资源配置、物料高效利用，实现供应链全过程的价值增值；通过计划、调度、装置、控制四个层面上的一体化优化实现生产全过程效益最大化。

（2）炼化生产集成管控主线：以企业生产物流为重点打造企业生产执行 CPS（信息物理系统），构建模型化、实时化、智能化的新一代炼化企业生产执行系统。重点建设调度管理、质量管理、工艺管理、生产管控中心、氢气瓦斯平衡与优化系统、应急指挥系统、环保管理、实验室管理系统等。

（3）全生命周期资产管理主线：以数字化交付为起点，贯穿设备运行、检维修、改造、报废的全生命周期，突出设备健康与可靠性，节约维修成本，实现生产装置长周期运行。重点建设装置设备三维数字化、装置检修信息平台、设备健康管理系统、关键机组远程诊断、仿真培训等系统。

3. 打造互联高效的客户服务平台，有效整合线下线上业务，丰富客户体验，提升客户服务水平

重点建设基于“石化 e 贸”平台自销产品客户关系管理系统，实现企业自销产品线上销售；完善智能提货管理系统，实现产品出厂业务、销售业务的线上统一管理，缩短客户提货流程，提高提货效率，提升客户体验。

4. 打造敏捷安全的技术支撑平台

采用云架构方式建设集中共享的技术支撑平台，提升云计算、存储、网络等新型基础设施服务能力，完善安全技防体系和工控安全防护系统，保障业务系统安全稳定运行，推进资源利用效率提升。

重点建设和提升融合通信系统、虚拟服务器、桌面云、网络系统提升、工业控制系统边界安全隔离系统、IT 统一运维系统、集中集成系统等。

融合赋能　争当标杆　助推企业数字转型

九江分公司

一、总体工作情况

“十三五”期间，在集团公司党组的正确领导下，在总部信息和数字化管理部的悉心指导下，九江石化坚持创新驱动“两化”融合战略，积极践行信息化“六统一”原则，充分发挥信息化的支撑和引领作用，以“原创、高端、引领”为方向，以“提高发展质量、提升经济效益、支撑安全环保、固化卓越基因”为目标，按照“深化应用、固化标准、打造升级版”路线图，推进新一代信息技术与石化生产最本质环节深度融合，演进智能工厂建设，从理念到实践、从实践到示范、从示范到标杆，探索出了一条适合石化流程行业面向数字化、网络化、智能化制造的路径，业已形成经营管理科学化、生产运行协同化、安全环保可视化、设备管理数字化、基础设施敏捷化，智能工厂全域赋能核心业务绩效变革式提升，助推企业数字化转型、实现高质量发展，取得可喜成效。

践行国家战略显担当。践行“中国制造 2025”和长江经济带国家战略，打造“绿色低碳”“智能工厂”核心竞争优势得到集团公司董事长、党组书记张玉卓充分肯定。

深化“两化”融合创新绩。探索和实践数字化、网络化、智能化制造成果显著，获评国家“两化融合管理体系贯标示范企业”“绿色工厂示范企业”“智能制造标杆企业”。

聚焦技术创新添动能。锚定智能工厂关键技术研用，实现敏捷生产提高效益，“智能工厂技术研发与应用”“大型炼油过程智能制造关键技术及系统”分获中国石化、上海市科技进步一等奖。

深耕深化应用居前列。按照“业务引领、纵深推进”策略，圆满完成深化应用创新创效行动计划实施，形成案例成果 61 篇，综合评价始终位列总部先进群组，获评示范单位和 A 级企业。

夯实网络安全跨台阶。以“三化六防”为基准，持续夯实网络安全屏障，应急处置能力大幅提升，依靠自身力量取得“护网行动”胜利，网络安全事件为“零”，获评 2020 年总部 A 级企业。

二、主要做法

（一）顶层设计，统领智能工厂建设

系统谋划、顶层设计出台《九江石化“十三五”信息化规划暨智能工厂升级建设方案》，以公司级年度“智能工厂升级版重点工作安排意见”方式高位推动。油品质量升级改造工程暨智能工厂项目后评价、智能工厂总部调研课题通过专家评审。

（二）精准施策，引领业务价值创造

发挥业务责任主体作用，深度挖掘数据应用价值，推动业务模式和管理创新。建立深化应用月度考评机制，以案例成果培育为重要抓手，定量评价全公司32个单位，信息化工作做到“横到边、纵到底、全覆盖”，累计奖惩302490元。

（三）创新争先，发挥专业团队作用

聚焦核心业务，搭建内部“双创”平台，先后组建全流程优化、原（料）油快评、数字化炼厂、VOCs管控、软件自主开发等横向专业技术团队，利用业余时间实施自主融合创新工作，获发明专利授权3件、软件著作权8件，获省市级表彰5次。

（四）汇聚资源，构筑产学研用优势

构建以2个“院士工作站”和3个“智能制造联合实验室”为核心的产学研用合作平台，增强联合创新优势，促进创新链与产业链的有效衔接，致力石化流程行业智能制造研究与实践，获政府资金约1300余万元，实施国家专项2项，参与制定国（行）标9项，出版专著3部。

三、工作成效

（一）项目建设成效

一体化智能优化实现新突破。以ODS为支撑，集成MES、ERP、LIMS等重要数据，建设基于核磁技术的原（料）油快评系统，开发主装置机理国产模型，推广APC应用，试点RTO，实现炼油全流程优化一体化联动优化功效（图1），生产运营由传统经验模式转变为协同优化模式。原（料）油快评分析建模461个，涵盖14套装置40余种物料，是国内首家完整建立从原油到各装置物料物性分析模型的企业；虚拟制造系统建立21套装置机理模型，实现“实时仿真”“性能评估”“操作优化”“计划优化”功能；19套主装置APC全覆盖，提高装置运行平稳率，主要工艺参数标准偏差平均可降低45%以上；

基于稳态机理模型，在常减压装置投用国内首套炼油装置 RTO，实现装置效益最大化，每小时增效 2474 元。

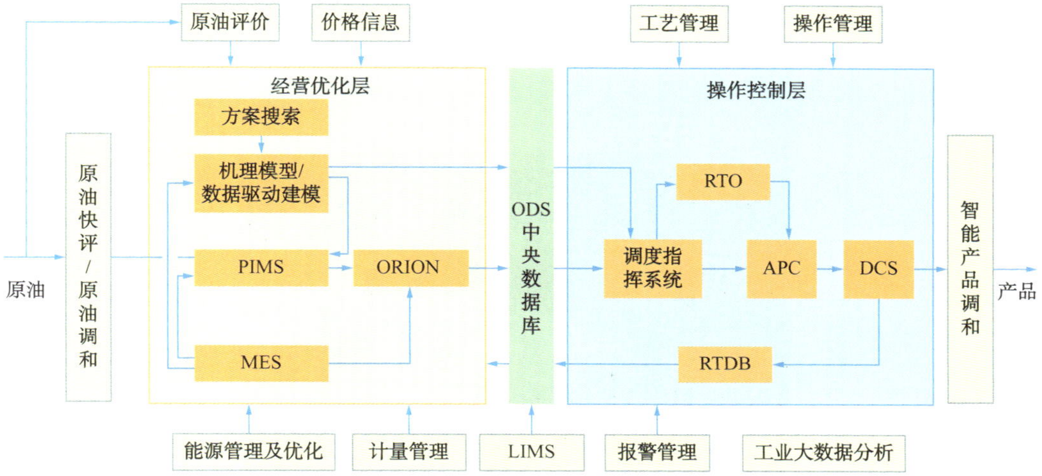

图 1　炼油全流程优化一体化智能协同优化总体架构

数字化炼厂平台实现新突破。换版升级数字化炼厂平台（图 2），新增 S-Zorb、烷基化等装置模型，拓展管道腐蚀、环保监测、机组机泵状态监测等数据应用集成，实现装置人员定位、厂区综合安防、施工作业备案等虚拟场景可视化呈现，并通过模型场景渐进分层加载技术，突破终端硬件配置瓶颈。“石化行业 CPS 测试试验平台项目”入选工信部试点示范，“基于数字孪生的石化行业网络化协同管控应用”入选工信部工业互联网平台创新应用案例。

图 2　数字化炼厂平台 2.0 版

精益化设备管理实现新突破。以设备完整性体系为支撑，初步构建预知维修管理体系。设备运行状态监测系统涵盖 17 套大机组（图 3）、115 台机泵，设置 54 个腐蚀探针、618 个在线腐蚀测厚设施。实现全厂 55 个仪表机柜间温湿度、89 套工控系统重要机柜温度、12692 个 DCS 和 961 个 SIS 故障点的信息采集并与 DCS 集中实时监控；电调自动化系统实现对全厂电气设备关键参数实时监控，35kV 以上一次系统设备实现安全远程操作，劳动功效提升 27.5%。

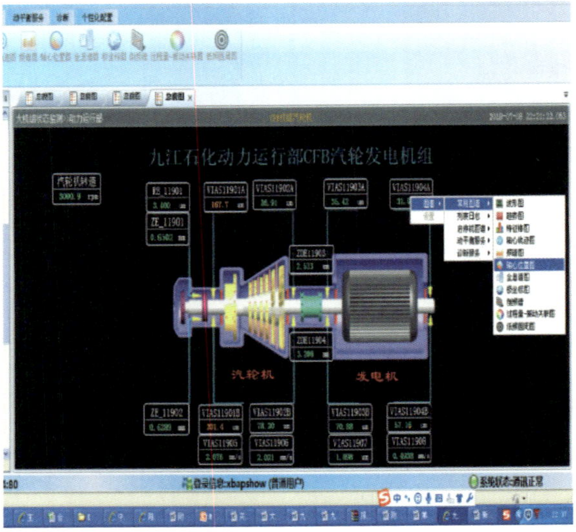

图 3 大机组状态监测系统

数字化质量管控实现新突破。提升 LIMS/LES 功能，实现实验数据录入与分析过程无纸化移动，816 个分析方法、结果计算与验证操作的程序化，分析检验、物料评价、仪器数据编码的标准化，确保过程数据完整可靠、质量管理与 LIMS 指标联动。在线分析仪表运行监控（图 4）与管理系统，实现 439 套在线分析仪运行全过程实时监控管理，支撑由分散管理向集中管控和专业化管理转变。

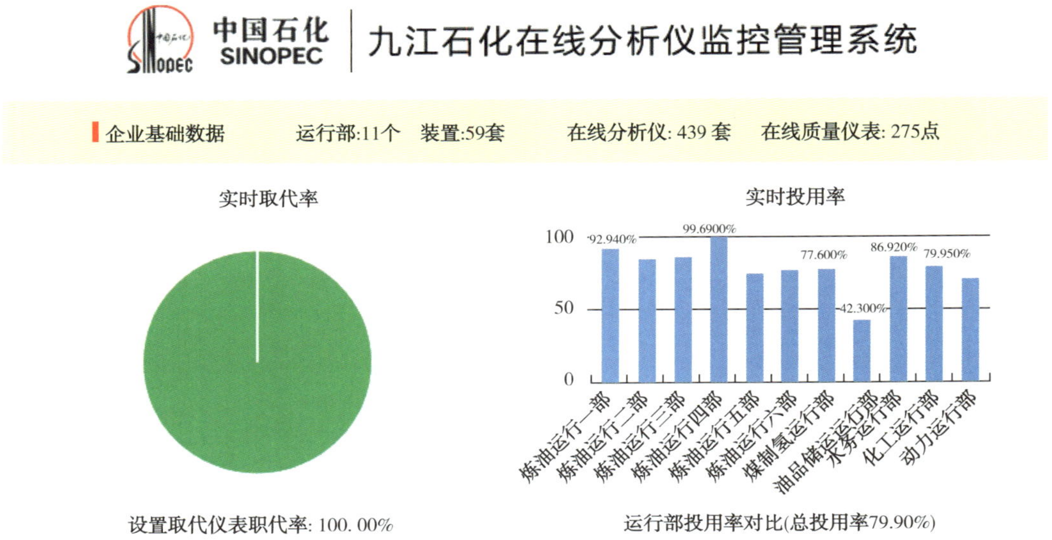

图 4 在线分析仪监控管理系统

集成化精准计量实现新突破。以物料进出厂计量点无人值守、计量全过程监控为目标，构建“公路、铁路、管输”三位一体的计量集中管控模式（图 5），实现物料进出厂计量作业自动化、计量过程可视化、计量数据集成化、计量管理标准化，作业时间缩短三分之一，劳动用工减少近 40%，风险防控能力明显增强。

图 5 计量集中管控系统

智能化巡检应用实现新突破。推广 4G 智能巡检（图 6），实现 12 个生产运行单位全覆盖，配置巡检路线 160 条、巡检点 1060 个、巡检项目 8136 个。温振一体试点实现机泵测温测振数据自动录入，音视频升级试点实现跨业务、多场景信息交互，GPS 平面定位实现实时位置及历史轨迹查询，与数字化平台、宇视平台进行集成展示。“基于工业移动物联网生产辅助管控应用”获工信部优秀工业互联网 APP 应用解决方案。

图 6 4G 智能终端巡检系统

精细化物资管理实现新突破。建设并整合物资采购桌面快捷办公系统和智能物资管理系统（图 7），将企业物资管理向供应商延伸，配置手持 PAD18 个、手持打印机 10 个、货架标签 8000 个、地堆标签 60 个，实现对物资需求计划动态掌控及物资库存实物出入库、转储的全面管理和业务优化，与 ERP、门禁、立体货架 WMS 等系统集成，实现信息快速、自动传输，达到缩短供应周期、提高保供目标，并基于 MES 建立仓储模型，实现库存优化。

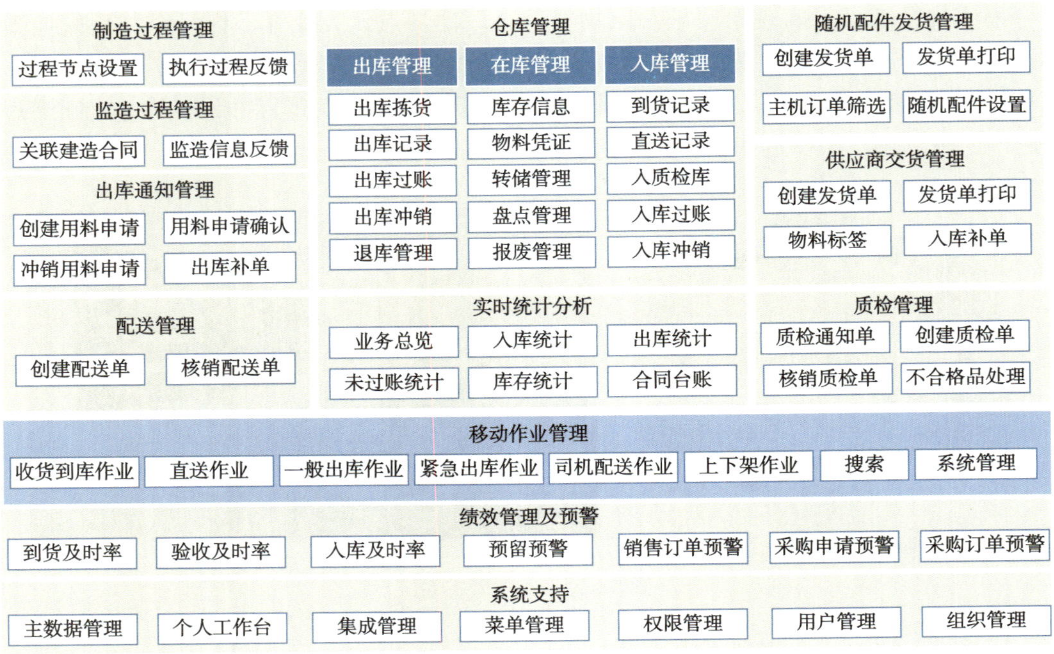

图 7　智能物资管理系统

综合化安防监管实现新突破。针对生产区域主要安全因素和关键业务环节，实现人流、物流、车流的“三流”综合有效管控（图 8）。人脸识别技术促进考勤管理精细化，与车辆排队功能联动消除人为干扰、提升提货速度，线上备案制实时有效掌控生产区人、车、物的出入情况，平面可视化工具实现生产区域人员分布实时监管，为防范和处置安全风险提供有力保障。

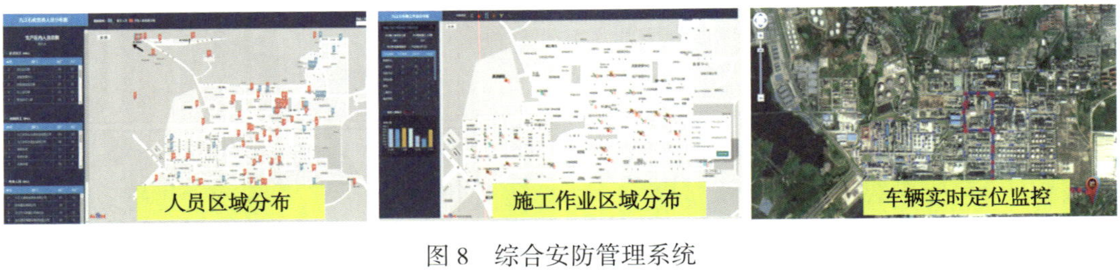

图 8　综合安防管理系统

新型化基础设施实现新突破。推进 5G 和 NB-IoT 技术工业应用研究和试验，实施“石化企业基于 5G 及 NB-IoT 技术的智能化应用项目”“低功耗窄带技术研究与应用项目”，业已建成 9 个 5G 和 7 个 NB 基站，安装高点全景 AR 云眼 7 套和传感器 36 套，搭建实景智能监控平台 1 套（图 9），创新应用 5G MEC 技术并实现 4 大类业务场景试验验证。入选国家应急管理部“5G+ 安全生产”示范项目、江西省首批“5G+ 工业互联网”应用示范企业，分获第三届“绽放杯”5G 应用征集大赛江西赛区、智慧园区二等奖和全国总决赛获优秀奖。

图 9　5G 系实景智能监控平台

（二）应用成效

发展质量稳步提升。数字化转型、智能化发展助推企业结构调整，促进“两化”深度融合，有效提高企业核心竞争力。“十三五”期间，企业经营业绩持续提升，累计盈利 57 亿元，上缴税费连续 6 年超百亿、连续 5 年位居江西省首位（图 10）。“打造石油化工行业首家智能工厂推动企业转型升级”获中国石化品牌营销优秀案例，获评中国信息协会中国能源企业信息化创新成果奖。

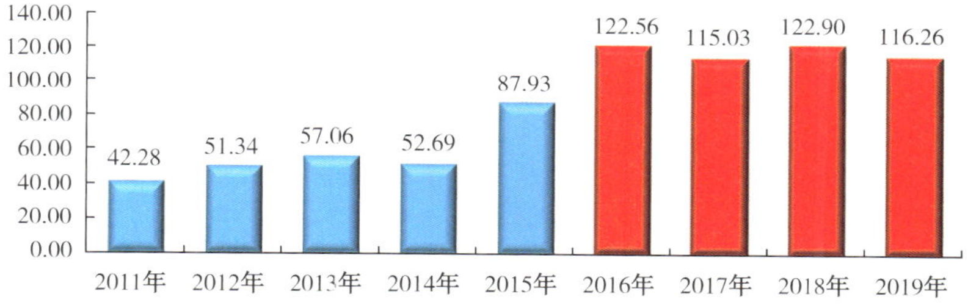

图 10　“十二五”以来实现税费情况

优化运营挖潜增效。基于分子炼油和全价值链的理念，围绕从原油到操作参数的炼油全流程优化一体化智能协同优化目标，以提升价值增量为重点，持续开展资源配置优化、加工路线比选、装置操作优化，致力实现企业整体效益最大化。“十三五”期间，滚动测算案例 1800 余个，增效约 8 亿元。入选中国石油和化工联合会“首批石油和化工行业智能制造先进应用案例”。

绿色制造指标领先。构建全方位、多层次、全覆盖的环境监测网络，实现污染物产生、处理、排放等全过程闭环管理（图 11），通过省市和中国石化清洁生产审核，实现绿色制造。外排废水达标率 100%，国控废气达标率 100%，危废妥善处理率 100%。其中，外排达标污水 COD 控制在 40mg/L 以下，主要污染物排放指标业内领先。入选工信部第一批绿色工厂示范企业、江西省第一批绿色工厂、中国石化绿色企业，获评“石油和化工行业绿色工厂”。

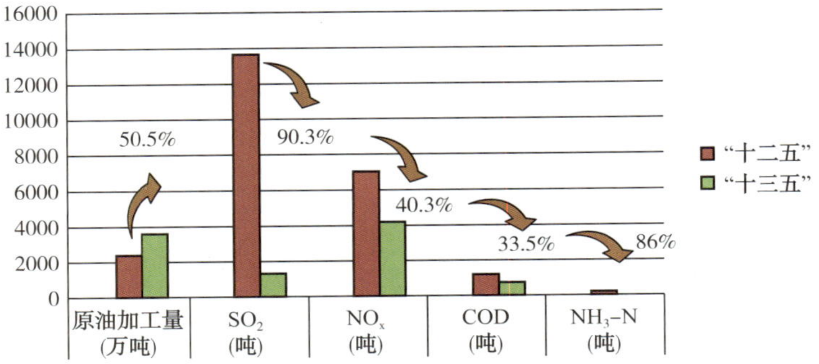

图 11 “十二五”与“十三五”主要污染物总量对比

过程管理精准可控。智能工厂自动化、可视化、模型化、实时化、集成化手段为过程管控提供强有力支撑，促进经营管理工作共享协同、规范便捷、精准可控。获评中国化工报社“中国石油和化学工业改革开放40周年‘勇立潮头榜样’奖”，“以打造一流炼化企业核心竞争优势为目标的智能工厂建设”分获中国石化、江西省管理现代创新成果一等奖。“十三五”期间，接待来访参观交流1000余批次。

四、展望

（一）总体思路

“十四五”期间，九江石化将牢固树立新发展理念，对标世界一流，遵循信息化“六统一”原则，夯实数字化转型、智能化发展的战略基石，以“数字化转型”为引领，利用云计算、大数据、物联网、5G、人工智能、区块链等新一代信息通信技术，践行“全面感知、创新提升、协同智能”的路线图和“数据＋平台＋应用”的新模式，围绕“基于工业互联网的全面感知”和“基于以机理模型为核心的炼油全流程智能协同优化”两条主线，全面演进智能工厂迭代升级建设（图12），充分挖掘“两化”深度融合的创新驱动力、价值创造力、发展引领力作用，持续提升“全面感知、预测预警、协同优化、科学决策”能力，形成差异化可持续竞争优势，树立石化行业新标杆、打造新样板、创建新典型，助力打造世界领先绿色智能炼化企业愿景目标，努力实现企业更高质量发展。

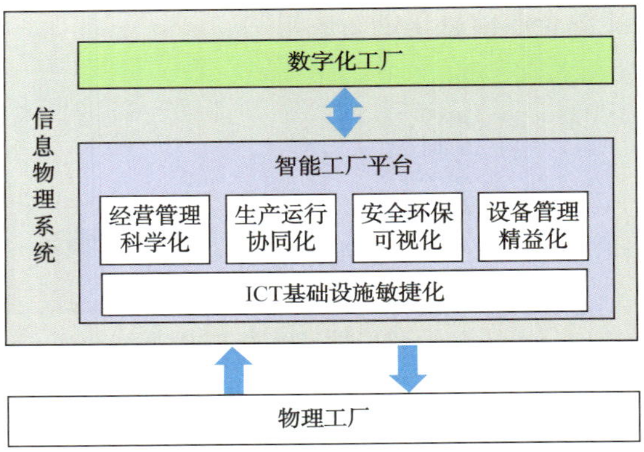

图 12 未来智能工厂总体架构

（二）重点方向

基于工业互联网的全面感知及预测预警分析。以“平稳运行、感知交互、智能优化”为梯级目标，立足“效能提升、数据智能、虚实映射、适配协同”的原则，着重发挥5G/

NB-IoT 技术赋能数字化转型的核心引擎作用，围绕原料物性、生产工艺、生产装备、安全环保等泛在感知，提升感知深度、互联广度和分析预见性，实时感知或可视物理空间的信息与变化规律，实现资源汇聚集成共享、信息物理深度融合、精确优化运行效率，为管理决策和数据治理提供准确信息支持环境，精准服务和指导安全生产管控。

基于以机理模型为核心的炼油全流程智能协同优化。以“知识驱动的自主智能”为目标，立足“生产优化、效益预测、实时跟踪”的原则，着重发挥人工智能、机器学习技术的赋能、赋智、赋值作用，通过完善提升和拓展应用原油分子级物性表征、数据驱动与过程机理建模、基于知识案例库搜集匹配、计划调度与实时调优、先进过程控制等核心工业软件技术，选择最优资源配置、最优加工路径及最优操作参数，构建石化流程企业过程控制的“工业智脑”，实现从原油到装置操作参数的炼油全流程一体化智能协同优化的闭环管理，最大限度产出所加工原油每个馏分的价值，提升敏捷生产能力和企业经济效益。

抓好系统建设　突出应用成效
为公司发展提供新动能

济南分公司

一、总体情况

“十三五”期间，济南分公司认真贯彻落实中央和集团公司党组关于构建新发展格局、推进数字化转型战略布局等要求，全面总结经营管理、生产营运、网络安全等领域的信息化成果。通过持续推进信息化建设，济南分公司在生产营运、经营管理、网络安全、新技术应用等方面取得了显著成效，实现了生产方式、管理方式的创新，为企业战略转型、管理变革、优化流程提供了支撑。

“十三五”期间，济南分公司在三大平台（经营管理平台、生产营运平台和基础设施与运维平台）完善提升的基础上，采取以用为主、建用结合的原则，持续推进物联网、大数据、智能化技术应用，扎实做好消除信息孤岛、应用创新创效、网络安全治理专项行动，建设并投用了全员成本目标系统、设备核心数据平台、项目过程控制系统、智能物资管理系统、能源管理系统、炼油装置检维修费用管理系统等系统，同时加大信息系统深化应用推进力度，不断坚持与生产经营相结合、与专业管理相结合、与系统优化相结合，使信息化成为企业提高经济效益、实施创新驱动增强核心竞争力的有力抓手。

二、典型做法

（一）创新工作机制，构建信息化应用氛围

把“业务部门需求为主导、信息部门协同管理”工作模式引入信息化建设及应用工作中，抓好规范业务、深挖数据价值等工作，制定以需求促应用、以应用强管理、从管理中要效益、强化数字化思维的工作方法，加强系统集成共享和业务协同的工作目标，做到信息部门负责搭台、业务部门负责唱戏，业务部门全程参与到项目建设及应用中来，业务部门与信息部门各司其职、分头把关，从可实现角度及应用成效角度，确定最终的设计及应用方案，并组织实施。

（二）积极进行“两化”融合管理体系建设，推进生产经营数字化水平提升

济南分公司积极进行“两化”融合管理体系建设并纳入公司一体化管理体系，在网络安全和信息化领导小组指导下，通过持续打造“经营管控”“平稳生产、精细操作”“优化生产、降本增效”等三大新型能力，具体以“高端 + 精细”为目标，围绕炼化生产集成管控、炼化生产一体化优化、全生命周期资产管理三条业务主线，持续打造具备全面感知、预测预警、优化协同、科学决策四项能力的智慧工厂。

（三）细化成本管控体系，实现全口径成本管理目标

将全员成本核算系统作为全员成本目标管理的核心，将成本管控的触角深入到运行部各班组，按照企业、生产、装置和班组四个不同层级进行数据分析及图表展示，解决企业生产经营活动中各个环节的系统集成共享不足、信息分散、数据缺乏实时性、无法实现数据价值最大化、无法支持明细数据追溯分析、难以支持实时运营决策应用等问题，为济南分公司全员目标成本管理提供分析支撑数据。

（四）深化应用、多措并举、全面开花，凸显业务成效

“十三五”期间，通过深化应用创新创效工作开展，累计取得了 54 项深化应用成果，上报 34 项，其中 4 项获得集团公司优秀成果，通过深化应用累计减少财务费用 3000 余万元，避免直接经济损失 500 余万元、增加效益 7000 余万元，降低成本 4000 余万元，降低库存占用资金 500 余万元；累计完成 ERP 等系统等数据标准化 28507 条，提升 ERP、MES、LIMS、环保系统、安全管理系统、计量系统等数据质量 27213 条，规范业务应用 116 项，通过 RSIM 优化流程 12 项，通过全员成本核算平台以及预测预警智能建模开展大数据分析业务 2 项，提出功能优化完善需求 7 项。

（五）通过开展培训、专题研讨、内部竞赛等多种形式，提高信息系统深化应用质量

“十三五期间”信息管理中心组织各业务部门举办各类与信息系统深化应用相关的培训班 42 期，培训人员 1127 人次；在参加总部举办的竞赛过程中，做好技术比武组织培训工作，选手认真学习、精心准备，最终在比赛中取得一块个人金牌的好成绩；召开各类专题研讨会 36 次，尤其是疫情期间，各部门采取视频会议、微信等多种新开展培训工作，通过培训大家对信息系统标准化、规范化操作有了更进一步的认识；设备工程部采取内部竞赛的形式，组织各运行部专工对设备基础数据进行治理，共修改完善基础数据 2 万余条，数据准确率由原来的 61% 提高到目前的 94%，取得了较好的效果。

（六）重视新技术应用，促进企业管理和业务模式创新

利用大数据分析和机器学习技术，结合炼油二部一催化装置的特点，综合考虑一催化装置单元多个状态数据，通过生产异常监控平台自动建立工作状态数据的概率分布智能模

型，对异常状态进行检测和预测，区别于基于规则的异常检测算法，智能模型采用基于统计的方法，从数据中学习，基于数据来判断。

三、主要成效

（一）通过“两化”深度融合助力生产提质增效

济南分公司坚持创新驱动、大力推动“两化”深度融合，促进了业务流程和组织机构的固化和优化，实现了数据开发利用以及技术实现之间的相互协同，降低了运营成本，提高了劳动生产率，整体提高了企业管理水平，2020 年公司“两化”融合评估问卷得分为 90.85 分，在全国企业中高于 98.91% 的企业，在同行业中高于 98.76% 的企业。公司通过持续打造“经营管控”“平稳生产、精细操作”“优化生产、降本增效”等新型能力，促进了业务流程和组织机构的固化和优化，实现了数据开发利用以及技术实现之间的相互协同，为企业战略转型、管理变革、优化流程提供了支撑。

2020 年，通过 ERP 系统的集中集成，促进了公司经营模式和管理方式转变，增强企业管控能力，促进体制优化和结构调整，推动管理创新，增强企业核心竞争力，确保吨油费用不超过 339.7 元；通过 MES、实时数据库、操作管理等系统在生产过程中的优化应用，深入挖掘企业生产管理数据，着力实现工艺参数、物料互供、系统运行“三平稳”，有效提升安稳运行水平，确保了完成 2020 年公司原料加工量 488.28 万吨，装置非计划停工次数为 0，装置操作平稳率大于 95%，巡检合格率大于 99%；通过 PIMS 系统在生产过程中的优化应用，确定最优运行参数，实现装置优化操作，通过各项指标的优化，完成综合商品率 90.94%、轻油收率 66.67%、炼油综合能耗不高于 81.07 千克标油 / 吨、全年实现节能 1046 吨标准煤，利润 4.9 亿元，完成总部下达的达标指标。

（二）通过全员成本目标系统为企业提效降本提供决策依据

财务管理人员通过研判各类指标项目的变化趋势对预算执行情况、财务状况、行业内及企业内对比分析等，促进成本管理持续改善。生产部门相关人员通过模拟本部门利润，对投入产出、固定成本、辅助成本、能耗成本进行分析，对装置和班组效益和各类成本等了然于心，树立人人关心成本、关注成本的“全员成本”（图 1）意识，从成本控制的角度更好地安排生产和改善操作，实现装置单元及生产班组的效益最大化。

（三）通过降低汽柴油重叠度，增产汽油增效

通过全流程模拟软件（图 2）建模调整解吸塔底对主副分馏塔一中取热量，优化主副分馏塔操作条件，改善主副分馏塔热量分布，降低汽柴油重叠度，增产创效。调整后效果明显，汽油产量上升，柴油初馏点提高 8℃左右，汽油收率上涨 0.5 个百分点。2018 年实施当月按照价格体系测算全月增产汽油 704 吨，增加效益 341 万元。

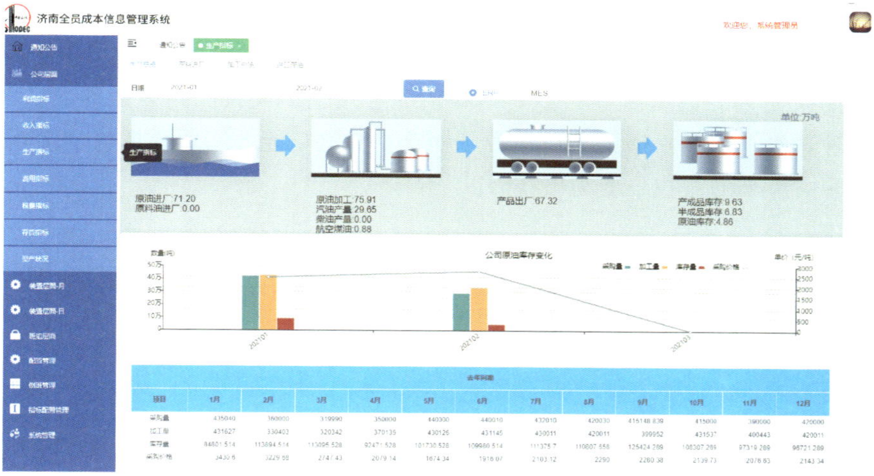

图 1　济南分公司全员成本分析

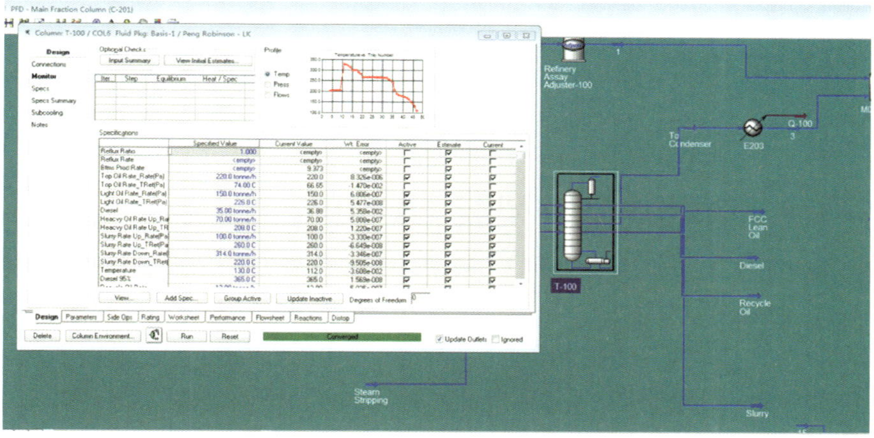

图 2　通过全流程优化模拟软件 R-Sim 对双分馏塔进行建模

（四）创建“生产优化及数据分析工作室”，向系统要效益

生产优化及数据分析工作室方向为流程优化及数据分析，主要工作内容为优化催化裂化操作，提升液收，降低催化剂单耗；优化公司重油加工流程，效益最大化；原油品种优选；优化加工流程，降低制氢负荷，减少天然气用量，节约成本，创新创效工作室结合生产过程中数据，采用信息化手段进行分析，通过优化软件，实现了数据和优化软件的连接，提高优化软件的实时性，2020 年取得“利用 R-SIM 测算，调整催化分馏塔操作增产汽油”等成果 6 项，为企业增效创效 1600 余万元。

（五）通过设备数据的集中集成提升设备管理水平

通过设备数据的集成（图 3），设备管理人员在一个平台即可完成对各类设备数据不同维度的统计分析工作，即可查询到设备基础信息，也可查询到设备相关修理费信息、点检信息，还可查询设备相关设计信息（包括图纸），避免了烦琐的操作，解决了数据存储分散、查找一条完整的数据需登陆多个不同系统等问题，大大提高了设备信息获取效率，促进了设备管理水平提升。借助平台业务到期自动提醒功能，问题数据自动筛查，通过消息的智能提醒由原来的人找事变为事找人。

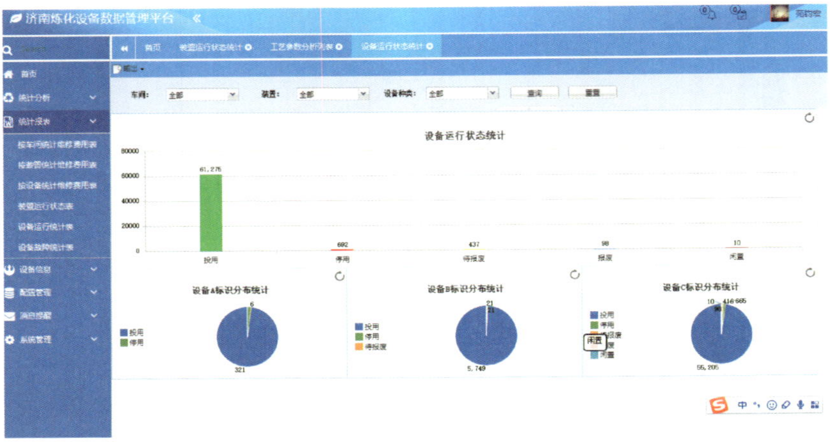

图 3　设备数据集中集成

（六）通过预测预警智能建模为管理决策提供支撑

利用大数据分析和机器学习技术，实现了一催化装置生产监控预测预警智能建模（图 4）。针对炼油二部催化装置的工艺特点，采用异常现象和对应位号的建模方式，创建了“主反原料带水”“副反原料带水”“一再尾燃”“增压机停机”“二再碳堆积”“主原料中断”“副原料中断”“烟机异常振动”等 8 个智能预警模型。模型投用以来，故障位号预报警情况均与实际生产情况吻合，准确率为 100%。同时，相比之前建立一个包含 20 个相关参数模型需五天时间，现在最多只需五小时，提高了建模效率。

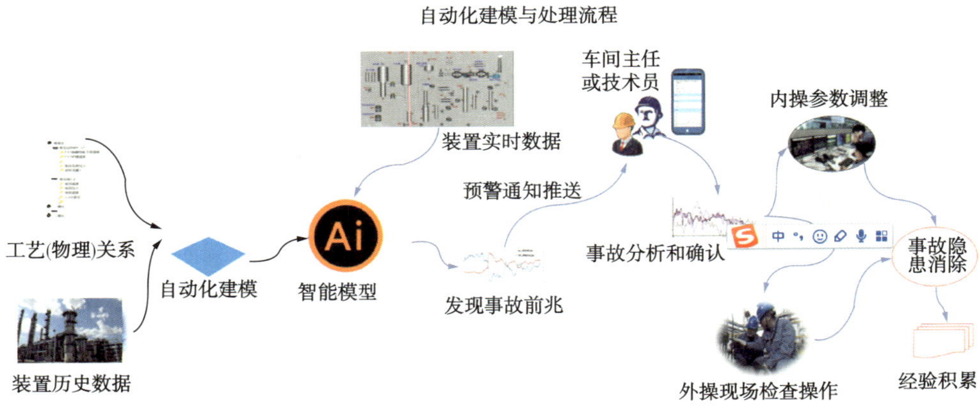

图 4　智能建模处理流程

（七）通过 MRP 优化及智能物资管理系统提升，降低业务处理工作量

依托 ERP 系统的 MRP 优化，在智能物资管理系统供应商交货协同模块实现采购申请和需求计划自动关联，大幅度减少了原来依靠业务员手动关联采购申请和需求计划的工作量，按照关联一行数据需要 1 分钟时间估算，每个业务员每天平均关联 20 条数，按照 14 个业务员计算，每年可以节约约 140 人・天。

（八）以业务管理为核心推动力，促进系统应用

设备问题管理平台（图 5）上线运行三年以来，共计提出设备问题 1795 项，已解决 1795 项。问题管理平台运行设备问题通过短信提醒等多种手段通知问题解决人员及时处理，使设备问题及时有效得到反馈解决，提高了工作效率，对于设备本质安全高效运行起到了积极促进作用，提升了设备管理水平。

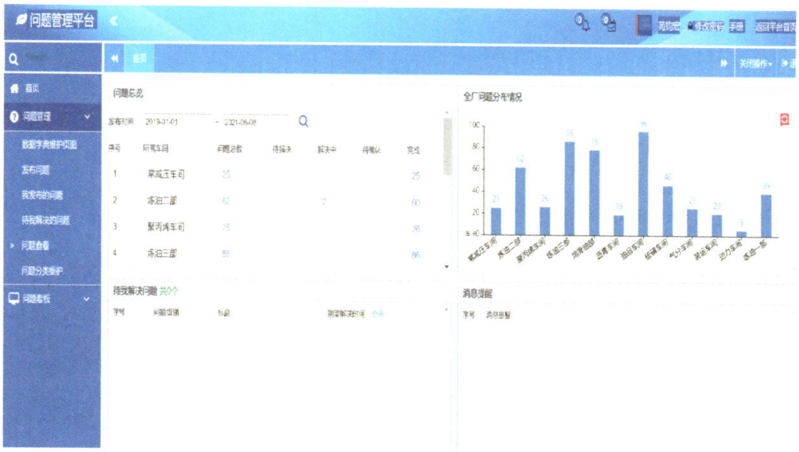

图 5　设备问题处理平台

（九）工程项目建设过程可视、可控

济南炼化工程项目物资需求从项目可研开始，经过各阶段逐步完善到最终形成项目需求，前期的很多关键节点信息基本靠线下交流，信息的共享和传递存在很多弊端；另外，物资设计参数转换为标准物料编码工作量大，维护不方便；物资供应周期不直观，采购开始节奏难掌控；物资采购供应过程很多环节在线下进行，协调沟通效率低，过程管理困难。

通过搭建统一跨部门管控平台–项目过程控制管理信息系统（图 6），建立项目分解模型及物资供应周期库，重复工作可复制，提高工作效率；将项目物资需求管理前移，实现物资需求完善过程管控，提前预知物资供应周期，将项目需求管理前移，弥补项目前期需求形成过程管理缺乏信息化手段支撑的不足；对项目物资供应执行过程进行管控，管理颗粒度逐渐细化，从事后管结果转变为事前管计划、事中管执行、事后结果自

动反馈，过程信息及时、共享、可视，为各级管理层提供快速决策的大量数据支撑；预估时间、计划时间、执行时间横向对比分析，找出薄弱环节，有的放矢解决问题；实现与 ERP 系统、仓储管理系统集成，实现信息实时对称，上下游信息传递及时，提高整个链条的运转效率。上线运行以来，有 24 个项目在过控系统中已完成项目分解，需求计划共计 7976 条。

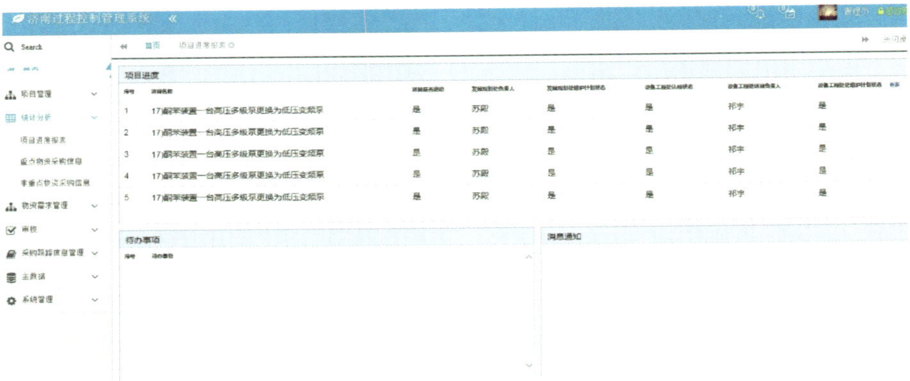

图 6　项目过程控制平台图示

（十）围绕设备数据采集、施工现场视频回传等应用场景，积极搭建公司工业物联网

依托运营商强大的 4G 加密专用网络，将施工现场和装置区内数据实时回传至公司内网，保障数据安全、稳定、可靠传输。未来公司工业物联网会将越来越多的具有感知、监控能力的各类采集、控制传感器或控制器、智能分析等技术不断融入生产过程的各个环节，从而大幅提高生产效率，改善产品质量，降低产品成本和资源消耗，最终实现将传统工业提升到智能化的新阶段。

（十一）应用能源管理系统减少新鲜水计量损失

济南炼化共有新鲜水计量点 137 个，日常新鲜水计量数据全部实现在能源管理系统的录入、采集、提交和平衡。从能源管理系统新鲜水日常计量数据分析（图 7），我们发现新鲜水计量仪表存在长期不走数、数据录入不及时或错误和贸易交接计量仪表比对误差较大的问题。采用复式子母表解决大口径低流速新鲜水计量难题，选用无线抄表方案解决新鲜水计量数据采集难题，更改外购新鲜水计量仪表安装位置，解决存在的问题。

水表数据自动上传至蓝牙及平板电脑，抄表人员无需下井操作，减轻了劳动强度；子母表的安装有助于发现之前无法计量的管线漏点。每月新鲜水耗量降至 130 吨；新的外购黄河水表投入运行后，比原先的交接表平均偏低 $25m^3/h$，见图七。每年可为济南分公司节约用水约 22 万吨，增加效益 80 万元。

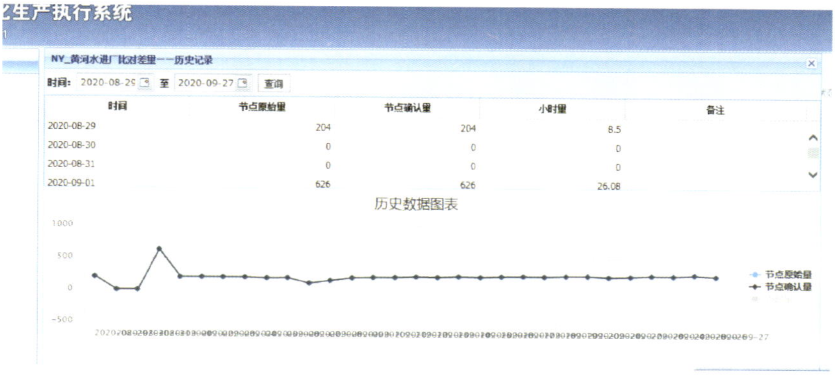

图 7 能源管理系统减少新鲜水计量损失

四、展望

（一）大力开展数据分析利用，充分发挥数据资产价值

学习借鉴先进企业的数据分析应用典型经验，加大数据治理和分析利用力度，梳理各信息系统数据现状，充分利用“数据湖”、ODS、DW 等工具，结合企业应用需求对数据进行收集、治理，提高数据可用性，真正把数据转变为资产加以利用和管理，让数据产生价值。

（二）强化信息和数字化思维，助力企业数字化转型

解决业务管理中的难点和痛点问题，把信息系统深化应用与数字化转型相结合，以业务增值为目标，梳理企业业务增值所涉及的各个环节和数据，通过各层面横向和纵向的价值链分析，促进工业化、信息化、数字化之间的深度融合。

（三）开展“工业互联网 + 安全生产”信息化建设，实现企业高质量、可持续、本质安全发展

紧扣集团公司“全面实施世界领先发展方略”总体部署，按照“数据 + 平台 + 应用”的新模式，基于“石化智云”工业互联网平台，围绕安全生产开展信息化建设，着力提升济南分公司一体化管控能力、创新创效能力、专业化统筹管理能力和新经济价值创造能力等“四项能力”，为公司打造新模式、培育新业态、发展新经济赋智赋能。

下一步，济南分公司将严格贯彻总部统一部署，推动济南分公司信息化建设与应用工作再上新台阶，再创新业绩，为提高企业核心竞争力，打造安全可靠、清洁环保“城市型炼厂”标杆企业提供有力保障，为中国石化打造世界领先洁净能源化工公司贡献力量。

强化数据集成　推进深化应用　助力企业攻坚创效

沧州分公司

“十三五”期间，沧州分公司认真贯彻落实总部“四二一”信息化建设规划，《深化应用创新创效行动计划》的文件精神，结合我公司信息化建设现状和“十三五”企业信息化发展目标，先后制定了2017年至2018年、2019年至2020年这两个阶段的《沧州分公司深化应用创新创效行动计划行动方案》，明确了每个阶段的总体目标和重点工作任务，采取了专题研讨会、内部考核评比、应用培训等多种组织措施推进信息系统创新创效工作，在企业生产经营管理、风险防控、优化生产、降本增效等方面挖掘信息系统深化应用价值，取得显著成效。现将主要工作汇报如下：

一、信息化建设总体情况

“十三五”期间，公司将治理信息孤岛，提高系统集成性列为公司信息化发展总体工作目标之一，积极推进“两化”融合，加快解决重复建设和“信息孤岛”治理步伐，采取了专题研讨会、应用竞赛、应用培训、创新工作方法、学习优秀企业经验等多种推进措施，着力于提升数据质量，从数据分析、流程优化、参数优化、功能优化、拓展应用范围、协同应用、集成共享和推广移动应用等途径来助力企业攻坚创效。形成生产、设备、安全环保等3类生产经营类数据集成平台、1类管理数据平台。开展设备数据平台建设，集成EM、LIMS、S8000、点检、腐蚀、仓储、检维修费等系统设备相关数据，解决了设备数据分散的问题。

二、全力推进深化应用

（一）利用移动应用软件加强深化应用组织建设

为了推进信息系统深化应用工作，利用“石化通”平台，成立了信息化主管厂领导、各部门主要负责人和关键用户、业务骨干为主的深化应用工作讨论组，形成了利用该讨论组针对应用工作中存在的问题进行讨论，寻求解决办法的工作习惯，提高信息系统应用工作深度和质量，避免了集中开会等耗时耗力的工作形式。

（二）成立沧炼创新创效工作室攻坚克难，助力企业创优增效

成立信息系统深化应用创新创效工作室（图 1、图 2），推进信息技术与业务深层次融合，改进深化应用工作，由财务资产处独担重任为公司领导层指导方向，技术专家人员大力支持，业务部门负责人及关键用户齐抓共管，业务骨干认真实施应用，上下一起凝心聚力做好深化应用工作。

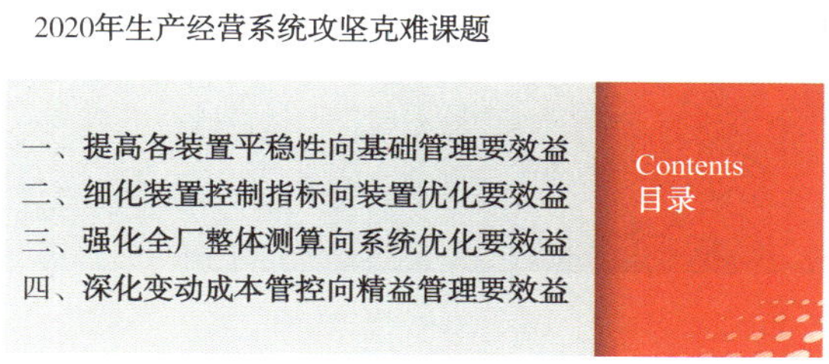

图 1　深化应用创新创效工作室课题展示

开班年份: 2020　培训班名称:　开始日期:　结束时间:
结班状态: 全部
导出

		培训班名称	项目	承办部门	开始时间	结束时间
2	□	ERP各模块深化应用培训班-1	ERP各模块深化应用培训班	财务资产部	2020-04-21	2020-04-22
3	□	TBM系统应用	信息系统深化应用培训	财务资产部	2020-08-03	2020-12-31
4	□	商旅平台系统应用	信息系统深化应用培训	财务资产部	2020-07-29	2020-07-30
5	□	2020年度深化应用行动计划培训方案-第一期	信息系统深化应用培训	财务资产部	2020-08-03	2020-12-31
6	□	LIMS扩展应用	信息系统深化应用培训	财务资产部	2020-10-21	2020-10-26

图 2　深化应用工作室培训班管理

（三）加强人才队伍的培养

“十三五”期间制作推进各信息系统深化应用行动计划相关课件进行培训，总计培训 3000 余人次。2020 年，改变以往培训有计划无方案的管理模式，由深化应用工作室统一制定了《深化应用行动计划培训方案》，以培训项目的形式组织关键用户进行应用相关面授课程 15 个。

（四）召开专题研讨会 30 次，解决了生产经营过程中遇到的难点痛点问题

数字化仓储、销售业务的流程优化及计量改进工作以及成品油从量从价、增量补贴等业务的流程规范性问题进行了研讨（图 3），提升主数据审批效率。

图 3 研讨会现场

（五）加强应急预案演练管理工作

制定了公司信息系统业务应急演练预案，组织桌面推演 5 次，实战 8 次。

（六）严格修订信息系统应用相关管理制度，促进业务工作标准的提升

“十三五”期间共修订了信息相关管理制度 52 个。

（七）学习优秀兄弟企业间的信息化建设与应用经验

加强与兄弟企业的经验交流，2020 年先后与天津分公司、石家庄炼化、青岛石化兄弟企业共同交流深化应用经验达 6 次之多。

三、主要成效

（一）规范系统应用，提升数据质量，加强风险防范能力

通过规范各信息系统应用、修订管理制度、规范业务操作数据等措施来提升数据质量，确保系统良性运转，有效防范了业务运营中的资金支付风险等各类风险。如合同系统通过开展合同“比学赶帮超”活动，加强风险合规辨识，优化合规审查流程，落实安全环保责任，实现了合同指标综合成绩排名逐步上升（图 4），从 2018 年全年平均第 14 名提升到了 2020 年上半年平均达到第 5 名的成绩。

（二）通过回归分析生产装置控制指标，优化运营指标保稳定生产，持续性创造效益

通过加强各生产装置历史数据分析，制定有针对性的方案提高各装置平稳性（图 5），

提高控制能力，实现全厂平稳率均值高达 99.46%，在参与总部评比的 4 套装置中，获得 2 枚金牌、9 枚银牌、38 枚铜牌的好成绩，常减压和重整装置实现金牌“零”突破。

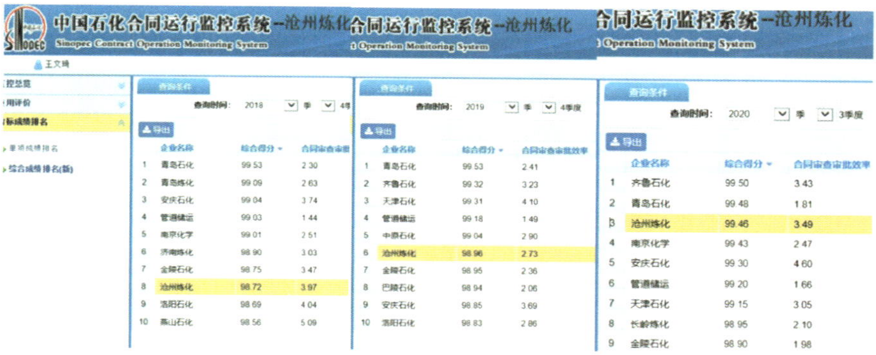

图 4　合同系统应用综合排名结果

企业平稳率评比结果 2020年12月17日至2020年12月23日								
企业	银牌数量		铜牌数量		得分		奖励金额占比	
	本周	年累计	本周	年累计	本周	年累计	本周	年累计
合计	26	1332	41	2097	181	9272	100%	100%
燕山	1	8	1	54	3.5	84	1.93%	0.91%
天津	0	49	4	99	9	341.5	4.97%	3.68%
石家庄	3	71	1	104	8.5	336.5	4.70%	3.63%
沧州	2	30	2	96	7	231	3.87%	2.49%
洛阳	0	16	1	73	1	208	0.55%	2.24%
齐鲁	1	61	1	67	3.5	314.5	1.93%	3.39%

图 5　企业周平稳率评比结果

以汽柴油调和组分数量为变量，质量指标及生产计划为约束条件，通过利用 MINITAB 软件中的回归分析细化装置控制指标，优化各项运营指标的计算公式保稳定生产，实现了柴油产品十六烷值均值 51.7，有效减少质量过剩。

建立原油选择模块，通过输入原油评价数据和单油种价格建立该模型的原油数据库，以原油数量为变量，原油一次收率、质量指标及原油加工量为约束条件，以原油成本最低为目标，利用 EXCEL 中的线性规划方法获得最优解。利用该模型可以应用于原油单油种选择、原油调和、优化加工方案、汽柴油调和优化、全厂效益测算等方面。装置收率及性质传递标定方便快捷；物料走向清晰；冬夏季生产灵活切换；在 EXCEL 中运行，简单易学。

通过利用 EXCEL 中的线性规划，建立全厂优化模型进行全厂效益测算，实行汽油生产优化，增加效益 570 万元。利用该项成果进行优化汽油生产，根据汽油配置计划，通过该模型进行全厂效益测算，制定外购调和组分计划，汽油生产优化，根据不同生产方案，调整催化轻循和常一线回炼比例，控制汽油池芳烃；优化重整装置反应苛刻度，控制汽油池辛烷值；合理调配五种调和组分数量，控制汽油池比例，实现汽油生产精准控制。

通过以上措施，多产高牌号汽油 1.2 万吨。同时，减少外购调和组分 8600 吨，增加效益 570 万元。模型贡献度为 50%，增加效益为 285 万元。

根据汽油配置计划 10% 采用新加坡价格及开二甲苯装置效益测算的结果对比完成生产方案优选。根据总部企业超基准量的计算方法，汽油配置计划 10% 采用新加坡价格，柴油配置计划 30% 采用新加坡价格结算。原油加工量 22 万吨 / 月，汽油配置计划 7.9 万吨 / 月，柴油配置计划 7.6 万吨 / 月。开二甲苯装置，夏季加工成本较低，按照 320 元 / 吨计算，利用该模型测算结果为：汽油计划降至 7.5 万，10% 低价油，出 3500 吨二甲苯时的吨油效益为 463 元 / 吨；低价汽油 4500 吨，出 3500 吨二甲苯的吨油效益为 501 元 / 吨；7.9 万吨 10% 降价、不出二甲苯的吨油效益为 495 元 / 吨。确定汽油生产措施为汽油产量大于配置计划时，根据产品价格和产量超计划情况，谋划外销石脑油或者混合二甲苯等方案。

建立连续重整 Aspen HYSYS 和焦化装置 Petro–SIM 单装置模型（图 6），降低系统轻烃循环，生产上进焦化轻烃量由 10 吨每小时降至 8 吨每小时，增产液化气 0.7 吨每小时，每月增加效益 25 万元。

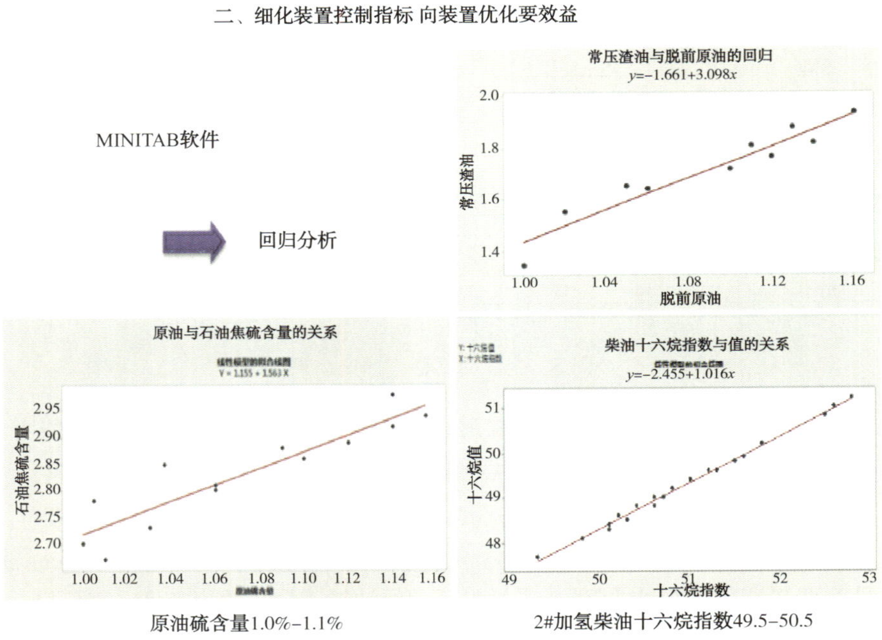

图 6　细化装置指标示意图

（三）推进智能提卸货系统集成应用，提高劳动效率，降本增效效果显著（图 7）

通过智能提卸货系统推广预约提货功能，建立预约提货机制，规范车辆入厂时间，有效缓解车辆进出厂拥堵，实现节约物流费用 300 万元 / 年。通过与 ERP、MES、计量管理系统、地磅系统进行数据整合，各类纸质单据由每车用纸 3 份 13 联降为每车 1 份 2 联，可节省办公耗材资金 3 万元 / 年，减少过磅和现场制单人员 6 人，节省人工成本 60 万元 / 年。

图 7 2020 年生产经营系统攻坚克难课题成果

（四）推进“业财融合”，助力财务转型，服务生产运营

2020 年 1 月成立了“减少代垫运费资金占用，降低财务费用”和“深挖 ERP 成本数据应用，进行分装置效益测算，提高装置效益”两个攻关课题小组。

通过铁路运费实时对账及成品油结算系统的应用，采取多次少预付的方式，减少资金占用金额，平均降低资金占用 99 万元 / 日，降低财务费用 3.24 万元 / 日。通过建立核心计算逻辑模型和报表工具实现成品油从量从价自动结算，解除因配置计划变更、价格调整、结算进度不协调等因素带来的业务管理难点，消除了人为因素对结算结果的影响这个痛点，实现提高工作效率 20%，创造价值 1182 万元每年。

“深挖 ERP 成本数据应用，进行分装置效益测算，提高装置效益”课题小组以能源管理系统数据为基础，ODS 数据仓库为载体建立装置、班组两级效益测算模型，细分多级效益测算报表，形成了企业关注整体效益、运行部关注装置效益、班组关注成本消耗的上、中、下一体的效益管理模式（图 8），以量化班组操作及装置生产的效益数据为生产优化提供可靠借鉴。

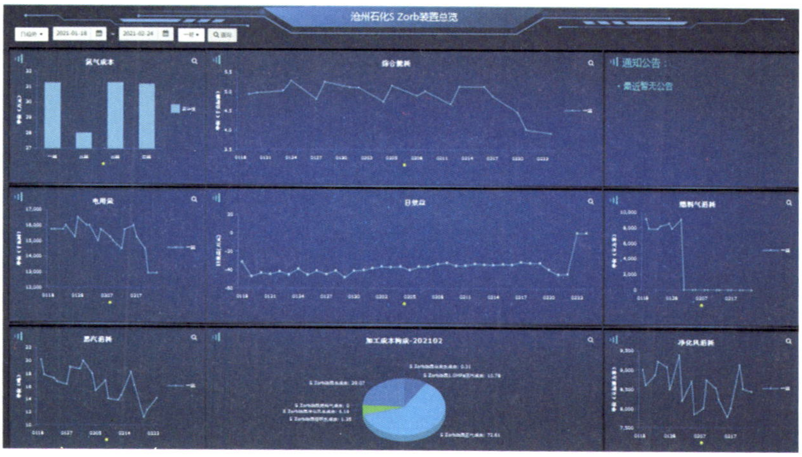

图 8 生产装置效益核算总览图

（五）建设推广精益管理平台应用，助力企业管理持续提升

该平台借助信息化手段，将业务数据嵌入精益管理平台的职责管理、流程管理、制度管理、任务管理、检查评价、统计分析等功能模块。在精益管理平台上固化业务流程，实现工作任务自动、精准推送，实现业务流程可视化，做到动态监控，持续推动公司从严管理、精益管理水平不断提升，实现促进管理水平和管理绩效双提升的特色管理模式（图 9、图 10）。该项目在集团公司 2020 年第二十九届管理现代化创新成果评审中，荣获二等奖。

S Zorb装置班组日效益核算表

日期：

序号	项目	日合计		白班		四班	夜班		三班
		数量	金额（万元）	数量	单价	金额（万元）	数量	单价	金额（万元）
1	一、营业利润(1=3-8-12)		0.81			1.85			-1.04
2	二、能源消耗			3.902			3.889		
3	三、产出(3=4+5+6)	1487.00	909.64	744.63		455.53	742.37		454.11
4	S-Zorb汽油精制油（t）	1477.67	908.47	740	6147.94	454.95	737.67	6147.94	453.52
5	S Zorb干气（t）	9.33	1.17	4.63	1125.9	0.58	4.7	1125.9	0.59
6	S Zorb轻烃（t）	0.00	0.00	0	2958.71	0	0	2958.71	0
7	四、投入(7=8+9+10)		903.28	763.91		450.9	766.41		452.38
8	催化汽油来（t）	1526.11	898.07	761.81	5884.73	448.3	764.3	5884.73	449.77
9	氢气（t）	4.21	5.21	2.1	12377.88	2.6	2.11	12377.88	2.61
10	原料罐区来（t）	0.00	0.00	0	5884.73	0	0	5884.73	0
11	五、能耗(11=12+13+14+…+22)		7.79			3.902			3.889
12	新鲜水（t）	0.00	0.00	0	10.18	0	0	10.18	0
13	循环水（t）	1742.77	0.06	871	0.36	0.031	871.766	0.36	0.031
14	软化水（t）	5.00	0.00	2.75	15.7	0	2.25	15.7	0

图 9 生产装置班组日效益核算表

图 10 沧州炼化精益管理平台流程信息化展示图

（六）建立科学的项目全流程管理体系，提高企业发展竞争力

2019 年成立了“建立科学的项目全流程管理体系，提高企业发展竞争力”课题小组。通过建立三个层次的流程管理模式、明确全流程项目管理创优管理目标、建立职责明确的目标评价标准体系、抓好全流程项目管理体系的有序运行、全流程项目管理的持续改进等措施推动全流程管理工作的持续深化发展，帮助项目管理团队提高自身核心竞争力。该课题成果《以全员绩效考核为核心的项目全流程管理模式》荣获 2019 年第二十八届管理现代化创新成果二等奖（图 11）。

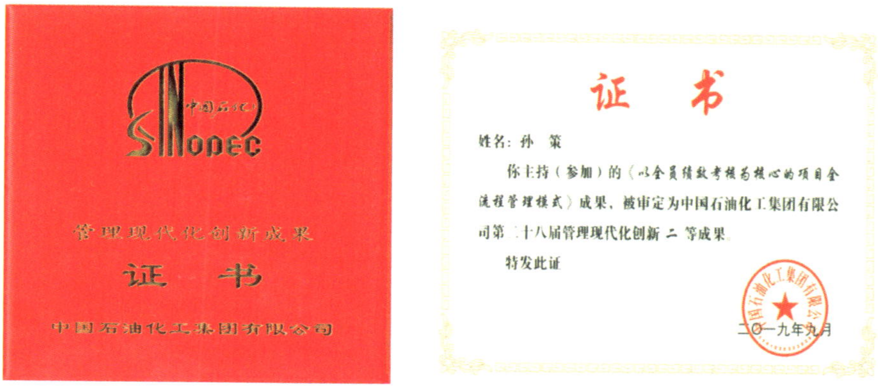

图 11　项目全流程管理体系获奖证书

（七）挖掘财务数据价值，强化成本管控，实现降本增效

“十三五”期间，主要利用财务相关系统强化成本管控，实现降本增效。在 ERP 系统、ERS 系统、AIC 系统、TMS 系统进行持续改进主数据、基础数据、需求计划提报、投资项目成本归集、设备工单管理、预算数据、费用报销数据的数据质量提升和数据分析利用等方面进行了大量的工作。其中：提升 ERP 系统财务 TR 模块基金预算管理应用与 TBM 预算管理系统的集成应用，加强企业预算管控力度，采取对于超年度预算的费用在系统上不能导入等约束条件杜绝费用超支。2016—2019 年，我公司吨油费用与当年总部指标相比，均有所节约，累计节约费用 39390 万元。

（八）筑牢安全防线，防范作业风险，为企业生存发展保驾护航

“十三五”期间，通过 HSSE 体系相关的信息系统应用加强信息化管理与标准化工地管理相结合，强化“人、物”的安全健康管理，确保安全生产，打造现代化管理新模式。该项重点工作完成后的成果《以安全为核心的炼化企业承包商一体化管理》在 2020 年第二十九届管理现代化创新成果评审中荣获三等奖。

四、展望

展望未来，根据公司生产经营部署，围绕装置大检修等重点工作，对标世界一流及石化内部智能工厂企业，全面提升数字化能力。

（一）持续推进“两化”融合管理体系建设，培育数字化能力

以推进“两化”融合贯标为契机，围绕数据、技术、组织结构、业务流程四大要素，落实企业各个层次的信息化建设职责，规范信息化建设。

（二）对标先进企业，加快推进公司数字化建设

在生产运行智能化方面，重点组织做好生产运行平台（SMES3.X）投用后应用工作，结合企业实际不断完善和深化应用，夯实生产基础。推进全生产过程优化，做好 PMIS、调度排产和 RSIM 计划优化的一体化工作，持续推进三年装置 APC 实施计划，今后重点抓好催化裂化、连续重整、延迟焦化装置的 APC 实施工作。在设备管理数字化方面，重点抓好设备检修平台实施和设备管理移动应用，实现检修过程信息化、装置设备二维码全覆盖，配合设备完整性体系，继续深化 EM、预知性维修等深化应用，提高设备长周期运行水平。企业管理价值创造方面，以业财融合为突破点，全面构建装置核算和班组核算，实现单套装置生产成本及效益的数字量化，进行整体效益测算和量化班组指标，识别效益增长点，推动生产经营优化，提升精细化操作水平。

（三）补齐短板，持续完善网络安全防护体系

全面规划公司网络架构，实现生产、办公、视频监控整体规划，实现各分区强隔离。加强隐患治理，重点推进实施备份系统扩容和补丁管理系统建设，实现系统自动备份和服务器补丁的统一管理。建立网络安全风险隐患检测的常态化管理机制，每半年完成全设备层面的漏洞扫描，启用服务器日志等系统的分析功能，开展风险评估，及时发现安全隐患，落实问题整改，提高隐患的整改率。

（四）夯实基础，提升专业管理水平

严格执行信息化项目管理制度，推进项目经理负责制，建立标准化的项目管理模式，提升项目管理水平。

（五）落实“新基建”，加大新技术应用

开展 5G 试点，实现 5G+MEC 反开 4G 应用，试点移动 700MHz 和 2.6Hz 双组网。加大物联网应用，全面提升设备感知能力。

创新信息平台技术应用　助力企业管理优化创效

润滑油公司

刚刚过去的2020年是“十三五”收官之年，面对新冠疫情的持续蔓延和日益激烈的市场竞争，润滑油公司上下积极抓防疫、促经营，深化“六化”改革，努力开拓市场，加快技术创新，持续优化运营，大力降本节费，严守风险底线，“百日攻坚创效”“持续攻坚创效”连创佳绩，圆满完成了全年各项经营任务目标，实现生产经营平稳运行，经营业绩同比大幅提升，好于预期，为“十三五”画上了圆满的句号。纵观过去的五年，公司油脂销售总量持续增长，年均增长率6.2%，2020年比2015年增长35%。高档结构持续改善，实现油脂总量年均增长6%，高档产品年均增长15%，高档产品比例由2015年的47%提高到2020年的72%。

润滑油公司在总部的支持和指导下，持续贯彻集团公司信息化工作会议精神，深入落实“十三五”规划和信息化“421工程”工作部署，着力推进“两化”融合，公司信息化水平不断提升，按照“六统一”原则打造了服务市场、科研、生产和经营管理的信息化平台，支撑了公司整体业务的发展。

一、总体情况

“十三五”期间，润滑油公司信息化统筹设计不断完善，信息系统集成整合水平持续提升，按照总部统一部署全面完成消除信息孤岛任务，持续开展深化应用创新创效行动计划，实现综合应用达标。

按照“一切系统皆上云，一切开发上平台”的要求实现公司核心信息系统全部上云。润滑油公司是第一个在中国石化私有云上基于统一电子商务和客户服务平台建设CRM系统的单位；第一个在石化智云上实现中国石化离散型MES智能营运系统的单位；第一个在中国石化差旅平台上实现机票酒店线上服务和结算的单位。智能化语音识别和机器人客服在润滑油承接的中国石化95388客服中心得到良好应用。以上举措切实践行了“数据+平台+应用”的信息化架构模式。

通过了国家“两化”融合体系贯标认定，并获得了工信部授予的2019年制造业与互联网融合发展试点示范。承办中国石化2020年信息系统综合应急演练并取得圆满成功。确立了润滑油公司信息化的整体架构，总部系统和企业个性化系统的关系清晰、界限明确，支撑了公司产销研全链条业务，“十三五”规划的各项信息化工作有序完成，为公司“十四五”数字化转型打造良好开局。

二、“十三五”信息化建设典型做法

润滑油公司将信息化各分项工作列入公司年度重点工作的范围，并随着公司管理要求不断扩充。

深度参与集团公司深化应用创新创效行动计划。对 2016—2017 年、2018—2019 年两个阶段的创新创效行动有效推进，顺利通过了深化应用达标企业评比。2017 年至 2020 年，共完成目标总数 47 项；重点任务数 105 项；深化应用成果案例 27 项；推进过程中累计会议、讨论 170 余次；修订制度 18 项，取得了良好的管理成效及经济效益。助力公司圆满完成了“十三五”期间各项经营任务目标，实现生产经营平稳运行，经营业绩同比大幅提升。

依托以 ERP 为核心的经营管理平台不断优化流程，规范管理，深化应用，支持公司“六化”改革区域化调整，按时保质完成了 ERP 及周边 18 个主要公司改革信息系统调整，完成 17 个主要信息系统调整和优化。通过 BW 系统实现了新管理线条下的区域分公司产、销、研、管分离核算，成为信息化助力企业改革的重要里程碑，是润滑油公司区域化经营、属地化管理、系统化运作的战略目标正式落地的有力证明。

继续推进公司“十三五”规划中“互联网化 + 智能化”的主要工作内容。成功地创建了离散型企业 MES 模型，建立起润滑油生产营运一体化系统平台。

利用互联网资源和信息技术支持提升服务（内外部）客户的能力，健全客户平台建设，改善客户体验。助推市场销售业务统筹优化、拓市扩销，为营销目标提供平台化支撑。

探索构建了具有润滑油特色的客户大数据分析体系，分别从客户洞悉、客户行为预测、商机和客户开发、精准营销和销售 4 个维度建立数据分析模型，建立统一的客户数据分析可视化应用，帮助公司精准分析客户价值和预测客户行为，为市场开拓和精准营销提供全面、高效、智能的数据分析支持。

两化融合管理体系评定证书
Integration of Informationization and Industrialization Management System Certificate
兹证明
中国石化润滑油有限公司
两化融合管理体系符合
《信息化和工业化融合管理体系 要求》
（GB/T 23001-2017）
评定范围：
位于北京市海淀区安宁庄西路 6 号的中国石化润滑油有限公司，与以客户为中心的个性化服务能力建设相关的两化融合管理活动。
企业地址：
北京市海淀区安宁庄西路 6 号。
证书编号：CSAIII-00919IIMS0067501
颁证日期：2019年03月28日
有效期：2019年03月28日至2022年03月28日
（授权代表）
体系评定
电子证书

图 1 “两化”融合评定证书

夯实信息化基础设施和网络安全管理。护网攻防演习期间防护，对发现漏洞逐一完成整改。加强了互联网出口和无线网的管控力度，对无线网启用了准入策略。组织各分公司接入区域中心关闭的自建互联网出口。确保了“两会”、国庆、进博会等重要会议期间的网络安全。

完善信息化工作体系，加强信息化统筹管理。

在“两化”融合管理体系建设和完善过程中，坚持“管理体系一体化”的原则，“两化”融合管理体系与现在运行的各管理体系相融合，形成了《HSE·质量·两化融合管理手册》及配套文件，通过了国家“两化”融合体系贯标认定（图 1）。2016 获评“中国石化两化深度融合优秀实践单位”；2018 年获得中国石化“网络信息安全先进单位”称号；被工信部评为 2019 年制造业与互联网融合发展试点示范单位。

三、“十三五”信息化应用成效

依托以 ERP 为核心的经营管理平台，不断优化流程，规范管理，支撑公司改革和提质增效（图 2），整体累计降本、节费、增效近 6 亿元。

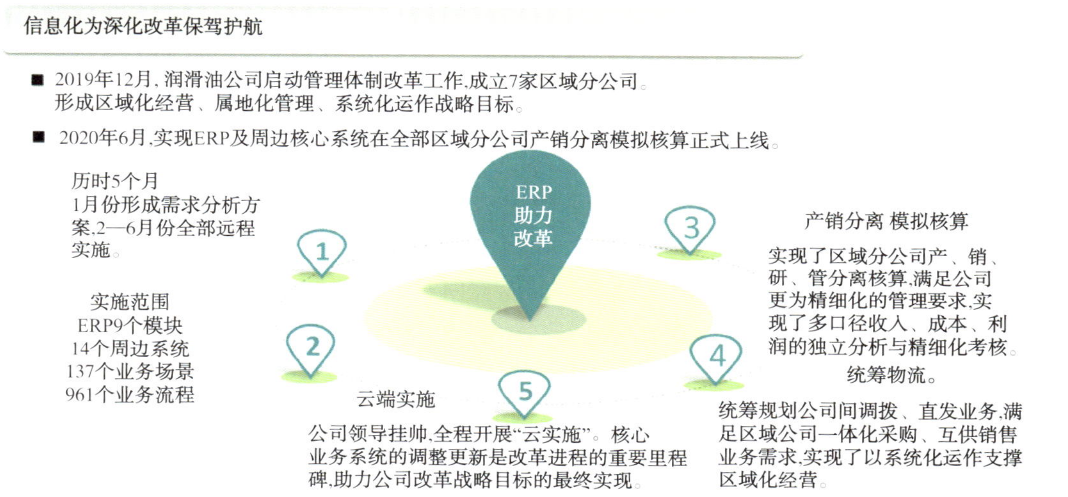

图 2　信息化优化

经营管理各信息系统全面调整实施支撑区域化改革，实现新管理体系得以落地执行。基于 BW 技术建立起 ERP 等核心业务数据辅助决策系统，集成了销售、财务、生产、库存等众多经营管理数据，利用过程数字化、历史数字化，实现销售、生产、财务核算相关数据模型。通过数据分析，发挥技术在成本优化方面的引导和支撑作用，配合考核激励，挖掘优化空间，“十三五”期间累计降本超过亿元。通过对外包支出效益分析，支撑公司实现年度外包费用降低 10%。通过对差旅费用相关流程的管控和优化，实现“十三五”后期差旅费用降低 20% 的目标。

依托总部生产营运平台，建成具有润滑油特点的“客户需求驱动式”的生产和物流系统，建立起适合润滑油离散型企业的生产营运一体化管控平台（图 3）。

茂名、北京两家工厂试点成为具有“敏捷式”生产特点的离散型智能制造企业。实现以 APS 智能排产为核心的离散型润滑油生产 MES 系统，对生产各环节进行统一管理，实现计划管理、调度排产、生产车间执行、自动化设备生产的三级联动。对润滑油生产中排产、库存、配方等关键业务环节优化，有效降低了库存资金占用。

润滑油物流系统实现了透明运输、订单预警与协同、客户签收评价及运费结算关联的全供应链物流闭环管理体系。实现电商与物流在总部云平台上的一体化运行，提升客户满意度及物流运行效率。实现物流业务网上竞标，物流费用较测算价格降本 1%—3%。

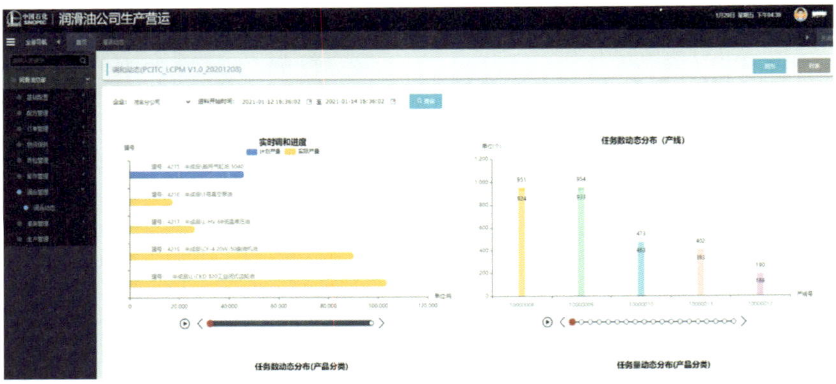

图 3 润滑油生产营运一体化系统

在以统一电商和客户管理为核心的客户服务平台上建成首个客户关系管理系统，构建以客户为中心的服务新生态。

CRM 客户交易平台（图 4）实现与经销商数据共享和协同，建成了与外部大客户系统集成的通道，实现了与戴姆勒采购系统、三一集团采购系统、长安汽车采购系统集成，既节省了沟通成本，又进一步提高了数据准确率。

图 4 润滑油 CRM 客户平台

根据不同的使用群体建立了拜访活动管理、大客户项目管理、6SP 客户开发等不同客户化开发方式，系统中战略客户开发项目 566 个，达到项目完成阶段 293 个，成功与戴姆勒卡车、福建奔驰等 553 家战略大客户建立合作。

以营销活动项目化、营销管理流程化、费用计算自动化、营销执行整合化为原则，对公司整体营销做到了全信息化管控。通过系统加强价格申请与执行过程管控，杜绝超过申请数量的特价订单执行。管理了 80838 个营销活动，5369 个促销、兑现等协议，每年节约营销费用约 2300 万元。

基于 CRM 系统实现 OEM 项目、认证活动、认证成果的管理，推动市场销售和科研技术的融合．总计获得写入 OEM 认证说明书 178 项，完成国产化替代 139 项。行业技术方案管理包含煤炭、冶金、造纸等 32 个行业的积累案例超 2100 项，浏览使用超 1.3 万次，极大地提升了销售人员和技术支持人员行业开发经验和知识。

初步构建了具有润滑油特色的客户大数据分析体系（图 5）。

通过基于销售预测的大数据分析应用，精准预测各类产品和客户未来销量，及时调整销售策略，准确度达到 80% 以上。

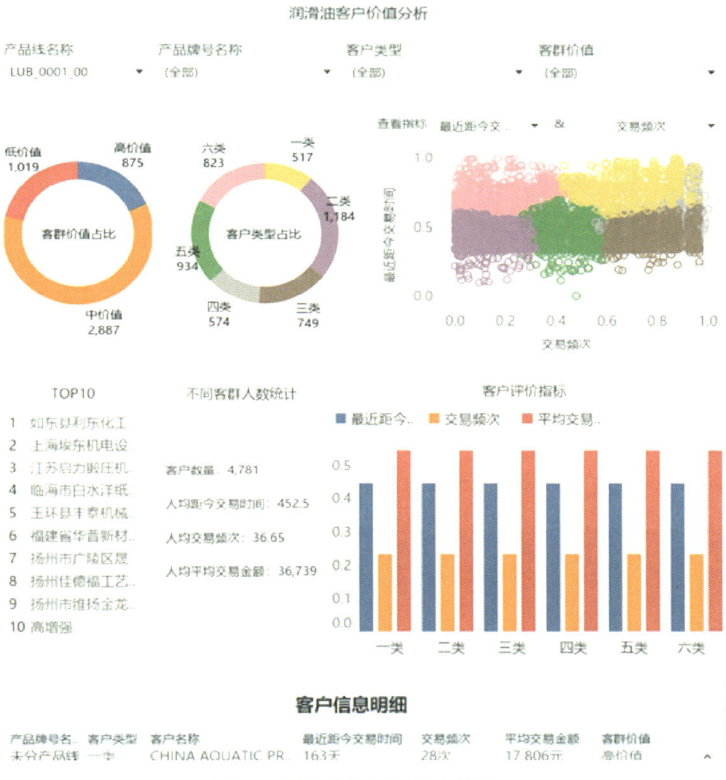

图 5　客户大数据系统截图

全面深化与石油公司合作，建立线上线下一体化的销售模式，打造中国汽车后市场的服务生态圈。

促进新零售线上线下业务融合开展扫码销售，系统内加油站 100% 注册激活，累计扫码销售 6200 吨，并在商品联合销售、高端产品推广、加油站陈列宣传、线上资源利用等方面实现深度合作。到 2020 年石油公司润滑油脂销同比增长 119%。与石油公司共享商客资源，组织客户联合拜访与技术服务活动，开发合作客户 3594 家，形成新增销量 2.3 万吨。打通线上线下业务流程，发展线下换油网点1600余家，汽车后市场“生态圈”建设初具雏形。

同时，润滑油产品在石化e贸电商平台实现上架销售（图6）。

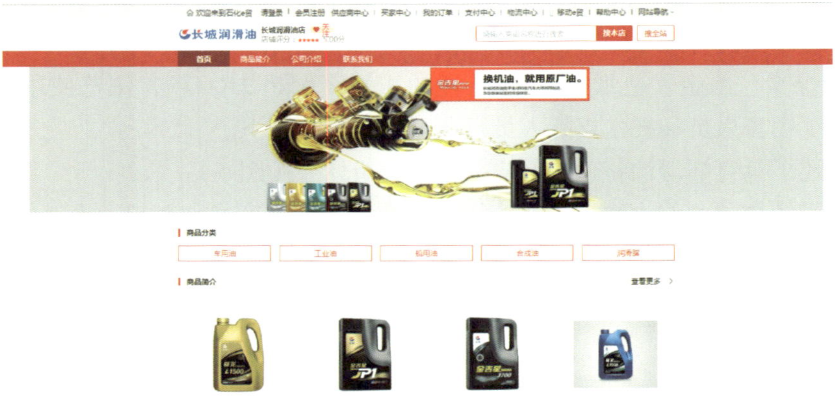

图6 石化e贸长城润滑油店铺

不断夯实信息化基础设施，强化技术支撑手段。

对部分网络硬件设备进行国产化替代。不断拓展和优化公司的网络专线覆盖。“十三五”期间全国新设的二级机构网络全部接入区域中心。“十二五”末全公司网络总带宽为48M，到“十三五”末已达到1520M。同时完善网络安全体系和管理机制，护网演习中未发生被攻击扣分的情况。

公司视频会议系统实现全覆盖，在疫情期间为减少人员聚集，居家办公提供了有效保障，公司日常办公和业务正常进行（图7）。仅2020上半年疫情期间，使用硬视频和云视频的员工就达到42397人次，召开会议4584场。

图7 疫情期间云视频信息工作例会

承办中国石化 2020 年信息系统综合应急演练（图 8），取得圆满成功。

演练活动经过 5 个月的精心筹备，先后经过数十次单元演练、5 次联合演练，编制脚本 30 余页。得到集团公司领导、各石化企业用户的一致认可和支持。

图 8　2020 年综合业务应急演练

四、展望

在后续的工作中，润滑油公司将继续探索建设平台化与数字化集成的智能运营体系。具体体现如下：

一是做好公司信息化数字化的“十四五”规划。按照国家和总部对于企业数字化转型的指导思想，深刻理解数字化转型的重要意义，制定润滑油公司数字化转型的方案和具体措施，结合公司改革发展的新形势，提升行业竞争力。

二是在总部大力支持下，试点并推广中国石化首个离散型智能制造工厂的建设，以订单 + 库存为生产驱动实现工厂层面的智能化调度排产。利用二维码、区块链技术实现产品全生命周期的跟踪、防伪和营销及品牌价值提升等。支持生产单位降低生产成本，合理控制库存。

三是做好现有客户平台的深化应用工作。建立基于 CRM 的经销商管理功能模块，大幅提高润滑油经销渠道管理水平。探索建立基于现有系统内部数据和外部数据的综合大数据分析模型，推动信息系统数据的治理和质量提升。

四是按照公司“平台、跨界、共享”的理念，利用“润滑长城 APP”综合“线上交易、技术服务、业务支撑、营销互动、数据沉淀”等功能，与石油公司做好 APP 系统对接，深化与油品销售兄弟单位的合作。

强化系统集成 深化创效应用 支撑企业可持续发展

青岛石化公司

一、总体情况

青岛石化公司按照总部信息化“十三五”规划内容，认真落实集团公司年度信息化工作部署，坚持价值引领、创新驱动，加快推进信息化“421 工程”建设，强化系统集成优化，深化信息系统创新创效应用，全力支撑公司管理提升、生产优化、提质增效，为实现公司的可持续发展和高质量发展注入了强大动能。

“十三五”期间，建设完善了 ERP、BMP、合同网络、资金集中管理等经营管理平台，提升了公司规范化管理水平，支撑精细化管理和科学决策；完成了智能化管线系统、LIMS 系统升级、APC、操作管理系统、生产实时数据库系统等生产营运平台建设，为转型升级、提质增效注入新动力；不断夯实基础设施与运维平台，加强网络安全防护能力建设，提升网络安全水平。

二、主要举措

（一）建设完善经营管理平台，提升了规范化、精细化管理水平

完成 ERP 大集中系统的部署工作，加强了对人、财、物的科学管理，提升了公司规范化管理水平。完善提升了资金管理、合同管理、全面预算管理等系统功能，强化了精细管理、风险防控，促进了管理提升和业务转型；共享服务平台支撑了一体化共享服务业务运营，财务共享服务实现标准化、自动化、智能化；合同、法务、审计、内控、纪检监察等管理实现全程在线、信息共享，实现了线上线下闭环管控，促进了“大监督”格局建设；业务流程管理系统涵盖了业务部门 100 多个业务管理流程，优化了管理流程，提升了管理效率，加强了部门间的协同管理。

（二）推进生产营运平台建设，提升了资源优化、降本增效和本质安全水平

通过部署安全管理、智能化管线、危化品运输等管理系统，实现业务运行实时监控和风险隐患动态监管，提高了快速响应和应急处置能力。建设完善 LIMS、实时数据库、操

作管理、先进控制、能源管理等系统，构建优化控制、生产运行、调度指挥为核心的生产管控平台，支撑公司控制、操作、管理一体化管控；建设设备健康管理、可靠性管理系统，提高设备健康状态预警及预知性维修水平，提升装置运行本质安全水平。

（三）夯实基础设施与运维平台，提高了 IT 服务管理水平

有线无线网络覆盖了公司 20 个操作室及 17 个办公场所，满足终端设备办公、巡检、视频监控信息传输等需求；移动应用平台、及时通信“石化通”、高清视频会议等基础应用全面推广，提升了协同办公效率；统一身份集成、门户集成单点登录有助于消除信息孤岛，促进信息系统的集中集成；企业视频监控平台的集成视频监控摄像头 460 多台，并接入总部视频监控系统，形成总部与企业联动的视频监控模式，实时监控现场情况；4G 防爆电话和数字防爆对讲机的升级改造工作，保障了各级管理人员及操作人员在全公司范围内正常通信。

（四）深入实施“深化应用创新创效”行动计划

1. 明确职责

建立了“信息部门搭台，业务部门唱戏”的工作机制。

2. 形成行动方案及实施细则

经过多轮反复研讨，形成了 2017—2018 年、2019—2020 年、2020 年度三版行动计划实施方案，并通过公司 OA 文件下发到各部门执行。

3. 强化管控

每月的网络安全及深化应用通报，公司主要领导亲自审阅批示，公司各部门加强创新创效应用工作。

4. 强化培训工作

组织对业务部门创新创效工作培训 1500 人次。

5. 强化应急演练

完善各信息系统应急预案，组织开展各系统应急方案演练动员会 8 次，加强信息安全技术人员应急处理能力培训 4 次。

6. 组织动员业务部门开展 ERP、MES、APC 等系统开展创新创效专题会 30 次，解决存在问题

7. 强化考核

建立行动计划考核激励机制，每月对业务规范应用中出现问题的部门进行通报考核 48 次。

（五）强化网络安全防护能力建设，提升网络安全水平

（1）完善网络安全管理体系，明确信息安全管理职责和内容；建立安全管理通报制度，定期开展网络安全技术及意识培训工作。

（2）加强网络安全建设工作，建立了较为完善的信息安全技术防御体系。

（3）加强网络安全管理工作，提高网络安全防护能力。

规范和细化互联网访问策略，对网络行为加强分析检测；加强账号口令管理，按照口令复杂度设置口令，并要求 3 个月进行修改一次；按照基线管理原则配置主机设备，开启最小服务；加强主机安全管理和补丁管理，终端电脑 3 大防护控件安装率在 95% 以上。

（4）加强网络安全风险管控，提升应急处置能力。

定期开展网络安全风险自查工作，建立安全隐患台账；重点做好上合峰会、海军节、国庆等重要时期的网络安全保障工作，确保不发生网络安全事件；制定了基础设施及重要系统应急预案，并定期进行演练；按照等保要求，做好信息系统的定级及测评工作，做好公安备案工作。

（5）按照总部要求，每月进行月报上报工作，重要时期按时上报零报告。

积极参与护网演习工作，并做好防护工作；定期开展自查和安全评价工作，“十三五”期间信息安全评价水平为 B 级。

三、主要成效

通过操作管理系统建设和应用，满足了公司生产操作层面的整体化应用，实现了对操作指令的逐级下达、逐级确认的闭环管理，跟踪监控内、外操操作过程，进一步规范班组操作，提升班组平稳操作水平。应用效果如下：

（1）实现班组交接班日志填写规范、数据齐全、按时完成、实时监控检查等特点完成交接班业务。从 2019 年开始，系统交接班日志（图 1）完成率达到 100%，交班按时率 99% 以上。

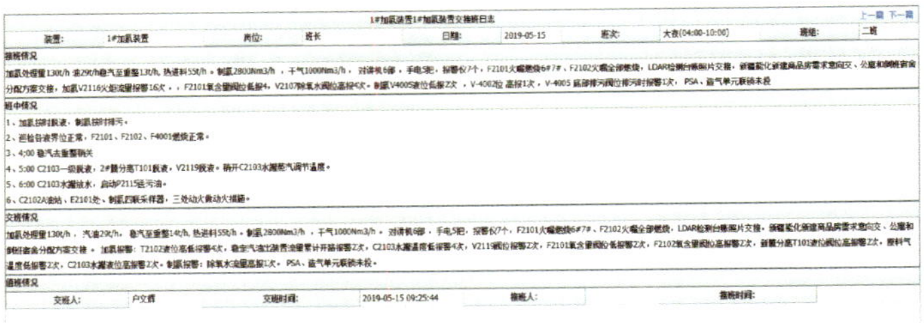

图 1 交接班日志

（2）实现班组周期工作计划在线下达（图 2），对现场工作进行安排和提醒，避免工作遗漏。

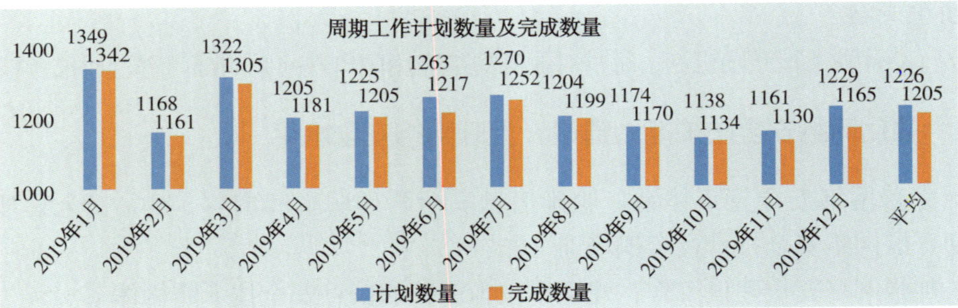

图 2 周期工作计划及完成数量

（3）建设了覆盖全场的电子巡检体系（图 3），减少无效巡检提高巡检效率，监督规范巡检流程，巡检数据电子化比例提高到 85% 以上，部分装置实现 100%。

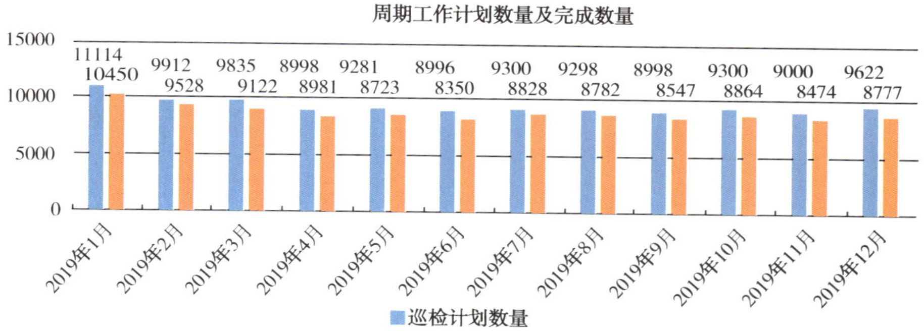

图 3　巡检任务及完成数量

（4）基于系统中公开透明的班组操作绩效数据，辅助班组日常考核管理（图 4），促进基层班组管理更加科学化、制度化，减轻一线管理人员日常工作强度，提高工作效率。

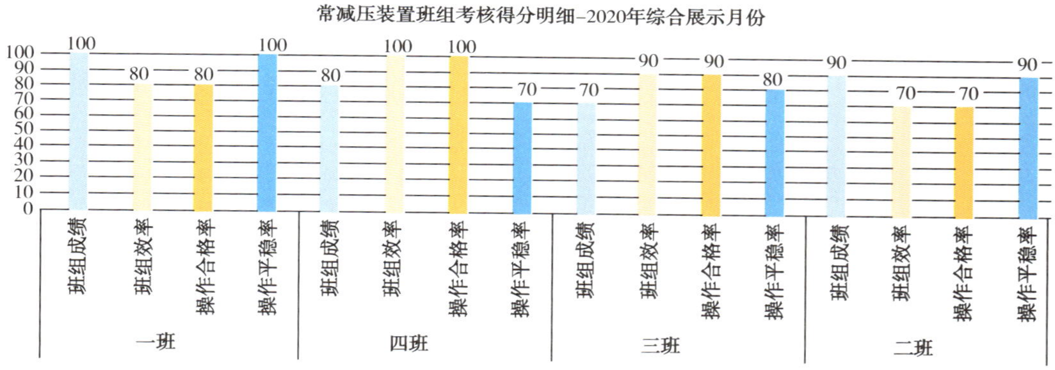

图 4　班组绩效考核

通过先进控制的建设和应用，提高了装置的操作平稳性（图 5、图 6），降低了操作工的劳动强度，降低了能耗，提高了装置的经济效益，同时也提高了装置的操作水平和管理水平。

（1）提高了装置操作平稳性。

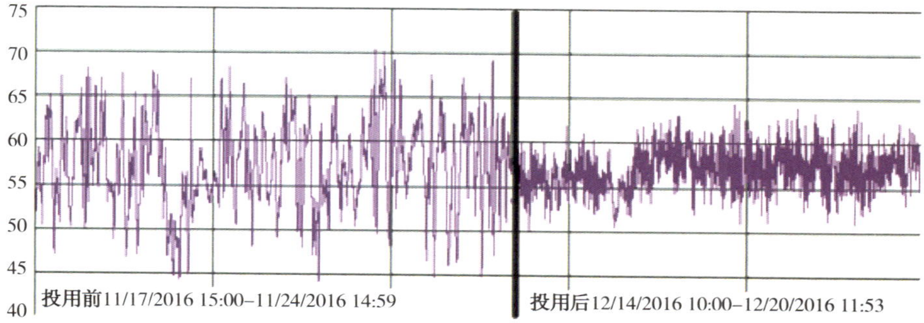

图 5　常压塔底液位 APC 投用前后对比曲线

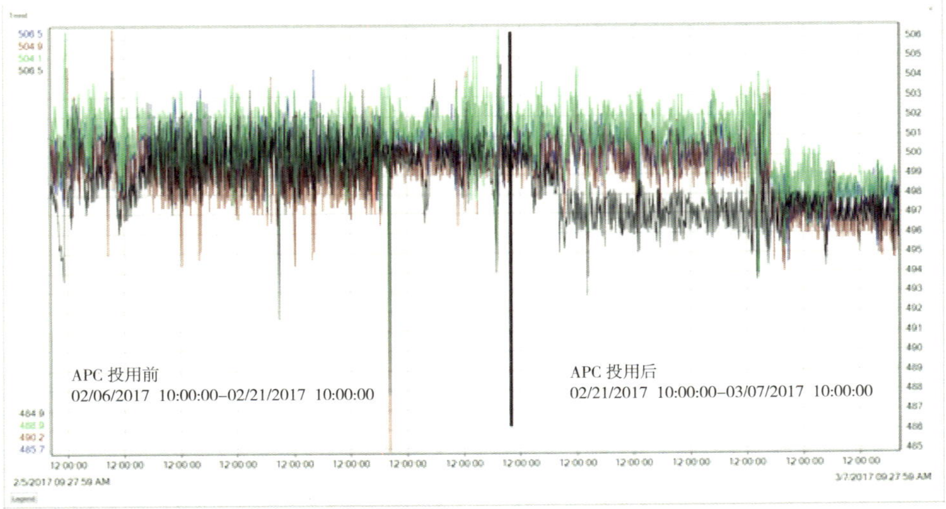

图 6　焦化加热炉四个支路温度投用 APC 前后对比

（2）降低了操作劳动强度。

加热炉热效率控制器能够实现支路平衡和氧含量的自动控制，分馏塔控制器实现各侧线抽出温度的控制，使各塔运行更加平稳和安全；在线软仪表，提供了各产品质量的实时参考。

（3）提高了加热炉热效率（表 1）。

通过控制加热炉氧含量，将加热炉烟气氧含量卡下限操作，提高加热炉的热效率 0.124。

表 1　加热炉热效率投用前后对比

项　　目	AT1101	AT1103	A 炉热效率	B 炉热效率
投用前均值	3.015967	2.99184	91.09825	91.10561
投用后均值	2.597657	2.593104	91.22558	91.22667
绝对值变化	–0.41831	–0.39874	0.127328	0.121058
合计	0.124193			

（4）提高了产品收率（表 2）。

表 2　APC 投用先后装置轻收收率对比

月　　份	2016 年 12 月	2017 年 1 月	2017 年 2 月	投用前平均值
轻收收率 /%	52.053	51.458	50.479	51.33
月　　份	2017 年 3 月	2017 年 4 月		投用后平均值
轻收收率 /%	53.225	50.62		51.92

（5）降低了装置能耗（表 3）。

表 3　APC 投用前后装置能耗同期数据对比

时　间	装置能耗 /（kgEO/t）	燃料气单耗 /（kg/t）	电单耗 /（kW · h/t）
2016–1	12.11	8.29	9.53
2016–2	11.09	6.97	9.29
2016–3	10.59	7.83	8.91
2017–1	10.36	6.28	9.14
2017–2	10.13	6.39	8.67
2017–3	10.07	6	8.25

青岛石化公司 BPM 系统 2017 年 1 月 1 日正式投用以来，已部署 100 多支流程，开发数据批量处理及后台辅助功能 14 个，开发报表查询 75 个，涵盖了企业生产经营主要业务，持续优化的业务流程效率，将之前的“人找事”智能地转化为“事找人”，提高企业的市场竞争力和工作效率。典型应用如下：

1. 固定资产报废五个流程

固定资产报废包含五个前后关联的流程，在 BPM 系统中创建了技术鉴定流程、报废审批流程、汇总审批流程、报废资产移交流程、已报废资产处置流程五个流程，便于查询某资产所处具体流程和环节。

2. 领导干部公务出差、请假休假及法定节假日备案流程

根据组织部门的要求，110 多名中基层干部按照机关部室、中心、生产部室分类，并结合行政和党务审批条线，分别对应到不同分管领导和主要领导审批，设置了到期销假和临期 24 小时发送短信提醒功能，加强了领导备案管理工作。

3. 服务部消费流程

用户和服务部通过手机端实现消费记录（图 7），服务部按权限开放了员工消费记录及消费日报、月报查询，企业管理部门开发了导入金额和消费余额报表查询。

每日销售汇总

日期 2021-01-26　门店　查询　本日　昨日　导出

HR编号	姓名	门店	洗澡补贴	保健洗涤费	高温用品费	生日慰问	女职工保健	消费金额合计	消费时间
1979046	徐春燕	利群便利				200.00	200.00	400.00	2021-01-26 13:27:43
1978446	郭尊云	利群便利				20.70		20.70	2021-01-26 12:42:42
1977803	赵伟	利群便利				109.43	200.00	309.43	2021-01-26 12:17:19
3246023	李海鹏	细农全食				200.00		200.00	2021-01-26 11:57:06
1978665	孙丽丽	利群便利				200.00		200.00	2021-01-26 11:54:54
1979847	赵越	利群便利					200.00	200.00	2021-01-26 11:38:35
1979520	刘飞	细农全食				200.00		200.00	2021-01-26 11:21:12
1979011	高磊	利群便利					200.00	200.00	2021-01-26 11:17:49
639646	程健	利群便利				160.10		160.10	2021-01-26 11:15:25
1978766	范宾	利群便利				200.00		200.00	2021-01-26 11:11:49
1979513	王莉	利群便利					200.00	200.00	2021-01-26 11:00:45
1978632	史晓红	利群便利				100.00	200.00	300.00	2021-01-26 09:10:16
1979048	张琳	利群便利					200.00	200.00	2021-01-26 09:07:16
1979049	张帅	细农全食				200.00		200.00	2021-01-26 08:48:57
1978937	徐亮	利群便利				200.00		200.00	2021-01-26 08:29:40
	总计					1790.23	1400.00	3190.23	

图 7　员工每日消费日报

4. 月度低值易耗品审批流程

低值易耗管理增加了审批时判断是否前六个月在系统中提报过同一物资、提报关键字比对、是否框架协议材料比对等多种方法实施有效管控，为职能部门审批材料计划提供依据，做到审批合理，降低了管理成本。

按照总部消除信息孤岛工作安排，从 8 个方面开展消除信息孤岛工作。

截至 2020 年 9 月底，消除信息孤岛工作完成率达到 100%。按照信息化项目建设要求，规范项目立项、投资计划、方案审查、项目实施、项目验收等工作流程，加强项目进度和质量管控，保证了项目进度完成率 100%，项目功能建设完成率 100%。

四、展望

当前，新一轮科技革命和产业变革深入发展，世界百年未有之大变局加速演进，全球数字化转型势不可挡，公司信息化发展的机遇和挑战并存。从机遇看，新一代信息技术发展日新月异，新产品新模式新业态不断涌现，新冠疫情引发非接触式新型消费、新型服务迅速崛起，推动我国社会经济数字化转型加速演进。从挑战看，影响公司信息化发展的不确定性因素较多，经济全球化遭遇逆流，全球技术创新交流与合作、产业链与供应链遭到限制与破坏，我国在芯片、核心合作、产业链与供应链遭到限制与破坏，信息技术迭代发展衍生了新的治理难题，网络空间安全形势日益严峻。世界政治经济格局之变、技术演进之变，也给信息化高质量发展、安全发展和加快打造新型能力带来了巨大挑战。

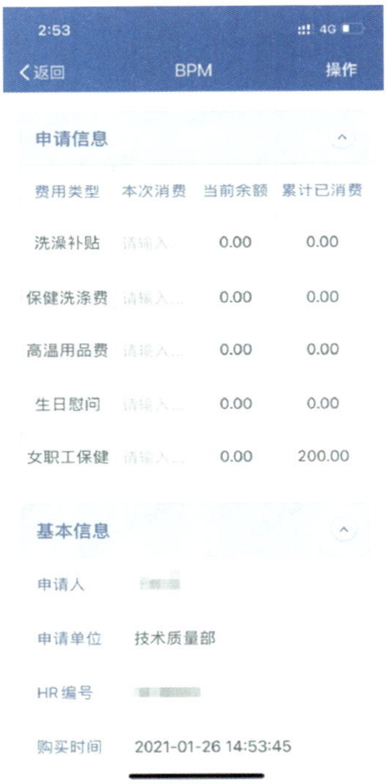

图 8　手机 APP 界面

"十四五"期间，青岛石化公司将以习近平新时代中国特色社会主义思想为指导，深入贯彻党中央决策部署要求，在集团公司总体战略规划指导下，按照"数据 + 平台 + 应用"的新模式，夯实公司数字化转型、智能化发展的战略基石；全面推进业务应用上云上平台，支撑公司科学决策、风险管控、管理变革、业务创新，提升安全环保、运营优化、协同制造、提质增效水平，推进信息化"432 工程"建设，推进数字化转型，促进公司可持续高质量发展（图 8）。重点工作包括：

（1）依托石化管理云，加强系统融合，推进财务、人力资源、物资供应、综合协同等经营管理核心，强化经营数据的治理和应用，实现数据的共享共用，提升科学决策能力，提升风险防控水平，增强公司管控能力。

（2）依托石化生产云，围绕生产一体化优化、生产集成管控、全生命周期资产管理三条主线，提升全面感知、预测预警、协同优化和科学决策能力，实现计划、调度、操作一体化管控，用能优化管理以及设备安稳长满优运行，促进降本增效，实现卓越运营。

（3）依托总部云平台，建造云边端智能协同架构体系，打造完备的混合云服务能力，支持业务高可靠运行、边端设备智能管控；建立标准化、流程化的一体化 IT 运营体系，为用户提供及时精准的应用服务。

（4）全面落实网络安全责任制，提升网络安全综合防御能力，健全物联网、工控网安全体系。

（5）依据总部数据治理体系标准，构建企业数据资中心，为企业提供高价值数据信息。

创新信息化应用新模式 促进公司提质增效和转型升级

中韩石化公司

"十三五"期间，中韩石化按照总部"十三五"信息化规划的总体要求，在"集中集成、创新提升、信息共享、协同智能"工作方针的指导下，紧紧围绕公司"智能工厂"建设主线，积极推进公司信息化建设与应用，推进"两化"深度融合。信息化在公司提升经营管理水平、提高精益生产、安全生产和清洁生产能力等方面发挥了重要作用。

一、总体情况

按照总部统一部署，中韩石化以效益为中心，以创新为动力，紧密围绕公司发展战略，大力推进"两化"融合，充分利用互联网、云计算、物联网、大数据等新技术和先进理念，不断强化信息系统集中集成，深化系统应用。

一是提升以 ERP 为核心的经营管理平台，加强集中集成和深化应用。完成了 ERP 大集中工作，实现 ERP 在公司范围内的全面覆盖；完成财务报表、HR、合同管理等系统优化提升；按照总部统一规划，推进共享服务平台技术平台建设，支撑财务、人力资源、信息技术、采购等共享服务业务管理；建设和完善涵盖公文管理、档案管理、信息管理、党群管理、督查督办等应用的一体化综合协同管理系统，提高内部业务协同和办公效率；建设价值链分析系统，基于 ERP、MES 等信息系统数据，集成内外部数据，以物料流动为依据，实现公司内部各作业活动的全过程价值链分析。

二是打造协同智能的生产营运平台，全面完成工艺管理、安全管理、环保管理、设备管理等系统建设，加强系统间的互联互通。依托设备完整性体系建设，实现了设备管理业务域信息系统整合；依托工艺平稳性体系建设，实现了生产管控业务域信息系统整合；依托智慧物流平台建设，采用多技术融合创新，实现了 ERP、提货系统、地磅过衡系统数据集成应用，强化了产品出厂各环节一体化、智能化管控，提高了物流效率；依托 HSSE 安全体系建设，开展应急基地建设，实现了炼油、化工应急指挥系统应用优化；开展众创模式的实时数据分析应用，深化创新创效行动，有力推进了信息化深化应用，促进了公司管理创新；推动装置先进控制应用，推广完成了 1# 常减压、2# 常减压装置先进控制系统建设。

三是打造敏捷安全的基础技术平台。按照"整体规划、模块化设计、分期投用"的原则，充分应用新技术，全面提升信息网络的覆盖度、承载能力及可靠性。推进企业 5G 专网建设，逐步实现全厂网络无死角覆盖，满足更加高效的生产调度、执行动态跟踪和应急指挥的需要，为最终实现智能化工厂奠定基础；升级完善视频监控网络，实现前端设备数字化，逐步实现生产区域全面覆盖、重大作业全程跟踪、关键部位全角摄录、监控扫描不留盲区的目标；完成了电话语音软交换系统建设，实现了语音通信与现有集成通信系统互联，融合软硬终端，打造功能更加强大的个人办公系统；建设完善了网络安全态势感知系统，全面提升安全风险预知、防控能力，提高重大信息安全事件应急处置能力，强化信息安全监督检查，实现信息安全风险的闭环管理。

“十三五”期间，公司被工业和信息化部列为全国首批“两化”融合管理体系贯标试点企业，获得湖北省信息化和工业化融合试点示范企业、武汉市“两化”融合先进单位、武汉“两化”融合管理体系贯标示范单位。

二、主要举措及成效

（一）信息搭台业务唱戏，采用众创的信息化应用新模式，开展生产实时数据深化应用，助力公司提质增效

打造生产数据深化应用的基础平台，通过“众创模式”，各级业务人员结合实际工作的具体场景，建立了页面组态、分析报表、事故预案、组合报警等各类小应用 2685 个，建立了各装置报警分析模型 330 个，实现了 2554 个关键参数 7×24 小时不间断地自动监控分析，每月通过短信监控分析结果 15000 次，实现了生产波动提前判断、预警信息及时推送、恢复正常信息推送，提升了生产指挥、应急处理工作的效率。

众创模式：一是明确了众创平台的分工，IT 技术人员负责平台的基础数据维护、负责开发各类小工具，业务部门用户负责通过工具建立各种应用。二是在每幅页面中设计了版权展示，激发用户的创作热情。根据公司主要领导的创意，打开每一个页面时，右上角会显示本页面的制作者、完善者，对相关人员既是一种鼓励，也是一种宣传。三是给予一定的物质奖励。经过审核，发布在全厂共享空间的页面给予 50 元 / 幅的奖励。四是成立了多个业务专题的众创攻关小组，以小组成员为骨干，带动全体职工。五是多部门合力，信息中心综合协调，公司团委负责青年职工的动员，生产管理部负责工艺人员的应用，设备工程部负责设备人员的应用，安全环保部负责在安全管理人员中的应用。六是建立持续的培训机制。坚持组织爱好者的基础培训、深化培训，列入了公司的培训计划，信息中心也开展针对个人的一对一培训。信息中心多次组织开发单位专家和绘图经验丰富的职工担任教员，开展实时数据应用高级培训，主要培训跨装置集成流程图的思路及实现、“操作指导”“组合报警”“复杂脚本报警”等功能深化应用等高级功能。七是建立共享工位。在信息中心办公区域，建立了 6 个共享工位，配备了相应的办公设备，方便用户现场集中探讨、交流。八是开展评比竞赛。2017 年、2018 连续两年公司开展生产数据创新应用竞赛，由竞赛组委会组织相关专业技术专家评审方案，从技术难度、创新性、应用效果三个维度

对方案进行评比，评出一等奖 1 名、二等奖 2 名、三等奖 3 名、优秀奖 6 名、纪念奖若干名，给予一定物质和荣誉奖励，在职称评定时比照科技进步奖进行加分。

提升了生产数据应用覆盖面和深度：实时数据应用平台上已建立各类应用页面 2000 幅，涵盖了生产、设备、安全、环保、信息等各项业务（图 1）。由于涵盖业务广，实用性强，受到了全厂职工的欢迎，改变了数据的应用模式，实现了从单装置数据监控到全厂组合监控，从单一监控到自主分析的转变。从要我用，变成我要用，自己关注什么就自主开发什么。

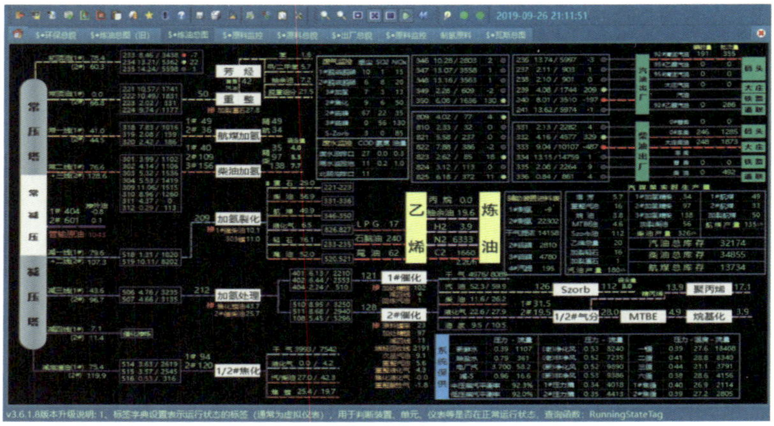

图 1　实时数据平台应用

促进了操作经验向模型化的转变（图 2）：各级人员进行组态开发与数据分析应用的过程，就是将自己的操作经验、分析判断的经验进行模型化、进行知识固化的过程，这些固化的知识成为企业的财富。

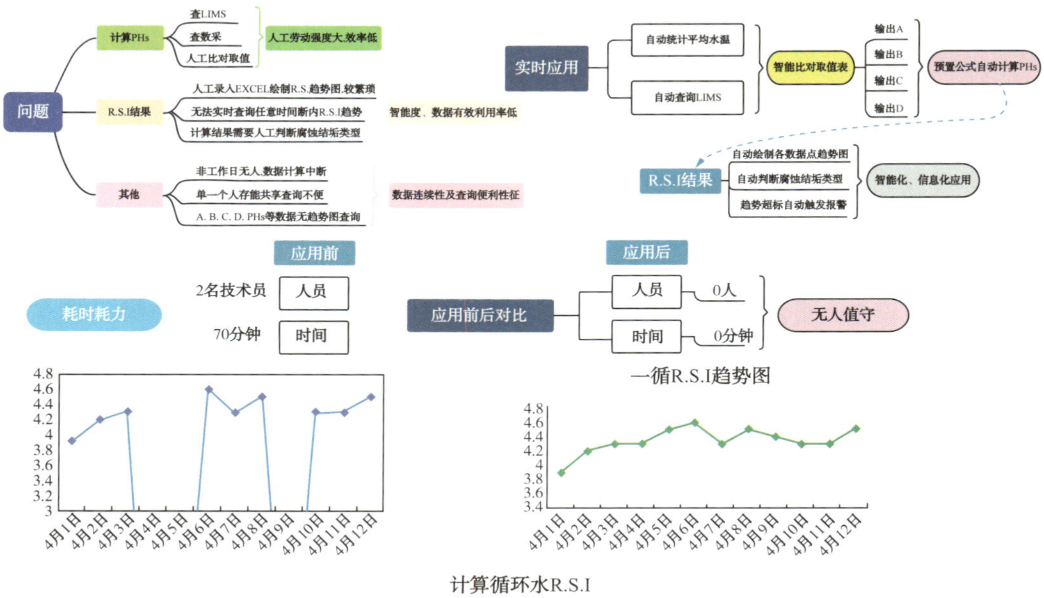

图 2　模型化转变

激发了全厂职工围绕本职工作进行数据分析的积极性：平台升级投用以来，参与众创职工达 270 人，自发成立了 6 个相关众创小组，已建立各类应用页面 2000 幅，各级用户自发更新 2600 多次，真正做到了要我用变成我要用。目前每天实时在线用户达 100 人，每日登录用户达 300 人，占每日在岗职工的 1/3。

拓展了信息化建设运维模式，节约了建设成本：通过众创方式，改变了由实施单位从头到尾的建设方式，让最终用户在建设过程中直接参与，既减少了建设中的沟通成本，也节约了建设成本。按照 500 元 / 幅的建设费用，2000 幅应用页面节约建设资金 100 万元。

加快数据深化应用，促平稳创效益：促进了生产安全平稳运行。生产管理部、设备工程部组织各生产装置的工艺、设备人员通过众创方式建立了各装置报警分析模型，通过分析结果指导减少报警，无效报警数目减少 90% 以上，装置全口径 DCS 参数小时平均报警数下降到 6 次 /h，下降率为 70%。质量管理人员通过在实时平台上建立油品调和组分性质预估模型，优化汽油调和工作流程，通过自动采集油品调和现场操作信息后，系统将操作信息进行分析、运算，及时估算出组分罐中油品性质参数，为油品调和方案的制定提供了数据支持，并以友好的人机界面方式直观展示储罐和管线切换信息，提高了汽油调和的工作效率，2020 年汽油一次调和合格率 94.3%，较去年同期提高了 2.3 个百分点，辛烷值较去年同期优化提升 0.14 个单位。

（二）围绕业务管理体系建设，推进信息化深化应用，促进管理创新

依托设备完整性体系建设，深化 EM 系统应用，整合了 10 个设备专业系统，经过删繁就简，优化了 90 条管理流程，实现了制度融合、流程融合、平台融合，提升了设备管理的效率（图 3）。通过将各个专业设备子系统的数据进行融合，利用 DRBPM（以可靠性为基础的动态预防性维修）、压缩机能效监控、换热设备能效监控、腐蚀监控平台等风险管理工具，进一步加强缺陷、故障失效的根本原因分析，实现了设备 KPI 指标自动生成，降低了设备运行故障，提升了安全生产水平。机泵故障检修率从 15.3% 下降到 2.86%；设备故障强度扣分从 2018 年 320 分，到 2019 年 195 分，到 2020 年仅为 80 分；设备突发抢修月均加班人次也由 2010 年 90 人 / 月降低至 2020 年 7.5 人 / 月；百台电机故障性停机维修次数由 2018 年的 0.47 次降至 2019 年的 0.19 次；电机原因造成大机组停运及装置生产波动的事故由 2008 年 3 次下降至 2019 年 0 次。

在工艺平稳性管理体系建设中，采用数据分析 + 平台 + 应用集成新模式，以一个平台（工艺平稳性管理平台）、十项制度和三个信息化应用工具（报警管理、控制回路评估、PID 整定）为核心的体系架构，集成了实时数据、LIMS、报警管理、CPM、MES、巡检系统等数据，实现了工艺平稳性全过程管理（图 4）。通过深化应用，加强管理，15 套装置自控率从 76.89% 提升到 98.74%，控制平稳率从 79.76% 提升到 98.57%，无效报警数目减少 90% 以上，装置全口径 DCS 参数小时平均报警数。

围绕 HSSE 安全体系建设，充分开展安全应急指挥系统应用，优化整理了中韩石化公

司级预案 69 个、分部级预案和装置级预案 515 个，实现了与设备、生产、安防、环保、通信等 19 个外部系统的数据集成，实现安全生产相关事件、信息、数据与报表可视化的集中展示。

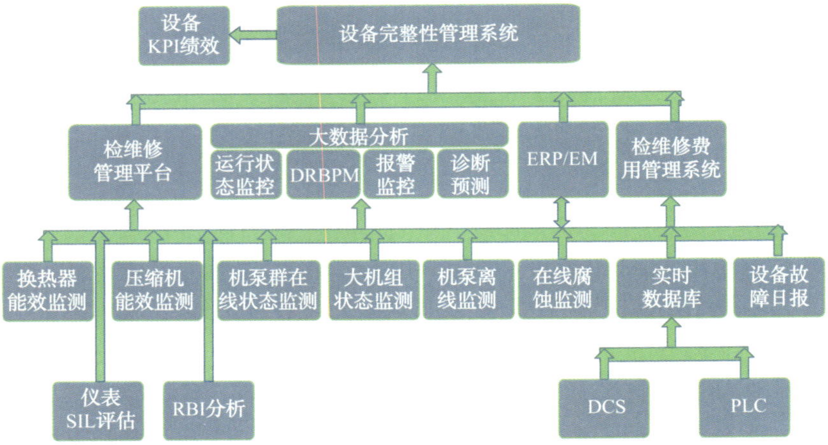

图 3　EM 系统深化应用

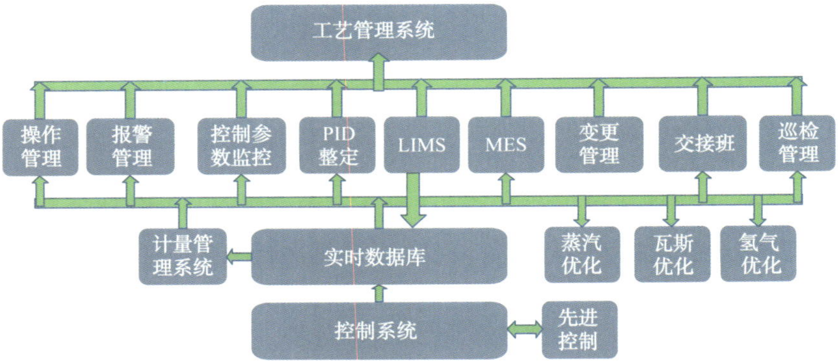

图 4　工艺管理系统

（三）开展智慧物流平台建设，采用多技术融合创新，实现进出厂一体化、智能化管控

将移动应用、二维码、车辆识别、自动排号控制等信息技术融入进出厂环节，实现了客户自助开单、预约提货、支撑了仓库车辆和人员调度，塑造双赢“新业态”。打通进出厂整个业务数据流，通过比对分析客户的提货信息及运输方式，可以提前做好库存及运输准备，提高了供货效率；通过预约提货和移动安检，将车辆等待时间从平均 4 小时提高至 1 小时，缩短了车辆进厂时间；通过地磅无人值守过衡，将车辆过衡由以往平均 5 分钟缩短到 2 分钟；通过比对分析车辆的提货信息，车辆的装载量平均达 99%。

（四）围绕数据分析，提升数据资产的价值

强化一体化优化数据分析利用，实现利润最大化。中韩石化整合炼油和化工的生产流程，优化炼化一体化 PIMS 模型，利用模型进行日常的测算和优化应用，实现原油选购、乙烯原料选择、生产加工方案、产品结构等方面的优化，实现炼化一体整体效益最大化。2018 年充分利用 PIMS 模型，对年、季、月度计划，装置停工检修，进口原油优选采购等各种方案进行反复测算，分析蜡渣油库存变化、氢气平衡、瓦斯平衡，抓好优化方案实施，快速转化为效益，累计增效 2.28 亿元。2019 年全年测算生产优化方案 45 项，实施方案 29 项，累计创效 1.362 亿元。

（五）开展信息系统优化整合，消除信息孤岛，提升用户应用体验

按照三年消除信息孤岛计划，完成了消除信息孤岛工作。从界面集成、数据集成、业务集成三个层面全面整改公司在用信息系统的信息孤岛。结合设备完整性管理体系、工艺平稳性管理体系、HSSE 管理体系建设按不同业务域将相关信息系统进行了集成和优化，关停“设备信息平台”等 5 套老旧信息系统，实现了数据同源，消除了数据重复录入。完成 35 套信息系统统一身份集成工作，减少用户重复登录，提升系统安全性及使用体验。

以炼化一体化合资为契机，推进炼化一体化系统整合。完成中韩石化、武汉分公司、资产武汉分公司三家企业经营管理层系统调整，满足并账要求，保证 ERP 系统以及与 ERP 业务实时集成的其他系统在资产交割日同步切换，支撑一体化合资经营管理需求。完成了中韩石化公文系统、VPN 系统、门户、移动办公平台、实时应用平台、流程管理平台、设备完整性平台、变更管理系统、检修平台、工资系统、绩效考核系统等应用系统的优化整合工作，满足了一体化管理要求，方便了用户使用。

（六）通过创新创效行动，推进信息化的深化应用，促进“两化”深度融合，体现信息化价值

圆满完成了总部深化应用创新创效两轮轮行动计划，公司在“集中集成、创新提升、信息共享、协同智能”工作方针的指导下，组织业务部门，围绕公司信息化的核心工作，强化业务部门的主体意识，在分析业务管理的难点、痛点、提升点的基础上，制定了《中韩石化深化应用创新创效行动计划实施方案》，共梳理完成总体工作目标 24 项、重点任务 179 项，培育创新成果 71 项，并有 5 项成果获评总部级深化应用创新创效优秀成果案例，共计创效约 5.26 亿。

三、展望

“十四五”期间，中韩石化将继续坚持“智能工厂”理念，以总部“信息化 432 工程”

为指导，以中国石化信息化发展“十四五规划”为方向，“打造世界一流信息化能力，建设智慧石化”为总体目标，积极做好信息化建设工作。通过加强云平台、大数据、物联网、5G 等新技术应用，推进企业数字化转型，逐步提高相关管理过程的信息化水平，用数据分析，用数据说话，用数据创效，为“智能工厂”打好“数字化”转型基础，逐步实现智能化的生产和运营，提升企业管理水平和竞争力。

深化系统应用　深挖数据价值　助推企业创新创效

塔河炼化公司

一、总体情况

在信息与数字化管理部的大力支持下，塔河炼化公司十分重视信息化工作，以“智能工厂”建设为核心目标，突出信息化建设的集中集成和深化应用。按照总部统一部署完成了 ERP 大集中、移动办公、数据中心云平台、操作管理系统、信息系统集成、LIMS、MES、能源管理系统、计量管理系统、网络提升、信息机房建设等重点项目建设工作。积极开展了信息系统深化应用创新创效工作和消除信息孤岛工作，通过公司上下的一致努力，公司信息化建设取得了一定的成绩。

二、主要措施

（一）加强数据分析，优化装置生产，提质增效

1. 2# 焦化 APC 深化应用，促进装置生产效益提升

共对 21 个相关回路进行了 PID 整定，使其中的 10 个回路由整定之前的手动或卡阀控制变为整定后的自动，提高了装置的自控率。参与整定的 21 个回路的振幅都有不同程度的降低（30%–80%），有效提高了装置的平稳率。建立了预加氢加热炉，预加氢、重整、二甲苯、二甲苯加热炉 5 个先进控制多变量模型预测控制器。

效益评估分析（表 1）：

表 1　效益评估分析

项　　目	提高（降低）数值 / 吨	价格 /（元 / 吨）	经济效益 /（万元 / 年）
装置实际处理量	66407.81–67562.10	—	—
燃料气	881.00	1588.16	46.64
干气	–383.36	1375	–52.71
液化气	164.30	1986.24	32.63
汽油	219.06	5645.66	123.67
合计	—	—	150.23

2. 深化数据应用，强化过程管理，提升装置经济指标

作业部充分利用生产实时数据库、平稳率管理系统及 MES 系统建立并不断优化核算

系统，积极开展指标技术分析，通过各类图标准确反映装置各类指标，不断优化装置操作提升装置的经济指标。同时通过系统强化过程管理，提高装置的安全平稳高效运行。通过开展装置指标的过程化管理，临氢异构化装置在2020年6月份能耗38.91千克标油/吨，较去年同期下降5.85千克标油/吨，创历史最好水平。装置较去年同期减少单位变动费用14.02元/吨。全月较去年同期降费约31.37万元。航煤加氢装置6月份能耗6.15千克标油/吨，较去年同期下降3.24千克标油/吨，创历史最好水平。装置较去年同期减少单位变动费用7.188元/吨。全月较去年同期减少变动费用约16.05万元。

（二）夯实信息基础设施建设，满足智能工厂建设要求

1. 公司新建数据中心机房达到B级机房建设标准

其UPS、精密空调、气灭系统、新风系统、环控系统、视频监控系统运行正常，为公司网络及业务系统运行提供了有效的支撑。

2. 互联网出口纳入西北区域中心统一管理，互联网防火墙及上网行为由总部按规范统一配置，提高了互联网防护水平

部署了服务器区防火墙、入侵检测、日志审计、360防病毒、桌面安全、G01等网络安全保障系统。满足了网络安全水平评价检查要求，并为护网期间提供了有效的技术防护手段，圆满完成了"护网"工作，网络安全水平评价达到B级。

3. 基础设施建设方面紧跟总部统一建设步伐

分别在2017年和2019年对公司核心、汇聚、接入层网络进行了设备更新，网络结构重新规划，为下一步总部推广IP V6做好准备工作。工业无线方面与联通公司合作，利用其4G网络覆盖公司装置区，将操作管理系统、移动视频监控系统终端数据传送至公司网络，为智能终端应用提供有力的网络支撑。

（三）信息化助力生产经营，促进业务应用水平提高

1.LES管理系统上线运行，助力化验分析管理工作信息化水平提升

通过移动终端分析数据扫码上传数据，在降低职工工作强度的同时，通过建立移动化分析作业平台，实现录入等上传功能。LES系统的应用规范了实验操作管理，完成了成品13种物料110个模板梳理、功能测试、用户培训、网络升级改造等工作。为了确保LES系统正常运行，制定了《塔河炼化LES应急预案》等相关管理制度，建立了全流程分析管控体系，提升了实验室分析标准化水平，实现了实验过程移动化、自动化管理。

2. 计量管理系统提升企业计量管理信息化工作

建立了企业计量管理体系；建立了计量人员档案，增强了人员证书管理，实现了计量人员培训计划及在线考试管理；规范了器具台账管理，实现了计量器具周检计划管理；实现了进出厂数据比对功能及能源数据管理。提高了计量数据的准确和有效性，进一步完善了计量手段，减少了企业各个环节中的漏洞，提高了效益。《计量管理信息系统》的上线运行，全年累计减少了11000份线下报表，进一步降低了职工的工作强度。

3. 有序推动能源管理系统建设，实现能效最大化、能流可视化

在石化智云平台上新增能源相关模型，完成新增工厂、车间、装置共 39 个；能源仪表和运行参数 293 个；能源节点 231 个、节点计量公式组态 231 个；能源管网 13 个；能源平衡表 13 个；管网与能源核算单元 39 个；能耗指标 326 个以及能源计量统计报表；蒸汽管网优化现场共勘测管线 15.8 公里，其中中压勘测 4.4 公里；低压现场勘测 11.4 公里；完成中压 3.5MPa、1.0MPa 两个压力等级的蒸汽管网数学模型搭建工作，共录入 2856 条管线参数，信息系统计划 12 月 30 日上线运行，实现公司能源"说得清""说得准""管得住""管得好"。

（四）加强数据整合，顺利完成消除信息孤岛工作

1. 以统一身份系统、企业信息门户为基础建成集中办公平台

已经完成 23 套系统的统一身份集成和 11 套系统与企业信息门户的待办集成。集成后，用户可使用统一身份系统账号登录企业信息门户 9876，在门户上可以看到系统中的待办数量信息，点击系统链接后可直接进入系统处理，实现了系统间办公业务的无缝切换，提升了办公效率，并完成了总部消除"信息孤岛"的验收。

2. 以实时数据库为核心，建成生产实时数据平台

塔河炼化公司以实时数据库为核心，采集全厂的集散控制系统（DCS）、电力系统数据并储存，通过实时数据库流程图软件、DataLink 软件展现出来。也提供不同技术的接口，提供第三方系统调用。目前与实时数据库集成的系统包括生产执行系统、平稳率系统、加制氢高换大数据分析系统、原油进厂动态等。对涉及生产过程的业务系统提供了有力的数据支撑。

3. 以称重计量系统为中心，完成销售类业务系统数据的集成

塔河炼化公司以称重计量系统为中心，集成油品运输车辆管理系统，火车罐计量软件、地磅系统、轨道衡系统和人证比对系统及 ERP 系统，实现了汽车出厂自动制单、自动识别车辆信息、自动提取提货单信息、自动上传 MES 系统、自动上传 ERP 系统等全流程"一卡通"管理。有效加强了汽车出厂管理，全年累计因汽车出厂导致的计量纠纷 0 起。同时大大缩短了汽车出厂时间，每辆车的过磅时间由原来的 3 分钟缩短至 30 秒，全年累计缩短时间 3000 小时，既减少了司磅人员的工作强度，同时也为车辆快速出厂、避免车辆拥堵所带来的安全隐患作出了巨大贡献。

（五）建成了高效联动的安全防范管理平台，提升了公司应急处置能力

安全防范综合管理平台是一套集安全生产运行监控、治安消防监控和报警接警管理、突发事件应急指挥救援三大功能的一体化集成平台。平台集成门禁、消防、调度系统、视频监控等系统，实现装置生产数据、设备数据、电力数据可视化展示，重要工艺及设备报警通过有度、短信推送，视频监控与火灾报警、有毒有害气体报警联动，基于一个平台解决生产指挥、预警、防恐、应急保障等问题。

（六）多措并举，信息系统深化应用创新创效在总部排名稳步提升

2020 年公司持续贯彻落实总部第二阶段创新创效行动计划实施方案要求，通过制定激励措施，积极推进信息为生产服务，深入开展创效工作。全年完成深化应用总体目标 2 个、重点任务 16 项，共形成 6 项企业级创新创效成果。各单位管理人员结合百日攻坚创效活动，积极利用 PI、LIMS、MES、PMIS 等信息系统开展电、燃料气、水的消耗数据分析；物料优化测算和氢气系统平衡测算，优化装置生产，共创效 743 万元。截至 2020 年 12 月，公司综合应用评价在 22 家炼化企业中排名居中游水平，较 2020 年初提高了 7 名，综合评价平均得分 94 分。

三、主要成效

（1）通过深化数据应用，强化过程管理，提高了操作人员的主观能动性、班组调节积极主动，营造了班组的比、学、赶、帮、超的氛围，实现了装置的精细化管理，提高了装置的经济指标。通过系统的自动过程监控，对装置的异常报警进行梳理并及时查找原因进行相应的整改，从而有效地提高了装置的安全平稳生产水平。

（2）以 ERP 系统为核心，涵盖了财务会计 FI、成本管理 CO、资金管理 TR、生产计划 PP、物料管理 MM、物资供应 MRO、设备维修 EM、销售分销 SD、项目管理 PS、人力资源管理 HR 等企业经营管理核心业务，为公司经营管理水平的规范化和持续提升提供了切实有效的信息化支撑。

（3）以 MES 系统为核心，集生产物流管理、实时数据采集、物料移动管理、生产调度管理、生产统计管理、能源管理、生产绩效管理为一体，覆盖分公司生产装置、罐区、仓储、进出厂、生产平衡、统计平衡、计量等生产管理业务，实现生产信息的可视化展示与监控，为企业搭建了一个生产管理的精细化支撑平台。

四、展望

2021 年是“十四五”开局之年，塔河炼化公司将认真落实总部信息化工作会议要求，按照总部信息化工作发展思路和目标，以卓越运营为核心目标，管理、生产“两条主线”业务创新，数据治理与标准化、信息安全、信息和数字化管控“三大体系”构建完善，公司信息化能力和数字化水平显著提升，有效促进公司新旧动能转换、产业提质升级。公司信息和数字化整体水平逐步提升。

（一）数据治理

1. 建设目标

围绕“数据 + 平台 + 应用”新模式，根据集团公司统一部署，构建塔河炼化数据治理体系（图 1），完善数据质量管理机制，并建立相应的数据治理组织和管理流程。

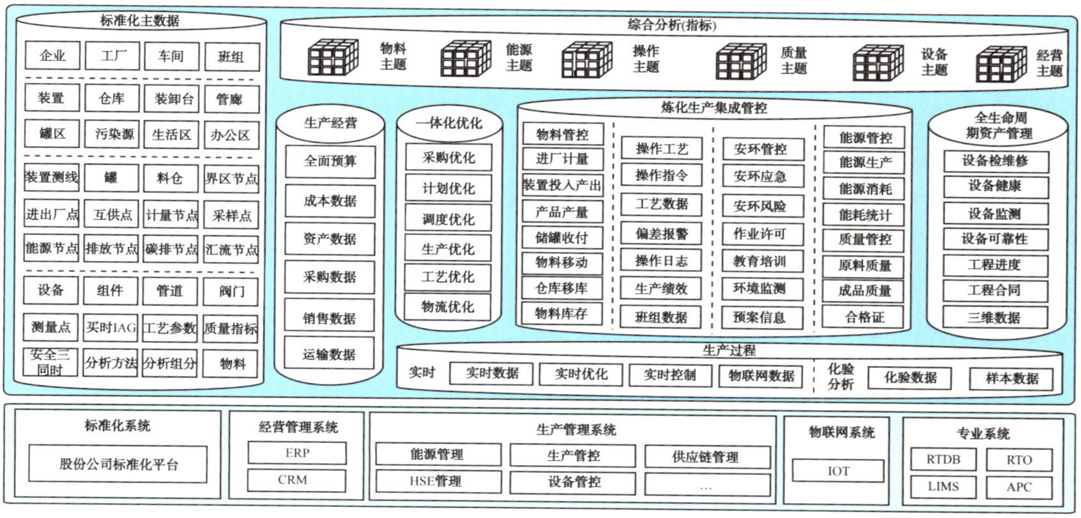

图 1　塔河炼化“十四五”信息化数据架构

2. 重点工作

落实集团公司数据治理核心政策文件要求，统一数据架构，设计和完善公司级数据模型，实现对数据及其关系的描述；理清数据在业务流程和 IT 系统上的分布，识别数据的“来龙去脉”。

构建数据质量管理框架和运作机制。从 2021 年开始，通过数据质量度量模型，每年对数据质量进行度量，及时发现质量问题，并持续改进。

（二）绿色智能的生产营运

1. 建设目标

聚焦炼化生产，以协同管控和优化为目标，提升数字化、智能化水平，运用物联网、云计算、大数据、人工智能等新技术，实现塔河炼化生产营运高效协同、物流灵活敏捷、能源精细优化、HSSE 安全可控、资产设备可靠、工程管理高效。

2. 重点工作

积极开展塔河炼化数据集成平台建设（ODS），构建塔河炼化数据治理体系，完善数据质量管理机制，并建立相应的数据治理平台和管理流程，为智能工厂建设提供数据支撑。

依托企业现有实时数据库、ERP、EM、LIMS 及其他设备管理信息系统，通过集中、集成、开发、完善的形式，建成公司设备完整性管理信息系统，实现设备管理业务的流程化、表单化、数据化、自动化；实现设备管理业务的持续改进，适应设备管理的复杂性和多变性；实现设备完整性体系的运行、监控，持续提高设备管理水平。

开展实时数据库的国产化改造替换和采集范围完善扩充，将公司设备、生产等相关实时数据全部纳入实时数据库，实现实时数据的统一溯源，为生产营运提供基础数据信息，为数据治理理清数据流程。

提升安全管理，开展进出厂基于手持终端的线上管控，开展施工作业管控及应急指挥建设，以打造本质安全为目标，重点从施工作业管控、重点风险源和作业环节异常智能识别等方面，创新安全管理新模式。

以推进节能减排为目标，加快中国石化炼化企业能源管理系统推广三期、中国石化炼化企业质量管理系统推广项目、中国石化水务管理信息系统推广项目、中国石化质量管理系统、中国石化工艺报警管理系统、危化品运输安全管理系统建设，为各业务管理工作提供信息化支撑。

构建集成共享平台　加快推进数字化转型

海南炼化公司

“十三五”期间，在集团公司党组的正确领导下，海南炼化积极落实总部信息化工作会议精神，紧紧围绕总部信息化“421工程”规划，信息化建设模式由传统“烟囱式”向“数据+平台+应用”新模式转变。通过积极开展信息化建设、数字化转型，公司在生产运营、经营管理、基础运维、技术平台、网络安全等各方面，取得了显著成效，解决了公司信息化建设与运用过程中的痛点、难点。通过信息化组织、管理和技术的改革创新，实现公司工业化与信息化的深度融合，助推业务发展，为公司率先发展成为国际领先、国内一流炼化企业奠定基础。

一、“十三五”信息化建设与应用成效

海南炼化信息化建设坚持顶层设计，业务驱动，集中集成，分步实施。制定了海南炼化“十三五”信息化规划，围绕“数据+平台+应用”的架构思路，突出数据治理和平台能力来落实战略管控，取得了卓越的效果。一是围绕信息化总体架构，推进建设“两套管理体系、两大支撑平台、两大业务应用”，为实现“一流”奠定基础。二是建设了工业互联网平台、工业4G、5G专网等基础支撑平台，在筑牢网络安全防线的同时促使移动网络更加安全可靠、稳定高效。其中国石化行业首个5G专网在乙烯项目现场投用，该项目作为海南省第一个落地交付的5G+工业互联网领域的标杆项目，将有力加速海南省数字产业化和产业数字化进程。三是完成大型国产化芳烃智能工厂项目的建设，该项目既是海南省也是中国石化首个国家工信部组织的智能制造综合标准化与新模式应用项目，有力推动芳烃智能制造技术创新，达到生产效率提高22.12%、运营成本降低23.92%、单位产值能耗降低15.42%目标。四是建成了以智能化工厂为核心集成应用和数据资源为核心集成共享平台，通过聚焦石化智云和三条核心业务主线，实现生产运营全过程管理。五是建成了以ERP为核心的经营管理一体化平台，推进了流程再造和信息共享，提升了企业规范化管理水平，促进了管理创新、效率提升。六是建成了以SMES为核心生产营运应用，提升了资源优化、生产协同、安全环保水平，促进了提质增效、产业升级。七是基本构建了网络安全风险管控体系，保障信息系统安全、稳定、高效运行。公司网络安全水平持续提高，水平评价由2017年的D级企业上升至2018年、2019年的B级和2020年的A级企业。八是完成“两化”融合管理体系贯标取证工作，将公司“能源高效率精细化管控能力”打造成为“两化”融合体系认证的能力。九是提前完成消除信息孤岛工作，完成了信息系统从界面、数据、功能三个层次的集中集成，为后续信息化建设树立标准。

（一）完善以ERP为核心的经营管理平台的建设，实现系统集中化、流程标准化

1. 完成ERP大集中建设，提升经营管理水平

“十三五”期间，公司完成了ERP大集中，多个模块进一步标准化、优化了业务流程，提高了公司业务整体运行效率，通过EDW的方式将与ERP互联的自建系统进行分离，增强了风险防控能力，为公司经营管理层精细化管理提供抓手，并为多个系统提供数据来源。

2. 以提高管理水平为抓手，持续推进信息系统建设

一是完善投资管理系统建设，实现所有投资项目线上管理，规范了项目管理要求，投资暂估同比下降67.92%，投资完成率提升到了99.95%的历史最好水平。二是业务流程管理系统应用一方面规范了公司业务流程流转，另一方面通过信息化手段实现无纸化办公，使日常工作变得更加便捷，提高了工作效率，同时有力推动了管理流整合、数据集成共享、数据智能分析应用。三是工艺管理系统实现了在办公网络条件下对全厂各装置运行绩效进行实时监控、集中展示等功能，大大提高了工艺管理效率，实现“数据多跑路、人员少跑腿”。交接班日志及关键参数趋势查询等接入移动客户端，使工艺技术人员可利用碎片化的时间掌握生产情况。经过逐步优化、持续努力，公司平均工艺卡片合格率由系统建设之初的96.69%提高到了99%以上。四是环境保护税智能管控平台应用成效显著。通过实施环境保护税信息化系统，催报、填报、审核时间由一周缩短为20—30分钟，重复烦琐的手工劳动由RPA机器人代替，减少大量手工劳动，提升了数据准确率。五是完成装置平稳率监控系统优化，及时跟进数据传输情况，炼油装置平稳率2020年累计奖励金额占比6.15%，在25家企业中排名第五。六是在现有办公自动化系统基础上完善开发，公文、联系函、通知三项功能模块，实现了“马上就办”功能。除一般限办、提醒功能外，还专门定制开发了表单统计功能，能方便查询并导出各类统计表；“马上就办”统计数据可在总部门户网站页面显示，实现了与总部门户的集成。

3. 推进“两化”深度融合，推动芳烃智能制造技术创新，增强石化行业的核心竞争力

按照总部统一部署，2019年完成两化融合管理体系贯标工作并取证，完成了42个体系文件的定制及修订，申请“能源高效率精细化管控能力”作为“两化”融合体系认证的能力。大型国产化智能芳烃项目中九项任务和目标已经全部建设完成，该项目既是海南省也是中国石化首个国家工信部组织的智能制造综合标准化与新模式应用项目。通过突破大型国产化芳烃成套技术的瓶颈，实现效益的最大化，产生了多项研究成果，获得了一项国家级科技奖励，申请10项国内发明专利和登记了6项软件著作，解决5项芳烃行业的关键问题，推动芳烃智能制造技术创新，达到生产效率提高22.12%；运营成本降低23.92%；单位产值能耗降低15.42%。

4. 以服务生产为主题，智能工厂项目上线并完成验收

2020年公司已完成了本期智能工厂推广建设任务并进行验收，完成总部推广应用

的同时结合自身特点，建立自身企业的应用亮点。海南炼化独有的船舶进出厂监控系统，将船舶作业计划、作业进度跟踪、码头作业信息反馈进行一体化协同管理，为调度提供码头船只装卸的实时信息和预测信息，受到了总部领导及验收专家的肯定。新增绩效 KPI 管理功能，实现机械密封 / 轴承平均寿命由线下统计到线上计算的功能转换，每月能够节省约 8 小时工作时间，大大减轻基层设备管理人员的工作负荷；同时，通过绩效 KPI 排名展示，加强各单元设备管理人员工作交流，保证 ERP 系统计划工单填写的及时性和规范性，为企业备件采购、费用控制提供数据支持，实现设备管理水平的提升。

（二）加强生产运营平台建设，推进生产效益的提升，保持装置的竞争力

1. 以服务装置生产为导向，加强了 SMES 的建设，生产效益持续提升

“十三五”期间，公司完成了 SMES3.X 的升级改造，建设了调度模块、统计模块、能源模块、TIS 模块等功能模块，实现调度与统计数据的一致性，达到全场物料“日、月、旬”平衡，实现班组数据采集、调度平衡分析、调度报表自动生成、统计模块日平衡、统计线上月结，调度模块完成上线运行，绝对偏差值稳定在 1.5 左右，达到集团先进水平。通过 SMES 的深化应用，公司实现生产数据数出一门的管理模式以及统计数据的日平衡，日平衡涵盖了全部生产装置和 26 类能源介质，为生产经营提供真实科学决策依据。加强了 SMES 日常管理，堵塞管理漏洞，统计日平衡数据的不平衡量降低至 2%。能源管理信息系统搭载动力锅炉优化、蒸汽管网优化应用，实现锅炉能耗及蒸汽管网复杂能耗的实时监控，达到“能效最大化、能流可视化、在线可优化”的目标。海南炼化独有的 TIS（罐区管理）模块建设，实现对装置所有罐的液位动态监控、计算器、趋势图、小时液位报表等功能，提升了罐区管理水平。

2. 推行设备预知性检修与维护，加强设备专业的管理

智能工厂设备域、设备缺陷管理系统、动议专业智能巡检仪、全厂 DCS 增上报警管理系统、连锁检测仪等系统的运用，有效消除了设备的各类隐患。其中，智能工厂设备域集成了基本监测等多个系统数据，通过统一平台进行分析，为设备的全生命周期管理提供了科学依据。设备缺陷管理系统通过收集设备的缺陷数据，运用大数据分析手段进行故障预判，提高了设备故障分析能力，为后期的设备完整性管理提供数据基础。全厂 DCS 增加报警管理系统自投用以来，消除了大量的无效报警，减少了报警频次，提高了装置报警质量，报警的分析与优化工作更加准确高效，逐步完善了部分重要参数的偏差报警；硫黄回收装置，报警减少约 76.41%；芳烃装置，报警减少约 48.34%。

3. 进一步加强生产营运平台系统建设工作，积极服务生产，降低人员工作量

一是完成装置平稳率监控系统优化，及时跟进数据传输情况，炼油装置平稳率 2020 年累计奖励金额占比 6.15%，在 25 家企业中排名第五。二是码头收费系统建设完成并成功上线，完善了锚地、泊位、船舶、拖轮、水量及费率系数等基础信息维护，实现码头收费费用的自动计算、码头报表自动生成及港口收费单的线上审批流转功能，做到码头收费

有理可依有据可查，为财务结算提供有力保障。三是完成实时数据采集与监控系统建设工作。利用 DCS 厂家专有技术，在行业其他企业成功应用基础上，实现跨生产及办公网络的 DCS 画面展示。四是操作管理系统完成验收，实现了电子交接班记录的功能，减少了一线操作的工作量。

（三）提升网络、工业互联网平台等基础设施的建设，信息系统综合运用能力迈上新台阶

1. 完成公司工业 4G、5G 专网等基础网络的建设，提供多信息融合平台

炼油区工业 4G 专网已经全面投用，目前主要基于防爆要求业务应用，运用于巡检仪、现场作业移动视频监控，实现了巡检数据实时下载和上传功能，对现场 7+1 作业可以不受作业现场是否具备有线网络限制，无线全覆盖实现实时视频监控，借助工业 4G 专网实现移动端实时签署审批作业票。乙烯项目现场 5G 专网已投用，该专网还是国内首家石化行业的 5G 专网。目前已开发如办公网络、行政电话、视频监控数据传输等基于非防爆要求的业务应用，减少了原来基础网络的大量投资，随着乙烯项目的推进，更多的应用系统、物联网设备都基于 5G 网络运行，充分体现新技术的优越性。

2. 基于数据共享与集成化为目标，消除信息孤岛工作

充分利用智能工厂项目实施机会，建立标准化体系，规范数据管控流程，贯标标准化数据到企业，为数据集中集成创造条件，通过 ODS 和 ESB 的建设实现数据集成，共计完成 34 套系统的数据集成工作。同时通过统一身份平台完成 26 个系统的账号集成，通过信息门户完成 13 个信息系统的界面集成工作。

3. 运用融合通信平台，实现各种通信方式的集成共享

该平台将实现企业行政电话、调度电话、集群对讲、视频监控、视频会议、智能终端、短信平台集成融合，并通过 4G 实现无线与有线的无缝集成。智能工厂的调度指挥平台也通过集成融合通信项目，实现调度指令的及时下达。

4. 以安全可靠为底线，全面落实网络安全工作

“十三五”期间，在公司领导的重视下，公司网络安全水平有了较大的提升。水平评价由 2017 年的 D 级企业上升至 2018 年、2019 年的 B 级企业，排在中国石化 95 家分子公司的 26 位，未发生过一起网络安全事件。网络安全工作紧紧围绕总部的网络安全改造安排，以网络安全水平评价和护网演习为契机，落实安全风险评估工作，从管理与制度、数据、网络与系统、信息资产、人员意识等各方面进行梳理、整改、加固和提升。

二、展望

按照公司“十四五”整体规划的要求，基于公司人员精简、装置新的特点，面向数字化转型需求，围绕“数据 + 平台 + 应用”的架构思路，突出数据治理和平台能力来落实战略管控，同时支持各业务领域应用，进一步安排下一步工作。

1. 制定公司信息化建设的“十四五”规划

从顶层设计开始，有步骤加快公司信息化建设，推动公司数字化转型，构建新的发展格局。

2. 积极落实乙烯项目信息化建设

继续推进 5G 网络的二期建设，计划新建 15 个 5G 基站，并将在省内首次使用 5G 防爆基站，确保满足炼化生产环境和生产安全需求，实现生产安全运营，实现 4000 多台应用终端接入联通高效 5G 专网服务。同时，在 5G+ 工业互联网领域，开展 5G 创新应用实践，全力构建全炼化园区优质 5G+ 工业专网，并在云计算、物联网、大数据、人工智能等新一代信息技术方面，赋能生产控制、监控管理、数据采集等生产环节，尝试落地 5G 全连接工厂、5G 视觉维护检测、智慧物流等应用，解决工业生产中的难点问题，切实加快企业信息化转型，打造更加智慧的炼化园区。

3. 持续推进现有系统的深化应用

提高信息系统的运用水平，增强公司的管理水平以及经济效益。

4. 依托海南自贸区要求，探索在金融领域的区块链以及跟政府“三关一检”数据集成应用

推进企业财务的业财融合，实现财务和业务应用互联互通、数据共享。通过量本利、装置效益测算、产品链效益测算等管理会计工具的开发和应用，推动企业价值管理体系持续优化和财务数字化转型，发挥财务价值引领和决策支撑作用。

扎实推进　深化应用　助力生产经营创新创效

青岛炼化公司

一、总体情况

“十三五”期间，在总部信息和数字化管理部的正确领导下，青岛炼化公司认真落实信息化“六统一”原则，以信息化服务、支撑、引领公司生产经营管理工作为宗旨，以强化网络安全防护为保障，以深化应用创新创效行动为抓手，加强系统运行维护及应用管理，落实系统应用绩效考核，“两化”深度融合水平得到持续提升。

（一）“两化”融合取得新成就

2016 年，公司“两化”融合管理体系完成贯标，成功打造“经营管理规范化与生产管理精细化管控能力”“生产装置先进控制和管理能力”和“节能减排能力”三项新型能力。

（二）深化应用创新创效取得新成效

2017 年至 2020 年，在标准化、数据质量、规范应用、深化应用等方面开展卓有成效的工作，其中标准化数据 5.32 万条，提升数据质量 3 万条，形成月度创新创效成果 117 项、绩效提升案例 178 项、内部推进措施 332 项。

（三）信息系统建设取得新成果

坚持“平台 + 数据 + 服务”先进模式，紧贴生产经营业务实际，建设和提升 25 套信息应用系统，涵盖公司基础设施、生产运营和经营管理方方面面。

（四）网络安全取得新成绩

不断夯实网络安全管理基础，持续加强网络安全“三同步”管理，提升网络安全技术防护能力。2016—2020 年，公司连续 5 年被总部评为网络安全评价 A 级企业。

二、典型做法

（一）以提升操作员信任度为目标，通过做“减法”提升 APC 投用效果

结合连续重整装置工艺特点及内操习惯，对 APC 相关的全部 CV、MV 变量进行梳理

和分级，将涉及产品质量、收率等关键参数定义为关键 CV 变量，作为内操重点调优对象，将安全约束 CV 变量、非关键 CV 变量，交由 APC 工程师和工艺工程师进行调整设置，对 MV 变量进行控制策略调整，将 60 个 CV 变量中的 29 个变量设为关键控制目标，将 42 个 MV 变量中的 29 个变量设为关键调节变量，其余变量放宽约束或进行分级控制，以减少控制参数间相互干扰，使内操关注的被控目标 CV 始终处于有效受控状态。

在提高装置运行平稳率基础上，继续将 APC 向提高高附加值产品收率的方向优化调整，对涉及装置能耗及高附加值产品收率的关键 CV 参数实施“卡边”策略，获取“卡边”效益。

（二）积极探索、大胆创新，将先进控制由装置级应用向装置与系统管网协同应用延伸

为了消除延迟焦化装置周期性“切塔事件”对全厂瓦斯管网形成的冲击，降低瓦斯管网组成波动，提高管网压力控制平稳性，保障全厂加热炉安全稳定运行，创新性设立全厂瓦斯管网 APC 控制器，将延迟焦化 APC 控制器与全厂瓦斯管网 APC 控制器进行协同联动控制，取得了很好的应用成效。

通过建立加热炉燃料气热值在线实时估算模型，为加热炉温度平稳控制提供及时的操作参考，融合延迟焦化装置“切塔事件”信息、瓦斯管网产耗平衡数据，实现了实时控制全厂瓦斯管网补充天然气量 APC 控制。

（三）通过“模拟 + 控制”，进一步挖掘先进控制 APC 创效潜力

通过建立在线流程模拟平台，积极探索局部开环 RTO 优化可行性。对气分装置基于 Aspen Plus 的 EO 算法，建立气分装置离线模拟模型，在模拟结果符合装置实际运行工况后，将模型导入在线流程模拟平台转为在线模型。在线流程模拟平台通过与实时数据库系统集成，实时采集工艺操作参数和 APC 控制参数，通过与 LIMS 系统集成，采集获取产品质量数据，经数据整定后，引入气分在线流程模拟模型，实现气分在线流程模拟与 APC 的联动优化。搭建开环 RTO 优化环境，用以支撑 APC 控制目标合理设置，使 APC 优化目标点与操作员目标点相一致，为操作人员提供实时优化数据，为操作调整提供精确指导。

（四）开展原油在线快评，增强原油快速分析能力

开发实施原油在线快评系统，通过分析模型建立，完成针对脱前原油、初顶石脑油、稳定石脑油、常一线航煤和常三线柴油，建立公司专属的在线分析定制模型，并根据样品性质变化情况，定期比对检测精度并进行模型更新。根据脱前原油简评数据，通过一系列原油详评软件及原油数据库，每天定时三次自动生成原油详评报告及详评数据。

（五）借助移动应用平台，提升大检修过程质量管控

开发设备检修现场管理移动应用，集成 ERP 设备主数据，基于全厂工业无线网，实

现对全公司大检修 696 台换热器检修作业和 5365 对法兰定力矩紧固管理。通过移动端应用程序控制以及 PC 端进度统计和报表展示，对换热器检修作业和法兰定力矩管理全部实现检修过程移动端控制和统计、审批管理、质量管控，辅以检修过程影像资料的记录和检修完成后检修资料的整理留档，“全过程、零缝隙”展示和记录设备检修全周期过程。

（六）基于移动式人脸识别 APP 及与门禁管理系统的集成应用

完成门禁系统升级完善。全厂所有大门、办公楼、机柜间均实现门禁人脸识别管控，共投用 160 个控制器、220 个人脸识别设备，完成 3100 多台车辆、13451 名人员集中进出管控。全厂车辆全部实现“靠牌”通行，人员全部实现“以脸”通行，杜绝人员出借打卡问题。借助移动应用技术和智能终端，创新性开发公共安全 APP，通过人脸识别、车牌识别、门禁管控，真正实现厂区人员、车辆、物品全面有效管控。

（七）基于人脸识别和移动应用实现作业许可证移动签发

实施基于人脸识别的作业许可证在线办理及防爆终端移动签发，实现作业风险库、作业申请、票证信息登记、JSA 分析、入场（厂）管理、气体分析、安全措施落实检查、票证签发、作业过程、验收归档、作业监控等 11 项功能。深入结合公司自身情况建立 134 条作业步骤风险库和 24 条施工机具风险库，实现电子作业票对纸质票证的全面替代。

（八）深化实时数据库集成应用，筑牢企业数据基础

优化实时数据库系统架构，整合实时数据库服务器，虚拟化所有服务器主机，接口机采用双机冗余架构，提升系统高可用和稳定性。提升实时数据库系统功能、系统采用 HTML5 技术，免安装系统插件，流程图支持自由缩放，历史趋势实时查询，用户可以随时随地通过手机查看流程图和历史曲线，极大提高监控及时性、提升用户体验。加强数据采集监控，实现数据传输中断短信报警功能，便于及时处理系统故障，避免影响其他信息系统数据采集功能。

（九）打破系统间壁垒，实现多系统融合通信

通过建设融合通信系统，实现行政电话、调度电话、巡检终端、防爆手机、个人手机、对讲机多终端音视频的有效融合集成，有效缓解公司对讲机少、通信方式多、应急通信效果差的问题。

三、主要成效

（一）APC 优化助力重整装置增效超 500 万元 / 年

通过优化 APC 控制器结构、精简操作界面等做“减法”的分级控制方式，实现连续

重整装置 5 个 APC 控制器相关控制单元“黑屏操作”（图 1）。APC 有效投用率提升 25%，四个反应器入口温度波动由 ±2.5℃降至 ±1℃，二甲苯塔炉出口温度波动由 ±3℃降至 ±0.5℃；各分馏塔塔顶、塔底温度偏差率控制在 ±0.5℃（部分达到 ±0.2℃），馏出口合格率提高至 99.5% 以上，提高了装置运行平稳率。

苯抽提非芳中苯含量由 1% 降至 0.05%，苯收率由 97.6% 提高至 99.7%；二甲苯塔侧线汽油中混苯含量由 1.5% 降至 0.8%，二甲苯收率由 98.5% 提高至 99.2%；脱 C4 塔 C–202 顶 LPG 中 C5+ 组分由 1.5% 降至 0.05%，提高了苯、混苯和汽油收率；在关键 CV 平稳“卡边”优化基础上，增加操作弹性，将苯抽提 C–401、C–402 塔底温度由 175℃降至 172.5℃，延缓环丁砜溶剂热分解速度，节约了加热蒸汽的耗量。经初步核算，连续重整装置 APC 优化经济效益超过 500 万元 / 年。

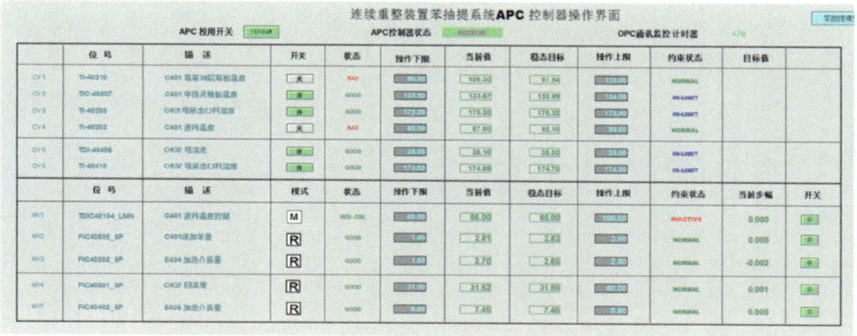

图 1　连续重整装置苯抽提控制器优化

（二）APC 助力全厂瓦斯压力波动幅度降低 56.2%，节约外购天然气

瓦斯管网 APC 控制器投用后，显著提高全厂瓦斯管网压力控制平稳性（图 2），管网压力波动幅度降低了 56.2%，高频波动显著缓和，改进了管网瓦斯热值平稳性。通过全厂瓦斯管网压力“卡低限”实时优化策略设置，在保持全厂瓦斯管网压力相同的安全“裕度”下，可降低管网运行压力的幅度达 15KPa，减少了不必要的外购天然气，显著降低管网超压频次、超压持续时间，消除火炬燃放，降低运行操作费用，降低环保排放超标风险。

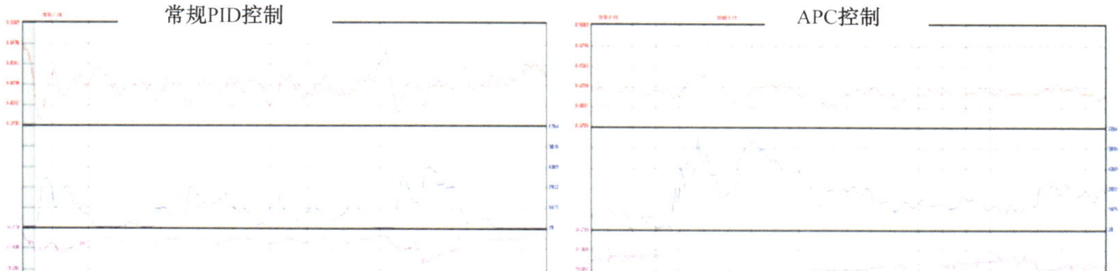

图 2　PID 常规控制、APC 控制器，燃气管网压力的平稳性比较

（三）开环协调优化助力丙烯增效约 500 余万元 / 年

通过开环协调优化，在气分装置稳定进料 85t/h 运行条件下，丙烯产量由 25.40t/h 提高至 25.61t/h，提高 0.21t/h，增效约 500 余万元 / 年（图 3）。

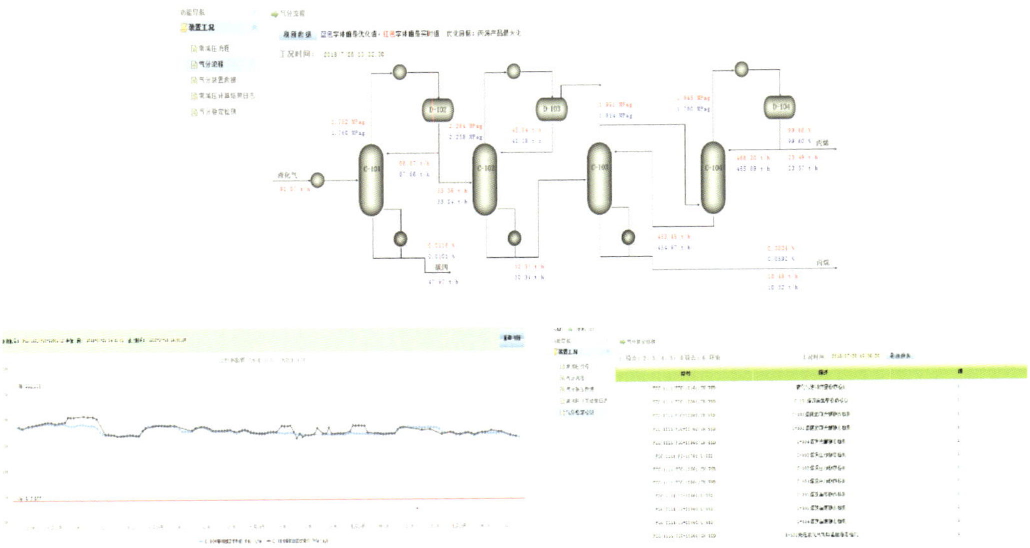

图 3 通过“模拟＋控制”，进一步挖掘丙烯创效潜力

（四）原油在线快评助力 2 分钟完成原油简评

通过原油在线快评的建设（图 4），原油分析由传统方法的历时 1 个月，缩短到现在 2 分钟之内就可以生成原油的简评数据及侧线性质数据。调度人员可根据来油性质对计划加工方案进行优化，并且通过对常减压装置进料及侧线的性质监视，验证优化方案，推动精细化炼油进程，为计划优化系统、炼厂工艺模拟软件以及 LIMS 系统提供及时准确的详细评价数据。采用原油快速评价技术，能够及时获得原油详细评价数据，使计划优化和调度优化应用更加贴近生产实际，同时也极大地推动了过程模拟软件在公司的应用。

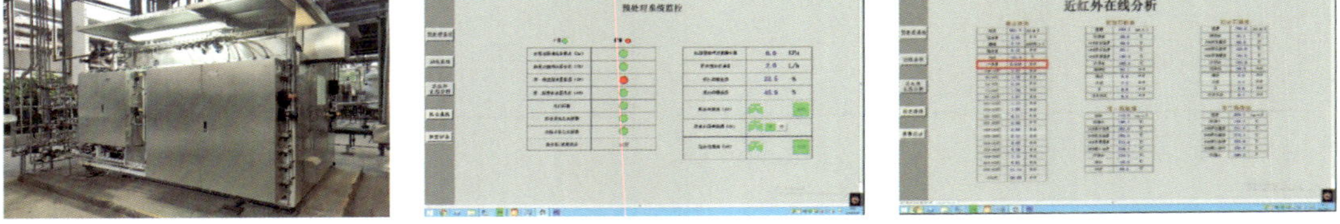

图 4 原油在线快评检测

（五）设备检修移动应用助力大检修节约 300 万元

通过设备检修过程实时管控（图 5），极大提升了换热器检修和法兰定力矩检修的过

程管理和质量管控，有效促进全厂大检修的整体进度控制。通过手持终端实时监控设备的检修进度、检修质量和审批确认情况，节省了大量人工时和机具消耗费用，提升现场检修效率和管理效益，经测算合计节约1万多人工时，折合经济费用约300万元。

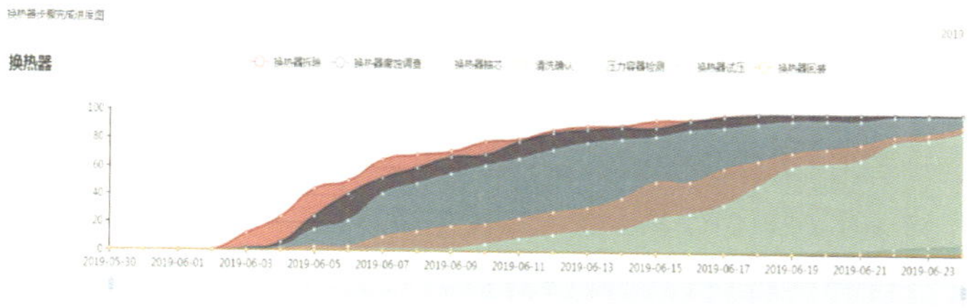

图5　检修质量记录图片和质量管控审核确认

（六）“靠牌以脸”通行助力大检修门禁管理节约108万元

经过现场实际应用验证，人脸识别智能APP投入使用后（图6），可极大缓解大检修上下班高峰期厂区各大门的检修人员进出通行压力，平均每天6000人次的进出厂时间比人脸识别智能APP应用上线前减少了约30分钟。按每天每人增加30分钟工作时间计算，人工成本按每天300元计算，按60天检修时间计算，节约费用约108万元。

图6　刷脸识别人员查验“虚拟门禁”和防爆手持终端扫脸通行

（七）人脸识别电子签票助力现场作业安全管控

应用人脸识别功能有效杜绝了作业许可证代签等弄虚作假的问题，保证签字人员人证相符。通过作业许可的电子化签发（图 7），杜绝了事后补票、不到现场签票、现场监控不到位等制度执行不严的情况，提升了公司直接作业环节的监管水平。

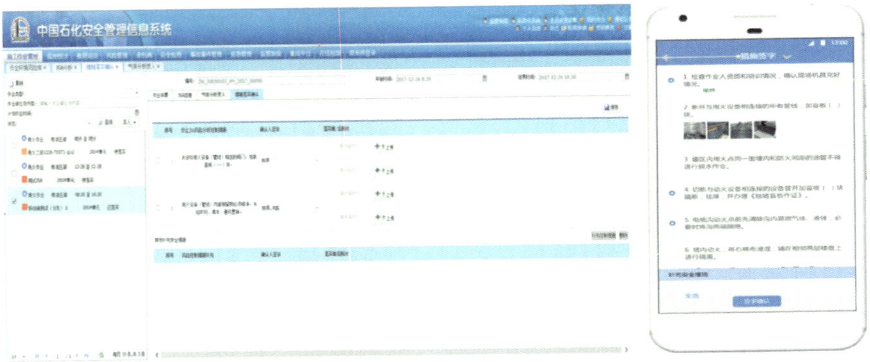

图 7 作业票电子签发

（八）流程图自助定制和移动应用助力实时数据库应用创新

基于中国石化移动应用平台，实时数据库系统实现移动应用（图 8），公司员工可以随时随地通过互联网利用移动应用浏览公司所有生产监控流程图和数据点，查看所有参数历史趋势，分析、对比所需的关键参数数据，及时掌握生产数据异常，流程图可以随意缩放，数据点可以灵活收藏，系统功能简单便捷，该功能深受公司设备、工艺、安环等专业人员肯定。

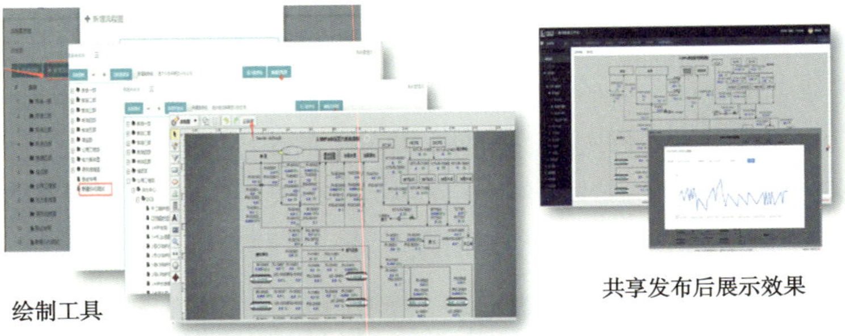

图 8 用户自行绘制流程图

（九）多系统融合通信助力互联互通

通过在智能终端上安装融合通信 APP（图 9），智能终端、手机、对讲机实现“内网 + 外网”多终端一对多、多对多互联互通，在应急情况下实现远程视频查看、双路冗余短信批量发送、短信转语音多次呼叫、批量接收确认功能，解决了日常应急通信操作烦琐问题，取得良好应用效果。

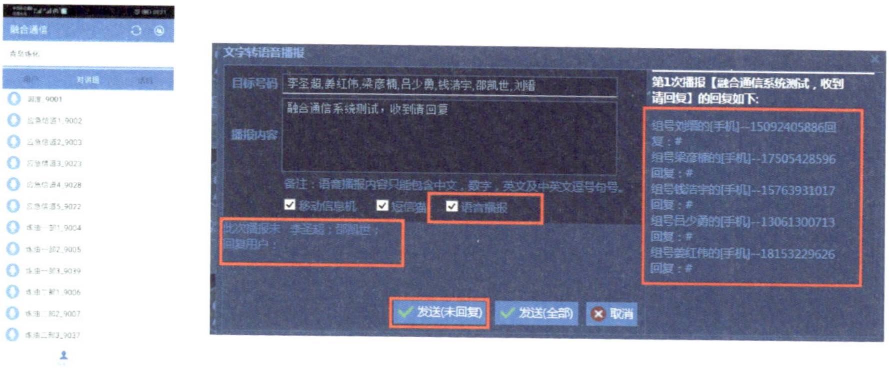

图 9　实现多系统融合通信

四、展望

青岛炼化公司将认真学习集团公司“十四五”信息化规划，进一步强化信息化建设，在总部的统一领导下，继续勇于创新，苦干实干，持续推进智能工厂建设，“两化”融合再上新台阶，为公司数字化转型、高质量创新发展提供新动力。

基于工业互联网平台建设智能工厂
打造流程工业应用新生态

中科（广东）炼化公司

一、总体情况

中科炼化坚持中国石化信息化“六统一”原则，通过业务和信息深度融合，着力打造全面基于工业互联网平台的智能工厂，支撑工程建设阶段的智能化管理、生产开工阶段的知识准备和指挥保障、生产运营阶段的管理效能提升。

（一）坚持智能工厂建设目标不动摇

智能工厂的目标：以中国石化智能工厂 2.0 为起点，围绕“一体化优化的供应链管理，集中集成的生产管控和全生命周期资产管理”三条业务主线，采用“数据 + 平台 + 应用”的模式，打造全面感知、协同优化、预测预警、科学决策四项能力，形成服务共享、协同智能、集成优化、安全敏捷的信息服务体系，助力公司全面打造世界一流（图 1、图 2）。

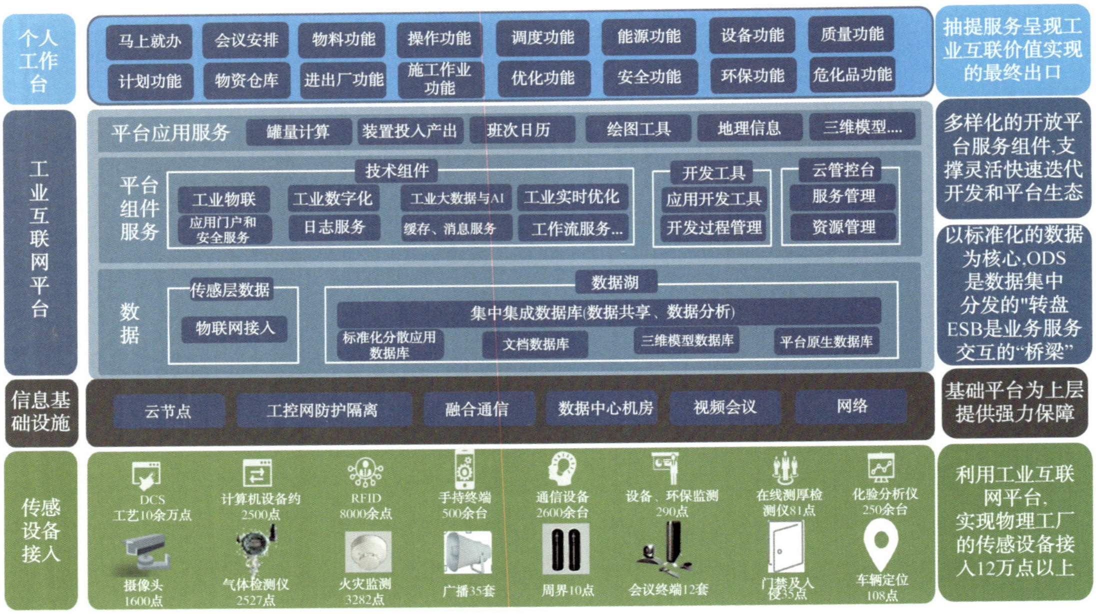

图 1 中科炼化智能工厂架构图

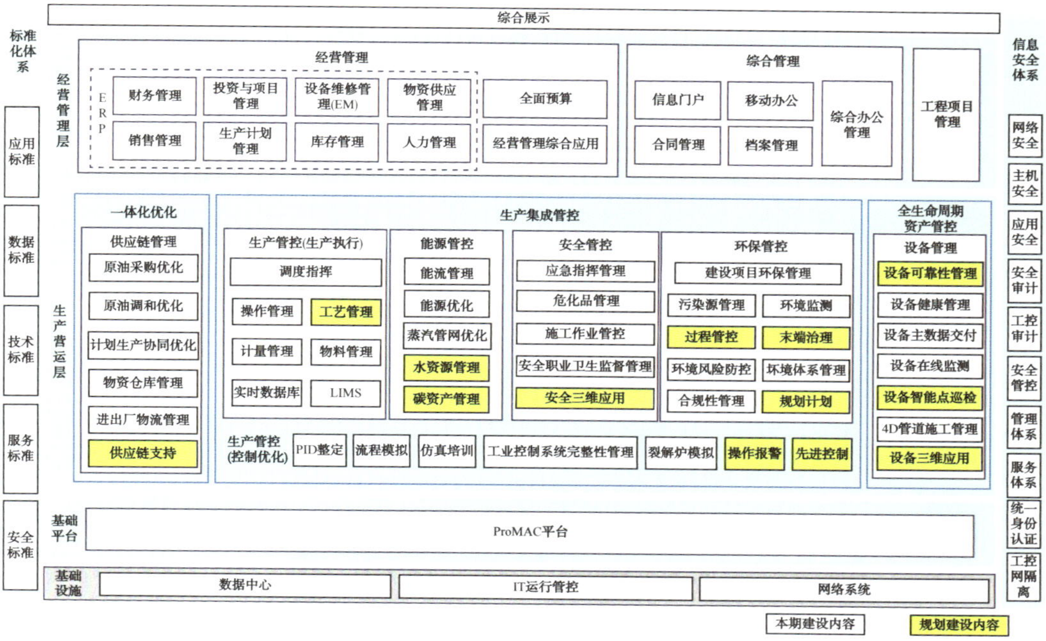

图 2 中科炼化智能工厂应用架构图

（二）贯彻智能工厂建设原则不走样

中科炼化智能工厂建设遵从以下原则：整体规划、分步实施；基础先行、生产优先；集中集成、协同共享；安全性原则；标准化原则；自顶而下设计，自下而上实施。

（三）落实智能工厂建设内容不重漏

中科炼化智能工厂共规划 75 个子项，分为工程期和运营期两个阶段建设。在工程期建设 59 个子项：建设经营管理层 9 项应用，满足工程期项目管理和日常办公需要；建设生产营运层 30 项应用，满足中科炼化装置开工生产需要，提高生产管控水平；建设了基础设施 20 项，打造安全敏捷的基础设施，实现对上层应用的基础支撑。

二、典型做法及主要举措

（一）狠抓智能工厂规范化标准化应用，大力推进新型智能工厂应用

工程项目管理相关系统，实现工程项目建设期全周期全方位管控（图 3）。按照总部“3557”管理体系的要求，工程项目管理系统功能覆盖了项目全过程管理，在中国石化首家实现所有参建单位统一使用。系统中在册参建单位共计 143 家，在册人员 104169 人，数据量 230 万余条。

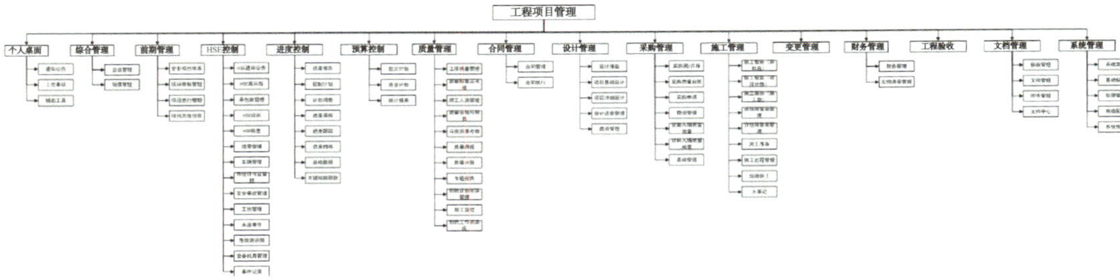

图 3 中科炼化工程管理应用功能

其中，4D 管道施工管理应用（图 4），实现管道焊接施工全流程监管，使管道焊接施工的进度和质量信息透明、三维可视。总用户数已达 821 个、管线 10 余万条，上传焊接记录 210 余万道，检测记录约 20 万条。

图 4 中科炼化 4D 管道应用截图

（二）全面推行数字化交付，致力打造数字化工厂

中科炼化工程项目在中国石化首家实现全厂装置全部正向数字化交付（图 5），是《石油化工工程数字化交付标准》（GB/T 51296—2018）首个落地项目，目前已交付 29 套装置模型及 SPPID 图（3109 张）。首次实现项目过程中设备主数据及技术参数的同步交付（包括动静设备 27499 台、仪表设备 79559 台、电气设备 6049 台）。建设了先进的数字化交付平台，与地理信息地图的集成，首次实现了全厂海量信息的数字化管理。

（三）智能保障，生产开工期全面支撑

中科炼化信息化建设与工程项目建设同步设计、同步交付、同步投入使用。业务部门将信息化应用系统的使用与员工角色实现一一对应，实现了组织、业务、流程相统一，在开工阶段发挥了应用功能的最大价值。

一是建设与装置 DCS 一模一样的仿真应用和实时数据库应用（图 6），为装置一次开车成功奠定了良好的基础。仿真培训应用，精准的仿真模型和界面，与实际吻合的工艺流程，为企业生产准备期间的操作能力提升和控制系统优化模拟提供了有力的支撑。25 套装置的仿真培训系统，累计培训总时长接近 20 万小时，累计培训约 19 万人次。全厂实时数据库，每日登陆约 1000 余人次，为生产开工提供主要的监管指挥手段。

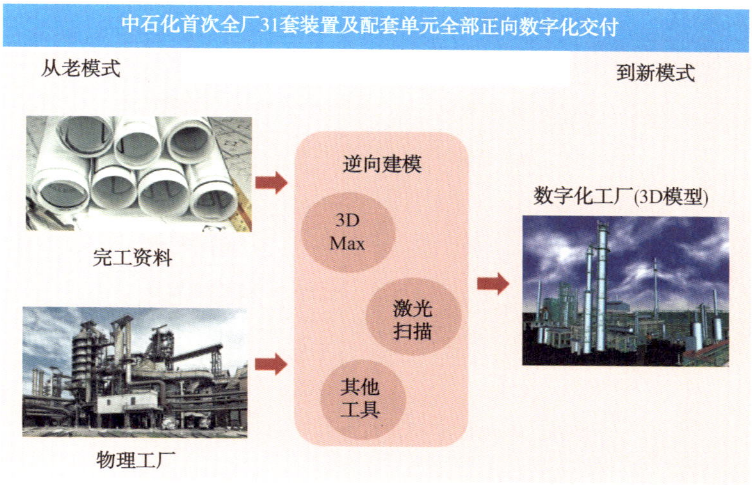

图 5　中科炼化首次全厂正向数字化交付示意图

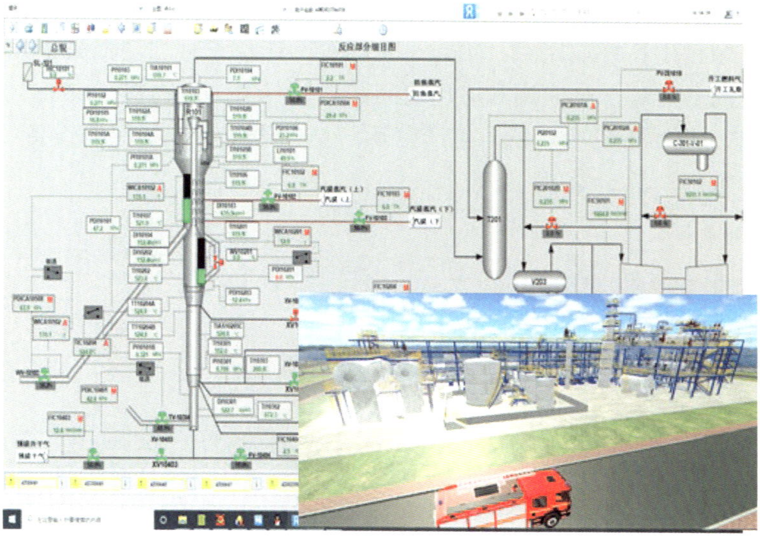

图 6　中科炼化仿真培训应用截图

二是智能化进出厂物流管理系统（图 7）有效支撑原料、货物产品有序、自动进出厂。整合公路、水路、管输、铁路四种运输方式，通过业务打散、数据互通，基于平台的统一整合，实现进出厂业务与 10 多个系统数据集成，缩短销售公司与中科每单计划、销售、结算时间 15 分钟以上，承运公司货车 / 轮船与中科每单拉运时间 30 分钟以上，监管单位与中科每单 2 小时以上。

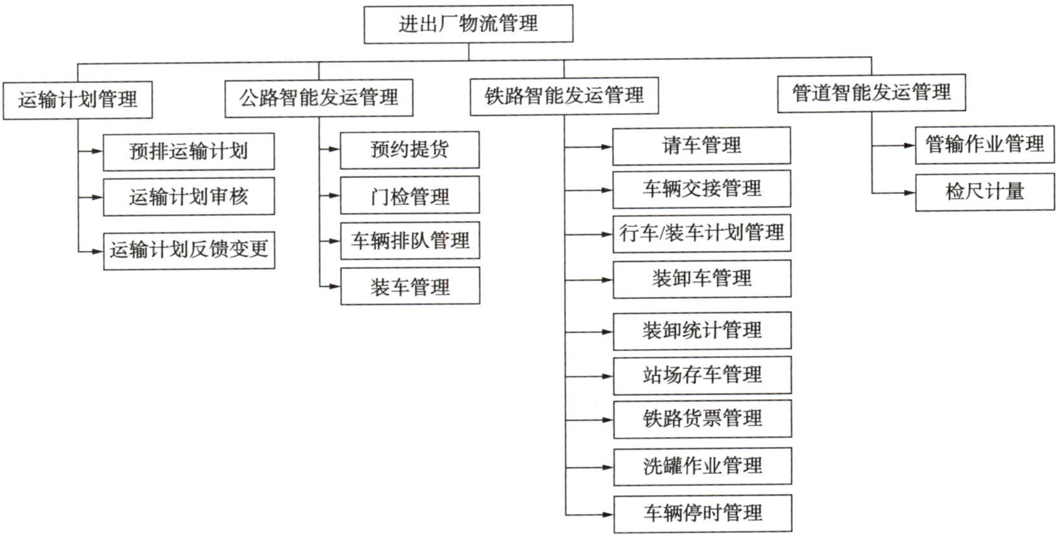

图 7　中科炼化进出厂物流管理应用截图

三是通过计划、物料、调度、操作、原油调和、LIMS 等生产层应用的全面贯通（图 8），实现了生产质量和生产效率的全方位监管。从应用和底层设备联动情况看，LIMS 应用连接了 250 余台化验仪器，分析结果自动采集，提高工作效率约 80%。操作管理通过 4G 无线网，利用 400 余台手持终端定点、定时、定内容的巡检，有力地提高了内外操数据偏差分析核对和现场问题处理。从应用和应用之间联动情况看，以物料、LIMS、实时数据库三大生产核心系统，联动了生产经营、生产营运、基础设施和现场控制设备约 70 余条集成线，真正实现了数出一源、令出一家。

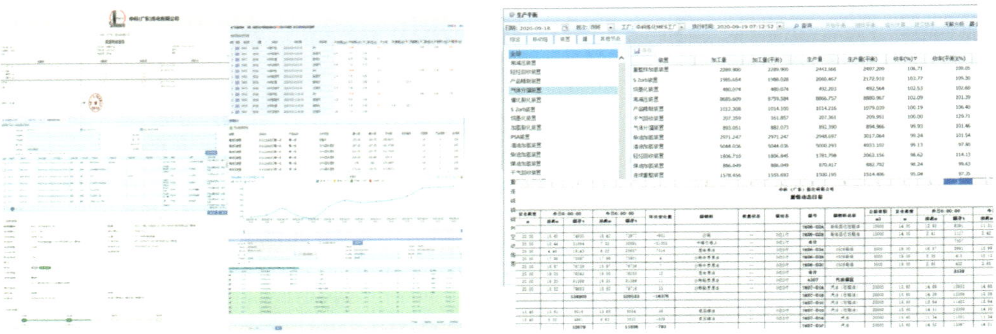

图 8　中科炼化生产层应用的全面贯通示例图

（四）深化应用，生产运营期提升效能

装置投产后，通过应用系统的数据分析，帮助业务部门在降本增效、节能环保、安全

预警、生产平稳和管理规范化等各方面均取得了显著效果。

一是计划优化应用模型累计进行原油优化测算、乙烯料优化和年度排产 140 多项，测算案例 350 多个，为中科原油选择、稳定投产和产品种类提供了技术支撑。乙烯裂解 PIMS-AO 模型，通过烯烃回归计算器（AORC）程序创建以非线性外部模型描述的蒸汽裂解子模型，实现乙烯裂解收率预测更精准。

二是设备健康应用（图 9）实现设备的状态、介质、工艺等相关信息的集中查询和展示，对监控设备运行参数按重要程度设置分级报警并推送给设备管理人员。建立设备计算模型，对全厂设备进行状态分析和效能分析。系统涵盖公司 29 套装置、3631 台设备，为企业设备开车提供了专业化助力。

图 9　中科炼化设备健康管理应用截图

三是应急指挥应用（图 10），实现内操风险监测报警功能，包含对 7 类共计 8581 条数据实时监测，日平均推送各类报警数据 80 条以上，通过管理层和操作层的共同监督管控，有力提升了企业本质安全提升。应急接处警和应急资源等功能也在多次应急事故演练过程中发挥了重要作用。

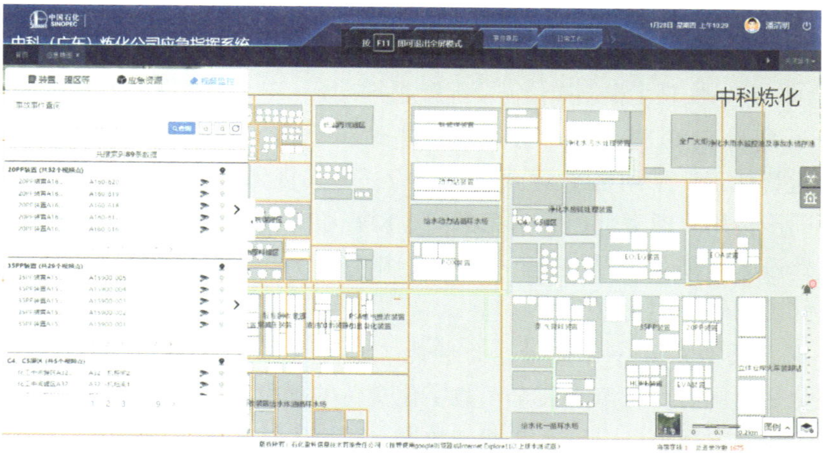

图 10　中科炼化应急指挥管理应用截图

四是蒸汽管网应用，通过对全厂超高压、高压、中压和低压总里程 51.9 公里的管网动态监控，针对系统用汽格局进行数据分析，对蒸汽流向、压降、温降、散热量等参数模拟计算，实时监测蒸汽流速分布、凝水分布及保温效率评估，促进了蒸汽管网平衡调整，月经济效益可达 104 万元。

三、主要成效

（一）创新和亮点

经过四年的艰苦努力，中科炼化智能工厂从无到有、从有到优，形成特有的亮点，实现了在系统内“五个第一”。主要表现在：

1. 第一家全面基于工业互联网平台的智能工厂

按照总部“一切应用皆上云，一切开发上平台”的指导思想，充分利用中科炼化智能工厂全新建设的有利条件，全面基于“石化智云”开展建设。在工程建设期，共建成业务应用 39 项。在“开发上平台”方面，考虑技术可行性、专业软件可改造程度和应用复杂程度等因素，按照基于“石化智云”开发或改造、基于平台相对独立运行、独立开发运行三个维度上平台。在“应用上云”方面，基于云平台运行 32 项，独立运行 7 项。

2. 第一家无信息孤岛的智能工厂

严格按照软件工程规范和标准，对所有智能工厂应用的功能进行梳理和清洗，对所有业务应用之间的数据和服务集中集成关系进行标准化，全面覆盖业务管控需要。采用“五人组”设计法梳理集成关系 138 条，依托平台提供的 19 个组件实现了业务应用之间数据集中集成、服务总线驱动、互联互通无孤岛。

3. 第一家建成并应用“千人千面”个人工作台，全面实现业务协同

中科炼化“个人工作台”是业务待办和数据共享的集散地，在中国石化系统内属首创。员工的审批待办全部通过个性化的“个人工作台”进行“一站式”办公，极大提高了工作效率。“千人千面”的个人工作台实现了从“人找业务”到“业务找人”，以及从“人找数据”到“数据找人”的转变，实现了根据岗位需要配置业务功能，有力地促进了不同业务之间的协同。

4. 第一家采用 EPC 模式进行智能工厂建设和管理

中科炼化智能工厂采用 EPC 模式进行建设，并实现和工程项目同步设计、同步实施、同步交付、同步投用。业务部门、信息部门、EPC 服务商各司其职，密切合作，共同打造了智能工厂建设的新模式。以“建好、好用、用好”为目标，以用促建，促使各部门把业务系统“用好、用活、用出彩”。

5. 第一家开展全厂数字化交付，为智能工厂建设与应用打下坚实基础

中科炼化是中国石化首家开展全厂数字化交付的项目。通过数字化交付，将设计、施工、竣工各阶段静态数据，进行了文档、数据、模型等结构化，为智能工厂的三维应用打下坚实基础。

（二）经验成果

1. 石化智云，是杜绝信息孤岛的最有效途径

按照总部“一切应用皆上云，一切开发上平台”的指导思想，智能工厂全面基于“石化智云”的组件服务和发布流程进行应用开发。业务数据分布存储在各应用系统数据库中，应用间所有的数据共享均基于 ODS 实现，所有的应用间业务驱动均通过 ESB 实现，业务应用之间形成强耦合关系，从而杜绝了信息孤岛。

2.“五人组”工作法，是智能工厂功能设计成功的有效手段

中科炼化开创性地采用“五人组”工作法进行应用架构的设计，由各业务部门负责确定应用的功能、性能、典型应用场景、数据和服务的集成共享关系，由信息部门负责应用架构、技术架构、技术和产品选型、信息安全与标准化等工作，石化盈科等 EPC 服务商负责规划开发与技术实现。“五人组”工作法有效提高了智能工厂设计水平。

3.“数据 + 平台 + 应用”是智能工厂建设的有效模式

中科炼化智能工厂基于石化智云，通过 ODS 和 ESB 实现数据的高效共享和业务应用之间的信息驱动，从而使智能工厂应用与业务流程融为一体。目前，石化智云已注册开放共享数据服务 160 项，面向用户提供 251 个业务磁贴；集成了应用 410 个表单，为已建应用提供 275 项集成服务；集成并共享发布了 175 项资源服务，供近 30 个应用调用，服务日交互 65 万条以上。通过石化智云让信息多跑路、用户少跑腿，真正实现了应用之间数据集中集成、互联互通无孤岛。

4.“三人行”是智能工厂交付和应用的高效方式

在中科智能工厂建成投用阶段，为了实现应用顺利交付，中科炼化采用“三人行”的工作模式，由 EPC+ 业务部门 + 信息部门三方面的人员组成交付组，开展业务应用的交付工作。通过“三人行”交付模式，实现系统建设、应用、运维全生命周期可控。

5. 感知层建设至关重要

生产层的设备感知是智能工厂重要组成部分。通过融合通信平台和电信系统综合管理平台，智能工厂与全厂视频、语音、有毒有害气体监控、火灾报警等系统集中集成，实现智能工厂应用与电信、控制系统互联互动（图 11），提升了智能工厂对感知层的实时控制能力，实现调度电话、对讲机、移动巡检仪、应急指挥中心麦克风之间的语音通信，提升了应急指挥的效率。

四、展望

（一）认真落实总部“十四五”信息化规划

在“十四五”发展规划的开局之年，中科炼化信息化工作将紧紧围绕集团公司“十四五”信息化规划，深化改革、转型升级、数字化转型和数据治理等中心任务，发力

“两化”融合，坚持以工业互联网平台为基础，采用“数据 + 平台 + 应用”模式统筹推动公司提升数字化、网络化、智能化水平。

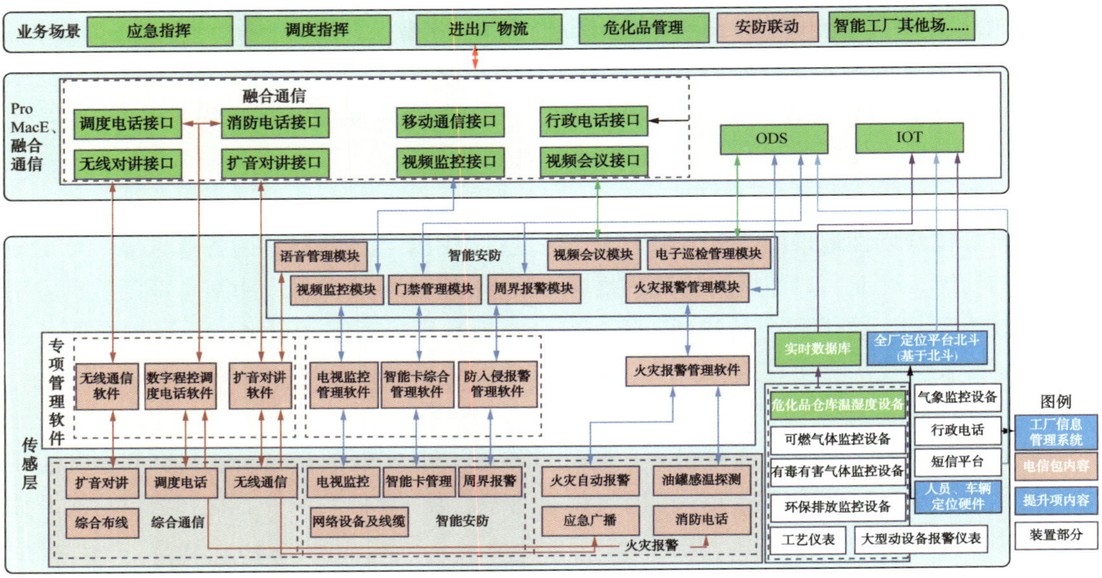

图 11　中科炼化智能工厂与电信、控制系统的集成和互联互动图

（二）大力抓好智能工厂规范化标准化应用

深挖应用功能，狠抓标准化和规范化应用。同时组织应用培训和学习，在满足业务主管部门应用同时，带动上下游部门对系统数据价值挖掘，促进集成共享、业务协同，发挥应用数据的最大价值，为企业赋能。

（三）持续做好智能工厂应用功能的完善和提升

按照总体规划、分步实施的原则，中科炼化智能工厂按项目建设期和生产营运期进行建设。目前，项目建设期的智能工厂应用已经完成，满足了项目建设和开工投产的基本需要。同时，业务部门从满足生产经营和精细化管理等方面，提出新的需求。因此，生产运营期的智能工厂建设迫在眉睫。

（四）探索 5G、大数据、人工智能建设

当前公司建设了统一的石化智云、工业互联网平台等新型基础设施，企业的集成应用、业务协同、数据共享具有一定的基础，但传统产业的力度有待提升，需在人工智能、大数据、5G 等新技术应用上进行探索建设。

（五）对标世界一流，争先数字化转型

公司围绕打造世界一流和数字化转型作为“一把手”工程，在“十四五”阶段，通过

信息化驱动管理模式重构、业务流程优化再造，推动公司数字化、网络化、智能化，打造世界一流。

（六）开展数据治理，提升数据资源的价值

随着公司生产经营活动的正常开展，中科炼化的生产和业务数据将不断增加，企业数据治理将成为一项非常重要的工作。中科炼化将采用先进的技术和标准，全面开展公司数据治理工作。

（七）进一步夯实基础设施与网络安全

在网络安全方面：一是坚持新建应用贯彻网络安全“三同步”；二是坚持网络安全定期排查，保障国家重大活动期间网络安全；三是做好培训宣传，培养员工信息安全意识；四是进一步完善网络安全防控体系。

（八）强化人员培训，提升企业信息化意识

通过先进企业调研、优秀行业解决方案供应商交流、参加总部相关培训，以及聘请外部专家和企业内部关键用户上讲堂等方式，逐步提升企业员工信息化水平和信息化意识。

抓好信息系统开发应用 助力川维化工提质增效

川维化工公司

“十三五”期间，川维化工公司根据集团公司的总体部署和自身的信息化需求，先后完成了档案管理系统、生产信息系统升级、智能仓库管理系统（成品库）、计量管理信息系统、LIMS 升级、生产调度早会视频会议系统、视频监控系统升级改造、厂区出入管理系统等项目建设。这些信息系统总体使用效果良好，达到了预期目的，有效提高了公司的工作效率和信息化管理水平。

同时，根据集团公司的部署安排，川维化工公司积极组织开展信息系统的深化应用创新创效工作。在经营管理方面，对 ERP、合同管理系统、人力资源管理系统、资金管理系统等，做好系统调整和流程优化满足新的管理需要；在生产营运方面，对 MES、LIMS、实时数据库等系统做好系统数据分析和挖掘，着力解决生产管理存在的问题。

一、信息系统总体应用情况

提高系统中主数据完整性。重点开展设备主数据清理完善工作，为做精做细设备基础管理、做深专业化管理，实现对修理费严格管控，在 2019 年完成 10 万余条主数据清理工作的基础上，继续清理设备、HR、LIMS 系统、MES 等系统主数据。截止到 2020 年，累计清理 22 余万条。

提升工艺运行平稳率。重点在甲醇运行部、热电运行部开展对实时数据库、MES 等生产运营信息系统深化应用，以平稳率、偏差、报警管理为主要切入点，强化对异常工况的分析和防范，工艺运行平稳率由原来的 95% 提升至 98% 以上。

加强数据分析，实现效益最大化。通过对主要原料、产成品的历史数据分析，找到了基础化工产品和大宗能源价格等之间的价格关联关系，为价格预判奠定了基础；通过对 PVA、VAE、维纶三大精细化工产品精细营销，不断优化品种结构，累计产销率达到 99.24%，与 2018 年同比增效 2625 万元；2020 年，充分发挥“业财融合”优势，结合公司百日攻坚创效工作，加强对生产数据分析，通过提高产品附加值、提升产品品质、技术升级等措施，2020 年，在全球经济环境恶劣情况下，实现挖潜增效 1500 万元。

强化班组成本管理，实现节能降耗。以原料、三剂消耗为主要切入点，通过加强 MES、LIMS 等系统数据的分析应用，不断优化生产运行及排产，强化热电系统平衡、做好蒸汽系统优化，查找堵塞水损漏电，优化工艺运行参数，运用系统数据指导班组成本管理，2019 年实现降本 1080 万元；2020 年，公司通过持续优化配煤掺烧比例，合理使用天然气能源降低装置天然气单耗，加强工艺及现场操作管理减少非计划停车次数，降低蒸汽管网损失率等措施，2020 年实现节能降耗 1100 万元。

加强预算管控，降低管理费用。在利用历史数据进行分析的基础上，从严下达系统费用控制指标，利用信息系统硬控制，实现费用管控硬约束；加强业财融合、费用分析预算。以财务预算为主线，动态分析实际经营与预算的偏差，及时干预纠偏，指导各业务单位将财务指标转化为技术经济指标和操作指标。2019 年降低管理费用 765 万元；2020 降低管理费用 3552 万元。

二、主要信息系统深化应用

1. ERP 系统

延伸 ERP 系统功能，实现客户预约，提升客户体验。依据系统交货单，优化客户提货流程，并运用微信小程序或微信公众号，实现客户网上预约提货功能。项目上线运行以来，公司自销产品 90% 以上通过客户自主预约进行提货，平均减少客户无效等待时间 70% 以上，在客户服务中心已经没有客户扎堆现象，现场管理整洁有序，极大提升客户提货体验。

煤炭采购全流程优化及结算自动化，节约采购成本。加强煤炭采购管理，持续优化煤炭采购流程，并通过流程自动化机器人（RPA），整合利用 ERP、LIMS、计量系统等系统数据，在提高结算效率的同时，运用可视化分析工具开展煤炭数据分析，做到及时调整煤种结构、供应资源结构和运输结构，最大限度提升了燃煤综合效益。2020 年累计节约燃料成本支出 3623.8 万元。

为加强设备管理，提升设备管理水平，针对原 EM 系统数据不全、应用不多的问题，抽调基层熟悉系统的人员，成为专职关键用户，专题开展了强化 EM 系统深化应用工作。按照公司“做精机关”“做实基层”的原则，根据管理需求，将工单按照功能范围、专业类别、外委服务费金额等条件设置不同的审批流程；加强专业管理，压实基层责任，完成仪表变更、延期检验、电气等 10 余个流程的适应性优化调整，提高了设备管理水平。

持续开展流程优化工作，以解决需求计划审批时间长、审核环节多问题为目标，在对需求计划全过程进行梳理的基础上，调整了审核流程，至少缩减了 2 个审核层级，并印发了《川维化工有限公司物资需求计划管理细则》，完成了 ERP 系统中需求计划审核层级和人员权限配置，有效地提高了需求计划的申报效率，计划审核时间缩短了 5—7 个工作日。

组织业务单位、技术质量部、发展规划部、安全环保部、IT 中心等相关部门梳理了项目物质在申报及审核过程中存在的问题，调整了 ERP 系统中 3 个网络审批流程，将网络创建及网络第一级审核下放到运行部，项目管理部门进行网络第二级审核。通过增加业务单位对项目物资审核权限，有效压实各层级职责，解决了物资管理部门对项目物资管理过程中的问题，提高项目物资提报的准确率，降低项目库存。

2. 生产运行

加强 MES 系统应用，提高系统运行水平，通过对 MES 数据分析展示，指导生产优化。

利用 MES 数据，对天然气装置消耗趋势分析，指导操作人员对工艺参数进行优化调控，提高乙炔产品产量的同时，天然气装置单耗降至 6271.93m^3/t，比上年天然气单耗（6312.11m^3/t）下降 40.18m^3/t，下降 0.64 个百分点；装置调优后，仅 S3.6 蒸汽单耗就从原来的 14.83t/t 乙炔下降到 14.58t/t 乙炔，单耗直接下降 0.25t/t 乙炔。按全年 10 万吨乙炔计算，全年可节约蒸汽 25000t，降低装置成本 450 万元。

分析掌握天然气气质对消耗的影响规律，针对性优化生产控制。运用 MES、LIMS 系统数据，分析不同组分含量、不同比例天然气用量对天然气单耗的影响，找到效益最大化运行方式，全年节约天然气 631.98 万 m^3，节约天然气成本 832 万元。

通过 MES 管理系统能源管理模块中的蒸汽管理日平衡和平衡情况分析，发现蒸汽差损较大，立即开展蒸汽管网清查工作。经过检查和分析，发现多处隐蔽的泄露点，马上进行了整改。整改后蒸汽管网增减了相应的蒸汽测量点和节点，并及时调整工艺参数，使蒸汽差损率由整改前的 4.5% 左右下降到 3.5% 左右，下降约 1%，创效明显。

3. 集成共享

加强相关系统间的数据自动传输、集成、业务一体化，实现业务端到端的流程贯通，数据共享，提高工作效率，有效支撑“信息孤岛”治理。

开展承包商二维码管理系统与总部 HSSE 管理系统对接实现数据共享工作。通过对粘贴在承包商安全帽或出入证背面的二维码标签“扫一扫”即可获取该人员的个人身份信息（包括相片）、健康情况、资质证书、培训教育信息、违章记录、所属承包商、承包商资质等信息，以及通过“扫一扫”便捷地进行承包商人员违章信息录入，对承包商人员实现动态化监管。

开展 ERP 系统、仓储管理系统、LIMS 系统集成工作。完成产品生产信息、质量信息、销售信息等数据集成共享，实现对产品从生产下线到销售到客户全流程跟踪，提高了响应客户投诉、快速查找质量问题的能力，提升了服务水平。

在开展“信息孤岛”治理工作中，积极探索实现集成共享的技术方式。在采用系统间接口技术方式的同时，引进流程自动化（RPA）技术，助力公司“财务转型”工作，实现了 ERP 系统与金税系统的数据共享、账务处理和销售开票自动化；实现根据销售合同、客户信息自动匹配，在资金系统收取客户预付款，并在 ERP 系统中提交收入确认基础信息，保证共享财务及时准确入账；集成公司已有 ERP 采购模块、计量系统、LIMS 分析检验系统数据，定时抓取外网煤炭价格指数，煤炭结算自动化；集成 ERP 系统、电子商务等系统数据，以需求计划为起点，全过程跟踪采购计划、采购订单、合同执行、合同付款、计划领用等各个时间节点信息。

4. 移动应用

积极拓展各信息系统移动应用，提升现有信息系统用户交互能力，全面提高工作效率，助力集团公司“马上就办”。

通过短信和手机 APP，实现生产过程重要工艺参数分级实时推送给相关人员，提高了应对生产过程异常情况的处理效率；实现产品实时库存查询，库存积压分析、存货周转率分析、库存结构分析等数据的分析，为优化仓库管理、提高仓库周转率提供了数据支撑；实现计量异常数据及时自动报警、短信推送，提升了计量管理水平；通过手机 APP 或小程序，实现产品溯源，实现了对产品生产信息、销售信息及质量信息的追踪，提高了客户满意度，提升了服务水平；借助中国石化移动平台的川维化工 APP，实现了公司新闻资讯、邮件、公文审批、法务审批、价格审批、合同管理、费用报销、工程采购、党务工作、督办管理等业务的移动应用，提高了工作效率；借助钉钉平台，实现疫情期间不同场景个人信息填报、事务性工作审批、值带班签到、网上课堂、远程视频会议等方便快捷的移动功能，为公司快速组织复工复产创造了条件。

前几年，川维化工公司因持续亏损，在信息化建设方面投入不足，深化应用创新创效也未能得到全面开展。近两年来，随着公司逐步扭亏脱困，信息化建设投入逐渐增加，深化应用创新创效成为提升管理效率和挖潜增效的有效工具，特别是公司“三定”改革后，公司 IT 人力资源进一步充实，同时引入了 RPA、帆软系统、敏捷数据中台等一批新技术、新工具，搭建形成了公司应用开发平台，数据挖掘应用的效果也开始逐渐显现。下一步，川维化工公司将继续贯彻落实集团公司信息化建设的总体规划，持续开展信息系统的深化应用工作，学习借鉴兄弟企业的先进经验，提升信息系统整体应用成效，促进应用能力和应用水平的双提升。

全面推进信息和数字化建设 不断提升规范化精细化管理水平

长城能化公司

“十三五”期间，长城能化公司信息化工作深入贯彻落实集团公司决策部署，按照“数据＋平台＋应用”新模式大力推进信息系统建设，持续加强网络与信息安全管理，不断深化网络信息技术与石化产业深度融合，着力提升信息和数字化综合能力，信息化在推进煤化工项目建设、运营和企业提质增效等工作过程中发挥了不可或缺的重要作用。

一、总体情况

“十三五”期间，长城能化公司信息化各项工作取得了新进展。宁夏能化信息化管理体系从国电集团全面转型到中国石化，部署了 ERP 大集中、资金集中管理、MES 等核心系统，并持续开展信息系统深化应用创先创效活动，为企业扭亏脱困提供了技术支撑。参股企业中天合创、中安联合利用中国石化标准代码体系和系统架构，按照租赁服务的模式开展信息化体系建设，快速有效地支撑起企业现代化用工模式和管理模式。按照大集中模式，及时对 ERP 等核心系统进行升级完善，使两家企业顺利地由项目建设期转入生产运营期，支撑起中国石化在参股企业化工部分的生产经营管理。贵州能化、蒙西能源根据项目进度不断调整优化信息化建设规划，及时部署了财务及报表等必要模块，按时实现财务并表、资金上存下拨管理，同时，又确保了信息系统不超前建设、不重复建设，有效控制住了煤化工项目投资。严格贯彻网络安全一盘棋思路，引导参控股企业按照集团公司要求，对照中国石化网络安全水平评价标准，逐一“查不足，补短板，促提升”。“十三五”末，控股企业网络安全基线完全符合总部要求，参股企业的防护水平也达到了同等水准，全面提升了煤化工企业网络安全防护水平。

二、典型做法

（一）坚持“六统一”思路，贯彻中国石化管理理念

“十三五”期间，长城能化公司按照总部信息化建设“六统一”要求，积极引导并不断推进参控股企业信息化转型工作。宁夏能化完成了由国电控股时期信息化架构到中国石化的全面转型，搭建了以 ERP 大集中系统和 MES 系统为核心的经营管理和生产运营平

台，中天合创以中国石化 ERP 大集中模板为参照完善了企业自建 ERP 系统，顺利从建设期过渡到商运期，中安联合则是更加充分地借鉴和利用了集团公司信息化成功经验和建设成果，在化工部分全面按照总部标准推进信息化建设。“六统一”管理，缩短了企业信息系统建设周期，节约了建设成本，提升了系统质量，畅通了数据集成渠道，更为中国石化在参控股公司实行股东权益奠定了基础。

（二）消除信息孤岛，坚持深化应用

“十三五”初期，对企业原有信息系统进行了全面梳理，停用了多套用户数量少、厂家停止服务、系统功能被替代的应用系统；积极部署中国石化核心信息系统，新系统充分践行“上云上平台”要求，陆续部署到云平台，业务功能也从一次开发、一次应用转变为组件开发、模块组装的方式；推进系统间集中集成，通过界面集成、数据集成、应用集成，进一步缩减应用系统数量，提高系统间协同操作和数据共享的能力。

积极开展信息系统深化应用创新创效活动，作为中国石化唯一一家投产的煤化工控股企业，2019 年以来，宁夏能化不断推进信息系统深化应用、创新创效，多次完善深化应用创新创效专项提升方案，紧扣“扎实工作、强化管理”主题，将创新创效提升方案转化为重点任务分解表，不断精简和优化评价指标，评分标准侧重质量和成效，使任务目标更加明确、重点任务更具操作性，深化应用和创新创效效果明显。

（三）加强应用系统评价，开展关键用户考核

宁夏能化制定了《信息系统应用季度综合评价方案（试运行）》和《信息系统关键用户评价方案（试运行）》，将 16 个应用系统、28 名系统关键用户纳入综合评价范围。每月开展深化应用检查与通报工作，对系统主管业务部门和关键用户进行考核，建立比学赶帮超评价机制，通过奖惩激励机制提高业务部门和关键用户的主动性。同时提出整改要求，督促各部门从业务管理角度查找、分析原因并制定改进措施，进一步提升系统应用质量，达到以信息手段促进业务管理水平提高的目的。

各系统应用主管部门需确定兼职管理人员并制定系统应用要求，确定详细的应用目标及指标，定期开展系统应用分析，利用系统应用暴露出的问题，查摆专业管理过程中的缺陷漏洞，倒逼专业管理提升。ERP 各模块关键用户则需要梳理模块使用权限，使操作、审批、维护等角色分配清晰，流程一目了然，建立权限使用原则，让用户用熟、用精 ERP 系统，不断规范操作，提高应用质量。

三、主要成效

（一）深化应用和数据治理初见成效

宁夏能化在深化系统应用和数据治理方面初见成效。截至 2020 年 10 月底，共计确定

21项总体目标和47项重点工作任务，开工作例会50次、研讨交流10次、组织应用竞赛46次、开展应急演练2次、组织应用培训48次（5656人次）、完善制度20个、应用调研7次，规范应用16项、应用间集成共享14项、流程优化45项、系统参数优化23项、数据分析20项、功能优化完善15项、模型优化2项、实现移动应用6项、优化资源配置1项，实施成果19项、取得经济效益4012万元，“两化”融合效果日益凸显，数字化转型助力企业提质增效初见成效。在总部对标评比中得分也从2019年6月首次纳入的80分持续提高到95分以上。构建了数据治理、数据标准化和数据资产化管理的保障机制及支撑体系，核查并完善MES、ERP、LIMS、视频监控等系统关键指标数据，形成标准化数据3600多条，提升数据质量约计58.99万条，清洗13.94G、1400余张表的主数据，形成公司主要业务领域的数据资产，保证了数据分析的真实、准确，为公司生产经营决策、成本管理、预算管理提供了有效保障。

（二）规范化、精细化管理水平不断提升

“十三五”期间，煤化工控股企业全面推广实施了ERP大集中、集团统一报表、共享服务等平台，完善提升了资金集中、合同管理、审计、纪检监察等系统功能，强化了集团管控、风险防范，促进了管理提升、业务转型。2020年，宁夏能化完成ERP公司代码合并，减小资金风险，汇总合并纳税取得税收优惠；开发综合办公平台，固化179个业务流程，全面实现无纸化办公，全年累计发起各类业务20.39万条，同时在所有节点加入“马上就办”考核机制；贵州能化根据聚烯烃项目进展情况，及时对ERP系统进行完善升级，并对合同管理、HR、易派客等11个系统同步开展变更，实现了物资采购全过程线上跟踪，ERP采购订单与合同管理、费用报销系统无缝集成；按照总部要求，对财务账务权限进行梳理及整改，共计梳理出相关权限45项，删除或修改权限共11项，有效解决了共享实施后部分ERP手工制证权限未及时清理等问题，进一步防范了业务风险。

（三）精益生产、本质安全得以保障

1. 新技术新抓手，实现生产运营一体化统筹管理

宁夏能化MES系统完善162个装置开停车关键点位、1577个有毒有害气体报警点位、337个水、电、煤、气的能耗在线监测接入，同时实现全厂生产一键分析报表功能，比出具传统报表每天节省近8个小时；实现产品智能提货，进一步提升客户服务满意度，通过“在线预约+在线安全教育+车辆门检+二维码自动提货”模式，订单平均处理时间由原来3天缩短至1天以内；实现工控黑屏操作，自控率保持在98.5%以上，串级等复杂控制回路全部投运，达到高精度的控制；建立各装置报警信息实时监控，实现分级、分时报警信息统计，同时根据管理人员级别，将报警信息实时手机分级推送；利用可视化图表技术，将数据进行视觉化的图形对比，实现缺陷看板、现场直接作业动态监控、岗位责任制考核自动排名等；实现危险化学品安全生产风险动态监测和实时预警，有效提升危险化学品安全监管的信息化、网络化、智能化水平，有效防范化解重大安全风险。

2. 小系统大效果，打造生产实时监控平台

中天合创化工分公司实时数据库移动端本着“需要什么，展示什么”的原则，实现了流程图展示、趋势图展示、关键位号监控、位号查询、最近查看位号查询、监控报表展示、基础应用管理等功能。该系统通过与 ASPEN IP21 数据库连接，可以查询实时数据监控系统中三万六千多个位号的实时数值；使用 SVG 和 JavaScript 开发语言技术，绘制了 50 多张企业工艺流程图和 3 张工业蒸汽及烟气监测相关报表，并能以曲线形式查询较长时间内位号数值的趋势。实时数据库移动端为企业管理者提供了快速、及时、准确地获取生产实时数据及历史数据的可能，提高了决策的科学性，也服务于企业的安全环保、稳定生产、节能降耗，避免或减少因决策失误而造成的安全生产事故和经济损失，提高企业市场竞争力。

3. 新系统新尝试，初步构建设备完整性管理体系

2020 年 6 月份中天合创化工分公司迎来自 2016 年 9 月投产以来的首次全厂停工大检修，共涉及 5 个运行部、44 套装置，计划大检修项目为 3076 项。煤化工企业全厂停工大修改造是一项复杂的系统工程，为落实检修前期准备阶段“八落实”工作，克服新冠疫情不利因素，化工分公司经行业广泛调研，建设了一套可视化大检修管理信息系统，采用“互联网 + 大检修”应用新模式，加强大检修项目的现场技术交底、“H、R、W”节点管控及完工验收环节的监控力度，通过大检修作业过程的标准化、痕迹化管理，来实现安全检修、文明检修。

化工分公司检修管理信息系统在 2020 年度的实践应用中，以大检修计划为中心，通过移动端对各进度控制点、质量控制点进行状态标识、检修记录录入和影像资料采集，实现了检修项目的可视化技术交底和验收。当检修项目进度异常或控制点资料缺失时自动报警提醒，最大限度地降低作业环节中人为不确定性因素的影响；系统实现了“过程管控痕迹化、数据资料规范化、管理决策透明化”的既定建设应用目标，为信息化系统在设备完整性管理体系建设中的应用探索积累了宝贵经验。本系统在以下方面取得了很好应用成效：

（1）系统提供了设备检修工序标准库、验收节点库、检修材料库、施工企业资源库，也允许用户定制化开发个性化的检修工序模板库及验收节点模板库。实现了大检修计划与设备台账、检修工序内容模板库、验收节点模板库、检修材料库、施工企业资源库的级联调用方式，使检修计划的创建更便捷，也便于检修数据的分类统计及分析应用。

（2）系统根据检修计划及各工序的时间节点，可自动生成检修项目进度甘特图；系统遵循 PDCA 理念，及时纠偏，保证检修顺利按进度完成。

（3）系统提供检修网络图在线绘制及应用功能，网络图节点可关联检修计划，挂接文档；网络图的节点也可关联至检修计划中的质量、进度节点。

（4）系统提供灵活的检修计划审批、验收流程配置模式，可对检修计划的审批、验收状态进行全程跟踪，并以“我的工作待办”的方式向审批、验收负责人推送相关申请。移动端全面支持检修计划内容的查询、现场技术交底、检修节点验收状态变更、检修记录录入及工作待办提醒等功能，强化了检修作业质量、“现场最后一公里管控”，为用户提供“移动互联 + 检修”的全新服务体验。

（5）根据检修专项细分管理需要，系统将盲板专项管理、定力矩专项管理、施工机具管理、特种设备检验检测等专项应用模块单独作为专项管理。

（6）基于检修计划台账、施工单位人员台账、施工单位机具台账等基础信息，通过移动端拍照及检查记录的形式，对施工人员、施工环境的合规性进行安全监督检查。系统支持自动生成检修安全监察记录台账，支持按组织机构、违章类型、违章等级和违章时间段进行统计分析和查询应用。

（7）系统提供检修动态看板应用，这一功能是本系统中的一大亮点，按照专业管理需要，为各级管理者提供全面检修动态信息可视化看板。

（8）系统支持利用各类数据，通过定制化开发应用，可自动生成 PPT 版检修日报。

（9）检修记录文档以设备台账为中心进行一体化归档管理，通过设备台账可实现对设备历史检维修记录的查询应用。

（四）智能煤矿建设正式启动

宁夏能化煤矿井上下通过环网形式将工控数据传输至综合自动化平台，已建成安全监控、人员定位、矿压在线监测、主通风机监测等系统，实现了多网、多系融合，在瓦斯超限、断电等需要撤人的紧急情况下，实现了安全监控系统自动与应急广播、通信、人员定位等系统的应急联动，提高了煤矿安全预警水平，实现了安全监控信息的深度分析和综合利用，提升了井下日常安全生产技术保障水平。2021 年，该系统将进一步完善升级，为下一步智能煤矿建设做好准备。

三、展望

“十四五”期间，长城能化公司信息化工作将深入贯彻习近平新时代中国特色社会主义思想，认真落实集团公司各项工作部署，按照总部“十四五”信息化发展规划和“432 工程”，基于“数据 + 平台 + 应用”模式，不断推进信息化项目“上云上平台”进程，打造煤矿标准化数据体系，推进智能煤矿建设，不断提升公司信息化能力和数字化水平，有效促进煤化工企业新旧动能转换、产业提质升级。重点工作，一是要以宁夏能化两个煤矿为基础，建立煤矿标准化数据体系，打造“工业互联网 + 智能煤矿”试点建设。二是要根据贵州能化 PGA 项目进度，做好全厂信息化建设规划，以工程管理系统为切入点，开展煤化工企业首家智能工厂建设。三是根据总部部署安排，推进中天合创水务管理等重点应用。

第六篇

开展“互联网 +”应用
打造现代化综合服务商

加快数字化转型　为油品销售企业转型发展赋能

销售有限公司

一、总体情况

“十三五”期间，在集团公司信息和数字化管理部的指导下，销售公司紧密围绕向“油气电氢服”现代化综合服务商转型的发展目标，坚持“内涵挖潜、外延转型”指导思想，以客户为中心，以市场为导向，以价值为引领，以改革为动力，信息化各项工作积极开展，平台支撑能力显著提升，安全防护能力有所增强，为公司数字化转型奠定了较好的基础。

在基础平台方面，依托石化智云，销售公司全面推进“系统上云，开发上平台”工作。按照“数据 + 平台 + 应用”的开发模式，建设销售企业核心系统。所有新的开发项目，统一在“石化智云”上进行开发建设，老系统逐步向云平台进行迁移。所有项目开发，均依托“持续交付平台”进行，对开发、测试等进行管控。

在网络安全方面，加强互联网应用治理，统一互联网出口，加强安全测评，压实安全责任，及时整改安全漏洞，整体安全水平呈上升趋势，网络安全水平评价情况逐年提升。开展网络攻防实战演习，多措并举阻断网络攻击，网络安全防护能力明显提升。

在应用建设方面，积极开展加油卡升级换代和站级一体化建设，整合线上线下平台和客户资源，提升数据分析支撑能力，取得了较好的成效，为公司数字化转型奠定了较好的基础。

二、典型举措

1. 积极推进加油卡升级换代及站级一体化建设

石化钱包建设和应用成效显著。系统采用“平台 + 数据 + 应用”的设计理念，实现钱包应用的集中部署、分省开户、跨省消费、全国营销，支持一键加油、油机授权码支付、钱包付款码、钱包闪付等多种支付方式。项目采用迭代开发的方式，于 2019 年底完成核心功能的开发，并组织销售企业实现功能调通、站点全覆盖，2020 年 1 月开始，组织企业在加油站进行内部测试，3 月 15 日正式向社会提供服务，受到客户的广泛欢迎。特别是疫情期间，石化钱包为客户提供了无接触服务，无接触加油、无接触支付、无接触开票，保障社会油品供应，为复工复产助力加油，受到广大客户的欢迎和点赞。

启动加油卡升级换代建设。通过系统建设，解决老系统安全措施和风险管控措施不足、系统架构落后的问题，提高风险防控水平，提升客户体验。2020年底前，完成了新加油卡系统核心功能的开发，并进行了测试和切换演练，为试点切换做好准备。

推进站级一体化建设推广。站级一体化集成了加油卡系统、便利店系统、充值卡易捷卡系统、发票系统、资金监管系统、零管系统和CRM电子券系统等，实施站点超过2.2万座，实现了油品一键班结、多项业务一屏操作，油非一体化收银等功能。“一键到车”应用在北京、上海、山东三家企业试点，实现购物不下车、一键配送到后备厢（图1）。

图1　一键加油、一键送到后备厢

2. 整合平台和客户资源，提升互联网+支撑能力

建设统一APP和微信小程序。为树立品牌形象、提升客户体验，销售公司整合了企业自建线上渠道，集成了18家企业自建APP功能，统一APP入口，支持地址切换至地市，支持自建功能扩展集成，实现了统分结合的线上应用体系架构，优化了界面布局并支持企业定制化界面。集成了一键加油、“石化油你”、易捷商城、易捷海购等应用。同时建设加油中国石化小程序，支持企业及商户入驻，与APP及周边系统共同打造全国统一营销活动，实现用户数据同步联通。

全面整合销售企业会员资源。以CRM系统作为各线上、线下渠道的统一会员池，集成油品、非油品、统一APP、企业自建APP、微信及小程序等各渠道会员数据，最大化集中客户流量，深挖客户价值。截至2020年底，已实现集成客户数据（经手机号去重）1.64亿条，为会员积分体系打下了坚实的数据基础。由用户中心在统一会员数据的基础上进行用户标签分群及画像，同时对用户行为及交易数据进行智能分析，依据分析结果制定用户触达计划，逐步实现精准营销。

大力推进电子券营销。以电子券作为全国统一营销活动的重要手段，在2020年6月份实现油品券全国25家企业的推广应用、非油品券全国31家企业的推广应用，支持线上线下全渠道、跨业务线、跨平台的电子券营销。支持与第三方平台实现异业合作，如河南移动、湖北银联、第三方电商、洗车、车服等平台，打造了联合营销新业态。

3. 以需求为导向，深化数据分析应用

销售板块在多年的信息化建设和长期运行过程中，积累了大量的基础数据，但数据分布于多个业务系统，数据分析和应用难度较大。“十三五”期间，销售板块加大整治数据壁垒力度，数据仓库数据源在 ERP、零售管理和非油品等系统基础上，扩充了物流、液位仪、电商平台、加油卡查询等系统数据，为数据分析和应用打下坚实基础。并依托总部大数据服务平台，以需求和应用为导向，建设了大屏端的经营管理数据中心、手机端的“油你掌控”，以及面向加油站长使用的“站长俱乐部”微信小程序。

经营管理数据中心和“油你掌控”主要实现了覆盖终端的 3 万余座加油站、700 多个开票点、2 万余座便利店、近 300 座油库，以及数万条物流运输渠道的可视化体系，实现了销售企业的数字化运营与管理。多种可视化方式清晰表达企业经营指标及业务流向，让管理者一眼发现问题、掌握趋势、提升洞察力。加油站所处的环境和竞争状态，通过车行等时圈、布局竞争、站点价值、POI 核密度这 4 个点将宏观、抽象的地图信息实施可视化和数字化展示。通过划分周边、统计周边竞争加油站、量化加油站（销量）水平、量化加油站周边环境，分析中国石化和社会站加油站所处的位置环境，对加油站的布局和竞争态势分析有极佳的参考作用。同时对于未来我们收购、租赁、关停站具有指导意义。

“站长俱乐部”实现加油站站长实时查询本站销量、价格、库存；日结销量、价格、库存；便利店销售；加油位热点；竞争站信息采集情况等功能，为站长日常工作提供了方便快捷的技术支撑。

三、主要成效

石化钱包于“3.15”正式上线后，客户增速稳定，活跃度较高，日均开户超过 15 万个，日均消费超过 70 万笔，截至 2020 年底累计开户超过 3100 万个，节约发卡成本 1.77 亿元。系统功能日益丰富，支持四种支付场景，涵盖油品、非油品、天然气多种业务，通过电子券、明折明扣等营销手段，实现一站一策、一域一策、一户一策等精准营销。站级一体化上线后，简化了班结操作流程，实现系统自动班次维护、自动汇总分类付油数据、自动实现油罐交接、自动进行付油逻辑校验，实现一键班结，提升了工作效率。

销售公司统一了线上平台入口，集中了销售企业客户流量，通过线上及线下渠道向客户宣传推广，将原“中国石化加油卡掌上营业厅”更名为“加油中国石化”。截至 2020 年底，统一 APP 日活用户量较 2020 年 6 月初增长超过 300%，大大提升了公司的整体形象及流量价值。同时发展线上商城业务和企业员工分销，壮大加油中国石化微信小程序的非油品业务，截至 12 月底，已实现小程序用户量 1633 万个，访问量达 4009 万次，共支持全国 38 家省市级企业 120 多场直播活动。最后，电子券的应用逐步扩大，截至 2021 年

1月25日全国共21家单位应用了油品券的赠券及用券功能，油品用券率为10.9%，带动比为182%；全国共31家单位应用了非油品券的赠券和用券功能，非油券的平均用券率3.00%，带动比253%。

经营管理数据中心等数据分析上线后，依靠中国石化大数据服务平台的强劲计算能力，以多样化的形式为销售企业四级管理人员、业务人员提供了全链条、准实时、真实的数据分析支撑，取得了良好的效果。一是加强信息共享机制。依托经营管理数据中心，实现主要高速路系统内外加油站价格、销量等信息共享，方便经营决策和策略协同。不断完善系统内外的加油站地理位置、价格、销量等信息和降价信息预警等。二是统筹定价决策机制。制定分区域阶梯定价，根据市场规律和周边环境，总部确定各省最低挂牌价，充分发挥省市区域作用，形成了合理价格梯度，提升企业整体量效水平。

四、展望

“十四五”期间，销售公司将紧密围绕向综合服务商转型的战略目标，坚持业务驱动、问题导向、技术支撑的原则，补弱项、提短板，积极推进信息化建设，挖掘数据资产价值，按照“一切业务数据化，一切数据业务化”的思路，继续推进项目建设，提升信息化支撑能力，推进大数据运营，支撑管理和辅助决策，加快促进经营管理、生产营运、客户服务的数字化转型，为公司高质量发展提供新动能。

加快信息化建设和应用 推进销售业务创新创效和精细管理

浙江石油分公司

“十三五”期间，根据集团公司信息化工作总体部署，浙江石油信息化工作紧密服务企业精细管理，聚焦“互联网+”与传统行业深度融合，以互联网培育新动能，以技术创新促进经营创效，持续提升信息化应用水平和价值引领效应。回顾“十三五”期间信息化建设与应用工作，重点从以下几个方面进行总结汇报：

一、总体情况

浙江石油信息化工作一直坚持以ERP为核心巩固企业精细化管理的内生动力，积极探索互联网应用拓展业务外延，重点在经营管理、生产运营、客户服务等三个方面：在经营管理方面，充分利用自身ERP集成平台的开发优势，持续提高系统集成和数据共享水平，重点消除信息孤岛，促进基层人均劳效改革，先后推出了ERP月结管理平台、全面预算管理和绩效考核平台、微信移动化经营信息平台、网点资金动态监控等创新应用，不断强化信息系统不相容岗位权限管理，实现全省互联网安全统一出口，不断完善ERP核心存储与数据库的升级，不断优化信息系统应急预案，确保信息系统平稳安全运行，为全省经营管理做好技术服务；在生产运营方面，突出了以安全生产为第一要务，积极探索智能库站建设，在基层作业中增强智能感知、人技联防的安全管控手段，充分利用微信安全督查平台、智能管线、油库自动化、电子签封、油罐车绿码等集成应用，大力提高基层单位劳动生产率，降低基层作业监管成本；在客户服务方面，浙江石油在销售企业中先创了易捷钱包、便捷加油、权益卡等创新应用，充分利用ERP集成平台为油非业务提供数据服务，不断挖掘数据价值，积极探索数字化精准营销，推动油非业务线上线下深度融合。

二、典型做法与应用成效

“十三五”期间，浙江乃至全国的成品油市场竞争不断加剧，企业经营压力和创效压力不断加大，浙江石油信息化工作围绕打好“提质增效”“效益保卫战”等中心工作，持续推进信息化创新创效工作，重点为全省系统在精细管理、数据价值挖掘、拓市创效、油非融合、基层微腐败、人均劳效等重点工作提供坚实可靠的信息化、移动化创新应用，以下重点总结几个具有代表性的创新应用成果及其成效：

（一）自主研发易捷钱包，打造专属的移动支付

面对互联网在线交易、移动支付即时到账的便利消费，销售企业的广大加油卡客户在消费体验、优惠服务等方面都提出更高的要求。2015 年，浙江石油自行研发了微信公众号，2017 年开发上线了易捷钱包。易捷钱包相当于加油卡的电子载体，加油卡充值后需要圈存，而易捷钱包充值实时到账，不需要圈存，满足现金客户在加油购物时的移动支付。同时也为加油卡客户开通了微信充值的渠道，客户可以查询加油站余额和消费记录，并逐步基于易捷钱包推出了电子发票、便捷加油和车牌付等创新功能，不断改善客户的消费体验，也成为浙江石油开创加油站新零售、跨界合作、数字化精准营销的又一利器。截至 2020 年年底，浙江石油微信公众号已超过 1300 万个易捷钱包注册账户，易捷钱包日均消费 24 万笔交易、合 6000 万元交易额。

（二）挖掘数据价值，服务精益管理

为了打赢“效益保卫战”，提出了把全面预算和绩效考核纳入制度化轨道，将效益目标与绩效考核相结合，聚焦提升创效能力。2019 年浙江石油自行开发了业财一体化全面预算考核平台，动态反馈各级单位的效益、指标完成情况，辅助经营决策，实现利益最大化。该平台是以 ERP 平台中经营绩效为主轴，以零售、直分销、非油品专业线条为主线，梳理基础架构，细化了数据颗粒度，数据标签细化到产品类别、销售渠道、销售组织、提货方式和具体客户，实现纵横交错、自由组合、多层级多维度分析与对标；在该平台的实际应用过程中，满足了效益完成进度与职能部门经济责任考核挂钩，效益指标季度占比提升至 48%，年度占比提升至 50%，月度考核，季度兑现，运用大数据分析技术，切实贯彻了“量效兼顾、量价双收”的战略意图，为打赢“效益保卫战”提供了技术保障服务。

全面预算考核平台的实际应用，取得了良好的应用成效：一是节约了人工成本。为实现精细管理的要求，通过业财一体化全面预算考核平台，可以实时统计加油站层级的效益，按 13 个分公司和 65 个支公司，每月每次可节约 40 个工时测算，每年总共可节约 37440 个工时（78*12*40），相当于可节约 20 位管理人员，对应节约年人工成本 210 万元；二是在全省系统中不断加强成本费用管控力度，强化降本压费意识，层层传递创效控费压力，推动全面预算不断下沉到基层，提高预算偏差执行分析频次与效率，进一步优化人工成本与薪酬分配结构，推进全员成本目标管理工作。

（三）拓市创效，开辟网约车竞争新战场

2018 年以来，社会上“互联网 + 打车”模式越来越成熟，运营车辆规模不断壮大，各类平台亦充分捕捉到运营车辆加油需求的商机，出现了“互联网 + 加油”平台与线下社会加油站进行合作。2019 年，浙江石油经过摸排调研省内运营车辆加油市场需求，决定

开辟网约车竞争市场。2020 年 4 月份，依托微信公众号和易捷钱包，自主开发并成功推出了网约车“加油惠”平台，以 ERP 为基础通过微信公众号对网约车司机进行认证，为各级零管人员提供网约车司机加油、消费券、奖励等多个数据统计分析功能，充分保障自有平台的数据安全。同时，针对司机推送各类专属权益，如洗车吃饭需求，推出赠送洗车券和消费券优惠，配合微信平台的“一键分享”传播裂变机制，给予司机分享得消费券活动，实现网约车“加油惠”平台发展与客户需求双赢。截至目前，该平台已有注册网约车用户数 2.9 万人，约占当地网约车市场总量的 60%，日均加油量 180—200 吨 / 天，保持稳定日均加油量。根据活动历来综合吨油成本约 1170 元 / 吨测算，若按汽油外采批零价差 2400 元 / 吨计算，再排除其他宣传、考核奖励成本投入，网约车活动自开展以来累计创效约 1900 万元。

（四）技术创新，做大非油业务数字化转型

浙江石油利用自身管理、业务和技术的综合优势，确定了把非油创新作为提供差异化增值服务、可持续快速发展的关键一招，不断推出创新性业务。2019 年 4 月份，针对广大车主推出了售价为 298 元 / 年的付费权益卡。该模式属于全系统内首创，车主权益卡整合了全省系统内加油和外部洗车网络资源，以 ERP 平台为核心，实现了与微信公众号、电子券、便利店系统以及资金结算的集成共享，重点解决了功能开发、接口集成等技术问题，车主权益卡的模式来构建付费会员体系，车主购买权益卡可以获得包括每年定量的加油优惠、优惠洗车、易捷折扣券、道路救援、4S 店保养优惠等多种权益，逐步形成了车主服务的合作平台、生态圈。截至目前共发售 18 万张车主权益卡，对比权益卡办理前后的客户数据，有 69.8% 的客户月均消费量提高（平均单卡增加 63 升），从单客加油看，平均月消费量从 89 升提高到 122 升，增幅 37%。此外，浙江石油在近 2 年的“易享节”活动中，突出体现了信息化技术在非油品业务创新的支撑作用：“易享节”前期通过微信公众号开展线上预售，接受零售客户和团购大客户提前下单；开发“一件加 1 元”的电子消费券、优化电子券的结算流程，加快了海鼎便利店系统中完成交易结算效率；启用了移动防爆 POS 扫码、员工手机微信扫码和“手机收银”功能，门店现场真正实现了“人人都是 POS 机，处处都是收银台”，大大提升了高峰期门店承载力和通过率；整点播报销售排行榜，营造销售竞赛氛围，利用数据大屏和微信易享节数据看板，实时呈现分公司排名、片区排名、加油站排名和品类销售情况，营造了“你追我赶，人人争先”的销售竞赛氛围。2019 年易享节实现销售额 9460 万元，名列销售企业第一；2020 年易享节交易高峰期间，用券核销达 2453 张 / 秒，共实现销售额 2.38 亿元，占整个销售企业销售额的三分之一，又一次创造了新的销售纪录。

（五）强化信息管控，提升企业综合治理效能

利用信息技术的自动化、智能化管控措施，服务于企业风险防控，提升企业治理效能，这是浙江石油精细化管理的一大特点。2018 年，根据销售公司开展基层“微腐败”整治活动的要求，浙江石油重点加强便利店商品库存管理，由省公司非油品中心、财资

处、审计处和信息处成立专门的项目研发小组，将便利店商品库存、营业款收缴等运营管理工作与“基层微腐败”“构建大监督”中心工作相结合，依托 ERP、便利店海鼎系统和微信平台的集成开发，推出了便利店盘点移动化应用。盘点人员通过手机微信公众号，可以分区盘点、自动定位、扫码核对、自动统计，快速准确地完成便利店商品盘点工作。通过便利店盘点移动化应用，浙江石油非油品线条的商品盘点工作摆脱了以往传统的、低效的盘点模式，原本 1 个盘点人员花费 2 天时间盘点一个便利店，现在可以在半天内就可以完成。按照全省在营便利店 1500 家、每店每月开展 1 次库存盘点、每次盘点工作节约 1 人、每人劳务费 150 元 / 天计算，全年可节约费用 270 万元。另外，依靠手机 GPS 定位，强制要求盘点人员必须在指定的便利店现场盘点，避免异地作假盘点，利用技术手段防治基层微腐败。再比如，为了提升油库安全作业的隐患治理能力，浙江石油于 2016 年开始探索油库智能化改造，建立了油库“全自助”发油工作法。该创新工作法是将发油作业操作规程、安全积分管理与 ERP 系统、油库智能平台、物联网传感器、自动仪表和信息化集成技术融合在一起，实现发油作业无人值守的创新工作法。通过油库智能化建设的试点，提高了公路发油效率，单车运行效率提升 67%；油库的人均劳效改革取得突破性进展，油库人员编制从 63 人降到 47 人，每年仅人工成本可节约 60 万元。

三、展望

结合省公司数字化转型的推进进程，结合浙江经营管理和改革发展的具体任务，继续发扬浙江石油在信息化建设与应用工作的务实创新精神，重点计划做好以下几个方面的工作：

（一）发挥整体合力，共同推进数字化转型工作

省公司信息管理部作为数字化转型和信息化应用的主体，要做好整体规划与发展路径，积极主动地做好技术研发和技术储备，为经营业务赋能增效；省公司各职能部门结合本线条各自工作重点，推进本线条业务深化应用与知识传递，突出“以效为先”信息化工作宗旨，共同做好数字化转型工作。

（二）集思广益，积极探索“互联网 + 加油”的创新营销

依托浙江石油微信公众号积累的客户消费数据，不断优化数据分析模型，挖掘数据价值，开展精准营销，打造更精准、更智能的营销系统。

（三）加强人才培养

针对目前的人才短板，加快培养信息化研发人员和运维人员。针对现有各信息系统，努力培养应用骨干和关键用户，发挥信息系统应用成效，为企业经营管理、提升数据资产价值做好人才培养工作。

夯实基础 精细管理 创新引领 以信息化助力转型发展

安徽石油分公司

一、总体情况

“十三五”期间，安徽石油紧紧围绕集团公司战略部署和发展规划，认真贯彻落实集团公司和销售公司各项工作，聚焦“提质增效、转型发展”，持续提升信息化、网络化、智能化和客户服务水平，探索建立异业合作生态，以信息化促进企业提质增效、深化改革、创新发展，支撑新经济、新产业、新业态做强做优做大。安徽石油荣获集团公司2016年度信息安全A类企业、2017年度网络安全先进单位、2018年网络安全水平评价A级企业，2019年深化应用创新创效A类企业，2019年通过“两化”融合管理体系贯标认证，视频监控建设及应用荣获集团公司深化应用创新创效优秀推广成果奖，掌上石化系统荣获集团公司管理创新二等奖和销售公司改善经营管理成果二等奖，快扫码系统荣获销售公司第二届“一线工作法”一等奖和安徽省重大合理化建议项目奖。信息化在公司的改革发展、转型升级、从严管理中发挥了重要作用，取得了丰硕成果。

二、典型举措

（一）与经营管理深度融合，提升精益管理

一是提升远程监管能力。建立省市两级的视频监控联网平台，建设市级视频督查中心，通过远程综合监控对所辖站点的现场设备设施、现场管理和直接作业环节等进行巡查。液位仪系统在全省广泛应用。自主开发掌上石化APP，实现督查管理、客户拜访管理、员工考勤管理的多维化和智能化，同时提供二次物流评价、商品资金精细化管理、竞争对手动态管理、新建站点选址决策分析、经营决策分析、营销效果分析及各类统计报表功能。开发安徽石油人力资源云平台，采用省、市、县三级管理架构，对安徽石油全体员工进行全口径分级管理。

二是提升资金监管能力。普票系统覆盖全省开票网点，缩短开票时间，杜绝人为虚开和其他违规开票行为。费用报销系统全面推广，费用及预算管理更加精细，制度执行更加严格，资金管理更加安全，数据分析更加高效。资金监管系统实现销售业务与资金的自动关联。

三是拓展营销手段。随着移动互联网产品及基础设施的快速普及和推广，各大具备支付牌照的企业都在大力推广 APP，三方交叉营销也从刷卡立减的线下操作转变为通过 APP 引流的线上营销活动。为积极应对市场变化，自主开发徽友营销平台，实现和第三方交叉营销、资源共享。

四是深化系统应用。利用加油卡、ERP、合同等信息系统的功能和数据资源，结合经营管理实际，以提升技经指标、提高工作效率、防控业务风险为目标，深入开展深化应用创新创效活动，总结提炼和推广优秀成功案例，提升信息系统整体应用水平。

（二）与客户需求深度融合，提升竞争优势

一是拓展线上线下融合业务。打造微信公众号和易捷商城 APP 两个客户营销服务平台。不断深化 APP、微信运营和会员体系建设，充分挖掘网络和客户优势，线上线下融合，满足客户多元化需求。全面推广直分销开票提油移动应用，打造直分销客户新型服务体系，成品油大客户足不出户便可享受全程无接触线上购油、预约提油、在线查询等多项服务。

二是提升站级服务能力。快扫码系统覆盖全省加油站，运用云服务技术，识别市面上几乎所有的发票二维码，打通了中国石化普通发票系统、加油卡充值系统和全国充值卡系统都需要单独配一杆扫描枪的硬件壁垒。微开票系统在原有普通发票系统的基础上，实现自助获取电子发票。自主研发智慧电子发票系统，将现场开票改为事后开票，将员工开票改为客户自助开票，将站房内开票改为泵岛开票，开创了全新的开票模式。与高速集团合作开发 ETC 系统，在加油站开通 ETC 发行、充值及安装，拓展加油站综合业务。推进"司机之家"建设，运用物联网技术为广大货车司乘人员提供"衣、食、住、行"优质服务。与工商银行合作开展 ETC 加油项目，实现 ETC 识别，授权码加油。

三是优化自助服务体验。发卡网点部署应用高拍仪设备，快速录入客户办卡资料，减轻发卡网点业务办理压力。加油站部署加油卡自助柜员机，客户自助办卡、充值、圈存，缩短等待时间，客户满意度显著提高。

（三）与基础作业深度融合，提升运营效率

一是加强基础设施建设，提高支撑保障能力。省市公司机房改造，部署环境报警装置。专线带宽提升，网络流量实行分级控制。实现互联网统一出口，关闭各市公司及油库 34 条互联网，累计迁移互联网用户 1 万余人，完成省、市网络边界防火墙部署，有效抵御外部侵袭。

二是加强基础系统建设，提升信息服务水平。全省建立起总部、省、市、县（加油站、油库）四级高清视频会议系统体系。推广无纸化会议系统，实现会议申请、部门资料上传、文档同步及异步查看、纪要管理和资料归档等功能。智慧学习平台，实现题库导入、日常练习、考试测试、练习统计等功能，为学习竞赛的管理者提供一整套竞赛比武学习管理的工具。

三是加强安全管理，完善信息安全管控体系。加强 IP 地址和终端实名制管理，开展统一身份和弱密码专项治理，有效降低终端准入风险。全面推广信息安全防控系统，依托准入控制系统，强化入口管控。依托桌面安全系统，实现终端安全管控和精细管理。依托 360 防病毒系统，提高终端设备防护能力。

三、主要成效

（一）基础管理不断夯实，提高了信息保障能力和安全管控水平

一是网络运行稳定性和传输能力显著提高。互联网实现统一出口，全省网络升级架构优化，网络稳定性显著提升。

二是信息基础设施水平迈上新台阶。省市公司机房提升改造，配置环境报警系统。建成总部、省、市、县四级高清视频会议系统，推广无纸化会议系统，实现线上线下一体化的参会体验。完成加油站无线网络建设、应急指挥中心及视频会议中心建设，基础设施信息化水平持续提升。

三是全面建成信息安全立体化管控体系。完成统一身份和弱密码专项治理，全省 6131 个统一身份账号个人信息完善率达 100%、密码定期修改率达 100%。全面推广信息安全防控系统，全省构建起“监控、防护、溯源”三位一体立体化管控体系，提升了公司整体网络安全态势感知及应急处置能力（图 1）。

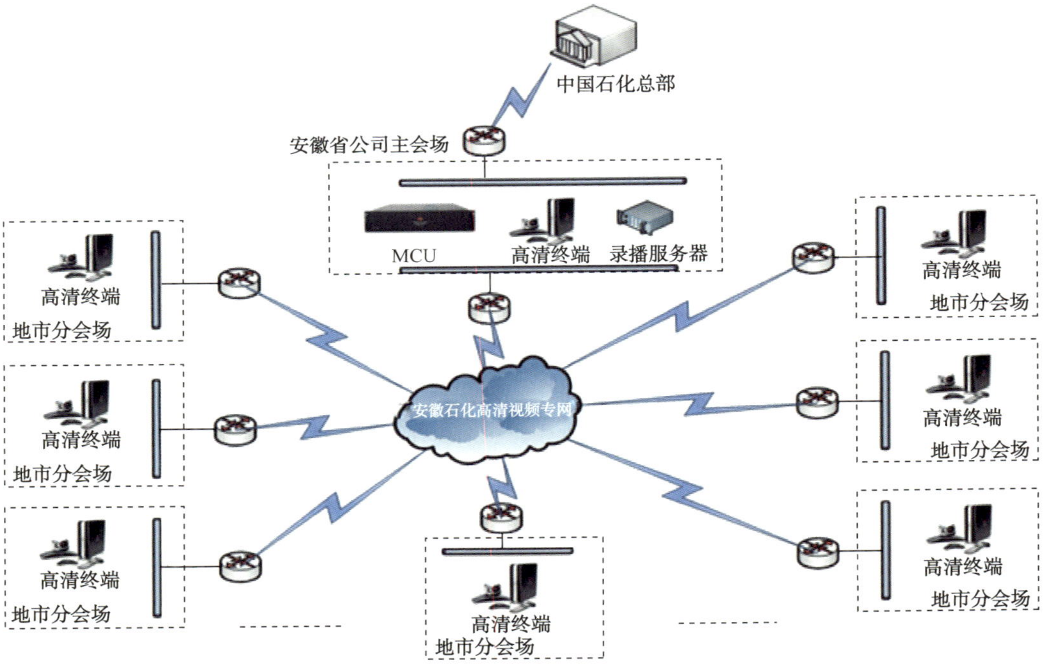

图 1 信息安全立体化管控体系

四是消除信息孤岛工作全面展开。完成企业自建、统建集中、统建分散3类共25个应用系统的统一身份集成，有效解决了各信息系统应用账号相互孤立的问题和安全风险隐患。

（二）加强统筹谋划，健全了信息化发展与保障体系

一是加强组织领导。进一步健全信息化组织管理体系，认真落实各级信息化管理职责。成立安徽石油分公司网络安全及信息化领导小组，研究决策重大信息化事项。

二是抓好顶层设计。健全信息化制度体系，修订完善信息化管理制度，加强信息标准化管理。

三是强化队伍建设。开展多维度、多层级的信息化培训，不仅提高信息人员的专业技能，还涵盖一批业务部门人员，提升公司的整体信息化水平。自建学习强企移动端应用，形成“比学赶帮超”的良好氛围。

四是深化应用创新创效取得成效。覆盖ERP、ERS、视频监控、掌上石化等17个重要信息系统，充分利用各系统功能和数据资源，结合经营管理实际，总结提炼和推广优秀成功案例，提升信息系统整体应用水平，推进企业转型发展。

（三）“两化”深度融合，推动了企业精细管理水平提升

一是完成“两化”融合管理体系贯标。紧紧围绕企业发展战略，结合公司自身能力结构、市场竞争对企业能力的需求、用户需求对公司能力的需求等内外部因素，构建满足安徽石油可持续竞争优势的新型能力体系。2019年12月13日顺利通过“两化”融合管理体系贯标认证。

二是以ERP为核心推动管理创新。ERP大集中成功上线，进一步提升了标准化、规范化管理水平。掌上石化实现管理指标的精准收集、分析各类数据的管理成效、梳理优化业务流程、多维化控制关键业务节点，创建智能化管理机制。人力资源云平台提高工作效率，降低委托站用工管理风险。

三是远程综合管理能力显著提升。视频监控联网平台实现全省加油站、油库、施工工地及非油品中央仓高清视频监控全覆盖，为日常管理、施工安全监管、突发事件处理提供了有力的技术支撑，在监督管理、指挥防疫抗灾、灾后重建等方面发挥了不可替代的作用。液位仪系统广泛应用，油库、加油站全部实现液位仪自动计量，加油站全部实行地罐交接，实现库存精细化管理。

四是资金监管体系初见成效。普票系统、费用报销系统及资金监管系统全面应用，建立起完整的资金数据链，实现资金风险的全面防控。

（四）坚持创新驱动，带动了市场业务拓展、商业模式创新，加快向综合服务商、数据运营商转型升级

一是聚焦经营创新，提升了客户服务水平。快扫码系统实现一枪多用，开票时间从

原来的3—5分钟减少至10秒。微开票系统实现电子发票自动推送，客户无须再排队开发票。智慧电子发票系统提高了加油站车辆通过率和员工工作效率。不断推进经营管理数据中心、“油你掌控”及加油站站长俱乐部的应用，为经营决策提供精准、明细的支撑数据。

二是聚焦模式创新，引领了企业转型发展。迭代探索智慧加油站建设，给客户新的服务体验、新的生活方式。加油站完成一键加油全覆盖，实现传统加油卡向“互联网+加油”的转型。全面推行电子钱包，实现了加油站支付便捷化、操作移动化和营销智能化。直分销开票提油移动应用通过提高线上订单数量，助力疫情期间的安全防护，推动直分销业务规范化、信息化、科学化。紧密围绕国家战略，开展北斗卫星定位无感加油的试点。徽友营销平台实现扩销增量的同时，有效降低加油站资金监管风险和财务管理费用。持续完善APP、微信公众号、小程序等线上工具的深化应用，实现线上线下一体化营销（图2）。

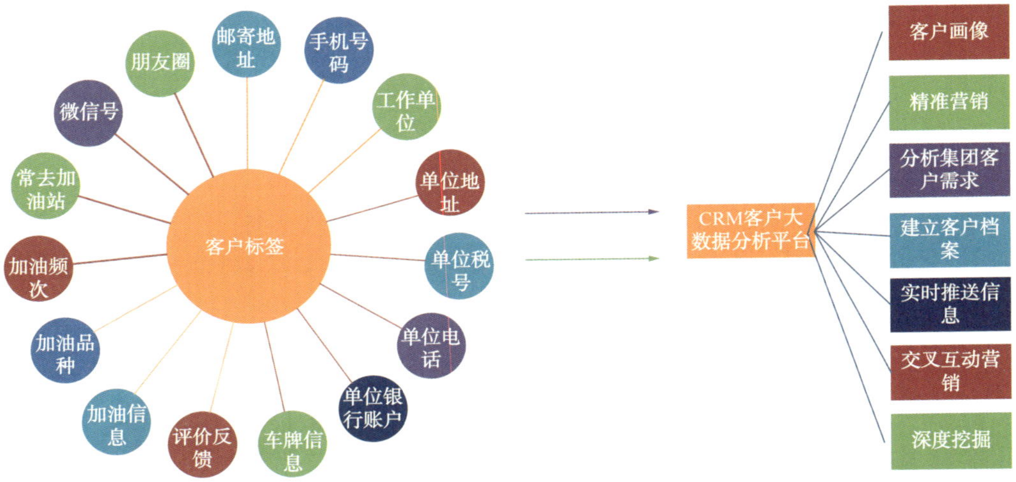

图2 客户数据分析

四、展望

随着加油站竞争主体增多，环保产业升级和政策限制、轨道交通的不断完善、共享汽车和单车的兴起、气电以及氢等新能源替代的加速，消费需求的升级和品牌溢价能力的降低，对企业的数字化转型和战略引领提出了更高的要求。安徽石油下一步将围绕集团公司“十四五”战略部署，用新理念、新技术、新方法，来补短板、提能力、促创新。围绕“一条主线两项聚焦三大抓手四个提升”，即以数字化转型为主线，聚焦外部转型和内部转型，以智能化应用、数字化运营、跨界化生态为抓手，最终实现提升客户体验、提升管理水平、提升工作效率、提升数据资产安全和应用价值。对内推动运营模式、管控方式转变，对外推动商业模式、服务模式创新，打造“互联网 +”新业态，形成数据驱动业务创新的新能力。为客户提供支付方式多元化、消费开票一体化、线上线下一体化、油非一体化的便捷服务，以智能化应用挖掘和满足客户互联网时代新的消费需求，提升客户体验；以数字化运营强化客户关联，实现整合线上线下的零售、非油、直分销客户资源，优化客户服务；以数字化转型带动企业市场业务拓展、商业模式创新，加快向综合服务商、数据运营商转型升级，为公司决胜全面可持续发展增添新动能。

抓好基础应用 打造经营生态 全力推动数字化转型

福建石油分公司

一、总体情况

"十三五"期间，福建石油分公司以习近平总书记在福建任职期间作出的"数字福建"战略决策为指引，积极贯彻落实集团公司信息工作部署，聚焦客户服务水平提升和经营管理水平提升两大主线，围绕信息基础管理、客户服务渠道、数字创新平台、网络安全保障四个重点，扎实开展信息化建设和数字化转型，积极利用信息化、数字化技术推动企业高质量发展。公司"两化"融合贯标工作通过认证，信息管理机制体制不断健全；私有云项目二期完成建设，支撑了液位仪系统、数据决策系统等重点项目的快速部署和推广应用；加油站网络带宽得到提升，网络架构获得优化；厦门灾备中心稳定运行，实现关键信息系统的异地灾备；桌面管理系统、日志审计系统、安全配置核查系统投入使用，网络安全主动防御能力得到强化；持续开展网络安全宣贯，员工安全意识显著提升；车 e 族平台生态圈进一步丰富，客户粉丝群体逐渐形成；深化应用创新创效成果显著，数字化转型取得实效，信息化、数字化工作对公司经营发展的支撑和驱动作用得到充分发挥。"十三五"期间，公司累计销售成品油 2694 万吨，实现市场占有率每年增长 1% 的目标，累计实现报表利润 95.8 亿元，报表利润总额连续 5 年排名销售企业省市公司前 4，居第二梯队排头。

二、主要举措

（一）夯实信息基础

作为中国石化"两化"融合管理体系贯标试点企业，合资公司福建森美持续调整和优化公司组织结构、业务流程、技术水平等要素，于 2019 年 3 月顺利通过国家"两化"融合管理体系认证，获得评定证书。

厦门灾备中心稳定运行，实现了关键信息系统的异地灾备。每年开展覆盖所有重要信息系统的灾难恢复和应急预案演练，确保对公司核心业务的连续性支持。

私有云项目（图 1）二期于 2016 年 1 月投入使用，使云平台总共具备了 384 核 CPU、4T

内存及 78.5T 存储的基础设施服务能力，目前运行虚拟服务器 123 台，支撑了标准化平台、液位仪系统、数据决策系统、企业邮件系统、巡检系统等信息系统的快速部署和推广应用。

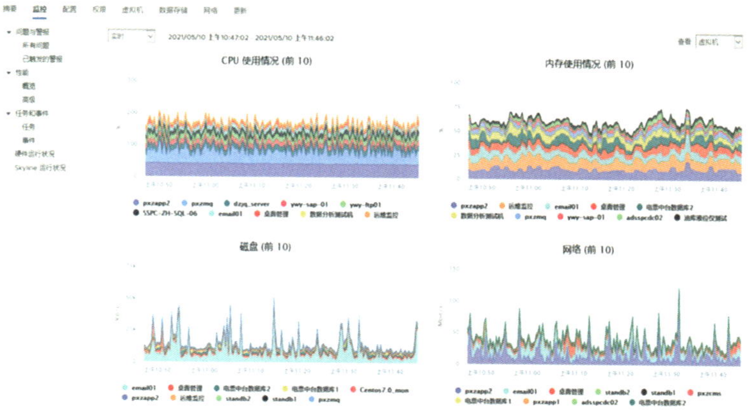

图 1　私有云平台性能监控

对信息系统运维管理要求进行了细化，明确运维内容、服务方式、服务等级等要素，强化运维质量考核，提升运维服务水平。

针对网络基础薄弱的现状，对全省网络线路进行监控、评估，提升了省地、油库、互联网等网络专线带宽，提高网络承载能力；对省公司以及地市的老旧核心网络设备进行了更新并优化网络拓扑，提高基础网络的稳定性、可靠性。

加强信息人才队伍建设，通过实行信息部门内部兼岗轮岗、组织内外部交流培训、细化岗位工作手册等形式，提升信息人员的知识水平和专业能力。

（二）打造经营生态

在面临油品差异化竞争优势不足、非油品经营出现瓶颈、渠道优势无法充分发挥的不利情况下，福建石油科学研判，主动作为，推出“车 e 族”移动营销平台，逐步将私家车主引流至线上形成粉丝经济，并利用线上客户规模优势，吸引供应商、合作伙伴、外部商户入驻，引入外部营销资源和消费群体，实现“立体”经营，促进线下业务持续扩张，打造竞争对手无法复制的、具有持续生命力的生态圈，创造新的盈利增长点 。

“车 e 族”移动营销平台以 APP、微信小程序、支付宝小程序、微信公众号为入口，集商城体系、会员体系、积分体系于一体，以用户高频使用的支付为切入点，嵌入微信支付、支付宝、银联等社会主流支付方式，支持绑定加油卡和石化钱包，并在此基础上实现了全渠道的电子发票开具。

（三）推动数据应用

福建石油创新构建“1+4”企业数据应用模式。“1”即搭建一个企业级决策管理系统。该系统以帆软报表平台为核心，通过配套的数据仓库、人才队伍和管理机制建设，实现数据资源的整合共享、技术力量的有效聚集以及业务需求的及时对接，构筑数据开发和应用的基础。“4”即依托决策管理系统，通过数据的分析、挖掘，打造服务企业 4 项工作的能力。一是辅助经营决策的能力。围绕公司主营业务，对营销数据进行全面整合，直观展示零售量效等关键指标，为公司领导的决策部署提供依据。二是服务精细管理的能力。对公司管理要求的实施过程和执行效果提供数据参考，便于各级部门找差距、查短板、添措施，确保各项措施取得实效。三是防范运营风险的能力。通过对关键风险环节数据特征的分析，提高风险的监控和排查效率，实现事先、事中、事后的全过程管控。四是提升岗位效率的能力。通过数字化转型，不断深化和拓展公司管理部门及基层的减负工作，让数据多跑腿、让员工少跑路。

（四）强化信息安全

通过日志审计系统、安全配置核查系统、桌面管理系统、补丁系统的建设应用以及防病毒软件切换、防火墙设备更新、网络设备固件版本更新、网络边界防护等工作，提升企业主动防御能力，筑牢网络安全屏障。

以每年网络安全宣传周为契机，在全省范围内组织开展知识竞答、专题培训、现场宣传展示等形式多样的活动；建立信息安全简报、机制，每月通报公司信息安全重点工作，分享教育资料，学习经典案例；基于钓鱼邮件方式开展员工安全意识教育，有效提升员工风险认知水平、建立企业员工行为规范。

三、主要成效

（一）车 e 族生态圈基本形成

“十三五”期间，“车 e 族”平台会员数累计达 1100 万人，活跃用户数逾 650 万，加油卡充值 131 亿元，手机加油 135 亿元，积分兑换商品 4.4 亿元，累计办卡超 50 万张。2020 年，平台加油交易达 4320 万笔，交易金额超过 73 亿元。“车 e 族”APP 在全国车后服务 APP 中排名第 5（2019《互联网周刊》）。

会员规模持续扩大的同时，公司积极与工行、建行、农行、邮储等第三方合作，累计引入银行资源 1.3 亿元，加大营销活动力度，提升会员黏度，实现互利共赢。此外，与洗车服务商、车品电商、车后业务提供商等进行跨界营销合作，共同打造加油、购物、保养、年检、代驾等围绕车主生活的“人、车、生活”生态圈（图 2），完善“互联网 + 加油站 + 便利店 + 第三方”新零售模式，构建了线上线下充分融合的消费新场景。

（二）数字化应用成果显著

福建石油成立创新创效工作室，启用 SAP-HANA 内存数据库，通过设计两百余个数据转换作业，实现了 ERP、加油卡、车 e 族、便利店等关键业务系统数据的全面、有效整合，从数据层面消除信息孤岛，为数据的梳理和分析奠定了基础。依托决策管理系统，依靠自主开发力量，近年完成各类图表 200 多张、主要创新成果 30 余项，节省功能开发费用 300 万元以上，成果在零售、商客、财务、规划、审计、内控、工程等领域均有应用，在服务经营决策、精细管理、风险防范以及效率提升等方面取得良好效果。

图 2　车 e 族“人、车、生活”生态圈

1. 辅助经营决策

打通了决策管理系统与企业微信的连接通道，将油品销量、同比情况、吨油折扣、销售趋势、全口径让利优惠等关键经营指标汇总成图表形式的零售日报（图 3），通过微信消息向各级领导及经营部门及时、主动、精准推送，促进各地市对标看齐、良性竞争。

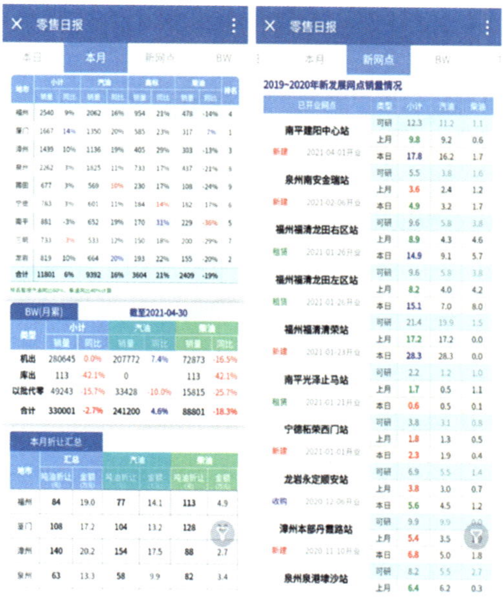

图 3　零售掌上日报

营销活动管理功能从加油卡、石化钱包、车 e 族、信息整合平台等系统抽取挂牌价直降、钱包优惠、充值优惠、油非互促等各类型营销数据并进行关联展示，便于公司领导与营销部门实时洞察企业营销活动状况，从全局角度指导营销资源投放，促进量效平衡。

非油品销售分析报表（图 4）整合了海信系统的品类信息以及 ERP 系统的非油销售、成本等数据，为地市公司零管、财务人员展示了片区和加油站非油销售的品类结构、毛利情况、销售趋势，助力非油业务提高盈利能力、持续做大做强。

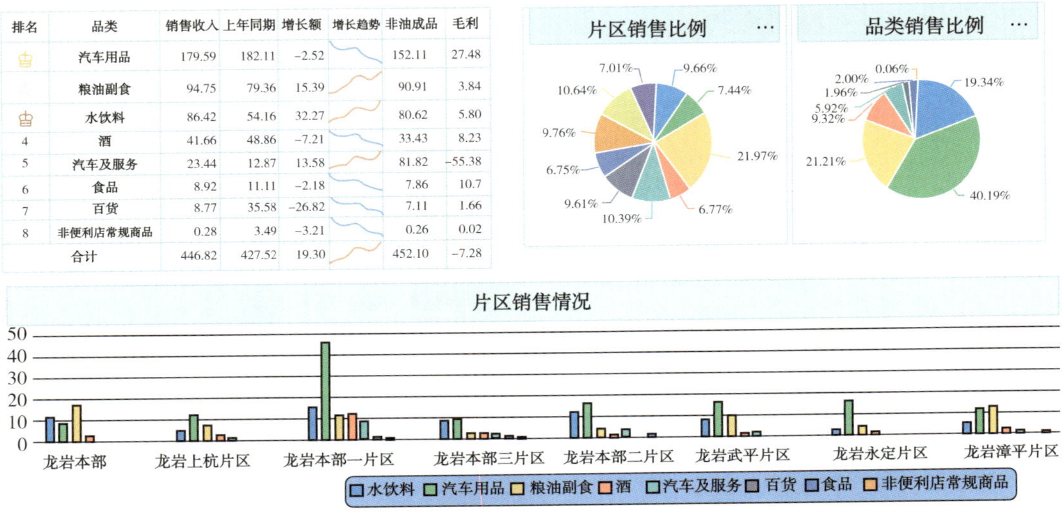

排名	品类	销售收入	上年同期	增长额	增长趋势	非油成品	毛利
	汽车用品	179.59	182.11	-2.52		152.11	27.48
	粮油副食	94.75	79.36	15.39		90.91	3.84
	水饮料	86.42	54.16	32.27		80.62	5.80
4	酒	41.66	48.86	-7.21		33.43	8.23
5	汽车及服务	23.44	12.87	13.58		81.82	-55.38
6	食品	8.92	11.11	-2.18		7.86	10.7
7	百货	8.77	35.58	-26.82		7.11	1.66
8	非便利店常规商品	0.28	3.49	-3.21		0.26	0.02
合计		446.82	427.52	19.30		452.10	-7.28

图 4　非油品销售分析

加油卡线下微信充值对账满足了不同口径财务对账需要，保障了加油卡线下微信充值功能的顺利开通和应用，方便客户的同时，预计每年为公司节省财务手续费用约 110 万元。

2. 服务精细管理

针对加油站员工联量计酬难题，通过决策管理系统梳理个人油品销售量计算模型，提高了数据统计的效率和准确性，促进联量计酬政策的有效落地和执行。

建立工程施工绿、黄卡人员动态信息库，利用二维码技术实现单位、姓名、照片、岗位、资质证书、培训记录等信息的统一认证管理，提高工程项目的安全管理水平。

为了加强企业信息资产的管理，依托决策管理系统，从信息系统、资产设备、逻辑服务器三个维度，构建起一套完整的企业信息资产配置管理体系。通过全面梳理核对，建立了完整的信息系统清单（共 11 类 52 个）；通过制定标准属性，收集和完善了系统配置信息；通过流程和报表设计，实现配置信息存储、管理、跟踪、审阅的系统化、规范化。

3. 防范运营风险

应用大数据分析技术使发票套开、加油卡套现等违规行为的稽查方式更加多元，分析更加快速，定位更加准确，为业务部门对违规行为的处理提供了有力的数据支撑。决策管理系统普通发票异常监控功能，可根据开票张数、发票类型、业务类型等筛选条件，快速复查出异常发票供进一步检查核实，防范发票虚开、套开等风险；加油卡异常监控功能支持以灵活的查询口径，对消费升数和次数异常、柴油联名卡加汽油、限车号卡汽柴混加等情况进行监控，有效缩小异常排查范围；车e族加油异常监控功能可快速获取同一加油站交易笔数超过限值的客户清单，便捷查询异常客户的加油记录、支付情况、享受优惠等信息，排查套现、套优惠等违规行为；站点日结监控功能协助管理人员对加油站和发卡网点的交易日结情况、数据通信情况进行全盘跟踪，降低资金、账务风险。

4. 提升岗位效率

开发了便利店盘点微信小程序，员工只需扫描商品条码、录入货架、冰柜、仓库等各区域实物数量，便可自动生成盘点报表，展现账实差异，使门店盘点效率提升超3倍。

针对部分管理岗位人员日常工作中报表加工量大、数据处理过程烦琐等难题，通过梳理岗位操作逻辑，设计和建立数据处理模型，实现重复性、机械性工作的自动化处理。商客部门报表分析人员日常性报表加工时间由每天2.5小时转变为系统自动取数，得以将更多工作精力投入于异常数据的分析管理；财务部门非油核算岗位的数据查询、数据导入等工作也实现了自动化处理。同时，通过开发非油品进销存核对等功能，实现海信系统和ERP系统进销存数据的自动比对，进一步减轻了岗位工作负担。

四、展望

福建石油将坚持以习近平新时代中国特色社会主义思想为指导，认真贯彻落实集团公司信息和数字化工作部署，树立“站排头、争第一”的勇气和信心，立足职责定位，努力提高信息化管理的能力水平，积极转化信息化和数字化发展的优势，为公司高质量发展、构建“一基两翼三新”产业格局注入新动能。

重点推进加油卡升级换代和站级一体化、资金监管系统等项目的实施推广，逐步实现向总部统建系统的过渡。加大人才队伍培养力度，强化数据抽取清洗、统计分析等关键环节人才技术储备。持续创新创效，以“专、精、快”的信息应用消除业务难点、堵点、痛点，解决公司实际问题。实行项目制管理，制定奖励办法，激发信息队伍干事动力和创新活力。加快数字化转型，借助HANA数据库进一步推进零售、直分销、外采、物流运输、非油品、网络发展等数据的采集、整合、分析，构建标准的、共享的、服务化的数据管理和运营中心，为经营管理决策提供可靠支持。深度挖掘客户大数据资产的价值，打造互联高效的全渠道客户服务平台，建立以客户为中心的数字化营销体系。推动大数据、人工智能、物联网等新技术在设备管理、安全管理、环保管理中的应用，探索区块链技术在合同管理、档案管理、征信服务等领域应用，试点打造智慧加油站和智慧油库。

开展“互联网+”应用　助推企业高质量发展

江西石油分公司

“十三五”期间，江西石油紧紧围绕总部提出的加快应用深化，推进企业信息数字化改革等工作要求，结合江西石油信息化建设情况，借互联网时代高速发展这一东风，推出了诸多好的系统、好的功能、好的转型措施。过去5年，在集团公司的正确领导下，企业信息化水平有了极大程度的提升。具体应用成果总结如下：

一、总体情况

在探索“互联网+”平台经济道路上，上线了“加油江西”APP、小程序、公众号等应用，架通了线上与线下营销、交易的桥梁；在探索“互联网+”油站道路上，推出了“互联网+第三方”“油菜花+N”等“新零售”营销模式；在探索数字化发展的道路上，上线了大数据运营平台、无人验票机等应用；江西石油“十三五”信息化的探索和应用，为江西石油未来信息化发展奠定了有力基础。

二、典型做法

（一）积极探索互联网营销手段

为更好应对竞争日益激烈的市场形势和复杂的市场现状，打造销售企业信息应用竞争优势，江西石油通过多方面搭建了基于以客户为中心的互联网营销平台：一是在打造“人、车、生活”生态圈的基础上，以第三方业务为核心，引入多家三方进行合作，强强联合，为会员提供超值服务；二是平台融合，打造统一会员、积分体系，将总部、省、市平台统一融合，实现会员、积分互通；三是推动地市个性化营销平台建设，对于不同地市的实际情况，开发不同的频道，共性和个性相辅相成，互相促进；四是逐步实现收银无现金化，与支付宝、微信、银联等线上支付平台联合，在互利基础上对方投入营销资源，实现“一秒付”“打折付”，让线上优惠的比例高于线上，引导客户向线上转移，办理会员，成为中国石化的稳定客户群体。五是针对不同的市场情况，开发了外省卡、联营券营销、职业群组等功能，有效利用制定化的营销手段，为业务部门提质增效。

（二）积极探索“新零售”营销方式

按照“融合、共享、跨界、分销”的总体工作思路，在宜春分公司试点“新零售”工作，初步构建起了“新零售”的场景、业态、分销体系和商业模式。一是搭建“油菜花+N”生态圈，“油菜花”是加油、卖菜、花卉绿植销售的标准样板，“N”是各种第三方业态，将加油站打造成为花园式加油站；二是利用第三方资源，以油促非，引入多家第三方商家，通过加油送积分，积分兑换第三方商品，而优惠由第三方提供，从而实现第三方让利油品；三是数据建模，在加油站增配摄像头，利用数据分析，记录途经站点车辆，当后台分析出途经站点但未进站车辆，系统集中对这批客户进行短信、电话外呼等方式的集中营销。四是全员分销体系，开发分销系统，系统能精准定位并判断员工与客户的隶属关系，准确计算客单佣金到每一个员工，客户消费佣金获取明细，追踪流失客户，提供精准营销和服务，并形成裂变。

（三）积极探索“新技术”应用

为充分发挥数据价值，通过数据指导经营，在赣州试点建设大数据运营平台，实时调取BW系统、液位仪系统、零售管理系统、海信系统中业务数据，并对各种业务数据加以整合分析，直接需要的各种图、表。一是开发油站布局功能，可观测到我司在某一块区域之中存在的加油站数量及加油站的市场占有率，为我司的网点建设提供强力数据支撑。二是开发零售分析功能，可对全省当月零售情况实时监控，对全省各大地市公司的零售销售情况进行排名统计，同时可实时监测每日县区公司销售情况，找出销售短板、经营弱势等问题。三是开发直分销功能，将直分销任务、销量、新增或流失客户数、预售未提等情况通过饼状图和柱形图来表述，动态跟踪并分析客户消费情况，将客户分类为潜在流失客户及流失客户。消费下降警报功能的实现，能帮助我公司重点跟踪客户，及时防止大客户流失。四是开发排班参考功能，通过图表功能将人数、销量、提枪次数、人均销量等常用分析指标加入图表，观察每日24小时销量变化，排列高峰期时间段，增设机动人员应对高峰时间，提高车辆通过率。五是开发一站一档功能，通过加油站一站一档网络化、信息化，深度融合集成加油站各项基础数据，包含加油站用工情况、排班情况、设备设施、资产情况等。六是开发机出对比功能，在不同片区、油站之间，不同时间段之间实现横纵的机出销量对比。

（四）积极探索应用创新功能

1. 上线无人验票机

为实现基层减负这一目的，有效降低公司经营管理成本，提高基层员工工作效率，南昌公司通过打通多个系统，结合市场竞争情况，上线了无人验票机。系统上线前，客户办理换票付油等业务需多位员工手动在后台系统操作，开票成本较高。上线后，极大程度提高了业务办理效率，所有流程自助完成无需人工干预，同时打印耗材成本也大大降低。

2. 上线安全呼叫平台对讲系统

为提高安全事件响应速度，在南昌公司试点了安全呼叫平台。安全呼叫平台系统采用 SaaS 架构，借助中国联通沃云平台，采用独创的云部署技术，定制江西石油正规稳定、高品质、低成本的呼叫中心。该平台安全、稳定、可靠，具有一键呼叫功能，全省库站直接点击呼出无需拔号，并具有实时录音、统计、分析等功能，具有 IVR 导航、移动座席、库站管理、全局监控、数据报表、工单系统等功能，可随时升级群呼功能和在线客服、智能机器人、智能语音质检、呼叫中心 API 等功能，并可实现和 ERP 系统的无缝对接，有效提高了工作效率，为企业安全保驾护航。

三、主要成效

（一）互联网营销方面

“加油江西”APP（图 1），自上线截至 2020 年底，线上加油累计 76.3 亿元，每日支付金额近 2500 万元，占现金比 50% 以上，累计商城购物 3269.3 万元，累计注册 276.2 万人，累计绑卡 73 万人，共开发 14 大模块，共计 61 个功能，其中包括基础功能模块、营销功能模块、地市功能板块等，引入 6 家第三方。一是开发了外省卡、多用户卡、联营券等应对市场竞争，抢占市场份额营销功能板块。二是建行、阿里、微信等多家第三方合作，其中，与文旅厅合作，完成销售额 145.18 万元；与阿里、腾讯合作，共计带动油品销售 1179 万元，销量 1308 吨，新增粉丝 3.2 万，支付宝充值共计 1686 万元，共 6.7 万笔。三是开发地市个性化营销平台，针对各地市市场情况，依托“加油江西”APP 上开发地市特色专区，截至 2020 年 12 月，已上线鹰潭专区，累计销售额 65 万元。

图 1 “加油江西”APP

加油江西 APP 的上线，打通了零售与非油业务、线上业务与线下业务的沟通渠道，不仅可以实现针对指定的目标客户精准营销，并实现跨业务线营销等，同时也可以对零售、非油等核心业务数据的整合、分析，达到对客户精细化管理的目的，极大地提高了各项业务之间的联动性。

（二）“新零售”营销方面

“新零售”发挥线上积分商城作用，整合第三方优势，通过交叉营销、组合营销、全员分销，形成叠加效应，为加油卡赋能，提高持卡价值和吸引力，实现客户回流，增强会员粘性，全面提升了油品、非油品和第三方商品销量，有效助推客户、中国石化、合作方、员工四方实现共赢。2019 年 1—4 月，袁州区内试点的 2 座新零售线下体验中心非油品基础品类营业额 353 万元，同比增幅 191%，新零售试点站员工人均月收入比袁州区其他站点员工高 109 元，同比增幅 25.9%；袁州区加油站员工人均月收入比其他县区员工高 658 元，同比增幅 24.5%；袁州区新发卡 1.8 万张，日均发卡 200 张，同比增加 193.5%，充值额 1.17 亿元，同比增加 53.4%。线上商城有效粉丝近 13 万，并稳步增长，合作第三方达到 94 家。

（三）“新技术”应用方面

赣州公司 2020 年利用大数据平台数据分析结果，结合现场调研，筛选出 22 座有增长潜力加油站进行“三优四率”改造，改造站点销量同比增长 13.3%，其中汽油销量同比增长 27.11%。同时，针对今年中秋、国庆小长假，赣州石油通过大数据平台实时监控重点加油站相关数据，优化排班，合理安排资源，特别是汽油资源供应，10 月轻油累计销量 10.01 万吨，同比增长 7.4%，其中，汽油 5.8 吨，同比增长 11.9%，为销量增长提供了有力数据支撑。

大数据运营平台通过数据自动采集及上传，有效缩减了数据导出、县区排名、经营分析等机关人员日常工作，原公司人员完成日常工作时间如每日数据导出及同比所需时间大概在 30 分钟左右，而应急监控中心平台上线后时间，只需要登入平台选择相应功能模块，最快只需要 2 分钟就能完成此项工作。通过数据自动采集之后，有效减少了人工操作环节，起到一定的风险防控作用。另外，可以对我司营销活动提供有力的数据支撑，使各部门县区相互间进行资源整合，实现联动模式，达到精准营销的目的。

（四）应用创新方面

1. 无人验票机

使用自助 ATM 换票系统后可极大程度提高业务办理效率，所有流程自助完成无需人工干预，同时打印耗材成本也大大降低，成本由原来的六万余元降低至现在不到 2000 元，成本节约 30 余倍，从人员和耗材上极大地降低了公司经营管理成本。另外通过建设无人自助换票应用系统也可以极大地提高服务水平，因无人值守现有客户均会自觉有序地办理业务。

2. 安全呼叫平台

全省 1330 余座站点网间通话免费，并可当作固定电话使用。同时，平台投入成本一年不到 6000 元，且无需进行任何硬件投入，极大程度降低了成本（图 2）。

图 2　安全呼叫平台

四、展望

“十四五”时期，江西石油信息化发展将由传统的基础设施设备维护及系统管理者向互联网应用及信息新技术的引领者转变，由传统的注重企业内部管理向新型的“以客户为中心，提升客户体验”的管理 + 经营方向转变，通过围绕“把握互联网经济带来的机遇，打造江西石油未来可持续发展的根基”这一指导思想，始终紧盯互联网、云计算、大数据、物联网、智能化等最新技术的发展趋势和这些技术在大型企业尤其在油品销售企业的最佳实践，并能及时把这些最新的信息技术和最佳的企业实践运用到我们企业的经营中，为江西石油数字化转型、未来信息化引领奠定基础。

革新经营理念　深化“两化”融合 打造企业竞争新优势

广东石油分公司

2016 年以来，广东石油深入落实集团公司“推进两化深度融合”“加速产业升级、打造世界领先”工作要求，聚焦提质增效，以客户为中心，以平台化、协同化、互联网化运营为方向，积极推进数字化转型发展，企业经营理念和商业模式深入变革，极大地激发了提量创效潜能，逐步构建了数字化竞争新优势。

一、总体情况

“十三五”期间，油品零售行业先后面临国际油价持续走低、竞争主体增加、安全环保压力增大、发展成本攀升、市场竞争不规范等众多不利因素，扩销增量压力与日俱增。与此同时，随着互联网大发展带来各行各业的新变革，我们迎来了数字化新机遇。

2016 年开始，广东石油紧跟时代步伐，聚焦数字化提升核心竞争力，以“两化”融合为抓手，力促油、非、直分销业务高度融合，为客户打造高价值的“油・车・生活”生态圈。五年来，我们先后构建了 IT、业务高度融合的数字化体制机制，开辟了油品零售行业互联网化运营模式，发展了超过 2000 万人规模的会员生态圈，打造了年交易额超 4 亿元、年引资超 4 亿元的平台经济，创新了多种数字化精准营销和精准风控手段。至 2020 年，公司初步构建了四种能力——“智慧运营、数字营销、生态融合、智能风控”，实现了三个转变——“线下营销向一体化营销转变，降价营销向精准营销转变，网点营销向客户营销转变”。

二、主要举措

（一）推动理念先行，做好数字化顶层设计

一是 IT 与业务高度融合，革新经营理念。信息化理念由 IT 治理向激发生产力方向转变，经营理念由市场竞争向核心生产力竞争转变，信息人员肩负引领业务创新的重要职责。二是坚持问题导向，做好业务规划。围绕客户，拓展支付方式和服务产品，整合外部生态，打造平台经济，提供高价值服务；围绕量效，推进主营业务互联网化运营，降低劳

动强度；围绕竞争，建立客户画像，推进大数据应用，营销资源线上分配，提升精准性；围绕风险，力促数据、流程集成协同，强化精准识别与主动控制。三是完善体制机制，统筹协同推进。成立了“转型发展领导小组”，信息、零售、非油、互联网商务中心等多部门协同，人力、物力、财力形成合力，构建了更加融合的数字化体制机制，高效推进；配套悬赏加盟、全员分享等激励措施，激发员工创新创效潜能。

（二）完善信息基础，筑牢数字化发展阵地

一是采用云化部署，消除信息孤岛。采用“公有云＋私有云”架构，打通 ERP、站级系统、发票系统、线上平台、发油系统等各个平台，力促数据同源、流程贯通、业务协同。二是构建“三大入口”，支撑多元化发展。建设“微信、网站、APP”，集主业融合、会员服务、跨界整合、生态打造为一体，挖掘商业价值。三是标准化电子产品，拓展车生态外沿。整合积分、加油卡折让、电子券等营销工具，构建电子加油券、易捷电子券、企业券包等标准化产品，实现与合作单位互通互兑，支撑客户共享和资源整合。四是构建大数据平台，拓展竞争优势。聚焦“全局、客户、现场”，攻坚大数据驾驶舱、用户数据体系、AI 数字现场等关键应用，提升科学决策和精准营销能力。

（三）创新智慧运营，构建数字化竞争优势

一是打造智慧站库，推进智慧运营。研发、部署自助设备，实现支付、开票、办卡、充值、汽服全自助服务，力促加油站员工由“操作型”服务向“沟通型”服务转变；推进油库自动计量、预约提油、电子锁控、仓位识别、车牌入库、移动巡检，提升储运效能；集成非油品中央仓系统和自动化设备，加快周转效率。二是创新“即时绩效”，打破站内“大锅饭”。通过加油机升级实现员工绩效码与交易数据的精准匹配，系统计发工资，多劳多得、即干即显，激发劳效提升潜能。三是拓展应用方式，推进数字营销。用好交易系统、线上平台和客户画像，采用定向优惠、分群营销、停复业营销等手段，将竞争能力拓展至网点竞争薄弱区域。四是拓展物联应用，提升现场效率。通过加油机、液位仪、双层罐等物联数据，创新动态台账、主动运维和现场管理视图，丰富智慧管理内涵。

（四）深化平台应用，打造生态发展模式

一是依托“加油广东”APP，拓展生态合作。与合作单位共同打造服务产品，实现营销资源和客户资源双引入，引领市场竞争潮流。二是“立体化”营销，支撑主营业务。围绕“加油广东”APP 和微信公众号，持续开展“金猪充值能量包”“新手礼包”“高标号汽油体验”“加油免费洗车”等各类营销活动，吸引客户流量，提升油、非销售。三是优化积分体验，提升客户黏性。打通银行、通信等积分兑换渠道，丰富门店兑换品类，开展差异化营销，扩大会员群体和绑卡会员规模。四是整合车后市场，打造自主品牌。依托平台整合综合汽服、自助洗车和服务区商户，实现油站周边多业态接入和标准化服务，完善综

合服务站品牌属性。五是打造服务产品，优化大客户体验。为客户提供用油分析、增票申请、发票寄送等增值服务，节约其用油成本，提升品牌价值。

（五）强化流程控制，丰富智慧风控手段

一是构建零售防风险数据应用，高压管控"微腐败"。利用站级系统数据，自动比对差异、主动校验阈值、线上跟踪留痕，流程化管控零售数据层面经营风险。二是完善电子券管理流程，防范新业务风险。建立领用券制度，通过系统流程加固，岗位权限强制分离和最小化，防范"营销事故"。三是大数据分析，主动防御"羊毛党"。通过客户消费行为分析与实名认证，存真去伪，差异化优惠，封锁"薅羊毛"作弊资源。四是建立直分销线上服务体系，防范客户"私有化"。客户通过"加油广东"APP下单提油，全流程可视化，去中介环节，提升服务体验。

三、主要成效

（一）构建了智慧运营场景，量效显著提升

一是服务效率提升。五年来，持续拓展便捷支付手段，实现第三方支付、银行卡、积分、电子加油券等15种支付方式全覆盖和自助终端全覆盖（图1）。2018—2020年，客户便捷支付1.2亿笔/年（占比86.3%），自助充值4000万笔/年（占比80%），自助开票5500万笔/年（占比99%），为一线减负1008万人工时/年，节约上门缴款费2000万元/年，粤通卡充值额达80亿元/年。二是劳效提升。2019年，"即时绩效"推广至全省1187座自营油站，薪酬100%由系统发放，站内"比学赶帮超"氛围全面激发，全省人均劳效由690吨提升至762吨。三是现场效率提升。开展加油机物联网应用，动态更新全省4.7万条枪机数据、无销售主动跟踪、维修费自动结算，精确定位引车不足、服务低效、流速异常等11类现场管理问题，为加油站"通过率"管理提供了数字化抓手。四是物流效率提升。通过自动化设备与中央仓系统的集成，订货、发货、验收全流程协同，非油品配送效率提升350%；通过油库液位仪深化应用，自动计量取代人工，自动校验取代"三核对"，基本消除人工台账，油库员工大幅减负；2019—2020年，通过车载GPS数据实现电子测距结算，对比人工测距误差，节约三级运杂费850万元/年。

（二）形成了数字营销体系，竞争手段升级

一是点对点竞争手段提升。我们通过系统数据对"点对点"竞争进行量、价、利模拟，开辟"一站一策、一户一策"精准营销模式，2017年全面收窄挂牌价优惠，在确保量效齐增的前提下，下半年对比上半年月均节约1.2亿元营销成本。

二是分群营销逐渐成熟。2018—2019年，通过引导出租车、网约车、小货车等特定群体在"加油广东"APP注册行业VIP，细分客群、定向优惠，共吸引汽油新客户28万

个，带动销量 1.7 万吨 / 月。2020 年，我们重点打造“卡车司机之家”服务产品，以“柴油豆”积分优惠、送餐、免费停车等综合措施，柴油优惠同比节约 1.42 亿元，带动非油品毛利约 1400 万元。三是客户画像应用成效显著。先后建立会员标签 384 个、会员模型 5 个，针对不同目标客户开展闪付立减、定向优惠、积分营销、电子券等营销措施，共计锁定会员 319 万人、拉新 195 万人。四是大客户服务水平提升。通过推广加油卡服务产品，全省 10 万零售大客户线上跟踪用油动态，线上开具增值税发票，在柴油市场持续萎缩的情况下，以品牌服务锁定一大批优质客户。

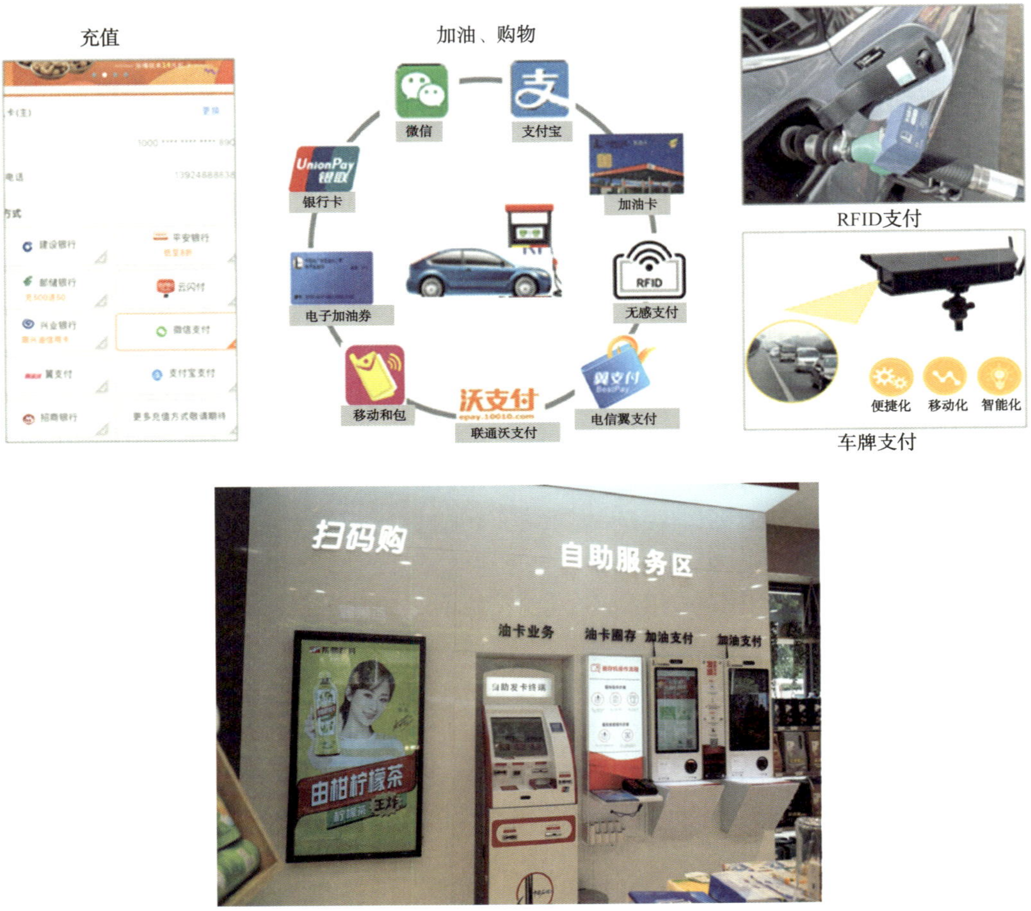

图 1 智慧运营场景

（三）打造了生态发展平台，多业态蓬勃成长

一是忠诚客户群体不断壮大。广东石油将客户细分为会员、非会员及石化客户三种类型，通过三大入口（微信、网站、APP）开展差异化营销，会员规模已达 2142 万人，绑卡会员 715 万人，积分兑换率 96%，客户黏性显著提升。二是跨界整合硕果累累。我们先后拓展金融、理财、电信业、航空等共 15 个行业 80 家生态伙伴，2020 年全年引入外

部营销资源4.8亿元，同比增220%，实现平台交易额4亿元，同比增40%，平台价值和对主业支撑能力全面提升。三是打造了自主汽服品牌。2017年开始，我们对零散的汽服业务开展平台化整合，开展油品、非油品与汽服业务的互动营销，共建成自营洗车机308台，年营业额已达1.6亿元，年毛利额0.53亿元。

（四）拓展了智能风控手段，体系化应对风险

一是有效控制新业务风险。2018年，公司出台电子券管理办法，采用数字证书、异常会员识别、动态二维码用券等措施加固后，“羊毛党”生存空间越来越小，电子券盗用投诉由日均10笔降低至0笔。二是解决了客户私有化问题。通过直分销线上服务，客户在线下单、审批、签收和评价，线上下单率达88.4%，实现了直分销业务的闭环监管。三是大幅控制了“微腐败”风险。我们利用加油卡数据自动识别、管控各类零售数据差异，全省差异率由11.99%降至2.75%；同时利用大数据分析，实现对加油优惠、IC卡消费、积分消费、商品退货、商品调拨等环节风险的常态监测和主动识别，“微腐败”生存空间越来越小。

（五）信息安全“篱笆”愈加牢固，业务稳定运行

一是防御水平动态提升。“十三五”期间，广东石油推进“三同步”流程化管理，积极开展等保测评和渗透测试，实现所有信息系统100%定级备案，100%测评整改后上线，“三同步”管理形成了常态机制。二是内外合作补强了短板。与属地专业机构定期开展源代码审计和漏洞扫描，五年来我们共计整改1.2万余条代码问题和漏洞，在近两年的护网演习中，我们有效抵御各类攻击32万余次，信息安全防护水平得到了质的提升。2017—2020年，广东石油连续4年获评集团公司网络安全A级企业。

四、展望

“十四五”，面对更加严峻的市场环境，数字化依然任重道远，更需奋鞭策马。我们将继续围绕主营业务，坚持问题导向，突出价值引领，攻坚克难，持续赋能。

（一）持续挖掘站级平台潜力，构建高效服务现场

一是围绕“进站率、加满率、通过率、回头率、满意率”，融入AI、物联网和大数据等新手段，指引一线提升服务水平，以高效管理促高效服务。二是持续提升加油站自动化、智能化水平，推进无感支付、人脸支付、自助加油应用，为中国石化品牌打造“快捷服务”标签。

（二）深入推进大数据应用，提升竞争手段

一是创新更多数字营销模式，全面降低挂牌价竞争占比，扭转价格竞争劣势。二是丰

富“一站一策”内涵，针对单站动态分析客群需求，“千站千面”，优化资源配置。三是探索竞争定价策略模型，动态指导点对点竞争。

（三）用数字化做好“减法”，为基层减负

一是全面消除信息孤岛，优化系统流程，用更多自动化、协同化措施，减少人工填报和审批，降低操作复杂度。二是提升设备设施智能化水平，在盘点、安防、客服、接卸油等环节，进一步降低劳动强度。

（四）攻坚重难点问题，铺平发展道路

一是针对市场不规范的问题，推动并协助政府部门研发加油站税控系统，营造公平竞争环境。二是利用大数据分析，实现对电子券、发票、套卡套券等关键风险的精准识别。三是攻坚物流优化，一、二、三级联动，动态平衡资源，科学把握进销存节奏。

聚焦平台化发展战略
开创信息和数字化发展新局面

吉林石油分公司

“十三五”期间，吉林石油坚持贯彻“优化业务流程、简化基层操作、深化数据应用、强化客户服务”的工作方针，聚焦平台化发展战略，紧密围绕生产营运、经营管理、客户服务和基础设施“四大平台”建设，部署实施资金监管系统、普通发票系统、液位仪系统、视频监控联网、ERP 大集中、站级一体化等经营管理系统，集聚线上、线下渠道用户资源，深度融合成品油销售和非油业务，推广上线加油吉林会员营销平台、电子钱包、CRM 等客户服务系统。同时加快数字化转型发展，完成了 APP 客户服务平台整合，构建了统一完善的会员体系和标准支付体系，加强系统集中集成，实现班日结、支付、发票等功能一屏操作，特别是在疫情期间上线电子钱包系统及自助开票功能，实现了无接触支付，提高了客户满意度。探索建设开放、协同、互动的智能加油服务站，强化客户大数据分析应用，实现站内设备自动管控、客户智能识别、行为跟踪和精准营销，打造以智能加油服务站为中心的“人 · 车 · 生活”一体化生态圈。在积极推进信息系统建设和系统深化应用的同时，不断完善系统运维保障体系，加强网络安全防护力度，强化提升信息基础管理水平，在公司信息化发展创新和辅助经营决策方面取得了较好成效。

一、主要工作措施

（一）加强系统集中集成建设

完成了“加油吉林”APP（图 1）与 CRM 系统集成，在销售系统率先实现了电子钱包充值优惠在 APP 进行核销，为吉林石油开展电子钱包充值活动赢得了先机；完成了加油吉林 APP 与加油订单集成功能上线运行，实现了各种支付方式与加油订单精准匹配关联、自动入账，解决了加油吉林 APP 多种支付方式日结

图 1 “加油吉林”APP

时需加油员手工拆分入账的难题，日结效率大幅提升，由以前的30分钟降至5分钟，并大大降低了加油员线下集中批量扫码支付套现及套取加油优惠券的风险；完成了加油吉林APP与加油中国石化APP功能集成，实现加油吉林APP会员与加油中国石化会员贯通，满足总部和企业统分运营要求；完成了加油吉林APP与迅风洗车、佰付美等三方系统集成，丰富了APP应用生态。

（二）全力推进统建项目落地

严格遵守“六统一”原则，一是全面推广电子钱包上线。在销售系统率先完成电子钱包项目站级工控机操作系统升级和授权码实施工作，全面开通闪付模式，提升了顾客的支付体验，扩大线上用户数量；二是推广了便利店系统云化应用，实现了支付宝、石化钱包、扫码购、易捷小程序等多种支付方式融合，方便顾客购物体验；三是推进站级一体化系统建设。实现集中收银、开具发票、班日结等功能，并集成了电信翼支付方式，同时为汽柴油大站配备双屏POS设备，实现了加油站线下收银一体化、一键班日结，加油卡充值、圈存和预分配一屏操作，提高了员工工作效率；四是推进天然气系统建设，组织关键用户参与采购、销售、物流等业务流程研讨，组织项目组与站级设备厂家进行通信协议对接，开展子母站设备布线，作为销售公司天然气管理系统首家试点建设单位圆满完成系统上线运行，解决长期以来天然气业务管理缺乏信息化支撑手段的难题。

（三）狠抓系统创新应用

一是在销售系统区外公司率先引进智能清账机器人，开发APP与加油卡BOS班日结联动功能，有效了降低财务人员清账劳动强度，提高了清账效率；二是采取日提醒、月例会通报等方式抓好重点系统深化应用，电子钱包、由你掌控、站长俱乐部、CRM等系统应用取得了明显成效，在集团公司月度应用通报排名稳步上升；三是推广“石化油你”线上直批客户下单功能，方便客户自助完成下单，“石化油你”线上注册率100%；四是为网点配备电子发票自助打印机，全面推广APP线上开具电子发票，节约发票纸张及发票开具时间，有效减轻了员工负担。

（四）做好网络安全及运维保障

一是利用加油站网络专线租赁合同到期的机会，与各家运营商开展多轮谈判，在网络带宽翻倍的基础上，专线费用单价同比降幅15%，综合降幅比例达到40%，每年将为公司节约近40万元专线费用，通过精细化管理攻坚创效；二是在近年来护网行动等重要时期，下发针对性的保障方案，建立7×24小时值班制度，利用防病毒、准入、安全桌面、G01、IPS、防火墙等网络安全技术产品，实时监控网络安全风险，保证特殊时期网络和信息安全，“十三五”期间无任何网络安全事件发生；三是每年开展吉林石油网络安全宣传周活动，组织网络安全知识答题活动，制作展板、视频，企业微信号推送网络安全知识等方式对员工进行安全意识宣传。对全员进行了网络安全意识专项培训，并制定重点系统业务应急方案和演练，提高各线条信息系统及网络安全事件应急处置能力；四是对运维人员合理调配到各分公司合署办公，建立联合运维协调群，将各设备厂商、系统开发单位及站级运维人员拉进群，对站级运维实行首问负责制，对月度运行情况通报，不断提高运维质量和服务效率。定期组织站级系统运维培训，讲解日常操作、故障处理，站级系统日常故障率降幅达 30% 以上。

（五）强化信息基础设备设施管理

一是完成省公司核心机房迁移至移动 IDC 机房，解决了长期以来制约公司信息化发展的瓶颈问题。通过周密制定机房搬迁及网络切割方案，提前搭建好冗余网络环境并做好测试，仅用 10 个小时实现了从吉林市分公司到长春移动的异地搬迁，将对业务造成的影响降低到了最低，在销售系统也罕有先例；二是完成了省公司会议室设备升级，推广无纸化会议系统和云视讯会议系统部署，满足省市间视频会议形式多样性和会议组织召开的便捷性需求，减少了企业差旅和纸张费用的支出；三是完成信息化设备报废处置工作，配合实物资产部门，统计排查省公司老旧信息化资产，通过技术鉴定判断，报废处置低效资产，提高资产利用率（图 2）。

图 2 信息基础设备设施管理

二、工作成果

（一）丰富多样化营销手段，实现多系统应用互通

通过加油吉林 APP 与总部 CRM 系统实现接口对接的完成，近半年内 CRM 电子券使用情况良好。支付笔数共计 16 万笔、支付金额共计 1692 万元、CRM 券核销金额总计 1423 万元。充值活动 CRM 核销率达 74%。派发期间营销宣传到位、营销海报及时推送，对 APP 小程序广宣起到积极的促进作用。此外，电子券派发期间客户使用量巨大，反响良好，增加营销方式，达到了多样化营销的目的。实现了加油吉林 APP 与总部 CRM 会员的信息共享。

方便客户在加油吉林 APP 中查询所有电子券信息。利于使用中简便、直接，简化流程清晰明了。增加无卡用户充值营销活动，并实现了派发油品券直接在 APP 中使用核销。创新创效中 CRM 电子券使用总计支付笔数 16 万笔、支付金额 1692 万元；加油吉林 APP 注册用户达 90 万人次；增大用户沉淀，提升品牌影响力。

（二）扩展电子发票应用、助推绿色企业

吉林石油积极推广电子发票使用，特别疫情特殊时期，加大无接触开票推广力度，通过政策宣传、操作指导、通报分析等方式持续提高电子发票开具占比。2020 年 4 月份全省电子发票开具占比 37%；5 月份全省电子发票开具占比 60%；6 月份全省电子发票开具占比 89%;7 月全省电子发票开具占比 91%；9 月份全省电子发票开具占比 97%。环比增加显著，电子发票在保管、查询时更加方便，也便于消费者保管，减少站内人员工作量 2.5 小时，大量减少了纸质发票的资源浪费，减少纸质发票 6.5 万张。

（三）延伸监控平台应用，拓展“1+N”多系统监管手段

吉林石油依托视频监控平台，开发视频监控融合屏技术，监控手机端，整合站级液位仪、零管电子账、加油卡管控，承运车辆 GPS 等系统，使管理人员通过手机端能及时、直观地了解相应加油站交易情况和重点部位的实时监察（如人员、设备、资金、现场等实时视频监控情况），便于及时发现安全隐患，并做到及时处理，减少因措施不到位或人为因素造成的火灾、爆炸、抢劫等事故（件）带来的经济损失，保证安全防范更大效益。同时从源头杜绝管理失控，承运车辆的监管和加油站的操作行为全程在视频监控下进行，其余全部由盘点人员在后台完成，从源头上杜绝了员工篡改数据的可能。提高盘点效率，以往现场盘点，从下尺量油到最后计算完成，每座站耗时不少于 1 个小时，加上路上时间，每周督查人员最多盘点 10 座站左右，使用远程盘点方法后，督查人员在后台每天盘点站数即可达到 10 座，盘点效率相比原先提高 6 倍。

三、展望

展望“十四五”，吉林石油将继续贯彻总部信息和数字化发展战略，加快企业数字化转型发展，推动大数据分析应用，围绕客户洞察及精准营销，深入挖掘客户数据和客户价值，完成数据分析平台建设，促进业务应用创新。持续推进会员营销平台建设，打通全会员体系，丰富支付手段和渠道，迭代提升 CRM 及 APP 功能，完成加油吉林 APP 与加油中国石化 APP 集成与切换，支撑统分运营。推进站级一体化及加油卡升级换代，对石化钱包、站级一体化进行迭代提升，完成实体加油系统整体升级，支撑虚实一体支付模式。推动 OA 上云，完成 OA 系统迁移到云平台，提高 OA 运行稳定性。推进天然气系统试点项目建设，实现天然气业务数据线上全过程管控，提高天然气管理水平。推进系统风险管控，强化对加油卡、电子账等系统用户权限及痕迹管理，异常数据预警及跟踪处理，实现

套现卡检测、异常发票检测等业务风险防控，提高企业抵御风险能力。积极推进智慧油站建设，完成车流量分析、员工绩效分析、油气浓度监测等功能，打造智慧样板站。推进网络和信息化安全防护，深入分析系统运行故障，及时升级系统补丁，加强重点时期网络运行监控及护网行动，保障网络和系统运行安全。全面构建覆盖精准营销、客户运营、客户行为分析、智能风控等全业务体系的数字化运营生态圈，支撑企业数据化运营，为企业高质量发展提供高效技术支撑。

贯彻数据赋能理念 深入推进资产要素价值化助力企业数字化转型发展

新疆石油分公司

“十三五”以来，新疆石油积极贯彻落实中央有关建设制造强国、网络强国等决策部署和集团公司党组关于构建新发展格局、推进数字化转型等战略布局要求，并结合企业实际情况持续推进信息系统深化应用和数字化转型工作，现将新疆石油信息化建设和应用的总体情况、举措及成效汇报如下：

一、总体情况

新疆石油在“十三五”期间，共计上报年度创新创效成果 14 项，荣获推广成果 2 项（其中 1 项做成视频在全系统推广学习），荣获典型成果 6 项，在公司全员的努力下，最终荣获深化应用创新创效达标 A 类企业。一是强化资产管理，发挥资产效能，保证实物资产安全稳定运行；二是精细化管理，深化量价费利单站模拟核算，提升企业管理能力；三是消除信息孤岛、增强数据集成，稳步推动创新创效工作。

二、主要措施及成效

（一）基于射频技术的资产全生命周期管理

ERP 系统资产管理模块在日常管理工作中注重价值核算，对于实物资产管理未能细化管控，系统中不能准确反馈实物资产现存状态，借助射频技术高效、准确地摸清企业资产现存状态，利用互联网思维建立资产全生命周期管理体系，形成标准化资产管理档案。

主要措施：射频盘点。

主要成效：

借助射频（RFID、无线射频识别）技术，实现一物一射频，建立实物“电子身份证”，建立常态化、规范化资产清查工作机制，进行滚动式日常清查盘点，全面清理、不留死角，达到账账相符、账实相符的管理目标。

在新疆石油分公司在建工程转资管理实施细则以及新疆石油分公司射频码管理规范等制度配合下，根据系统运行效果表明，系统在资产管理工作中提供全方位、可靠、高效的动态数据与决策依据，实现资产管理工作的信息化、规范化与标准化管理，全面提升企业资产管理工作效率与管理水平（图1）。

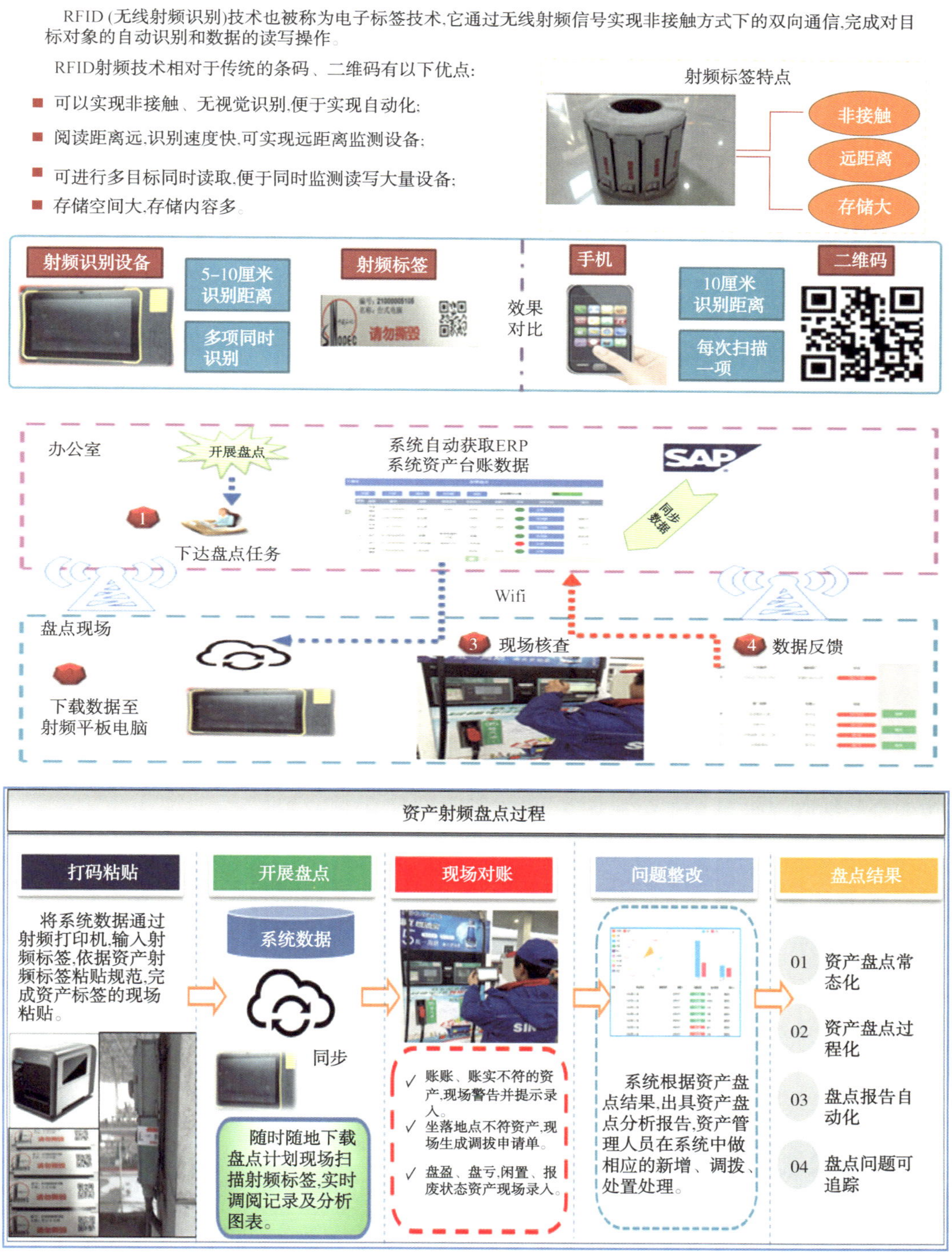

图1　资产全生命周期管理

1. 资产高效、便捷盘点

系统实施前，财务人员清查盘点时，由多个部门组成盘点小组，并从 ERP 系统中导出电子表格打印后带入加油站和现场进行实物对比登记纸质表格，然后汇总表格进行分析上报。

系统实施后，财务资产处下达年度盘点计划，分公司财务人员直接进入现场，无须携带表格利用扫描终端，运用射频技术远距离扫描，系统自动连通 ERP 展示账务信息，财务人员现场对比登记，系统自动归集汇总现场盘点数据，形成上报文件，不仅现场盘点时间由原来 120 分钟缩减至 15 分钟，而且摆脱纸质形式易忘、易漏、易错等困扰，提高盘点效率，保障现场盘点的便捷性、准确性、高效性。

2. 盘活企业资产

通过建立常态化、规范化资产清查工作机制，全面清理、不留死角，摸清企业家底、落实资产现存状态，利用互联网思维将闲置资产放入闲置资产调剂平台进行盘活，当前存量闲置资产满足日常经营管理需要时，充分利用闲置设备，可在一定程度上减少每年采购资产投入。

系统实施前，闲置资产长期不使用，容易造成资产保管不当，导致资产损毁严重，造成后期产生大量保养和维修成本。

系统实施后，通过闲置资产调剂平台准确摸清闲置资产情况，盘活低效、无效资产，提高资产利用率，降低购置、维保及生产经营成本，防止资产流失，实现企业降本增效目标。

3. 强化全环节管理

系统实施前，由于资产项目投资额大、建设期长、管理范围广等原因，造成在建工程转资滞后，固定资产交付清单是工程管理部门按照设备等资料编制的，由于缺乏专业知识，造成账面的信息与现场的信息不能一一对应的情况，导致资产转资不及时。

系统实施后，依托 ERP 系统管理思路进行拓展延伸设计，实现转资管理从源头抓起，通过设立转资期限，避免转资不及时现象，提升在建工程转资率，提高转资数据的准确率，建立财务资产处、项目管理部门、实物资产管理部门的业务衔接工作机制，明确部门岗位职责，把好资产“入口关”（图 2）。

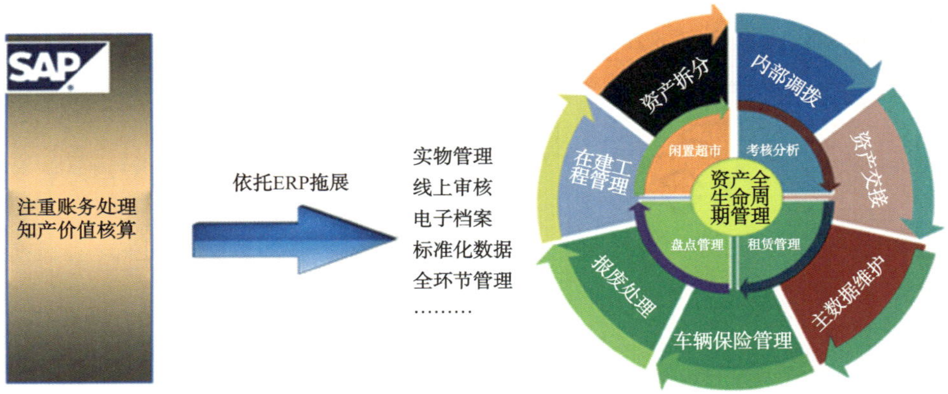

图 2　资产全环节管理

通过系统将资产报废、处置、核销线上全环节管理，提高资产报废处置效率，同时业务、法律、审计等各部门全程参与、监管，规避资产处置风险，严把资产"出口关"。

基于射频技术的资产全生命周期管理系统的搭建提高资产管理工作效率，增加效益，降低成本，有助于真正实现厉行节约的原则，并且解决了以往资产管理不规范、工作量大等问题，改变了现存的管理模式，有效提高了新疆石油分公司的资产管理水平。

（二）深化应用 ERP 系统量价费利模拟单站核算

新疆石油通过对 ERP 系统的深化应用，强化单站核算管理，为企业一站一策等重大策略提供财务数据。具体效益效果如下。

（1）基于新疆石油综合管理平台 J2EE 架构扩展，通过企业集成总线完成 ERP 系统集成，将 ERP 本、量、利、费、税金等数据抽取至价值管理平台，通过报表、图标等形式动态展现，利用 EWD 分发平台每天分发完成数据，企业集成总线定时抽取数据，每日在 10 点、15 点完成数据抽取、加工、展示，实现全环节、全线条打开对比分析，全面查找不足与差距，提出有效改进措施建议，实时反馈盈利目标差距，大大提高了经营分析的细度和深度。完成新疆石油经营序日、序月及累月当进销利润、单站利润分析跟踪形态，出具集成报表千余份。

（2）理顺单站模拟核算流程。设计简单直观的模拟核算表格，内容涵盖加油站差价、成本费用等各项指标，并能借助 ERP 系统数据，自动模拟加油站核算效益。制定固化的电子表格，自动产生单站模拟效益核算表。明确模拟核算主体。以单站、单公司为中心，定期将模拟核算情况通报，及时发现经营管理中存在的问题，提前堵塞管理漏洞，防范经营风险。及时动态分析单站模拟核算差异，对于异常疏忽，查找原因，提出整改及完善措施。

（3）以问题为引线，以量价费利财务分析为载体，深入、精细地开展专题分析。以问题为切入点，不再以"一般目标"为出发点进行全面分析，减少分析广度，增加分析深度，节约资源。借助 ERP 系统数据集成价值管理平台的手段，利用强大的查询分析功能，能够随时根据分析内容的不同需求，迅速提供相应的分析结果，包括详尽的数据支持和直观的图表及幻灯片形式，将财务人员从烦琐的手工劳动中解放出来，使财务分析报告不再是各种各样的数据罗列、长篇累牍的数字说明，便于更快、更准地提出方案，解决问题。

（4）精准地反映需要解决的问题。经营创效、单站分析是一个综合性的系统工程，面对复杂的市场环境，财务部门会同企业其他各部门，可以随时在价值管理平台对经营中的各种情况进行分析，并查看加油站各项基本经营数据，共同找准目前经营管理上存在的问题。经营管理上的问题只有找准方向，才能让财务分析充分发挥作用，深入精细的剖析，从而制定适用的诊疗方案。

主要成效：

新疆石油通过对 ERP 系统的深化应用，对量价费利"一站一策"为导向的应用分析体系，借助信息技术的手段，减少分析广度，增加分析深度，利用强大的查询分析功能，能够随时根据单站分析的不同需求，迅速提供相应的分析结果，包括详尽的数据支持和直观的图表及幻灯片形式，将财务人员从烦琐的手工劳动中解放出来，使财务分析报告不再是各种各样的数据罗列、长篇累牍的数字说明，便于更快、更准地提出方案，解决问题。同时完成财务人员从核算员向管理者的职能转变，提高对 ERP 数据集成整合后报表各项指标所反映意义的甄别能力，更快、更准确地做出判断，提供有质量有深度的财务分析报告，为企业重大策略提供数据支撑。

（三）正向激励，营造深化应用良好生态

新疆石油由领导班子牵头组织开展创新创效深化应用整体工作，在深化应用例会和总结会中，领导班子鼓励全员开展系统应用大学习、系统操作“零”失误、系统问题“月月找”大比拼活动，将创新创效工作纳入公司绩效考核中，正向激励各部门及全体系统用户，稳步推进各应用系统的深化应用相关工作，不断提升公司整体系统基础应用能力，同时培育了多个创新创效优秀成果。

三、展望

“十四五”时期，科技与产业发展日新月异，智能终端设备性能将进一步提升，互联网 + 物联网线上线下融合对生产生活方式的变革。新疆石油将信息技术与经营业务深度融合，全面应用于各个业务领域，对数据进行采集、处理、分析及管理，打造线上线下一体化的销售体系，为多元化的业务开展做好信息化支撑。

新疆石油主要在智慧经营管理、信息系统建设、信息安全管理、深化应用四个方面进行部署：

（一）大力开展数据分析，助力公司业务发展

现阶段时代已经变为数据时代，互联网极大地改变了人们的生活习惯，数据流量已成为重点导向。抓取数据流量，引导流量方向成为当前的重点销售措施。利用线上平台 + 导流 + 特定群体即可进一步诱发消费者前来消费，有助于改善托市增效，借助销售公司统推的新加油卡、站级一体化、电子钱包等项目，提升服务，更好地助力公司业务发展。

（二）稳步推进信息系统建设，强化规范管理

稳步推进油库信息系统集成项目，制定统一的油库系统建设规范，建立区公司级别油库信息系统统一管理平台，统一规范发油业务流程，提升安防联动功能，实现数据集中采集、存储、分析和预警，降低员工工作量。

（三）规范信息安全管理，做好信息安全保障体系

随着信息化社会的发展，高科技信息技术的迅速渗透，尤其是互联网技术的广泛应用，企业对信息资源的依赖程度不断增大，由此带来的信息安全问题也日益突出。企业在

销售产品、提供服务时多会涉及客户的重要信息，同时企业自身的信息安全管理也必须要做到安全可靠。

（四）坚持信息与业务融合，深化系统应用

按照“一切业务数据化，一切数据业务化”的思路，坚持业务驱动、问题导向、技术支撑的原则，引入第三方技术，探索数字化转型，深度挖掘数据价值。促进信息与业务深度融合发展，规范信息化管理流程，不断优化站级系统、财务综合管理平台、应急指挥平台等各系统功能模块和业务流程。针对客户体验、闭环管理、业务预警等方面在加强风险防控能力的同时，加强自建系统应用考核，不断深化系统应用水平，努力营造“我要用，要用好”的信息化应用氛围。

抓融合 促应用 推动公司信息化发展上升新高度

辽宁石油分公司

一、总体情况

信息化技术是当今世界发展最快、应用最广的科学技术，在公司转型升级、改革发展的关键时期，在公司领导班子的正确领导和全体员工的共同努力下，“十三五”期间辽宁公司信息化建设与应用工作取得了长足的进步，各项工作取得了新进展。辽宁公司在总部的支持下，牢牢把握新一轮信息技术发展趋势、主动求新求变，加快自身转型，信息化建设模式由传统“烟囱式”向“数据 + 平台 + 应用”新模式转变，信息化工作重心从“以支撑内部管理为主”逐步转变为“以支撑对外客户服务为主”。“十三五”期间辽宁公司以互联网、大数据、云计算、虚拟化等核心技术为主攻方向，基于总部“六统一”工作原则，在“统筹推进、融合发展、集成共享、系统智能”工作方针指导下，坚持技术创新与管理模式持续优化，推进“两化”深度融合，加快数字化转型，为企业持续健康发展提供新动力，初步完成了“五大平台”的建设工作，即以经营管理数据中心为核心的大数据分析平台，以电商系统、CRM 系统为核心的互联网营销平台，以物流管理系统、液位仪系统为核心的物自动计量及物流管理平台，以 ERP 系统、资金监管系统为核心的风险监控平台，为企业运转提供了重要的信息化支撑，信息化手段已成为企业管理与业务运营的重要工具。

二、典型举措

（一）推进“两化”深度融合，提升信息化综合管理水平

完善了信息化制度体系，形成了应急响应与灾备管理、信息化项目管理、信息安全管理、信息系统应用与运维管理、信息系统运行管理五大制度模块，拟定了《辽宁石油分公司信息系统用户管理办法（试行）》《辽宁石油分公司信息系统应用与运维管理办法》《辽宁石油分公司移动平台及应用运行管理办法》等信息化制度，修订了《辽宁石油分公司信息项目管理办法》《辽宁石油分公司信息基础设施运行维护管理办法》等信息化制度，建立了完整的信息化制度体系，目前在用制度共 25 个。推进“两化”深度融合，辽宁石油于 2016 年经集团公司推荐，被国家工业和信息化部确定为销售企业“两化”融合试点单

位，并于 2017 年起正式开始“两化”融合管理体系贯标实施工作，2018 年完成了“两化”融合管理体系评审，获得评定证书（右图），打造了敏捷精准的客户服务能力，并分别于 2019 和 2020 年完成了二次年度监督审核，保持了证书的有效性。

（二）持续推进信息系统深化应用，提质增效促发展

“十三五”期间，辽宁公司实现了由信息系统规范应用到深化应用挖潜创效的转变，开展了信息系统深化应用创新创效行动计划，分别于 2017 年和 2019 年下发了两个阶段的实施方案，制定了具体的目标和可落地的措施。行动计划实施期间，共标准化数据 14466 项，系统集成共享 8 项，优化业务流程 258 项，辽宁公司共总结创新创效成果案例 52 个，包含了系统集成、流程优化、消除信息孤岛等内容、管理效益和经济效益显著提升。其中“整合培训系统扩展移动端应用，提高人才综合素质”等 6 个成果获得了年度典型或可推广成果案例。

（三）提升了网络、机房等基础设施能力，信息系统安全保障水平迈上新台阶

一是技术方面先后部署了抵御外部攻击的高性能防火墙、IDS 入侵检测系统，降低内部威胁的防病毒系统、桌面安全系统，规范用户操作的上网行为审计系统、准入系统，保证数据安全的远程备份系统。二是初步建成了内外兼备、查杀并举的网状防护体系，完成了 IPS、防火墙、WAF 等设备的安装实施工作，提升了网络安全工作的事前感知、事中处置、事后留痕的全流程管理水平。三是完成了内外网资产梳理、敏感信息排查、风险评估工作，减少网络风险攻击面，确保在护网行动中不发生网络安全事件。四是完成了资产管理系统等保备案工作，实现了 OA、非油品等 6 大核心二级系统备案率 100%。五是完成了葫芦岛、营口两座地市公司的专线扩容改造工作，完成了沈阳公司 48 座站点的专线改造工作，网络带宽在现有基础上实现翻倍，切实提升基层信息基础设施支撑力度。

（四）打造信息人才队伍建设，从全员角度统筹提升信息化意识与互联网思维

一是加强信息队伍人才培养，打造了一支具备互联网思维又懂业务的信息化队伍。辽宁公司信息管理部是区外首家成立独立信息部门的企业，全省共有专兼职信息人员 19 人，其中专职信息人员 10 人，中级职称认证达 90%。其中 1 人获得中国石化销售企业互联网信息技术与应用比武铜奖。二是加强培训指导提升业务系统应用水平，累计组织了业务、零售、财务、企管、安数等线条面向两级机关及基层培训班 32 个，培训涉及人员 3200 余人次，提升了系统应用水平，提高了数据应用分析能力，提升全员信息化与业务人员的互联网思维意识。三是培养全员信息安全意识，信息安全成为员工的共识，从主观意识上规避信息安全风险发生。先后邀请省委保密局、国家信息安全测评中心的安全专家为全体员工开展信息安全教育，通过实际案例及现场攻击演示提升员工对信息安全的重视程度；提升全体员工特别是信息系统各操作岗位信息安全意识，先后四次通过企业微信发送了网络安全知识，同时转发总部重要网络安全通报文件，推动“护网行动”深入人心，形成常态。

三、主要成效

（一）初步建成以经营管理数据中心为核心的大数据分析平台，以数据驱动业务创新发展

一是高度实现数据集成共享，实现数出一门，全面提升数据应用能力。以 ERP 系统为核心，BW 系统为报表数据的基础，实现成品油、零售、物流、非油品、天然气、财务等业务数据的集成共享。其中通过加油卡跨系统对账，追回了 62.67 万元多返利营销款，有效防范风险。二是推进“油你掌控”“经营管理数据中心”及“加油站长俱乐部”应用，组织了业务人员培训，对领导班子进行专人专项培训，数据应用用户增加了 541 人次，其中“油你掌控”和“经营管理数据中心”应用水平排在销售企业前列，“加油站长俱乐部”数据维护及时准确，维护及时率达 92% 以上。三是通过加油站实时交易流水上传，实现了销量实时监控，由传统的零管系统日结数据向加油站自然日实时交易数据转变，设立了加油站加油流水上传监督机制，如发生站级数据未上传会进行预警提示，以便及时研判原因、解决问题，确保前端报表数据和分析的准确性。

（二）初步建成了以电商系统、CRM 系统为核心的互联网营销平台，助推企业向“互联网 +”商业新业态转型

不断加大对零售业务支撑力度，持续推进各核心零售营销系统集成提升工作。一是不断完善电子商务平台，累计完成了电商系统功能升级 70 余次，包括完善与第三方合作开展交叉营销等功能的标准化接口，累计支撑开展营销活动 330 余次，提升了客户服务与信息收集能力。电商平台用户数由“十二五”期间的 11 万人增加到 103.72 万人，绑卡用户数为 72.34 万人，累计沉淀积分 4369.47 万分。二是全力推进电子钱包项目快速实施，累计完成了 311 座站点的电子钱包测试工作，立足市场、服务客户，为用户提供了方便、快捷、多样的支付手段。全省电子钱包用户数达 49.5 万人，电子钱包充值金额达 4.5 亿元，消费金额达 4.34 亿元，沉淀资金达 1500 万元，有效提高了加油站通过率和客户服务效率。三是完善普通发票系统架构，辽宁公司于 2017 年组织完成了加油站普通发票系统实施联调工作，对普票系统上线推广，有效提升了加油站普通发票业务管理水平。2020 年完成了普票系统集中服务器模式的实施搭建，全省累计 307 座站点可通过集中服务器开具电子发票，有效缓解目前金税盘故障率高、运维单位不统一等问题，目前全省累计开具电子发票 27 万张，电子发票开票率达 16%。四是贯彻落实集团公司“应用上云、开发上平台”的理念，完成了便利店云 POS 实施推广工作、全省 329 座在线便利店云 POS 升级工作，实现了非油品销售流水数据的实时上传，以轻资产运营的方式推进信息项目高速发展。五是借助外部优势资源，通过对新技术的不断尝试，激发传统业务向互联网思维的转型动力，于 2020 年末实现了省内首座基于射频环技术的无感支付智慧加油，累计安装智能车环 405 个，加油 1270 笔，加油金额达 25 万元，客户忠诚度较高（图 1）。

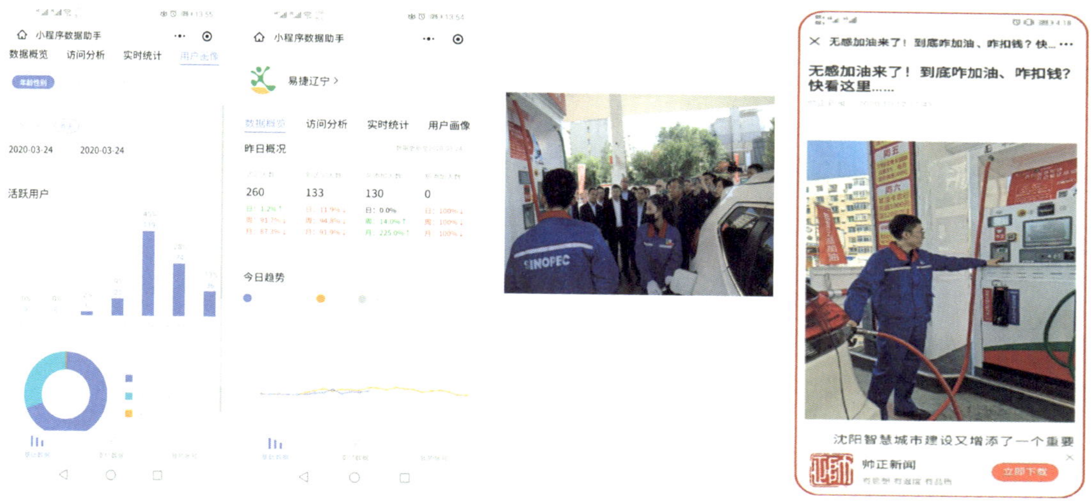

图1 互联网营销平台

（三）初步建成了物流管理系统、液位仪系统为核心的自动计量及物流管理平台，促进经营业务提质增效

一是推进液位仪系统应用。辽宁公司于2016年开始建设液位仪系统平台，加油站全部安装液位仪硬件设备，实施加油机管控系统和液位仪系统联调，有效提高了加油站自动化计量水平，降低站级计量工作强度。辽宁公司加油站液位仪系统共实现线上单据验收20.7万笔，2020年液位仪使用率95.69%，自动计量率96.48%，准确率95.71%，“千三”准确率88.70%。

二是深入推进物流系统应用，与加油站零售管理系统和液位仪系统集成，实现了线上要货、物流信息共享、物流全环节管理。优化一、二次物流流程，实现配送路径优化，运杂费吨油费用降低至16元/吨，吨油费用降幅达61%。

（四）初步建成以ERP系统、资金监管系统为核心的风险监控平台，构建了企业风险管控新模式

一是辽宁公司于2016年7月，正式上线了ERP大集中系统，初步建成了以ERP为核心的业务管控及数据支撑体系。通过ERP业务审批平台，将审批节点与业务办理环节挂钩，较大程度上解决了业务审批与业务执行“两层皮”的弊端，提升业务执行规范性与风险防控能力；二是于2017年实施了资金监管系统，实现了“应缴、实缴、到账、勾兑、清账”等环节的资金全生命周期管理，实现了在ERP自动清账的目标，初步达到了资金监管、风险防控、降本增效的目的。资金监管系统覆盖率100%，差异原因说明率及差异已审核无误率100%，加油卡一致率保持96%以上，资金上划频率提高35个百分点，对账周期缩短5天。

（五）初步建成了以协同办公系统为核心的整合办公平台，有效提升企业员工整体办公效率

一是建立了办公自动化系统大集中门户，通过门户集中了所有统一身份系统登录的系统，通过待办集成等模式，在门户上添加了相关信息系统的链接，增加了办公的便捷性。二是建设了办公自动化系统“马上就办”模块，对要件、急件采取马上就办流程，设置限办时间、督办提醒等，保证文件在规定时间内高质量办理结束。办公自动化系统共办理“马上就办”文件625件，平均办结时间为5天。三是大力推广移动应用办公，实现便捷办公。通过移动应用平台，集中了办公自动化系统、ERP审批平台、油你掌控、电子邮件、实现了移动端办公、业务审批、了解实时经营动态等功能，办公效率显著提高。

四、展望

“十四五”期间辽宁公司信息化工作将以大数据、人工智能、物联网、区块链等前沿信息技术为抓手，以加快数字化转型、促进高质量发展为核心，统筹推进辽宁公司信息化“432”工程建设。全面建成覆盖管理、经营、客户服务、风险防控的“四大平台”，构建完善的数据治理与信息标准化、网络安全、信息和数字化管控“三大体系”，发展智慧加油站、大数据分析“两大重点项目”，全面提升公司网络化、智能化水平，加快推进数字化转型，为企业持续高质量发展注入强劲新动能，为实现“十四五”良好开局作出新的更大贡献。

“数据＋平台＋应用”助力销售华中转型创效

销售华中分公司

一、总体情况

“十三五”期间，在公司党组的正确领导下，按照集团公司、销售公司要求及公司发展目标，在推进数字化转型，深化“两化”融合及网络安全管理中取得了显著成效。以建设“世界一流成品油物流中心”为目标，坚持“统筹推进、融合发展集成共享、协同智能”工作方针，抓住互联网变革带来的契机，建设了以云技术应用为中心的IT基础设施平台、以智能化管道为中心的生产管理平台、以OA为中心的行政管理平台、以基于物联网与互联网＋全面融合的公路E提油智慧服务平台，提升了以ERP为中心的经营管理平台，完善了网络安全管理和技术防护体系，实现了“四位两翼一中枢”全方位立体监控管道保护模式，着力提升公司“两化”深度融合水平，促进生产方式、管理方式的创新，为公司发展提供强劲新动能。

二、典型举措

（一）建立以智能化管道为中心的生产管理平台，助力提质增效

公司基于智能化系统，利用物联网、大数据、云计算、5G等技术，集成管道GPS巡检、水运GPS、SCADA、工业电视、光纤检测、设备管理等系统，打造生产管理一体化平台。该平台是企业聚焦提质增效、加速转型发展的有力抓手，应用效果显著，实现了生产经营管理“六个提升”（图1）。

图1　六个功能提升

一是基础管理提升。系统完整测绘和统计了各条管线的基础数据、周边环境数据、地下交叉管线勾稽关系等基本信息，可实时获取管线相关数据，随时随地多维度查看管线运行管理情况。

二是管道管理提升。系统整合了高后果区、管线占压、第三方施工、打孔盗油、阴极保护等各类活动，并结合实际业务需求，定制审批工作流，实现业务活动全过程管控，提升了管线完整性管理能力。

三是运行管理提升。系统将日常生产工作中产生的生产记事、检修日志、压力监控、混油下载统计等信息进行统计、处理、分析并形成个性化定制报表，结合站场每日填报的输量信息，对输送计划执行情况进行跟踪，实现了生产信息和业务票据在线管理。

四是应急管理提升。系统能快速定位事件发生位置，查看周边地形地貌、管线埋深、临近阀室、管线纵断面图及周边应急物资等信息，为管道应急事件的快速处置提供支撑。通过无人机视频、单兵视频、全景影像等运行管理手段，结合系统内的应急资源数据及预案信息，将分散的资源快速整合和定位，应急响应时间缩短至原来的1/2，有效提升应急处置效率。

五是安全管理提升。通过隐患管理功能，对管线的隐患分布情况一目了然，一遇险情苗头可及时报警并把数据即刻上传到调控指挥中心，将风险消除在萌芽状态。同时能够及时跟踪隐患治理进展情况，为隐患处置提供有力支撑。

六是经营管理提升。系统集成了该公司现有各类信息系统，能实时提供生产经营关键指标的分析，实现公司与基层单位生产、经营信息及时准确的统计、分析、发布、集成。

（二）建立完整性管理监控预警平台，打造“四位两翼一中枢”全方位立体监控管道保护模式

为践行该理念，公司积极运用北斗卫星、无人机、分布式光纤和无线影像等新一代信息技术，建立完整性管理监控预警平台。该平台是销售华中分公司自主设计、国内首创的一套系统，并取得2项专利，实现了工业电视、视频会议、软交换、移动单兵、无人机以及GIS平台综合接入、集中统一管控、应急状况智能分析等功能，提升应急处置的资源共享能力和反应速度。通过文、声、图、像实现管道现场全景、同步、多画面直播，同时结合图像异常捕捉和影像智能分析，对辖区内3000公里管道进行预警、云监控和远程指挥，实现管道“智慧应急”管理。

在中国石化第二十九届管理现代化创新成果评选中，“四位、两翼、一中枢”管道保护创新管理体系建设与实践获得二等奖。

（三）建立基于物联网与互联网+全面融合的公路E提油智慧服务平台，优化公路发油业务，提升油库管理水平

随着公司公路发油业务量的提升，公司在生产经营、设备设施和安全环保等方面的管理上提出了更高的要求，传统的人为控制进出库、手工开票过账、人工指定台位等付油模式已捉襟见肘，更无法顺应公司智慧油库建设的发展思路。经多方探索、调研，在油库公

路发运环节引入“互联网+”概念，使用微信企业号，搭建“E 提油”信息服务平台，并取得了软件著作权。

该平台对外以服务省市经营创效为理念，提升加油站资源保障为目标，提高油库为省市公路提油的效率，提升资源的精准配送，为省市提供实时油库、加油站、车辆、路况动态信息，为省市合理安排配送计划提供数据支持，实现保障加油站资源供应、降低车辆空驶及等待时间；对内以提升油库安全管理、搭建智慧油库底层基础、降低劳动用工成本为出发点，对长期以来高峰时期配送车辆扎堆的安全风险进行整治，利用信息化的管理手段，提升库站整体形象，降低员工劳动强度。

（四）加强网络安全管理，落实网络安全等级保护制度，完善网络安全防护体系，确保不发生网络安全事件

在网络安全建设上，实施了互联网统一出口项目、终端安全防护项目、网络边界防护项目及网络安全提升项目，全面提升公司网络安全防护能力。

在全国“两会”、新中国成立 70 周年、军运会、公安部护网演习等重大活动及节假日期间做好网络安全保障、应急处置工作，未发生一起网络安全事件，未收到一份国家相关部门通报。2018—2020 年连续三年被评为网络安全 A 级企业。

三、主要成效

（一）生产管理平台集各技术之所能，探索综合应用创新

一是利用合成孔径雷达卫星与光学遥感结合，快速获取雷达卫星影像，对管道线路进行水情、沉降、滑坡等灾害排查预警，该技术在 2016 年和 2017 年汛期均得到有效应用（图 2）。

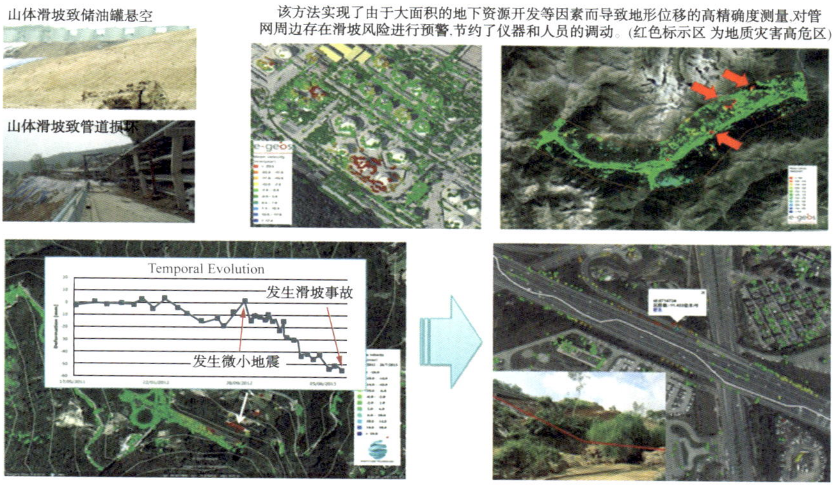

图 2 灾害预警

二是利用光时域反射测试技术，结合电子标识探测，实现光纤性能劣化预警以及故障点的精准定位（图 3）。

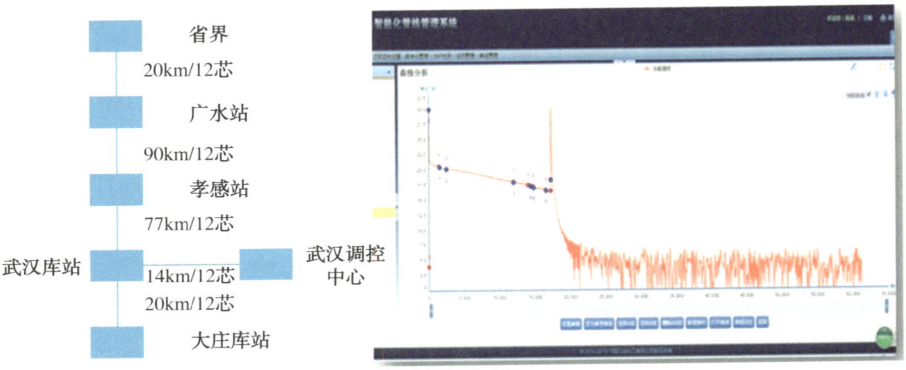

图 3 预警与定位

三是“第三方交叉管线空间位置可视化分析”在管道改线中节费显著，为优化改线方案提供了重要技术支撑。在九江市怡溪苑小区隐患整改项目中，通过实地交叉管线勘测和三维技术对管线勾稽关系进行展示和分析，并将分析结果与设计院共享，最终确定新的迁改方案，节约改线费用约 162 万元（图 4）。

方案序号	方案	路由线路长度/米	投资/万元	与方案一对比节约费用/万元
一	顶管交汇方案	312	282	0
二	定向钻方案	306	218.72	63.28
三	向南平行迁移方案	144	119.61	162.39

方案投资对比

南迁方案示意图

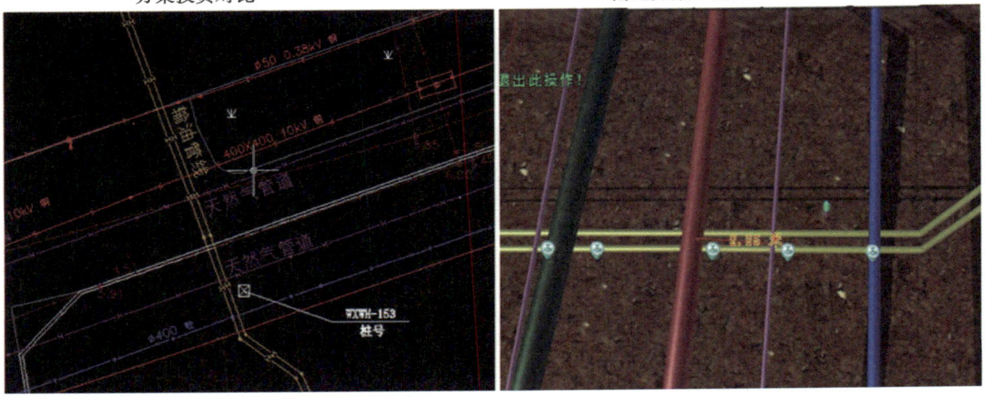

图 4 可视化分析

（二）完整性管理监控预警平台实战汛情抢险

2020 年汛期，公司九赣管道穿越桐溪河河堤处决口险情，公司应急指挥中心通过完整性管理监控预警平台进行风险分析、管道信息聚合，周边应急资源信息推送后，经过科学研判，启动公司应急预案。在此次防汛实战中，该平台首次亮相并接受大规模实际应用“检验”，应急处置现场通过无人机、移动单兵、无线 POC 端实现了 24 小时、全方位实时画面直播，通过管道纵断面图、管道泄漏模拟推算出泄漏风险，辅助九赣管道穿越桐溪河处河堤决口应急指挥部作出决策支持。

（三）公路 E 提油智慧服务平台，解决油库公路发油难点痛点，推进创新创效

系统集成 ERP 日调度计划、门禁管理系统、公路付油系统和公路运输相关信息，实现华中公司、省市公司、运输公司三方公路提油数据的互联、互通，优化业务衔接流程。一是实现人工在线编制到库秩序计划功能，实现公路计划自动分发移动终端；二是实现到库车辆智能分配台位及排序功能；三是实现司机自主刷卡换票；四是具备车辆量化考核功能、实现在线记录及发布违规信息。

一是引入“流量监控和报警”，提高管理水平。为了解决司机在鹤位付油过程中存在违规憋压发油问题，E 提油平台为油库增加鹤位付油实时流量监控和报警的功能，在鹤位持续低压发油时，系统自动监控并报警推送。

二是精细“库存管理”，规避安全数量风险。按照原始的运行模式，当油库付油罐内所剩油品容量如组分和乙醇等不足时，提油司机依然可以过账付油，会导致司机无法在鹤位上正常付油或油罐浮盘落架等风险。为了解决罐内剩余油量不足、油库换罐时司机无法正常提油及油罐的安全管理问题，E 提油平台系统为大庄油库增加油罐换罐管理的功能，保证付油业务正常开展及油库日常换罐管理。

三是推行“电子提单”，响应和落实集团公司“百日攻坚创效”号召。公司通过大量走访调研，协调省市物流部门，对接客户需求，在 E 提油平台增加电子提单管理的功能，取消原有纸质五连提油单据，实现提单在线电子化管理。通过微信及桌面端查看电子提单，并可扫码在线验证电子提单真伪。提单无纸化的实现不仅使得油库付油管理更加便捷，而且为油库的绿色经营、降本增效提供了有效手段，每年可节约印刷费用约 4.5 万元。

四是融合“物联网与互联网 +”技术，加强信息沟通，在确保销售企业整体利益最大化的同时，提升用户体验。通过 E 提油客户端可将油库分时点发油能力、鹤位实时发油状态、门禁管理数据、提油数据分析等信息反馈给客户，打破华中公司、省市公司、运输公司三方的信息壁垒，建立双向联系后信息沟通渠道顺畅，为司机合理预约提油时点、省市公司及时了解付油状况和管理人员规范化信息化管理提供便利，缓解了发油能力与提油需求不匹配的矛盾。同时系统自动将次日公路计划即时推送至司机手机，司机根据行程安排和油库分时段付油能力进行预约。只用打开手机，司机可在微信页面随时随地进行操作，

浏览、预约、查询等相关功能一目了然。概括来说就是“一机在手，共享所有”。自E提油自助服务平台上线以来，用户享受到了平台带来的便捷服务，平台带给他们的愉悦体验让他们夸赞不已。

五是创新付油流程，深入推进标准化建设。根据油库运行实际，依托E提油自助服务平台，在管理模式上推陈出新，摒弃过去陈旧和严重依赖人力的各个环节，总结出一套完整的公路付油标准化管理流程。从预约、入库、过账、提油、现场安全和量化考核等管理上进行了明确，利于公司标准化建设。

四、展望

经过“十三五”期间的信息化发展，公司在信息基础设施建设及系统应用方面都得到了大幅度提升。“十四五”期间的展望：

一是紧密围绕集团公司信息化“432”工程，进一步优化信息化运行机制，提升信息化服务水平，加强信息人才培养及队伍建设。

二是解决国家管网资产划转后带来的问题及公司改革后的运营模式，重新整合生产经营类系统，搭建生产经营管理平台。

三是按照“数据＋平台＋应用”模式推进系统云化。

四是加强数据安全治理，做好重要数据及敏感信息加密传输、加密存储及异地备份。

五是完善工控网安全体系，做好工控系统等级保护，全面提升工控网安全防护能力。

六是完善网络安全监控响应运行机制，持续消除网络安全风险隐患，做好网络安全攻防演练和“两特两重”时期网络安全保障工作，确保不发生重大网络安全事件。

抓“双创”　促融合　推动信息化工作迈上新台阶

销售华东分公司

一、总体情况

“十三五”期间，销售华东围绕深化应用行动计划、网络安全、系统运维、信息化制度体系建设、队伍建设、服务基层等方面，以加强协同为手段、以强化服务为宗旨、以深化应用为目的、以提升系统价值为方向，紧紧围绕深化应用核心系统，全面开展信息化工作。积极推进集团公司深化应用创新创效行动计划。在行动计划第一阶段工作中，荣获集团公司“深化应用创新创效”示范企业称号。在行动计划第二阶段工作中，连续获评深化应用A类企业和“创新创效”工作室称号；加强网络安全风险管控，护网演习期间加强值班值守，强化安全防护、监测预警和应急响应，确保公司网络安全平稳运行，未发生5级以上网络安全事件。通过“以查促建、以查促管、以查促改”方式开展网络安全自查，在总部网络安全水平评价中，获评B级企业；充分利用IT共享服务平台，高效、顺畅支撑信息化工作运转，共解决1093个问题；完善考核制度，加强队伍建设，打造一支具有强战斗力的团队，有效地推动了公司“十三五”信息化建设和应用，为公司提质增效、打造一流企业，营造了安全、稳定、高效网络环境与信息平台。

二、典型做法

（一）深化应用，双创争先

“深化应用创新创效行动计划”是集团公司党组确立的“十三五”信息化工作五大重要举措之一。在行动计划推进过程中，销售华东采用多种多样的方式方法积极推进方案的实施，2016—2020年行动计划实施过程中通过39次工作例会、19次研讨例会、4次应用竞赛、7次应急演练、39次应用培训、7次应用调研和12个完善的制度，有效地推动了行动计划的实施。现将主要做法汇报如下。

1. 加强培训力度，推进行动计划

深化应用行动计划工作中，销售华东积极参加总部各类培训，同时开展各系统培训班共计39次，涉及近1464人次，从系统应用、专项制度、考核技巧、问题处理及技术培训等多个方面加强培训效果，有效推进各系统深化应用创新创效行动。

2. 深化应用创新创效月度例会及研讨会推进工作

深化应用行动计划工作中，销售华东坚持定期组织牵头召开月度例会，落实总部月度通报要求及公司领导批示，落实问题整改，部署阶段性工作，对行动计划实施起到了非常有效的推动作用。

3. 积极参与总部行动计划推进

深化应用行动工作中，销售华东积极参加总部行动计划推进的各项活动，参加总部举办的行动计划经验交流大会，交流“深入推进行动计划助力一流成品油区域中心建设”经验；参与承办 2019 总部应急演练大会，与会分享“抓核心业务流程 促应急管理提升”经验；积极参加总部深化应用专家培训班，并在专家班上分享了“创新创效”成果写作心得等。

4. 持续开展好应急演练活动

2018 年 10 月 17 日，中国石化信息系统综合应急演练在金陵石化举行。此次演练由金陵石化、江苏石油、炼油销售和销售华东四家企业联合开展，华东公司圆满完成演练任务。本次演练进一步提高了销售华东应急工作的精细化管理水平。2020 年，销售华东组织开展公司级应急演练活动，演练业务场景为第三方施工导致外管道泄漏、开展救援，涉及信息系统为智能化管线管理系统、SCADA，保障公司生产类信息系统安全运行。

5. 加强创新创效工作室成果研发力度

深化应用行动计划工作中，销售华东成立了创新创效工作室，包括智能化管线管理系统创新创效工作室小组、SCADA 系统创新创效工作室小组及深化应用创新创效工作保障小组。围绕相关系统深化应用，形成有效的创新创效团队工作机制，更好地发挥团队钻研、专业、专注的工作方法，通过工作室自主研讨、工作室主题进展汇报等手段，不断推进工作室创新成效成果研发。

（二）网络安全，风险管控

“十三五”期间，销售华东按照“谁主管谁负责、谁建设谁负责、谁运维谁负责、谁使用谁负责”和“属地化”原则，全面落实全员网络安全责任，总计签订网络安全承诺书 438 份次。

1. 开展隐患排查，确保风险清零

全面清理在管理网、生产网、辅助生产网范围内的服务器、终端、网盘或邮箱中明文存储的账号、口令等敏感信息。同时对各类互联网网站存储的技术方案、网络拓扑图、系统源代码、账号、口令等敏感信息进行全面排查清理。通过梳理用户，创建 VPN 账号等，将 2 个互联网应用系统改为内网应用。同时，对迁移至区域中心的 2 个系统所涉及服务器进行下线处理。

2. 增强技防水平，加强纵深防御

一是进行网络基础设施梳理。关闭无用端口，切断交换机、防火墙等基础设施上的不必要链路。二是加强终端统一管控。桌面安全管理和防病毒软件安装率均大于 99%。开展全方位漏洞扫描，确保服务器、终端系统补丁升级至最新版本，无中高危漏洞存在。三是主干网防火墙确保在线可管理，防止攻击者内网随意漫游。四是对网络进行分区隔离，使用 VLAN、防火墙等技术将网络分为不同区域。

3. 加强重点防护，增强主动防御能力

一是加强重点应用主机防护，进行密码修改。二是加强对堡垒机、域控服务器和交换机、路由器、网关等网络基础设施的防护，堡垒机通过集成统一身份实现双因素认证。三是加强身份认证和应用权限管控，完成 3 个自建应用系统与中国石化统一身份系统集成，彻底关闭原有认证通道。

（三）加大运维力度，提升服务质量

1. 深入基层，加强现场服务，提升终端管理水平

为了进一步规范电脑设备使用及管理，信息管理部 2019—2020 年期间，克服疫情期间的各种困难，派人赴四个二级单位逐一进行现场技术支持服务。共检查电脑 197 台次，辅导二级单位兼职管理员进行系统升级、资产自助登记、处理系统故障。完善二级单位防火墙白名单，加强网络安全防控。

2. 加强运维，提升问题解决率

“十三五”期间，销售华东充分利用 IT 共享服务平台，高效、顺畅支撑信息化工作运转，共解决 1093 个问题；组织开展工作例会 42 次；参加研讨交流 12 次；各类信息化应用培训人次 1464 人次。有效地加强了信息运维能力，问题解决率达到了 100%。

（四）完善考核制度，加强队伍建设

“十三五”期间，销售华东有效完善制度体系，强化绩效考核作用（图 1）：2018 年重新发布《销售华东分公司 ERP 支持中心管理细则》，2018—2020 年每季度支持中心继续对关键用户进行考核，从一定程度上激励了关键用户、系统应用管理员参与深化应用创新创效工作的积极性；2019 年发布《中国石化销售有限公司华东分公司深化应用与网络安全工作考核办法》，考核结果直接纳入公司各部门绩效考核。

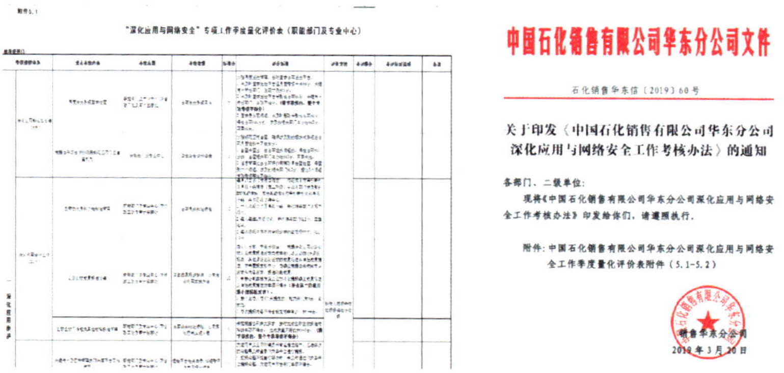

附件5.1

“深化应用与网络安全”专项工作季度量化评价表（职能部门及专业中心）

中国石化销售有限公司华东分公司文件

石化销售华东信〔2019〕60号

关于印发《中国石化销售有限公司华东分公司深化应用与网络安全工作考核办法》的通知

各部门、二级单位：

现将《中国石化销售有限公司华东分公司深化应用与网络安全工作考核办法》印发给你们，请遵照执行。

附件：中国石化销售有限公司华东分公司深化应用与网络安全工作季度量化评价表附件（5.1-5.2）

销售华东分公司

2019年3月20日

图 1　专项工作评价表（左图）和专项工作考核办法（右图）

三、主要成效

（一）深化应用创新创效方面

2016—2020 年深化应用行动计划实施过程中，销售华东标准化数据 50 万条、提升数据质量 5.3 万条、规范应用 9 项、优化流程 134 项、参数优化 11 项、功能优化完善 18 项、新技术应用 2 项及移动应用 1 项，共总结出 59 项成果。向总部报送 24 篇成果，其中共有 3 项成果获评集团公司推广成果、3 项典型成果和 5 项优秀成果，现将总部推广和典型成果主要成效情况汇报如下。

1. 智能化管线管理系统第三方施工管理流程应用创新（推广成果）

成效：原第三方施工审批需要 2 周左右的时间，目前线上审批时间缩减至 2—4 天，缩短 2/3 流转的时间，效率提升近 150%。节约年度生产成本和日常开支。在第三方施工现场即可按照统一模板要求录入相关信息。避免了原现场记录完后使用电脑录入的重复劳动。平均每起第三方施工事件处置能够节约人力成本 12 小时 / 人次；每年可节约劳动成本近 6000 小时 / 人次（图 2）。

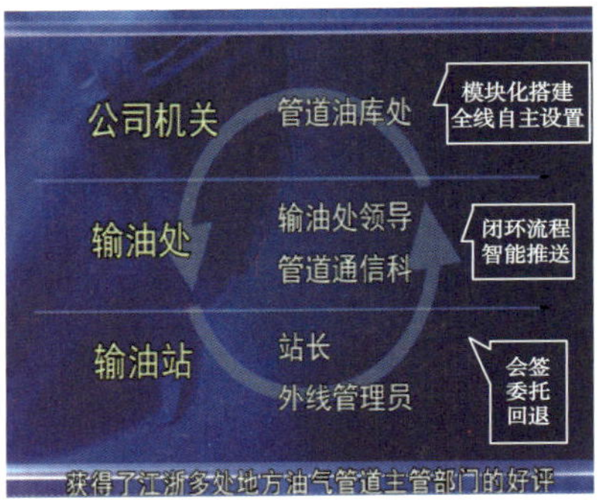

图 2 线上审批流程

2. 拓展应用智能管线 720 度全景影像功能，提升管输管理水平（推广成果）

成效：每年可以节约零星维修成本 8%，可降费 40 余万元 / 年，节约专业技术人员的差旅时间成本，折合工时约 900 小时，节约差旅费约 3 万元 / 年，对管道完整性管理提供全面、可靠、精准的基础依据，为销售华东连续十年实现外管道“三零”目标提供了强有力的保障（图 3）。

传统照片视角(70°)

720度全景影像浏览视角(120°)

720度全景影像原片视角(360°换向+360°纵向)

图 3 视角对比图

3. 对智能化管线系统精准管理、协同应用，为基层减负（推广成果）

成效：通过智能化管线管理系统的深化应用，实现管道管理的“基层减负”后，提升基层外管道员工总体工作效率近 2 倍，节约工时近 750 小时 / 人年，维持了基层员工队伍的稳定，同时树立了良好企业形象。

4. 通过智能化管线管理系统智能阴保模块实现管道腐蚀管控智慧管理（典型成果）

成效：实现了基层外管道管理的减负，大幅节约人力成本，折合减少工作 757 小时 / 人年；实现了管道腐蚀管理工作效率的提升近 5 倍；系统的大数据分析实现了对管道腐蚀区域的精准预判，可节约检测费用 50 万元 / 年。

5. 应用 PLC 实现质量流量计在线管理功能创新（典型成果）

成效：每年可节约差旅费用 3.6 万元，节约工时 119 天（120 天 –1 天）；实现流量计故障状态的实时报警，状态数据的历史查询，能有效提升设备管理水平和安全运行水平，能有效避免数量风险。

6. 深化应用智能化管线系统巡线管理模块，助力百日攻坚提质增效（典型成果）

成效：实现管道巡线管理的监管升级、工作质量提升和事件处置效率的提升。问题处理的效率提升 100%，巡检签到点密度提升 42%，签到率提升至 99.98%，贴近管道巡护里程提升 31.6%。年度可节约管道抢修成本近 120 万元。

（二）网络安全方面

通过网络安全风险管控措施的实施，2019—2020 年网络攻防预演习期间，销售华东对防火墙、IDS、IPS、WAF、网防 G01 等防护设备进行实时监测，对网络设备、自建重点应用系统每 2 小时进行一次巡检。共监测到疑似攻击事件报警 15335 次，阻断疑似攻击 13404 次，阻断疑似攻击 IP 地址 25447 个，2 年护网行动中未发生一起五级以上事件，保障了公司网络安全，圆满地完成预演习任务。集团公司安全水平评测获评 B 级。

（三）信息化人才队伍建设方面

销售华东信息技术人员“十三五”期间积极参加总部与销售公司、外部第三方举办的应急演练、深化应用、信息安全等多种多样的培训，通过学习，不断提升信息化履职能力。

“十三五”期间销售华东一人获聘信息系统应用专家岗位、一人获聘高级信息技术管理岗位。继一人持有 CISM（国家注册信息安全员）证书后，又有一人通过国家注册信息安全专业人员认证考试，获得 CISP 证书（国家注册信息安全工程师）；强化支持中心运维能力，支持中心专业骨干配备 AB 角模式，达到 25 人。

四、展望

一是深入挖掘、深化应用核心系统的大数据分析和应用、智能应用、云应用等，实现数据流价值的深度挖掘和效能转化，加快数字化转型的步伐、全面协助总部争创世界一流企业。

二是抓实网络安全管理，完善综合防御体系，落实责任做好重点系统、重大目标的信息安全策略配置，筑牢网络安全防护网。

三是进一步加强信息技术人员队伍建设，转变工作作风，持续贴近基层、贴近用户、贴近实际，努力提升技术运维服务与支持水平。

四是进一步强化业务部门主体意识，研究、提升业务人员的应用能力，充分发挥他们在信息化过程中的作用，拓展信息化建设和应用范围。

五是加强推动信息化培训工作，结合总部加快数字化转型要求，贴近公司实际信息化应用工作，组织各项信息化培训；充分利用支持中心关键用户、业务骨干特色，交互式开展各信息系统应用培训工作。

第七篇

建设智能化研究院
提升科研创新能力

聚焦核心业务　聚力集成共享
信息化助推智能研究院建设

石油勘探开发研究院

一、总体情况

“十三五”期间，石勘院认真贯彻落实集团公司信息化“十三五”规划，以支撑建设“一流研究院”为新引擎，围绕勘探开发核心业务，紧扣“两化”深度融合，扎实做好云计算、大数据和智能化技术应用，持续推进消除信息孤岛、应用创新创效、网络安全等工作。重点开展了以支撑服务科研生产、经营管理和决策评价为目标的勘探开发综合研究智慧云建设。建成了以支撑勘探开发专业软硬件共享应用为核心的上游勘探开发专业应用云，实现了勘探开发专业软硬件资源的统一部署、统一管理和共享应用，提升了软硬件资源的管理和应用水平；构建了勘探开发综合研究数据主库，初步实现了对“技术研发、技术服务、产品开发、咨询服务”四大业务流程体系的数据和知识支撑，提升了综合研究工作效率和质量；全面建成了以支撑石勘院日常运营业务为主体的虚拟桌面云，实现了全院信息资源的统一管理、统一存储和规范应用，提升了业务管控能力和信息安全。

通过“十三五”期间的信息化建设，石勘院初步形成了“数据＋平台＋应用”的信息化建设模式，为勘探开发研究、评价和决策工作提供了有力支撑，为推进企业数字化转型、建设智能研究院奠定了坚实的基础。

二、主要举措

（一）强化组织领导，做好顶层设计

一是按照集团公司要求，成立并落实了由“一把手”全面负责、分管领导和相关部门负责人组成的院网络安全和信息化领导小组。负责指导和制定信息化工作策略，定期研究讨论信息化工作，协调解决信息化建设过程中的问题。

二是由院分管领导牵头，全面规划制定了院“十三五”信息化建设和发展规划。明确了全面建设“一个中心、一个平台、一朵云”为核心内容的信息化建设目标、路径和重点任务，为全面建设智能研究院提供支撑。

三是进一步落实信息化工作的“六统一”原则，完善信息化管理机制。强化归口管理

力度，着力厘清院、管理部门和业务部门的信息化管理界面和权责，进一步健全信息化工作规章制度，规范工作流程，优化信息化项目投资、建设、运维等运行机制，努力形成全院一盘棋、上下一条心、分级分层负责、共建共享共用的信息化工作局面。

（二）集中技术力量，加大攻关力度

一是对现有人员队伍进行了调整。全面梳理了院信息化技术力量和人员队伍，按照“专业人做专业事”的原则，结合石勘院信息化工作需要，成立了5个“专业建设团队”和2个“保障服务团队”，专业团队主要负责技术攻关和系统建设；保障团队主要负责信息化日常管理和已有信息系统的正常运行。努力做到既要保障全院各个信息系统的安全稳定运行，也要根据应用需求和建设任务进行技术攻关，引进消化新技术应用，研发建设新型工作平台，不断提升信息化建设和应用水平。

二是加大信息化队伍建设力度。尽可能补充“新鲜血液”，不断完善和优化信息化队伍，打造信息化领军人物。“十三五”期间，在院领导高度重视下，分别引进了信息“海外高层次人才”1人、“成熟人才”1人、应届毕业生8人，初步形成了一支有较强战斗力的信息化队伍。

三是积极开展云计算、大数据和人工智能等信息技术应用攻关。根据“十三五”建设目标和任务，细化攻关目标。分别制定了“虚拟桌面云技术、大数据技术、知识体系构建技术、专业软件许可证共享技术、桌面安全技术”等技术攻关点，专人负责、团队合作、统筹推进，确保信息系统建设的先进、可靠、实用和各项建设任务的稳步推进。

（三）聚焦核心业务，确保信息化建设成效

“十三五”期间，石勘院再次明确了信息工作必须“贴近实际、务求实效、实用管用、引领业务”和信息系统建设也要创新创效的要求，更加强调业务驱动、需求驱动。

聚焦对总部油田部管理业务支撑的需求，开展了支撑油田部相关信息系统的集成工作，承担油田部一体化综合业务系统等13套系统建设运维支撑，配合油田部EPBP项目组，启动了上游勘探开发数据资源中心的建设，提升了对油田部信息化建设的支撑能力。

聚焦上游企业勘探开发软件资源共享需求，开展了勘探开发云计算中心和专业软件资源共享建设工作，建成了石勘院勘探开发云中心和中国石化上游勘探开发专业软件共享中心，实现了软硬件资源的统一部署、统一管理和共享共用，着力提升了软硬件资源的应用效率、管控水平和服务能力，大幅降低了上游专业软件的使用成本。

聚焦石勘院科研业务的核心工作，开展了IPD（集成产品开发）建设和知识管理工程建设，研发了承载IPD理念、支撑“技术研发、技术服务、产品开发、咨询服务”四大业务工作的科研生产项目管理平台，实现了对科研项目全生命周期的在线管理；与总部知识管理项目组一起，初步建成了中国石化知识管理平台（SKM）和勘探开发知识库，实现了知识的“一站式”检索与共享应用，为科研项目成果沉淀、知识复用和员工培训提供了手段。

聚焦石勘院“服务油田、靠前支撑”的需求，构建了可供四川地区和华北地区勘探开发中心远程应用的网络环境和科研生产协同环境，全面提升了对科研生产工作的支撑能力；大力推广虚拟桌面技术应用，实现了远程无缝应用石勘院信息资源，降低了泄密风险。

三、主要成效

“十三五”期间，石勘院信息化建设成果丰硕，核心成果是在总体架构下初步形成了“1 个框架、2 朵小云、3 个平台、5 款软件”，正逐步向“一个中心、一个平台、一朵云”的目标迈进。

（一）构建了“1 个框架”：即勘探开发数据主库框架

以“盆地、区带、圈闭、油藏”四个评价工作为核心，以勘探开发基础数据、综合研究数据、海外研究数据等三方面数据为主体，初步建成了中国石化勘探开发数据主库框架（图 1），实现了综合研究应用的数据服务支撑。开展了在海外板块的技术文件、海外数据的一体化管理和共享应用试点，入库各类数据近 3TB，文件数超过 39 万个，数据记录 500 多万条；涵盖了海外 51 个重点盆地、24 个资源国、43 个项目。应用成果获得北京市 2017 年管理创新一等奖，经集团鉴定为“国际先进”。

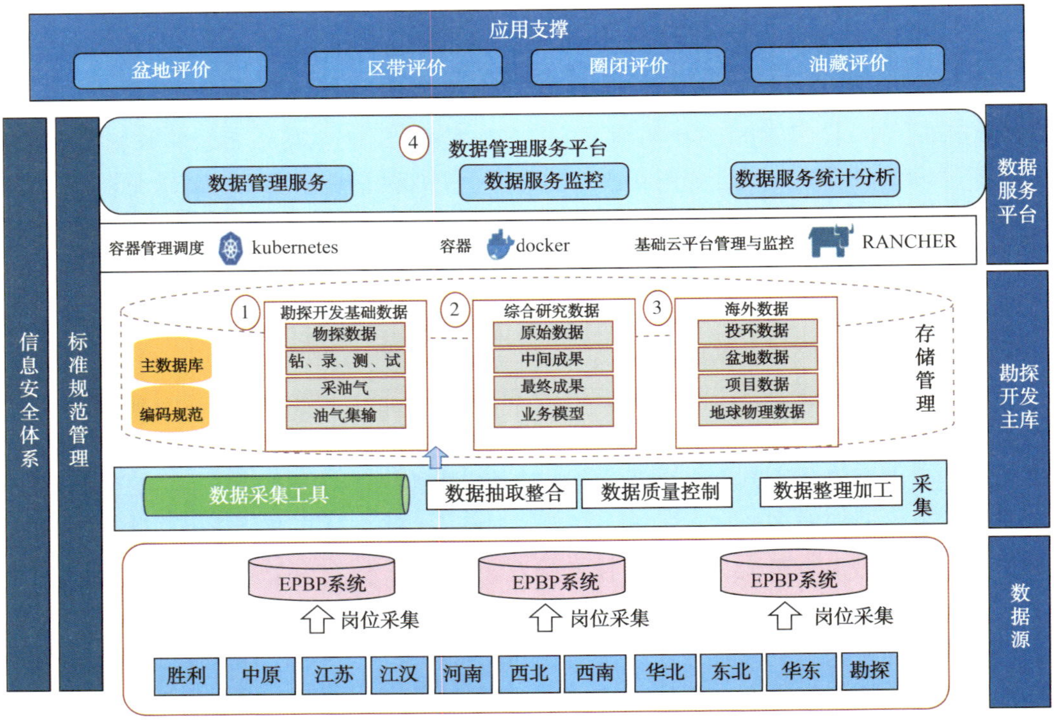

图 1　中国石化勘探开发数据主库框架

（二）建成了“两朵小云”：即勘探开发云和虚拟桌面云

勘探开发云（图 2）：主要包括两大部分：一是石勘院基础设施云，建成了勘探开发云管理平台（PetroS），实现了计算存储资源的“看、管、用”三大功能，全面提供处理解释、数模建模等综合研究的计算和存储服务，现有 990 个计算节点（CPU+GPU），总计算能力 4420 万亿次每秒，存储 21 套，裸容量共计 11PB；二是中国石化专业软件共享云，建成了中国石化勘探开发软件许可资源共享平台（EPCP），目前已有包括主力专业软件 70 多种，为 15 个上游企业和新星公司提供服务，注册用户 3500 多人，月均在线用户 5000 多人次，使用总时长超过 1000 万小时。

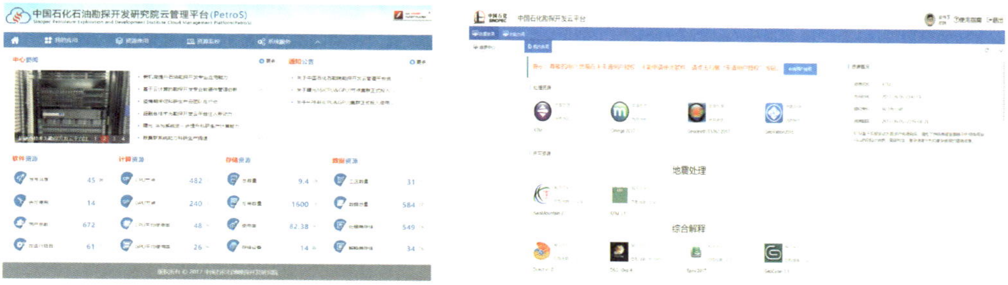

图 2　PetroS、EPCP 首页界面

虚拟桌面云（图 3）：包括通用办公桌面、软件研发桌面和专业软件桌面三种模式，其中通用办公桌面部署日常办公软件 70 余款，可支撑 900 个用户同时在线；软件研发桌面部署 40 余款主流开发软件，并实现了软件代码提交、质量检测、测试业务、部署发布的流程化和自动化，可支撑 200 个用户同时在线进行软件开发。专业软件桌面通过勘探开发云平台调用专业软件资源和计算资源，可支撑 120 个用户同时在线应用专业软件。目前，石勘院是上游唯一一家提供 Win10 系统和 GPU 环境、整体实现全员覆盖、单轨运行虚拟桌面云的单位。

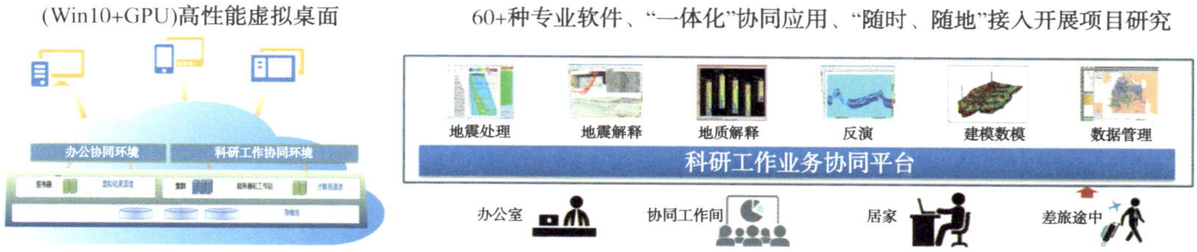

图 3　虚拟桌面云业务协同示意图

（三）建成了“3 个管理平台”，即中国石化知识管理平台、中国石化地质资料管理平台、石勘院科研项目管理平台

中国石化知识管理平台（SKM）（图 4）：该平台是配合总部项目组共同完成的，已初步建成了勘探开发知识库，建成了基于云架构的知识管理平台，主要包括知识体系构建、

知识采集加工、知识库建设、智能检索与应用等 4 大方面功能，目前该平台有勘探开发业务标准包 49 个、项目知识库 3111 个、专题知识库 65 个，基础知识（专利、标准、文献、案例等）约 800 万个。已在上游 3 家上游直属研究院、3 家油田企业共计 30 个科研院所全面推广应用，在线用户数 8579 人。以该项目为主体代表中国石化参加了知识管理的 MIKE 奖评审，荣获 2018 年度中国 MIKE 卓越大奖、中国最佳知识运营奖，2018 年、2019 年度两次全球 MIKE 卓越大奖。项目成果经集团专家鉴定为整体处于国际先进水平、部分达到国际领先水平。

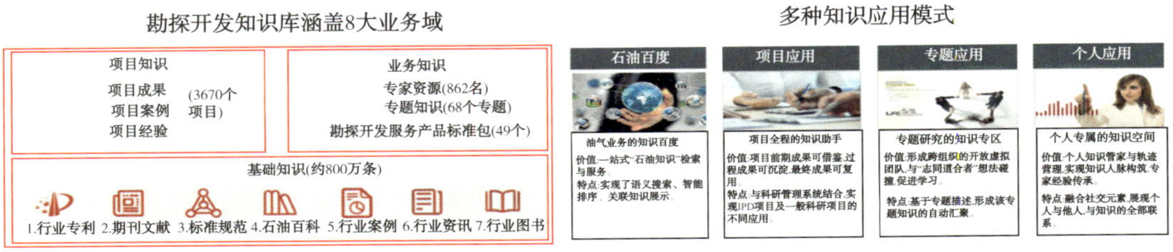

图 4　SKM 平台知识资源及知识应用模式

中国石化地质资料管理平台（PetroA）（图 5）：该平台是依据《中国石化地质资料管理办法》研发的管理平台，主要针对"八大类"应上交的资料进行"收、藏、管、用"的一体化管理和全局共享。目前，该平台已在上游各单位全面应用，成为中国石化各级馆藏机构开展资料接收、编目、管理与利用的日常工作平台，入库近 10 万多口井、1500 多个地震项目、6 万多个科研项目的原始、成果、实物地质资料，全部实现在线查询、浏览、下载等共享利用。相关成果在 2017 年获得中国石化自主知识产权百项成果奖，在 2019 年获得国家档案局优秀科技成果奖。

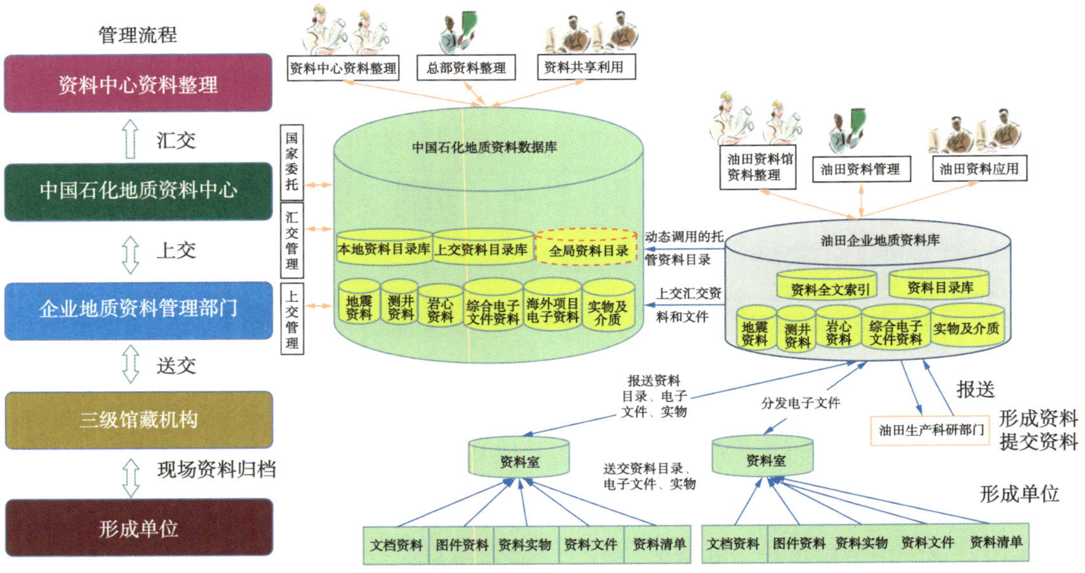

图 5　PetroA 平台业务流程示意图

石勘院科研生产项目管理平台（IPD）（图 6）：是借鉴华为先进的 IPD 理念，按照“技术研发、技术服务、产品开发、咨询服务”四大业务流程体系，以开展科研项目的“9 个节点（创建项目、组建团队、编制计划、分配任务、执行任务、专家评审、质量监控、风险管理、交付成果）”为对象研发的管理平台，形成一个支撑项目的决策、管理、执行、评估等全过程的在线闭环管理，全面支撑领导的分析决策、业务专家的参谋评审、项目经理的过程管理和质量把控、研发人员的业务执行。目前，该平台已在石勘院应用，并实现了与院人力资源系统、ERP 系统、全成本核算系统、财务共享系统和合同系统等的集成应用。

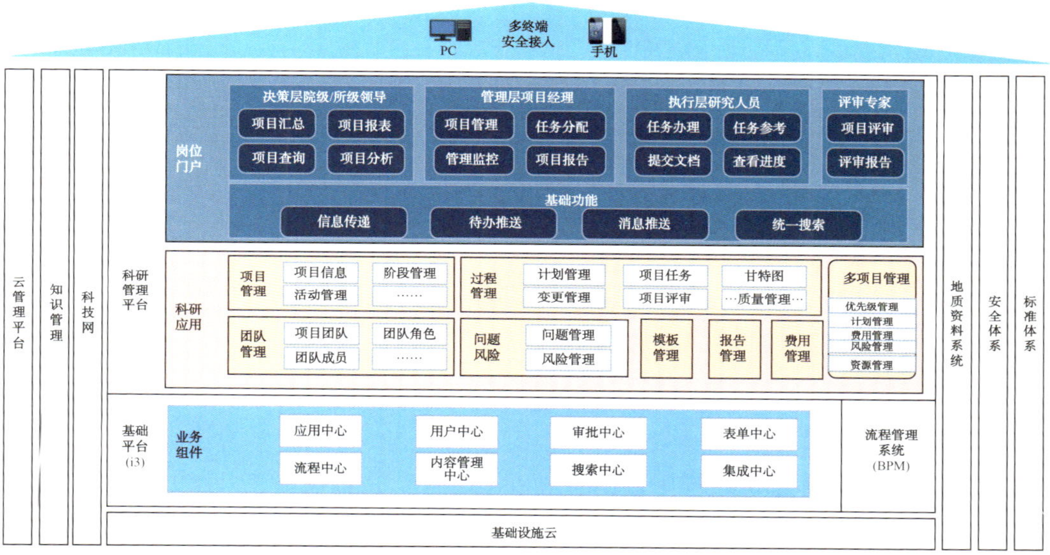

图 6　IPD 平台总体功能架构图

（四）发布了 5 款自研专业软件

在中国石化层面正式发布五款自研专业软件，包括一体化油气资源评价系统（PetroV）、多波地震资料处理系统（PetroMCS）、全波形反演软件（PetroFWI）、多尺度裂缝综合预测系统（PetroFCS）、盆地模拟资源评价软件系统（PetroTSM）。其中 PetroV 软件经中国石化科技部组织专家鉴定总体达到国际领先水平，在中国石化油田企业进行了批量部署，累计安装更新达 625 套；PetroFWI 软件在西北分公司塔河油田十区西以及西南分公司川西南北向构造项目投入生产性应用；PetroFCS 软件在江汉页岩气、鄂南致密油、东部陆相页岩油以及塔河碳酸盐缝洞预测的测试推广均取得较好效果。

四、展望

石勘院将按集团公司总体部署和要求，以建设上游总院信息中心为己任，当好数字化转型参谋部、先锋队、排头兵。努力成为中国石化上游信息化建设的主力军，争当中国石化勘探开发大数据、AI 等信息技术应用的引领者。

以打造勘探开发智慧云为目标，全面开展“一个中心、一个平台、一朵云”建设（图 7），构建智能研究院，助力管理创新、科学决策和提质增效。着力建设“齐全、准确、及时、唯一”的中国石化上游数据（知识）资源中心、打造高度融合软硬件数据的石油行业“安卓”平台、全面建设高度共享的勘探开发业务工作桌面云。不断提升数字化服务能力、IT 运营和服务水平，保障信息基础设施、应用系统高效运行。

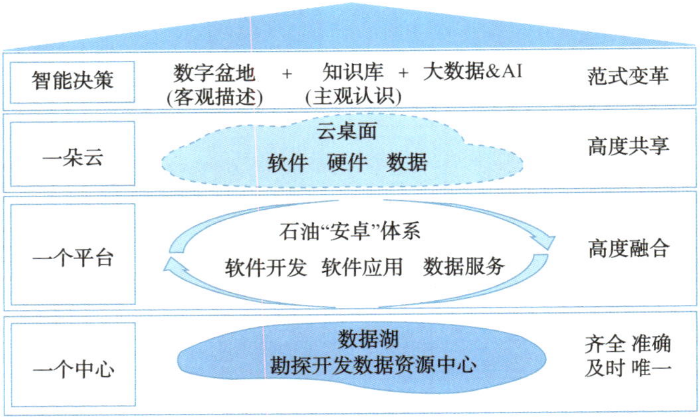

图 7 勘探开发智慧云框架

以综合研究智能化应用为切入点，开展大数据、区块链和人工智能等信息技术在综合解释、油气预测和实验分析等方面的集成应用（图 8），扩展完善勘探开发知识体系和知识库。进一步完善生产支撑和科研业务流程体系，推动勘探开发研究决策和生产运行管理的范式变革。为综合研究工作的依据透明化、认知知识化、方案优化智能化提供强力支撑，实现“一键”获取所需数据、“一键”获取关键因素分析和最新认识知识、“一键”获取最佳方案的“三个一”的目标。

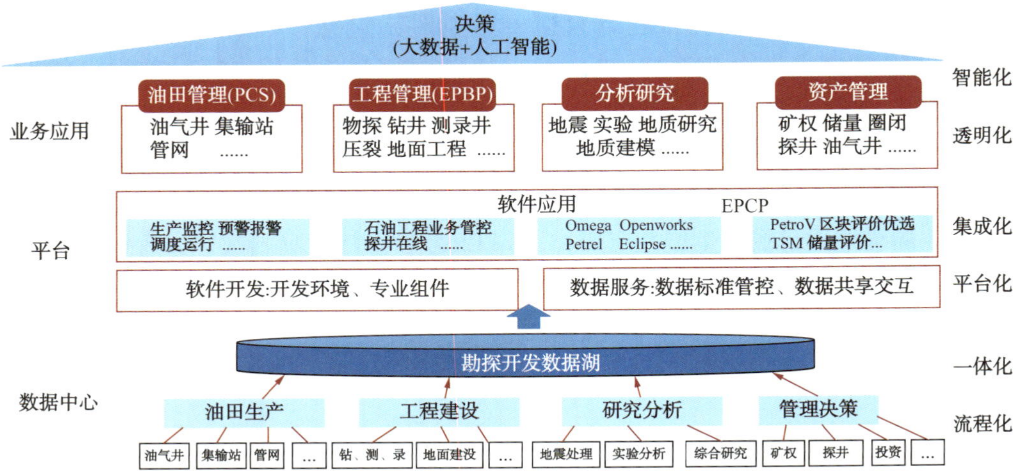

图 8 勘探开发研究决策总体框架

赋能工程技术　助推“两化”融合
数智化驱动石油工程提质增效

石油工程技术研究院

“十三五”以来，石油工程技术研究院按照集团公司要求统一部署，以建设世界领先研究院为目标，突出顶层设计，加强制度体系和人才队伍建设，推进“两化”深度融合和数字化转型发展，持续提升了科技创新能力和技术支持水平，为油气勘探开发实现“四提”提供了强有力的保障措施。

一、总体情况

石油工程专业分析和智能决策是实现降本增效的核心技术，也是信息化和数字化转型工作的重点。工程院依托科研创新成果高效转化，自主研发了多项工程地质一体化系列软件，并升级完成了云智版石油工程决策支持系统。其中工程地质一体化系列软件主要针对页岩气、超深井等领域的钻完井技术挑战，面向钻井设计优化、测井解释、技术评价和产能分析等多个环节，实现地质指导工程施工；云智版石油工程决策支持系统基于石化智云研发，涵盖钻完井各业务环节40余项监测、分析、决策功能，利用云计算、大数据、人工智能等手段，形成钻测录试、压裂及试油气等多专业、多维度、多业务的数据分析支持体系，实现贯穿钻完井全周期的监测跟踪和技术决策，其应用效果得到党组领导的充分肯定，该系统是智能化分析应用成果成功落地的典型案例。

二、典型做法

研发了工程地质一体化系列软件，提升了钻完井工程设计与施工优化水平，形成了具有中国石化特色的自主产权软件品牌。研发了基于地质环境描述的钻井工程软件（图1），通过岩石力学参数计算分析，提前识别易漏、易塌地层，优化钻井轨道和钻井液方案，优选钻头类型和钻具组合，优化钻井参数，能够提高钻井设计工作效率25%，以该软件为载体的“钻井地质环境因素描述技术与工业化应用”成果获得了2020年中国石油和化学工业联合会科技进步一等奖；研发了井震融合指导钻井软件，利用实钻信息实时修正待钻地层地震资料，实时为钻井人员提供待钻地层全方位工程地质信息；研发了中国石化测井软件平台2.0（图2），具备元素、核磁、成像等特色处理模块，实现了对常规测井、工程测井和随钻测井的全面支持；研发了钻完井关键技术适应性评价系统，结合机器学习技术，对不同钻完井工艺效果进行模拟计算，并实现成本核算；研发了页岩气试井分析及产能评价软件，在国内外首次将纳米孔隙限制效应纳入页岩气产能评价因素，提高了我国页岩气井产能评估准确性，以该软件为载体的“非常规气井测试与产能评价技术及应用”成果获得2018年中国石化科技进步三等奖。

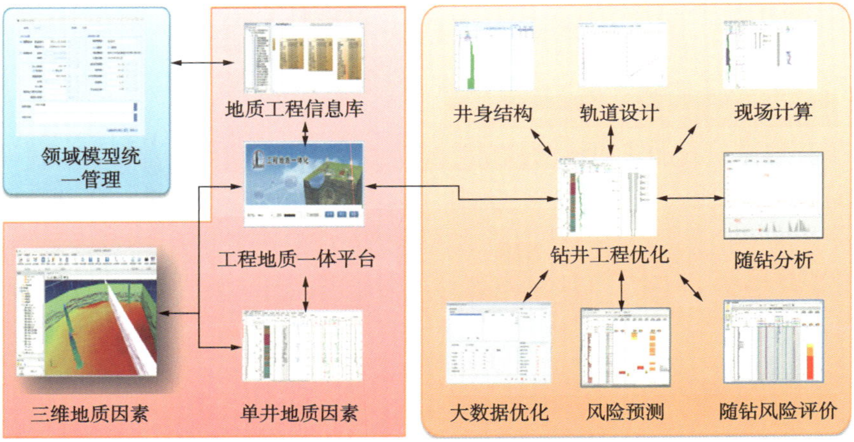

图1 基于地质环境描述的钻井工程软件架构

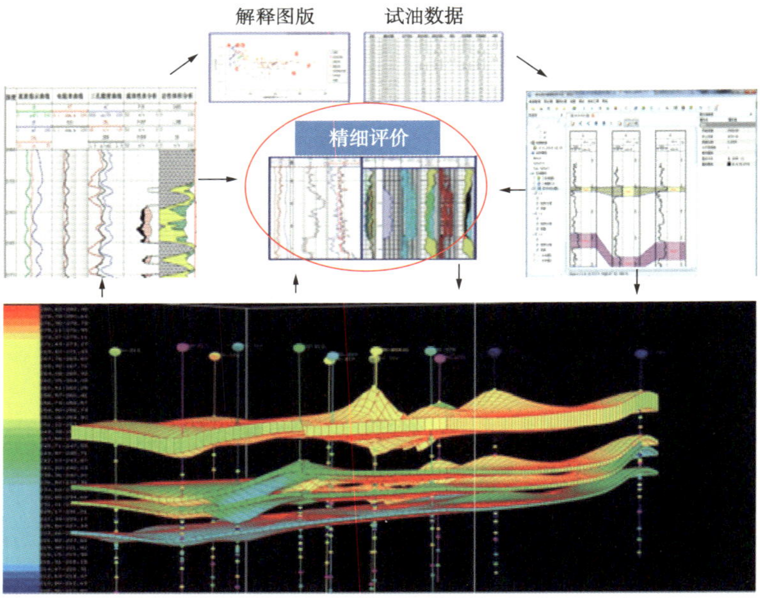

图2 中国石化测井软件平台

研发井下参数实时计算分析技术，实现随钻井下工况实时自动监测（图3）。针对实时计算需求对传统机理模型进行改造完善，提出井下参数实时计算分析方法，研发随钻岩屑沉积、环空压力、地层压力、摩阻扭矩、机械比能等实时计算功能，形成基于立压的模型自校正、基于悬重的摩阻系数校核等特色技术，实现了钻井井下工况的在线实时监测，提高了井下异常高效识别和时效分析能力。

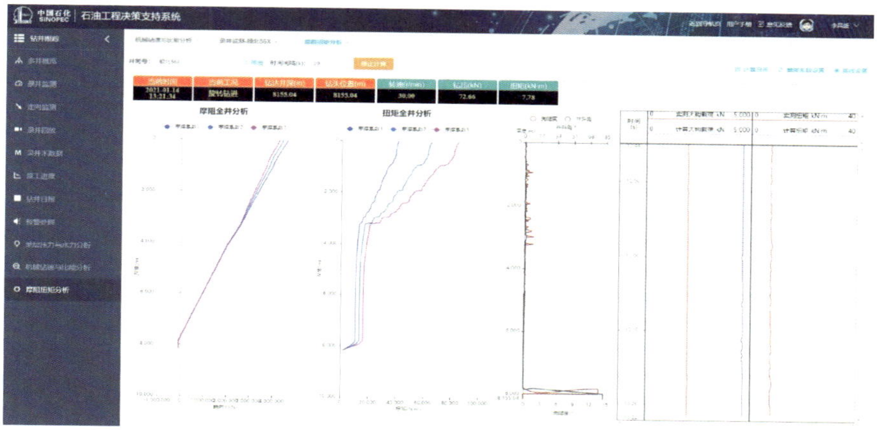

图 3　基于模型自修正的随钻摩阻扭矩实时计算分析

研发钻井复杂故障智能预警技术，降低复杂故障发生率，提升风险防控能力。采用随机森林模型对漏、涌、卡等复杂故障实现智能预警，实现预警信息的分层级自动推送，建立一套集“预警－分析－推送－处置”线上线下一体化的闭环钻井风险防控体系（图 4），彻底改变传统钻井监督驻井、跑井及 24 小时监控的工作模式，由“人找异常”发展为“异常找人”，极大降低了故障发生率和工程成本。

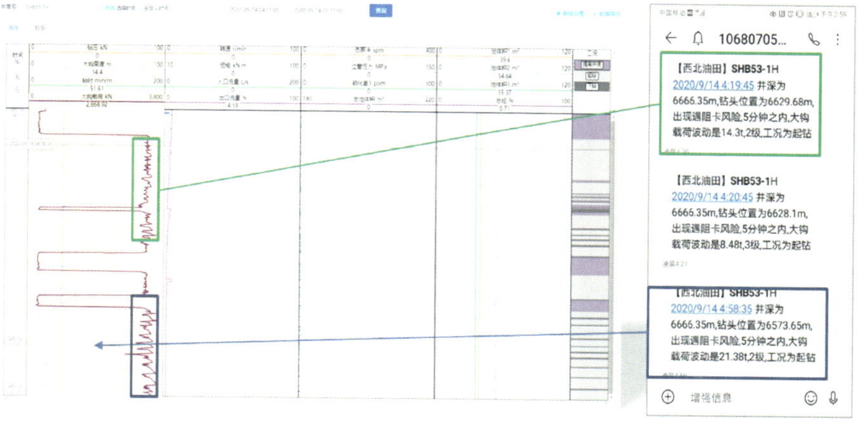

图 4　钻井工程异常智能预警及推送

构建基于大数据的区域钻井学习曲线（图 5），提升钻井方案优化技术水平，实现钻井提速提效。基于区域钻井数据库的百万条井史数据和亿万条实时数据，利用大数据人工智能技术构建区域钻井学习曲线，使钻井经验有形化，提高工程分析决策和工艺优化水平，提升钻井设计及施工方案的合理性，依据开次和地层特点优选钻头、钻井液、动力钻具等工艺措施，实现区域钻井针对性提速提效。

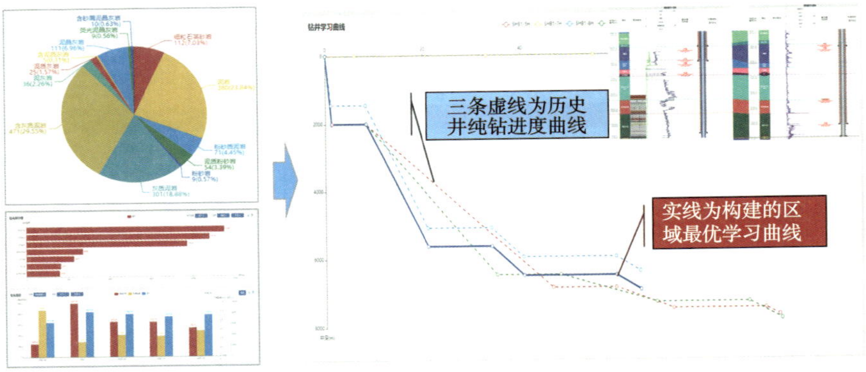

图 5　基于大数据的区域钻井学习曲线

建立石油工程全业务链智能决策技术体系（图 6），创新了甲乙方、多专业高效协同工作模式。构建基于统一标准的井场录井、定向、压裂、试油气等多源异构数据高效采传、质量控制和处理分析体系，建立针对不同单位及业务线条的决策场景，甲乙方基于同一平台开展在线协同分析决策，将耗时数天的数据搜集整理和分析工作缩短到几分钟，极大提升了工程监督、复杂处理、技术决策等工作效率。疫情期间成为保障钻完井复工复产、攻坚创效的利器。

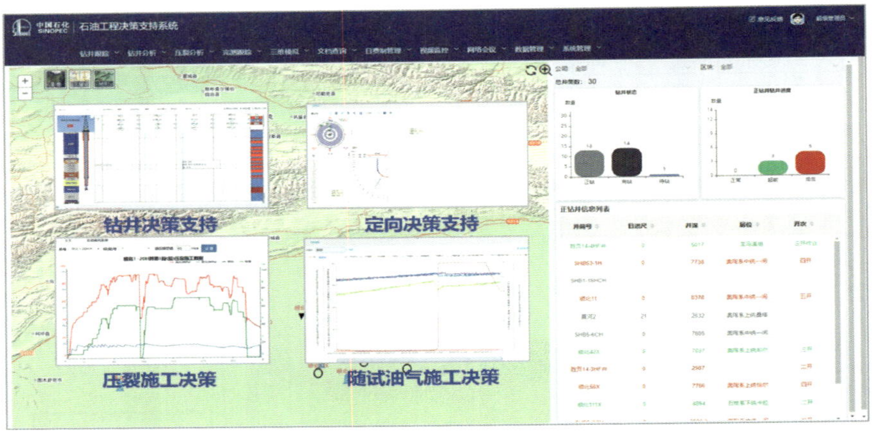

图 6　石油工程全业务链决策支持

三、主要成效

工程地质一体化系列软件解决了工程与地质融合问题，加快了高质量科研成果的载体转化，针对钻井设计、测井解释、钻完井技术评价等多个业务环节实现了地质对工程设计与施工的科学指导，其中中国石化测井软件平台在胜利测井建立了应用示范工程，替代了原有的 SWAWS 系统；井震信息融合指导钻井软件分别在顺北、南川、川西、东北累计测试与应用 30 余井次，东北应用方面裂缝带、火成岩预测精度 88.7%，三压力预测精度

93.5%，应用井段机械钻速提高 21.2%，复杂实效降低 35.1%。以上软件强力支撑了中国石化海内外重点区域的高质量勘探和效益开发。

云智版石油工程决策支持系统创新实现了基于云计算的摩扭、水力等模型实时自修正及计算分析方法，形成了由“传统静态手动计算”转变为“动态自动实时计算”的井下参数监测技术；建立了融合征兆分析和机器学习的井下风险智能预警模型，形成了“线上＋线下”的预警、处置、评估的高效闭环工作模式；研发了基于区域大数据的钻井学习曲线技术，辅助优化钻井方案。该系统目前已在顺北、北部湾、杭锦旗等工区及集团公司“日费制”井应用 300 余口井，对遇阻卡、井漏、溢流等复杂故障预警准确率 85% 以上，在重点井、疑难井的施工过程监测与远程专家协同决策中起到了重要作用，西北油田和中国石化工程院分别以该系统为基础搭建了远程决策支持中心（图 8）。通过系统应用，西北日费制井顺北 53-2H 创同区块三开钻井周期最短 21.48 天纪录，华北日费制探井彬 4 井一开、二开平均机械钻速较同井型邻井分别提高 123.11% 和 74.32%，机械钻速创区域最快纪录。系统降低复杂故障发生率和管控生产成本，进而为实现增储上产提供强有力的技术手段，提升了石油工程远程决策技术水平能力，实现了石油工程施工组织管理模式的变革，为保障集团公司“四提”工作和“日费制”井的顺利实施提供了利器，在顺北重点井的应用情况亮相 CCTV 新闻报道（图 7）。集团公司党组领导先后两次亲临指导并给予充分肯定（图 9）。

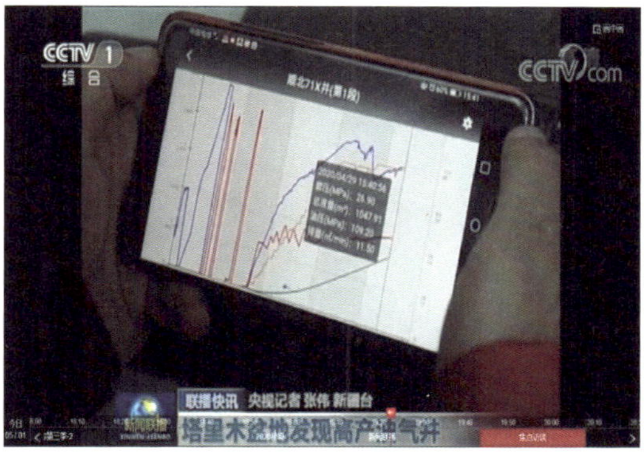

图 7　系统应用荣登 CCTV

图 8　西北油田远程决策支持中心

图 9　集团公司领导参观指导决策支持系统

四、展望

石油工程信息化、数字化和智能化是未来中国石化勘探开发高质量发展的核心工作，也是驱动创新能力提升的重要举措。石油工程专业分析和智能决策软件目前数据体系完善、用户场景多样、业务覆盖广泛，在工程地质一体化、钻井复杂故障预警、区域多井分析及远程协同方面作用显著，因此，系统在钻完井设计、测井解释、工程管理、技术决策、方案优化领域具有良好的应用前景。未来油气行业石油工程专业领域将逐步进行数字化转型，不断向大数据、人工智能及云-边协同等高新技术发展，形成智能化钻完井技术体系，智能分析决策将作为其核心组成部分起到至关重要的作用。

集成共享　转型发展
数字化赋能科技创新高质量发展

物探技术研究院

在总部的正确领导和支持下，石油物探技术研究院（以下简称物探院）围绕“十三五”发展规划，遵循“集中集成，共享服务，创新驱动，协同智能”的信息化工作方针，以提高发展质量和效益为目标，大力促进数字化和科研生产深度融合，为集团公司增储上产和科技创新提供了重要支撑和坚强保障。

一、总体情况

“十三五”期间，物探院紧抓云计算技术发展契机，以先进机房为保障，以高性能计算为基础，以云计算技术为核心，以自主软件应用为关键，遵循“需求约束、资源集中、持续递进”的原则，建成了中国石化最大的云计算中心（图 1）。

针对异构硬件和庞杂软件，物探院以“设备规模化、管理流程化、运维标准化、服务个性化”为目标构建了服务管理体系，建成了统一的资源调度系统，研发了云管理平台和智能化运维系统，完成了与总部勘探开发云平台（EPCP）的无缝对接，实现了资源的精细管理和高效使用。

“十三五”期间，通过制定管理流程、扩充平台功能、统一数据标准，物探院将既有的地球物理数据中心升级打造成为中国石化地球物理数据灾备中心。随着管理办法的颁布实施、油田企业的数据入库，灾备中心实现了地球物理数据的集中管理、安全备份和高效应用。

作为数字化转型发展的重要载体，物探院“互联网+”科研平台（图 2）集成了科研管理和科技研发涉及的各类信息系统，规范了数据接口，融合了数据资源，解决了基础数据共用、科研生产协同、实验远程操控等问题，提供了统一访问入口，创新了科研模式，改变了用户习惯，重塑了工作流程，提升了科研管理水平。

图 1　地球物理云计算中心

图 2 互联网 + 科研平台应用门户

二、典型做法

（一）坚持关键技术自主研发，不断提升云平台软实力

一是科研平台的自主研发。按照资源开放、标准统一、协作交流、成果共享的原则，建设了基于云计算的“互联网 +”科研平台，开放集成物探院各类科研相关的信息系统，为科研生产用户提供基础资源自助化、开发测试一体化、专业应用平台化、决策依据数据化为特征的一站式服务。

二是运维技术的自主研发。智能化运维系统基于业务视角为云计算中心打造运营运维管理平台，提供硬件、软件乃至业务层级的自动化监控与智能化分析，实现了故障自动预警和服务自愈能力，高度自动化、智能化技术的运用大大提高了工作效率。

三是云管理平台的自主研发。云管理平台实现了软、硬件资源“看、管、用”等功能，可辅助管理云计算中心各类资源的基础信息、运行状态和使用动态，支撑远程应用和科学决策。通过与勘探开发云的集成，云管理平台实现了上游企业软硬件资源的相互调用，极大地提升了软硬件资源利用率，降低了采购成本和人工成本。

四是专业软件的自主研发。实现云部署的 π–frame 是物探院自主研发的地震勘探软件平台。通过科研成果的不断沉淀固化，该软件平台集成了以 RTM 为核心的叠前深度偏移、高斯束层析速度建模等特色处理模块，并在自动化初至拾取领域取得技术突破，拾取效果效率均达到了国际领先水平，对打破国外软件垄断和技术封锁、对保障国家能源安全有着重要意义。

（二）提供软硬件一体化共享服务，显著提高投资回报

物探院云计算中心现有 2600 个计算节点，单精度计算能力 1.5 亿亿次 / 秒，较

“十二五”末增长 8.8 倍；存储容量 27.5PB，较“十二五”末增长 5.5 倍。

经过多年的技术沉淀，物探院逐步建立了高性能异构集群管理体系，形成了统一资源调度、硬件软件一体化云管理、面向地球物理的智能化运维、地震专业软件云部署等四项核心技术（图 3、图 4），将云中心不同年代、不同厂家、不同型号的 CPU、GPU 计算资源以及商业软件、自主软件等进行统一管理和调度，实现资源弹性伸缩和业务动态匹配，使得资源在使用上变得简单方便、在管理方面变得智能高效，设备投资实现了产出最大化。

针对共享服务需求，物探院通过科研平台打造了随时随地联网即可开展科研计算、软件调用和日常办公的一站式云科研环境，为科研生产用户提供像办公软件一样简单易用的科研资源管理体系，整体提升科研生产效率。

图 3　作业运行信息实时推送

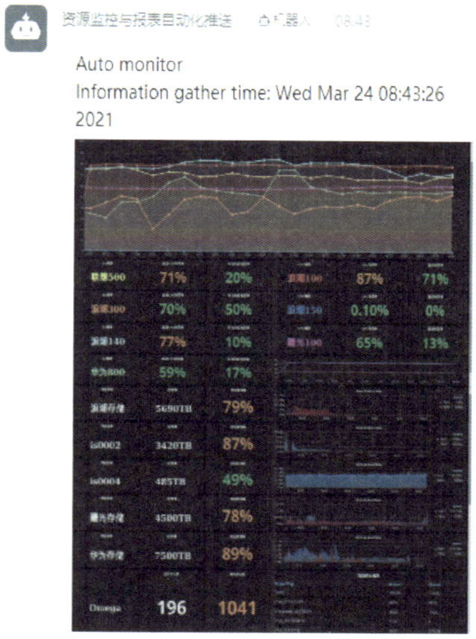

图 4　资源使用情况实时推送

（三）提供数据灾备应用一体化服务，提升协同攻关能力

中国石化地球物理数据以往一直分散管理，缺乏统一的数据中心、高效的数据服务、丰富的数据应用和充分的数据挖掘，数据壁垒阻碍了科技研发和协同攻关。

“十三五”期间，物探院在既有的地球物理数据中心基础上开展了中国石化地球物理数据灾备中心（图 5）的建设，制定了审批流程、完善了平台功能、统一了数据标准、促进了生产应用，运用多种介质对数据实行不同保护级别的备份。

截至“十三五”末，灾备中心管理了 150 个项目共计 1.4PB 的地球物理数据，涵盖了原始数据、处理数据、解释数据及成果资料等，既保障了地球物理数据的可用性、安全性，实现了地球物理数据统一灾备，又打破了数据壁垒实现了知识积累和成果复用，加快了科技研发进度，支撑了协同攻关。

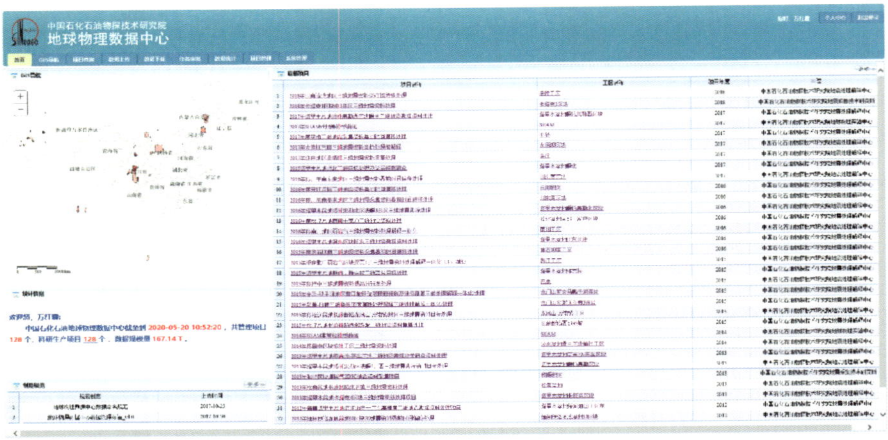

图 5　地球物理数据中心应用门户

（四）打造多地联合实时协同，提供软件开发、测试、应用一体化云环境

针对自主软件研发过程中，科研内容繁杂、人员分布散、协同难等问题，物探院建设了集软件开发、源代码管理、构建测试等功能为一体的协同开发过程管理环境。利用云计算、大数据等技术，实现了研发测试环境虚拟化、集群部署自动化，为跨地域多团队提供实时协作环境，将开发与测试有机结合，大大提高软件开发进度及质量，形成了中国石化系统内外 12 家单位软件联合研发体系，大大提升了自主研发软件工程化管理水平。

三、主要成效

"十三五"期间，物探院通过云计算、大数据等新技术的应用，实现了企业软硬件资源的有效整合，保障了地球物理专业应用的远程共享，促成了地球物理数据的灾备利用，满足了油田企业跨区域的应用实时协同。

（一）保障科研、贴近生产，科技创新与成果转化迈上新台阶

在信息化数字化工作强力支撑下，物探院"十三五"期间共承担国家课题 6 项、"十条龙"攻关课题 3 项、总部课题 160 余项，其中 1 项获得国家科技进步一等奖、1 项获国家技术发明奖、21 项获省部级科技进步奖。

支撑生产项目 300 余项，提交建议井位 290 余口，完成三维地震资料处理 90000km^2、逆时偏移 50000km^2、三维地震资料解释 30000km^2，工作量较"十二五"期间增长 2.5 倍，强力支撑了中国石化的高效勘探和增储上产。

（二）创新服务、打造品牌，开创资源共享和软件推广新模式

通过地震资料处理软硬件资源共享解决了油田企业大规模应用、软硬件匮乏等问题，

缩短了勘探周期，支撑了三北一川等重点地区艰巨的油气勘探任务；同时通过自主软件云部署云应用，促进了逆时偏移、全波形反演等新方法、新技术的推广应用。“十三五”期间，累计为油田企业 10843km^2 地震资料的处理提供软硬件资源保障。

通过高性能计算资源共享，解决了下游院分子模拟中尺度小、进度慢等问题，分子筛模型计算规模从 TB 级跃升到 312TB，量化计算规模从几十个原子跃升至数百个原子，极大拓展了模拟研究在计算维度及深度上的应用。“十三五”期间为下游研究院提供了 6886.8 万核小时机时，实现了模拟软件的共享共用，直接促进了直属院的科技创新。

（三）集中管理、共享应用，开启数据应用和跨区域协同新业态

灾备中心面向各油田企业提供地震勘探数据的集中存储、安全备份、共享应用等多种方式的数据服务，从根本上解决了数据管理散、业务协同难、资料搜集慢、标准规范乱等问题。“十三五”期间开始为东北油气分公司等单位提供支持远程管理、实时应用的数据灾备服务，支持多家企业、多个专业、不同层级、多种形式的在线联合攻关，实现数据资产的充分利用。

（四）管理提效、降本增收，取得显著经济效益和社会效益

资源共享提升利用率，降低投资成本和运营成本。“十三五”期间累计处理了十万平方千米地震资料，大大缩短处理工期，促进增储上产，产生直接经济效益 2.5 亿元；为下游院累计提供约 7000 万个小时的机时保障，产生直接经济效益 770 万元；云计算中心集中部署 π-Frame、RTM 等十余套自主软件，按配置 1 万 CPU 核商业软件计，每年节支 1920 万美元；通过软硬件资源共享，为集团公司节省了 8000 多万元的设备投资。

资源共享提高了勘探效率，促进了新方法、新技术在重点探区的应用，加速了科技成果转化，提高了计算资源利用效率，提高了投资回报率，降低了人力资源成本，取得了显著的经济和社会效益。

四、展望

展望“十四五”，物探院将继续以支撑中国石化的油气勘探为总目标，进一步加强云计算中心和灾备中心建设，持续开展共享应用，有序增强共享能力；同时推广以 π-Frame 为代表的自主软件，开展智能化研究院建设。

依照发展规划，到“十四五”末云计算中心计算能力将达 8 亿亿次 / 秒以上，存储容量达 70PB 以上，网络带宽达 1.5Gb/s 以上，形成 4 万 km^2 时间偏移、2 万 km^2 深度偏移、2 万 km^2 逆时偏移和 0.5 万 km^2 全波形反演的年处理能力；为更加有效地解决资源错峰使用问题，“十四五”期间将把云计算中心纳入超算互联体系中，实现与社会超算之间资源一体化联动调用，进一步保障和支撑整个中国石化的地震资料处理工作。

灾备中心继续依照《中国石化地球物理数据灾备中心运行管理办法》开展建设，完善

地球物理数据管理平台功能，提升数据离线、近线、在线存储能力，为用户提供一站式、一体化的数据服务，实现新数据安全备份、远程管理和在线浏览，分批次逐步录入存量数据，最终实现中国石化地球物理数据的全量灾备和高效利用。

"十四五"期间，物探院将基于石化智云，围绕科研管理、科研创新、技术服务三条业务主线建设智能化研究院，实现科研力量的有效整合、科研资源的灵活调度、科研手段的持续升级、技术市场的快速响应，培育科技创新新动能、塑造科研业务新模式、打造技术服务新业态。

"长风破浪会有时，直挂云帆济沧海"。我们将认真贯彻中国石化"十四五"信息发展规划，落实"集成共享、高效敏捷、创新驱动、协调智能"的工作方针，紧跟云计算、大数据、物联网、移动互联等新一代信息技术发展步伐，加快应用创新、加速模式创新，加快数字化转型，努力为高效勘探、降本增效作出贡献。

数字化推动发展　信息化助力转型
为建设世界一流石油化工研究院燃启智能引擎

大连石油化工研究院

一、总体情况

“十三五”期间，在总部的正确领导与支持下，大连石油化工研究院（以下简称“大连院”）认真贯彻落实国家“制造强国”和“网络强国”的决策部署，积极响应集团公司“两化”深度融合与打造世界领先企业目标，坚持“六统一”指导原则，以业务部门需求为导向，提出智能化研究院建设理念和设计方案。作为智能化研究院试点建设单位，克服新冠疫情的不利影响，围绕科研管理、科研创新、技术服务三条业务主线，开展智能化研究院建设，完成了协同创新云、智能化实验室、科研知识工程和技术服务云四大智能化内容，实现了对科研力量的有效整合、科研资源的灵活调度、科研手段的持续升级、技术市场的快速响应，形成了中国石化智能化研究院整体解决方案和推广模板。研发中国石化全局资源优化模型系统（S-GROMS），为炼化企业计划优化、指导原油采购、原油测算等作业提供国产化软件，突破“卡脖子”风险。开发 LDAR 技术及系统，为用户企业提供量身定制的“一条龙”技术服务和“一站式”解决方案，引领国内 LDAR 行业发展。开发管道完整性智能分析决策系统，在油气长输管道和炼化厂际管道推广应用，提升管道智能化管理水平。作为依托单位，建设“中国石化人工智能技术联合研发中心”，全面加强新一代信息技术与石油石化行业融合创新，培养复合型创新人才，积极推进新技术研发与应用，以高水平科技创新助力石油化工智能化转型。

二、建设成果

（一）建设智能化研究院，全力打造智慧科研新标杆

根据科研信息化业务需求，对标国际先进机构，按照总部科研管理标准化、技术服务市场化、科研知识共享化等推广要求，重点围绕科研管理、科研创新和技术服务三条业务主线开展智能化研究院建设，并于 2020 年 12 月通过了中国石化信息和数字化管理部组织的项目验收（图 1）。

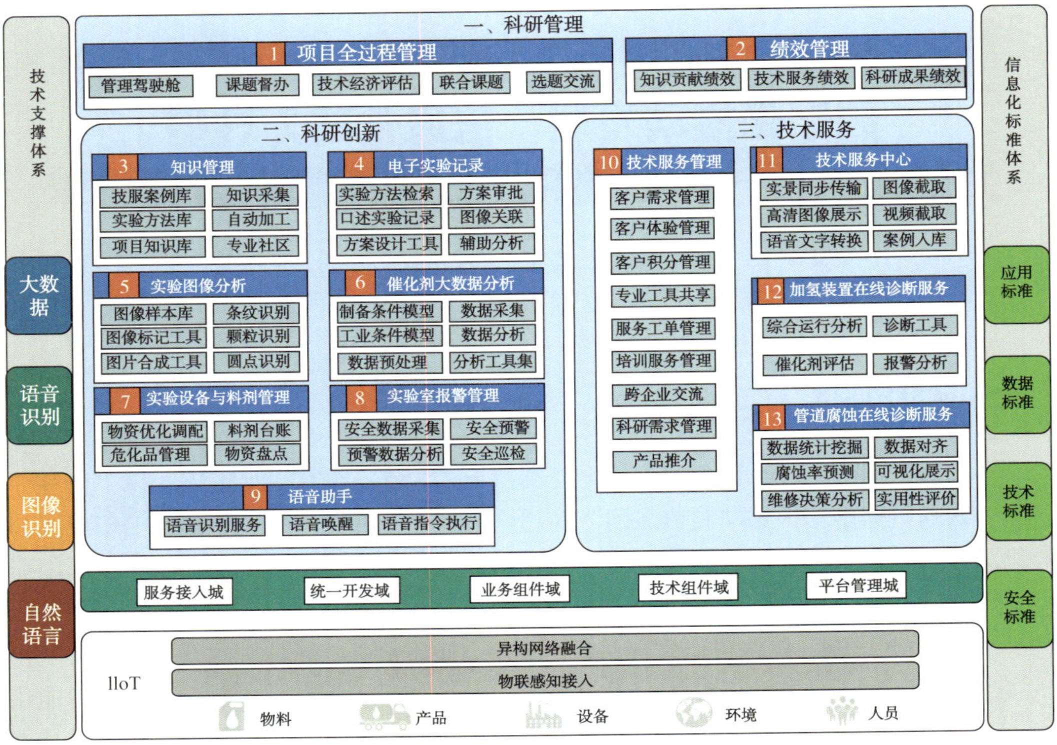

图 1 智能化研究院建设

科研管理方面，建成项目全过程管理系统、选题交流论坛、联合研发课题管理系统、绩效评价体系等功能，实现选题交流有互动、研究过程有审核、重要节点有评估、资料归档有标准、课题材料有复用、科研活动有记录、科研绩效有评价、绩效价值有量化、量化贡献有奖励，科研创新资源有效整合，研发能力优势互补，构建开放协同的"产、学、研、用"科研生态圈，为未来实现跨地域、跨组织、跨学科的科研能力协同和资源共享奠定基础。

科研创新方面，建成实验方法库、炼油化工科研知识体系、电子实验记录、数据分析与挖掘、电镜图像智能识别等功能，实现知识采集自动化、知识存储规范化、知识管理体系化、知识检索智能化、知识推送个性化、知识传承网络化、实验设计有方法、实验过程有记录、记录模板有规范、数据分析有工具、科研创新有追溯、物资调配有优化、实验安全有预警，多种先进信息技术的综合应用，有效加深研究院的知识底蕴，显著减轻科研人员的事务性工作负荷，大幅提升核心知识传承与复用能力。

技术服务方面，采用互联网+服务的模式，构建石化技术服务云网，打造技术服务中心（图 2），借助可穿戴终端设备、工业现场图像同步回传等功能，营造了远程实景同步、高清图像展示、语音-文字转换、材料协同编辑的便捷服务环境，为服务需求提报、服务团队组建、服务过程跟踪、服务结果反馈、客户体验管理等服务全过程提供信息化支撑。

图 2　技术服务系统

（二）交叉融合创新研发，奋力攻关智能石化新技术

1. 中国石化全局资源优化模型系统（S-GROMS）

基于三次元优化模型全局优化算法的中国石化全局资源优化模型系统（S-GROMS），具有通用业务模型架构、数学矩阵自动生成、非线性全局最优解和完全自主知识产权等优势，解决原油资源配置优化、加工总量优化、炼化产品结构优化、分企业加工量优化、成品油配置等优化难题，为炼化企业提供计划优化、全局优化、生产运营优化等多个层面的一站式软件解决方案，为中国石化全面提升炼化企业生产计划优化提供具有自主知识产权的核心技术。

2. 炼油技术远程诊断系统

首次在中国石化形成远程巡检、远程诊断、远程解答的新模式。通过该系统对生产过程、装置运行、产品质量进行动态跟踪，对装置可能出现的问题进行预测，提出防范措施；对装置突发事故进行快速分析，提供远程在线技术服务，提高技术服务的速度与效率。指导装置生产优化、提升故障诊断速度、提高技术服务响应效率，实现及时了解装置生产波动并进行指导，工艺技术管理从事后管理变为事中及预测型管理。

3. 泄漏检测与修复（LDAR）智能管理系统

研发了配套完整、流程规范、动态可视、定位准确、统计精准、计算便捷的泄漏检测与修复技术（LDAR），为用户企业提供量身定制的"一条龙"技术服务和"一站式"解决方案，是国内 LDAR 技术的开创者和引领者。LDAR 技术已完成第二代升级，技术以 SinoLDAR2.0 数据管理软件为核心，全面实现全流程工作电子信息化和无纸化操作。实现了定制化软件开发、集成特色管理流，智能化拍照建档、密封点动态可视管理，无纸化泄漏检测、全流程电子信息化，便捷化路径识别、准确定位节约成本，智能化排放核算、任意时段精准统计，规范化内控审核、全过程质量监控。

4. 管道完整性智能分析决策系统

开发了管道完整性智能分析决策系统（图 3），建成管道数据校验对齐、高后果区识别、定量风险评价、内检测评价、维修决策、腐蚀监测、地质灾害评估等技术以及完整性智能分析决策方法，形成“数据整合 + 检测评价 + 风险评价 + 在线监测 + 软件开发 + 体系建设”的完整性管理成套技术和综合解决方案，部分成果集成应用于中国石化智能化管线管理系统，在油气长输管道和炼化厂际管道全面推广，助力提升管道安全管理水平。

图 3　管道完整性智能分析决策系统

（三）线上管理实用便捷，全面实现协同办公新模式

1. 协同办公平台提升管理效能

统筹规划建设了 30 个大连院日常办公所需的系统，实现不同办公业务之间相互协同，使相关业务场景能够无缝衔接，从而提高员工的工作效率、协作能力，加快业务线上流转。统推系统和自建系统均完成与统一身份集成、协同办公平台的单点登录集成，减少“信息孤岛”。补充完善个人蓝页，加大搜索功能，让员工通过搜索拟办业务即可精准找到归口管理或办事人员。

2. 移动应用 APP 助力“马上就办”

扩大移动办公应用功能和范围，移动 APP 中除了集成总部已有的应用外，新开发上线了 13 个流程模块，对于关键业务或时效性较高的业务同时有短信提醒，使这些业务的审批效率缩短至 0.5 天，平均审批效率提高了 3 倍以上。大连院使用总部 VPN 系统的人数已达 300 人，提高了远程办公效率。集成了综合办公模块待审批、公文管理、费用报销、合同系统等待办数据，每天通过短信定时发送给用户实现待办的统一提醒，促使其“马上就办”。

（四）制定人工智能规划，努力建设石化软件策源地

作为“中国石化人工智能技术联合研发中心”依托单位及中心办公室，大连院精心谋划人工智能领域发展路径，科学制定“十四五”发展规划，努力打造石化专业软件策源地。紧扣中国石化“世界领先发展方略”、打造“一基两翼三新”产业格局的战略部署和对科技创新工作“四个一批”新要求，把握人工智能发展大势，立足石化智能化转型升级需求，问题导向聚焦重点，加速开拓新一代信息技术与石油石化融合创新，将智能石化列入院“十四五”重点建设的五大技术平台，组建第十五研究室专门从事石化人工智能技术研发，大力培养“石油化工 + 人工智能”复合型创新人才，编制人工智能领域“十四五”

发展规划，明确发展路径和重点任务，全面开展智能算法、智能应用、智能控制、智能装备研发，努力建成石化专业软件研发策源地。

三、主要成效

（一）打造先进信息基础设施，建设数字智能化研究院

在算力层面，建成了大连院云节点，具备576核的CPU计算资源、100TB的存储资源和60TB的备份空间，为智能化研究院的顺利运行及未来业务功能拓展提供充足算力资源。

在算法层面，开发了包含电镜图像识别算法（包括空间域、频域滤波、分水岭算法、卷积神经网络等）、加氢催化剂特征数据与制备条件、运行性能深度关联的大数据分析算法等机理模型算法和智能算法“双驱动”的实验数据识别与分析算法库，实现单张电镜图像分析时间从30分钟降低到20秒，以新技术应用推进科研手段升级和数据分析管理模式变革。

在应用层面，通过智能化研究院项目建设，加强了科研过程管理，提升了精细化管理能力，释放了科研创新活力，变革了技术服务模式，实现了对科研力量的高度整合、对科研资源的灵活调度、对实验数据的智能分析、对科研知识的共享传承、对科研手段的持续升级，以及对技术市场的快速响应。建成技术商务平台，实现了83个专利技术、16个专利设备和40种自主产品的线上推介，提供了管线热损失计算、在线电容串联计算、管道缺陷单一评价等12个技术领域的专业服务工具，为加强研究院科技转化能力提供了有力的信息化抓手。疫情期间，大连院技术专家利用技术服务中心，为石家庄炼化150万吨/年渣油加氢装置换剂开工技术指导服务、四川石化300万吨/年渣油加氢装置换剂开工技术指导服务、扬子石化烷基化装置脱硝单元整改项目技术指导服务，助力技术经营工作“不停摆”、技术服务工作“不打烊”。

（二）智能技术驱动智能工厂，信息平台贯穿智能管线

S-GROMS作为新一代的通用全局资源优化软件产品，具有建模效率高、矩阵自动生成、非线性三次元计算、高效求取非线性全局最优解等技术特点，在超大规模模型计算、建模效率、收敛速度等方面有显著优势，已进行多家企业的模型测算技术验证，并在两家企业开展试点应用。

炼油技术远程诊断系统，在常减压、加氢裂化、延迟焦化、S-Zorb等各类炼化装置中全面推广应用，全面覆盖中国石化炼化企业。以远程诊断系统为依托，成立了大师工作站，为中国石化安全高效生产提供有力支持，荣获中国石油和化工自动化应用协会科技进步特等奖。

第一代LDAR技术在中国石化40余家炼化企业推广应用，引领了国内LDAR行业的

发展；第二代 LDAR 技术定位打造信息化、智能化 LDAR 技术，助力企业 LDAR 工作合规、合法、高质、高效，已在北海炼化、石家庄炼化和安庆石化应用，荣获集团公司科技进步二等奖。

管道完整性智能分析决策相关技术荣获集团公司科技进步二等奖、广东省科技进步二等奖。原油物流智能优化管理系统有效解决了集团化大规模进口原油远洋拼装运输优化的动态–模糊 NP–Hard 问题及管网排产矛盾性目标优化问题，年均节省油轮运费约 1 亿元、节省管网运行费用约 7000 万元，技术鉴定为国际领先水平，荣获集团公司科技进步三等奖 2 项。

（三）信息技术贯通信息孤岛、“马上就办”激发工作活力

通过多措并举推进“马上就办”，有效改善了大连院管理效率，取得了显著效果。

（1）公文处理时间为 1 天，结束往年流程 500 余条，规范了公文管理流程，提高了公文处理效率。

（2）实现了移动审批和关键业务的移动申请，对于关键业务或时效性较高的业务同时有短信提醒，使这些业务的审批效率缩短至 0.5 天，平均审批效率提高了 3 倍以上。

（3）所有审批均实现了移动审批，每天早上发送待办短信，十余项流程模块审批平均在 1 天内完成，效率提升 60% 以上。

（4）大连院移动 APP 得到了广泛应用，安装率达到 88%，所有中层干部、专家、课题负责人及业务骨干均安装 APP，中层干部保证每天至少登录一次处理业务，确保做到“马上就办”。

四、展望

新一轮科技革命和产业变革深入发展，世界百年未有之大变局加速演进，全球数字化转型势不可挡，数字经济与实体经济深度融合的趋势已成为世界共识。智能化技术作为数字技术的核心产物，在未来的发展过程中必须要以价值创造为目的，以提升效率和效益为导向，不断通过智能化技术驱动产业变革、提升效率与效益。在集团公司“一基两翼三新”产业格局构建过程中，发展人工智能和智能炼厂技术是迎接挑战、转型升级的重要支撑，亦是行业发展和技术进步的大势所趋。

一是数据资源管理。充分利用大数据、小样本数据分析、云存储等人工智能数据管理技术，打破数据孤岛，实现石油化工领域数据挖掘利用与共享存储。

二是数字孪生技术应用。基于数字孪生的炼化生产全流程智能优化技术，通过深度融合化工领域理论基础和新一代智能算法和模型，建立分子水平的工艺模型、工艺装置建模求解，优化工艺流程，提高生产效率，降低能源和物料消耗，为生产运营过程提供全局智能优化的决策支持，促进企业的全局资源优化。

三是石油化工领域智能物流。开发包括原油、成品油、化学品、润滑油、燃料油以及

非油商品的采购–运输–生产–销售全局物流智能优化技术及软件系统，降低石油化工领域物流成本，提高“第三利润源泉”效益。

四是特定场景和特殊需求的智能装备。开发智能巡检/检测机器人、智能穿戴设备、智能监控等智能装备及配套软件，通过图像识别、语音识别等手段实现智能感知，及时预判隐患和事故，实现安全事故的事先感知和动态消除，提高故障识别和风险预测能力，提升作业效率和作业质量。

五是集成化、平台化建设。形成针对石油石化领域的通用智能平台技术，全方位整合上中下游、工艺数据、装置监控和智能装备的数据与信息，对智能装备、智能优化、智能监测、智能识别等模块形成综合统筹。通过智能化的人机交互为业务人员提供快速、准确、有效的提示和辅助，降低学习、操作成本，促进各环节、各层级智能化技术的应用落地。

科研信息化深度融合 助力创新管理齐发展

石油化工科学研究院

一、总体情况

十九大提出“推动互联网、大数据、人工智能和实体经济深度融合”，为信息化和数字化发展指明了方向。回首“十三五”，我国网络和信息技术迅速发展，云计算、大数据、物联网、移动互联网、人工智能、区块链、5G等新技术新业态蓬勃兴起。集团公司在构建新发展格局、推进数字化转型的战略部署下，持续推进“两化”深化融合，不断促进信息技术和数字技术在各业务领域的创新应用。石科院坚决贯彻党和国家对信息化、数字化工作的指导方针，紧密围绕集团公司对“两化”融合、数字化转型的总体规划和部署，落实“智能引领”发展战略，发扬和传承我院十数年信息化工作经验，形成信息化管理转型新思路，初步完成信息化应用架构，信息化管理水平趋向规范化、精细化，应用集成化、业务协同化、管理数字化水平有了新提高，信息基础设施能力大幅提升，信息系统安全保障水平迈上新台阶，强基固本、乘势而上，将科研信息化向纵深推进，取得了重大进展和优异成绩，为“十三五”收官画上了圆满句号。

二、主要进展

（一）信息化为科研创新助力、为管理提升赋能

石科院紧密结合科技体制机制改革要求，积极响应总部“一切系统皆上云，一切开发上平台”的总体要求，LIMS（二期）在科研板块中率先完成石化智云部署，并与科研管理、ELN等系统深度集成，实现了课题数据和分析数据的共享，为科研人员提供便利，实验样品分析和管理跃上新台阶。作为系统内最先实施ELN系统的单位，我院为满足科研人员多领域需求，开发的实验记录模板覆盖炼油化工、催化材料、新能源、新材料、环保等多个科研领域，根据科研需求持续优化调整，开发实验记录模板15个，创建实验14520个，更新实验次数达36700次，保证了试验装置、仪器设备数据采集的实时性和安全性，为建立科研创新大数据平台提供了坚实的基础。为实现化合物精细化管理，提高科研和HSSE管理水平，我院开展化合物库存管理系统实施应用，化合物库存管理系统为科研用户提供了更便捷的试剂领用方式，实现了危化物管控和试剂油品全生命周期管理，通过编码标准化、管理流程优化、架构升级、管理范围拓展、移动应用以及数据分析功能的

实现，以条码方式对实验试剂进行分级分类和全生命周期管控，实现了试剂在全院范围内共享共用，降低了管理成本，提升了危化品管理数字化程度和风险管控水平。“十三五”期间，ELN、化合物库存管理系统均获得中国信息协会颁发的能源企业信息化管理创新奖，大幅促进管理优化和效率提升。

我院积极应用 IT 先进技术，推动科研创新和成果应用，充分利用石化智云资源，搭建芳烃智能优化、油品调和业务应用，对我院积累的油品调和、石油分子管理、炼油过程机理模型等技术进行信息化封装，形成智能化炼厂技术架构，为智能工厂建设、油品调和业务提供线上支持，探索技术服务新模式。基于 LIMS、ELN 等系统积累的丰富数据，应用深度学习网络构建分子水平汽油调和规则，助力在线调和项目及高档汽油配方研发；建设分子筛主题数据库，智能识别催化剂电镜照片，保障科研效率。网络化使用物探院云平台，大幅提升分子模拟计算效率，为 LTAG 工艺技术、烷基化催化剂、油品添加剂和抗氧剂的研发提供理论基础。

结合原油评价、近红外快评、配方原油等优势技术，我院开发计算软件，向多家企业发布 Web 应用，为原油加工方案优化提供依据。建立分子信息库系统，有效解决分子水平过程模型基础数据查找及导入的难题，相关系统采用容器化的形式提供微服务，支持云计算架构的快速部署和相关系统集成（图 1）。针对炼厂循环水质开展大数据分析，建立循环水处理专家模型和油料泄漏诊断模型，支撑环保技术的研发与应用（图 2）。相关工作已申报国家发明专利 8 件（2 件已授权）、软件著作权 3 项，取得化合物 CAS 号 2 个。

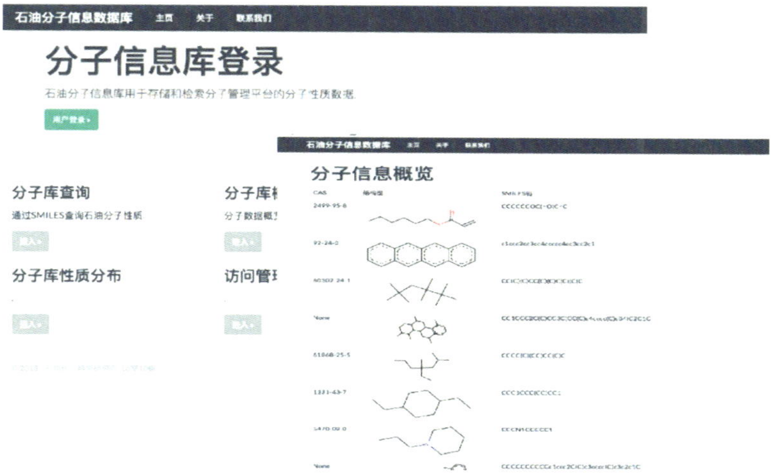

图 1　分子信息库展示

（二）双创行动常抓不懈，深化应用成效显著

为落实集团公司深化应用创新创效行动计划，我院制定了分阶段、分层次、分系统的实施方案，在院网络安全和信息化领导小组统一指导下，信息中心组织协调 7 个业务部门深度参与，建立了有效的沟通机制，通过专项研讨、工作例会、应用培训、应急演练、应

用竞赛等措施推进工作，每月开展深化应用评价，对照行动计划阶段目标进行自查改进，从规范应用逐步演进至深化应用。

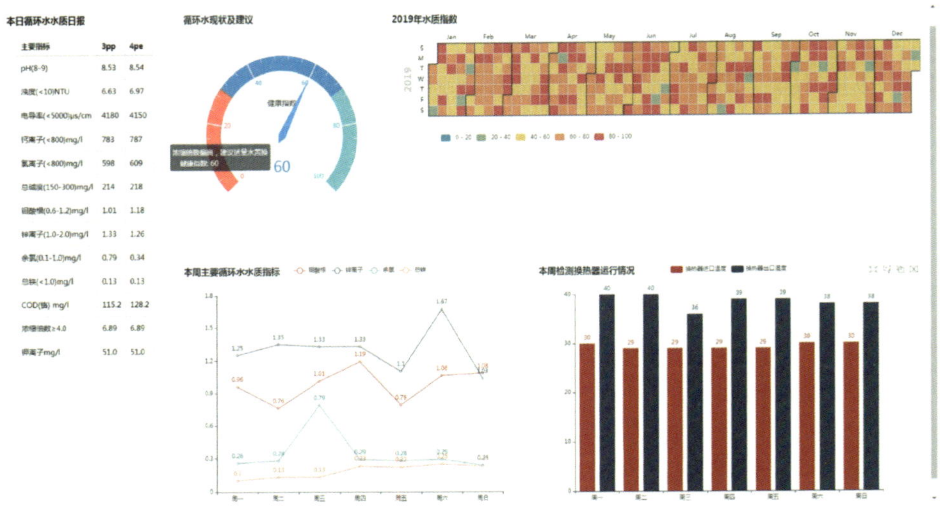

图 2 循环水处理模型展示

在两阶段的双创行动计划中，我院成绩一直处于科研板块前列，共完成 22 项总体目标和 138 项重点工作，其中包括 7 项集成共享、20 项流程优化、9 项参数优化、5 项应用范围拓展、18 项功能优化完善和 7 项移动应用工作。多个应用系统实现深度集成，让信息多流转、让员工少跑路，工作效率大幅提升。各系统以常态化数据检查和分析工作保证业务数据的准确性、完整性和可用性，为我院管理和决策提供了依据，为科研开发提供了支撑。行动计划期间，我院共上报总部深化应用成果 51 项，其中 7 个成果入选集团公司内部推荐名单、2 个成果入选集团公司内部推广名单，在行动计划第一阶段获得“深化应用创新创效示范企业”称号，在行动计划第二阶段被评为创新创效 A 类企业。

（三）全面消除信息孤岛，探索数字化转型之路

根据集团公司关于消除信息孤岛的指导意见，我院从统一应用系统登录账号、数据集成、系统集成三方面着手，完成了消除信息孤岛的任务。院内应用系统均实现了与集团公司统一身份认证的集成，保证了登录账号和密码的一致性，主要系统还与综合业务管理平台达成了单点登录。在数据集成方面，实现了科研管理系统的课题数据为 LIMS、ELN、CIMS 系统共享；ERP 系统与科研管理系统共享课题经费数据，ERP 系统与 CIMS 系统共享试剂采购信息；综合业务管理平台共享总部费用报销系统、门户信息发布数据；ELN 共享 LIMS 系统的分析数据和 CIMS 系统的试剂数据；技服数据管理系统共享总部三剂系统生产运行数据。在系统集成方面，实现了科研管理、ELN、LIMS、CIMS 系统之间业务协同的集成、科研管理与 ERP 系统的集成；科研管理系统的开结题和加班审批流程与综合业务管理平台实现审批环节集成；物资管理系统集成 ERP 系统采购管理模块，实现从需求到

验收交接、财务报销的全流程管理和监控，达成业财融合。

2020年，我院响应集团公司数字化转型战略部署，探索应用系统的数据治理，针对我院科研管理信息化的主数据标准不一致、跨系统运维不同步的问题，通过全面梳理各系统数据库，结合统一身份认证信息，从固定资产管理和科研项目成本核算切入，开展跨业务领域的数据盘点、数据汇聚和整理分析。数据治理工作开展以来，完成我院部分在用系统的主数据标准化管理工作，形成主数据管理数据库，共完成12000余条数据的标准化和发布。主数据库建立以来，提供数据服务331次，累计数据1634561条，实现了知识产权管理系统和出差报告管理系统相关主数据的统一管理。我院主数据标准化管理工作的推进，提升了数据融合程度和应用质量，形成了数据利用的长效机制。通过跨业务领域的数据管理，为科研项目成本核算提供了快速有效的数据服务，提升了业财融合水平。

随着大数据时代的到来，集团公司层面已提出大数据发展战略，数据是企业核心资产的理念已逐步成为共识。我院结合LIMS、ELN、CIMS等系统，在数据分析与挖掘方面开展了一些探索性的工作并取得了较好的应用效果，例如：通过对ELN系统收集的催化剂电镜照片进行数据分析，代替人工识别催化剂特性，提高科研效率；根据分子筛表征数据、评价实验的产物分布数据，构建定量分析模型，辅助科研人员开展实验设计；利用CIMS系统的试剂仓储数据预测库备试剂种类和数量，实现精细化的试剂管理，缩短实验筹备周期。利用数据分析技术，将部分科研人员的专家知识转化为信息化成果，例如：依据专家意见构建定量模型，对炼厂循环水指标进行分析，指示水处理的具体方式，相关成果已向两家企业发布应用。此外，还将数据分析技术与分子水平炼油技术相结合，构建油品分子组成与性能的深度学习关联模型，汽油辛烷值预测模型已在调和项目中试用。

（四）抓管理、调架构，网络安全紧闭铁闸

我院高度重视网络安全工作，切实保障信息化基础设施、应用系统和业务数据安全稳固，为科研和管理工作保驾护航。严格贯彻“三同步”管理要求，增强应用系统内生安全。构建先进的网络安全防护体系：分隔网络核心与数据中心，部署多层级边界防护，缩小网络威胁的扩散范围；利用安全大数据技术分析网络流量，对网络攻击和恶意程序实时感知、确认和追溯，实现主动防御；强化虚拟化环境安全防护，保障虚拟办公终端、应用系统、核心数据库的正常运转；通过堡垒机权限配置、双因素认证等手段，规范系统开发和运维管理，杜绝供应链安全隐患。

我院网络安全风险管控体系日益完善，建立信息化项目全生命周期管控流程，修订12项院级制度，加强制度、流程的执行监督与检查考核，形成常态化、体系化网络安全运营机制，确保网络安全管控无死角。信息化管理任务、IT资产和网络安全隐患进行台账化管理，2020年完成网络安全隐患治理1115项。“十三五”期间，我院保持网络安全事故与事件零发生，平稳渡过两次护网实战演习，两次配合完成信息部组织的网络安全现场检查，并且获得集团公司“网络安全先进单位”“网络安全和信息化工作先进个人”奖项，2020年网络安全水平评价达到A级。

（五）推广云办公新模式，基础设施日益完善

在总部的大力支持下，我院的信息化基础设施持续提升和完善。利用虚拟化技术建成的桌面云系统为日常办公提供了有力支撑，计算资源和存储空间弹性可扩展、专业软件和桌面模板灵活可定制、数据和文件在多地使用不断档、终端安全在后台保障不费心、部门和项目组内资料共享不延时，这些优点使得云办公新模式在全院广为接受。我院桌面云系统已覆盖所有二级单位，用户占全员比例超过70%，访问已达59793人次，新冠疫情期间桌面云成为线上办公必备条件，为我院扎实开展“百日攻坚创效”和“持续攻坚创效”、顺利完成年度目标发挥了重要的支撑作用。在网络设施方面，我院经过多次改造提升，设备国产化率已达到100%，为科研和管理业务提供了高效、可靠的网络环境。

三、展望

“十三五”期间，我院信息化与科研和管理主业实现了深度融合，并且形成了互相促进、共同发展的长效机制，利用信息技术提升科研和管理效率的理念已深入人心。迈向“十四五”，国家和集团公司对科技创新的重视与期待达到了前所未有的高度，对信息化工作也提出了更高的要求。信息化技术日新月异，以云计算、大数据、5G、物联网、移动互联、人工智能为代表的新技术加速突破应用，不断掀起热潮。能源行业的信息化工作面临巨大的发展机遇和挑战，石科院将继续深入贯彻国家和集团公司层面对信息化工作的指导方针和战略部署，遵循“数据 + 平台 + 应用”路径，抓住数字化转型、智能化发展的机遇期，在数据治理、数据应用方面继续探索科研数字化转型的有效路径，以建设“432工程”为导向，以建设智能化研究院为总体目标，应用先进的信息技术，加速推进我院炼油技术与服务产品的智能化应用，推进信息化与科研主业的深度融合，满足科研创新和管理创新需求，为科研创新和管理创新增添动能，为建成世界一流研究院奠定坚实可靠的信息化基础，为打造技术先导型公司贡献力量。

安全为本　技术引领
推动国家危险化学品安全数字化转型

青岛安全工程研究院

一、总体情况

围绕集团公司打造世界领先洁净能源化工公司的愿景，青岛安工院按照“需求导向、技术引领、数据赋能、强化保障”的发展思路，以系统防控 HSE 重大风险为主线，全面满足国家危险化学品安全管控和能源化工行业安全生产数字化转型需求，助力推进我国危险化学品安全治理体系和治理能力现代化。

“十三五”期间，充分发挥安全一体化技术优势，统筹布局 HSE 业务数字化提升，在工业互联网、智能传感、大数据等方面实现技术创新引领；深度开展科技成果产业转化，全力支撑国家危险化学品安全管控，构建覆盖全国 7000 余家危险化学品企业的安全风险监测预警体系，取得显著经济社会效益；切实提升危险化学品数据服务能力，系统梳理危险化学品安全数据资源，全面建成国家危险化学品安全大数据中心，支撑国家危险化学品安全应急管理；全面夯实科技创新基础条件，强化升级办公网络与安全防护，建设应用实验室安全管理、实验仿真计算平台，支撑、提升基础科研工作效率。

二、典型做法

（一）立足科技创新，积极探索业务数字化转型发展新模式

聚焦国家危险化学品安全管控、石化行业安全生产的科技发展需求，以“提升安全关键技术科技内涵、推动业务数字化转型发展”为目标，积极探索电子标签、工业互联网、区块链、大数据等新一代新兴技术与传统 HSE 产业的深度融合发展模式（图 1），深入开展国家重点研发计划“国家危险化学品风险预警与信息共享服务关键技术研究与示范”、中国石化“基于电子标签的 Handle 标识解析技术及装备研发”等多项科技项目研发，形成国家危险化学品安全生产风险监测预警系统、国家化学品安全数据资源平台等多项技术成果，创新突破国家危险化学品协同安全监管难、风险表征难等突出问题，填补我国危险化学品安全风险管控技术应用空白，经院士专家技术鉴定具备国际先进水平，迈出危险化学品安全管控数字化转型第一步。

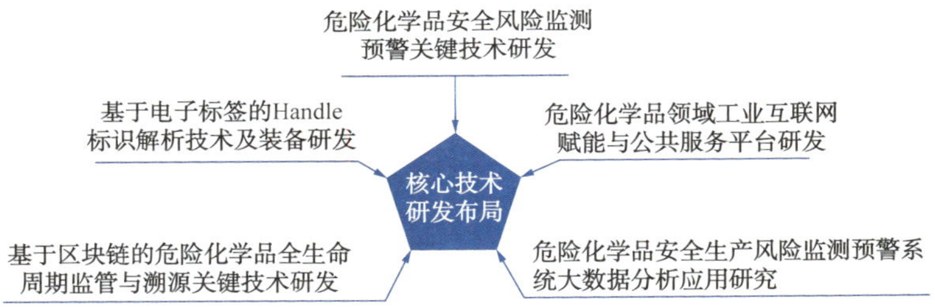

图 1 业务数字化转型的科技创新布局

（二）强化技术转化，齐力实现风险预警产业应用巨大突破

以工业互联网赋能危险化学品安全生产，解决政府安全监管手段单一、企业风险管控技术缺乏等问题，构建国家危险化学品安全生产风险监测预警体系（图 2）及成套技术装备，实现在应急管理部、31 个省（市、自治区）和新疆生产建设兵团、7251 家危险化学品企业推广应用，取得显著的经济社会效益，推动危险化学品重大危险源储罐区、生产装置等关键区域的安全风险管控数字化转型，实现全国危险化学品企业安全生产状态联网监测，构建危险化学品企业重大危险源安全风险管控技术支撑体系，打造企业风险智能管控新手段；推动政府“互联网 + 监管”模式变革，实现企业安全状态实时感知、及时追踪、精准监管，有效防范和化解危险化学品重大安全生产风险，为加快实现危险化学品安全治理体系与治理能力现代化奠定坚实基础。

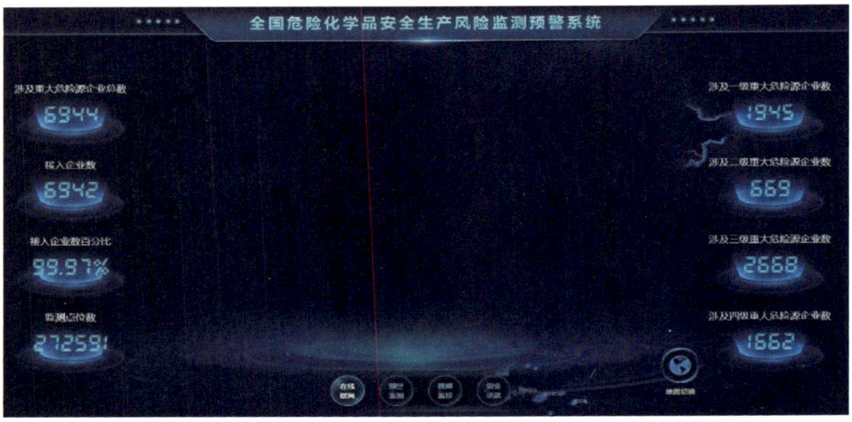

图 2 国家危险化学品安全生产风险监测预警系统

（三）发挥资源优势，切实提升化学品安全数据共享能力

面向能源化工和危险化学品安全的数据资源综合应用需求，以大数据、人工智能技术为手段，整合构建覆盖化学品登记数据、重大危险源数据、MSDS 数据、法律法规标准数据、典型事故案例数据等海量专业数据的化学品安全数据平台（图 3），并面向政府各级监管部门和危险化学品企业发布化学品安全数据检索与知识图谱共享服务，已发展成为国

家危险化学品领域重要的应用展示中心与决策支持中心，较好地填补国内危险化学品安全数据资源领域的公共服务空白。同时，在疫情防控期间，积极发挥数据资源优势，深入摸排危险化学品企业（重点针对酒精、次氯酸钠等生产企业）的复工复产情况和安全生产风险情况，形成数据分析报告 5 份，获应急管理部领导高度认可，在防范安全生产风险、支撑应急管理决策方面发挥积极作用。

图 3　化学品安全数据中心全景

（四）提升保障能力，助力日常工作和科研任务顺利开展

积极推进智能研究院建设，以石化智云为基础平台，综合利用工业互联网、大数据、人工智能等技术提升科研管理、科研创新、技术服务等基础保障能力，有效实现实验室人、机、料、法、环、测等要素线上管理和实验绩效管理。大力完善基础设施保障建设，建成国家“B+ 级”标准的数据中心机房，办公网络实现“万兆骨干互联、千兆到桌面”的升级，完成统一互联网出口迁移、虚拟云服务集群建设、网络安全管控和防护能力提升等工作。深度强化仿真计算条件建设，建成高性能仿真计算平台（图 4）、大数据试验计算仿真平台（图 5），现已集成 Comsol、Fluent 等工业仿真计算软件，浮点计算能力达 310 万亿次，数据计算能力达 5000 万次 / 天，数据利用效率达 5000 条 / 秒，满足院基础研究多任务仿真科学计算和海量数据分析应用需求。

图 4　高性能仿真计算平台应用

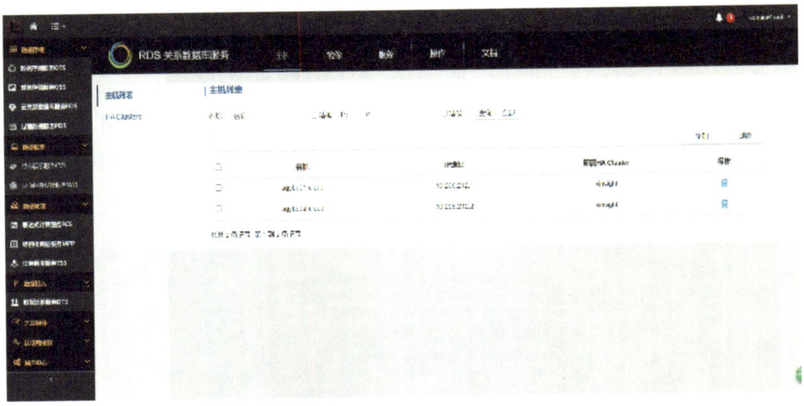

图 5 大数据试验计算仿真平台应用

三、主要成效

（一）树立品牌，合力建成危化品安全风险监测预警系统

国家危险化学品安全生产风险监测预警系统已在应急管理部、全国 31 个省（市、自治区）和新疆生产建设兵团、5 个化工园区及 6944 家危险化学品企业实现部署应用，全面覆盖危险化学品重大危险源储罐区 10347 个和高危工艺装置 4481 套，接入各类监测参数点位 23 万余个，基本建成了贯穿国家、省、市、区县（园区）及企业的安全生产风险管控体系。成果获得应急管理部尚勇副部长、刘伟副部长等多位领导的高度认可，山东、广东、陕西等多地应急管理部门及青岛炼化等企业对系统应用效果给予好评，并获得中央人民政府、应急管理部、《中国日报》、新华网等十余家国内主流媒体的关注报道（图 6），荣获“工信部 2020 年工业互联网试点示范项目”“国资委 2020 年国有企业数字化转型典型案例–最佳案例奖”等多项奖励，成功打造石油化工行业 HSSE 与危险化学品安全的专业品牌形象。

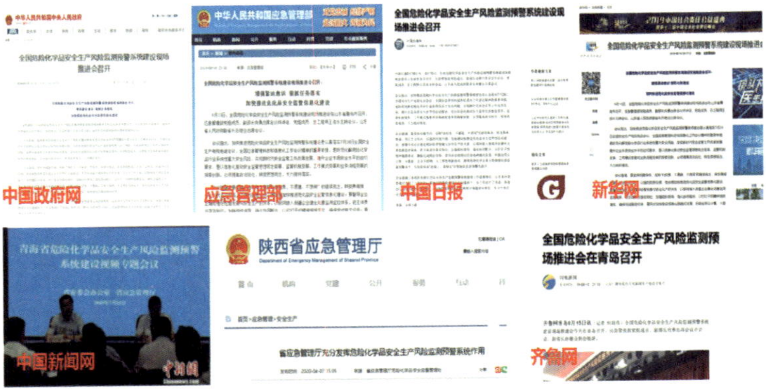

图 6 危化品安全风险监测预警系统获国内主流媒体的关注报道

（二）牢记使命，积极推动国家安全形势持续稳定好转

以“防控危化品系统性安全风险，遏制重特大事故多发势头”为使命，借助危险化学品安全生产风险监测预警系统等技术手段，有效提升政府安全监管数字化能力，减轻传统监管执法成本，构建“互联网 + 监管”新型模式；督促企业确保安全生产控制措施处于有效状态，帮助企业全面感知安全生产风险隐患，监督企业落实安全生产主体责任，进一步降低企业由于事故带来的经济损失，有效防范和化解重大安全生产风险。自 2019 年以来，危险化学品重大危险源风险管控效果明显，各类报警、预警和一般以上风险数量均明显降低。以山东省为例，2019 年 8 月至 2020 年 9 月期间，全省企业生产报警次数由 14 万余次 / 月下降到 1.8 万次 / 月，降幅达 76.8%；监管部门推送预警次数由 4,206 次 / 月下降到 137 次 / 月，降幅达 82.3%。

（三）创新创效，稳步拓展信息技术应用自主研发模式

积极响应国家加强自主创新能力建设号召，以自主知识产权助力能源化工行业和危险化学品领域安全技术创新发展，“十三五”期间在工业互联网、知识图谱、电子标签等技术方面积极布局，初步形成危险化学品安全生产风险监测预警系统、危险化学品安全知识图谱等多项数字化转型技术成果，累计发布《危险化学品信息集成与共享服务技术规范》等团体标准 6 项、《软件系统编码规范》等企业标准 3 项，获得“国家级危险化学品安全生产风险监测预警系统软件”等软件著作权 6 项，申请“危险化学品安全领域专业词库的构造方法、检索方法及系统”等发明专利 5 项。“国家危险化学品安全生产风险监测预警体系构建与关键技术”经院士专家科技成果鉴定具有创新性和自主知识产权，总体技术处于国际先进水平。

（四）夯实基础，支撑提升技术创新与科研实验效率

一是智能应用条件提升。深化“两化”融合支撑智能化运营水平提升，实现实验全过程电子化管理和科研任务信息化管理，实现各类实验室间的科研数据协同共享，提高实验室科研人员工作效率和数据利用水平，促进科研成果质量提升。二是基础网络条件提升。完善 IT 基础设施建设和运维服务能力，保障信息基础设施、应用系统高效运行；强化网络安全纵深防御、重点防御和主动防御的体系建设，确保在“两会”期间、上合峰会、公安部网络安全攻防演习期间未发生重大网络安全事件。三是科研保障条件升级。高性能仿真计算平台已实现开展实验仿真计算 1552 次，资源平均利用效率近 70%，有效支撑基础科学仿真计算；大数据试验计算平台已存储安全生产实时数据近 2TB，日均增加数据近千万条，大力提升院数据资源集成规模。

四、展望

下一步，青岛安工院将深入贯彻习近平总书记关于全面加强危险化学品安全生产的重要指示精神，按照集团公司“十四五”信息化规划和数字化转型发展战略，以“工业互联网 + 安全生产”为发力点，全力推进新一代信息技术和安全生产深度融合，加速能源化工行业和危险化学品领域数字化、智能化转型升级。形成重点工作如下：

一是全面建成中国石化危险化学品安全生产风险监测预警系统，全面覆盖中国石化上、中、下游涉及危险化学品重大危险源企业的罐区、装置和仓库等高风险场所，实现总部端、企业端和手机端多层级系统功能应用。

二是统筹推动中国石化“工业互联网 + 安全生产”行动计划应用落地，构建一套覆盖中国石化各级企业的工业互联感知网络，落实一批面向安全风险管控与生产条件强化的工业互联网应用，形成一个安全生产工业应用服务生态。

三是强力推进石化装置智能化安全平稳运行系统建设，加强装置工艺、设备、环保等风险的智能感知和监测预警能力，提高装置长周期平稳运行能力，实现石油化工装置安全绿色生产数字化转型进程。

四是统筹开展智能化研究院建设，按照总部建设要求完成科研项目全过程管理、项目全成本核算、实验室安全智能化管控等功能和应用，助力院科研经营数字化转型。

五是依托安工院科技孵化器平台和与中国工业互联网研究院共同成立的中国工业互联网研究院石油化工研究中心，推进“工业互联网 + 安全生产”解决方案在能源化工行业和危险化学品领域的应用，推动行业安全生产水平提升和高质量安全发展。

第八篇

聚焦数字工程建设
引领工程服务转型升级

融合数字工程新业态　推动工程建设创新创效 赋能世界领先技术先导型工程公司

炼化工程集团

“十三五”期间，炼化工程坚决贯彻集团公司信息化工作指示精神，坚持落实服务中国石化“421 工程”建设部署要求，围绕公司“能化为本、创新驱动、全球发展、价值聚焦”发展战略，紧盯“创建世界领先工程公司”愿景目标，按照信息化“六统一”原则，发挥集团化统筹、一体化协同、专业化创新优势，观大势、谋全局、干实事，为中国石化网络化、数字化、智能化高质量发展作出了应有的贡献。

一、总体情况

五年来，炼化工程对标国际一流，以“ERP”和“数字化工厂”为主攻方向，集成共享应用有突破、数字工程创新有特色、互联高效服务有提升、敏捷安全体系有保障。公司大力推动以 ERP 为核心的经营管理平台建设，实现了企业全部国内业务成功上线，提前完成了集团公司党组领导所要求的“抓好落实，率先上线”的工作目标，为集团公司工程板块 ERP 建设沉淀了模板、积累了经验。公司统筹推进以数字化工厂为核心的生产营运平台应用（图 1），实现了主要工程设计软件许可集中管控，发挥了生产线组长单位示范作用，按期完成了国内外业主所要求的“集成化设计，数字化交付”的工作目标。国标《石油化工工程数字化交付标准》和中国石化《石油化工工程数字化交付执行细则》编制与试点，为石油化工工程数字化交付标准化填补了空白、验证了场景。公司连续 2 年被集团公司评为企业信息化应用水平 A 级企业、荣获中国石化 2018 年网络安全专业技术比武决赛团体第四名，炼化工程多个成员单位、多名信息化工作者荣获集团公司“十三五”信息和数字化工作先进单位和先进个人及集团公司网络安全 A 级企业，多项应用成果入选集团公司管理现代化创新成果和深化应用创新创效成果典型及推广案例，有效保障了公司生产经营，整体提升了公司信息化平台能力和数字化应用水平，为公司“两化”深度融合、持续推进应用创新创效注入了新动能。

二、典型做法

（一）加强顶层设计，统筹系统规划

炼化工程按照集团公司管理制度要求，建立了公司网络安全和信息化领导小组、本部

信息化管理部门、企业信息化管理部门、信息科技分公司层次化组织体系（图 2）。参与了集团公司“十三五”信息化发展规划编制、组织了公司“十三五”信息化发展规划编制、指导了企业“十三五”信息化发展规划编制，一张蓝图绘到底，明确公司信息和数字化发展目标、实施路径和重点任务，为集团统推、公司统建、企业特色信息化建设提供了基本遵循。

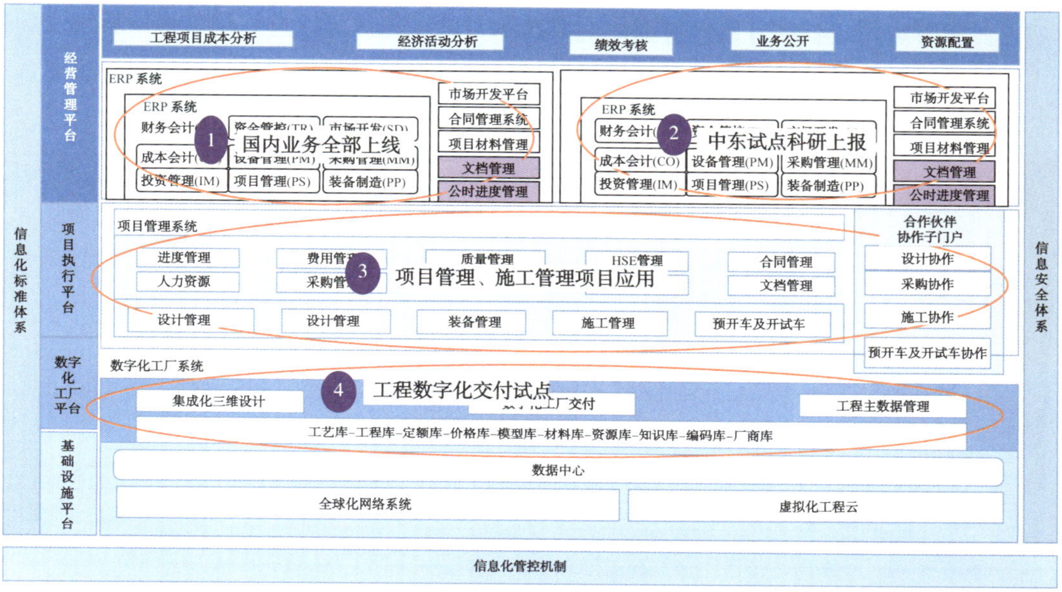

图 1 炼化工程信息化平台构架

经营管理	A数字化管理平台	A1.ERP系统	A2.合同管理系统	A3.投资管理系统	A4.决策支持系统	A5.费用报销系统	A6.全面预算管理系统	A7.财务统一报表系统	A8.会计集中管理系统
		A9.人力资源管理系统	A10.电子商务系统	A11.易派客系统	A12.综合统计管理平台	A13.内控管理系统	A14.客户关系管理系统	A15.业务公开系统	A16.审计管理系统
		A17.共享服务平台	A18.运维管理平台	A19.审批平台	A20.监控平台	A21.标准化主数据平台	A22.移动办公平台	A23.协同办公平台	A24.差旅平台
		A25.档案管理系统	A26.法律管理系统	A27.企管信息系统	A28.绩效管理系统	A29.远程培训系统	A30.督办管理系统	A31.制度管理系统	A32.公文管理系统
		A33.资金管理系统	A34.标准管理系统	A35.三重-大管理系统	A36.增值税管理系统	A37.党务管理系统	A38.关联交易平台	A39.编码对照系统	A40.工程招投标平台
生产营运	B工程设计及生产工具数字化平台	B1.项目进度控制系统	B2.项目成本管理系统	B3.项目财务管理系统	B4.项目安全管理系统	B5.项目报告管理系统	B6.项目风险管理系统	B7.项目合同管理系统	B8.项目文档管理系统
		B9.材料管理系统	B10.采购管理系统	B11.施工管理系统	B12.综合资源管理系统	B13.分包管理系统	B14.质量管理系统	B15.估算管理系统	B16.管道焊接管理系统
		B17.项目管理系统	B18.项目试车管理系统	B19.项目现场人员管理系统	B20.设备管理系统	B21.起重运输管理系统	B22.项目沟通管理系统	B23.项目变更管理系统	B24.制造管理系统
		B25.人工时定额库	B26.工期定额库	B27.成本价格库	B28.工程量库	B29.设备材料库	B30..资源库	B31.项目编码库	B32.投标报价库
		B33.COMOS工艺设计平台	B34. COMOS智能P&ID系统	B35.ASPEN流程模拟系统	B36.SimSci流程模拟系统	B37..报价系统	B38. INTERGRAPH工程设计平台	B39.INTERGRAPH三维设计平台	B40.技术管理系统
		B41.INTERGRAPH智能P&ID系统	B42. AutoCAD绘图系统	B43.土建三维设计平台	B44.ANSYS有限元分析系统	B45.AVEVA工程设计平台	B46. AVEVA三维设计平台	B47. AVEVA智能P&ID系统	
		B49.工程材料等级库	B50.工艺设计数据库	B51.工程设计数据库	B52.三维设计数据库	B53.Bentley三维设计平台	B54.设备三维设计平台	B55.DNV GL定量风险评估系统	
	C数字化交付及转型平台	C1.知识管理平台	C2.INTERGRAPH数字化交付及转	C3.AVEVA数字化交付平台	C4.国产化工程云	C5.数字化工厂平台	C6.专家咨询诊断系统	C7.炼化-体化全流程优化平台	C8.工程档案系统
客户服务	D智能化提升及应用平台	D1.生产营运	D2.炼油化工	D3.安全环保	D4.设备管理	D5.工程管理	D6.智能工厂	D7.智能油田	D8.智能加油站

图 2 炼化工程功能模块

（二）加强投资管控，统筹资源配置

炼化工程按照集团公司投资管控要求，实施了信息化投资计划、费用预算统一归口、分类管理，融合了内控、制度、流程并固化 ERP IMPS 应用，公司统建信息化项目统一纳入了募投项目（配套 7% 的募投资金）。统筹硬件、基础软件及办公软件使用中国石化框架协议，统筹大型工程设计软件、通用工具及项目管理软件等执行炼化工程框架协议。建立了大型工程计算软件许可监控和大型工程设计软件许可申请云平台，为公司、企业、项目共享软件许可、降本减费创造了条件（图 3）。

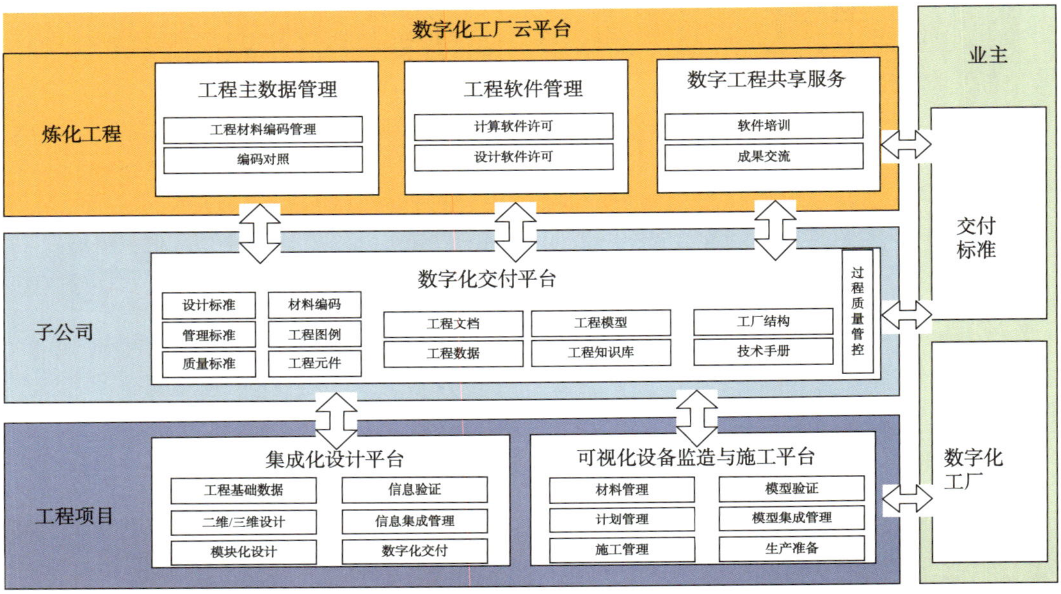

图 3　炼化工程数字工程平台构架

（三）加强平台建设，统筹开发应用

炼化工程按照集团公司项目管理要求，统分结合、优势互补，集团公司统推系统项目（CMIS、ERS、MDM 等）和炼化工程统建系统项目（ERP、市场开发、国际业务等）统一模板、集中建设。企业工程设计、项目管理、施工管理共性专业系统项目，发挥成员单位差异化优势，结合国内外项目实施，统一平台、集中开发、项目应用。通过组织信息化成果交流、开发经验分享、新技术宣贯培训，为成员单位信息化平台建设与应用架起了桥梁。

（四）加强人才培养，统筹运维服务

炼化工程按照集团公司改革工作要求，积极推进“业务部门牵头、信息部门综合协调、专业人员技术支持”联动机制，统筹公司本部、企业、项目信息和数字化人才梯队建设，通过组织用户讲师讲课、企业骨干辅导、技术顾问支持和参加国内外用户大会等多种形式，培育熟谙国际工程主流软件专家上百名，培养信息化复合型人才队伍上千名。同时，利用市场化机制，通过组建信息科技分公司、搭建一体化运维服务平台，强化管理、建设、服务联动，为公司信息化整体能力提升储备了力量（图 4、图 5）。

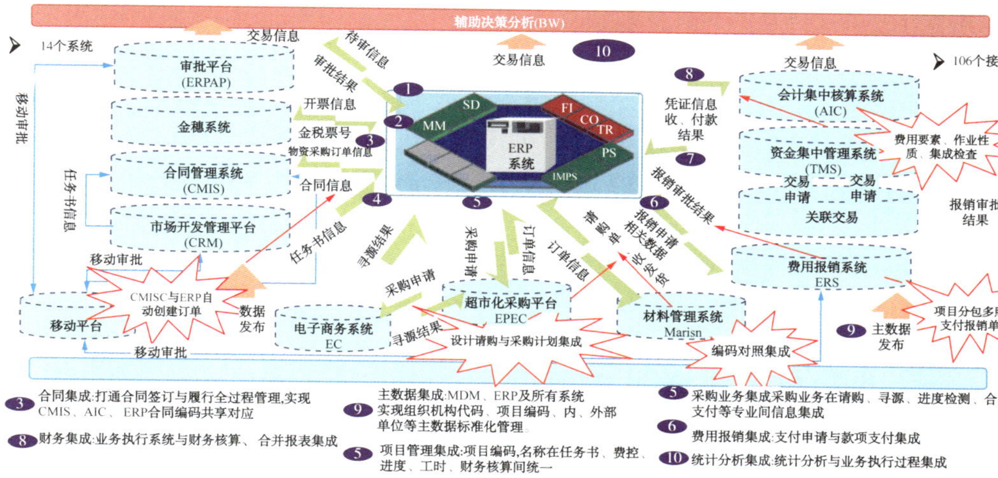

图 4 炼化工程信息化集成构架

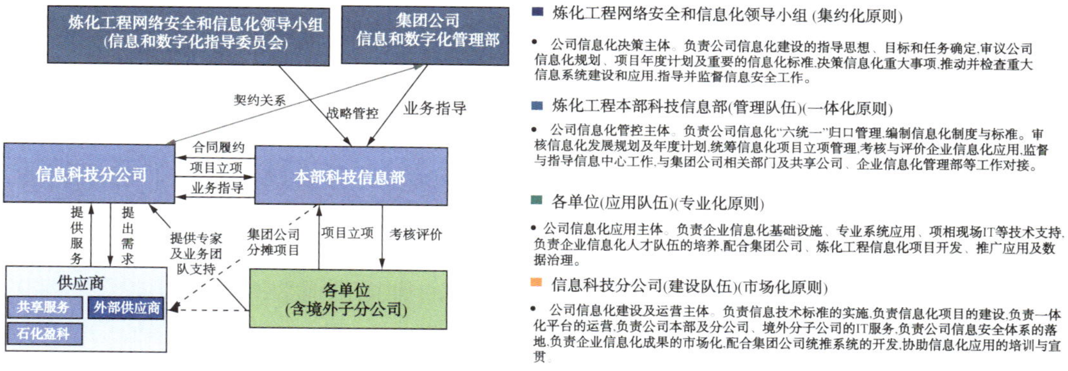

图 5 炼化工程信息化组织构架

三、主要成效

（一）建成了覆盖全部国内业务的 ERP 系统，经营管理业务“业财融合”，全面提升了企业规范化管理水平

炼化工程作为集团公司 ERP 示范单位，下大力气推动大集中模板在专业公司适应性应用。基于“四梁八柱”核心框架，建成了以 ERP 为核心的一体化经营管理平台（图 6），有效推动了集团财务核算标准体系、项目管理体系、物资采购体系在专业公司规范化应用，同时，根据专业公司业务特点开创性的建设了 81 项工程特色业务解决方案，扩充了

大集中工程行业项目成本核算业务、服务类销售业务、客户类项目管理业务、材料全生命周期管理业务等应用模板，模板标准化率 90% 以上。业务执行与财务核算“一体化”、项目主合同与项目分包合同及项目采购合同“一线牵”、进度检测与收入和成本确认“强挂钩”、企业内控和制度与 ERP 操作流程“硬耦合”，全面支撑了设计咨询、EPC 及施工总承包、装备制造、投资费用等“全业务链”场景化应用。ERP 上线以来，系统数据近 1000 万条，管理各类项目 2.1 万个、各类合同 17 万份、各类订单 21 万个、各类业务凭证 340 万条及财务凭证 490 万条。开创了国内工程企业全业务链应用 SAP 的先河。

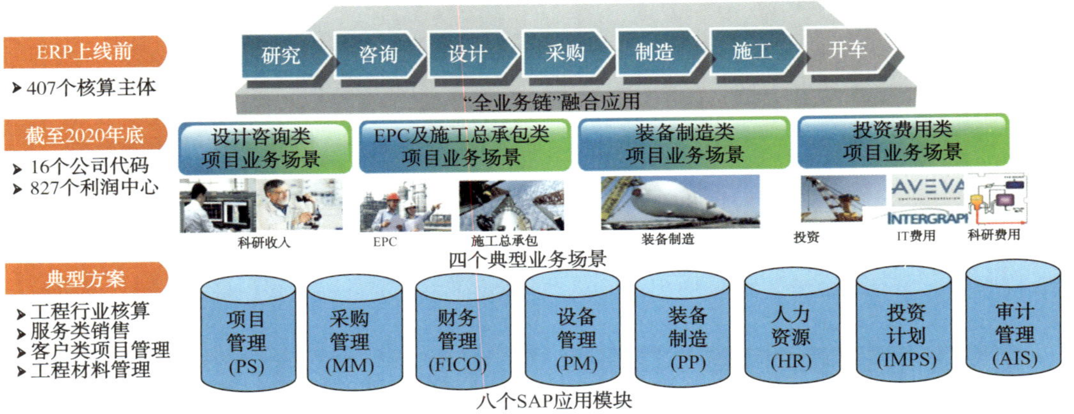

图 6　炼化工程经营管理平台架构

（二）建成了覆盖市场开发、项目管理、采购管理、财务管理核心业务域的 BW 系统，经济活动分析“数据挖掘”，全面提升了企业精准化决策水平

炼化工程作为上市公司，建成了以 BW 为核心的可视化辅助决策分析平台（图 7），以经济活动分析指标及各专业月报指标为依据，以 ERP 实时动态数据为基础，开发了投标中标分析、在手合同分析、重点项目应收账款及存货分析、采购价格分析等 223 项指标组成的效能分析驾驶舱。推进了中国石化重点 EPC 项目进度监控、收入预测、成本费用管控，实施了进度偏差、收入偏差和预算偏差“三重预警”，及时提醒及时纠偏。通过主题驾驶舱（5 个）及管理报表（262 个）应用和 21 个移动指标及 15 项大屏展示分析，落实了年度项目结算和年度降本减费指标任务，保证了百元收入营业成本控制在 90 元以内，支撑了上市公司信息披露及经济活动科学决策，实现了全域降本减费、精细管理、规避风险的目标。

（三）建成了覆盖工程材料编码、物料编码及映射的工程主数据系统，编码对照“自动匹配”，全面提升了企业标准化应用水平

炼化工程作为工程行业领头羊，发挥行业优势，注重信息标准化体系建设。基于中国石化信息标准化平台，实施了工程主数据集中管理、统一发布，完善客户、供应商、会计科目等 21 大类主数据 541 类字段信息。补充项目编码及相关工程主数据，梳理炼油、化

工、医药、煤化工等 9 大类 60 小类 477 项装置单元代码。开展了上线数据综合治理，共治理 108 万条数据（静态数据 70 万条，动态数据 38 万条）。针对中国石化物料编码和统一工程材料编码两套编码体系长期并存的业务现状，开发了编码对照工具（图 8），首次在中国石化系统内尝试了工程材料编码与物料编码的融合应用，实现了项目设计、采购、施工编码“一码贯通”。共对照 116 万条编码，管道类材料编码对照成果复用率从 36% 提高至 85%。推动了全专业标准化设计、标准化采购、模块化施工、一体化转资。

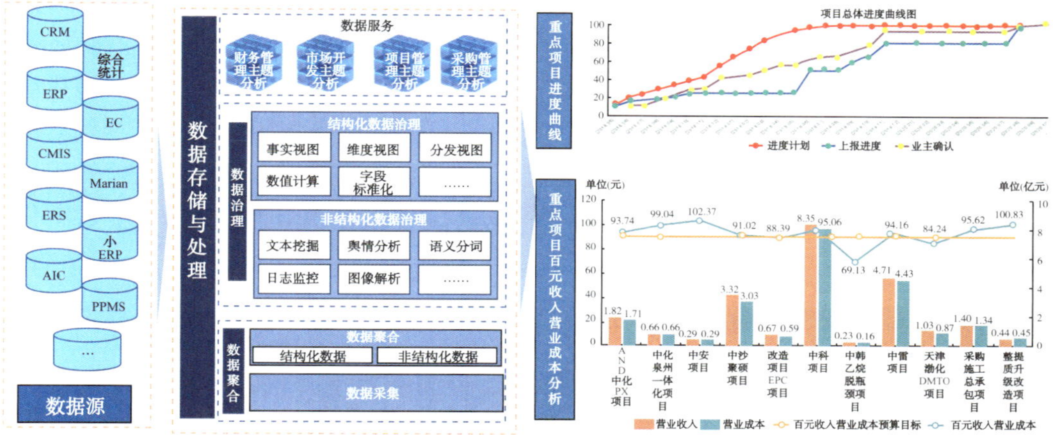

图 7 炼化工程辅助决策支持平台架构

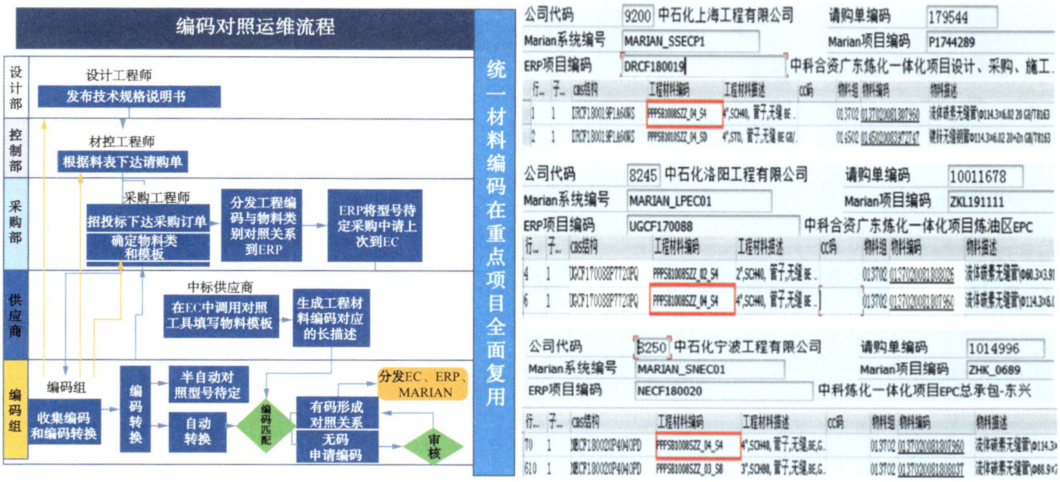

图 8 炼化工程编码对照架构

（四）建成了覆盖工艺设计、工程设计、工厂设计的集成化生产线系统，数字化交付“开箱即用”，全面提升了企业一体化协同能力

炼化工程作为专业化公司，按照“集中集成、资源共享、项目驱动、费用分摊”的原

则，统筹开展了工程设计生产线（图 9）（ASPEN/Simsci/AVEVA/COMOS /INTEGRAPH）、通用工具（Autodesk/Bentley）及项目管理平台（P6/PU）等软件许可租赁的统一谈判、集中采购，覆盖范围从国内项目到境外项目、从设计单位到研发及施工单位，且年均为公司节省资金上千万元。同时，重视软件正版化、发布软件有效版本清单。按照“一个整体，两个层次，归口管理，分工负责”的方针，结合马来、沙特、科威特等境外项目和中科、古雷、镇海等重点项目，统筹设立了工程设计生产线组长单位及示范项目，全面推广集成化三维设计多专业应用、推进智能 P&ID 项目应用、推动数字化交付试点应用。全面推行设计、存档、打印无纸化、设计专业条件互提电子化、设计施工三维 IDF/PCF 交底模型化，探索设备、土建等专业国产化三维设计研发，并在项目上试点应用。同时，深化项目进度控制 P6/ 文档管理 Documentum/ 材料管理 Marian 等专业系统应用，开发了现场人员在线考试 APP，共收录专业试题 15000 余道，试题范围涵盖管道焊接、电工、安全知识等多个领域。公司整体工程设计和项目管理效率提高了 30% 以上。引领了工程行业数字化工厂孪生应用。

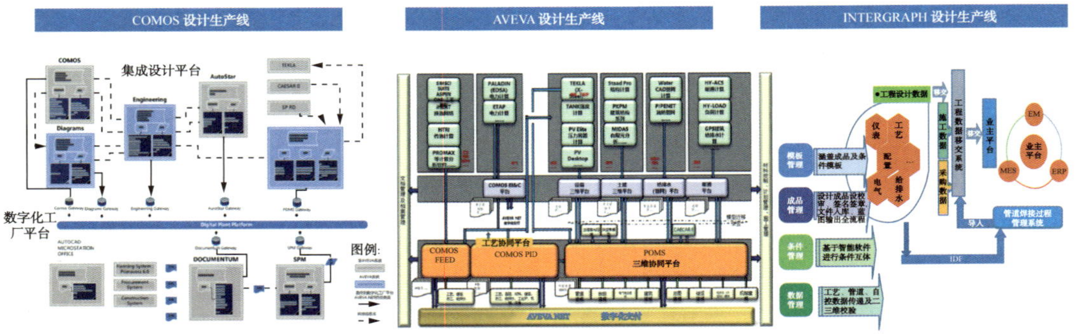

图 9 炼化工程数字化工厂生产线架构

“十三五”期间，炼化工程深化应用创新创效成果案例：“ERP 助推项目成本精细化管控”“推进资产设备一体化移交，提高设备转资及时性”被评为推广成果案例，“细化重点 EPC 项目一体化管理，推动项目群应用”“炼化装置数字化交付应用”被评为典型成果案例。“强化框架协议内需物资采购，提升编码对照效率”“审计监督在线管理，强化企业风险防控”被评为入选案例。“工程建设行业全业务链 ERP 应用探索和实践”荣获管理现代化创新成果三等奖。

四、展望

“十四五”，炼化工程将按照集团公司信息化“432 工程”建设要求，紧紧围绕公司“创建世界领先技术先导型工程公司”愿景目标，按照“数据 + 平台 + 应用”的新模式，聚焦“数字工程”和“智能制造”两大主线，强化工程创新和价值创造，完善数字化管理平台、提升工程设计及生产工具数字化平台、拓展数字化交付及转型平台、深化智能化提升及应用平台，基于石化智云构建一体化、网络化、智能化数字工程协同工作新业态。秉承“能源化工行业全产业链、全生命周期综合服务商”发展定位，为客户提供高质量一站式整体解决方案，着力为中国石化炼化企业持续创效服务、着力为中国石化工业软件国产化服务、着力为中国石化标准规范编码应用服务、着力为中国石化重点项目数字化交付提升服务、着力为中国石化工控网本质安全服务。赋能“数字化转型、智能化提升”，助力打造世界领先洁净能源化工公司。

夯实基础 完善体系 强化应用 "两化"融合见实效

石油工程公司

一、总体情况

"十三五"时期，公司按照集团信息化建设"注重顶层设计，架构为先，统筹规划，实现信息化与业务深度融合"的指示精神，坚决贯彻落实"六统一"要求，不断深化"两化"融合，结合石油工程业务实际，稳步推进信息化建设工作，围绕经营管理、生产运行、技术支持等方面开展信息系统建设。一是完成了以ERP为核心的经营管理系统建设及应用，有效提升了集团化管控、精益化管理水平；二是开展了一体化云平台（SICP）项目立项和初步设计工作，大力推进数据标准化、集成共享和应用管理，有效促进各业务协同生产运行和技术支持服务能力的提升；完成了井筒数据采集、井筒业务一体化服务平台、视频监控集成等项目试点实施，实现了公司本部、试点工区、专业经营单位、基层队四级生产数据贯通，施工动态透明，提升了钻测录固管等多专业一体化协同运行和远程决策支持能力。三是完善了以数字化交付平台为代表的信息系统建设，基于设计、采购、施工阶段成果，借助于二三维地理信息系统技术，建成线路工程移交平台和站场工程移交平台，实现管道、站场业务的全生命周期管理；四是推进地球物理信息化综合应用，建成了生产运行信息可视化管理、北斗运营服务中心、地震采集实时信息管理等系统，把信息化工作重点放在了服务业务、服务现场、服务管理上；五是信息基础设施不断完善，建立信息安全、项目、运维、数据等制度标准管理体系；六是高度重视信息安全问题，加强隐患治理和安全加固，网络安全管理水平稳步提升。信息化工作有效支撑了公司的从严管理、改革发展和转型升级。

二、典型做法

（一）强化管理体系建设，夯实信息化发展根基

一是强化组织体系建设，成立由公司主要领导任组长的网络安全和信息化领导小组，统筹协调公司网络安全和信息化建设有关工作；网络与信息化办公室归口信息化管理工作，主要负责信息化发展规划管理、项目建设管理、网络信息安全管理、应用系统运维管理、网络运行协调等工作。二是强化制度体系建设，在集团公司整体信息化管理体系下，

结合公司信息化发展实际，制定《信息安全管理细则》《信息化项目管理细则》《井筒数据管理办法》《信息化运维服务管理办法》等10余项制度规范，建立了公司网络安全、项目管理、数据管理、运维管理4类管理制度和系统建设、应用2类标准规范体系，夯实了公司信息化发展基础。

（二）强化网络安全体系管理，提高安全保障水平

一是贯彻集团公司网络安全评价标准，认真开展互联网、服务器及终端、数据库及系统漏洞安全专项治理行动，系统制定整改措施并有序完成了整改。二是积极开展信息安全技术培训，参加集团公司网络安全技术比武和网络攻防演习，干部员工信息安全意识和专业技能不断提高。三是加强信息安全考核工作，压实责任，建立了公司月度、年度信息安全考核通报及整改提升机制。四是组建网络安全运维队伍，建立常态化节假日值班值守机制，增强了监控与应急处置能力。

（三）推进数据中心建设，为“两化”融合提供数据支撑

一是制定并发布《井筒数据规范》，以EPBP数据规范为基础，结合公司自身需求，为井筒业务信息化建设及共享EPBP数据提供了基础；二是统筹实施工程《井筒数据采集及资料交付》项目建设，为工程公司井筒数据避免信息孤岛、实现一次采集全面共享提供了基础支撑；三是开展胜利工程井筒数据中心、管道工程全生命周期数据中心的基础架构搭建，设计了公司数据中心部署思路（图1），为下一步实现井筒数据、管道工程数据统一规范存储、异地备份及甲方数据共享提供了技术方案。

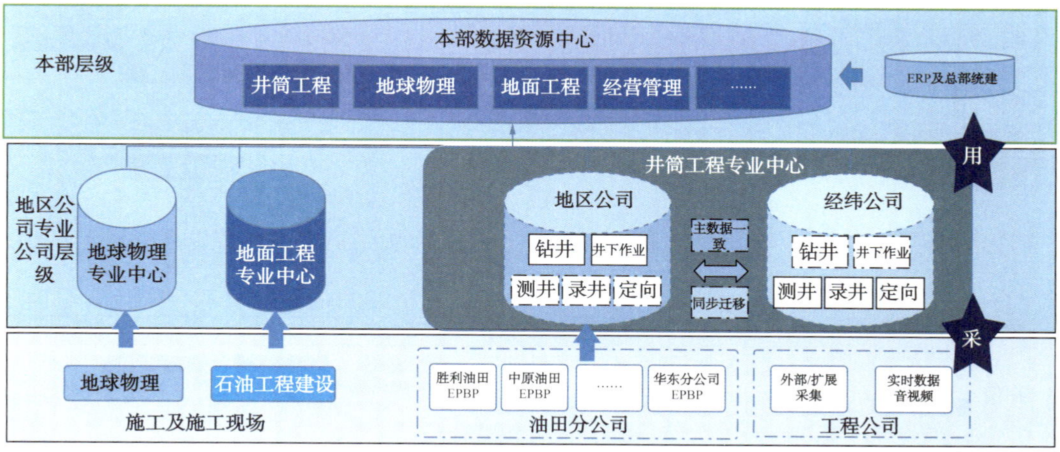

图1 数据中心部署思路

（四）推进重点信息系统建设与应用，持续提升“两化”融合水平

强化顶层设计，将信息化建设融入生产、技术、经营、安全、设备、人力资源等生产

经营各个环节，重点建设“以 ERP 为核心的经营管理平台、以井筒业务一体化服务平台为核心的生产营运平台”，促进了公司业务管理由“多头分散”向“集中整合”转变，支撑了公司生产经营业务有序高效开展。

1. 实现基于 ERP 系统的经营管理系统

一是加强组织领导，将 ERP 作为一把手工程来抓。按照“主管领导负责、业务部门主导、信息部门协调、咨询顾问指导”原则组建了项目组，确定了 ERP 领导小组成员名单和项目管理组名单，明确了工作界面和工作职责，要求各级领导深度参与、亲自推动，将 ERP 作为公司大事和要事来抓；二是发布管理制度，将 ERP 作为公司大项目来管。公司成立了 ERP 项目组，并从各单位选派了 100 多名业务骨干组成项目的关键用户集中办公。集中办公期间，按照大项目管理模式，由 PMO 制定并发布了 10 余项管理制度，确保项目组按照统一的要求和规范开展相关工作。三是强化顶层设计，将 ERP 与公司的实际业务深度融合。形成了公司针对性 ERP 顶层设计报告，报告涵盖了 360 个流程、309 个业务场景、36 个专项方案、41 个创新应用、19 类基础数据标准、27 项组织架构设计。

石油工程 ERP（图 2）以项目管理为主线，围绕标准化、业务执行、决策分析三个层面，从市场开发、合同承揽、项目执行、项目交付全过程切入，进行人、财、物、信息等要素的管理，打通项目管理全流程，为公司“单井、单工程、单项目”管理模式提供经营管理信息化支撑。

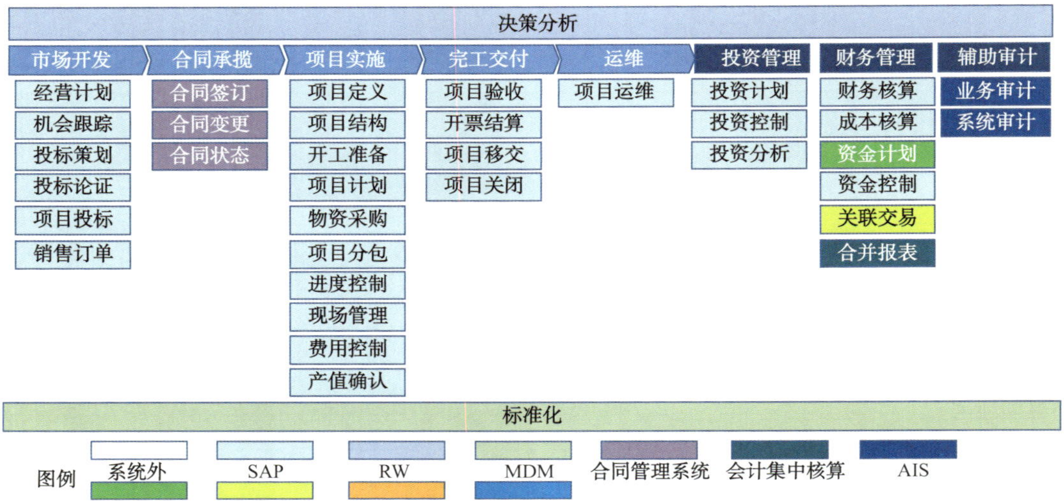

图 2　ERP 总体架构

2. 井筒业务完成一体化服务平台搭建

对接石油工程生产经营一体化云平台（SICP）项目，完善提升数据采集能力，集成成熟应用系统，开发建设新应用模块，建设井筒业务一体化服务平台（图 3），为 SICP 项目建设作出积极探索。平台功能涵盖生产运行、技术支持和视频监控三大部分。生产运行以生产动态、调度运行、生产指挥为主要功能，规范了钻井日报指标、施工动态、施工工况等填报信息，完成数据四级贯通；调度运行功能实现了钻井施工任务由钻井公司在信息平台上发布，测录固及管具各专业公司在网上实时接收、响应流转，保证了各专业衔接有序、运行高效。技术支持涵盖钻井、录井、测井、井下作业等专业，实现了井筒多专业数据查询分析、施工方案优化、重点井远程技术支持、实时地质导向等功能，在实现对施工现场监控的基础上，对现场施工进行优化，进行辅助决策；视频监控以井场实时监管为主，对 881 个作业现场进行视频查看，其中接入 429 支钻井队伍，接入率 82.5%，在线率 66.4%。该平台在公司安全互查行动、生产安全管理中发挥了积极作用，提高了公司安全管理水平。

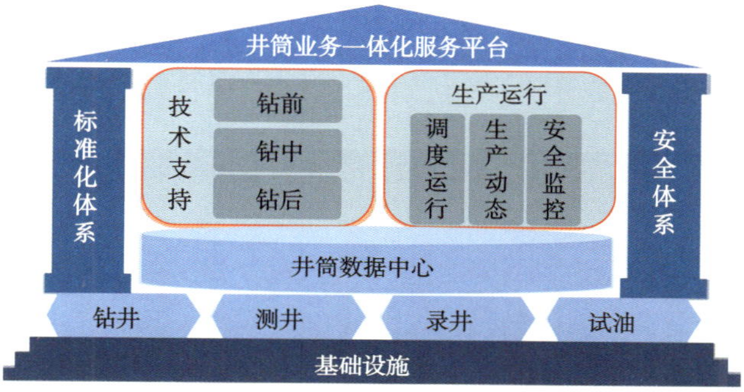

图 3　井筒业务一体化服务平台技术架构

3. 地面建设业务实现项目集成管理体系和面向业主的数字化交付和项目管控体系

设计项目管理平台以项目管理为主线，从项目立项、策划、执行过程、项目监控到归档出版，实现了设计文档、资料、图纸、审批、设计过程的协同和管控，实现了公司项目的市场开发、运行管理、经营管理、单项目运行过程管理及综合分析等功能。为满足业主、EPC 管理方对项目管控的需求，公司开发了工程建设管控系统与移动应用 APP，充分发挥数字化集成设计的成果与 EPC 总承包的优势，打通 EPC 各环节数据通道，通过设计成果数据、施工技术数据、业务管理数据的统一管理、综合展示、深入挖掘分析，实现项目部各部室、项目分部、监理、EPC 承包商、其他参建单位的一体化管控，具备了向业主进行完整数字化交付的能力。

（五）开展信息新技术应用探索，助力公司数字化转型

一是开展钻井液大数据智能分析技术研究。完善提升钻井液性能在线监测系统（图 4），并针对钻井液数据特点进行数据归集及清洗，开展钻井液智能算法的研究。二是开展钻屑智能识别的井下故障预警技术研究。完善提升钻屑智能识别系统，通过激光线扫相机及可见光相机扫描振动筛出口，获得钻屑平面展布和垂面轮廓，实现钻屑形状重建。三是开展钻井装备智能预测分析技术研究。完善提升装备 MRO 物联网系统（图 5），实现对重点设备运行状态的实时监控。

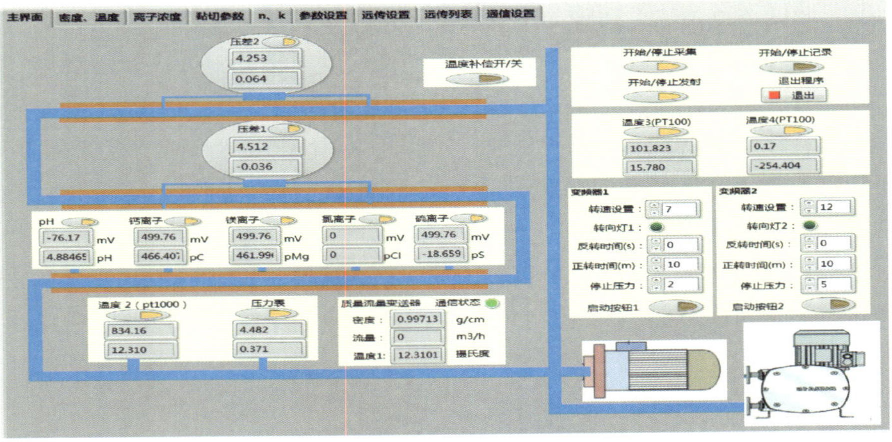

图 4　钻井液性能在线监测系统

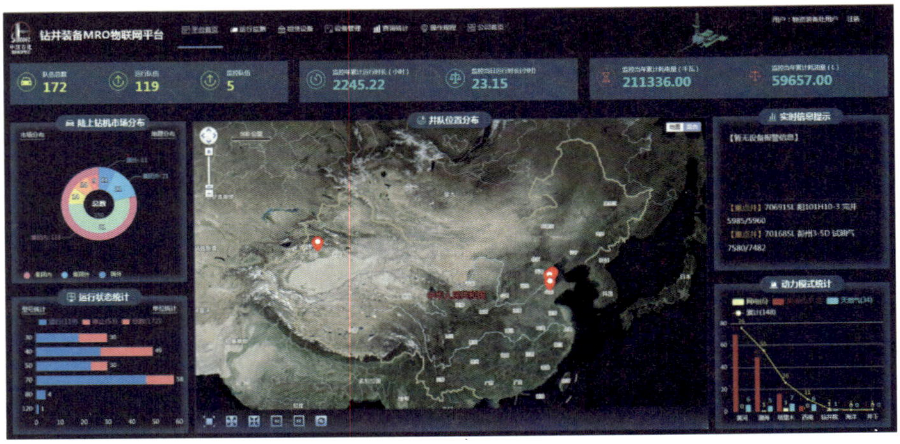

图 5　装备 MRO 物联网系统

三、主要成效

（一）网络安全管理水平明显提升

系统化治理，完成公司各单位网络系统资产清查、隐患治理、安全加固工作，共识别治理 426 余个中高危漏洞，安装"网防 G01"软件终端 42 套，互联网发布应用由 5 个缩减至 2 个。精准化防护，圆满完成中国石化"护网攻防演习、全国'两会'、国庆 70 周年"等重要时期网络安全保障任务。标准化考核，在京单位 650 余台办公终端防病毒安装率、桌面注册率维持在 99.95% 以上，重要补丁安装率 98% 以上，漏洞主机占比降低至 0.3%，公司内部严格考核贯彻总部网络安全管控各项要求，2020 年被集团公司网络安全水平评价考核认定为网络安全 B 级企业。

（二）信息孤岛不断消除

一是实现了成熟应用系统在“三大信息平台”的集成整合、完善提升，关停下架50余个无使用价值的老旧门户网站和应用系统。二是推广统一身份认证集成，完成综合业务、单机考核、门户网站等81套应用系统与中国石化统一身份认证的集成及HTTPS传输加密，实现系统单点登录。三是初步实现了井筒数据的统一采集、集中存储与应用共享。自EBPB2.0推广以来，完成井筒各专业数据采集1390口井、11012井次，实现与EPBP数据共享，极大减少了基层资料录入工作量，完成212万余条井筒数据的入库存储，为各类应用提供了井筒数据支撑。

（三）管理效率稳步提升

一是综合办公平台实现对视频会议、远程办公、即时通信、公务用车等业务的集中管理，满足公司综合管理、协同办公、资源共享等多方面管理需求，通过网络办公、远程管控，减少人员流动，降低人员日常差旅费用及办公费用，缩减了日常开支。二是经营管理平台形成了业财一体化管理模式，建成了以“项目管理”为主线的全业务、全过程管理，实现了重点项目、项目绩效管理等数据综合展现辅助决策，进一步规范了外委、招投标、内控管理等业务，有力提升了公司经营管理水平。三是提高了生产管控能力，建成的生产指挥中心对作业环节进行全天候、全过程的监控，不仅强化现场安全管控，同时对技术环节也进行了监管。

（四）“两化”融合水平明显提升

ERP成功上线，促进管理精细化和执行高效化，助力“扭亏脱困”，市场开发积累了历史报价数据，快速响应市场，提高了市场竞争力；工程结算实现了基于工程量、完工百分比、里程碑等灵活多样的开票结算方式，支持企业灵活经营；费用控制实现了控制对象、控制标准、控制内容统一，控制点落实到业务执行环节，变事后控制为事前、事中控制；项目核算通过打通业务前端，实现“三流合一”。自主研发井筒业务一体化服务平台的建设应用，统一了井筒数据标准，梳理统合了各类上报报表，推广应用了统一钻井数据采集软件，缩短了生产数据审核时间，数据准确率达到99%，技术服务单位到井及时率达到95%以上，钻井非生产时间缩短了15%，大大减少了工序间的停待时间，提高了生产运行效率；初步实现了前后方技术支持的一体化联动，减少安全管理人员的用工数量和上井次数，减少违章行为的发生，变事后检查为事前监管，有效提高了安全水平。基于国际通用的鹰图SmartPlant系列软件，开发建成了多专业、跨地域远程协同设计的数字化集成设计系统，工程设计总体优良率达到95%，缩短设计周期10%，有效提高了设计质量和设计效率。工程建设管控系统与移动应用APP，将工程建设管理流程固化在系统中，打通工程建设各环节的信息传递渠道，实现项目部各部室、项目分部、监理、EPC承包商、其他参建单位的一体化管控，提高了工程项目管理水平。地震采集实时信息管理系统，实现对地震生产全过程管理，避免因事故而带来的直接、间接经济损失。

（五）智能化应用效果初步显现

物探炸药视频智能识别系统采用了深度卷积神经网络技术、基于模型参数的训练方法、基于目标检测识别的增量学习方案、基于外观特征的多目标跟踪方法等技术。可以自动识别施工人员有无穿戴安全帽、工作服，有无拉警戒线，药包数量、杆数及井深。装备MRO物联网系统在胜利工程5支井队及中原工程3支井队试点应用，可自动采集钻井装备各项正常运行和故障运行状况数据，通过智能算法模型进行预测性分析，实现检测设备异常、不同类型故障分类、预估机器剩余使用寿命。

四、展望

按照公司“两个三年”“两个十年”战略部署，推进“两化”融合，把握“数字革命”发展大势，在总部石化云的基础上加大公司跨专业数据的整合力度，加大现有数据知识挖掘力度，打造智慧石油工程，提升信息化、自动化、智能化水平，促进装备升级、优化岗位设置、减少劳动用工、提高劳动效率，为公司提质增效、转型发展、提供强有力支撑。

一是深化ERP应用。进一步升级ERP系统中海外ERP项目、ERP客户关系管理（CRM）、全面物资供应系统、三级合同管理等功能，实现产业链、业务链全覆盖。

二是夯实石油工程数据基础。扩展石油工程数据采集能力、提升自动化采集水平；建立地面工程建设项目及各相关专业的源头数据库，建立地球物理相关的公司级数据库；推进数据共享服务，探索构建总部、区域中心、现场三级数据服务模式。

三是推动一体化平台深化应用。强化工程业务协同能力，按照公司本部、地区公司、专业经营单位、基层队四级组织架构，分别围绕井筒工程、地球物理、工程建设、海洋工程等业务领域，建设生产动态、运行过程管控、远程技术支持、全生命周期数字化管道技术应用，整合公司已有的先进技术和装备制造能力，打造一体化技术服务模式。

四是加快数字化转型。建设云平台，实现业务集约化和云化是加快数字化转型的重要抓手，逐步将核心能力沉淀到平台实现共享服务，支撑企业渐进式构建智能平台。

五是探索智能化应用。石油工程涉及的各专业领域技术将呈现智能化趋势，利用石油专业数据模型，开展地面建设智能化应用探索、井筒技术智能化应用探索、钻井装备智能化应用探索、安全管理智能化应用探索等。

聚焦核心业务 实现数字化赋能 助力打造世界领先石油化工工程公司

工程建设公司

“十三五”期间，面对形势复杂的市场环境和接踵而至的各类挑战，充分认识到抓好信息化建设是助力公司打造世界领先石油化工工程公司的重要支撑，是实现高质量发展的重要手段，工程建设公司（SEI）聚焦核心业务，迎难而上，大力推进技术创新、业务创新和管理创新，实现数字化赋能，保持一流的业绩，继续在全国勘察设计行业保持领先地位。

一、总体情况

回顾五年的工作和取得的成绩，“十三五”期间，公司信息化和数字化水平再上一个新台阶，信息化建设全面支撑了公司发展，全面高质量完成“十三五”信息系统基础平台建设目标，大力促进公司数字化转型。目前，SEI 的信息化应用已经覆盖市场开发、工程咨询、项目执行、技术创新、运营管理的全业务领域，贯穿前期规划、工程设计、采购施工、试车开工、生产运维的工程项目全生命周期。SEI 的信息技术应用一方面支撑了公司的精细管理和精准生产，另一方面也引领了公司管理模式和生产模式的变革，助力 SEI 在激烈的国际市场竞争中占有一席之地，加速了建设世界领先石油化工工程公司的步伐。

五年来，我们以“两化”融合为抓手，大力推进集成化协同设计和数字化工厂建设，创新了一套从工程设计开始，在设计、建设物理工厂的同时就同步建设与之相对应的数字化工厂的智能设计方法和工作模式。同时率先开展工程项目数字化交付工作，推进了行业数字化变革和全产业链的数字化发展。主编了国家标准《石油化工工程数字化交付标准》，填补了该领域空白。“十三五”期间，公司高质量完成“两化”融合贯标体系认证，获得“两化”融合管理体系评定证书，成为炼化工程板块首家贯标企业。成功搭建“一云三平台”，加强信息系统基础设施建设，提升远程协同办公水平，为多方多地协同设计提供新型模式，有效保护公司的知识产权。完善涵盖进度、成本、材料、合同、文档等集成化项目管理系统，持续提升运营管理系统，优化精简业务流程，全面实现移动办公，显著提高工作效率和管理水平。健全完善信息安全管理体系与技术体系建设，加强网络安全防护能力，全面提高公司网络安全风险感知及防护能力，获评集团公司网络安全 A 级水平。“十三五”期间信息化成果共获得省部级奖励 11 项。

二、典型做法

（一）搭建集成化设计平台，创新设计模式

依托信息技术开展集成化设计是提高设计效率和设计质量的重要途径，为此 SEI 制定了“三步走”的工作计划。第一步是梳理脉络，摸清基础。经过 60 多年的发展，SEI 已经形成了完备的设计标准规范体系，这是集成化设计的基石。同时，作为国内最早开展计算机辅助设计的工程公司，在流程模拟、工程计算和智能三维设计等软件的应用和二次开发方面形成了一系列重大成果，这是集成化设计的前提。第二步是转变观念，攻克瓶颈。经过分析，我们认为能否解决传统设计模式与集成化设计不适应的问题是制约集成化设计能否实现的关键因素，这也是集成化设计最大的难题。为此，公司上下积极转变思想观念，强化顶层设计，对专业分工和工作流程实施了优化调整，以满足集成化设计的需求。此外，成立了专业品种齐全、部门领导带头、人员能力过硬的集成化设计突击队，充分发挥年轻人敢于创新、接受新技术快的特点，集中推进相关工作。第三步是开发平台，推广应用。通过反复论证和不断尝试，SEI 确定了开发 i（智能）系列集成化设计系统的工作思路，先后开发了工艺设计集成系统（i-Process），搭建了以工艺专业为核心的协同工作平台；开发了贯穿工程项目全过程、全专业的工程设计集成平台（i-Engineering）和三维协同设计系统（i-3D），形成了集成化设计的大环境，实现了多专业、多部门、多个参与方之间的信息共享和协同工作，大大提高了协同工作能力。同时，对进入系统的数据能够进行有效性检验，减少了设计变更，提升了设计质量，降低了工程建设投资；开发了涵盖计划进度、成本、材料、合同、文档等的集成化项目管理系统（i-Project），实现项目全过程的精细化管理。

集成化设计开启了 20 世纪 90 年代初“甩图板”之后的又一次设计模式变革。正因为如此，我们的设计能力实现了从 21 世纪初的 100 亿到如今 600 多亿的飞跃。

（二）设数字化工厂，创新工程建设模式

数字化工厂是智能工厂的关键路径。建设数字化工厂的最大需求就是能提供以物理工厂对象（如塔、容器、泵、换热器、加热炉、压缩机、阀门管件等）为核心的包括设计、采购、施工等信息交付和信息服务。通过多年的集成创新，确立了以集成化设计为源头的数字化工厂建设的工程设计方法，取得了多项重大突破。

一是全面实现了工程设计的数字化。通过智能设计平台开展三维设计和协同设计，完成了全专业、全流程的工程设计数字化，设计文件和过程数据全部加载到平台中，成功建立了企业数据仓库。二是构建了集成化设计与数字化工厂一体化的平台架构和数字化工厂智能交付与服务平台（i-SHIP）。架子搭不好，根基就不牢。我们以集成化设计平台为基础，延伸构建了能够满足不同客户需求的、集成化设计和数字化工厂一体化的平台，实现

了数字化工厂（图 1）与物理工厂的同步建设，完成了工程设计、工程建设、工厂运维的有机衔接。我们以设计软件及集成化设计系统、项目管理系统的数据为源头，实现了信息的高效、自动、智能关联，保证了物理工厂和数字化工厂信息同源一致，并实现智能交付。三是实现了与工厂运维系统的集成。

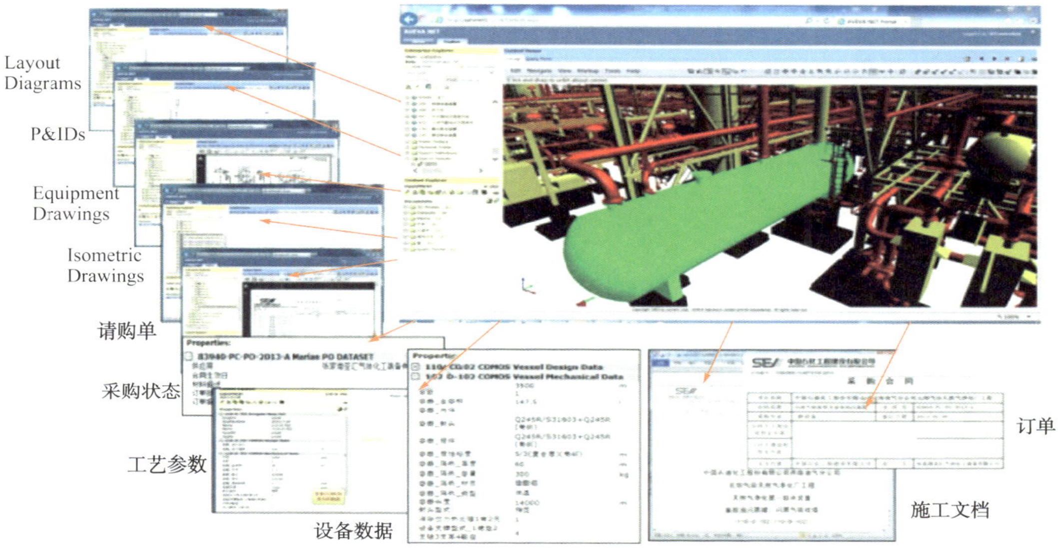

图 1　数字工厂成果展示

（三）加强大数据应用，创新管理模式

SEI 先后完成了 2800 多套石油炼制与石油化工装置的工程咨询、工程设计和工程总承包，海量的数据被图纸资料所承载；同时，我们正在继续创造着新的海量数据。为了能最大程度地发挥数据的价值，SEI 通过数字化工厂建设，建立了企业大数据，同时创新了企业管理模式。

一是从松散管理到集中管理。以往项目管理是松散管理模式，各项业务在不同系统中进行，信息不能共享，靠人工或邮件传送，通过数字化工厂建设使项目设计、采购、施工等各部门、各专业的信息都能集成到一个平台上，使项目参与方能够在信息共享的模式下协同工作，变松散管理模式为集中管理模式，提高了项目不同方的信息沟通。二是从独立业务管理到集成化管理。通过开发集成化项目管理平台，实现文档管理与进度控制、进度控制与成本管理、成本管理与材料控制和采购管理等业务系统的横向与纵向集成，提高了管理效率与效果。三是从信息孤岛管理到企业大数据管理。SEI 在开展集成化设计和数字化工厂、项目管理和企业运营管理的基础上，逐步形成企业大数据，创新了管理模式。

（四）强化基础设施建设，确保网络安全

"十三五"期间，不断加强信息系统基础设施建设，提升远程协同办公水平。在保障公司本部、国内外现场信息系统平稳运行的基础上，建立了"一云三平台"，即构建了工程云、服务器虚拟化平台、桌面虚拟化平台及应用虚拟化平台。工程云的持续提升为多方多地协同设计提供新型模式，并有效保护了公司的知识产权，为公司基于工程云的大数据战略打下坚实的基础。尤其是在加强疫情防控期间，工程云平台应用范围不断扩展，运行稳定性经受住了疫情的考验，有力保障企业复工复产。

加强信息安全管理体系（图 2）与技术体系建设，深化技术应用，完善网络安全防护能力，所有服务器、网络设备、安全设备接入堡垒机，并开启管理员密码托管。通过深化入侵检测、日志审计、流量监控等系统应用对公司主要信息系统进行实时监控，保证公司信息系统安全稳定运行，并顺利通过公安部护网行动，全面提高公司网络安全风险感知及防护能力，公司网络安全再上新台阶。

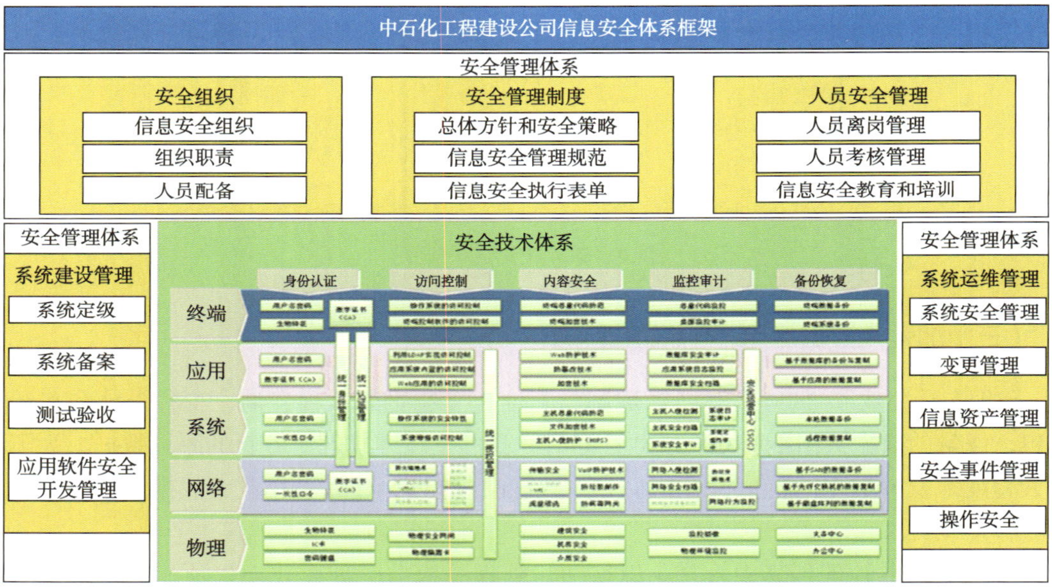

图 2 信息安全体系框架

三、主要成效

（一）主编数字化交付国家标准，引领行业发展

SEI 形成了一套以工厂对象为核心的信息组织模式，通过对工厂对象分类及其属性定义，形成了一套适用于石油石化行业的包含工厂对象分类及其关联属性和文档的标准化类库，作为主编单位编制了国家标准《石油化工工程数字化交付标准》，填补了该领域空白，

为石油化工行业工程项目实施数字化交付奠定了基石，使这项工作位于世界领先水平。并在行业内率先将交付标准和交付过程的管理方法应用于中科炼化全厂的数字化交付，继而承担了中沙、古雷等大型项目的数字化交付工作。

SEI 作为数字化工厂建设领域的开拓者，参加了集团公司统一组织的 2019 年国际智能博览会，充分展现了 SEI 数字化工厂建设的成果，获得了一致好评与高度认可。

（二）完善信息化管理体系，通过工信部“两化”融合认证

公司有完备的信息化管理体系，包括公司网络安全和信息化领导小组、信息化和档案管理部、各部门的 IT 小组三个层级，三级机构各负其责，协同工作，有效提供了组织保障、技术保障和资源保障，同时制订了较为齐全的信息化管理和技术标准，为信息化工作的顺利开展提供了重要制度保障。

公司 2019 年启动“两化”融合管理体系贯标工作，通过了对“基于集成化设计的工程数字化交付能力”建设相关的“两化”融合管理活动的现场审核。2019 年年底，高质量完成“两化”融合贯标体系认证，2020 年 4 月获得“两化”融合管理体系评定证书，成为炼化工程板块首家贯标企业（图 3）。

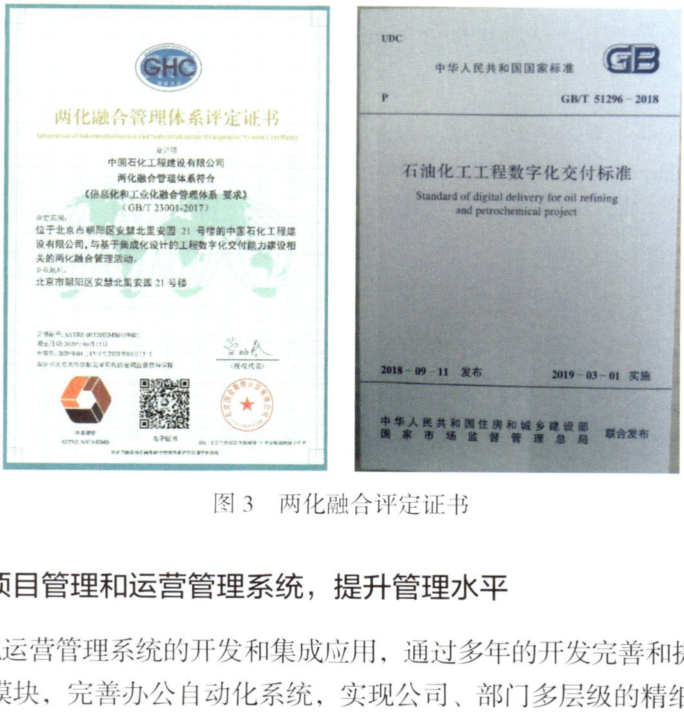

图 3 两化融合评定证书

（三）完善项目管理和运营管理系统，提升管理水平

SEI 高度重视运营管理系统的开发和集成应用，通过多年的开发完善和提升应用，自主开发一百多个功能模块，完善办公自动化系统，实现公司、部门多层级的精细化管理。由公司办公自动化系统与 ERP 系统、项目管理平台组成的集成化运营管理系统（图 4），形成了一个涵盖各职能管理部门和生产经营及生产支持部门的业务管理平台，实现企业内部运营管理信息和项目管理信息的共享与协同，并实现主要业务的移动办公，显著提高管理效率和水平。

通过不断地探索与实践，实现了电子文件归档与电子档案管理，开发数字档案管理系

统平台，建立了数字档案管理体系，经过集团公司推荐，被国家档案局批准“数字档案馆（室）”试点单位，提升了公司档案管理水平。

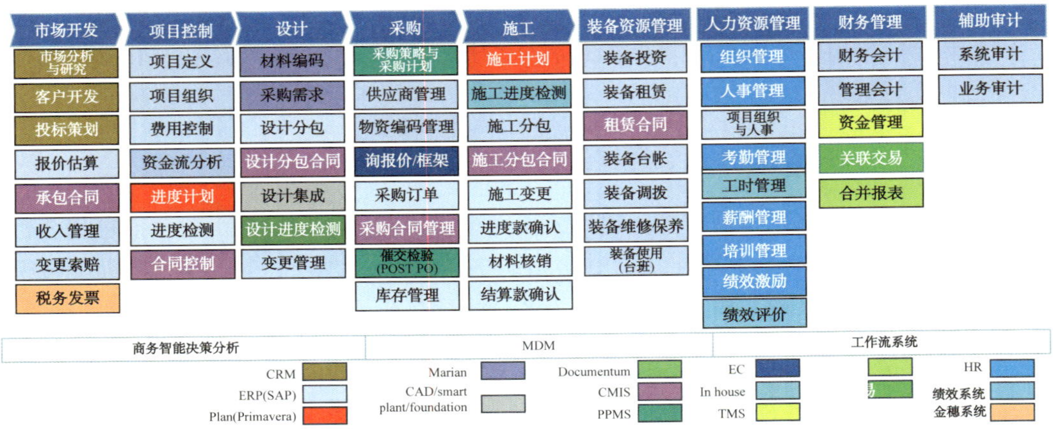

图 4 运营管理应用模块

（四）支撑关键技术攻关，促进重大科技创新

公司充分发挥信息技术在科技创新中的支撑作用，深入推进大型工程设计软件在科研项目中的开发应用。一是实现工艺和工程技术重大创新。在芳烃成套技术的开发过程中，软件开发及应用起到了至关重要的促进作用。通过采用流程模拟、动态模拟计算、流体力学模拟计算、应力分析计算等先进的计算软件和方法，攻克了吸附塔格栅这个核心技术，仅此一项就申请了 4 项专利授权、1 项专有技术。二是重点突破，实现关键设备大型化国产化。随着工厂规模的大型化，关键设备的大型化和国产化已经成为制约工程技术突破的瓶颈。以反应器的设计研制为例，SEI 最先开始将有限元分析技术用于国产首台千吨级加氢反应器的研制并取得成功，彻底打破了大型加氢反应器由国外厂商垄断的局面。先进的设计方法减轻了反应器总重量，节省了投资。

“十三五”期间，信息化成果获得集团公司科技进步二等奖 1 项、三等奖 1 项，省部级优秀软件一等奖 2 项、二等奖 1 项、三等奖 2 项，省部级标准科技创新一等奖 1 项，集团公司管理现代化创新成果一等奖 1 项、二等奖 1 项、三等奖 1 项。

四、展望

随着信息化和数字化的发展和“两化”融合的深度推进，更深切地感受到信息化在企业生产运营和行业进步中发挥的重要支撑和引领作用。工程设计是工厂全生命周期的源头，SEI 将不断提高集成化和智能化设计水平，进一步发挥工程公司创造工厂基因的优势，让设计大数据成为整个产业链智能管理的坚强保障，全面助力智能企业和智能工厂建设，为中国石化实现数字化转型、打造数字经济贡献更大的力量。

集成共享　协同创效　深化应用　持续攻坚 全力推进智能工程公司建设

广州（洛阳）工程公司

“十三五”期间，中国石化广州（洛阳）工程公司以习近平新时代中国特色社会主义思想和党的十九大精神为指引，认真落实党中央建设制造强国、网络强国的决策部署和集团公司党组关于构建新发展格局、推进数字化转型等战略布局要求，紧紧围绕“建设智能工程公司”的信息化发展战略，加强信息化顶层设计和整体布局，持续深化“两化”融合。

一、总体情况

通过加大基础设施投入和人才队伍建设力度，加强自主软件开发和考核激励等措施，加快数字化经营管理平台、智能化协同设计平台、集成化项目管控平台、网络化工程云平台等四个层次平台的建设和推广应用工作，为公司高质量发展注入强劲动能。

公司构建了信息技术管理体系的三层结构，成立了网络安全和信息化领导小组、数字化工程领导小组，实现了信息化和数字化建设、管理的全员参与，对公司信息化建设起到巨大推动作用。

二、典型做法

（一）深化经营管理平台的开发和应用，提升企业运营管理能力

公司完成了洛阳、广州两个主体 ERP 及其周边系统的上线实施，实现了业务执行与财务核算一体化应用，同时建立了企业经营数据库，提供辅助决策；总部共享服务报销、石化商旅、党建平台、无纸化会议系统、督办系统、审计系统、安全管理系统等顺利上线推广应用，公司自主开发建设的职称评审系统、培训管理系统、奖金分配系统、员工综合管理系统等全面推广应用，有效促进各项业务管理提升。

（二）推广应用智能化协同化设计平台，提升数字化工厂建设能力

公司以数字化工厂建设和数字化交付为契机，强力推进智能化协同化二、三维设计平

台开发与应用，并提前布局石化静设备三维设计软件、结构三维全流程设计软件、工程项目数字化交付平台等国产化软件开发应用工作，在多个专业领域引领行业软件发展。

COMOS FEED、COMOS P&ID 和 COMOS E&IC 开发应用持续深化，完成了 COMOS 工艺集成设计平台向多专业协同架构的转变，实现了流程模拟、设备单体计算、PFD、P&ID、仪表、电气设计等过程的数据共享。

全专业三维协同设计水平全面提升，智能支吊架设计系统、仪表布线、照明、总图三维设计系统等一系列开发成果极大提高 PDMS/SP3D 建模深度和效率，鸿业市政工程三维设计系统、设备平台梯子三维设计系统等自主合作开发的专业设计系统建成投用，并与 PDMS/SP3D 平台实现了有机集成。建立了全专业参与的数字化工厂设计体系，并通过管线属性信息、三维动画模拟等形式，为现场施工管理提供数字化支持（图 1）。

图 1　配合 400 吨液压提升吊装方案评审

镇海炼化的中国石化首套 260 万吨 / 年沸腾床渣油加氢装置已全面完成数字化交付工作，数字化信息与物理工厂同步交付，832 台动静设备数据成功接入镇海炼化设备管理系统，实现资产全生命周期管理。镇海业主认为“此次渣油加氢项目全面数字化交付是国内石油化工行业第一套真正意义上的数字化交付”，为石油化工行业项目数字化交付树立了新标杆（图 2）。

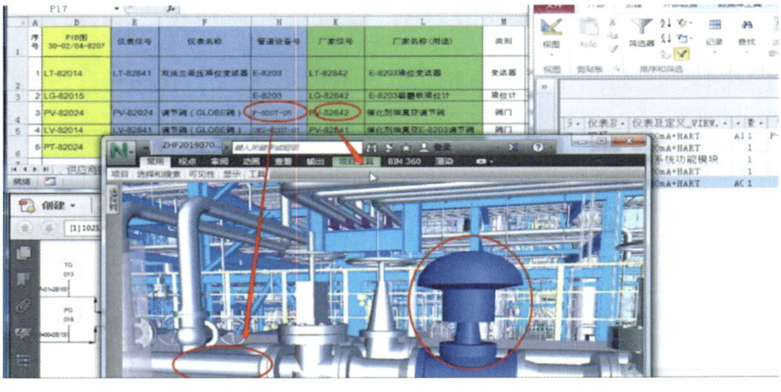

图 2　基于设备位号的数字化关联

科威特阿祖尔新建炼厂项目，公司采用SmartPlant全系列软件，与西班牙TR（马德里）、韩国韩华（首尔）共同开展三地全球全天候协同设计。公司5套装置累计设计图纸2万余张，保持了领先于合作伙伴的中国速度。公司承担完成的最后一套装置三维模型顺利通过审查时，韩籍主审官称赞中方的设计“前所未有的完美”（图3~图5）。

图3　2017年INTERGRAPH金阀门奖获奖作品

图4　2018年INTERGRAPH金阀门奖获奖作品

图5　2019年INTERGRAPH金阀门奖获奖作品

中科炼化一体化项目（图 6、图 7），是中国石化打造世界一流战略部署中第一个三年的示范工程，也是公司首个全厂规模数字化交付项目。公司承担了 1000 万吨常减压、420 万吨催化裂化等 10 套炼油装置、72 个系统单元 EPC 总承包项目中，按照交付要求全面采用智能设计软件开展数字化工厂设计和交付工作，完成智能 PID 图纸 1500 余张；42 套装置单元模型，45 个建筑物模型；石化静设备三维设计软件建模近 300 台；结构专业三维全流程设计平台完成了上部结构及基础的结构设计近 300 个单体，并通过后续的模型审查，避免大量的现场变更。

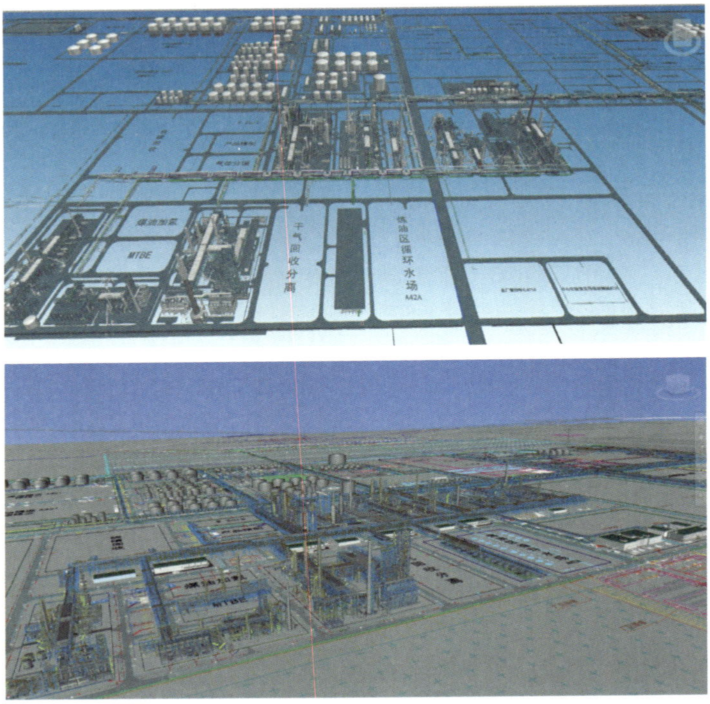

图 6　中科炼化全厂炼油装置及罐区三维模型

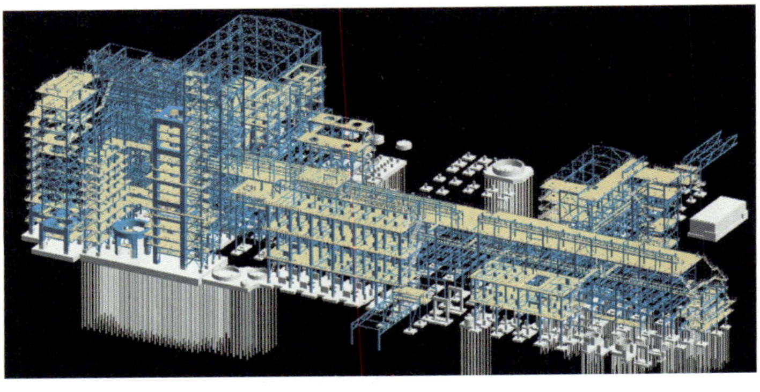

图 7　结构三维全流程设计：中科催化基础及上部结构模

“十三五”期间，公司执行的数字化交付项目共有八个，目前项目都在有序推进。

（三）推进项目管理信息平台的建设，提升项目全生命周期的管理水平

项目管理信息平台的开发工作取得了阶段性成果，该平台由项目集中管控系统、设计管理信息系统和技术管理信息系统组成。

项目集中管控系统通过与P6、Marian、Documentum、考勤等业务系统的集成，初步实现项目综合管理、进度管理、材料管理、文档管理和宣传报道的集成化管控，实现了对合同、计划、成本、费用、材料、文档等各专业化软件的集成，平台的“管控中心”基本实现对项目各项信息的大数据分析和展示，并在镇海、中科等EPC项目上全面应用。

设计管理信息系统实现从设计项目立项、任务安排、项目信息共享、人工时成本控制、文档和计划控制、委托资料管理、发图管理、现场变更管理、设计收费管理、与供应商和业主的资料传递、出差管理、奖金发放等功能于一体。

技术管理信息系统实现对技术研发、技术评审、技术标准、知识产权、技术成果、技术交流、技术保密、技术信息、专家管理等工作全面的信息化管理。

（四）建立安全可靠的网络系统，不断提升两地和项目现场IT装备水平

根据公司发展战略和业务规划，以公司南迁广州为契机，在中国石化大厦全面建成广州基地新一代网络系统、数据中心，并完成了洛阳基地的网络升级改造，满足了国际合作、异地协同工作和视频应用等需求。

建成了工程云平台并逐步深化应用，推进工程设计、项目管理、生产经营等工作全面上云，日均用户数在500人次左右。在新冠肺炎疫情防控期间，工程云平台远程办公作用得到了充分发挥，有力保障了“居家办公”“移动办公”，确保“疫情防控和生产经营”两不误。工程云平台在“居家办公”期间日访问用户数达1000余人次。

三、主要成效

（一）建立了以ERP为核心的数字化经营管理平台，有效提升公司管理和决策能力

ERP成功实施，公司实现了项目业务执行与财务核算一体化应用，实现了研究、设计、采购、制造、施工等全产业链业务融合。

多个管理软件系统成功上线运行，充分利用了数字化的手段，强化过程管理和日常监督，有效促进财务、党建、人力等管理工作的规范化，通过信息化的手段，提高了公司的管理效能，同时建立了企业基础数据库，提供辅助决策。

（二）建成了智能化协同设计平台，数字化交付和智能工厂建设取得新突破

公司通过镇海炼化、科威特阿祖尔炼厂、中科炼化一体化等一系列工程项目的数字化工厂建设实践，已完全拥有从流程工业单套装置到智能工厂全厂的数字化交付实力，

贯通了智能工厂全生命管理资产域的数据流。业主和各参建单位在工程管理上也实现了多种突破，工程质量管理系统、管道焊接管理系统成为提升工程质量管理水平的有效工具。

公司加强对外合作，积极拓展智能工厂、智能油库等新业务。中国石化原油商业储备项目群、镇海炼化轻烃基地、温州 LNG、广石化智能工厂等项目的工厂信息化设计和建设工作有序开展，智能工厂建设生态圈初步形成。

（三）总体建成集成化项目管控平台，有效提升公司项目管控能力

总体建成覆盖项目管理、设计管理、技术管理业务的一体化项目管控平台，形成了基础数据统一管理、信息无缝共享、业务覆盖完整的综合项目管理平台和数据库。平台固化管理制度和流程、规范管理行为，为项目执行的管控和决策提供信息支持，并逐步归集整合项目管理相关数据，探索大数据建设和分析应用，为公司项目过程管理和辅助决策提供平台和数据支撑，实现了一体化项目管理。

（四）全面建成广州基地新一代信息基础设施，构建完整的网络安全防护体系

通过数据专线连接，形成了以广州基地为主中心，洛阳基地为辅中心，各承包项目现场、海外项目现场为分支，完整覆盖的计算机网络系统；实现主要业务上云，特别是 PDMS、SP3D、结构三维设计平台等三维设计全部采用工程云平台提供的标准化环境开展设计，使分布在不同地域的设计人员，都能在公司的设计平台协同高效安全地开展设计工作，为公司本部、项目现场设计人员、合作伙伴、业主协同建模、审查提供了有力支撑；移动应用、电子文档安全管理系统、指纹考勤系统、人脸识别系统、刷卡打印复印扫描系统、高清视频会议系统等基础应用全面推广；建立了较为完整的集防入侵、防病毒、传输加密、认证和访问控制于一体的信息系统安全体系，以等级保护、网络准入控制、信息安全监控和审计系统、应急预案等为重点，建成了覆盖全面、重点突出、持续改进的信息安全保障体系，网络安全综合防御水平大幅提升。

（五）发挥党建优势，信息化效能进一步提升

“十三五”期间，公司进一步发挥国有企业党建优势，把基层党建和信息化工作深度融合，发挥党支部堡垒作用和党员先锋队作用，保障公司生产经营管理工作顺利开展。

公司在 2016 年完成了所有蓝图的电子化扫描工作。从 2017 年开始，全面采用经电子签名的 PDF 文件进行电子化存档、数字化出版；加强立项开发软件的组织管理和过程考核，强化对软件开发应用项目的推动协调；成立数字工程室，持续加强数字化工厂建设和数字化交付及智能化协同化设计工作；开展多层次培训和技术交流，立足实际项目，培养了一批信息化复合型人才；加强知识产权保护和信息安全保密工作，通过一系列措施防止公司知识资产的非法外泄。

四、展望

为进一步提高公司的市场竞争力、项目执行力和运营管理能力，“十四五”期间公司将进一步加快信息化、数字化和智能化的建设和应用步伐。全面贯彻落实集团公司党组和炼化工程集团对信息化和数字化工作总体部署和信息化“432”工程，紧紧围绕“建设智能工程公司”信息化发展战略，加强顶层设计，按照“数据＋平台＋应用”的新模式，推动公司数字化、智能化应用水平进入国际先进工程公司行列。通过数字化经营管理平台，为公司经营决策提供数据支撑；通过智能化协同设计平台推进设计变革，提升设计成品质量和效率；通过集成化项目管控平台，实现对项目过程的科学管控，降低项目成本、提高项目收益；通过网络化的工程云平台，实现工作模式变革，为公司全球化业务布局和全天候生产运营打下基础。深化 5G、云计算、大数据、人工智能、北斗等技术应用，发挥信息系统在公司决策层、管理层和作业层的整体应用效能。推进公司数字化交付向工程数据服务中心转变，推进以智能化、协同化设计为源头的数字化工厂建设，研究建立贯穿智能工厂全生命周期的协同工作模式，加快打造智能工厂、智慧油库等智能化工程示范项目，为石化行业“数字化转型、智能化提升”贡献力量。

推进集成化平台应用 助力数字化转型

宁波工程公司

宁波工程公司在“十三五”期间，按照集团公司“三结合、六统一”的指导思想，遵从炼化集团公司统一规划管理，围绕自身的发展战略和核心业务开展信息化建设，在宁波工程公司领导统领下，全体成员共同努力，通过精心组织策划、严抓工作落实，出色完成“十三五”规划内容，信息技术的应用水平得到极大提升，部分领域应用水平处于行业领先，取得了显著成绩。

一、总体情况

在各级领导高度重视信息化建设工作的基础上，经过各单位及部门的不懈努力，宁波工程公司“十三五”期间信息基础设施得到进一步完善，工程建设及制造板块的 ERP 系统如期上线运行，工程云得到初步应用，硬件装备及网络通信系统基本满足应用系统的需求，信息技术的应用向标准化、系统化和集成化方面迈进了一大步，实现了核心业务“工程设计、项目管理和运营管理”的初步集成化应用，集成化设计及数字化交付系统得到全面推广应用，信息技术的应用发展带动了公司各方面业务的发展，对于促进公司快速发展、管理与技术创新起到了较大的作用。“十三五”期间信息安全工作得到高度重视，通过不断完善公司信息安全体系等工作，公司信息安全防护能力得到极大提升，宁波工程公司连续四年获得集团公司信息安全水平 A 级企业。信息化投资得到了应有的回报，取得了明显的效益，为实现公司经济效益的连年快速增长提供了基础保证。信息技术作为第一生产力得到了充分体现，信息技术已成为公司快速发展和工程项目建成投产的关键因素之一，尤其是在 2020 年初疫情期间，公司集成化及智能化开发成果有效支撑了各项设计工作有序开展，确保设计人员能够居家开展各项目工作。

二、典型做法

（一）数字化交付

2015 年宁波工程公司正式启动工程项目数字交付方面的研究应用工作。通过参与国标的编制及相关交流学习，充分了解项目数字化交付的核心要求，并对执行过程中的方式方法、执行难点、交付深度等方面进行研究分析，依托集成化设计开发应用成果，完成了工程数据移交系统 EDHS（Engineering Data Handover System）（图 1）的研发工作。该系统打通了工程设计、采购、运维和调试各阶段需向业主交付的内容，数据质量和交付标准具有无可比拟的竞争优势和生命力，是目前国内技术领先最具代表性的数字化交付平台，充分满足石油化工行业数字化工厂建设要求，填补了行业内数字化交付系统建设的空白，极大地提升了项目数字化交付的执行效率及交付质量。

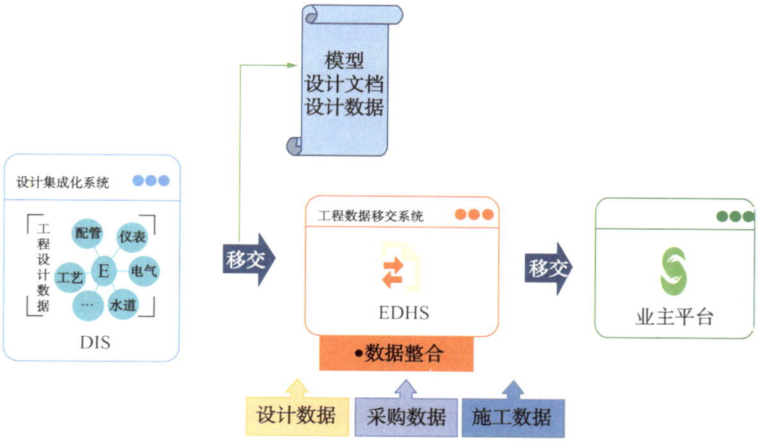

图 1　数字化交付路线图

2017 年，在集团公司工程部组织及科技部的大力支持下，宁波工程公司协同镇海炼化分公司结合镇海炼化制氢原料结构调整装置进行数字化交付应用试点（图 2）。充分调研炼化企业工程建设期、生产运维期对数字化交付数据、文档等方面的需求，结合当前工程项目数字化交付过程中存在的主要问题及困难进行研究分析，在此基础上编制完成《石油化工工程数字化交付执行细则》（SPMP–STD–EM2015–2019）。

图 2　镇海项目的数字化交付模型

镇海项目的数字化交付在国内首次实现了数字工厂与物理工厂的同步建设、同步交付，也是国内首次通过全专业、全过程的数字化交付，正向实现建模形成的数字工厂。宁波工程公司通过该项目还首次对数字化交付的管理和业务标准（如职责分工、工作路线图、业务流程、工作规范等）进行了明确，在国内行业属于首次。该项目还基于建设单位提供的工作平台，实现了设计方、施工方数据的无缝衔接，并协同开展管道施工管理和实施工作，形成了一套完整的管道施工全生命周期管理体系（图 3）。该数字化试点项目开发应用成果于 2019 年底通过集团公司科技部组织的鉴定验收，专家一致认为研发成果达到了行业国内领先水平。

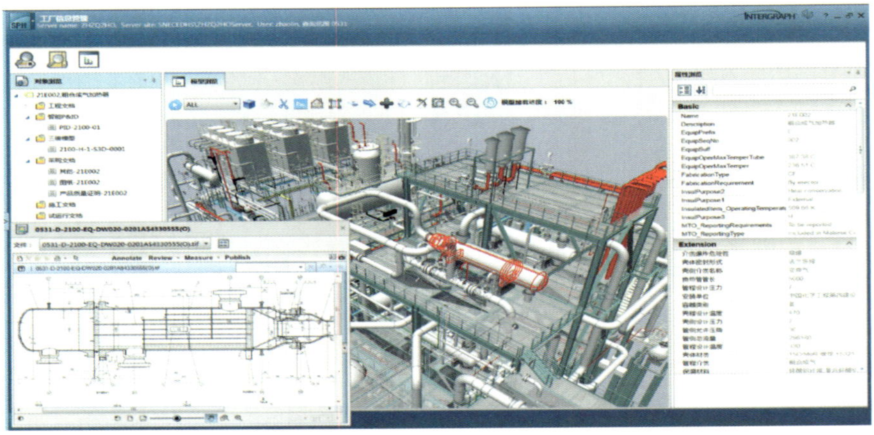

图 3 数字化交付平台展示

（二）集成化设计

宁波工程公司自 2014 年底启动集成化设计相关开发工作（图 4），经过“十三五”期间两个阶段的开发取得一系列开发成果并在工程项目中推广应用，2019 年在全面应用集成化设计的基础上启动智能化设计开发工作。集成化设计研发工作以公司层面成立项目组的方式进行有效推进，项目组由 IT 和各专业设计人员共同构成，采用集中办公方式，每两周召开双周例会，各专业负责人和经理汇报总结近期工作情况及部署安排下一步工作。工作推进过程中，如遇到重要方案或困难冲突，项目组将以专题会的方式进行评审决策或解决方案。

开发完成的集成化设计系统（DIS）（图 5）已涵盖设计全过程管理，有模板管理、成品管理、条件管理、变更管理、进度检测等主要功能模块。如成品管理功能目前实现从设计人员发起成品入库到最后蓝图发现场全部线上管理，包括专业会签、线上签章、成品抽查、质量检查、快递信息查询等功能，实现了设计成品一体化管理及可视化管控的目标，极大提高了工作效率。同时基于 DIS 实现了工艺、配管、自控专业间的数据共享，解决了配管、自控专业重复录入数据的情况，确保相关设计数据的唯一性及变更的及时性，初步实现了集成化及数字化设计，为下一步

图 4 集成化设计发展阶段

公司数字化转型奠定坚实基础。在设计集成的基础上，根据公司专业分工要求，将各专业条件关系进行梳理，形成最终完成了510个条件分发矩阵，初步实现了设计过程可视化的管控目标。

宁波工程公司在“十三五”期间针对用户需求开展了大量的二次开发工作，先后完成DIS、SPP&ID、S3D、SPI等各智能软件二次开发200多项（图6），如SPP&ID大数据表的自动导入导出、S3D物理支吊架（图7）、SPI自动创建安全栅等等，都取得了一定的应用实效，集成化设计应用深度及广度处于国内行业领先水平。

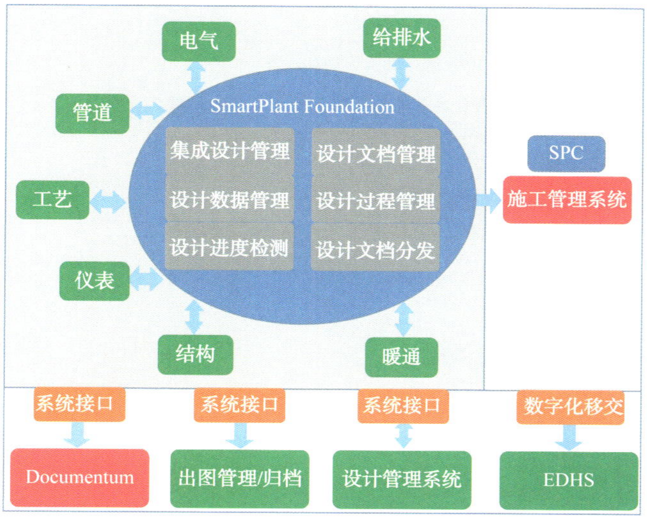

图5 集成化设计流程图

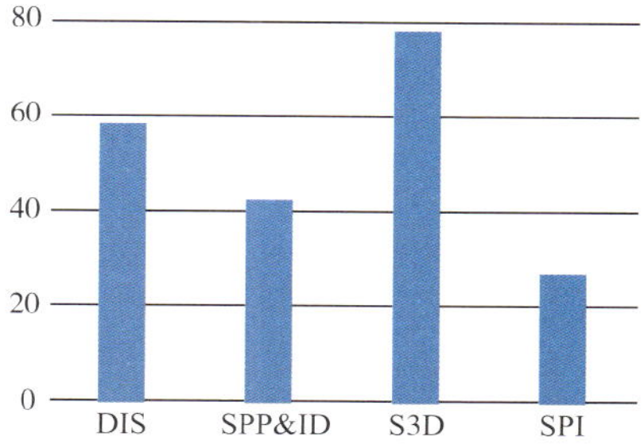

图6 各智能软件开发情况

图7 物理支吊架与现场实际对比图

（三）智能化应用

宁波工程公司在全面推广集成化设计的基础上，积极开展智能化设计的研发及应用工作（图8），完成管道伴热管智能布置、物理支吊架智能辅助选型、给排水重力流管道智能建模（图 9）、设计规范智能检查预警等方面的研究及推广应用，提高设计质量及设计效率。同时在现场施工安全、质量管理方面大力推进智能化技术的应用，完成人脸识别、大数据分析等新技术在焊材领用、人员入场培训、现场签证等管理领域的应用，有效提升了现场管理效率。

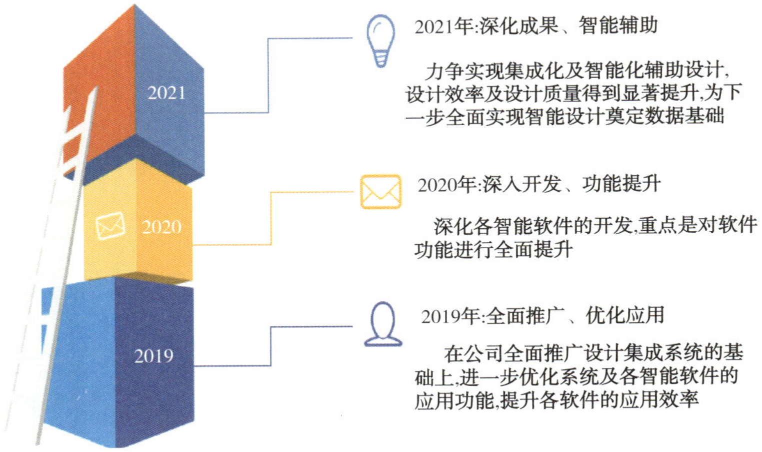

图 8　智能化设计总体目标

项目	手动建模	智能化模式	效率提升
S3D模型	12h	0.5h	95.8%
井工程量表	2h	0.1h	95%
水封井内材料表	0.5h	0.1h	80%
综合材料一览表	6h	0.5h	91.7%
总耗时	20.5h	1.2h	94.1%

图 9　重力流管线智能建模效率对比

（四）系统集成

宁波工程公司“十三五”期间在 SEG 统筹部署下，以 ERP 建设为契机，强化各系统间的数据集成及系统集成方面的建设，以协同办公平台为统一入口，集成了项目管理相关系统（CPMS、PMIS、IDMS、ECMS）、ERP 周边系统（ERS、CMIS）、集团公司统推系统（公文系统、档案系统、重点业务公开系统等）的待办任务，同时实现各系统的单点登录功能。在数据集成方面也进行了大量的开发工作，实现了综合项目管理系统（CPMS）与设计集成系统（DIS）之间的成品文件、质量文件、变更文件等数据流的传输交互；实现 CPMS 的项目基础信息与 DIS、PMIS 的自动同步，确保了公司各信息系统在项目信息上的一致性。

通过五年建设基本上解决了公司常用系统的“信息孤岛”问题，同时对数据进行深挖，有效解决了公司自建系统之间的“数据孤岛”问题。

（五）信息安全

宁波工程公司在公司信息安全规划的指导下，“十三五”期间重点加强基础设施、应用系统、移动应用、中间件、数据库等方面安全建设，建立健全信息安全保障体系和管理制度，完善信息安全方针、策略及各类操作规范。五年间完成的主要工作如下：

一是完成万兆网络升级。针对设备老化、性能瓶颈及存在的安全隐患问题，2017 年公司网络由千兆升级为万兆，网络设备采用国产化的华为企业级交换机，实现了骨干网万兆传输及服务器区万兆接入功能，有效解决了设备老化、服务器区备份速率慢等问题。

二是完成了互联网出口统一。根据集团公司统一规划，2018 年根据公司网络实际情况，完成本部大楼、上海各二级单位的互联网出口统一工作，统一接入上海区域中心，完成了 SSLVPN 及 IPSECVPN 的切换工作，完成了互联网应用的出口映射工作。

三是完成了安全域划分。根据公司网络架构及信息安全要求，划分了服务器安全域、DMZ 区、广域网安全域，并且新购了华为防火墙、深信服防火墙，实施安全防护策略，做到端口及安全防护。

四是强化服务器及应用系统安全建设。根据集团公司信息安全要求，服务器操作系统实施相关基线，安装了防病毒系统，部署了 360 补丁系统，部署了绿盟安全扫描系统。每季度对服务器及应用系统进行扫描，对发现的信息安全漏洞进行整改。

五是加强终端防护水平建设。部署了北信源桌面安全系统、网络准入系统、文档安全系统，启用了相关安全基线与策略，禁用了 U 盘、无线热点、共享等安全隐患，全力确保网络终端安全。

六是积极参加护网专项行动及重大节日安保工作，先后完成了 2019 年、2020 年集团公司预演习及公安部的护网活动，有效提升了公司信息安全防护和管控水平。

七是加强信息安全意识培训。完成了全员信息安全承诺书签订，组织多次全员信息安全培训，全员信息安全意识明显提升。

通过上述工作的实施，有效地增强了公司信息安全防护能力、反应能力、处置能力及管控水平，有力支撑公司集成化设计和数字化交付平台等业务系统的安全平稳运行，使公司信息安全管理水平始终处于集团公司前列，连续四年年获得集团公司网络安全 A 类企业评价。

三、主要成效

宁波工程公司在做好 ERP、协同办公等系统运维、基础设施保障支撑等信息化建设工作的基础上，积极采取各项工作措施，推动工程项目数字化交付、集成化设计开发应用、智能化研发应用、信息安全管理等方面的工作向更高水平、更高质量发展，并取得一定的工作成效。

（1）数字化交付。共完成 7 个项目数字化交付工作，其中镇海 POX 项目，累计交付 18730 个工厂对象，包括 26 个模型、622310 个属性、31763 个文档。

（2）集成化设计：完成成品一体化管理体系的建设，实现设计成品从签审、归档到蓝图发送等环节线上可视化管控的目标，设计文件标准化程度得到大幅提升。通过不断地系统迭代优化，设计成品一次签章成功率保持在。以 2020 年为例，共处理 30388 个成品文件，重签 2507 个，成功率为 91.75%。

（3）智能化应用。大力推广 S3D 等智能设计软件的应用，在此基础上研发并推广数据智能预警、伴热管智能布置等工具，在有效提升设计质量的基础上，使得设计效率整体提升约 8%，并编制发布公司智能化设计标准体系 24 个。

（4）信息系统建设。共有 254 个审批流程在线上执行，覆盖了公司 90% 以上综合管理业务，内控流程基本实现制度信息化，形成日常办公和项目管理两个系统集成集群，15 个管理类系统实现单点登录和待办任务集成，7 个项目管理系统实现数据集成。

（5）信息安全。连续 4 年获得集团公司信息安全 A 类企业，完成 17 个信息安全相关制度，15 个二级系统完成备案、测评工作，举办 4 届网络安全宣传周。

四、展望

宁波工程公司信息化建设总体规划坚持总部“统一规划、分步实施”和“规范、标准、共享、协同”的信息化建设方针，认真落实新发展理念，创新创效。在“十四五”期间信息化工作以打造智能高效企业为建设目标，围绕数字化转型、智能化提升开展相关信息化建设工作：一是在全面推广设计集成、综合项目管理等系统的基础上，进一步提高各系统应用效率、强化系统及数据集成能力；二是要以建设公司生产管控数字化平台为契机，加快各版块数字化建设步伐，在管理提效和业务转型两个层面推动公司数字化转型，并在智能化应用方面取得实效；三是优化完善基础设施和信息安全保障体系，提升异地协同办公及数据传输等方面的能力，保障公司各信息系统安全高效运行。力争五年内使公司信息技术应用在“集成化、数字化、智能化”方面取得较大提升，在提高公司整体工作效率、管理水平、创新能力、核心竞争力方面取得显著成效。

重应用　强融合　促创新
推进公司迈向数字化转型新时代

第十建设公司

“十三五”期间，十建公司的信息化工作始终坚持集团公司“六统一”原则，持续深入推进“两化”融合进程，结合企业特色，侧重项目一线，坚持问题导向，助力提质增效，加快二维码、云计算、移动应用、大数据等新技术引进，推进企业三大平台建设，注重信息集成，减少信息孤岛，夯实信息基础设施建设及网络安全防护水平，努力开创“两化”融合创新工作新局面，为十建公司全面可持续发展增添新动能，为公司在“十四五”期间迈向全面数字化转型新时代打下坚实基础。

一、重视信息化基础设施建设，为信息化应用全面推广提供支撑

“十三五”期间，为全面提升公司信息化应用水平，公司各级管理人员的信息化装备水平不断提升，服务器、存储阵列、交换机等信息化基础设施得到及时更新或补充，视频会议系统全面升级，光谷办公区、黄岛生产基地办公区网络和信息化基础设施建设完成并投入运行，公司的信息化基础设施建设继续稳步提升，公司应用部署模式由私有云为主转向公有云、私有云结合。在网络基础设施及安全管理方面，公司基地到集团公司区域中心实现了互联网出口统一，集团公司统一部署的网络准入系统等多款网络安全产品陆续上线，公司自主部署了新的备份一体机、堡垒机、日志服务器以加强网络安全管理。集团公司年度网络安全检查工作常态化运行，护网演练工作有序开展，公司网络安全防护水平不断提高。信息化基础设施及网络安全稳定运行构筑安全稳定、资源共享的信息基础设施服务平台，保障业务系统高可用性，确保重点业务不间断。

1. 2016—2020 年主要信息化基础购置更新购置情况表（表 1）

表 1　主要信息化基础购置更新购置情况

设备类型＼年度	2016	2017	2018	2019	2020	合计
服务器	3			3		6
网络安全（防火墙、行为管理、堡垒机等）	1				2	3
路由器、交换设备		1	1			2
存储设备	1	1			2	4
台式电脑	95	58	58	41	100	352
笔记本电脑	355	468	626	588	836	2873
视频会议终端	6	3	67	14		90
扫描仪、打印机等	60	18	3	22	11	114

2. 公司视频会议系统成功转型升级

公司淘汰 V2 视频会议系统软硬件设施，选择选取亿联云视频会议系统 80 点为公司通用视频会议系统，全体项目部署支持 H323 协议的硬件视频会议终端。2018 年新版视频会议终端在各项目部部署后，公司视频会议音视频效果改善明显，尤其是 2020 年新冠疫情期间，新系统和设备，在公司视频会议和远程培训方面发挥重要作用，收获分公司及项目部一致好评。

3. 网络安全基础设施装备水平大幅提升

2016—2020 年间，为有效保障主干网安全，公司依托集团统一部署优势，陆续上线了一批网络安全产品：网络准入系统、北信源桌面安全管理系统、统一漏洞扫描系统、统一身份管理、上网行为管理系统、集团统一 VPN 系统等。上述系统上线后，公司重视网络安全基线配置和应用拓展，努力提升网络安全防范水平，从边界防护、网络准入、桌面安全、行为管理、统一认证、病毒防护、远程接入等多层面提供有效检测、防护手段，大大降低了主干网网络安全风险。

二、重应用、强融合、促创新，全面提升公司信息化项目开发、应用水平

2016—2020 年间，公司以 ERP 为核心的企业经营管理平台已然成型，实现投资、预算、资金、人事、合同、采购等管理系统的深度集成，为公司的经营管理提供全方位解决方案，支撑企业管理水平提升；以 OA 为核心的企业协同办公及信息发布平台不断完善，推动企业协同办公迈向移动互联时代；以项目施工过程管理为核心的项目施工过程智能管理平台初具规模，为构建公司施工大数据平台及实现项目数字化交付奠定基础。

（一）ERP 与周边系统圆满上线并不断深化应用

2017 年 6 月 12 日起，炼化工程集团统一部署的 ERP 系统启动。围绕着 ERP 上线，相关业务部门群策群力、全面动员，在实施团队的共同努力下，公司于 11 月 8 日圆满完成 ERP 上线各控制点工作，实现 ERP 及周边系统按期顺利上线。ERP 及周边系统是公司信息化发展过程中业务覆盖最广、涉及内控权限最多、业务纵深最长的管理系统，囊括与费用、采购有关的重要管理链条。ERP 上线标志着公司正式进入以 ERP 为核心的经营管理新时代，对公司实现财务业务一体化、业务应用集成化、基础数据标准化、管理信息化，提升管理能力、支撑管理创新有着划时代的意义（图 1、图 2）。

（二）公司协同办公全面进入移动互联时代

2016—2020 年间，公司协同办公全面进入移动互联时代，公文系统、合同系统、费用报销、ERP 业务审批、员工自助、督办管理、石化商旅、标准查询、石化党建、信访系统、公司协同办公工作流审批等系统实现了与移动应用的集成，大幅度提升审批效率。

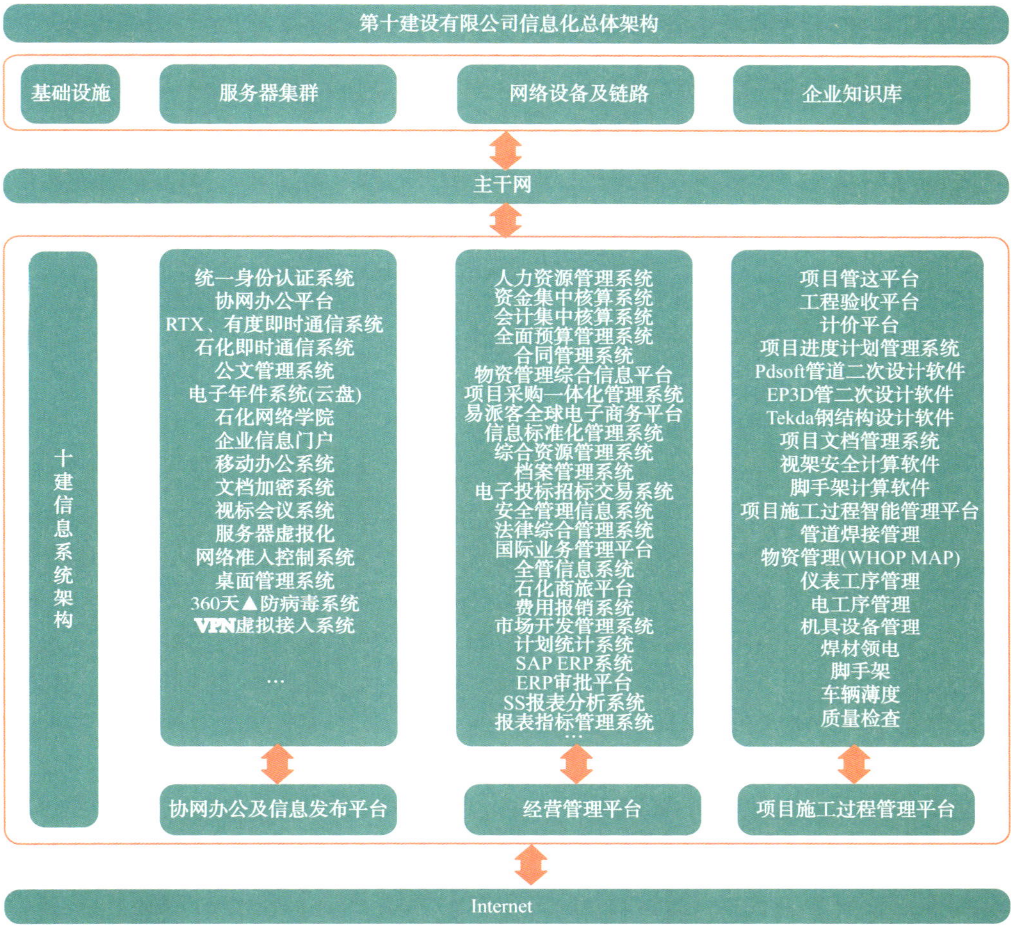

图 1　第十建设公司信息化总体架构图

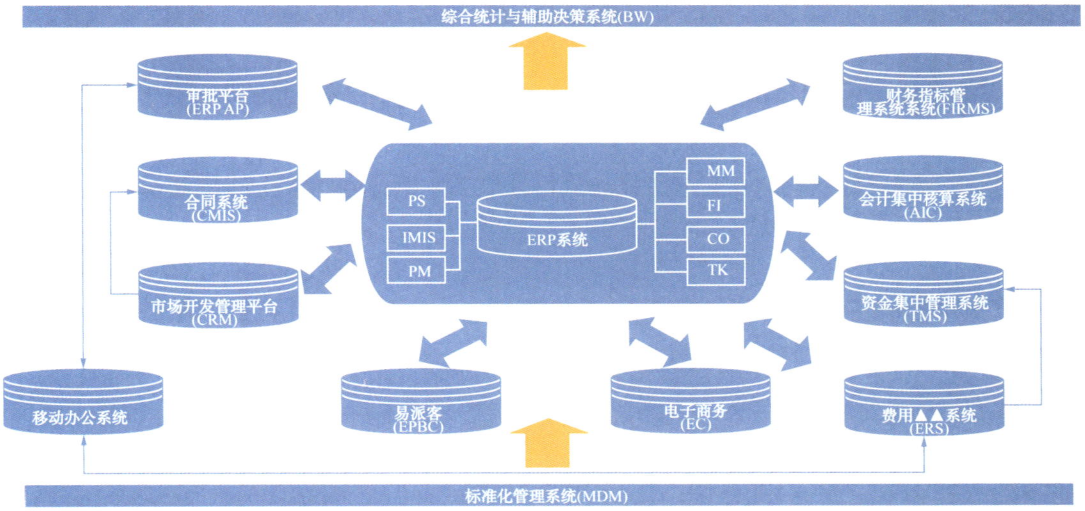

图 2　ERP 与周边系统关系图

（三）计划统计系统上线运行

2017 年公司计划统计系统上线运行，月、季、年“施工进度计划”“里程碑控制点计划”“施工产值计划汇总表”等计划统计报表由线下改为线上，实现公司层面计划、统计管理数据的及时、集中填报、一键汇总，保证基础数据同源，口径一致。

（四）管道深化设计系统深化应用成果显著

“十三五”期间，公司使用 EP3D、Pdsoft 等软件工具开展管道深化设计工作，发挥专业设计优势，在公司的 30 多个项目开展管道深化设计，管道深化设计已覆盖公司所有的大中型项目。2019 年，管道深化设计完成 715 万寸径。2020 年完成管道深化设计 554 万寸径。管道深化设计的应用成效，一是与管道焊接管理系统有效结合，有效指导项目施工精准度，避免返工。二是大幅度减轻现场技术人员的数据梳理负荷，促进施工管理功效提升。据初步统计估算，50 万寸径的项目，3 天以内就可以拿到一个准确的寸径工程量，以往 5 名技术人员需 2 个月计算出的工程量，目前只需要 2 周不到即可完成。三是随设计数据自动计算的延长米大幅度减轻了经营估算人员的算量负荷。据浙江石化渣油、蜡油装置工程量统计用时测算，该项目共计 13495 张图纸，不采用二次设计需 225 人天，使用二次设计只需工日 25 人天（图 3），经营人员工效提升 9 倍多，大幅度提高了效率、降低了工作强度和人工成本。四是通过管道深化设计探索，为公司实现管道工程数字化交付提供了支撑。

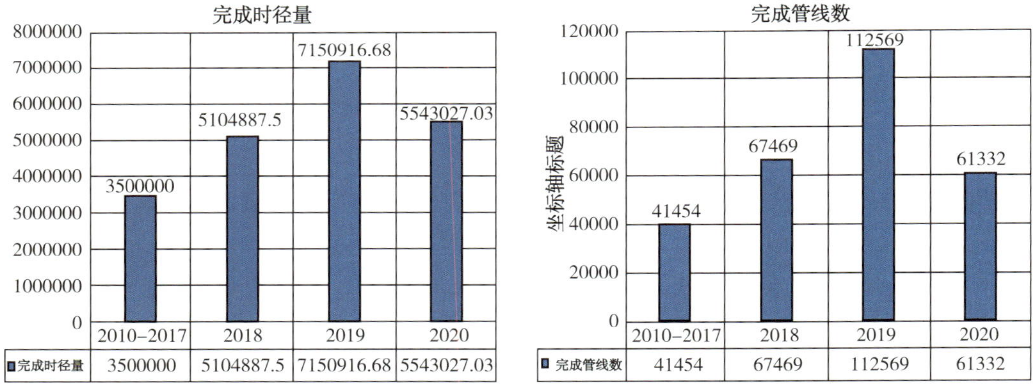

图 3　“十三五”期间公司管道焊接二次设计量

（五）项目施工过程智能管理平台初步成型，为公司实现施工项目数字化交付奠定基础

2016—2020 年间，公司除认真完成总部统一部署系统外，坚持问题导向、不等不靠，自主研发的结合企业特色、侧重项目一线的项目施工过程平台各子模块陆续上线投入运行（图 4）。公司在系统开发实施过程中引入二维码、移动应用、云计算等新技术，大幅度提

升了项目一线的管理工效，节约了项目管理成本。

为今后更好地对接项目的数字化交付，公司在项目施工过程系列软件的开发过程中，充分考虑将施工规范与工序流程落地到系统，将项目实施过程的数据采集环节通过标准化的流程或模板展现在系统中，这样既可以有效指导施工、优化工序，又可减少后续整理交工资料及各类查询统计的工作量，同时也可为项目的数字化交付提供数据支撑。

另外，公司通过连续多年开展“两化”融合创新评比工作，不断在工作中树立员工的“大数据”思维，用心孵化、培育“两化”融合创新成果，推广先进项目经验。所有这些举措都为“十四五”期间公司迈入数字化转型新时代奠定了基础。

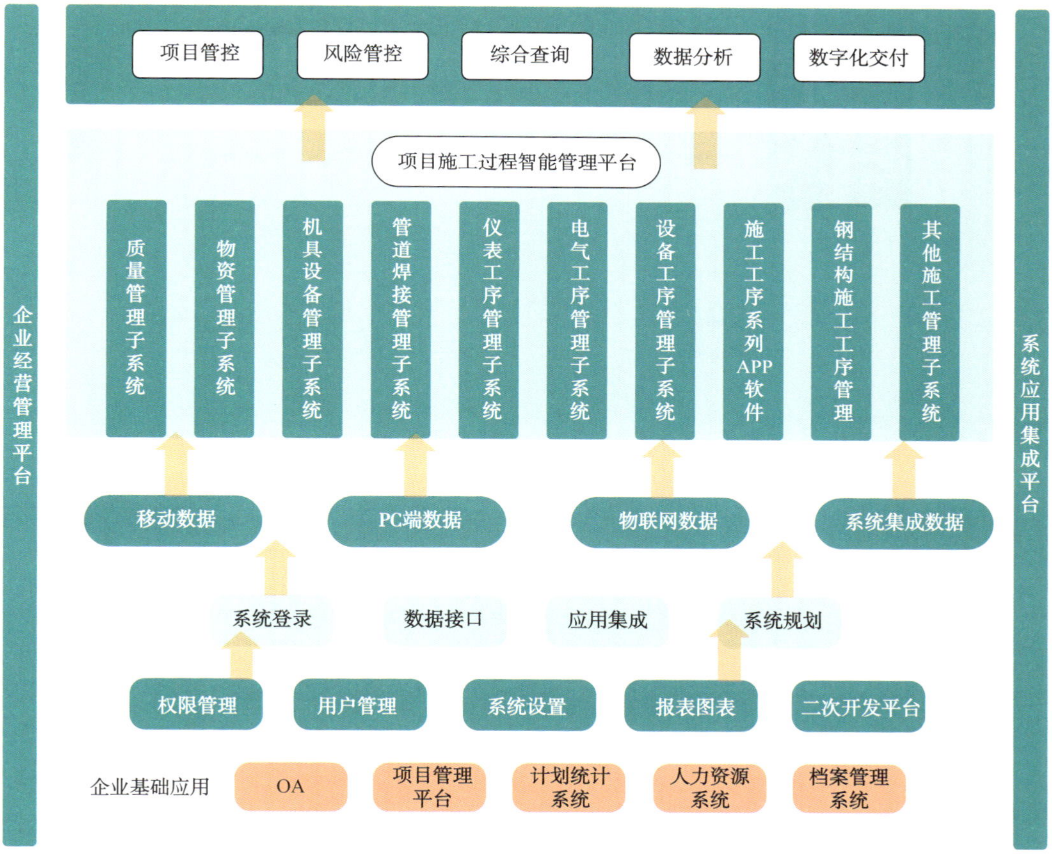

图 4　项目施工过程智能管理平台业务子系统关系图

1. 管道焊接管理子系统

“十三五期间”公司管道焊接管理子系统在公司全面推广使用。系统主要是包括焊前管理、焊接管理、焊后管理、试压包管理、自动委托、数据驾驶舱等，通过二次设计导出文件或识别来自业主的基础资料作为基础数据导入系统，完成整个管道施工过程的焊口、焊工、焊接材料等过程数据的管理及交工资料输出。

管道焊接管理系统（图 5）目前主要在公司 20 余个在建项目进行推广。主要成效一是通过优化的数据运维方式，如EXCEL模板批量导入、批量维护修改等，大幅度减少技术人员日常重复信息录入工作。二是运用二维码技术实现工作完成的同时即完成工程量的填报工作，降低了施工班组和技术人员统计上报负担。三是优化的数据预警功能保证数据唯一性，降低了施工管理风险，提升了施工质量。四是资料实时打印，降本增效。五是通过与物资系统深度融合，实现管道施工的智能化配料、分包施工物资的自助式查询和甲供材料核销的过程控制展示及风险预警。

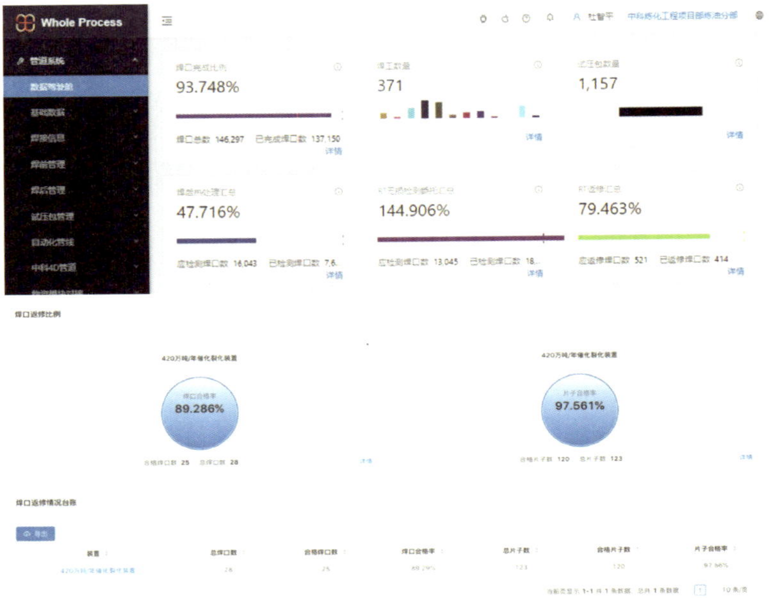

图5 公司重点项目管道焊接管理数据驾驶舱

据统计，一个420万吨/年催化装置，日常配置5名管道技术员，工艺管道施工高峰期约为6个月。按照传统方法数据录入和委托探伤，每人每天大约需要4个小时，而应用管道焊接管理系统后每人每天仅需要2个小时，可直接节省人工时约225人天。而后期资料整理原来需要5名管道技术人员1.5个月完成的量，目前只需15天即可完成，可节约150人天。

2. 全流程物资管理子系统（又称Whopmap）

公司全流程物资管理子系统在“十三五期间”上线，并不断优化。系统包括PC端、物资管理系统移动端（图6）、智能喷码枪、小件智能喷码打印机四部分，供应人员管理、材料业务管理、材料质量管理、数据驾驶舱、智能工具软件多个模块。

系统主要成效一是快速检索及时查询材料的库存、去向，可追溯性强；二是避免重复劳动，提高工作效率；三是二维码出入库，实现材料出入库操作简便高效（图7）；三是通过全流程物资管理平台的智能运算，降低材料损耗，明确材料损耗责任，降低材料核销风险；四是提升与物资相关的施工管理的结算精度与成果产生速度，降低分包成本及材料成本；五是为公司后续市场开发提供相对准确的数据，为施工组织安排及物资供应管理提供准确的依据和参考；物资交工资料的过程自动生成降低了项目交工资料人员投入，降低项目成本。

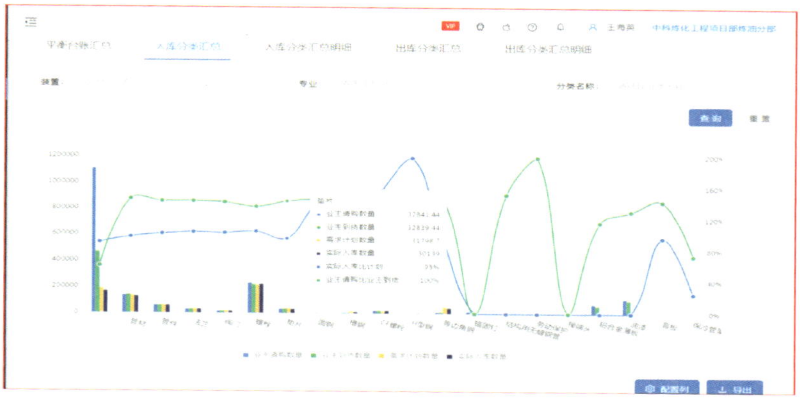

图 6　公司重点项目物资管理子系统数据分析报告

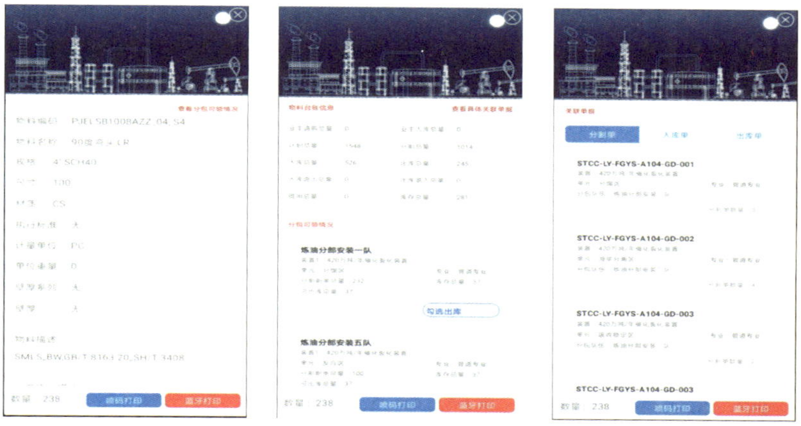

图 7　某项目部手机扫码领料图

3. 仪表、电气工序管理子系统

实现仪电施工工序全过程管理，包括：仪电设备、接线箱、各种电缆、盘柜、甲供资料管理、交工资料一键打印，实现图纸的分类管理，并支持 PC 端和手机端实时浏览查看等（图 8）。

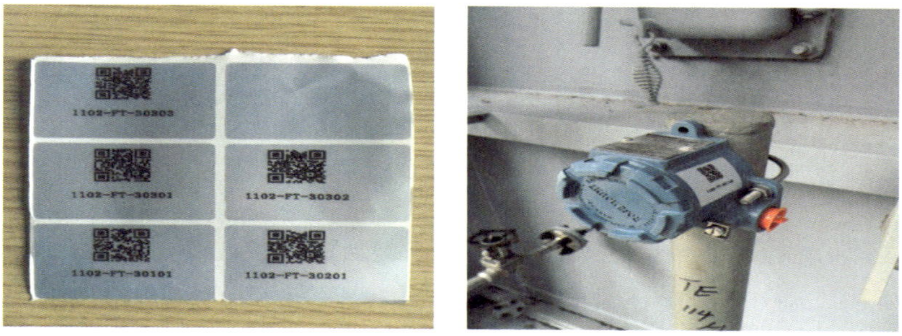

图 8　仪表二维码使用效果图

4. 施工过程系列 APP 软件

公司根据项目要求定制开发了车辆派车、焊材领用、脚手架管理小程序（图 9），短平快相应项目需求，收获项目人员好评。

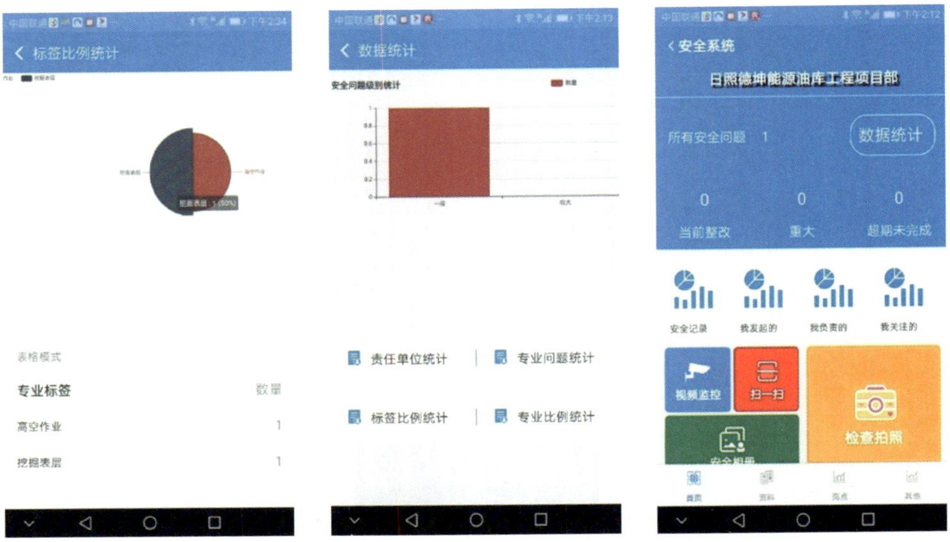

图 9 某项目部安全管理模块数据分析图

5. 机具设备管理子系统开发

于 2020 年基本开发完成，包括机具租赁、调遣、日检、月检、交工资料等。用户在现场操作自有设备的过程中，通过硬件的物联模块接口，系统就可以体现出每台设备的实时动态，包括项目部与项目部、项目部与分公司 / 公司间的设备调遣使用，系统有完善的交工资料体系，方便资料自动打印生成（图 10）。

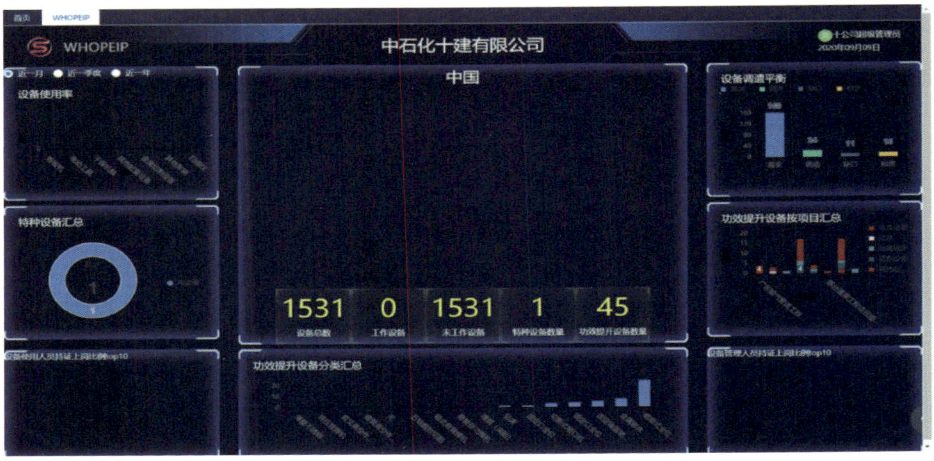

图 10 机具管理子系统生成数据分析图

三、多管齐下提升公司网络安全保障水平

公司重视网络安全基础工作，克服人手少困难，保质保量完成集团网络安全管理各项考核任务，确保公司应用系统运行平稳、顺畅，圆满完成在 2019 年、2020 年护网任务。

四、展望

“十四五”时期，公司将按照信息化管理的要求完善提高信息化管理体系，坚持价值引领、创新驱动，加强顶层设计、统筹协调，加快推进项目施工过程管理数字化转型步伐，强化系统集成优化，深化数据共享应用，推动信息化新技术应用，进一步提升公司数字化、网络化、智能化水平，使公司施工过程管理尽快适应数字化工厂、智能工程建设要求，全力支撑公司深化改革、管理提升、业务创新，为实现公司高质量发展提供信息化坚实保障。主要做法：一是继续开发、升级、应用相应软件，实现与工程公司、业主数字化交付管理平台的无缝对接，做好施工前数字化交付规划和过程中的数据即时采集，加快项目施工过程管理数字化转型步伐，使公司项目施工过程管理尽快适应数字化工厂、智能工厂建设要求。二是不拘泥于现有系统的架构和格式，考虑使数字化技术拓展到更多应用场景和业务领域，进一步消除现存的信息孤岛或壁垒。三是提升员工数字技能和数字素养，强化大数据思维，重视数据挖掘和复用，力争通过数字化建设提升公司的管理和服务水平。

第九篇

提升数字化智能化水平为专业公司赋智赋能

全面推进信息化建设 着力提升服务能力和水平 助力公司成为数字化转型的使能者

石化盈科公司

"十三五"期间，石化盈科认真贯彻落实集团公司"十三五"信息化规划和信息化工作会会议精神，紧紧围绕公司发展战略，以"国际知名、国内一流的 IT 服务商，企业数字化转型的使能者"为愿景，积极推进信息化集中集成建设，信息化工作向平台化、智能化和移动化方向发展。通过信息化建设强化企业管理、促进降本增效、增强竞争实力，为公司管理提升和转型发展等提供有效保障。同时帮助和引导客户实现企业级转型战略，重塑企业管理架构、经营理念和商业模式，为企业赋值、赋智、赋能，推动各行业向数字化、网络化、智能化迈进，全面提升客户价值。

一、总体情况

"十三五"期间，公司按照"统筹规划、协同推进"的建设思路和"夯实基础、突出重点"的建设原则开展内部信息化建设工作，目前公司在用系统 27 个，其中经营管理类 18 个，基础设施类 9 个。

2018 年，按集团公司关于"消除信息孤岛"的要求，整合 CRM、项目管理、商务管理、采购管理、资源管理等业务系统，建立了运营管理平台（IOP 平台）、移动应用平台，完成消息中心、用户中心、个人工作台等组件建设（图 1）。截至目前，完成了客户、销售、项目、采购、外采、商务、资源、研发、制度流程等 9 个应用上线。打破了业务、专业、组织之间界限，消除了信息孤岛，用信息技术全面推动技术升级、管理与服务升级，交付能力、服务质量、品牌形象进一步提升。

同时加强系统之间的数据整合，梳理物料、客户、供应商、商机、项目、合同等主数据，建立了"主数据管理系统"，与总部统建系统实现数据交互，也实现了公司自建系统间的数据共享。

随着 iOP 平台、移动应用平台的建设，应用逐步集中，改变了信息化建设相对分散的局面，发挥了信息化对业务的支撑和引领作用。但仍然存在平台功能不足、决策支持不够等问题。后续继续按"夯实平台、深化应用"的建设原则开展工作，完善业务协同、架构统一、应用快速构建的内部信息化平台。

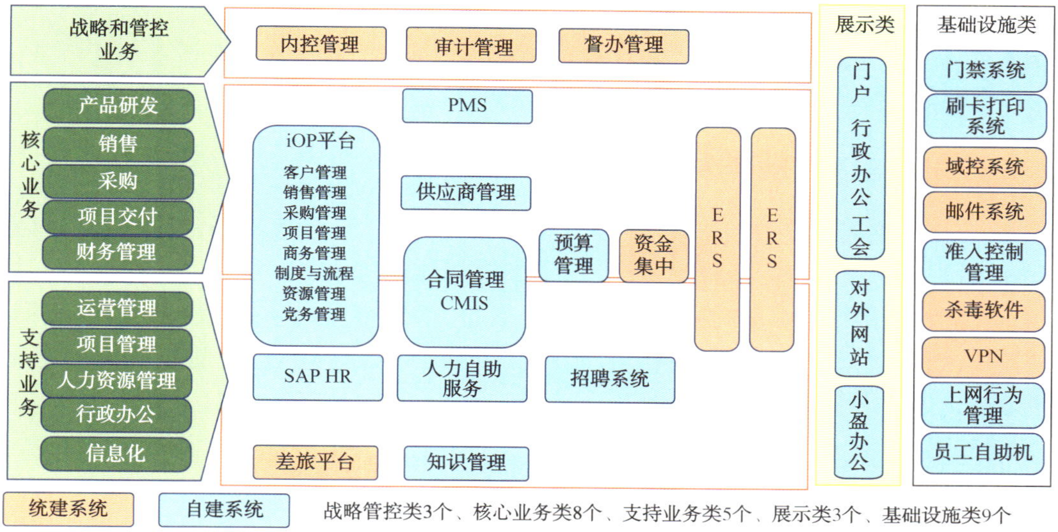

图 1　信息化应用系统现状图

二、主要举措

（一）发挥“十三五”规划顶层设计的引领作用

成立公司网络与信息化工作领导小组，公司领导任组长，编写并发布公司“十三五”信息化规划，加强顶层设计，明确信息化建设方向，落实各阶段计划与建设内容。一是坚持“十三五”各阶段任务，根据短期、中长期规划建设内容，逐步落实并进行回顾。二是坚持“六统一”贯彻执行，开展信息化建设。三是坚持“平台＋应用”建设理念，一切开发上云、上平台，突出核心平台建设。四是坚持“业务导向、两大集成”，加强各应用与公司核心业务的融合，根据业务耦合度进行信息、流程集成。五是坚持“四大”体系建设，在基础设施、信息安全、组织与治理、信息化标准方面落实体系。

（二）依托能源化工行业信息和数字化建设经验，研发自主知识产权的工业互联网平台 ProMACE

“十三五”期间，ProMACE 以“平台＋服务”为建设模式、以石化 CPS 为核心，打造四大引擎、三大中台与多个平台级解决方案，服务能力从石油化工延伸到煤化工、盐化工、精细化工、生物化工等多个流程行业细分领域。ProMACE 工业互联网平台以技术中台、数据中台、业务中台三大中台为支撑基础，以工业物联、工业数字化、工业大数据与 AI、工业实时优化四大工业引擎为驱动，为企业消除信息孤岛、加速数字化转型、实现工业智能化提供共性的基础设施和能力支撑。ProMACE 致力于成为面向石油和化工行业全产业链自主可控的互联网平台，成为新一代信息通信技术与实体经济深度融合的基础设施。ProMACE 是支撑流程行业研发设计、生产制造、供应链管理、营销服务各业务环节的核心载体，是信息物理系统（CPS）在能源化工行业的具体实现，是流程制造数字化、网络化、智能化的关键引擎。

（三）发挥信息化建设与制度流程管理相结合作用

“十三五”期间，共编制一级文件 1 个、二级文件 3 个、管理流程 8 个，同时修订信息化相关的 15 个管理规定及程序文件，为信息化工作规范化管理打下坚实基础。同时内部信息化建设坚持与公司各项制度、流程紧密结合，系统建设以业务流程为指引，贯彻落实“制度流程化、流程表单化、表单自动化”。目前公司发布的 182 个管理流程，除部分线下业务，信息化支撑的管理流程 136 个，信息化支撑度为 75%。

（四）持续完善基础设施，提升技术支撑与信息安全防护能力

一是加强服务器及网络设施建设，规范账号及网络入口、上网行为的统一管理，提升公司云服务及网络能力。

（1）IT 基础设施建设。目前共有服务器 271 台、虚拟机 700 余台、交换机 84 台、防火墙 7 台、路由器 4 台。

（2）流程规范方面。发布了人员账号、特殊权限（包括互联网、微信、QQ 等）申请流程，修订了补丁管理规定、防病毒及恶意软件管理规定。

（3）安全管理方面。对外协人员账号进行梳理，批量清理。梳理并发布网络安全水平评价标准，对发现问题进行了整改。

二是完成办公网及互联网应用统一出口，全面提升公司网络安全。完成本部及各区域基地互联网出口统一接入中国石化区域中心。完成了南新仓 12 层、丰联 6 层、丰联 801-804 和 819-820 等 4 个办公区，北京、上海、武汉、西安、广州、南京、沈阳等 22 个办公区网络改造，实现互联网统一出口。完成了外网、小盈办公等 10 个互联网应用统一迁移区域中心，实现互联网统一出口（图 2）。

序号	企业名称	应用名称	负责部门	负责人	迁移服务器梳理	标准化管理系统平台申请	石化云资源平台	应用部署	分配公网IP	具备运营商备案条件
1	石化盈科	石化盈科对外网站系统	共享服务中心	杨扬	√	√	√	√	√	√
2		小盈办公系统	技术中心	佟锡杰	√	√	√	√	√	√
3		校园招聘系统	人力资源部	宋云鹏	√	√	√	√	√	√
4		小盈会展系统	技术中心	高凯	√	√	√	√	√	√
5		小盈办公接口系统	技术中心	佟锡杰	√	√	√	√	√	√
6		网络空间安全靶场系统	系统运营事业部	王文艺	√	√	√	√	√	√
7		石化盈科采购管理系统	长城电商	张亮、杨威	√	√	√	√	√	√
8	中天合创	中天合创化工移动APP	经营管理事业部	张尔凯	√	√	√	√	√	√
9	古雷石化	古雷石化移动APP	互联网事业部	秦越	√	√	√	√	√	√
10	中安联合	中安移动办公系统	系统工程事业部	富成	√	√	√	√	√	√

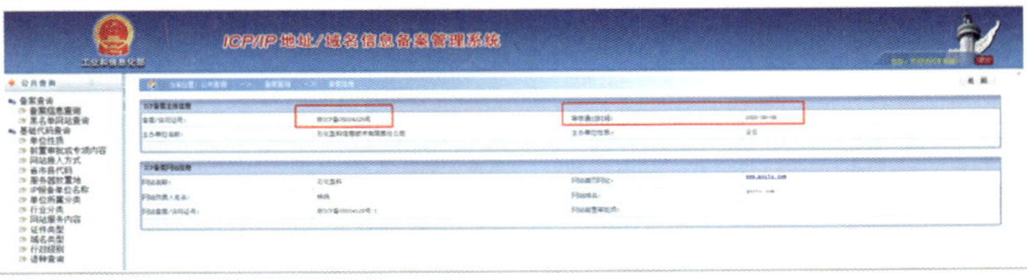

图 2　统一互联网出口备案图

（五）积极保障集团公司网络攻防演练

根据集团公司网络攻防演习工作安排，连续两年参加攻防演练（图 3），公司组建专业团队，提前开展资产盘点、账号清理、安全加固及安全防护工作，演练期间集中办公、现场值守，成功完成攻防任务，实现每日通报零报告，相关业务系统未被攻破，无重大网络安全漏洞及通报事件。

- 安全责任书签订:组织全体员工签署线上安全责任书。组织开发团队、供应商完成纸质安全责任书签订
- 安全防护与漏扫:开展内网服务器进行弱口令及漏洞扫描,整改高危主机118台,弱口令账号15个

信息资产盘点:
- 工作量:整理800台服务器(虚拟机),关停97台
- 效果:清理僵尸、失联主机,提高资产使用率，提高了服务器信息的准确度和运维效率

账号管理
- 工作量:清理禁用域账号200余个;全体启用统一身份认证并与域账号关联
- 效果:减少信息泄露的风险

安全加固
- 梳理G01安装情况,要求重点应用及互联网应用服务器必须安中装G01并开启相关安全防护,共计42台重点应用服务器安装了G01客户端,减少信息泄露的风险
- 涵盖小盈办公、对外网站、合同管理共计14个应用系统

安全防护
- 工作量:所有服务器区域均增加防火墙隔离、关键网络节点增加态势感知
- 效果:提高了服务器控制力,降低了服务器被攻击风险、提高攻击发生时的识别力、防御力和处置效率

图 3　2020 年网络攻防演练现场办公图

（六）开展网络安全宣传周活动

为贯彻落实集团公司党组关于加强网络安全工作的要求，增强全员网络安全意识，公司连续两年组织网络安全宣传周活动。通过网上授课、线上培训、主题易拉宝、关注公众号、有奖答题等多种形式，在全公司范围内普及网络安全知识，提升职工网络安全意识和防护技能。

（七）构建精益化运维管理体系，加强运维问题的跟踪与管理

成立专项运维小组，开通 010-84191234 统一运维电话，持续做好应用系统与基础设施运维，积极保障网络、桌面、门禁、视频会议等服务，为公司信息系统安全稳定运行、员工办公提供了服务保障。并与工单系统集成，实现问题在线记录、线上派单，运维问题得到有效管理，运维问题分析精准度越来越高。

（八）扎实推进"平台 + 应用"，确保"应用开发上平台"

除总部统建系统外，公司自建系统统一基于 IOP 平台进行建设，同时充分利用 IOP 平台、移动应用平台提供的组件服务，集中开发、统一组件支持、减少重复开发，提高应用建设效率。操作体验方面，提供了统一登录、统一待办、个人工作台等方式，解决了重复登录、重复录入、界面不一致等问题。数据服务方面，建立公司统一、可共享、可维护的核心主数据系统，保证了业务系统之间数据的实时性、完整性和标准性。

（九）强化项目全周期过程管理（图 4），着力提升应用交付能力

一是强化关键用户职能，实现需求归口管理。按需求类别（新建、运维）对需求进行分类管理，实现线上需求受理、进度透明、全程在案。二是加强内部信息化标准建设，确保开发质量。先后制定了 iOP 平台前端界面标准及规范、iOP 平台数据库设计标准及规范、iOP 平台后端设计标准及规范、小盈办公开发标准及规范。三是加强开发的质量管理，根据设计方案开展测试，形成测试报告。共测试发现并解决 BUG 数量 3782 个，形成测试文档 228 个。四是强调安全测试工作，加强系统安全扫描（渗透、漏扫）、性能测试、用户测试管理。共开展功能与性能测试 23 次，测试功能点 383 个。整体漏扫 8 次，上线前扫描 90 次。

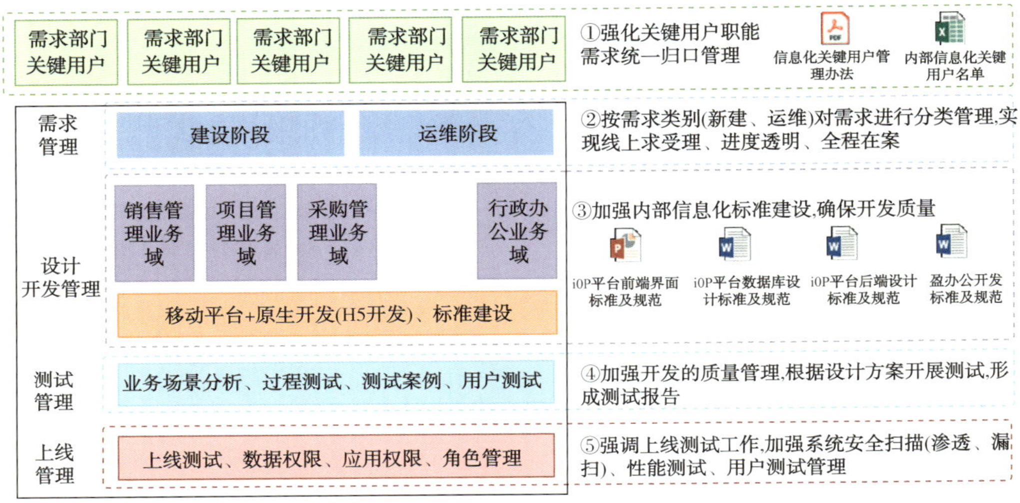

图 4　信息化项目全周期过程管理

三、主要成效

（1）勇挑重担，做企业数字化转型使能者。工业互联网平台 ProMACE 先后获得工信部"石油和化工工业互联网平台试点示范""制造与互联网融合发展试点示范"等 10 余项荣誉称号，并在首届工业互联网大赛中获得二等奖。ProMACE 拥有工业数字化、工业物联、工业大数据和 AI 及工业实时优化四大"工业引擎"，以及千种余种工业 APP 和百余种面向各应用场景的行业解决方案，为企业"赋值、赋智、赋能"。通过 ProMACE 将新一代信息通信技术与石化行业工业机理、业务规则、专家知识进行深度融合，将中国石化的实践经验向其他兄弟企业进行能力输出，为国家管网、北京燃气、大连恒力、新风鸣、古雷石化、中煤榆林、中煤蒙大、新疆天业、华鲁恒升、荣信化工等大型国有能源企业、煤化工企业、民营大中型炼化及化纤企业的转型升级赋能，对保障我国产业链和供应链稳定发挥了积极作用。

（2）业务运营创新高效。围绕公司核心业务，实现了项目从商机、立项、执行、采

购、验收、付款的闭环管理。从根本上解决了系统多、信息不一致、数据共享低、智能化分析和决策不够等痛点。目前在线管理 9426 个项目、文档 64364 个、项目里程碑 34168 个。在业务管理方面，从原来的人为判断到系统自动校验，确保了项目执行精准无误。在业务决策方面，业务人员从原来的心中无数到胸有成竹，全面掌握项目信息，全程在案、操作公开、数据透明，信息利用率提高 40%；在业务操作方面，充分打通系统间数据流转，从多系统操作、线上线下操作变为全流程线上管理，工作周期缩短 1/2。特别是通过领导驾驶舱、运营数据实时查等功能，使各级人员能够实时掌握项目经营数据，大大提高了管理效率，实现了“项目全景看得清、质量风险控得住、资源复用效率高、积累知识收益多”。

（3）消除“信息孤岛”成果显著。采用“界面集成”“应用集成”“数据集成”三种方式联动，基于中国石化统一身份认证，实现信息门户与 17 个系统集成，规范办公信息化统一入口，实现一站式访问，避免了多系统、多账号。同时基于公司主数据管理系统，从数据源头降低系统集成复杂度，减少系统接口调用。坚持“平台 + 应用”的建设理念，基于 IOP 平台完成消息中心、用户中心、个人工作台、工作流等组件建设，整合了 CRM、项目管理、商务管理、采购管理、资源管理、研发管理等 8 个业务系统，消除信息孤岛 50%。改变了信息化建设相对分散的局面，发挥了信息化对业务的支撑和引领作用。

（4）数据集成共享提质增效。建设公司统一的主数据管理，将主数据从应用系统分离出来，建设集中、可管理、可复用的核心资源，确保数出一门、数据同源。解决了数据分散、数据不完整的问题，降低了数据重复维护的管理成本。同时保证了业务系统之间数据传输的实时性、完整性和有效性。目前共梳理客户、供应商、商机、项目、成本、合同员工等 12 类主数据，数据量达 21 万条。通过主数据管理减少系统间接口 39 个，降低了 20%。通过主数据的统一接口服务，降低应用接口开发 45% 开发量，大幅降低了数据的集成成本。

（5）移动应用达到新高度。以公司业务应用为导向、以移动信息技术为支撑，以全面覆盖公司核心业务为目标，搭建了公司自主知识产权的移动应用平台，可快速为企业在经营管理、生产管理等领域提供专业化的移动应用解决方案。目前公司已创建小盈办公、小盈会展、小盈在线等核心品牌 APP，实现业务功能 90 多个，已全面覆盖公司经营审批业务。平均日登录次数 8865 人次、月审批单据次数达 9.4 万次 / 月，审批效率提高了 43%，登录时间从 2.5S 降低为 0.9S，性能提高了 64%。

（6）网络与信息安全上台阶。一是夯实基础、强化管理：完成服务器盘点，释放物理服务器共 25 台、虚拟服务器 86 台，降低了 10.64% 和 11.39%，同时按中国石化安全基线完成密码修改、安全软件安装和安全补丁更新。二是补足短板、治理隐患：先后开展 20 余次网络安全隐患治理工作，开展两次护网行动、10 余次特殊时期网络安全专项保障、网络漏洞扫描等工作，其中 2020 年开展网络安全隐患治理共 4 件，同比增加了 300%；2020 年护网期间处理安全事件共 9 件，同比降低了 82.35%；开展网络漏洞扫描共 39 次，同比提高了 680%。三是集中管理、统一出口：实现公司互联网统一出口，护网期间，需要封禁的 IP 从 8000 多个降低至 0，处理的安全事件从 51 件降至 9 件。在集团公司 2020 年网络安全水平评价中，公司赢得 B 级企业评价。

四、展望

2021 年，公司将按照集团公司各项工作部署要求，围绕公司提质增效升级发展战略，强化“六统一”管理。坚持“平台 + 数据 + 应用”模式，以大数据分析、移动应用、数据治理、流程贯通为主线，全面推进公司信息化建设（图 5），确保信息化对公司战略的核心支撑作用，提升公司核心竞争力。

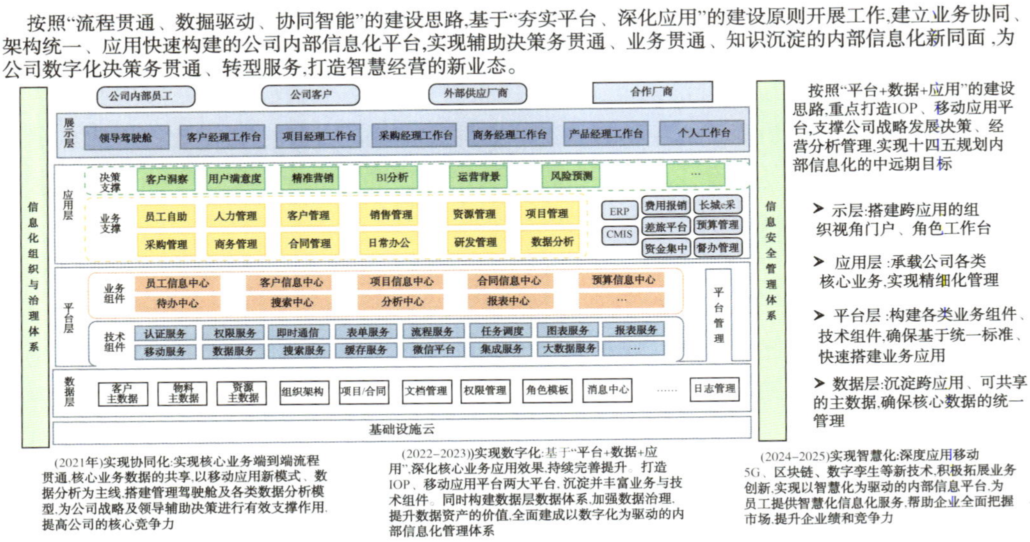

图 5　信息化建设规划蓝图

一是立足打造国家级石油化工工业互联网平台，打造核心技术引擎，提升平台服务能力，持续提升行业影响力。二是加强对孤立运行、功能重复的应用系统集成整合，彻底消除信息孤岛。三是加快公司智能运营中心建设，针对公司主营业务，从销售、项目、采购、财务等全流程数据，洞悉公司运营的关键信息，深化公司领导、各级人员决策辅助支撑。四是结合目前公司主数据管理的基础与经验，健全公司数据治理体系，扩展数据治理范围，实现公司数据治理的全覆盖，持续促进数据共享互通。五是构建公司全方位的流程管理平台，实现业务流程与信息化在线联动，通过一套流程、一套职责、流程落地、IT 执行、绩效评价等功能，打造公司一体化流程管理体系。六是做大做强 IOP、移动应用平台，提升平台功能与组件，提高系统性能与稳定性。进一步提升流程中心、待办中心、用户中心等组件服务能力，实现系统双机热备。进一步扩展移动应用平台功能，建设三大中心，丰富人脸识别、语音分析、智能交互等组件服务。持续提升小盈办公、小盈在线，建设小盈有约、小盈学院等 APP 应用。

利用数字技术　搭建数字化应用平台
加快推进媒体深度融合发展

石化报社

一、总体情况

“十三五”是中国报业转型融合取得突破性进展的攻坚时期，也是中国报业建成具有强大传播力和竞争力的新型报业媒体的重要时期。中国石化报社作为党的意识形态工作前沿阵地、中国石化党组的机关报刊，在大局下思考、在大局下行动，贯彻“数字优先、网络优先、移动优先”战略，根据《新闻出版广播影视“十三五”发展规划》《关于加快推进媒体深度融合发展的意见》《中国石化“十三五”发展规划纲要》等，主动求新、求变，推进媒体融合，重点围绕“网络设施技术平台、新闻内容生产平台、新媒体运营传播平台、协同办公决策平台”建设，推进理念、内容、手段、体制机制等全面创新，加快技术建设与内容生产、运营传播等深度融合。目前报社新一代基础设施全面建成，信息服务能力进一步增强，信息化应用水平不断提升，技术研发创新能力明显提高，基本建成了一套较为先进实用、功能完善、安全可靠的技术支撑体系，驱动了报社信息化建设与融合发展。

二、典型做法

（一）采用虚拟化技术创建报社私有云平台

1. VIEW 桌面虚拟化

采用 8 台 X86 服务器作为资源池。该 8 台服务器采用同一 CPU 型号，可以灵活使用 Vmotion 热迁移的功能。

借助 VMware View，在使用 VMware ESXi 软件虚拟化服务器上运行的虚拟机中，构建完整的桌面环境（图 1）并对桌面进行集中管理和维护，用户可以从任何位置访问其桌面，而且仍然拥有自己的个性化桌面环境。

2. 服务器虚拟化

划分报社应用服务的角色，包括全媒体采编服务、网站制作发布服务、文件服务、排版服务、传稿服务、域控服务以及其他应用服务等，根据应用需求以及服务器均衡负载和性能要求，采用 10 台同一 CPU 型号的 X86 服务器作为载体，组成资源池，用作虚拟化平台支持，选用当时虚拟化解决方案领域成熟可靠、技术先进，具有丰富管理功能与容错功能，对服务器、存储硬件有较好系统兼容性的 VMware 产品进行部署，达到了报社对于采编、网站系统“零”中断、高可用性的要求。

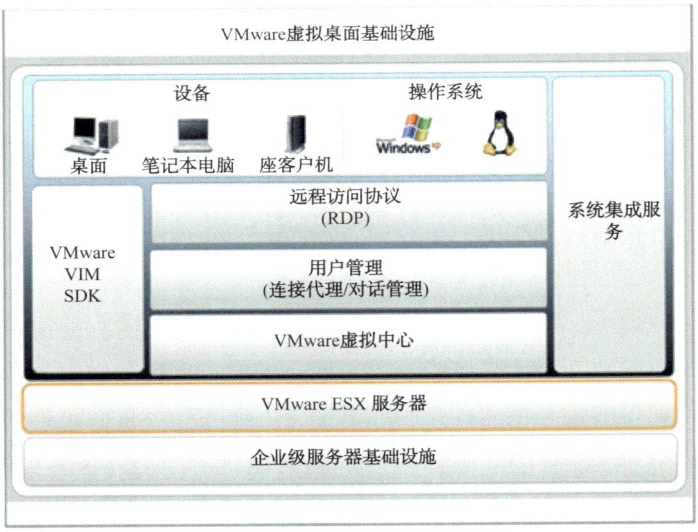

图 1　桌面虚拟化拓扑图

另外，为了充分利用虚拟架构中虚拟机可动态在线从一台物理服务器迁移到另一台物理服务器上的特性，我们在虚拟化服务器群组接入后端的 FC SAN 存储网络，组成标准的 FC SAN 集中存储架构，虚拟架构套件生产出的虚拟机的封装文件都存放在 FC 存储阵列上。通过共享的 SAN 存储架构，可以最大化地发挥虚拟架构的优势，在线迁移正在运行的虚拟服务器，进行动态资源管理，实现了即插即用的数据中心，并为以后的容灾提供了扩展性（图 2）。

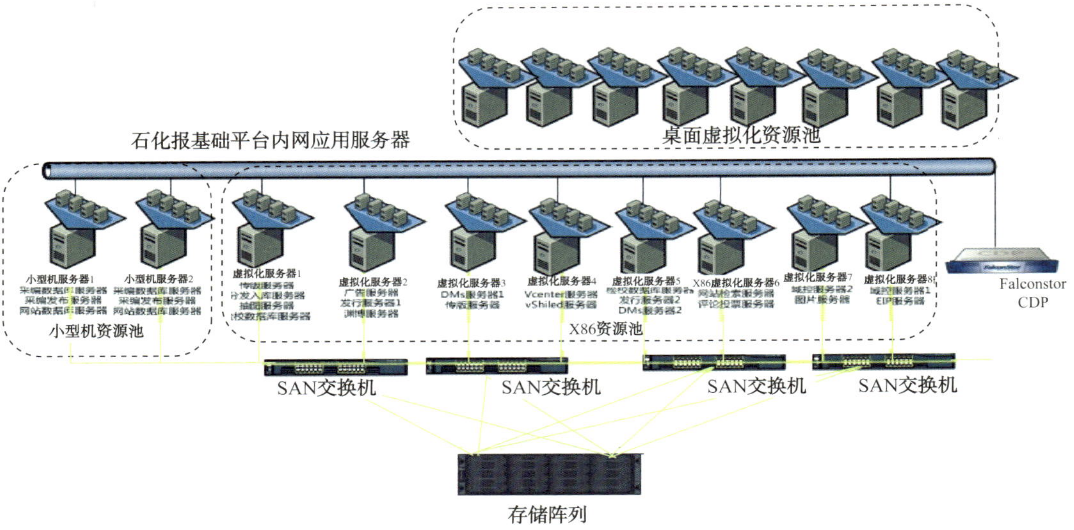

图 2　服务器虚拟化部署图

（二）搭建全媒体数字化应用平台

认真落实习近平总书记推动媒体融合发展，坚持以先进技术为支撑，打造手段先进、具有竞争力的新型主流媒体的指示精神，以及集团党组采用全媒体传播模式，努力传播石化好声音、树立石化好形象的工作要求，报社建立全媒体数字化应用平台，统一内容资源管理，实现新闻资源按需共享，为推动报社生产流程再造，体制、机制改进，加快媒体深度融合提供必要的技术驱动。

全媒体数字化平台（图3）是将信息采集、指挥、编辑、发布、存储、考核、分析等工作场景和业务体系结合在一起的一套为媒体转型提供的完整数据融合与应用的解决方案。涵盖指挥中心、采集中心、编辑中心、发布中心、绩校考核中心、资料中心等几部分内容，基本实现了“一次采集、多次加工、多渠道发布”的目标。具体如图所示：

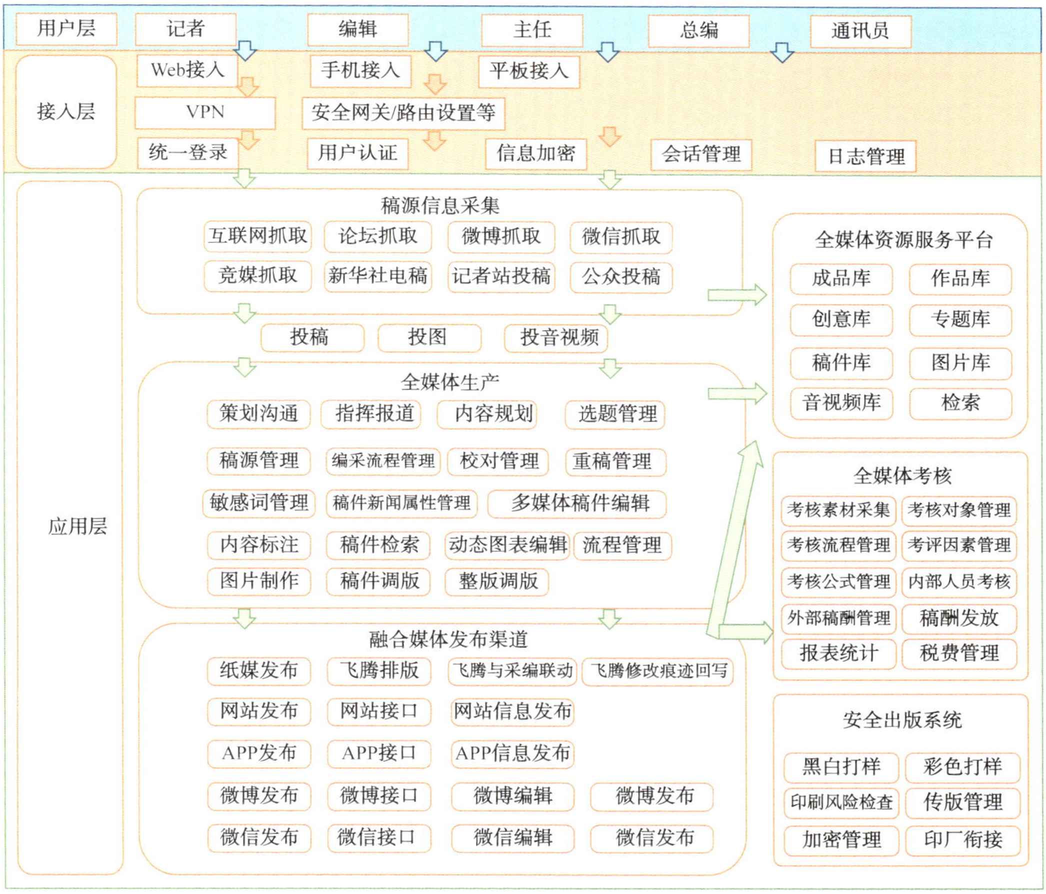

图3　全媒体数字化平台

主要技术创新点如下：

1. 新闻选题决策辅助技术

利用云计算、大数据、智能分析等技术，抓取网站、论坛、微博、微信、数字报刊、电视频道等的最新信息、最热议话题、最新版面信息，经过滤、分析处理后提供自定义组织归类、进行话题追踪、报刊对比分析的相关内容，为新闻选题提供依据。

2. 融媒体采编多产品、多版本、多形态融合支撑技术

支持多渠道、多产品稿件分发，包括客户端、小程序、手机站、微信、微博及第三方推送平台；支持兼容多个版本；支持图、文、音频、视频、H5、AR、VR 等多媒体稿件管理；实现一键撤稿，撤稿范围包括客户端、微信公众号、手机站、微信小程序等所有数据库、缓存、索引、页面文件等数据信息，并能记录撤除稿件的所有操作。

3. 石化新闻客户端资源管理与调度技术

采用线程池方式管理异步网络请求，根据移动设备计算线程池所需资源，减少资源开销。在频道访问时，将后一个频道的数据进行缓冲，同时对已访问频道的资源回收，保证较低的内存占用。对组件集中管理，对共用的组件只做一次初始化实例处理。

4. 智能化自媒体资源推送技术

可为入驻的自媒体号提供微信号、微博号内容推送服务，通过智能化方式自动抓取石化领域的相关自媒体资讯，推送到“石化新闻 APP”中，推送的新闻将保留原稿的内容及样式，通过这种方式可丰富入驻“石化号”的内容，减轻编辑的工作压力。

5. 视音频管理技术

对于视音频信息实现了纵向垂直领域的素材统一收集、跨平台编审、统一发布。制作的成品对外供给中央电视台、对内发布到中国石化新闻电视台、中国石化新闻 APP 以及发给中国石化集团各企事业单位电视台播放。

三、主要成效

（一）桌面虚拟化的成效

报社用 8 台 X86 服务器构建了 182 台桌面平台，计算和存储各自独立，通过瘦客户机或者零终端接入平台。5 年来，运行稳定，安全可靠，主要效果如下：

1 节约成本

以前编辑工作依赖计算机终端设备，本身造价昂贵，且操作系统和应用软件又面临正版化和维护压力，更麻烦的是其安全性极差易遭受病毒攻击，造成资金成本和人工运维成本的不断增加。使用虚拟桌面平台后，可用瘦终端替代，直接降低了资金成本。另外，虚拟桌面可以远程部署和管理，不必到达现场，还可以“零”停机维护，对使用者不会产生任何影响，所以又节约了时间和人工成本。报社现有物理和虚拟终端 300 多台，桌面维护工程师仅有一人。

2. 提高安全性

虚拟桌面的数据都集中存储在报社的数据中心，保持在防火墙内，有效降低了数据丢失的风险。另外，桌面备份和恢复流程的自动化保证了业务数据的连续性和灾难恢复的及时性。

（二）服务器虚拟化的成效

虚拟化和云计算技术有效整合了服务器、网络、存储等硬件资源，形成统一共享的资源池，提升了技术支撑效率，而且盘阵的复制技术与虚拟机文件的备份技术对物理数据和逻辑数据进行了有效的保护。主要成效如下：

虚拟化云计算平台技术优势明显：

优化了基础架构，实现了计算资源和存储资源的集中统一管理。通过自动化、集中化和按需分配的资源调度模式，极大地提升了资源利用率。物理服务器数量由原来占用 16 个机柜的 110 台服务器减少到现在的 50 多台，计算资源提供了更大的计算能力，虚拟平台提供了近 100 台服务器的计算盈余。

提高了运维效率。加快了服务器的交付时效，一台服务器的交付时间由之前的 5–6 小时左右缩短至 10 分钟左右，而且任何一台物理服务器的故障不再影响业务系统运行，保障了业务系统的持续可靠。

较好支撑新媒体应用。新媒体应用具有访问量不确定的特点，服务器虚拟云平台上的硬件资源能随着业务需求灵活便捷地调整，稳妥应对访问量迅速增加的情况，热点应用系统不再运行卡顿，提升了用户的访问体验，业务部门感受到了云平台的便利。

（三）全媒体数字化应用平台的成效

该平台的建设，实现了“报网微端”的深度融合，对报社的“采编发”业务流程和手段进行了优化和提升，主要成效如下：第一，建成了包括自采稿件、通信员稿件、新华社稿件、网站 /APP 稿件等多媒体稿件的统一管理，实现了传统纸媒、网站、APP、两微一端的一次采集、多次生成和多渠道发布；第二，实现了前后端全流程的无缝衔接，实现了稿件回写、安全打印、安全传版等功能，确保了数据、内容的完整性和一致性；第三，该项目定制的“头条号”和“石化号”，实现了石化系统重点新闻的推荐，支持石化系统自媒体的平台入驻，打造了多种服务模式，构建了良好的用户互动体系；第四，实现了石化集团垂直领域视频素材的统一采集、统一编审、统一发布。发布渠道涵盖了本媒、石化各企事业媒体以及央媒，构成了石化报多形态、跨终端、富媒体的传播方式，丰富了传播手段。

中国石化报社媒体数字化平台的建立促进了媒体融合发展，提升了报社的传播力，增强了集团的影响力，并在国内同类型媒体的融合发展中具有一定的示范作用。获得 2019 年度“王选新闻科学技术奖”（简称“王选奖”）一等奖。“王选奖”是国家科技部奖励办公室批准，为推动传媒科技创新和发展，服务于新闻报道和传媒的战略转型而设立的奖项，是我国新闻传媒行业最高层次的科技奖项。

四、展望

习近平总书记一系列重要论述指出，媒体融合发展要立足于技术创新的进程和人类发展的进程。进入2020年，随着5G、人工智能、大数据等创新技术的集体爆发，以人工智能和算法驱动的智能化应用崛起，报社下一步的融合发展必然是进入智能传播的阶段。

（一）新闻采集与生产智能化

机器人写作是新闻采集与生产智能化的较早应用，2014年美联社使用软件，成功撰写公司财务报告，通过总结关键要素，生成陈述，每秒生成2000篇这类新闻，出错率非常低，发稿量是人工报道的13倍 。我国在2015年通过写作机器人尝试财经报道，此后不断改进。5G时代，物联网的发展，提供给机器人的新闻写作数据越来越多，机器人的报道疆界与精度会快速拓展与提升。另外，AI的算法技术运用正向内容校对、稿件编辑等环节拓宽，未来人机协作采集与生产新闻将成为主流。

（二）新闻分发与传播智能化

精准分发推送，是AI最为擅长的领域。Facebook（脸书）2006年就开始使用智能分发，让不同用户打开页面，呈现“千人千面”的个性化内容。国内运用智能化推送的以“今日头条”最为有名，他们通过用户点击、搜索、订阅等行为做用户画像，细化兴趣标签，力求根据画像精准推送。在我国当今的社会，智能分发已超过人工推送成为移动资讯的主要分发方式。

（三）新闻接受与反馈智能化

传统媒体的痛点在于缺乏即时、准确、有效的互动，单向式传播导致媒体对接受情况与传播效果难以得到及时和科学的评估。AI技术为互联网传播媒体提供了有效的反馈机制，可以通过综合用户的身份信息、社交关系、移动的位置等背景数据，对不同新闻信息的评论、转发、收藏、阅读直至打开频次、停留时间等多种线上行为，精准地分析受众的关注重点、接受程度和情感倾向，从而对新闻信息传播效果进行全面准确的评估。

另外，石化集团为落实中办、国办《关于加快推进媒体深度融合发展的意见》，正在全力打造中国石化媒体管理和运营平台，报社会全力配合，将全媒体平台融入集团平台建设中，为集团实现管理、内容等的全面融合提供支撑。

报社肩负着加快媒体融合发展的使命，担当着服务国家和石化集团发展的责任，会抓住智能传播为传统媒体融合发展提供的全新机会，建立新的传播机制，做大做强主流舆论。国内层面，服务好国家治理现代化；国际层面逐步建立与中国发展需要相适应的、与国力相称的国际话语权，站在人类命运共同体的高度，助力中国为推动人类网络新文明的进程贡献力量。